新闻与传播学译丛·国外经典教材系列

大众传播概论

媒介素养与文化（第8版）

Introduction to Mass Communication 8e
Media Literacy and Culture

[美] 斯坦利·J·巴兰 (Stanley J. Baran)　著

何朝阳　译

中国人民大学出版社
· 北京 ·

"新闻与传播学译丛·国外经典教材系列" 出版说明

"新闻与传播学译丛·国外经典教材系列"丛书，精选了欧美著名的新闻传播学院长期使用的经典教材，其中大部分教材经过多次修订、再版，不断更新，滋养了几代学人，影响极大。因此，本套丛书最大限度地体现了现代新闻与传播学教育的权威性、全面性、时代性以及前沿性。

在我们生活于其中的这个"地球村"，信息传播技术飞速发展，日新月异，传媒在人们的社会生活中已经并将继续占据极其重要的地位。中国新闻与传播业在技术层面上用极短的时间走完了西方几近成熟的新闻传播界上百年走过的路程。然而，中国的新闻与传播学教育和研究仍然存在诸多盲点。要建立世界一流的大学，不仅在硬件上与国际接轨，而且在软件、教育上与国际接轨，已成为我们迫切的时代任务。

有鉴于此，本套丛书书目与我国新闻传播学专业所开设的必修课、选修课相配套，特别适合新闻与传播学专业教学使用。如传播学引进了《大众传播效果研究的里程碑》，新闻采访学引进了《创造性的采访》、《全能记者必备》，编辑学引进了《编辑的艺术》等等。

本套丛书最大的特点就是具有极强的可操作性，不仅具备逻辑严密、深入浅出的理论表述、论证，还列举了大量案例、图片、图表，对理论的学习和实践的指导非常详尽、具体、可行。其中多数教材还在章后附有关键词、思考题、练习题、相关参考资料等，便于读者的巩固和提高。因此，本丛书也适用于新闻从业人员的培训和进修。

需要说明的是，丛书在翻译的过程中提及的原版图书中的教学光盘、教学网站等辅助资料由于版权等原因，在翻译版中无法向读者提供，敬请读者谅解。

为了满足广大新闻与传播学师生阅读原汁原味的国外经典教材的迫切愿望，中国人民大学出版社还选取了丛书中最重要和最常用的几种做双语教材，收入"高等院校双语教材·新闻传播学系列"中，读者可以相互对照阅读，相信收获会更多。

中国人民大学出版社

纪念我亲爱的母亲玛格丽特·巴兰，我的生命因她而存在；
感谢我的妻子苏珊·巴兰，我的生命因她而精彩。

作者介绍

斯坦利·J·巴兰

斯坦利·J·巴兰　获美国宾夕法尼亚州立大学新闻学硕士、马萨诸塞大学传播学博士学位，于克利夫兰州立大学任教四年后前往得克萨斯大学，在得克萨斯州奥斯汀市任教九年间，有六年负责广播—电视—电影系研究生项目，多次获教学奖项，包括该校（四万名学生）最佳教师的"阿莫科杰出教学奖"（The AMOCO Teaching Excellence Award）、传播学院杰出教授的"传播学院杰出教学奖"及《最杂志》（*Utmost Magazine*）组织学生投票选出的最佳教师奖。

1987 年，巴兰博士前往圣何塞州立大学，在电视广播电影戏剧系任系主任长达九年。此间，他作为学校杰出研究者被授予"校长学者"荣誉。巴兰如今在布莱恩特大学任教，帮助创建传播系并担任系主任。

本书得以完成除了基于以上所述，还得益于作者的一些其他经历，包括担任富布莱特学者奖评委，多年的受众研究、广播稿撰写和电视节目制作等专业活动。巴兰博士出版著述十部且被译成六种文字，发表学术文章数十篇，以及担任六份期刊的编委。

巴兰博士是划船健将，并任罗得岛州韦克菲尔德市管乐团次中音萨克斯演奏者。他与妻子苏珊·巴兰育有两个帅气、成熟的孩子马修和乔丹。

前言

Foreword

大众传播概论（第8版）

 作者寄语

亲爱的朋友：

我们常探讨、争论、解析和研究的话题，不只有体育和政治，还有媒介。从事媒介教学的人深知，这些讨论对于民主社会的运行至关重要。我们还深知，媒介教育将这些讨论从简单的闲聊和抱怨提升为有效的公共探讨。将此课程命名为"大众传播概论"、"大众媒介概论"、"媒介与社会"还是"媒介与文化"，无关紧要，重要的是，媒介教育作为大学教育的一部分，已长达半个多世纪之久。该课程开设伊始，便以实现如下目标为己任：

● 促进学生认识、了解大众传播过程和大众媒介产业。

● 激发学生与媒介产业、媒介内容自主互动，领会真意。

● 培养学生成为更成熟、更专业的媒介内容消费者。

达到这些目标，即具备媒介素养。

文化视角

本书作者从人文视角出发考察大众传播，认为媒介消费者承担了重要责任。过去，人们不是被认为是媒介影响的受害者，就是被认为不受媒介的半点影响。文化视角认为，受众成员对于大众传播过程的意义，与媒介技术和产业同等重要。受众成员创造和维护自身文化的过程非常关键，他们不仅有参与大众传播过程的义务，而且应该批判性地参与其中，成为更优秀的大众媒介消费者。

感谢

感谢诸位教授大众传播课程！这类有助于学生校园和未来生活的大学课程，现在少之又少。更感谢诸位选择《大众传播概论：媒介素养与文化》作为教科书！该书内容及该书看待大众传播、看待我们与媒介互动所造就的世界的观点，均为我过去 15 年职业经历浇灌之成果。你们对于该书的兴趣，让我的努力没有白费。

斯坦利·J·巴兰

 ## 重要专题及学习工具

学生必须将媒介素养（即批判地认识、积极地运用大众媒介的能力）与大众传播过程紧密相连。《大众传播概论：媒介素养与文化》第 8 版包括各种方框内的专栏文章（boxed features）及文内学习辅助（in-text learning aids），以帮助学生优化学习过程、提升媒介素养技能。

专栏文章

"运用媒介制造奇迹"专栏，通过生动实例，展现媒介实践者和受众如何使用大众传播来促进重要的社会、政治或文化事业。

"文化论坛"专栏，通过展示大众媒介中热议的与媒介相关的文化问题，帮助学生培养批判性思维技能。

"挑战媒介素养"专栏为第 8 版新增专栏，基于每章的"培养媒介素养技能"部分的主题思想而创建，意在要求学生批判性地思考自己日常生活中遇到的媒介内容。

文内学习辅助

● 章首"学习目标"及章尾"关键术语"便于学生集中学习。

● 历史大事年表和综述便于学生理解媒介大环境中现存的问题。

●"回顾要点"让学生了解自己是否已抓住每章的关键内容，此为第 8 版新增内容，回顾的要点与学习目标直接关联。

●"复习题"进一步强调关键概念，"批判性思考与论述题"不仅鼓励学生调研自己的文化设想和媒介运用，还鼓励他们针对重要问题展开辩论。

● 书末附有详细参考书目。

 ## 第 8 版中的修订重点

第 8 版继续致力提升学生的批判性思维和媒介素养技能。第 3 章到第 15 章新增了有关智能手机、平板电脑和社交网站的部分。统计和数据均全部更新。其他主要修订还包括：

第 1 章"大众传播、媒介素养及文化"：更为关注大众传播过程和媒介素养。

第 2 章"趋同化与大众传播的重塑"：新增有关智能手机的激增及手机与其他几乎所有电子、纸质媒介融合方面的内容。

第 3 章"图书"：新增有关按需打印、纸质图书的复兴及电子阅读器和平板电脑的流行与影响等方面的内容。

第 4 章"报纸"：新增并更新有关报纸如何进行新闻营销并走向移动化、当地报纸的兴盛及集团资助新闻业的新形式等三方面的内容。

第 5 章"杂志"：更新有关"数字专属杂志"读者、二维码（快速反应码）和近场通信芯片及更丰富的读者互动活动等内容。

第 6 章"电影"：进一步研究电影转向脸书（Facebook）、网飞（Netflix）和葫芦网（Hulu）上进行首映的现象、讨论好莱坞的复苏。

第 7 章"无线广播、录音制品与流行音乐"：重新审视音乐数量空前但唱片公司的销量却减少这一看似矛盾的现象；重新审视工业集中化以及工业集中化对艺术家的影响；重新审视云音乐服务及诸如潘多拉（Pandora）和声破天（Spotify）等在线服务的兴起；重新审视拉什·林博与桑德拉·弗卢克之争。

第 8 章"电视、有线电视、移动视频"：新增并更新电视普及运动、电视网络/附属关系、电缆掐线及Facebook 视频的增长等方面内容。

第 9 章"视频游戏"：讨论操控台的消亡及智能手机和社交网络游戏的兴起、PS Vita 在此趋势中的雄起；探讨 Humble Indie Bundle 之类的反"产业化"游戏制作以及游戏的利弊之争。

第 10 章"互联网与万维网"：新增和更新了有关社交网络和政治活动（特别是"占领华尔街"和"反对《禁止网络盗版法》"），隐私挑战的增长和《消费者隐私权利法》，互联网名称与数字地址分配机构扩大顶级域名范围，Facebook 收购 Instagram，平板电脑的出现和增长，以及移动垃圾信息的泛滥等内容。

第 11 章"公共关系"：讨论消费需求更为重大的共同责任、公益营销的兴起（得益于智能手机和社交网络，例如像 Gripe 这样的应用软件）及联邦通信委员会制定的有关视频新闻发布的新规。

第 12 章"广告"：新增有关新的投资回报率和问责测算方式、广告在发展中国家市场的激增（"金砖国家"和"迷雾国家"，特别是中国、印度和巴西）、户外广告的增长及神经营销学研究（neuromarketing research）等内容。

第 13 章"大众传播理论和大众传播效果"：更新有关电视和视频游戏暴力及社交媒介使用与友谊关系等方面的理论和研究。

第 14 章"媒介的自由、监管和道德规范"：新增"布朗诉娱乐商业协会案"，此案中美国最高法院将第一修正案的适用范围扩展至暴力视频游戏；对向"维基解密"提供资料的布拉德利·曼宁是叛徒还是维护自由言论的英雄之争进行探讨；讨论记者角色问题，即他们是否应该维护真相？

第 15 章"全球媒介"：更新有关"半岛电视台"在美国更受欢迎等内容。

 ## 致谢

如此宏大的项目，没有多人协助无以完成。本版著述的形成，得益于很多教师和学生的邮件，这样的交流，他们的建议，令本书新版添色增辉。

优秀教科书的问世，少不了众多审阅者。在我准备本书第 8 版期间，业内同行们提出的缜密意见，再次让我赞叹不已。虽不知其名，但我与远方智者的思想交锋，获益匪浅，尤其是本书中一些最重要的概念。他们锐利的眼光和质疑的态度，铸就了每章内容，启发了作者和读者（当然，本书仍难免存在的任何错误与瑕疵，当由我个人负责）。现在，我已知他们的身份，衷心感谢他们的审阅。

蒙大拿大学的 Lee Banville，
西弗吉尼亚大学的 Rick Bebout，
西弗吉尼亚大学的 Bob Britten，
索尔兹伯里大学的 James Burton，
纽约州立大学布法罗分校的 Nathan Claes，
博恩特帕克大学的 Helen Fallon，

蒙大拿大学的 Ray Fanning，
布鲁斯堡大学的 Richard Ganahl，
坦帕大学的 Paul Hillier，
堪萨斯大学劳伦斯分校的 Charles Marsh，
亨利福特社区学院的 Susan McGraw，
西南基督复临大学的 Bob Mendenhall，
西弗吉尼亚大学的 Jensen Moore，
北达科他大学的 Timothy Pasch，
东康涅狄格州立大学的 Kenneth Ross，
路易斯维尔大学的 Siobhan Smith，
弗吉尼亚联邦大学的 Jeff South，
华盛顿州立大学普尔曼分校的 Richard Taflinger，
贝尔蒙大学的 Clifford Vaughn，
亨利福特社区学院的 Kimberly Vaupel，
坦帕大学的 Joe Wisinski。

　　我还想对前 7 版的审阅者表示感谢。第 7 版审阅者：阿肯色大学小石城分校的 Kwasi Boateng、布法罗州立学院的 Mike Igoe、布法罗州立学院的 Joe Marre、北卡罗来纳大学阿什维尔分校的 Sonya Miller、印第安纳大学南本德分校的 Yuri Obata、路易斯安那州立大学的 Danny Shipka。第 6 版审阅者：波士顿大学的 Chiris Cakebread、斯塔顿岛学院的 Cynthia Chris、得克萨斯州立大学的 Laurie Hayes Fluker、南伊利诺伊大学卡本代尔分校的 Jacob Podber、俄勒冈大学的 Biswarup Sen、布法罗大学的 Lisa A. Stepherns、前程社区学院的 Denise Walters。第 5 版审阅者：密苏里大学的 Jennifer Aubrey、威奇托州立大学的 Michael Boyle、东伊利诺伊大学的 Tim Coombs、特拉华县社区学院的 Denise Danford、阿肯色大学小石城分校的 Tim Edwards、纽约州立大学布法罗分校的 Junhao Hong、缅因大学的 Mark Kelly、迈阿密大学的 Alyse Lancaster、内布拉斯加大学科尔尼分校的 Carol S. Lomick、罗斯州立学院的 Suan Dawson-O'Brien、得克萨斯大学奥斯汀分校的 Alicia C. Shepard、俄克拉何马州立大学的 Tamala Sheree Martin、伊利诺伊州立大学的 Stephen D. Perry、路易斯维尔大学的 Selene Phillips。第 4 版审阅者：佛罗里达州立大学的 Krisen Barton、爱达荷大学的 Kenton Bird、科罗拉多大学的 Katis G. Campbell、阿兹塞太平洋大学的 Paul A. Creasman、佐治亚州立大学的 Annette Johnson、纽约大学的 James Kelleher、科罗拉多大学的 Polly McLean、宾夕法尼亚州立大学的 Anthony A. Olorunnisola、伊利诺伊州立大学的 Stephen D. Perry、密苏里大学的 Michael Porter、印第安纳卫斯连大学的 Stenphen J. Resch、山姆休斯敦州立大学的 Christopher F. White。第 3 版审阅者：俄亥俄大学的 Jenny L. Nelson、东康涅狄格州立大学的 Terri Toles Patkin、迈阿密大学的 Alyse Lancaster、印第安纳大学—普渡大学韦恩堡分校的 Deborah A. Godwin-Starks、乔治梅森大学的 Kevin R. Slaugher、佛罗里达大西洋大学的 Enid Sefcovic、内布拉斯加卫斯连大学的 David Whitt、哈特福特大学的 Roger Desmond、内布拉斯加大学科尔尼分校的 Carol S. Lomicky、路易斯安那州立大学的 Jules d'Hemecourt、纽约州立大学布法罗分校 Junhao Hong、得克萨斯农工大学的 Gary J. Wingenbach。第 2 版审阅者：杜肯大学的 Bob Bellamy、迪安萨学院的 Beth Grobman Burruss、东康涅狄格州立大学的 Stephen R. Curtis, Jr.、缅因大学的 Lyome Eko、纽约州立大学布法罗分校的 Junhao Hong、锡拉丘兹大学的 Carol Liebler、加利福尼亚州立大学奇可分校的 Robert Main、伊利诺伊州立大学的 Stephen Perry、圣迭戈大学的 Eric Pierson、肯塔基大学的 Ramona Rush、罗得岛大学的 Tony Silvia、肯尼索州立大学的 Richard Welcon。第 1 版审阅者：伊利诺伊州立大学的 David Allen、阿拉巴马大学的 Sandra Braman、堪萨斯州立大学的 Tom Grimes、科罗拉多州立大学的 Kirk

Hallahan、华盛顿大学的 Katharine Heintz-Knowles、俄亥俄大学的 Paul Husselbee、阿巴拉契亚州立大学的 Seong Lee、伊利诺伊大学芝加哥分校的 Rebecca Ann Lind、洪堡州立大学的 Maclyn McClary、中央密歇根大学的 Guy Meiss、俄勒冈大学的 Debra Merskin、中央康涅狄格州立大学的 Scott R. Olsen、犹他州立大学的 Ted Pease、《今日佛罗里达》报的 Linda Perry、特拉华大学的 Elizabath Perse、纽约州立大学奥斯维戈学院的 Tina Pieraccini、密苏里大学的 Michael Porter、田纳西大学查塔诺加分校的 Peter Pringle、华盛顿州立大学的 Neal Robison、罗格斯大学的 Linda Steiner、得克萨斯农工大学的 Don Tomlinson。

第 8 版编写一如既往受到我的"麦格劳-希尔"团队的支持（和宽容）。互联网虽然让图书制作变得更加高效，但它却存在一个严重问题，那就是我尽管"与他们亲密合作"数百小时，却与团队成员未曾谋面，这的确是我的遗憾，但能拥有与他们合作的机会，实在难能可贵。我的"麦格劳-希尔"团队成员分别是 Julia Akpan、Susan Gouijnstook、Kirstan Price、Jennifer Gehl、Ann Jannette 和 Emily Tietz。作为作者，我相信，再也找不到像"麦格劳-希尔"成员这样可靠的战友。

最后我想说，全书写作最重要的灵感来自我的家庭。我妻子苏珊接受过媒介素养教育，是一位充满激情、致力于广泛散播媒介素养知识的忠实实践者。她对我的写作内容所持的见解、提供的帮助，极为珍贵；她对我的爱如涓涓细流悠远绵长；她对于媒介素养的前景和我们的婚姻所怀有的热情，让我备受鼓舞。看着我的两个孩子乔丹和马修，我总不禁反复思考，我们将会留给他们一个怎样的世界。写作本书，我希望有助于他们和他们朋友们拥有一个更美好的未来。

斯坦利·J·巴兰

简要目录

目 录

第一部分　奠定基础

第二部分　媒介、媒介产业和媒介受众

第三部分　战略传播产业

第四部分　信息时代的大众媒介文化

第一部分
奠定基础

大众传播、媒介素养及文化

学习目标

我们塑造大众传播、大众媒介与文化，大众传播、大众媒介与文化同样在塑造我们，二者不可分割。学习本章后，你应该能够：

- 定义传播、大众传播、大众媒介与文化。
- 描述传播、大众传播、文化及该文化所涉及的民众之间的关系。
- 评估技术与经济对这些关系产生的影响。
- 罗列构成媒介素养的要素。
- 认识拓展媒介素养所需要的重要技能。

4 你的智能手机的定时旋律响了，是在叫醒你，这是阿黛尔（Adele）的歌《流淌在心底》（Rolling in the Deep）中的最后几小节。流行音乐节目主持人在用这样的方式做微笑"叫醒"：7 点 41 分了，赶快起床啦。可还没等你起身，他紧接着便开始说话："听听你在服务快捷、友好周到的百思买电子商店的朋友们说的话吧，他们说，顾客满意而归！"

客厅里，室友电视未关，你停下来听了一会：经济开始明显回升，大学毕业生就业前景趋于乐观；若干州正在斟酌廉政选举法案，限制政治上的耗费；民主混乱继续席卷中东；你今天该去麦当劳享受一下。然后你光着脚去浴室，踩到散落一地的《连线》（Wired）、《滚石》（Rolling Stone）、《人物》（People）等杂志，差点摔倒。你觉得该跟室友好好谈谈，让他把东西收拾好。

冲完澡，你迅速穿上李维斯牛仔裤、系好耐克运动鞋的鞋带，套上安德玛夹克，来不及吃早餐，抓起一个"天然山谷"麦棒，还有报纸，冲向公交车站。公交车来了，你没法不被车身上的巨型广告吸引：《变形金刚：点玩成金》（Trans-

forms：Turning Toys Into Gold），你心里抵抗着，这周末不去看这部电影。上车后你坐在一个少年旁边，他在边听音乐边玩电子游戏，你埋头读报，浏览头版新闻与当地新闻，然后开始翻看连环漫画《杜恩斯比利》（Doonesbury）与《呆伯特》（Dilbert）。

车到校园站，你下车，碰到与你一个计算机实验室的克里斯，你们一起去教室上课，一路聊着昨晚播放的《恶搞之家》（Family Guy）。时间尚未到上午九点，你却早已置身在大众传播之中。

本章我们将定义传播、人际传播、大众传播、媒介和文化等术语；探讨它们之间的关系，以及它们在如何定义我们和我们生活的世界；研究传播的运行、技术介入后传播的变化，以及在传播和大众传播上不同的观点在其解释效能上的不同；讨论大众传播和文化给我们带来的机遇及与机遇并存的责任。我们深知，自己正处于新传播技术蓬勃发展的时代，上述这些一直被视为关键的问题，当下尤显重要。这样的讨论，势必让我们深入探讨媒介素养——媒介素养的重要性及其实践。

什么是大众传播？

"鱼知道自己是湿的吗？"著名文化、媒介评论家马歇尔·麦克卢汉（Marshall McLuhan）经常这样问。"它当然不知道，"麦克卢汉说，鱼的生活太受制于水，只有在没水之时才会意识到自己的身处之境。

人与大众媒介的关系亦是如此。媒介已然完全渗透我们的日常生活，以至于我们常常意识不到它的存在，更甭说其影响了。媒介告知我们、

娱乐我们、取悦我们、烦扰我们。媒介改变我们的情感、挑战我们的智力、侮辱我们的智商。媒介甚至常常把我们降格成了最高价竞买人的纯粹商品。媒介在定义我们，在塑造我们的现实。

本书的基本主旨，是要阐述媒介并非在孤军行使上述功能，媒介在大众传播过程中，既与我们联手，又对我们侵蚀。当然，媒介是我们这个社会的主要文化力量——很多评论家和学者认为是主要力量。

传播的定义

传播（communication），简言之，即信息从信源到接收体的传递。政治学家哈罗德·拉斯韦尔5（Harold Lasswell）（1948）著述的这一观点，六十年来一直受认可。拉斯韦尔指出，描述传播有

一个便利方式，那就是回答下列问题：

- 谁？
- 通过什么渠道？
- 对谁？

- 说了什么？
- 产生了什么影响？

若用传播过程基本要素作表述，传播的发生是这样的：

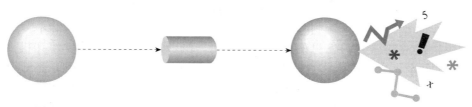

信源发送信息　　　　通过某种媒介　　　　传至接收体　　产生某种效果

传播过程似乎很直接。可是，假如信源是位教授，他坚持用远超学生能接受的术语授课，那么会是什么结果？传播显然未能发生。传播与纯粹的信息发送不同，它需要他人反馈。因此，传播的发生，需要在意义共享（或相互通信）的条件之下。

该简单模式存在的第二个问题，是它认为接收体被动接受信源的信息。可我们刚才假设中的那些学生在听不懂教授的授课内容时，一定不是困惑就是困倦。他们的反应或曰**反馈**（feedback），也是信息。接收体（学生）现在变成信源，将自己的信息发送给原先的信源（即那位烦人的教授），教授这会儿便成了接收体。由此可知，传播是一个互动、持续的过程，各相关方或多或少都参与了创造共享意义的过程。因此，传播更为确切的定义应该是：创造共享意义的过程。

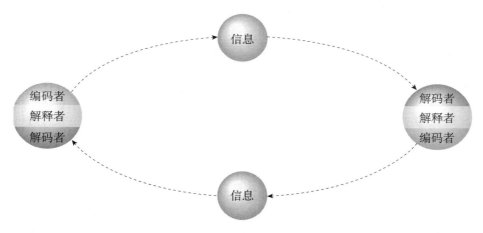

图 1—1　奥斯古德（Osgood）与施拉姆（Schramm）的传播模式

资料来源：From *The Process and Effects of Mass Communication* by Wilbur Lang Schramm, 1954; Reprinted by permission of Mary Schramm Coberly.

传播学家威尔伯·施拉姆采用心理学家查尔斯·E·奥斯古德（Charles E. Osgood）的观点，以图解方式展示传播的互动性本质（见图 1—1）。此图描述的**人际传播**（interpersonal communication），即两人或若干人之间的传播，显示了信源或接收体身份并非确定不变。因为，传播是一个持续、互动的过程，所有参与者或曰解释者，都在努力**编码**（encoding）和**解码**（decoding）信息，以创造意义。信息首先被编码，即被转化成一种可理解的标志和符号系统。说话是编码，写作、印刷和录制电视节目也是编码。信息一经接收，便被解码，即标志和符号被解释。解码的过程便是倾听、阅读或者收看电视节目。

奥斯古德-施拉姆模式，展示了传播过程持续和互动的本质，即其实本没有信源、接收体和反馈。这是因为，两位解释者在传播时都既是信源又是接收体。没有反馈是因为所有信息均被当作其他信息而被接收。比如，你朋友跟你聊天，可能是因为你所显露的兴趣和意愿，让她感觉该开始聊天了。这个例子表明，将你或你的朋友视为传播的信源均不适当（到底算谁先开始的这个聊天），因此，无法确定是谁在向谁做反馈。

传播过程非常复杂，不是所有模式都能显示传播过程的每一方面。**噪音**（noise），即一切干扰传播成功进行的因素，就未在上述模式中体现出来。你上网在线工作时，噪音不只是刺耳的声音或吵闹的音乐，还指造成错误解码信息的偏差因素，就好比你想阅读的杂志文章被撕掉了一页。

被编码的信息经**媒介**（medium）得以传递，媒介即是发送信息的一种手段。声波是媒介，把我们的声音传给桌对面的朋友；电话是媒介，把我们的声音传给城镇另一端的伙伴。当媒介成为

一种将信息传给众多接收者的技术手段时（比如报纸用印刷文字传递、广播用声音传递音乐和新闻），我们称之为**大众媒介**（mass medium）。经常使用的大众媒介有广播、电视、书籍、杂志、报纸、电影、录音、手机与计算机网络。每种媒介均是一个庞大产业的基础，不过其他相关和配套产业也同样为媒介和我们服务，比如广告与公共关系。我们文化中所说的媒介或大众媒介，指传播产业本身，比如，我们常说："媒介娱乐大众"或者"媒介太保守（或太自由）"。

大众传播的定义

我们也谈论大众传播。**大众传播**（mass communication）是大众媒介与该受众之间创造共享意义的过程。施拉姆对他与奥斯古德创立的传播的一般模式做了进一步改进，通过图像，形象地展示了大众传播过程的各个特定方面（见图1—2）。该模式与奥斯古德-施拉姆原来的模式有很多共同之处，如解释者、解码、编码、信息等。不过，两个模式的不同之处才是重点，有助于我们理解

大众传播与其他传播形式之间的差异所在。举例来说，一般模式中用的是"信息"，而大众传播模式提供的，则是"大量相同信息"。另外，大众传播模式详细说明了"反馈"现象，人际传播模式却没有。两人或若干人面对面交流时，从相互传达的信息中，参与者能立即清楚地确认反馈（上面提到的那位烦人的教授，能看到听课学生的消极表现）。但在大众传播中，事情则没那么简单。

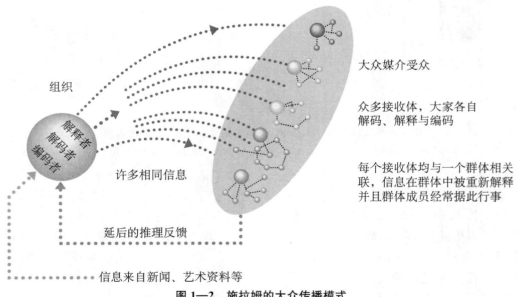

图1—2　施拉姆的大众传播模式

资料来源：From *The Process and Effects of Mass Communication* by Wilbur Lang Schramm，1954；Reprinted by permission of Mary Schramm Coberly.

施拉姆的大众传播模式中，反馈用虚线表示，意为延后的**推理反馈**（inferential feedback）。该反馈不是直接的而是间接的。比如，电视台主管为

掌握新节目的收视率状况，需要至少等一天，有时甚至等一个礼拜或一个月。即便如此，收视率也仅仅是对收看该节目电视数量的调查，而不是

针对观众对节目的喜恶程度。结果是，电视台主管仅能通过推测，来决定提高节目收视率所要采取的措施，这便是所谓的推理反馈。大众传播者也会收到其他反馈，这些反馈常以批评的形式来自其他媒介，如电视评论员发表在报纸上的专栏文章。

正是人际传播与大众传播之间所存在的个性因素差异，改变了传播过程的根本性质。这些改变如何影响信息本身，而那些共享意义又是如何做到各有不同的，详见图 1—3。比如，人际传播

8

人际传播
你约朋友共进午餐。

大众传播
莱维坦-劳埃德制作《摩登家庭》。

	性质	结果	性质	结果
信息	高度灵活、可变。	你可在传播过程中改变交流主题。如果反馈消极，你可换话题。 反馈还是消极？那就换个全新方式。	相同的、机械性制作出的、同时发送出的； 不灵活、不可变的； 《摩登家庭》全剧播放。	《摩登家庭》一旦制作完成，便无法改变。 受众若不满意主要剧情或其他传播策略，对此谁也无能为力了。
解释者甲	一人——此例中指你本人。	你知道自己的想法，可以根据自己想法、价值取向与喜恶来对自己的信息进行编码。	庞大的分层结构组织——此例中指莱维坦-劳埃德制作公司（Levitan-Lloyd Productions）与美国广播公司（ABC）。	谁是真正的解释者甲？是莱维坦-劳埃德制作公司的主管、作家、导演、演员，还是广播电视网、它的准则或者它的实践人员，抑或是赞助商？上述全应算在其中，这里没有发表个人观点、进行个人实验的余地。
解释者乙	一人或几人，通常与你有直接接触，对你或多或少有了解——此例中指你的朋友。	你可梳理好具体信息传递给解释者乙。 因为背景提供的信息，你对解释者乙有相对准确的判断。 假如你朋友是个素食主义者，你不会提议去吃牛排。	解释者甲了解庞大的广大受众，只是通过最基本的人口统计方式——此例中指《摩登家庭》的数百万观众。	传播不能根据所有受众的期望、需求与口味去梳理与裁剪信息，甚至不能满足一些小群体全体成员的需求。
反馈	是还是不是，反馈立即、直接。	你能马上知道自己传达的信息有多成功。 你可立即调整自己的传播，以便获得最大的传播效果。	延后的、推理性的。 即使是只隔一夜的收视率信息，对于电视剧《摩登家庭》，亦为时已晚。 况且，收视率仅限于说明有多少台电视机在收看这个节目而已。	反馈即便有用，对这一集电视剧也没什么价值了。此外，它也并未提供如何改进传播的建议。
结果	更灵活，更个人化，更具冒险性、挑战性或实验性。		其受传播情境中各个因素的限制； 或许具备能满足大多数受众需求的传播水准； 具有认为实验危险的观念； 具有认为挑战受众将面临失败的观念。	

图 1—3　人际传播与大众传播的因素比较

7 中反馈的快速与直接，让传播者用多种方式自由地冒险与实验。传播者之间相互认识，可以根据自己的意愿仔细梳理信息。因此，人际传播常常与个人相关，甚至可能具有冒险性与挑战性。相反，大众传播因技术制约导致参与者之间产生距离，从而造成所谓的"传播保守主义"。反馈太过滞后，无法修正或改变错误的传播。在大众传播中，受众数量太多，很难做到个性化和具体化。由此，大众传播越来越受限，越来越不自由。然而，这并不意味，在塑造我们认识自我以及认识我们的世界方面，大众传播的有效性比人际传播小。

媒介理论家詹姆斯·W·凯利（James W. Carey）（1975）肯定上述观点，提出**传播的文化定义**（cultural definition of communication），对传播学家和其他学者如何审视传播与文化之间关系，影响巨大。凯利指出："传播是一个符号化过程，现实在此过程中被创造、维持、修复和转变。"（p. 10）

凯利（1989）的定义肯定了传播与现实之间的联系。传播是我们日常生活中不可或缺的过程，它在教我们如何认识、理解和塑造自己的现实观和世界观。传播是文化的基础，它真正的目的，是维系一直在发展着的"脆弱"文化。传播是"用情谊和共性聚集人群的神圣仪式"（p. 43）。

9　文化是什么？

文化（culture）是特定社会群体成员的习得行为，对此定义，不少作家和思想家有非常有趣的拓展。下面是人类学家提供的四个有关文化的定义，它们不仅突出文化的定义，更突出文化的功能。

文化是某一社会的成员习得并社会性获取的传统和生活方式，它包括该社会成员模式化、反复性地进行思维、感觉和行为的方式（Harris，1983，p. 5）。

人的文化选择与组织，让文化给人类经验赋予了意义。文化泛指人们理解生活意义的方式，而不是狭义地只指歌剧或者艺术（Rosaldo，1989，p. 26）。

文化是人类因求生存而逐步形成的介质，文化影响无处不在，它是文明拱门的拱心石，是所有生活事件经由的媒介，我们本身就是文化（Hall，1976，p. 14）。

从历史角度说，文化是借助符号形式传播意义的模式，人通过文化交流，维系和拓展他们的生活知识和生活态度（Geertz, as cited in Taylor，1991，p. 91）。

文化作为社会性构建的共享意义

所有有关文化的定义，几乎都认为文化是习得的。回顾一下本章的开场，那场景或许并不很吻合你早晨的生活情境，可你一定感觉似曾相识。而且，那里面涉及的大部分（即便不是全部）文化，《恶搞之家》啦、《滚石》啦、麦当劳啦、安德玛啦、《呆伯特》啦，我们大家都很熟悉，于我们每个人都有一定的意义。怎么会这样呢？

文化或多或少具有一定的共同性，其创造与维系，通过传播（包括大众传播）来完成。我们与朋友们交谈时，家长养育孩子时，宗教领袖告诫教徒时，老师教学时，祖辈传授秘方时，政治家组织运动时，媒介专业人员制作我们阅读、收听和观看的内容时，意义正在被共享，文化正在被构建与维系。

文化的功能与效果

文化有目的，它帮助我们归类自己的经历；为我们、我们的世界以及我们在这个世界所处的位置下定义。文化因此有时会产生很多相互冲突的效果。

文化的限制效果与释放效果　习得的文化传统与价值，可被视为模式化、反复性地进行思维、感觉和行为的方式。文化限制我们的选择，同时也为我们的行为提供有用的指导规范。比如，与人交谈时你不会下意识地考虑"我该站得离他多远？我是不是站得太近了？"你纯粹就那么站着。与朋友一家饱食完一顿美餐，你心里不会纠结："我能打嗝吗？可以还是不可以？呃……"文化提供信息让我们正确区别对错、好坏、美丑和适当与不当等。它是如何做到的呢？

显然是通过传播。我们在一生的传播中，习得了文化对于我们的期望。上述二例是文化限制效果的正面结果。可文化的限制效果也有反面结果，比如，当我们不愿或不能摆脱模式化、反复性地进行思维、感觉和行为的方式时，或者当我们把"学习"寄托在老师身上而老师的兴趣却过

于个人、狭隘、与我们的兴趣有异时。

比如美国推崇的女性以纤瘦为美的文化，让多少女性一星期一星期地忍受不健康的饮食；被迫去做危险的外科手术，以求得大多数人不太可能获取的身材。多少男性（和其他女性）不去了解、喜欢或爱那些不符合我们"纤瘦为美"这一标准的女性？为什么 10 到 17 岁的少女中，有72％的人"在漂亮上有压力"，仅有11％的人觉得用"美丽"描述自己不觉不安（Dove Research，2011）？为什么有91％的女大学生报告说自己节食，其中22％的女大学生在"一直"或"经常"节食？为什么有 700 万的美国女孩和女性患有临床诊断上的饮食失调？为什么90％的美国高中女生觉得自己超重，而此数据在 1995 年仅 34％（Brubach，2007）？为什么在被问及自己是愿意变年轻、苗条、富有还是聪明时，29％的美国女性选择变苗条，只有14％的人想变聪明（Braverman，2010）？

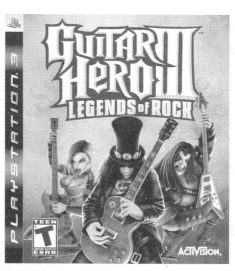

上面两幅图片对我们大家都赋予意义，其社会意义由文化传播而构建。你能意识到多少意义？这两幅图片对你分别有什么特殊意义？你是怎么拓展出该意义的？你拓展的意义与你的朋友有多大程度的吻合？与你的父母呢？倘若有意义共享，那么我们在日常生活中对这些事物的意义共享，其价值何在？

一起来思考一下为什么会产生这种情况。婴儿时妈妈抱着我们在她们的膝盖上蹦跳时，没告诉我们瘦好胖不好。想想自己成长中听过的故事和看过的电视电影，女主角（或说得更确切些是男主角倾心的漂亮女人）总是高挑、漂亮、苗条。坏蛋都不高，坏蛋都胖。从迪士尼系列里描述的白雪公主、灰姑娘、美女、小叮当、风中奇缘，到大部分电子游戏里比例完全失调的女主角，她

们都有意（或无意）在每个少男少女脑海中留下这样的信息：纤瘦漂亮！诚如一位 10 岁的小女孩曾对《完美女孩，饥饿女儿》（*Perfect Girls, Starving Daughters*）作者考特尼·马丁（Courtney Martin）（2007）说的："漂亮比丑好，漂亮就是苗条，就是个头高，丑就是胖，就是心地好。就是这样的。"这些信息在许多广告中被格外强化。例如阿贝克隆比＆费奇（Abercrombie ＆

Fitch）推销阿什利儿童比基尼时，向只有八岁大的小女孩促销的，竟是加垫的三点式泳装（Williams，2011）。

这样的信息以及无数其他信息通过媒介传给我们。制作这些媒介形象的人员未必自私或刻薄，但他们的动机无疑是盈利。他们传播时所关注的，绝非是对我们的文化作贡献，即对我们模式化、反复性进行思维、感觉和行为的方式作贡献。

文化不只需要限制。媒介呈现的漂亮女性形象，常遭争论与非议，这表明文化还能释放。这是因为文化价值会受质疑。

尤其是在我们这样一个多元化、民主化的社会里，**主流文化**（dominant culture），即在大多数人中占支配地位的文化，经常受到公开挑战。人们的确会遇上、迷恋上、喜欢上，甚至爱上形象不符合"美丽标准"的人。媒介有时也会呈现代表不同的美与成功的形象。喜剧女演员索菲娅·维加拉（Sofia Vergara），歌手、演员奎恩·拉提法（Queen Latifah）、詹妮佛·洛佩茨（Jennifer Lopez）与詹妮弗·哈德森（Jennifer Hudson），《广告狂人》（*Mad Man*）里的克里斯蒂娜·亨德里克斯（Christina Hendriks），她们都代表了有别于我们文化中理想化标准的美，却在大小屏幕上展现出毋庸置疑的魅力（与力量）。文化能挣脱限制的释放，主要倚赖于我们模式化、反复性进行思维、感觉和行为的新方式的能力和意愿，挑战固有模式的能力和意愿，以及创造我们自己模式的能力和意愿。

定义、区别、划分、综合文化效果　你错把海豚、鼠海豚，甚至鲸鱼当作过鱼吗？或许你听说别人也犯过类似的错误。之所以如此，是因为一说到鱼，我们自然想到的就是"生活在水里"和"游泳"，鱼已被它的"水生文化"所定义，而居住于水且能游泳的海豚与鼠海豚也共享这一文化，此竟让我们有时忘了它们是哺乳动物而不是鱼。

我们也同样为自己的文化所定义。我们是美利坚合众国公民，是美国人。去别国旅行时我们听到别人称我们为"美国人"，而"美国人"这个称呼在使用和听到该称呼的人脑海里是会浮现固定的印象和期盼的。这种固定印象无论是什么，或许都只部分符合我们，甚至一点也不符合我们——我们或许就是那满是鱼的海洋中的海豚。

文化是会遭质疑的。《纽约时报》时尚作家凯西·霍伦贬损克里斯蒂娜·亨德里克斯的体形，称其"大块头女汉子"，引发网络一片捍卫该《广告狂人》女演员之声，迫使凯西·霍伦在《纽约时报》网站上为自己辩解（Wedemeyer，2010）。

总之，我们在以各种重要方式来定义自己，同时也是（更显然地）向他人和（不太明显地）向自己定义何为美国人。

但在这庞大的民族文化中还存在很多较小的**地域文化**（bounded culture）或曰**共存文化**（coculture）。比如，我们在轻松地谈意大利社区，谈有许多兄弟会房屋的街道，谈南方和市郊，是因为我们对这些文化分支有了解，我们的每一个表述传达的，是对这些地方的预期。我们觉得自己能非常肯定地预测在意大利社区能找到什么样的餐厅与商店，甚至能猜测到从敞开的窗户里听到什么样的音乐。我们能预测在兄弟会街巷会看到什么衣着、什么车，能预测南方的店员有什么举止，市郊的居民有什么政治倾向。这些文化分支内的人也常常将自己视为该地域文化的成员。比如，常常会听到有人说："我是意大利裔美国人"或者"我是南方人"。这些较小文化，联合一个个群体，让自己有别于周围其他群体。由此，文化来区分我们与他人。

我们美国通常视此为好事，我们自豪自己的多元化、多样性及国家文化遗产的丰富性。我们喜欢游走于各种地域文化之间、游走于主流文化与地域文化之间。

但差别如果导致分裂，那就有问题了。2011年 9 月 11 日那场恐怖事件，使所有美国人都为之悲恸，而 235 万的穆斯林美国人更是痛上加痛，因为，他们的爱国主义由于自己所属的那个特定地域文化身份而遭受质疑。"9·11"事件之后，美国针对穆斯林的暴力和歧视案例年年上升，39%的美国人想让那些即便已经成为他们同胞的穆斯林随身携带特别身份证件（Younge，2010）。国土安全部报道说，穆斯林美国人继续"对公共安全造成恐怖威胁的可能性很小"，来自穆斯林美国人社区的合作对调查国内威胁隐患功不可没（Shane，2012），但我们仍不断发现有公然歧视的案例。比如劳氏五金（Lowe's Hardware）自接到一个来自反穆斯林的边缘团体的投诉之后，便取消自己在《全美穆斯林》（All-American Muslims）节目中的广告，而讽刺的是，该节目恰恰是为消除对穆斯林的消极成见而专门筹设的（Anderson，2011）。这些正派的穆斯林美国人，无论内心何思何想，其宗教、肤色，甚至服饰，都已经在许多其他美国人眼中"传达"出对美国的背信。诚如文化借

助媒介而构建和维系，传播（或曰误传播）亦会变区别为分裂。

其实，各肤色与种族的美国公民，无论性别、国籍、出生地、经济阶层与智力水平有何不同，大家都能和睦共处。我们能互相交流、共同繁荣、尊重彼此差异。文化能分离我们也能黏合我们。文化代表我们的集体经验。我们能与陌生人轻松交谈，就是因为我们分享共同的文化。我们说同一种语言，我们能直觉地感觉两人站着时彼此之间应保持多远的距离。我们使用头衔得当、我们称名道姓合情，我们知道什么该说什么不该说。我们通过与文化成员之间的传播，内化了文化的规范与价值，即把我们众多各自不同的地域文化，融进一个正常运转的和谐社会。

定义文化　以上探讨得出的文化定义，是后续章节倚赖的基础。

文化让世界具有意义；文化借传播进行社会构建和维系；文化既限制我们又解放我们，既区分我们又黏合我们，它定义我们的存在，因而塑造我们思维、感觉和行为的方式。

大众传播与文化

文化既可限制与分裂我们又可解放与黏合我们，因此，只要我们愿意，文化总能为我们提供机会进行传播。詹姆斯·凯利（James Carey）（1975）指出：

我们一直视媒介技术的每一新发展为政治、经济的机遇，因而将新技术几乎全部投入政府与贸易之中，几乎根本没有留意，新技术还具有拓展我们学习、交流思想和经验的能力（pp. 20-21）。

上述引用中的"我们"指谁？指参与创造与

维系文化（即定义我们的文化）的每一位成员。我们参与大众媒介产业，我们构成大众媒介产业的受众，我们不仅共同让大众传播发生，而且为创造和维系文化作出贡献。

每一位参与者都有自己应尽的责任：媒介产业人员应专业化、有操守地创造和传播信息内容；普通受众应深入地批判性地审视信息内容。我们有两种方式理解大众传播过程中的机遇与责任：一是视大众媒介为我们文化的叙述者，二是视大众传播为文化论坛。

大众媒介是文化叙述者

文化的价值及信念，蕴藏在它叙述的故事之中。谁是好人？谁是坏人？你童年接触的故事中的女主角，有多少是胖乎乎的？有多少好人穿黑

衣服？多少女主角未与白马王子结婚还能从此幸福地生活下去？恐怕没多少吧。我们的故事在帮助我们定义现实，塑造我们的思维、感觉与行为方式。

媒介理论家汉农·哈迪特（Hanno Hardt）（2007）指出，"故事是观察自身与社会的角度"，"这些虚构故事显示，它们是构成我们共同话语的基本材料"（p.476）。因此，"叙述者"有责任尽可能专业、尽可能有操守地去讲述他们的故事。

而作为听故事的我们，也有机遇和责任。我们不仅通过这些故事获得娱乐，我们还通过这些故事认识周围的世界，了解价值所在、事物运行方式以及它们如何组合成型。我们有责任质疑叙述者和他们的故事，以符合更大或更重要的文化价值与真理的方式去解读故事，反思故事之于我们以及我们的文化有什么意义。未及如此，无异于失去一个构建我们自身意义即文化的机遇。

比如，记者们描述卡特里娜飓风造成的破坏，有无数的图像和文字叙述，*Extra!* 封面刊登了两张通讯社图片及与之相应的标题。这两张图片及标题出现在世界各大报纸上。在门户网站雅虎的新闻栏目中，这两张图片及标题紧挨在一起：一个年轻非裔美国男子"打劫一家杂货店后行走在齐胸深的洪水中"，而一对白人夫妇"在当地一家杂货店找到面包与苏打之后艰难地渡涉在齐胸深的洪水中"。这里显示的情节线索很明朗：懒惰的黑人自然是打劫，辛勤的白人是有幸找到食物！

各种族读者与网站浏览者都很愤怒，与报纸和雅虎实时对话，拒绝这样的文化倾向，拒绝他们冒犯性的、带种族偏向的简单化叙述。该图片和标题很快从雅虎新闻里删除。雅虎和很多报纸均为此道歉（Bacon，2005）。

这些被雅虎传播到世界各地的图像所传达的事件，其实是同一事件：人们正努力从卡特里娜飓风的恐惧中恢复过来。"角色"的种族变了，故事的叙述就不同了。人们对此不满，雅虎接受了人们的抱怨。

大众媒介是文化论坛

试想我们在巨大的法庭里讨论与辩论我们的文化：文化是什么？我们希望文化是什么？我们怎样看待福利事业、单身母亲、工会和养老院？"成功"、"优秀"、"忠诚"、"道德"、"诚实"、"美丽"、"爱国"的含义是什么？对于这些概念以及更多其他概念，我们有文化上的定义或理解。这些定义或理解从何而来，又是怎样发展、形成与成熟的呢？

大众传播已成为文化论争的主要论坛，从逻辑上说，论坛里最强声音是形成我们的定义和理解的最强力量。而这最强力量属于哪一方呢？是媒介产业，还是媒介受众？若认为是"媒介产业"，你一定希望媒介产业成员从业专业化且遵守道德操守。若认为是"受众"，你一定希望每一受众成员均能批判性地审视自己消费的媒介信息。论坛参与者表现得当、公平与诚实，论坛才能发展得顺利、公正与真实。

大众媒介的范畴与性质

无论我们选择怎样看待大众传播过程，不可   否认的是，我们生活的很大一部分与大众传播交融。美国有 4 000 万人在一个普通的周日晚上收看黄金档电视节目。电视观看率突破历史记录，普通家庭每天平均看电视时间达 8.5 个小时。美国人平均每周看电视 35.6 小时，2 至 11 岁的孩子 25.8 小时。美国平均每个家庭有 2.5 台电视机，31% 的家庭有 4 台甚至是更多（Factsheet，2011）。美国家庭总消费的近 7% 花在娱乐媒介上（Masnick & Ho，2012），美国成年人平均每天有 11 小时 33 分钟花费在媒介上（Friedman，2011）。86% 的美国成年人有手机，但全美只有一半的人有配置了先进操作系统的手机，即**智能手机**（smartphone），而 25 至 34 岁年龄段的人中，持智能手机的比例上升至 62%（Smith，2011c；Smith，2012a）。世界范围内，手机使用者每年下载的**应用程序**（app）近 180 万（该数字到 2014 年会升至 1 850 万）。尽管 81% 的应用程序免费，但用户仍要花费 150 亿美金以上来支付剩余的 19%（Walsh，2011）。经常使用手机与社交媒介的人，每天要花费 11 小时 17 分钟（比过去十年增长了 35%）玩手机、看电视、上网、听广播和 MP3、阅读，且往往同一时间参与不止一项的消费活动（Lowry，2010）。

我们电影院一年的消费超过 100 亿美金，购买电影票近 13 亿（U. S. Movie，2012）。世界人口的 33%（即 22.67 亿人）经常上网，比过去十年增长 528%（Internet World Stats，2012）。全球的音乐听众一年合法购买的录制音乐逾 15 亿首，包括专辑、单曲和电子乐（Masnick & Ho，2012）。社交网站脸书（Facebook）有 8.45 亿的活跃用户和 4.25 亿通过智能手机访问网站的用户。若把它当成一个国家，那是继中国与印度之后的世界第三人口大国（Smith，2011c；Ludwig，2012）。72% 的美国家庭玩电子游戏（Entertainment Software Association，2012）。图 1—4 提供的数据显示了美国人偏爱的媒介。

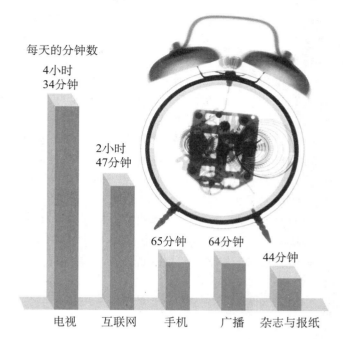

每天的分钟数

图 1—4　普通成年人平均每天花在选定的媒介上的时间（2011 年）
资料来源：eMarketer（in Friedman，2011）。

尽管大众媒介已渗透我们的生活，但很多人对媒介产业的表现、媒介产业提供的大多内容，很不满很挑剔。比如，只有 17% 的成年人认为，娱乐媒介提供的东西价值"很好"或"极好"（L. D. Smith，2011）。过去十年里，人们对媒介的评价越发否定。仅 38% 的公众对出版业持肯定观点（比 2001 年下降 9%）；32% 的公众欣赏公共关系行业（下降 6%）；39% 的公众对广播电视持肯定态度（下降 3%，Newport，2011）。至于新闻业，"对新闻机构的表现持负面意见的比例现在达到或超过史上最高"（Pew Research Center，2011）。

我们对于媒介既批判却又消费，这一矛盾行为的部分原因，在于我们对大众媒介各要素之间的关系不确定。技术在起什么作用？金钱在起什么作用？我们在大众传播过程中又在起什么作用？

技术的作用

有人认为是机器及机器发展，驱动了经济与文化的变迁，该思想被称为**技术决定论**（technological determinism）。无疑，活字印刷促进了欧洲宗教改革与天主教会势力的衰退，电视改变了美国家庭成员之间的互动方式。技术决定论者认为，文化景观的变迁，是新技术的必然结果。

也有人对技术持比较中立的态度，认为是人决定使用技术的方式，赋予技术重要意义。该观

17

点承认技术是促使经济与文化变迁的因素之一，而技术最终能产生多大影响，全在于使用技术的人和文化会赋予技术多大力量。

有关技术力量的分歧，争论焦点围绕新媒介技术展开。对于互联网、万维网与即时全球视听传送之类新科技的出现，我们是不是多少有些无可奈何之感？我们若受技术控制，我们的文化便不再是自己创造的了，我们能期望的最好结果，只能是在自己无法控制的世界里理性行事而已。但这些技术若的确只是中性的，其力量取决于我们如何使用，那么，我们便可以尽责尽心地使用这些技术去构建和维系我们想要的文化。正如电影导演、技术爱好者史蒂文·斯皮尔伯格（Steven Spielberg）所说："技术可以成为我们最好的朋友，也可以成为我们生活中最扫兴的东西。它干扰我们的故事、妨碍我们思考和想象，妨碍我们进行奇思妙想，只因为我们从咖啡店匆忙赶往办公室都在一心玩手机。"（Kennedy，2002，p.109）或者就像伊恩·马尔科姆（Jeff Goldblum）博士（杰夫·戈德布卢姆饰）在斯皮尔伯格1997年导演的《失落的世界：侏罗纪公园》（*The Lost World: Jurassic Park*）里所说的："唔！啊！故事总是这样开始。接着就是奔跑与尖叫。"

技术对传播确有影响，它至少改变了媒介的基本要素（见图1—3），但技术并不能妨碍我们理性、明智地使用大众媒介。

金钱的作用

金钱也在改变传播，它改变了不同力量之间的平衡，变受众不仅为消费者，还为产品。

早期报纸的经济支持来自读者。读者购买报纸的钱，支付着报纸的出版与发行。19世纪30年代出现了一种新的报纸融资方式，出版商开始以远低于自己报纸出版发行成本的一便士的价格，出售报纸。以如此低廉的价格销售大量报纸，出版商其实是在依据读者量"销售"广告版面。他们真正销售给广告商的，其实不是版面而是读者。他们向广告商要价多少，与他们能向广告商提供多少产品（读者）直接相关。

此新型出版方式改变了大众传播的性质。其传播过程的目的，不再是受众与媒介一起共同创造意义，而是把读者销售给第三方——广告商。

有观察者认为这样发展，对大众传播史，甚至对民主历史，都非常不利。它剥夺了人的话语权，或者至少让广告商的话语权更大。也有人认为这是之于大众传播与民主的一次巨大进步，因为它大大地拓展了媒介，使得传播更为广泛和深入。专栏文章《受众是消费者还是产品？》中呈现的这两种以不同观点看待大众传播的例子，你更倾向哪一例？你觉得哪种观点更确切？美国广播公司记者特德·科佩尔（Ted Koppel）对《华盛顿邮报》说："〔电视〕是产业，是商业，我们要挣钱为生，我们要以播商业广告为生，各广告之间的节目，不过是我们放在捕鼠器上的诱饵"（"Soundbites，"2005，p.2）。你觉得科佩尔对于电视的分析，是多此一举的愤世嫉俗，还是一语中的的深刻之见？

本书通篇不断在对媒介从业者的目的提出质疑，但有一点我们始终要牢记，那就是，我们身处资本主义经济制度之下，媒介产业是商业，电影制作商要卖得出电影票，图书出版商要卖得出书，即便公共广播也有账要付。

但这并不意味着媒介就是或者必须是利润的奴隶。我们的任务，就是去了解经济给这些产业带来的限制，要求它们在这些限制之上承担责任、保持操守。只有做有思想、有批判精神的媒介消费者，方可达此目的。

18

文化论坛　　　　受众是消费者还是产品？

人们评价媒介表现与内容的出发点，是看自己适应媒介产业经济的程度。商业运营模式是服务消费者，赚取利润。消费者至上，但在大众媒介系统里，谁是消费者呢？这在媒介从业者与评论者中，是一个备受争议的问题。请看下列模式：

	制造商	产品	消费者
美国的基本商业模式	制造商……	制造产品……	为可自主选择买与不买的消费者。制造商必须满足消费者。威力全在消费者。
美国谷类的基本商业模式：卜卜米为产品，大众为消费者	家乐氏……	制造卜卜米……	为我们消费者。我们买卜卜米，家乐氏就盈利。家乐氏必须满足我们。威力全在我们。
美国电视（A）的基本商业模式：受众为产品，广告商为消费者	美国全国广播公司（NBC）……	（通过节目）制造受众……	为广告商。他们若买美国全国广播公司的受众，美国全国广播公司就盈利。美国全国广播公司必须满足它的消费者即广告商。威力全在广告商。
美国电视（B）的基本商业模式：节目为产品，受众作为消费者	美国全国广播公司（NBC）……	制造（或转播）节目……	为我们受众。我们若收看美国全国广播公司节目，美国全国广播公司就盈利。美国全国广播公司必须满足我们。威力全在我们受众。

其中三种模式都假定消费者购买产品，即消费者是出钱方，因此必须被满足。剩下一个模式提出了一个不同的假设，认为受众即便不购买任何产品，对于美国全国广播公司的盈利能力，依然有非常重要的影响，因而迫使美国全国广播公司把受众利益放在第一位（甚至高于广告商的利益）。你认为哪种模式最能代表美国的大众媒介经济？

大众传播、文化与媒介素养

　　文化与传播密不可分，而大众传播，诚如我们所见，是一种影响大、渗透强的复杂的传播形式。因此，在大众传播过程中，我们的技能水平最重要。该技能未必容易掌握（不只是启动电脑、打开电视，或者翻看你最喜欢的杂志），但却是一项可习得的技能，可以通过练习加以掌握。这个技能，就是**媒介素养**（media literacy），即能非常有效和高效地学习和运用任何媒介传播形式。我们先从第一个大众媒介即书籍开始，探讨书籍以及促使书籍传播的技术，即印刷术。

19　■　古登堡革命

　　文字书写之重要，怎么夸大都不过分。约翰尼斯·古登堡（Johannes Gutenberg）改进的金属活字印刷术，正是如此。历史学家 S. H. 斯坦伯格（S. H. Steinberg）（1959）在其著述《印刷业五百年》（*Five-Hundred Years of Printing*）中指出：

　　任何政治、保健、教会和经济运动，或者社会、哲学和文学运动，若不将印刷术的影响考虑其中，则根本无法完全理解这些运动（p. 11）。

　　马歇尔·麦克卢汉将其 1962 年出版的著述命名为《古登堡星汉璀璨》（*The Gutenberg Galaxy*），足见其对古登堡创新的赞赏。麦克卢汉在著述中指出，印刷术的出现，打开了我们的现代意识。因为**素养**（literacy）这一有效且高效理解与运用文字符号的能力，虽然自 5 000 多年前字母表首次开发后就已存在，但那只为少数精英所有。古登堡之发明带来了世界性的改变，因为它让每一个人都得以接触知识，即它实现了大众传播。

　　印刷术　古登堡完善他的印刷术大约在 1446

年，而印刷与印刷机的诞生，远在此前。中国人早在公元 600 年便开始使用雕版印刷机，公元 1000 年发明泥活字印刷术。朝鲜甚至在 13 世纪便开始使用一种简单的金属活字印刷术。但视古登堡印刷术为重大飞跃，原因有二。

古登堡是位金匠和冶金家，他突发奇想使用金属活字，用铅模替代木活字或泥活字。他的改进跨越了重大一步，不仅因为金属活字印刷术持久耐用，还在于字母可任意排版与再排版，任意组合信息。古登堡能复制完全相同的副本。

此外，古登堡优于朝鲜金属模印刷术的关键在于，朝鲜的印刷术只能为极小部分的尊贵读者

这是古登堡版的《圣经》中的一页，精湛地展现了这种印刷机所创造的作品。书页边缘的插图为手绘，文字内容为机器印刷而成。

印刷图书。而古登堡的发明，却使大量制作图书并以此盈利成为可能。可他这个商人却很贫穷，他重质不重量，部分原因是出自他对自己印刷的书籍（《圣经》）的崇敬。他采用高质量的纸张与油墨，结果，印刷出的数量比本该印出的数量少

很多。

但其他印刷商们很快看到了古登堡发明的真正的经济潜力。第一部古登堡版的《圣经》诞生于 1456 年。到 15 世纪末，也即 44 年之后，印刷技术已流行于欧洲的 12 个国家，2 000 万册《圣经》涌入，它有 7 000 个不同标题、35 000 个不同版本（Drucker, 1999）。

印刷术的影响　古登堡开发印刷机原本只为印刷《圣经》，但其大规模印刷的文化影响，却非常深远。

手书或手抄材料的制作很贵，花在时间和金钱上的教育成本，使得读书成了奢侈行为。但随着印刷术的普及，其传播让更多的人接触到文字，下层和中层阶级开始有文字素养的需求，阅读能力已不再是奢侈而是必要，阅读因此得以传播，正如教育一样。前线士兵需要阅读皇帝的命令，屠夫得看懂国王的采购清单。阅读需求的增长，促使更多（及更多类型）的人开始学习阅读。

商人、士兵、牧师、面包师与音乐家现在全都跟印刷机的商店打交道了。他们依然交谈。他们现在既从交谈又从阅读印刷作品之中，了解事情。当更多人学会阅读时，新思想的萌发与传播，启发了更多的思想。

更多来自各种源头的材料的出版，让人们能够自由选择自己愿意阅读的内容。统治者（王权与教会）现在开始难以控制传播，因此也就难以控制人民了。认识世界的新思想开始出现，理解当下世界的新认识开始活跃。

此外，复制让标准化和保存得以实现。迷信与神话开始让位于标准化、可证实的知识体系。历史、经济、物理与化学均成为文化知识生活的一部分，文字文化开始走向现代化进程。

印刷材料是最早的大批量生产型产品，它加速了资本主义的发展与巩固。我们如今生活的世界就建立在此改变之上。印刷术的使用，促进大批中层阶级的形成与增长。社会不再只由统治者与臣民两个阶层组成，印刷术加速了民主的产生。权力与财富不再只由出身决定，权力与财富可因勤勉而创造。政治话语不再仅限接受王权与教会的指示，印刷术赋予普通民众强大的话语权。

持技术论观点的凯文·凯利（Kevin Kelly）将印刷术与自由和法制直接相连：

技术变革会影响文化。很久很久以前，文化围绕的重心是口头语言。口语技能如记忆、背诵和修辞等，所形成的我们对历史的尊重，模糊、华丽且很主观。然后，大约 500 年前，口头表达被技术所倾覆。古登堡改进的金属活字印刷术，把书写提升到文化的中心地位。文本因为可廉价而完美地复制，成为变革的动力和稳定的基础。随着印刷业发展而来的，是新闻、科学、数学文库和法律（2008，p. 48）。

约翰尼斯·古登堡从他的印刷机里拿出第一份校样。

工业革命

到 18 世纪中叶，印刷业和它的科学与数学文库，成为驱动工业革命的一大动力。印刷担起构建与传播知识体系之重任，引发科学技术的发展与新型机械的改良。此外，工业化减少了完成工作所需的时间，由此，造就了一个至此大多数劳动者尚未感受到的事物，即休闲时间。

工业化还带来另一影响。随着农民离开过去以日出而作日落而息的方式干活的农业、手工业和商业，进入新型的工业化的工厂，他们不仅有了更多休闲时间，还有了更多花在休闲时间上的金钱。农民、渔夫和烧砖工们把自己的所得重新投放到自己的生产中，但工厂的工人则把自己挣的钱带回家花。休闲时间、可花的金钱，与阅读传播结合在一起，结果便是，产生了大量日益增长的、需要印刷信息与娱乐的受众。19 世纪中叶，大众受众及连接大众受众的渠道开始形成。

 媒介素养

电视在多方影响我们的文化，其效果之一，很多人认为，是它在助长社会暴力。例如，大多数美国电视观众认为电视暴力内容太多。可几乎毫无例外的是，地方电视新闻节目中含暴力最多的晚间新闻，收视率最高。"有流血就有收视率"，已经成为许多地方电视新闻节目的宣传语。之所以有领先的收视率，就是因为人们愿意收看。

我们很多人一味谴责媒介的不适表现，或者指出并痛惜其造成的危害效果，却很少质疑自己在大众传播过程中的作用。我们之所以忽略这个问题，是因为我们自然而然参与了大众传播，却对自己这自然参与的行为没有自觉意识。我们高水平的解读与理解能力，让自己理解和享受复杂的电视节目、电影和杂志。我们一生，通过与媒介互动，阅读媒介内容。

我们理所当然地认为自己具备媒介素养，其实该技能与其他所有技能一样，是可以提高的。若认识到大众媒介在创造和维系定义我们以及我们生活的文化上举足轻重，则一定要提高媒介素养了。

亨特学院（Hunter College）媒介系教授斯图尔特·埃文（Stuart Ewen）在对比媒介素养与传统素养之后，强调上述观点，他指出，"历史上，素养与民主密切相关，是因为，有学识的民众熟悉与自己生活有关的事件，有能力积极参与到公共协商与社会变迁之中……素养有助于跨越历史上分隔有思想的人与普通人之间的那条界线，有助于释放出那些被隔离在公民补偿权利以外的人"（p. 448）。埃文及其他专注媒介素养的研究者们认为，媒介素养便是全面参与文化的手段。

媒介素养要素

媒介学者阿尔特·西尔弗布拉特（Art Silverblatt）（2008）确定了七项媒介素养的基本要素，我们在此基础上加上第八项。媒介素养具有以下特征：

（1）批判性思维技能，让受众成员能就媒介内容拓展自己独立的判断力。对自己消费的内容做批判性思考，此为媒介素养之关键。自己为什么选择收看、阅读和收听这些内容？这个问题若回答不了，那就是没对自己和自己的选择负责任。这样也是没对自己的选择后果负责任。

（2）了解大众传播的过程。清楚大众传播过程的要素，以及它们之间如何相互联系，便能预期它们将如何为我们服务。各媒介产业如何运转？对我们有何职责？受众又有哪些义务？不同的媒介又是如何限制或者增强信息的？哪种形式的反馈最为有效？为什么？

22

（3）了解媒介给个人和社会带来的影响。书写与印刷机促进了这个世界以及这个世界上的人们的改变，大众媒介亦如此。我们如果忽略媒介对我们生活的影响，就可能受这一变化的牵引和掌控，而不是对它进行控制和引导。

（4）具有分析和讨论媒介信息的策略。妥善使用大众信息，需要具备思考和反思的能力。要制作意义，我们就必须拥有制作意义的能力（比如，理解电影与视频会议的意图与影响，诸如摄影角度与灯光，或者报纸刊发照片位置的策略等）。否则意义就为我们制造了，解读媒介内容的主动权就在媒介内容的制造者而不是我们了。

（5）认识到媒介内容是理解我们的文化和生活的文本。一种文化，以及它的人群、态度、价值观、关注点和神话，我们是如何了解到的呢？是通过传播了解到的。而就我们现在这样的现代文化而言，媒介信息越发控制了这一传播，塑造了我们对自己文化的理解和洞见。

（6）培育和促进我们享受、理解和欣赏媒介内容的能力。具有媒介素养并不意味要过乏味的生活，讨厌媒介上的任何东西，或者时刻警惕媒介的不良效果和文化的退化。我们修习的高中、大学课程提高了自己理解和欣赏小说的能力，我们也可以修习课程提高理解和欣赏媒介内容的能力。

要学习享受、理解与欣赏媒介内容，需要运用**多点介入**（multiple points of access）能力，即从各个不同角度去认识媒介内容，并从中获取多层意义。如此，我们便以自己的享受和欣赏而控制了意义创造。举个例子，空前绝后的全球票房冠军《阿凡达》，我们可以把它作为一部激动人心、充满爆炸场面、动作冒险的、史上挣钱最多的暑期大片来欣赏。可影迷或许将它看成是一部类似经典的"好人进城"电影，OK 牧场变成潘多拉；或许把它解读成一部环境预言片，不要破坏大自然；或许把它解读成一部袭击中东的战争片，只不过穆斯林的石油换成了纳威人的超导矿石。或许它是以科幻的形式在讲述历史，提醒我们，想击败原生叛乱，只能是徒劳。或许它就是周六晚上的消遣好方式：我们被那些自己很喜欢的、饰演《异形》与《终结者》的同一帮人，再逗乐一回。

事实上，《绝望主妇》（*Desperate House-wives*）、《每日秀》（*The Daily Show*）、《辛普森一家》（*The Simpsons*）、《实习医生格蕾》（*Grey's Anatomy*）、《恶搞之家》之类的电视节目，其实是针对有经验的观众的媒介素养技能而特别编排的，但对于技能水平低一些的观众来说，这些节目就只能是娱乐了。同样情况在电影媒介也存在，比如《飞屋环游记》（*Up*）、《活个痛快》（*50/50*）、《拆弹部队》（*Hurt Locker*）和《一夜大肚》（*Knocked Up*）；在杂志媒介也存在，比如《警钟》（*Alarm*）；在最流行的爵士、说唱与摇滚乐媒介亦存在。《绝望主妇》和《每日秀》之类的节目是为引观

　　动画片《恶搞之家》描述的是一个典型的城郊家庭，内含所有电视情景喜剧该有的元素：不称职的爹、早熟的女、懒散的儿、敦实的妈及荒唐的情境。此外，还塑造了一只充满哲学智慧的狗和一位邪恶、耍滑、天才一般的小婴儿。你认为制作人费尽心思以常见元素构筑情景喜剧后，为什么又添加了些其他匪夷所思的要素？而《阿凡达》呢？是一部集特效、爆炸、冒险元素于一身的动作大片，是典型的"好人进城"电影——OK 牧场变成潘多拉，还是有关环境的预言片，抑或是以纳威人的超导矿石指代穆斯林的石油来借此评论中东战争？又或许它不过就是个打发周六晚上的消遣——再看一部那伙拍《异形》和《终结者》的人新拍的电影罢了。

众发笑而制作的喜剧，但它们同时也有意为更具鉴赏力和媒介素养的观众，提供更多自行制造趣味与相关意义的机会。看这些节目的观众都会笑，但有人会对郊区的虚假行为做调查（《绝望主妇》），或者探索当今新闻业的失败与不足（《每日秀》）。

（7）拓展有效、可靠的制作技能。有关素养，传统观点认为，会读就一定会写。对媒介素养的认识也是这样。对于（这两种）素养，我们的定义是，不仅能有效且高效地理解其内容，而且能有效且高效地运用它。因此，有媒介素养的人，得拓展制作技能，创造有用的媒介信息。你若曾尝试制作过叙述家庭故事的视频，就会知道，制作内容比消费内容难得多。对很多人来说，即便制作一条让人尴尬的电话留言，也不是一件容易的事。

媒介素养的这一要素，乍看之下似乎相对不那么重要。毕竟，你若选择媒介制作领域的职业，会在学校和工作中受到训练。若选择其他职业，也许永远不必制作媒介内容。但是大多数职业现在在采用某种媒介形式传播信息：或者用于培训，或者用于增强表达效果，或者用于保持客户与消费者之间的联系。尤其是互联网和万维网，要求使用者具有有效的制作技能，无论在家、在学校还是在工作中，因为在线接收者可以成为也很容易就成为在线创造者了。

（8）了解媒介从业者的伦理与道德义务。想有见地地评价媒介表现，必须了解媒介从业者工作时的竞争压力，必须了解运行媒介的官方和非官方规则，也就是说，必须了解各个媒介的法律与道德义务。现在回到前面提到的电视暴力问题。电视台播放逼真的暴力内容合法，可是否道德呢？如果不道德，我们有什么样的权利要求它从荧屏上消失？这样的难题，我们将在第14章中详细讨论。

媒介素养技能

消费媒介内容很容易，按一按按钮，你就能看到电视画面、听到广播音乐。钱够的话，看场电影或买份杂志。但是，有媒介素养的消费，是需要一系列特别技能的：

（1）专心、努力理解内容，集中注意力、排除噪音。如前所述，对成功传播形成的干扰，我们称其为噪音，而大众传播过程中的许多噪音，是由我们自身的消费行为引起的。我们常常一边看电视一边做其他事，比如吃东西、读书或者打电话；一边开车一边听广播。显然，我们创造意义的质量，与我们在付出多大努力创造，二者息息相关。

（2）了解并尊重媒介信息的力量。大众媒介至今已存在150多年，几乎人人都在享用。大众媒介内容要么免费要么相对便宜，大多内容的确乏味、幼稚，因此常让人觉得媒介内容不值慎思，或者影响甚微。

我们还常因**第三者效应**（third-person effect）而忽视媒介力量：大家普遍认为，别人会受媒介信息影响，而自己则不会受媒介信息影响。也就是说，我们的媒介素养，让我们认识到大众传播在影响别人的态度、行为和价值观，却没有意识到或诚实地反省大众传播对自己的生活存在的影响。

（3）对媒介内容做出反应并展开相应行动时，要能区分自己的情感反应与理性反应。媒介内容常旨在从情感层面打动我们：我们热衷沉醉于好歌、精心制作的电影或电视节目，我们乐于此道。但是，如此情感反应，并不意味着这些信息内容对我们的生活不具重要的意义。例如，电视画面的拍摄与播放，特意考虑了情感影响。有情感反应实属正常、适当。但接下来该怎样呢？对于我们目前面临的某个大问题，这些画面又阐释了什么呢？我们可将自身情感作为意义创造的出发点，质疑自己："为什么这一内容让我有如此感触？"

（4）预期媒介内容的水准应不断提高。大家都使用媒介放松神经、消磨时间、充当背景音乐。我们看电视时，一般都是先打开电视，再快速调台，直到找到能看的节目，而不是先看电视节目单，再找要看的具体节目。网上搜在线视频，我们一般满足于接受"今天分享最多的10个视频"。当对自己面前的内容不抱期待时，我们一般也不会努力对它进行意义创造。

第三者效应容易让我们忽略媒介对我们自己的影响……受影响的只是别人！有媒介素养的人知道，其实并非如此。即便如此，我们大家都生活在一个大众传播影响无处不在的世界里。

资料来源：David Horsey@Tribune Media Services, Inc.；All Rights Reserved；Reprinted with permission。

（5）了解体裁规约，体裁混淆时有能力区分清楚。**体裁**（genre）一词指不同媒介的表达类别，如"晚间新闻"、"纪录片"、"恐怖电影"或"娱乐杂志"等。每一种类型都具有自己独特的标准化风格因素，我们称其为体裁的**规约**（conventions）。比如，晚间新闻的规约包括一个简短乐观的开场白主题，一两个长相不错的人坐在太空桌子旁。所以，听到或看到这样的风格，我们就知道是晚间新闻节目了。我们能区分纪录片和娱乐片，是因为纪录片的语调比较庄重，且谈话者数量更多。我们从杂志封面（封面颜色以及印在封面上文字的多少），就能知道哪些杂志提供严肃阅读内容，哪些只是为了娱乐消遣。

了解这些规约很重要，因为它们暗示或引导我们做意义创造。比如，关于泰坦尼克号沉船，我们就更接受纪录片里的细节描述，因为它比好莱坞电影描述的那场灾难更为可信。

该技能之重要还另有原因。有时，为最大限度地吸引观众（因而能使利润最大化），或者为了创新，媒介内容制作者会对不同体裁进行混搭。奥利弗·斯通（Oliver Stone）的《尼克松》（Nixon）和《肯尼迪》（JFK）是纪录片还是小

说？杰拉尔多·瑞弗拉（Geraldo Rrivera）是记者、脱口秀主持人还是表演者？《贝兹》（Bratz）是少儿卡通片还是一部 30 分钟的广告片？Extra! 和 E! News 越发与美国全国广播公司的《日界线》（Dateline NBC）和哥伦比亚广播公司的晚间新闻（CBS Evening News）相似。媒介体裁相互融合，使得解读媒介内容越发困难。

（6）媒介信息来源的可信度无论多高，对其内容均需做批判性思考。有一点极其重要，那就是，人民做主的民主国家，媒介值得信赖，因为，媒介在国家治理过程中起着至关重要的作用。这也即为什么新闻媒介有时被称作继行政、司法与立法之后政府的第四大部门了。但这并不意味着我们要相信其所报道的一切。困难的是，常常在想相信与毫无疑问地接受自己的所见所闻之间，难取适当的平衡，尤其是在我们不愿怀疑、愿意受媒介鼓动、相信其内容真实可信的时候。

仔细想想《纽约时报》（New York Times）的宣传语"所有新闻适合刊发"，以及标题"目击者新闻"，假如事件真的发生，那么试问还有谁能比目击者更可信呢？但是，探查这些媒介，我们发现，《纽约时报》刊登的，其实是所有适合（它版

面）的新闻，且其新闻目击者，充其量是选择性目击者。

（7）掌握各不相同的媒介的内在语言、理解其语言的效果，无论这语言有多复杂。诚如每一媒介体裁均有自己独特的风格与规约，每种媒介也有自身特有的内在语言，该语言就是其**制作价值**（production values），诸如如何选择灯光、剪辑、特效、音乐、摄像角度、版面排版、标题大小与位置等。你只有了解了媒介的内在语言，才能读懂其媒介文本。我们自孩童时就在自动学习该语言之文法，比如，看到电视图像上出现"Zzzzzzz"，就知道那个角色正在做梦。

一起来斟酌一下同一电影场面的两种不同版本。第一个版本是，一男人正驾驶一辆汽车，紧接着快速切入的镜头是，一个被捆着的女人躺在铁轨上。这一男一女会是什么关系？男人正要去哪儿？除了这两个镜头，别无其他信息，你却自动会联想到，这个男人喜欢她，正赶着去救她。第二个版本是，一男人正驾驶一辆汽车，紧接着的镜头是先灯光渐暗，然后灯光渐亮，看到躺在铁轨上的女人。这一男一女会是什么关系呢？男人正要去哪儿？两人之间是否有关系？不很明确。两个几乎一模一样的画面，我们解读出的含义却完全不同，是因为，连接镜头的方法不同（快速切入/淡出）。

媒介文本往往比这两个场面复杂得多，对于媒介文本，我们越了解它的文法规律，便越能更好地理解和欣赏文本。对文本了解得越多，便越能在意义创造上与媒介专业人员平起平坐。

 挑战媒介素养

认识文化价值观

有媒介素养的人，视媒介内容为我们理解自己的文化与生活，以及媒介对个人和社会的影响，提供了有洞见的文本。现在来挑战一下自己的媒介素养技能。可以跟你父母中的一位或者其他一位年长者一起来做这个练习，或者，你可通过网络收看20年前的电影与电视节目后，再做推测。比较你和你父母儿时的英雄形象，对于你认为的英雄特质，你觉得两代人之间的认识有何不同？你与你父母认为的英雄特质，有哪些共同点和不同点？你个人认为英雄应该具备的优良品质，在当今的电影或电视中能找到吗？你选的英雄形象或许不过是电视中的一个角色而已，这没关系，你在电视或电影的什么地方能找到你认为的英雄特质？你认为，在过去几十年里，是什么样的文化价值观、态度和信仰（假如有的话）的影响，改变了英雄的形象？媒介是如何有助于你建立明确的价值观这一人的重要品质的？

 本章回顾与讨论

回顾要点：将内容与学习成果联系起来

- ● 定义传播、大众传播、大众媒介与文化。
- ■ 传播是创造共享意义的过程。
- ■ 大众传播是大众媒介和它的受众创造共享意义的过程。
- ■ 大众媒介是将信息传递给众多接收者的一种技术手段。

- ■ 文化是一个赋予意义的世界，弥漫在我们周围，通过传播进行社会构建和维系，它既限制我们又解放我们。它定义我们的现实，塑造我们思考、感觉和行为的方式。
- ● 描述传播、大众传播、文化以及生活于该文化之中的人们之间的关系。

■ 大众媒介是我们文化的主要叙述者，是我们讨论文化意义的论坛。

● 评估技术与经济对这些关系造成的影响。

■ 技术决定论认为，技术是引起社会与文化变迁的主要因素，但主宰文化的不是技术，而是人们使用技术的方式。

■ 金钱与技术一起塑造着大众传播。受众在我们的大众媒介系统里，可既是消费者，也是产品。

27

● 列出构成媒介素养的各个要素。

■ 媒介素养指有效且高效地理解与运用任何介质传播形式的能力，有下列几个组成要素：

（1）批判性思维技能，受众成员对媒介内容具有独立判断力。

（2）了解大众传播的过程。

（3）了解媒介给个人和社会带来的影响。

（4）具有分析和讨论媒介信息的策略。

（5）认识到媒介内容是理解我们的文化和生活的文本。

（6）培育和促进我们享受、理解和欣赏媒介内容的能力。

（7）拓展有效、可靠的制作技能。

（8）进一步理解媒介从业者的伦理与道德义务。

● 确立拓展媒介素养所需的关键技能。

■ 媒介技能包括：

（1）专心努力理解内容、集中注意力、排除噪音。

（2）了解并尊重媒介信息力量。

（3）对媒介内容做出反应并展开相应行动时，要能区分自己的情感反应与理性反应。

（4）预期媒介内容的水准应不断提高。

（5）了解体裁规约，体裁混淆时有能力区分清楚。

（6）能批判性地思考媒介信息。

（7）掌握各不相同的媒介的内在语言，理解其语言的效果。

关键术语

communication 传播

feedback 反馈

interpersonal communication 人际传播

encoding 编码

decoding 解码

noise 噪音

medium（pl. media） 媒介

mass medium 大众媒介

mass communication 大众传播

inferential feedback 推理反馈

cultural definition of communication 传播的文化定义

culture 文化

dominant culture（mainstream culture） 主流文化

bounded culture（co-culture） 地域文化（共存文化）

smartphone 智能手机

app 应用程序

technological determinism 技术决定论

media literacy 媒介素养

literacy 素养

multiple points of access 多点介入

third-person effect 第三者效应

genre 体裁

conventions 规约

production values 制作价值

复习题

1. 什么是文化？文化是如何定义人的？

2. 什么是传播？什么是大众传播？

3. 什么是解码与编码？技术介入传播过程时，编码和解码有何变化？

4. 解释"传播是一个互动过程"。

5. 詹姆斯·凯利的传播的文化定义是什么？它与传播过程的其他定义有何不同？

6. 视大众媒介为文化叙述者是什么意思？

7. 视大众传播为文化论坛是什么意思？

8. 什么是媒介素养？它有哪些组成要素？

9. 大众媒介素养的特殊技能有哪些？

10. 体裁与制作规约有什么不同之处？它们与媒介素养有什么关系？

批判性思考与论述题

1. 你儿时的英雄形象有哪些？为什么选择他们？你从他们身上学到了什么？

2. 古登堡印刷业带来的影响，与当初预期的截然相反。你认为互联网与万维网的前景，会与当年对古登堡发明不准确的预料一样吗，也就是说互联网与万维网会带来非常乐观的文化影响吗？

你认为互联网与万维网能实现什么样的乐观预想？请证明。

3. 你觉得自己的媒介素养水平如何？你身边的人比如父母或者最好朋友的媒介素养水平又如何？你觉得自己作为有媒介素养的人，还存在哪些弱点呢？

趋同化与大众传播的重塑

学习目标

今天的大众媒介体系与 19 世纪 30 年代的状况大同小异，它因技术的日益精进在不断经历着重大变化：大众市场的图书和大量发行的杂志曾很快取代廉价报业的报纸。进入 20 世纪，在这两个流行媒介之上，又加进了电影、广播及录音唱片。几十年后，将新闻与娱乐、影像与声音相结合的电视又出现了，人们足不出户便能免费收看，虽然这种免费只是表面上的。传统媒介发掘出新功能，与电视一同繁荣起来。时至今日，又产生了互联网和万维网，以及智能手机和平板电脑这样的移动技术。这些新技术使得如今所有的媒介产业均面临深层变动，包括如何进行自我构建和经营运作、传播内容的性质以及如何与受众互动和应对。当这些变化显露出来时，大众传播的本质以及我们在此过程中所充当的角色，自然也会跟着显露出来。学习完本章后，你应该能够：

● 概述大众媒介的现状，尤其是所有权集中化和企业集团化、全球化、受众细分、过度商业化和趋同化。

● 概述大众传播过程如何因受众在当今新媒介环境中的角色变化而产生的自身演变。

30

"你想玩游戏可以，可是别想玩我。"

"由不得你咯，但是我玩得光明正大。万事都有限度。"

"说得有理。我说过，去年我最喜欢的电影是《路易·C·K：比肯中心现演》。"

"它不是电影。"

"那《海狸》是电影吗？"

"当然是，里面有大明星朱迪·福斯特和梅尔·吉普森，你在电影院能看到这部影片，它的票房接近 100 万美元。"

"《比肯中心现演》里也有明星呀，路易·C·K，还是位最有名的明星呢。发行头 10 天内票房收入就超过了 100 万美元。"

"可它没在电影院上映，所以不是电影。"

"那你能买到《海狸》的 DVD 吗？你能从 iTunes 上下载吗？你能在葫芦网上在线收看吗？"

"能，能，能啊。你什么意思？"

"《海狸》如果是电影，而且能以电影的名义在上述的所有媒介里收看，那《比肯中心现演》也应该是电影。你同样可以在上述的所有媒介里收看。不错，它是没有在电影院上映，但它在自己的网站上公映了，所以，它是电影。"

大众媒介（及大众传播）正在经历着突如其来的变化，相比 20 世纪五六十年代电视给不可一世的广播和电影所带来的冲击，这种变化有过之而无不及。在互联网、数字化和移动性的冲击下，新一代制作者们不断寻求向新受众传输新内容的新渠道。媒介产业处于骚动之中，面对众多看似眼花缭乱的选择，受众成员开始尝试适应新的媒介未来。你会不会付费下载电影？会付多少费用？你会在点播电视节目上花费多少？每个节目的费用若能减少，你愿意收看节目中插播的广告吗？

经典节目与当代节目相比，你是否认为价格应该有高低之分？你愿意在小屏幕上看电影或电视节目吗？面对这些剧变，美国全国广播公司（NBC）的杰夫·朱克（Jeff Zucker）提出了自己的解决方案："总的策略，就是让我们的内容无所不在。"（Bing，2006，p. 1）但此策略是否可行？要知道，我们这里说的可是所有媒介。你如何收听广播节目比如卫星广播、陆地广播、数字陆地广播或者在线网络广播等？你如何看待**同步上映**（day-to-date release），即以影院、视频点播、DVD 以及下载四种形式同时向公众发布电影？2009 年世界环境日那天，导演雅恩·阿瑟斯－伯特兰（Yann Arthus-Bertrand）就曾以此四种**形式**（formats），向 127 个国家发布他的环保主题电影《家园》（*Home*）。2009 年，史蒂文·索德伯格（Steven Soderbergh）发布自己的影片《应招女友》（*The Girlfriend Experience*）时，先以有线电视和卫星点播视频形式投放一个月，然后才在影院上映。2011 年 12 月，导演兼剧情片明星爱德·伯恩斯（Ed Burns）完全忽视大屏幕，直接以网站下载地址方式、连接 4 500 万户家庭的视屏点播服务方式和 iTunes 下载方式，发行影片《新婚夫妇》（*Newlyweds*）。有线电视公司康卡斯特（Comcast）让一些城市居民在家里的电视上就能收看到像《蜘蛛侠》（*Spider-Man*）这样同步上映的好莱坞大片。你最喜欢用哪种**平台**（platform）（发送某特定媒介内容的方式）观赏这些电影？你仍将其称作电影吗？你认为不同的平台在收费上是否应该有区别？你愿意支付康卡斯特收取的 30 到 50 美元吗？这些便是受众在今后若干年里要回答的问题。具备媒介素养的受众将能更好地回答这些问题。

31

 ## 转型中的产业

2009 年，媒介顾问迈克·沃豪斯（Mike Vorhaus）在消费性电子产品展会上对业内高管说，媒介消费者的"行为正在转变"，这意味着媒介公司"必须转换经营方式。而转换经营方式即

便在正常情况下也难以进行，如果再把深层的周期性经济形势考虑进去，它深刻的阵痛，一定从未体验过"（Winslow，2009，p. 15）。高速变化的技术导致的这股"完美风暴"，在改变消费行为、

引发经济动荡上会制造多少阵痛呢？

● 2011 年电影院的上座率比 2010 年下降了 4.5%，成为过去 9 年中的第 8 个下滑年度。当年销售的 12.8 亿张入场券，是自 1995 年的 12.6 亿张以来，最少的一次门票销售量（US Movie Market Summary，2012）。

● 录制唱片的年销量自 20 世纪 90 年代末开始下降，此趋势 2011 年仍在持续，从 167 亿美元下降到 162 亿美元，下降率为 3%（Collette-White，2012）。

● 15 年前，四大广播网络控制了全部电视收视率的 61%。如今，它们的占有率徘徊在 30%。1985 年收视率最高的节目是《考斯比秀》（*The Cosby Show*），超过 30% 的电视观众在家收看。现在收视率最高的节目是《美国偶像》（*American Idol*），吸引了约 13% 的电视观众（Seabrook，2012）。

● 从 2007 年开始，DVD 的销售迅速下降，比如，2010 年到 2011 年间下降了 20%（Paul，2011）。DVD 的租赁也在下降，同年间下降了

11%（Baar，2012）。

● 视频游戏产业的软硬件销售和租赁两项收入，2010 年到 2011 年间下滑了 8%，其下降率若不是因为移动游戏的增长，可能更为惊人（Epstein，2012）。

● 印刷书籍的销量 2005 年达到顶峰，此后逐年下降（Keller，2011）。

● 日报和周日报纸的发行量自 1998 年开始逐年下降，在 30 岁以下的年轻人群中下降最为明显。全国最大的 100 家报纸中，有 73 家 2011 年的发行量下降（Sass，2011d）。

● 美国消费性杂志的发行量收入、广告页数量和总收入增长情况，自 2002 年开始，均出现停滞。2010 年到 2011 年，消费性杂志的广告总页的下降超过 1%。2011 年，152 种杂志停刊（Sass，2011e）。

● 美国的商业广播听众人数自 1998 年开始持续下降。2008 年开始，听众数量有过小幅度的年增长，但 2011 年开始，听众每天的收听时间只有 94 分钟，比 2008 年的 102 分钟，有大幅度的下降（Friedman，2011）。

媒介产业的利好消息

32

这场风暴表明，媒介产业如今面临的挑战，无疑是如何吸引现已细分成无数小众的大众的关注。这一切在《综艺》（*Variety*）杂志的乔纳森·宾（Jonathan Bing）（2006）看来，"是娱乐的全新陌生景观，旧有的媒介消费规则在其中已不再适用"（pp. 1，38）。媒介消费"规则"或许已经改变，但媒介消费正处全盛时期。

8 至 18 岁的孩子每天花在媒介内容上的时间超过 10 小时 45 分钟，比 10 年前高出 2.5 小时以上。之所以能消费如此大量的内容，是因为他们的**媒介多任务化**（media multitasking）能力，即同时使用多种不同媒介的能力（Rideout, Foehr, & Roberts，2010）。以在家中使用的所有媒介为例，1980 年，美国人每天大约接收 7 小时的信息。今天，他们接收 11.8 小时的信息，或者更精准地说，是"3.6 个泽字节的信息（1 泽字节等于 10 亿

兆字节）。想象一下，那容量能堆满包括阿拉斯加在内的美国呀，还得堆到 7 英尺高才行呢"（Young，2009）。仅以视频为例，截至 2013 年，互联网上 90% 的流量是视频，"全球数字屏幕表面积将近 110 亿平方英尺，相当于 20 亿个大屏幕电视。将它们拼在一起，其表面积大于 15 个曼哈顿岛。将它们首尾相连，这些大屏幕能绕地球 48 圈以上"（Cisco Systems，2009）。诚如我们所料、图 2—1 所示，近 93% 的美国人在被问及哪些是他们必需的科技产品时，答案是汽车，但八成多的人的答案是宽带互联网、近七成人的答案是智能手机。这两种科技产品正在迅速成为绝大多数美国人主要的媒介内容传递系统。还有很大比例的美国人将高清电视、报纸、蓝光光碟和卫星广播视为"必需品"（Carmichael，2011）。美国人正在比历史上任何时候都更多、更频繁地看视频、听

音乐、读书籍、玩游戏、联网络，只不过是在用全新的、与以往全然不同的方式在看、听、读、玩（Masnick & Ho，2012）。这些对于媒介产业来说都是利好：原有基础上的读者、观众和听众正在不断增长，而且，他们还非常看重大众传播体验。此数据对有素养的媒介消费者来说也是利好：他们的消费选择将塑造未来的媒介愿景，也无疑 *33* 在塑造着大众传播过程本身。

媒介产业和媒介消费者正在共同面对众多挑战。除了受众细分和新技术影响〔以及它们催生出的**融合**（convergence），即传统意义上的媒介之间的区别已大大削弱〕，两者还要应对另外三股力量，即所有权集中化和企业集团化、快速的全球化以及过度的商业化。这三股力量势必改变媒介产业的性质，以及产业与其参与者之间的关系。

问及"你需要这些物品吗"时所获肯定回答的百分比

- 汽车　92.7%
- 宽带互联网　84.0%
- 智能手机　66.4%
- 蓝光光碟　48.9%
- 高清电视　47.7%
- 报纸　44.7%
- 卫星广播　34.5%

图 2—1　美国人需要什么技术

资料来源：Carmichael，2011。

 ## 改变

所有权集中化和企业集团化

媒介公司的所有权逐渐被集中到少数人手中。极少数几个大企业集团，通过兼并、收购、买入以及恶意收购等方式，将掌管全球越来越多的媒介渠道。媒介观察员本·巴格迪肯（Ben Bagdi-kian）报道说，1997 年，拥有"社会主导权"的媒介企业有 10 家。2004 年，专栏作家威廉姆·沙费尔（William Safire）将此数字缩短为 5 家：康卡斯特、福克斯（Fox）、维亚康姆（Viacom）、通用（全国广播公司—环球影视）和时代华纳（Times Warner）（"Should Comcast," 2004）。此后，康卡斯特发展得更为强大，从通用购买了全国广播公司—环球影视，成为全国最大的有线电视公司和最大的居民宽带互联网运营商。《纽约时报》这位保守作家警告说，"当政治狂人在互相指责对方使用阴谋诡计时，媒介兼并其实已经缩小了意识形态各异的大众所获取信息和娱乐的范围"（Plate, 2003, p. B4）。沙费尔说得对，意识形态各异的大众的确受到**所有权集中化**（concentration of ownership）的影响。联邦通信委员会委员、民主党成员乔纳森·阿德尔斯坦（Jonathan Adelstein）提出，"公众有权得到从不同视角提供的信息，以便自己做出选择。没有多样的、独立的媒介，公民的信息通道及政治和社会参与通道都会堵塞。为了民主，我们应该通过自己的媒介，鼓励自由言论最为广泛地传播"（Kennedy, 2004, p. 1）。最高法院法官雨果·布莱克（Hugo Black）1945 年在"新闻联盟诉合众国案"的裁决中，不容置疑地捍卫了生机勃勃的媒介。阿德尔斯坦极为认同他的主张，指出："第一修正案建立在这样的前提之下，即各种不同、对立的信息渠道在进行着最为广泛的信息传播。这对于公众福祉至关重要，因为，新闻自由是社会自由的前提。"

关于集中化对民主进程造成威胁，美国纽约州众议员莫里斯·辛奇（Maurice Hinchey）（2006）是这样解释的：

媒介所有权更迭，其速度令人惊愕。过去的 20 年里，美国主要媒介公司数量下降过半，绝大多数幸存下来的公司均被不到 10 家的媒介企业巨型集团控制。媒介机构不断遭受这些巨头吞噬，思想市场因此而严重受限，新颖、独立的声音被扼杀。而留存下来的公司也不以提供可靠的高质新闻为己任，关乎国家福祉的重大新闻报道，已是寥寥无几，而大肆渲染的凶杀和明星八卦却比比皆是（p. 15）。

驻白宫记者茱莉亚·梅森（Julie Mason）在被问及为什么丑闻和犯罪主宰媒介时回答说："那是因为媒介产业受利益驱动。想吸引眼球，就得关注人们最爱议论的事；想做高质量的节目，恐怕就得关注伊朗、伊拉克了。"（Soundbites, 2011, p. 3）

与集中化密切相关的，是**企业集团化**（conglomeration），即越来越多非媒介大公司，开始拥有媒介机构。这种威胁显而易见，资深记者比尔·莫耶斯（Bill Moyers）如是说（2004）：

媒介公司老板要做生意，拥有媒介的企业会为维护自己的巨大利益而越发钻营，侵犯公共政策，其范围涉及竞选资金的改革（谁将数百万美元耗费在广告上？）、广播解除监管和反托拉斯政策、互联网引发的一切相关情形、知识产权、全球化与自由贸易，甚至最低工资、平权行动和环境政策等等。当今时代，媒介与经济纠缠的范围越来越广，使得它越发地依赖政府。因此，新闻的经营与新闻的本质之间，便无疑发生冲突了（p. 10）。

2011 年 3 月，有消息称美国全国广播公司的母公司通用电气 2010 年的全球盈利额为 142 亿美元，其中包括美国境内盈利 51 亿美元，可它非但没有上缴联邦税，反而获得了 32 亿美元的退税。批评者认为，是集团化影响造成了这样事情的发生。《纽约时报》（New York Times）在当时全国正在热议如何解决美国经济困境的当口以头版曝光的这一事件，在全国所有有线电视和广播的新闻节目中均有转载，唯独美国全国广播公司例外。美国全国广播公司当天的晚间新闻对此只字未提。事件披露的那一天，主播莱斯特·霍尔特（Lester Holt）还在敷衍说"天哪"，"不会吧"（Fahri, 2011）。

企业集团化不但有可能导致利益冲突，还可能会主导底线思维、降格媒介内容。《综艺》的皮特·巴特（Peter Bart）（2000）解释说："一个婆婆，有权对下属每家公司的每个单位发号施令，这婆婆还不了解影响整个公司的市场情况，不关心公司生产的产品，可所有人还得听她指挥。"（p. 95）巴特在泛谈媒介业。具体到新闻业，哥伦比亚广播公司前主播丹·拉瑟（Dan Rather）说得更为尖锐："拥有并控制新闻运作的实体越大，新闻运作距离其事业本真就越远。"（Auletta, 2001, p. 60）纽约大学法学教授波特·纽伯尔纳（Burt

Neuborne）警告说：

> 新闻业似乎已被囊入市场心理学之类了，它们如今已被大的集团所拥有，只是大集团中的一小部分而已，它们（新闻机构）得向集团呈交自己该交的利润。甭指望操控新闻业的人会关注第一修正案。炒作谁跟谁上床之类的八卦，其实全是在关注些无关痛痒的问题（Konner，1999，p. 6）。

支持纽伯尔纳教授评述的证据，俯拾皆是。据"新闻业的卓越"项目披露，20 年来，驻华盛顿的外国记者增长了 10 倍，可美国报纸报道国会的记者却减少了三分之二，报道华盛顿的记者减少了一半。当时在国会大厦设置记者站的地方电视台和广播台只有 92 家了，下降了 37%（Mac-Millan，2009）。2001 年，美国报界报道五角大楼的全职记者有 21 位，2009 年两战期间报道战争的记者是 12 位，且没有一家广播网络在伊拉克或阿富汗驻有全职记者（Wasserman，2009）。关于这类报道内容减少所产生的影响，哈佛大学肯尼迪学院做了一项研究，显示 1980 年至 2000 年期间，全国主要媒介对与美国人息息相关的政治问题以外的内容报道，数量增加了 35%，2000 年增加了 50% 以上。1980 年，25% 的新闻报道包含比较哗众取宠的内容。2000 年，该比例达 40%（Alter-man，2007）。这趋势在继续增强：2011 年 3 月，美国有线电视新闻网派往日本报道特大地震和海啸及福岛核电站危机的记者为 50 位。4 月，美国有线电视新闻网派往英国报道皇室婚礼的记者达 400 位，该数字还不包括在澳大利亚、新西兰、印度以及南非等英联邦国家报道民众反应的记者（Chozick & Rohwedder，2011）。诚如某主流报纸的一位编辑的解释，在目前的新闻环境之下，"你若讨论当今的公众信任，一定会让人觉得不识时

务"（Project for Excellence in Journalism，2006）。专栏文章《集中化、集团化及为民主服务》，对此问题将有进一步讨论。

可是，对于集中化与集团化，负面的观察评论却并不多见。很多电信专家认为，集中化与集团化在越发细分化和国际化的电信环境之下不仅在所难免，而且十分必要。企业必须最大化自己的渠道，以尽可能多地去获取细分、广布的受众，否则就会出现财政危机。可这对借助媒介实施自由、有效的传播，将是更大的威胁，因为，广告商和其他财团会竭尽全力去影响它们。

捍卫集中化与集团化的另一个原因，与**规模经济**（economics of scale）有关，"大"其实也有大的优势，它在提高运营效率的同时也在相应减少运营成本。比如，收集新闻资料、制作电视节目后分发到 2 个渠道、20 个渠道或 100 个渠道播放，成本不会依次大量增加。从增加的这些渠道中获得的额外收入，可以用来再投资制作更好的新闻和节目。集团化的情况与此类似，集团内非媒介企业的收入，可以用于支持媒介企业生产高质量产品。

寡占（oligopoly），即媒介产业集中到更为少数的公司手中，对于大众传播过程，可能具有巨大影响。经营传播公司的人，其传播过程中的伙伴本该是受众。但若他们更关注的不是受众而是各分公司的财政，那还谈什么意义共享？若媒介公司越来越远离自己的传播对象，传播过程自身结果将会如何？集中化与集团化若限制了观点和信息的多样化，那很依赖大众传播过程的文化，会变成啥样？是评论家太小题大做吗？清晰频道（Clear Channel，850 家广播电台）创建人劳里·梅斯（Lowry Mays）认为，"我们不是在提供新闻和信息，而是在向顾客销售商品"（Hightower，2004a，p. 1）。他的话对吗？

| 文化论坛 | 集中化、集团化及为民主服务 |

2001 年 9 月 11 日恐怖事件发生以后，集中化、集团化以及它们对新闻的影响成了公众论坛热议话题。媒介业内外，很多观察者认为公司强制降低成本、裁减员工，是如此众多的美国人突遭袭击的主要原因。《费城问询报》记者托马斯·金斯伯格（Thomas Ginsberg，2002）解释道：

20 世纪 90 年代早期至 2001 年 9 月 11 日，美国新闻媒介悄无声息地将国外新闻变成小众话题。至 90 年代后期，因为有线电视和互联网在分散受众，因为媒介集团要求各分支机构增加盈利，广播、电视和一些书刊逐渐在改变方式，开始更多地报道丑闻、时尚和名人，留给重要新闻的节目和页面越来越少，更别提国外新闻了（p. 50）。

微软全国广播公司（MSNBC）记者阿什莉·班菲尔德（Ashleigh Banfield, 2003）在堪萨斯州立大学给学生授课时曾说："我们 80 年代假如更关注阿富汗，'9·11'或许不会发生。"（p. 6）

伊拉克战争更添文化之战。《纽约时报》的约翰·伯恩斯（John Burns）说："我们辜负了美国公众，因为我们没有充分质疑政府开战的原因。"（Rich, 2004, p. E1）《民族报》（The Nation）的斯科特·谢尔曼（Scott Sherman）写道："对于政府的开战意向，轻信的新闻企业极尽诌媚和顺从之能事。"（2004, p. 4）但在这场重新发起的讨论中，指责集中化的批评家们指出，除了降低成本和减少资源这两大原因之外，还存在一个问题。

放弃成本高的国外新闻也是因为经济问题：媒介公司要追逐利润。英国广播公司（BBC）记者格雷格·帕拉斯特（Greg Palast）解释说："调查性报道有三个共同点：它们有风险，它们颠覆既定规则的合理性，它们制作成本高。唯利是图的企业，无论媒介、微件，怎么会找成本高、风险大还可能受攻击的事情去做？哪本商业教科书都没有这样的描述。"（2003, p. 1）换句话说，与其自己调查，不如重复政府声明，这样更简单、更便宜、更保险。记者朱迪斯·米勒（Judith Miller）就曾解释说，自己大量有关伊拉克武器装备的描述，均基于政府信息，她不想往里再加入心中存疑的军事、科学专家们的观点了，因为，"我的任务不是评价政府消息，不是进行情报分析。我的任务是告诉《纽约时报》的读者，政府对伊拉克储存武器的看法"（Sherman, 2004, pp. 4-5）。《哥伦比亚新闻评论》（Columbia Journalism Review）发表评论说，公众没法"深究战争真相"，公众只能"被动接受五角大楼的说辞"（"CJR Comment," 2003, p. 7）。

媒介公司原本是服务公众的，现在却视利润和自身利益为首要，这是不是有点过分？诚如媒介法律学者查尔斯·蒂林哈斯特（Charles Tillinghast, 2000）之说，"即便不谙阴谋论，你也能理解，和普通人一样，记者有权判断自己的兴趣所在和风险边际，因为他们也有养家糊口的压力"（pp. 145-146）。你同意他的说法吗？将你的想法加入文化论坛。

以下是媒介历史学家和改革家罗伯特·麦克切斯尼（Robert McChesney, 2007）提出的民主生活，很奇特。你对此做何反应，请将自己的想法加入文化论坛。

假定联邦政府下令锐减国际新闻报道，或者关闭地方新闻报社，或者减少人员和预算。假定总统下令媒介必须关注名人和琐事，不准严密调查和追踪白宫丑闻和违法行为。若真如此，与此相比，"水门事件"就只能算小巫了。它对共和国的危害将仅次于美国内战……对此，全体大学会闭门抗议。可是，准垄断企业为了商业利益现在所进行的，正是我们上述假定的事情，以致国家陷于文化赤贫。可是，它却未遭多大抗议（p. 213）。

全球化

与所有权集中化紧密相关的是**全球化**（globalization）。大多数的媒介收购项目，主要由大型跨国集团公司完成。全球化对大众传播过程的潜在影响，在于言论的多样化问题。那些遥远的、生疏的、在各种非媒介企业中持大股份的外国企业，会不会为了满足自己的目的而使用手中的权力，干涉新闻和娱乐的内容呢？对此，各方观点不一。有观察员认为这种担心多余：企业要追逐利润，就不得不尊重它们的经营所在国的价值和习俗。也有观察员不那么乐观，他们指出，"尊重"当地价值和习俗其实就是不惜一切代价追求利润的代名词。其所指，是最近有关互联网巨头的争议，包括雅虎、思科、谷歌和微软等"尊重"中国这个网民人数世界第二、增速最快的消费者市场的价值和习俗。微软发言人布鲁克·理查德森（Brook Richardson）对其公司的定位是这么说的："微软在全球很多国家都有业务，不同国家有不同的标准，因此微软和其他跨国公司不得不保证我们的产品和服务符合当地的法律、规范和行业惯例"。(Zeller，2006，p.4.4) 谷歌律师安德鲁·麦

克拉福林（Andrew McLaughlin）将此称为"对当地情况的回应"(Bray，2006，p. A10)。关于本地化和全球化之间的冲突，第 15 章中还有更多描述和讨论。

面对越发全球化的世界，捍卫者指出，我们需要触及广泛散布的受众（这也是催生集中化的同一因素），以保持这一趋势。他们还认为，媒介业生存需要全球化，而当今新生民主国家与日俱增的经济实力（以及满足这些国家民众的需要）与世界经济之间日益紧密的关系，是全球化的另一前提。

受众细分

大众传播过程中另一因素的性质也在发生变化。受众个体的定义越来越狭窄，受众已不再等同大众，这就是**受众细分**（audience fragmentation）。

电视出现之前，广播和杂志是全国性媒介。国家强大的广播网络将新闻和娱乐带给全体国民。《生活》（*Life*）、《视角》（*Look*）和《星期六晚报》（*Saturday Evening Post*）等杂志，曾为全国读者提供有限的文章、很多的图片。电视在这些方面大大超越了广播和杂志，可谓是可视广播、动态杂志。广播和杂志为了生存，被迫开始寻找新的功能。广播和杂志因为规模上不占优势，便瞄准特征相同的少数受众，以吸引特定广告商的关注。于是，《滑雪》（*Ski*）、《互联网世界》（*Internet World*）这样的杂志便应运而生；农村、城市和立陶宛语这样的广播台形式也开始出现。此现象被称作**窄播**（narrowcasting）、**利基营销**（niche marketing），或者**确定目标市场**（targeting）。

科技也同样影响了电视。有线电视出现之前，供人选择的商业广电网络有美国广播公司（ABC）、哥伦比亚广播公司（CBS）和美国全国广播公司（NBC）这三家，非商业公共广播电台一家，另加一两家独立台。如今有了有线电视、卫星电视和 DVD，人们的收看选择可谓数以千计，电视观众细分化了。现在，各家频道为了吸引广

告商，必须寻找更为特定的人群来构建自己的受众。比如，"尼克国际儿童频道"瞄准儿童；"电视乐土"瞄准婴儿潮一代；"斯派克"瞄准青少年；"布拉沃大冒险"瞄准年长一些的高收入人群。

新数字技术细分受众的程度更甚，细分单位甚至到一。比如，5.5 万订阅《理性》（*Reason*）杂志的读者，会有 4 万人 2007 年 6 月收到一期极其富有个性的刊物：期刊封面是读者自家及周边的航拍照片。杂志里还有读者邻里的教育程度、同一邮编范围内有多少孩子由祖父母带大之类的信息。广告也根据公共利益团体的呼吁而做得很个性化，信息包括每位读者支持的国会议员在各项立法活动中的表决。《理性》杂志编辑赞许说，我们正生活在一个细分化的"数据库国家"（Gillespie，2007）。有线电视公司不仅能将特定广告发送到特定区域，甚至还能发送到特定家庭的特定电视。个体化新闻（Individuated News, I-News），是一种能在家中印刷、绝对具体、绝对个性的报纸服务形式。读者以极低的折扣价购买打印机、支付很小一笔订阅费之后，便能接收内容，包括符合自己个人兴趣和要求的目标化广告和优惠券。

细分受众的**寻址技术**（addressable technologies）（即将特定内容传送给特定受众成员的技术）若正在改变大众媒介的受众性质，那么，大众传播过程本身一定也在改变。当较小众、较特定的

受众在制造意义的过程中越发被自己的同伴所熟知时，会发生什么？当我们被以人口为单位日益细分成目标**口味公众**（taste publics）（即对特定媒介的内容形式感兴趣的群体集合）时，会对将我们联系在一起的民族文化产生什么影响？收听自己事先选择好或者他人事先为我们选择好的新闻时，其实已在干预媒介的新闻评述功能（见第 1 章）了，我们的集体文化体验会不会因此而受限？《创意》（*Creativity*）杂志编辑特蕾莎·耶齐（Teressa Iezzi, 2007）说："你或许跟谁都没法交谈了，因为已经没有了共同语言，或者说，大家在自己的舒适领地之外，已经没有了共同应对或者共同欢乐的事情。"（p.11）《时代》（*Time*）杂志的詹姆士·波尼沃泽克（James Poniewozik, 2004）是这样洞悉细分化的未来的："我们借小众媒介、小众食物和小众兴趣形成了我们的小众生活。美国形象正如 iPod 广告展示的那样：耀眼的白色耳机链住的显眼的黑色阴影，在热烈地独自摇摆。你选你的我选我的。你的选择肯定错了，可那于我何干？"（p.84）

但还有一种观点认为，受众的确在被细分，但数字媒介激发和促进的交互性，会重新连接和塑造我们，以形成更多、更强、更多样的群体。我

这就是我们碎片化的未来吗？自己独自摇滚到嗨。

们常听到类似"嘿，上这瞧瞧吧"的话。"推特"（Twitter）、"脸书"之类的社交网络，是"人们能全球范围地讨论自己激情和发现别人"的地方（Farhi, 2009）。科技作家史蒂文·约翰逊（Steven Johnson）说："国内事件仍在发生，但我们现在深谈正发生的国内事件时，交谈对象已远不止家人或隔壁邻里。当然，有些交流还很幼稚，但有些的确很感人、很机智、很敏锐、很挑衅。"（2009，p.34）

过度商业化

　　大量并购国内外大媒介渠道并获取日益细分的受众群体时所花费的成本，必须收回。而收回成本最常用的两个策略，是在现有和新生媒介上销售更多广告和另辟内容与广告相结合的新方式。这会导致**过度商业化**（hypercommercialism）。很多受众发现，广播电视和有线电视典型节目中的广告时间明显变长，黄金段网络电视时间，大约25%被广告占用。互联网也在受过度商业化的冲击。1997 年，互联网用户收看网络广告 2 000 亿条，到 2011 年，这个数字跃为了 50 000 亿条。66%的用户在抱怨，"数字广告太泛滥"（Lunden, 2012c）。

　　广告量的陡然增加，只是过度商业化恼人的一个方面，很多观察员认为，商业性质的媒介内容与非商业性质的媒介内容逐渐混合，更让人烦。

比如芝加哥的 WGN-9 频道记者穿 L. L. Bean 牌的衣服做报道；WBBM-2 频道借播出火奴鲁鲁的天气预报来推介电视剧《夏威夷特警》（*Hawaii Five-O*）。2010 年，观众从 12 个最大的广播电视和有限电视网络的黄金段电视节目中，看到植入式广告 5 381 次，比 2006 年增加 22%（Ives, 2011a）。黄金时段的典型即兴节目比如《美国偶像》或者《幸存者》（*Survivor*），植入式广告在 14 分钟以上，正式广告在 15 分钟以上。这意味着节目一半时间被用作推销。典型的非即兴节目比如《犯罪心理》（*Criminal Minds*）或者《复仇》（*Revenge*），植入式广告在 4 分钟以上，正式广告近 15 分钟。也就是说，三分之一的播放时间都在用于推销（Kantar Media, 2011）。**植入式广告**（product placement）（支付一笔费用便可将特定品

牌产品融入到媒介内容之中）已是无所不在，以至于美国作家协会为了确保自己年收入 260 亿美元且还在继续增长的产业，要求与电视和电影制片人谈判额外赔偿问题，因为他们创作的，其实就是广告了（J. Hall，2010）。制片人的回应是，植入式广告不是广告，是一种新内容形式，且称**品牌娱乐**（brand entertainment），品牌其实已成为节目不可分割的重要部分了。"庞蒂亚克-索斯迪斯"车其实已成为《学徒》（*The Apprentice*）剧中的一个"角色"；《家庭改变之彻底再造》（*Extreme Makeover-Home Edition*）剧中，憨厚的工人们手上挥舞的工具，已非"西尔斯"牌不可。音乐艺术家不仅将品牌有偿融入自己的歌曲，甚至融入自己的 CD 小册子，比如玛利亚·凯利（Mariah Carey）。北卡罗来纳州的《夏洛特观察员》（*Charlotte Observer*）和《罗利新闻和观察员》（*Raleigh News & Observer*）两档节目，每周都安排"杜克能源"赞助的科学与技术板块。"杜克能源"是美国最大的电力公司，也是核能发展的强大支持者，总部在夏洛特。索尼和微软与评级公司 A. C. 尼尔森分别分享游戏网络平台和微软游戏 Xbox 网络服务方面的信息，为的就是更好地吸引赞助商给它们的游戏投放广告。

过度商业化有时甚至是现金直接支付的，不"只"借助品牌营销。《玛莎·斯图尔特生活》（*Martha Stewart Living*）节目中的"随口一说"，就吸金 10 万美元。设在像亚特兰大、克利夫兰和丹佛等城市的甘尼特广播电视台，将自己早晨的新闻和谈话节目板块对外销售，只需支付 2 500 美元，赞助商（连同其产品和服务）就不仅能买到部分节目的独家权利，还能确保节目主持人采访赞助商，并将产品展示作为节目的一部分（Klaassen，2005a）。如今，许多广播台播歌要从唱片推销员那收费，这行为在以前是违法的，叫**贿赂**（payola），现在却广为接受，只要让人知道"赞助商"就行。

批评全球化和集中化的人认为这会危害媒介本身的诚信、损害广大的受众，而捍卫过度商业化的人却认为，这不过是当今媒介世界的经济现状而已。

融合让音像店破了产。因为以视频下载、串流传播和在线零售等方式运作、融合了电影、视频和网络的产品，使零售小店继 **Blockbuster** 等连锁大店之后纷纷倒闭。融合也挤垮了书店。独立书店、**Borders** 等连锁书店纷纷因在线销售、便携式电子阅读器、智能手机和平板电脑等融合印刷、互联网和智能手机的产品而破产。

媒介间的区别削弱了：融合

有线频道"喜剧中心"（Comedy Central）专门为自己的网络频道制作了一部 6 集的节目《母亲负荷》（*Motherload*），电影制作室不仅将其制作成 DVD，而且还让它能在视频游戏上播放。有线频道"美国古典电影"（AMC）将自己的热播剧《行尸走肉》（*The Walking Dead*）用**网络剧集**（webisode）（仅供网络播放的电视节目）形式同步播放。卫星电视运营商"碟形网络"（Dish Networks）提供基于电视遥控的互动型经典视频游戏。DVD 经销商"网飞"（Netflix）不仅提供在线电影，还提供许多新老热播网络电视节目。iPod Nano 音乐播放器包含 FM 广播。视频游戏操纵台不仅允许玩家下载电影和电视节目、上网浏览、查看脸书账户，以及收看天气频道和英国广播公司节目，还提供无数在线收看的电影故事片。2011 年，肯·伯恩斯（Ken Burns）先在 iPad 和 iPone 上揭幕自己的纪录片系列《禁令》（*Prohibition*），一周之后才在"公共电视网"（PBS）上播

放；同时，它先在网上提供在线收看，然后才有 DVD 和 iTunes 上的销售。你可订阅《国家地理》（*National Geographic*）杂志，然后在网上或手机上玩与期号对应的视频游戏。网络上遍布成千上万的美国商业、非商业及外国广播电台节目。《神奇宝贝》（*Pokémon*）既是一部为特许商品制作的 30 分钟电视广告，也是一部卡通片。

你可在电脑屏幕上阅读《纽约时代》、《时代》杂志和上百份其他报纸和杂志。手机不单能打电话，还因为它内设的数码摄像机、变焦和旋转镜头以及数字静态摄像头和闪光灯，让我们能"广播"自己的"电视节目"和照片了。当人们可以通过**无线局域网**（Wi-Fi）和手持设备，真正随时随地获取印刷文本、音频资料和动态影像时，"报纸、杂志和书籍"、"广播和录音"以及"电视和电影"，到底意味什么（或更精确地说到底就是什么）？这种媒介间区别的削弱，被称为融合（convergence）。科技律师托尼·科恩（Tony Kern，

40

41

2005）认为，它由三种"几乎同时出现的"因素共同催生："第一，几乎所有信息都已数字化。因此，所有通信形式都在以共同形式呈现。第二，连接迅速。无论有线无线，网络都已更为快速、更加普及。第三，技术似乎在永无休止地进步。速度、存储和效能的不断改进，使得手持设备的施展空间更大。所有这一切，使可能性无限增加。"（p. 32）

　　集中化是媒介之间传统界限正在消失的原因之一。一家公司若拥有报纸、在线业务、电视台、图书出版、杂志社和电影公司，就一定会尽可能运用自己的传播渠道，去最大限度地传输自己的内容，无论是新闻、教育还是娱乐。业内称此为**协同**（synergy），它就是最近几次媒介和通信行业兼并和收购行为的幕后推手。2005 年，媒介大亨"新闻集团"花费 10 亿多美元，购买社交网站"Myspace.com"和视频游戏制造商"IGN 娱乐"，目的就是将自己现有的广播、电影和印刷媒介与

该网站和游戏相结合。2010 年，"迪士尼"购买了身为移动开发者的游戏制造商 Tapulous 的音乐游戏，例如《劲乐团》（*Tap Tap Revenge*），目的就是要给麦莉·塞勒斯（Miley Cyrus）这样的迪士尼签约艺人的音像和影视产品定制游戏。同年，"谷歌"花费 1 亿到 2 亿美元购买制作过《开心农场》（*Farmville*）和《德州扑克》（*Texas Hold'em*）的社交游戏巨头"星佳"（Zynga），目的就是要将谷歌游戏和用户跟踪平台进行绑定。

　　融合的另一原因是受众细分。大众传播者发现很难获取全体受众时，会转而通过多种媒介去获取部分受众。第三个原因是受众本身。人们变得越来越**平台中立化**（platform agnostic），对从何处获取媒介内容没有偏向。传统媒介渠道被这样扩大化和模糊化后，受众会不会因此而困惑，媒介产业大众传播的均势会不会受损？或者，这会不会给受众带来更多能量，比如选择权、拒绝权及以个性化方式融合信息和娱乐的能力？

 培养媒介素养技能

重新认识大众传播过程

　　培养媒介素养很重要的一点，是了解大众传播过程。诚如第 1 章所示，了解了大众传播过程包括它如何发挥作用，它各组成部分如何彼此关联，它如何限制或促进通信，哪一种反馈形式最有效及为什么最有效之后，我们便能预测媒介产业及其传播过程能如何为我们服务。但学习完本章以后，我们发现，大众传播过程正在发生翻天覆地的变化。有媒介素养的人必须了解，为什么会有这样的变化？如何产生这些变化？借图 1—3 所示做再度思考，这些问题会迎刃而解。

解释者甲——内容制作者

　　大众传播过程中的内容制作者或曰消息来源，传统意义上说，是一大型的、有等级构架的组织机构，比如皮克斯动画工作室、《费城问询报》、哥伦比亚广播公司电视台等。诚如我们所见，这样的组织构架导致的典型结果，是个人视野和实验空间的狭窄。但是，互联网时代，**博客**（blog）（可以实时更新、评论任何事件的

网上日志）、社交网站（类似"脸书"这样的让用户能自由上传一切自己个人内容的网站）和一些其他网站的风靡，使得内容消费者和内容提供者之间的区别消失了。今天的解释者甲，可以是在线发布自己个人音乐的独立音乐人、孤单的博主、寂寞的网上转帖人，或者两个创作数字视频的伙伴。现如今，美国 37% 的互联网用户"曾通过在社交媒介网站上发帖的方式，制造、评论或者散播过新闻"（Purcell, Rainie, Mitchell, Rosensteil, & Olmstead, 2010），仅 YouTube 一家，每分钟就接到用户上传的 60 小时的视频（Oreskovic, 2012）。互联网域名注册商"Go Daddy"常常在《超级碗》节目上播出观众制作的广告。无数大、小制作人在互联网上发布自己制作视频的费用。一些网站比如 Vuze、On Networks、Joost 和 Blip Networks，为了制作自己的网站内容或者联合建立网站内容，会与各大、小制作人打交道。2005 年，美国国家艺术与科学学会宣布设立一项新艾美奖："通过非传统传播平台发布的杰出内容奖"，此为

42

对以往最佳喜剧和最佳戏剧奖的补充。

在大众传播的最近演变之中，内容提供者可能是相信某事或有话要说的个人，也可能是寻求受众和利润的大媒介公司。以前是受众中的个体，今天却成为信息的来源。并不仅是技术革新让他们有了自己的声音，而且是因为数字技术让内容制作的 **准入成本**（cost of entry）降到几乎为零，才使得人人皆成创作者。未来学家丹尼斯·佩里（Denis Pelli）和查尔斯·比奇洛（Charles Bigelow）指出："订单需求越大，作者便会越多。和此前的全民识字一样，如今这全民皆为创作者的现象，加快了信息流通、提升了个人影响，一定会因此而重塑社会。""我们既作为读者消费，也作为作者创造。我们的社会正从消费型社会转变成创造型社会。"（2009）

这种改变可能会导致什么结果？内容来源的扩大，会有助于缓和传统媒介产业中的集中化和集团化影响吗？文化论坛会不会越来越不像讲授而像对话？新生、异议、挑战的报道者们会为自己的叙事找到受众吗？记者威廉姆·格雷德（William Greider, 2005）专门谈及新闻时，曾夸张地叙述道："无执照的'新闻'社圈（广播谈话节目主持人、互联网博主等）正在日益扩大，对峙可信的官方新闻，挑战、侵蚀集中化的新闻和广播实体。这些入侵者在用一种不同的语言从许多不同的视角发表言论，不那么权威，但却更加民主。"（p. 31）

信息

传统的大众传播过程所传播的，是机械化制作出来的、大量同时发出的相同信息，没有灵活性和可变性。哥伦比亚广播公司如果今晚要播放《海军罪案调查处》（NCIS）剧集，那就只能是这部剧集。这会产生什么结果？观众要么喜欢要么不喜欢，节目要么成功要么失败。但是，如前所述，我们可以将不同的广告片插入节目输送给特定家庭；可以个性化地定制同一杂志的几千份封面和封内；可以购买某艺术家最新 CD 中的 4 首及老专辑中的 3 首下载歌曲来制作一张专属自己的全新 CD。RSS 源〔即 **聚合内容**（really simple syndication）源〕，是一个整合器，让网络用户能集结互联网提供的无

限量的材料，自行进行内容创作。其中最流行的有 MyTimes、Blogline、Newsgator 和 My Yahoo。用户告知整合器自己需要收集内容的网站，或者自己感兴趣的问题、自己最喜欢的作家，网络上只要出现任何与他们事先选取的种类相匹配的新内容，就会自动发送到他们的 RSS 文件里。这样一来，按照记者罗伯特·库特纳（Robert Kuttner, 2007）的说法，用户"事先就集合了网络上所有的报纸精华〔或广播、杂志精华〕，且每一张报纸〔或广播电台、有线电视网络、电视台、杂志〕都无复制品"（p. 26）。也就是说，每一份 RSS"信息"都可被无限修改，绝对独一无二，完全与众不同。DVD 能让观众在家"重新设计"电影的结局，这早已不是新花样。不过，你知道史蒂文·索德伯格（Steven Soderbergh）导演所认为的数字电影的未来吗？他觉得 5 至 10 年以后电影院若更为彻底地变电影为数字投影（见第 6 章），他就会给同一电影展示多个不同版本。他说："一部电影发行完，几个星期后又宣布，'这儿还有个 2.0 版本，重新剪辑、刻录的'。这挺好玩，有两个版本提供，大家可以随便看哪一版，或者两版都看"（Jardin, 2005b, p. 257）。

内容制作者无须用同时发布的一条内容去尽可能多地积聚人气了，这会怎样影响到大众传播过程？制作者能向特定、特别、不断改变的消费者销售特定、特别、不断改变的内容了，盈利与普及之间，联系会不会不再紧密？当受众能无限制地创作"可以更改的"信息时，"流行"和"盈利"的信息到底该是什么了呢？长期以来一直依赖的 **约定消费**〔appointment consumption，即受众在制作者和发行者事先安排好的时间内消费内容（比如电影院里上映的电影、你最喜欢的周二九点钟的节目、每一整点的新闻）〕的大众传播过程，正在更为彻底地演变成 **点播消费**（consumption-on-demand）（能在任何时候、任何地点消费任何内容），这会有什么结果发生？

反馈与解释者乙——受众

在传统模式中，对于大众传播过程的反馈（诸如某报的发行量、某片本周末的票房、某节

目的评分等）是推断的、非即时性的。同样，内容制作者和发行者亦是以相对初级的方式考虑大量而多样的受众的，其方式只略高于基本的人口统计法。但数字媒介已改变内容创作者和发行者对受众（解释者乙）的了解，因为它已改变受众回应信息来源（反馈）的方式。硅谷市场顾问理查德·亚诺维奇（Richard Yanowitch）解释道："互联网是有史以来最为无所不在的实验室，建立在与数以百万计消费者双向、实时互动的基础之上，它的消费者的消费模式，第一次被精细地测量、跟踪和模拟。"谷歌广告高管蒂姆·阿姆斯特朗（Tim Armstrong）也说过："传统意义上说，输出的信息才是焦点。但我们认为，输入信息与输出信息同等重要，或者说更加重要。多年来，人口统计一直是广告人之所求，因为那是他们唯有

的信息。"（Streisand & Newman，2005，p.60）

而今的大众传播中，每次登录特定网址（及登录后的每一次点击）、下载内容和网购商品，都是在给人反馈。而且这还不只局限于互联网——每次在有线电视和卫星电视上选台、用信用卡租赁或购买 CD、DVD、视频游戏或者电影票，收银台对顾客购买的商品的扫描，都被统统记录下来，解释者甲因此对我们更为了解。但是这就引出了一个问题，即解释者甲到底谁是？他有可能是想更有效地为我们服务的内容提供者，因为，相较于以前只能靠单纯的人口统计法了解顾客，他们现在对我们的了解可是太全面了；他也有可能在利用我们主动提供的反馈信息做不正当使用，比如盗取身份，或者因为我们的饮食和生活习惯而拒绝为我们承保。

44　结论

如何使用新的通信技术？通信技术在新生的大众传播过程中扮演什么角色？内容创作者和发行者的世界如今已经是一个越发民主的世界。受众虽然可能会细分成少至一人或多达亿人的各种群体，但他们已被内容创作者和发行者更为了解，且能更为直接和迅速地给予反馈。如今的内容（即信息）更灵活、易更改，不受时空限制。内容制作者因此有了更大空间，去尝试创造消费者需

要的内容。他们挑战受众的风险小了，获得回报的可能性大了。不断演进的大众传播过程在向各方预示，它不但高效，而且欢乐，它有无穷的选择和无限的信息。但或许你还记得第1章所述，有助于提供如此好处的技术，其实是一把双刃剑，我们受益的同时也可能会受伤。有媒介素养的人使用大众传播时，因为了解它的过程，所以能更好地发挥潜力，减小危害。

 挑战媒介素养

选择分子式

具备媒介素养，很重要的一点是，有批判性思维能力，能独立判断媒介和媒介内容。我们不妨预测一下，以挑战自己的能力。这场技术、经济和受众热唤的剧烈风暴，正在动摇传统媒介产业，如此的骚动之中，哪种媒介继续生存，哪种媒介将会消失，哪种媒介将会改变而又如何改变？答案取决于你和你的媒介选择。1954年，当电视正像眼下互联网和智能手机冲

击当下媒介那样，冲击电影、报纸、杂志和广播的时候，传播学者威尔伯·施拉姆（Wilbur Schramm）创立的**选择分子式**（fraction of selection）回答了这一问题："什么决定了怎样的大众传播被某人选择？"其公式如下：

$$\frac{\text{期望回报值}}{\text{必需的努力}}$$

也就是说，你权衡回报的方式，是以期望从某一媒介或者某条内容中获取的回报，除以

你确保得到回报而付出的努力（广义上说）。回想一下你自己的媒介消费吧，比如你看电影一般都用什么方式，是在电影院观看、在线收看、放碟片看还是等有线电视播放时再看？你的分子"数据"是什么？分母又是多少？给自己的其他媒介消费方式也列个公式。是从网上获取新闻还是从报纸上获取新闻？是从商业广播里听流行音乐还是从 iPod 或其他 MP3 播放器上听流行音乐？把自己的结果与朋友的结果做比较。你能根据自己的这些调查结果，预测未来的媒介赢家和输家吗？

本章回顾与讨论

回顾要点：将内容与学习成果联系起来

● 概述大众媒介当前的大致趋势，尤其是所有权集中化和企业集团化、全球化、受众细分、过度商业化和融合。

■ 内容提供者在互联网和其他数字技术的刺激之下，正在寻找向受众传输内容的新方式。

■ 所有传统媒介，受众人数都在停滞或者下降，但总体的媒介消费水平正处在全盛时期。

■ 五种趋势，即便捷、受众细分、所有权集中化和集团化、全球化及过度商业化，促成了这种态势。

■ 三大因素即几乎所有信息的数字化、高速的连接以及不断改进的技术速度、存储和功率，加速了融合。

● 概述大众传播过程如何随着受众在新媒介环境下角色的改变而发生自身改变。

■ 因为这一改变，关于大众传播过程和大众传播因素的一些传统概念，我们应该予以新的认识：

（1）准入成本低廉，使得如今的内容提供者可以是单枪匹马的个人。

（2）如今的信息多样、特定且制作者不受时间限制。

（3）现在的反馈即时而直接，因此，内容提供者和发行者对于或大或小的受众群，均能了如指掌。

关键术语

day-to-date release　同步上映

formats　形式

platform　平台

media multitasking　媒介多任务化

convergence　融合

concentration of ownership　所有权集中化

conglomeration　企业集团化

economics of scale　规模经济

oligopoly　寡占

globalization　全球化

audience fragmentation　受众细分

narrowcasting　窄播

niche marketing　利基营销

targeting　确定目标市场

addressable technologies　寻址技术

taste publics　口味公众

hypercommercialism　过度商业化

product placement　植入式广告

brand entertainment　品牌娱乐

payola　贿赂

webisode　网络剧集

Wi-Fi　无线局域网

synergy　协同

platform agnostic　平台中立化

blog 博客
cost of entry 准入成本
RSS（really simple syndication） 聚合内容

appointment consumption 约定消费
consumption-on-demand 点播消费
fraction of selection 选择分子式

复习题

1. 什么是融合？

2. 什么是媒介多任务化？

3. 所有权集中化和企业集团化的区别是什么？

4. 什么是全球化？

5. 什么是过度商业化？

6. 什么是受众细分？

7. 有关全球化讨论关注的两大问题是什么？

8. 哪三大因素促成了如今蔓延的媒介融合？

9. 在大众传播过程的传统观念与大众传播过程的现代理解中，内容提供者、受众、信息等三大概念的区别是什么？

10. 准入成本低廉有什么意义？

批判性思考与论述题

1. 电影、录制唱片、网络电视、DVD、广播、报纸和视频游戏受众数量减少，许多业内人士将此归因于技术的改变，人们正在寻求接触内容的新渠道。一定程度上说，这些均是事实。然而也有人认为，受众在集中化和过度商业化的媒介中几乎可以忽略。你同意这一观点吗？为什么？能从自己的媒介消费中找出相关例子吗？

2. 批评媒介所有权集中化和企业集团化的观点认为，所有权集中化和企业集团化会威胁到民主。此观点缘何产生？你同意吗？为什么同意或者不同意？

3. 一些观察员认真解读大众传播过程正在进行的演变之后，认为大众传播已不那么"大众"，更像人际传播了。重温图 1—3，你会认为大众传播过程的"结果"，会"更灵活，更个人化，更具冒险性、挑战性或实验性"吗？

第二部分

媒介、媒介产业和媒介受众

第3章

图书

学习目标

图书是第一种大众媒介，它在许多方面最能体现个性化，既提供信息又供人愉悦。图书蕴藏着我们的过去，在个人发展和社会变化中发挥作用。图书和其他所有媒介一样，反映和折射文化。学习完本章后，你应该能够：

● 概述出版业及图书媒介的历史与发展。

● 描述图书的文化价值及审查制度对于民主的影响。

● 阐述当代图书业的组织性质和经济性质如何形塑图书内容。

● 在当今越发以大众媒介为介质、各媒介越发融合的世界里，尤需认识到图书的独特，从而成为更有媒介素养的图书消费者。

48　　按下遥控器上的"播放"按钮，磁带开始转动。可之前租这盘带子的人没倒带，结果你看到一个拘捕场景，这是弗朗索瓦·特鲁福特（François Truffaut）1967 年据雷·布拉德伯里（Ray Bradbury，1953/1981）的经典科幻小说《华氏 451 度》（Fahrenheit 451）的改编电影。

1456 年 ▲第一部古登堡《圣经》出版

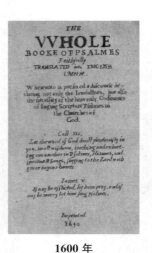

1600 年

1638 年	殖民地首次出现印刷术
1644 年	▲《圣诗全集》，殖民地印刷的第一本书

1700 年

1732 年	▲《穷理查德年鉴》出版
1765 年	《印花税法》颁布
1774 年	《常识》出版

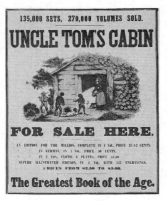

1800 年

1800 年	发明连续性卷纸
1807 年	"约翰·威利父子"公司成立
1811 年	蒸汽机印刷术发明
1817 年	"哈珀兄弟"公司成立
1830 年	制浆改进
1852 年	▲斯托夫人的《汤姆叔叔的小屋》
1860 年	10 美分小说问世
1861 年	美国识字率世界最高
1884 年	莱诺整行铸排机出现
1885 年	平版胶印发明

1900 年

1926 年	每月图书俱乐部创始
1935 年	▲"企鹅图书"（平装书）在伦敦创立
1939 年	"口袋图书"（平装书）在美国创立
1960 年	软皮图书销售量首次超过精装图书
1995 年	亚马逊（Amazon.com）上线

2000 年

2003 年	古登堡计划和"书内搜索"功能诞生
2005 年	谷歌扫描版权图书引发论争
2006 年	索尼阅读器
2007 年	《哈利·波特》系列最后一部发行；亚马逊的阅读器 Kindle 诞生
2008 年	按需印刷图书品种超过传统图书品种
2009 年	亚马逊单日（圣诞节这天）销售的电子图书首次超过纸质图书；自动印书机问世
2010 年	▲iPad 问世
2011 年	电子图书销售超过纸质图书

你一开始看时不知道发生了什么事。一群在徘徊的人个个都在自言自语。你认出朱莉·克里斯蒂（Julie Christie），可其他演员以及他们在说什么，你一个不认识一句听不懂。你继续往下看。光秃秃的树，正下着的雪覆盖了地面上的一切，说话的人嘴里冒着热气，可又似乎没对着任何人在说话。你看了一会儿，听懂了几个熟悉的句子，原来这些人在背诵名著片段！未待你搞懂他们到底在干什么，电影结束了。

于是你把磁带倒回去，从头到尾再看一遍，发现这些人是已记住图书的人。在"近未来"社会，所有图书都被当局查禁，迫使这些爱书者转为"地下"：将书存入脑袋，因为拿在手上就是犯罪，一旦被发现，人被监禁，书被焚烧——华氏451度是焚烧图书的温度。

你为电影所动，第二天去图书馆找出这本书。

布拉德伯里（1982）书中的主人公盖·蒙塔格（Guy Montag）是位消防员，此前一直在替官方焚书。他说的一句话让你一直铭刻至今。这位消防员看到一位老妇人与自己被查禁的图书一块被焚，恳求自己的妻子、因电视而变得冷漠到麻木的瘾君子理解自己也才刚刚认识到的一切："图书中一定有我们想象不到的宝贝，否则怎么会让一个女人宁愿与其共存亡？它里面一定有宝贝。"

本章考察图书历史，尤其考察图书在美国发展中所发挥的作用。我们讨论图书在传统意义上的重要作用，探讨构建当代图书业经济与结构的各种因素，在一定程度上分析融合与过度商业化对图书业及其与读者之间的关系的影响。最后，我们以哈利·波特系列图书的巨大成功为案例，讨论媒介素养问题。

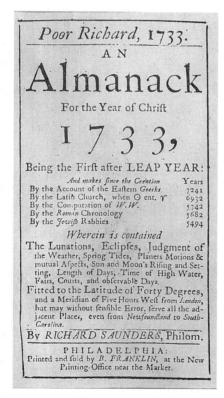

1732 年首次出版的《穷理查德年鉴》，本杰明·富兰克林为读者提供了来年的丰富信息。

英国出生的爱国者和革命领袖托马斯·潘恩撰写《常识》和《美国危机》，团结殖民地同胞共同反英。

图书简史

诚如我们在第 2 章中所见，15 世纪下半叶，古登堡印刷术在欧洲普及，但技术的提高及社会、文化和经济等必要条件的完善，让图书成为主要的大众媒介，则是 3 个世纪以后的事情。因此，当 17 世纪印刷术与大量图书第一次出现在新世界时，其情景就像当年发生在古登堡时代一样。

■ 图书进入北美殖民地

最早来美的殖民者主要为逃避宗教迫害及寻求欧洲没有的经济机遇。他们随身带往新世界的图书大多与宗教有关，携带的图书非常有限。教育良好、家境富有的欧洲人安全稳定，留在本国。愿意冒险前往美国的多为未受教育的穷人，大多是文盲。

早期移民没发现图书对自己生活起重要作用，还有些其他原因。其中之一，是因为他们在为生存挣扎。面对这块充满敌意的蛮荒之地，读书对他们来说简直就是奢侈，他们根本没有时间。他们为生计日出而作日落而息，要读书也只能在晚上，而读书这等根本不是生存之必需的事情，晚上还要为它浪费珍贵的蜡烛，那不是愚蠢透顶吗？另外，图书与阅读是富有和地位的象征，这对那些视自己为先驱、上帝的仆人或英殖民主义的反对者来说，绝不是头等重要的事情。早期移民不主动阅读，还有一个原因，是带来的图书不多。那时的图书很重，能被携带着漂洋过海的极少，带过去的则十分昂贵，大多数人根本看不到。

1638 年，继在"普利茅斯岩"（Plymouth Rock）登陆 18 年之后，印刷术首现北美海岸，由一家名为"剑桥印刷"的公司经营，但只限印刷宗教图书和政府文件。第一本在殖民地印刷的图书，是 1644 年的《圣诗全集》（The Whole Book of Psalms），有时也称《海湾诗集》（Bay Psalm Book）。仅有的几本非宗教之作包括 90 年后由本杰明·富兰克林（Benjamin Franklin）出版的《穷理查德年鉴》（Poor Richard's Almanack）。该书第一次出版的时间是 1732 年，每年出售 1 万册。《年鉴》为小故事、诗歌、天气预报及其他事实和数据，这些内容，对于比第一批移民更需掌控环境的人们来说，非常有用。殖民地随着物质和精神上的提升，休闲时间开始增多，教育得到提高、财富也在增长。富兰克林还出版了第一部真正在北美印刷的英国作家塞缪尔·理查逊（Samuel Richardson）的小说《帕梅拉》（Pamela）。但当时图书内容大多与宗教或政府官方活动有关，比如税单和各种委托声明等。

图书内容单一的主要原因，是因为所有出版物都必须先得到殖民地统治者的许可。这些统治者无一不效忠国王乔治二世，不准印刷非宗教或批判英国王室（甚至是当地统治者）的内容，否则就是犯罪。许多印刷者被监禁，包括富兰克林的兄弟詹姆斯，就是因为他们印刷了自认为是真理的图书。

印刷者公开反抗官方控制，源于 1765 年 3 月通过的《印花税法》（Stamp Act）。英国为转嫁法印战争中沉重的军费开支，制定《印花税法》，要求所有印刷品，包括法庭文件、图书、杂志和报纸等，均须加贴官方印花税票。这一附加要求，目的是控制和限制日益动荡的殖民地的言论。这对殖民地人民来说，是对他们自由的公然冒犯，向他们严课重税（印刷费有时甚至加倍），实在太过分了。印刷者们运用自己的报纸，掀起反征税的抗议、示威、暴动、抵制和其他形式的反统治者活动，激起了革命者和分离者的同情。1765 年 11 月本是该法生效时间，但统治当局因惧怕殖民地人民反抗，未敢强行实施。

反英情绪于 18 世纪 70 年代中期达到高潮，图书成为促进这一高潮的核心力量。简短图书或小册子激发并汇聚了不同政见。1774 年，詹姆斯·威尔逊（James Wilson）的《对英国国会立法权性质和范围的思考》(*Considerations on the Nature and Extent of the Legislative Authority of the British Parliament*)、约翰·亚当斯(John Adams)的《新英格兰檄文》(*Novanglus Papers*)及托马斯·杰斐逊(Thomas Jefferson)的《纵观英籍美国人之权利》(*A Summary View of the Rights of British America*),公开挑战英国统治殖民地的权力。其中最著名的是托马斯·潘恩(Thomas Paine)篇幅仅 47 页的《常识》(*Common Sense*)一书,甫一出版,便在 40 万的成人总人口中售出 12 万册。1776 至 1783 年间,潘恩还撰写了一系列题为《美国危机》(*American Crisis*)的小册子。《常识》和《美国危机》让潘恩成为美国革命时期最受欢迎的殖民地作家。

早期图书业 印刷业在独立战争之后更加成为波士顿、纽约和费城等主要大城市政治、知识和文化生活的中心。印刷者们为了财政上的生存,还经营图书销售和图书出版,有时还出售文具、信纸,甚至杂货。咖啡店或酒店常常与印刷店设置在一起。这是一个见证政治变化的时代,而印刷机/书店成为收集、交流和传送信息的场所。

美国报业便在这样的复杂混乱之中迅速发展起来,我们将在第 4 章中对此论述。但图书产业的发展比较缓慢。当时的图书价格仍很昂贵,一本书的书价相当于一个人一周的工资,知识仍是一种奢侈。美国内战爆发之前,义务教育运动开始开展,至 1900 年几乎覆盖全美各州,此为读者人数大增、图书需求量猛增的原因。这样快速增长的需求,加上一些重要的技术进步,促使图书价格降低,大多数人已能接受。1861 年,美国的识字率已是世界最高(58%);40 年后的 20 世纪初,每 10 个美国人中有 9 人能阅读。今天,阅读能力在美国几乎全面普及。

小说的兴旺 19 世纪,印刷技术的一系列重大改进,尤其是类似打字机键盘的**划线机**(linotype),成功实现机械排版取代手工排版;**平版胶印**(offset lithography)利用照片底片印刷取代沉重、易损的金属浇铸。技术进步、较低印刷成本(及随之而来的较低出版成本)及阅读能力的广泛普及,共同造就了 19 世纪小说的兴旺。美国至今仍在运营的"哈珀兄弟"(Harper Brothers)和"约翰·威利父子"(John Wiley & Sons)两大图书出版商,分别于 1817 年和 1807 年在纽约成立。纳撒尼尔·霍桑(Nathaniel Hawthorne)的《红字》(*The Scarlet Letter*)(1850)、赫尔曼·麦尔维尔(Herman melville)的《白鲸》(*Moby Dick*)(1851)和马克·吐温(Mark Twain)的《哈克贝利·费恩历险记》(*The Adventures of Huckleberry Finn*)(1884),均被读者认为与简·奥斯汀(Jane Austen)、勃朗特姐妹(the Brontës)和查尔斯·狄更斯(Charles Dickens)等著名欧洲作家之作品齐名甚至更好。

欧文、伊拉斯塔斯·比德尔(Irwin、Erastus Beadle)两兄弟留意到图书越来越普及,于 1860 年开始出版售价 10 美分的小说。这些**廉价小说**(dime novels)很便宜,而且小说内容多为美国开垦地带的冒险故事,因而吸引了越来越多的读者。比德尔公司五年内出版了 400 万册有时也被称作**庸俗小说**(pulp novels)的图书(Tebbel,1987)。比德尔兄弟俩运用诸如《玛莱斯卡:白种猎人的印第安妻子》(*Malaeska:Indian Wife of the White Hunter*)之类广告性的标题,加之"一美元的书一毛钱贱卖"的口号,促使图书大众化,把图书变成大众媒介。

平装书的兴起 廉价小说就是平装书,因为它们的封面封底都是软纸制作的。但出版商艾伦·雷恩(Allen Lane)于经济大萧条期间在伦敦发明的平装书,才是我们现在所称的平装书。1935 年,艾伦·雷恩创立企鹅图书公司(Penguin Books),四年后,出版商罗伯特·德戈里夫(Robert de Graff)将此理念引入美国,其"口袋图书"开本小、价格便宜(售价 25 美分),是那些已经打开市场的精装书的翻版,在任何地方都有出售——报摊、书店、火车站、运货码头、药店和百货商店。刚引进的头几个星期,德戈里夫每天出售大约 15 000 本(Tebbel,1987)。很快,新老出版商都加入平装书生产阵营。因循守旧者对"降书价"的担心,因平装书如此普及、出版商甘冒风险而打消。有例为证,比如 20 世纪五六十年代出版的理查德·赖特(Richard Wright)和拉尔夫·艾里森(Ralph Ellison)等美国黑人作家的作品及争议作品《麦田的守望者》(*Catcher in the Rye*)等。平装书最终反倒成为规范,于 1960 年首次超过精装书的销售量。美国今天出售的图书中,60% 为平装书。

平装书也不再仅限精装畅销书的再版形式，许多书一开始就以平装书形式出现。比如，约翰·杰克斯（John Jakes）的《美国人》（The Americans）和《泰坦神》（Titans）的首版都是平装书，后来的再版才转为精装本。平装书现在每天的销售量为100万册，书店一半的营业额来自平装书的销售。

 ## 图书与受众

图书从到达受众和产业规模这两个角度来说，是大众媒介中最不"大众"的媒介。这一实情，构建了图书与受众之间的关系特性：大小出版商为读者出版或专门或宽泛的图书，读者购买自己需要的图书。出版商与读者之间这一较为直接的关系，使得图书与其他大众媒介具有根本性的不同。比如，图书在受众依附性上，不用像其他大众媒介那样，需要吸引最多的受众，因此，它更有可能孕育出崭新的、富有挑战性的前卫思想。图书媒介无须依附广告商的赞助，因而能直接针对小众读者，以靠广告支撑的大众媒介难以找到的方式，挑战读者及其想象力。图书不像电视节目或报纸那样同时向千百万受众传输，而是在出版和销售上以个体为单位，因而更多"声音"可进入产业，存于产业。相较于任何其他传统的大众媒介，图书这一媒介在文化论坛中能够保留更多的不同意见。诚如纽约图书馆前馆长瓦坦·格雷戈里恩（Vartan Gregorian）对记者比尔·莫耶斯（Bill Moyers）所言，置身图书，"你会突感卑微。人类整个世界尽展眼前……人之努力、人之抱负、人之痛苦、人之狂喜、人之尝试、人之失败——所有一切，尽收眼底"。

图书的文化价值

图书业在财政和产业压力上和其他媒介一样，遭受许多类似约束，但图书业能比其他行业更好地摆脱这些约束。《华氏451度》中蒙塔格的上司毕特队长解释为什么要焚烧所有图书时，对他困惑的下属说："图书曾经无处不在地吸引着人。图书能让这个世界如此不同。这个世界曾经如此宽广，但这个世界上到处是眼、肘、嘴。"（Bradbury，1981，p. 53）布拉德伯里的未来消防员焚毁图书就因为图书的与众不同，它的有别于其他媒介，让其在我们的文化中独树一帜。任何媒介都一定程度地发挥了如下的文化功能（比如，人们运用自助视频促进个人发展，流行音乐有时是社会变革的动力），但图书传统上被视为最具文化力量，其原因如下：

● 图书是社会和文化变革的动力。图书无须动用大量广告，便可将标新立异的、颇有争议的甚至革命性的观点送达公众。例如，安德鲁·麦克唐纳（Andrew MacDonald）的《特纳日记》（Turner Diaries），是美国反政府民兵运动的思想指南。这本激进的革命性图书能公开出版、购买和讨论。

● 图书是重要的文化宝库。想确保辩论获利？查阅吧。当我们寻找我们生活在其中的这个世界的必然性与真理，寻找我们想了解的未知时，常常求助于图书。智利的邻国有哪些？找地图来查一查。詹姆士·布朗的萨克斯管乐手是谁？查阅鲍勃·古拉的《节奏布鲁斯与灵乐大师》（Icons of R&B and Soul）。

● 图书是我们回望历史的窗口。想了解19世纪的美国？请阅亚历克西斯·德·托克维尔（Alexis de Tocqueville）的《美国的民主制度》（Democracy in America）。想了解19世纪早期的英国？请阅简·奥斯汀的《傲慢与偏见》（Pride and Prejudice）。这些撰写它们所反映的那个时代的作品，比现代电子媒介所反映的更为准确。

● 图书是自我提升的重要源泉。图书最明显的形式，意在帮助自我完善。与其他靠广告商支撑的媒介相比，图书的目标市场小而准，因而传播上更为个性化。比如，波士顿妇女健康写作集体（the Boston Women's Health Book Collective）在现代女权运动早期出版的《我们的身体，我们自己》（Our Bodies, Ourselves）一书，至今仍在不断再版（有关该影响深远的著述的更多情况，见专栏文章《我们的身体，我们自己》）。《斯波克育儿经》（Dr. Spock's Baby and Child Care）已售3 000万册，J. D. 塞林格（J. D. Salinger）的《麦田的守望者》简直就是生育高峰期出生的那一代人年少轻狂之时的文化赞歌，一如威廉·吉布森（William Gibson）为众多网络先驱所作的《神经漫游者》（Neuromancer）。这些酣畅淋漓的表达，是不大可能出现在商业支持的媒介之中的。

● 图书是消遣、逃避和个人反思的极好途径。苏珊·柯林斯（Suzanne Collins）、约翰格里·沙姆（John Grisham）、斯蒂芬妮·梅尔（Stephenie Meyer）和斯蒂芬·金（Stephen King）专注娱乐、幻想小说。我们从乔伊丝·卡罗尔·奥茨（Joyce Carol Oates）（《拳击》、《我们玛尔维纳一家》）、约翰·欧文（John Irving）（《盖普眼中的世界》、《新罕布什尔旅馆》、《为欧文米内祷告》）、派特·康洛伊（Pat Conroy）（《潮流王子》、《海滩音乐》）和 J. K. 罗琳（J. K. Rowling）（《哈利·波特》系列）的作品中享受的乐趣，无以言说。

● 与消费广告支撑的（电视、广播、报纸和杂志）或被极力促销的（流行音乐和电影）媒介相比，购买和阅读图书，是更具个性化的个人活动。图书因此比其他媒介更能促使人深入个人反思。读书时我们独处，而消费其他媒介时，我们是族群中的一分子（麦克卢汉语），诚如作家朱利叶斯·莱斯特（Julius Lester，2002）[《当心，维太！黑色力量要夺了你妈！》（Look Out, Whitey! Black Power's Gon' Get Your Mama!）]所述：

> 图书的神秘与魔力，其实在于它穿透时空而超越时空的孤独之声，恰巧暂时落在了我们每个也超越时空的心灵深处而已……图书打开我们通往幻境之途。图书让我们感受他人的经历。我们借图书经历别样人生，认识自己、展望自己……图书邀约我们深入灵魂，考问现实之我、展望理想之我。图书让我们暂时放下个人自我，拥抱他人之精华。图书让我们坦白自己、认识自己，坦白和认识我们的梦幻、我们的乐趣与忧伤、我们的渴望与失败、我们的希冀与恐惧（pp. 26 - 29）。

斯蒂芬妮·梅尔的《暮光之城》系列是最为流行的消遣、逃避和个人反思的途径。

● 图书是反映文化的镜子。图书与其他大众媒介一道，反映文化——反映制造与消费大众媒介的文化。

审查

图书作为文化宝库和社会变革的推动力，致使它常常遭遇审查制度。某权威限制一本书的出版或传播，就是在查禁该书。审查的确发生在很多情况之下，发生在所有媒介之中（第 14 章将对此进行更深入的讨论），我们美国文化历来尊重图书，因此禁止图书在美国尤为恶劣。

应对审查让图书出版商陷入两难。出版商得为自己的老板和股东赚钱，但如果当局有关负责人认为某书不宜读者阅读，出版商是否应该为了更广泛的社会影响而采取正确措施，遵从要求、停止出版呢？这是 1873 年道德改革者安东尼·康姆斯托克（Anthony Comstock）建立“纽约控制犯罪协会"（the New York Society for the Suppression of Vice）时提出的论争。1933 年 5 月 10 日晚纳粹党宣传部长约瑟夫·戈培尔（Joseph Goebbels）在柏林将两万册图书付之一炬时，此论争又起。1953 年美国议员约瑟夫·麦卡锡（Joseph McCarthy）命美国外交图书馆将一百多册有"支持共产党"倾向的图书（其中包括托马斯·潘恩的《常识》）扫地出门时，论争再起。而今天，当亚利桑那州督学赫普赛尔（John Huppenthal）2012 年因莎士比亚《暴风雨》在描述殖民主义上的反美性而下令将其撤出所有中学图书馆时，当弗吉尼亚州库尔佩珀县的地方教育董事会 2010 年因一位家长的投诉而将安妮·弗兰克的日记撤出学校课程时，当加利福尼亚州梅尼菲联合校区 2010 年因一桩投诉而将《韦氏大词典》撤出联合

校区各校教室时，论争再起。

美国图书馆协会知识自由办公室及美国民权同盟称，图书馆和学校的图书中，受当代审查者审查最多的，有《哈利·波特》系列，马克·吐温的《哈克贝利·费恩历险记》，哈伯·李（Harper Lee）的《杀死一只知更鸟》（To Kill a Mockingbird），约翰·斯坦贝克（John Steinbeck）的《人鼠之间》（Of Mice and Men）、《鸡皮疙瘩》系列（the Goosebumps），爱丽丝·沃克（Alice Walker）的《紫色》（The Color Purple），以及莫里斯·森达克（Maurice Sendak）深受儿童喜爱的《夜间厨房》（In the Night Kitchen）。图 3—1 显示的是一个读者小组所列的大家一定要读的 25 本禁书，你熟悉其中的多少？阅读过多少？它们引起审查者注意的原因分别是什么？

> 1. 哈伯·李的《杀死一只知更鸟》
> 2. 布莱特·伊斯顿·埃利斯的《美国狂人》（American Psycho）
> 3. 彼得·帕内尔(Peter Parnell)和贾斯汀·理查森(Justin Richardson)的《三口之家》（And Tango Makes Three）
> 4. 凯特·肖邦的《觉醒》
> 5. J.R.R.托尔金的《指环王》
> 6. 伏尔泰的《老实人》
> 7. 库尔特·冯内古特的《猫的摇篮》
> 8. 沃尔特·迪恩·迈尔斯的《堕落天使》
> 9. 朱迪·布鲁姆的《永远》
> 10. 玛丽·雪莱的《弗兰肯斯坦》
> 11. J.K.罗琳的《哈利·波特》系列
> 12. 玛雅·安吉拉的《我知道笼中的鸟儿为何歌唱》
> 13. D.H.劳伦斯的《查特莱夫人的情人》
> 14. 威廉·戈尔丁的《蝇王》
> 15. 约翰·斯坦贝克的《人鼠之间》
> 16. 约翰·斯坦贝克的《愤怒的葡萄》
> 17. 托妮·莫里森的《宠儿》
> 18. 罗伯特·牛顿·派克的《不杀猪的一天》
> 19. 马克·吐温的《哈克贝利·费恩历险记》
> 20. J.D.塞林格的《麦田的守望者》
> 21. 罗伯特·科米尔的《巧克力战争》
> 22. 爱丽丝·沃克的《紫色》
> 23. 洛伊丝·洛利的《授者》
> 24. 丹尼尔·笛福的《摩尔·弗兰德斯》
> 25. 詹姆斯·乔伊斯的《尤利西斯》

图 3—1　今天一定要阅读的禁书，美国最受挑战的 25 本图书

资料来源：25Banned，2011。

面对审查，出版商认识到，自己作为有思想的个体、作为图书企业的一员，有责任抵制审查。图书出版业及出版商在图书出版业中发挥的作用，是实行和维护我们民主社会的基础。民主社会的出版商不是顺从审查者之见：为了文化的纯洁，有些声音必须被禁止。民主社会的出版商有义务发出更强烈的呼吁，言论自由应该受到保护和鼓励。前面所列的常被查禁的图书书目清楚显示，思想的力量为什么值得我们为其而战。

 运用媒介制造奇迹

54

我们的身体，我们自己

图书在美国历史上众多重要的社会、政治运动中，一直发挥着巨大作用。一部有关妇女且为妇女而著的著述《我们的身体，我们自己》，被誉为妇女健康运动的开端。该书面世40年来所创利润，继续支持这一已然成为全球运动的事业。这部被译成18种语言、销量逾400万册、影响重大的著述是如何写成的？为什么至今依然影响重大？

《我们的身体，我们自己》的故事始于1969年。那年，几位23至39岁的妇女，参加在波士顿举行的妇女解放运动会议上有关"妇女与她们的身体"的研讨会，交流"医生们的故事"，并得出结论：大部分妇女不了解自己的身体（继而不了解自己的性欲），而男性占主导地位的医疗业不能满足她们的需求。因此，她们自制"夏季项目"，诚如该波士顿妇女健康写作集体的一位成员的一段阐释（Norsigian et al.，1999）：

我们研究自己的问题，分享各自学到的知识，并在秋天开设"由妇女撰写、为妇女服务"的课程，以传授相关知识。我们期望项目能发展下去，有更多妇女参与其中，并将这类课程传播下去。我们在创建课程的过程中，认识到我们能收集、理解和评估医疗信息；能彼此畅谈并互相分享一些极为私密的经历并从中获取力量和慰藉。我们发现相互间的学习与阅读医学文献同样重要，我们还发现自己的经验常与医学宣传有矛盾。久而久之，这些我们交流的事实、情感和争议，交织在一起，便构成《我们的身体，我们自己》的各种版本。

《我们的身体，我们自己》为什么至今依然很有影响？原波士顿妇女健康写作集体成员之一简·平卡斯（Jane Pincus）在该书1998年版的序言中写道：

《我们的身体，我们自己：新世纪篇》（*Our Bodies, Ourselves for the New Century*）在很多方面非常独特。与市场上大多健康书籍不同，它以数百位妇女的亲身经历为资料来源，以此作为创作基础，对完全用医药处理妇女的身体和生命的问题的方式提出质疑，强调包括传统生物医学信息在内的整体知识。它将妇女的经历归因到决定我们所有人生活的社会、政治和经济因素之中，从而告别个体的、狭隘的、"自理"自助式的处理方式。它从性别歧视、种族主义和经济压力等给太多少女、妇女和家庭造成负面影响的多方复杂因素的角度，来观察健康问题，谴责医疗公司在"底线"管理哲学和利益驱动之下的不良行为。最为重要的是，《我们的身体，我们自己》鼓励人重视和分享自己的见解和经历，并运用这些知识，质疑那些标榜关心的、我们已然接受的理念，以便能更有效地应对医疗体系，更完备地组织治疗……（p.21）

你或许不赞同波士顿妇女健康写作集体的某些（或全部）哲学理念和目标，但有一点却毋庸置疑，那就是，《我们的身体，我们自己》一书在有关全球妇女健康问题上持续的影响力。

有文化却不读书，此现象堪称自我审查

审查官禁书、焚书的原因是因为书籍蕴藏思想。思想几乎不受外界影响、不惧官员监督。但我们如果自己不读书，免了审查官之烦恼，我们的文化会怎么发展？所谓**有文化却不读书**（aliteracy），指人会阅读但却不愿阅读，等于自己在干审查官的活。俄裔作家约瑟夫·布罗茨基（Joseph Brodsky）在诺贝尔文学授奖大会上发表获奖感言时说："法律无法保护我们免于自我伤害，刑法不能防止对文学犯罪。对于压制文学的具体行为比如迫害作者、审查书刊、焚烧图书等，我们可以判刑，但面对不读书现象，我们却似乎无能为力。不读书对于个人，是以一生为代价；对于民族，是以其历史为代价。"（Brodsky，1987）

56 　　2007 年，美国国家艺术基金会整合政府和基金会针对美国人阅读习惯所作的若干调查，发布了一份汇总报告《阅读还是不阅读》，显示我们的阅读在减少，阅读能力在以惊人的速度下降。该趋势在年龄大些的青少年中尤为明显。例如，13 岁的孩子中有 30％的人每天读书；15 到 24 岁的青少年每天花 7～10 分钟读书，但花两个半小时看电视；18 到 24 岁的美国人有近一半人从不读书消遣；40％的大一新生（35％的高年级学生）从不读书消遣，另外 26％的大一新生（28％的高年级学生）每周读书消遣的时间不到 1 小时（Italie，2007；Thompson，2007）。

美国国家艺术基金会主席达纳·乔伊亚（Dana Gioia）用几句话总结这份报告："我们在教小学生阅读上做得不错，但他们进入青春期后，便成了我们既不鼓励也不强调阅读的大众文化的牺牲品。他们阅读少，阅读差。阅读差，学业成绩便差，工作、生活均受影响。"这关系到公民的生活质量问题，因此，该报告的副标题是《一个关乎民族的大问题》（*A Question of National Consequence*）。无论收入如何，阅读与社会生活质量、选举、政治激进主义、文化艺术参与、志愿服务、慈善工作及运动都密切相关。乔伊亚指出："养成经常阅读的习惯，能唤醒人的内心，鼓舞他们更为认真地生活，并更能理解和认同他人生活。"曾任国际阅读协会主席的蒂莫西·沙纳罕（Timothy Shanahan）补充说："你若阅读能力低……就不太可能会参加诸如体育运动或做礼拜这样的活动，读写能力差会让你自我隔离，远离文化群体。"（Thomson，2007，p. C1）　57

图 3—2 显示年轻人平均每天阅读的数量。怎么解释阅读报纸和杂志数量的减少？每天花 2 分钟在网上轻描淡写地阅读，弥补不了读刊读报。怎么解释读书时间的小幅增长？美国国家艺术基金会认为消遣阅读的减少对国家有重大影响，你同意该观点吗？

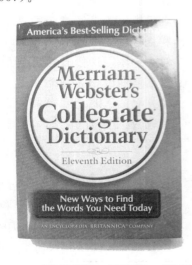 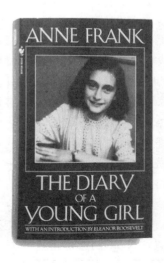

《安妮日记：最终版》、《韦氏大词典》2010 年分别因为一桩家长投诉而被教育委员会禁止。

单位时间为分钟

	1999年
	2004年
	2009年

图书　21　23　25
杂志　15　14　9
报纸　7　6　3
在线杂志和报纸　*　*　2

图3—2　8～18岁青少年一天的阅读时间

＊1999年和2004年数据不可用。

资料来源：Rideout，Foehr，& Roberts，2010。

 ## 图书产业的范畴与结构

北美每年传统、非传统（按需出版、自助出版和专营市场）出版图书300万种，读者每年购买图书30亿册，耗资330亿（Masnick & Ho，2012）。但产业仍存在焦虑，因为这看似强劲的数据其实只是幻觉，因为家庭每年平均花费在图书上的资金是20年来的最低点（Auletta，2010）。

图书的种类

美国出版商协会将图书分为几大销售类别：

● 读书俱乐部版（book club editions）由读书俱乐部销售、发行（有时甚至出版）。美国目前有300多个读书俱乐部，这些组织提供普通版图书、专业图书及更为专门的图书，比如为航空爱好者提供的图书、昂贵的再版经典图书。创立于1926年的"每月读书俱乐部"（the Book of the Month Club）最为著名，"文学公会"（the Literary Guild）和"读者文摘读书俱乐部"（the Reader's Digest Book Club）也很受欢迎。

● 中小学类（el-hi）指为美国中小学出版的教科书。

● 高等教育类（higher education）指为大学和学院出版的教科书。

● 邮购图书类（mail-order books），指在电视上推销比如时代生活图书公司（Time-Life Books）的图书，以邮购的方式销售，常为专业化系列（如《战舰》）或经典小说的特别精装版。

● 大众市场平装书（mass market paper-books），通常为平装版，旨在广为吸引读者，很多浪漫小说、烹调指南、励志图书属于此列。

● 专业图书（professional books），指专为医生、工程师、律师、科学家和管理人员等专业人员设计的参考、教育性图书。

● 宗教图书（religious books）指圣经、教理问答集和赞美诗集等图书。

● 标准化测验（standardized tests）指为准备参加各种考试（如学术评估考试或者法律资格考试）的人提供练习和辅导的图书。

● 订购类参考图书（subscription reference books），指直接从出版商而非零售商处购买的出版物，如《大不列颠百科全书》、地图册和辞典等。

● **普及版图书**（trade books），可精装可平装，不仅有小说和大多非小说类图书，还有食谱类、传记类、艺美类及指南类图书。

● 大学出版社图书（university press books），由与大学相关且常常由大学资助的出版社出版，大学出版社通常出版严肃的、非小说类的学术图书。芝加哥大学出版社和加利福尼亚大学出版社均为比较优秀的大学出版社，牛津大学出版社为世界上历史最悠久的出版社。

图书出版的趋势与融合

与我们熟悉的其他媒介一样，融合技术正在改变图书业的性质。除了融合技术，当代出版业以及它与读者之间的关系，正被企业集团化、追求利润及过度商业化、小出版社的发展、零售业的重构以及读者群的改变等众多因素所改变。

融合

融合技术几乎在改变着图书产业的各个方面，最为显著的，是互联网正在改变图书的发行与销售方式。但这一新技术以 **电子出版**（e-publishing）、先在网上出版或只在网上出版的方式，提供出版作者思想的新方式。图书的物质形式甚至也正在发生变化——今天的很多图书的封面和封底之间，已不再由纸质书页组成。曾任兰登书屋编辑的皮特·欧斯纳斯（Peter Osnos，2009）指出，"图书与其他印刷媒介不同，没有广告，因而也就没什么损失。图书不预定，库存因此也不是什么问题，重要的是搞好存货管理，要能在读者需要时随时随地将图书送达他们。电子设备的优势，在这一点上改变了过去几十年的阅读习惯……促成了一大进步"。欧斯纳斯所说的电子设备，主要指电子图书、按需印刷和各种电子阅读器。

电子图书　阿曼达·霍金（Amanda Hocking）26 岁时已撰写十几本小说，多为年轻人的浪漫故事，均被几家大出版社拒绝。2010 年，这位住在明尼苏达州奥斯汀市的服务生以 **电子图书**（e-books）的形式自助出版了自己的 9 部小说。所谓电子图书，即能以电子形式从互联网下载到电脑、专属阅读器或移动数码设备上的图书。不到一年，她的《血誓约盟》（*My Blood Approves*）、《追溯》（*Ascend*）和其他著述行销 100 万册，赚了 200 万美元。如今她每天卖出电子图书 9 000 册。知名作家的电子图书也销得不错。2008 到 2011 年 4 月，斯蒂格·拉赫松（Stieg Larsson）的畅销书《龙文身的女孩》（*The Girl with the Dragon Tattoo*）精装本卖出 30 万册，电子版卖出 100 万册。该书所属的他的三部曲［还包括《玩火的女孩》（*The Girl Who Played with Fire*）和《捅马蜂窝的女孩》（*The Girl Who Kicked the Hornet's Nest*）］

共卖出电子版 300 万册（Bosman，2011）。

2009 年圣诞节，亚马逊宣布电子图书单日销量首次超过纸质图书，大众对电子书的喜爱由此可见一斑。截至 2011 年夏，也即距首本电子图书问世短短四年之后，亚马逊每销售一本精装或平装纸质图书的同时，售出 105 本电子图书。

传统出版商现在的销售额，10% 来自电子书，这个数字很快还会上升至 25%。2009 至 2010 年，电子图书的总销售额上涨了 190%，预计到 2016 年将上升至 97 000 万美元。

或许，电子书最大的影响，体现在新生代作家身上。因为任何人只要有台电脑、有本待售小说，就可绕开传统出版商，首发作品的作者或者创造小众、利基作品的作者，其作品有问世渠道了。电子出版的另一个优点，尤其对新作者、小众作者而言，在于它几乎可以即时出版。一部小说在传统出版商手里可能要周转一到两年时间。斯蒂芬·金卖书已经大挣，他的小说交到出版商手里耗个一两年再出版，他等得起，不在乎，可新写手耗不起这个时间。

电子书的另一优势是经济收入。与只给 5% 到 10% 版税的传统出版商相比，电子出版商一般可给作者 40% 到 70% 的版税。这让有魄力的作家愿意以一本电子书仅售 3 到 4 美元的价格，吸引那些愿意冒险尝试有趣新书和新人的读者，也为作者自己赢得更多销售额。传统出版商说他们版税给得低，是受他们提供的服务花费的限制，比如，

编辑帮助、市场营销，尤其是印刷和分销费用等。可有些电子出版商提供全方位服务：编辑、出版、封面设计、促销，在某些情况下，甚至还包括在实体书店销售精装本。

按需印刷（print on demand）是电子出版的另一种形式。Xlibris、AuthorHouse、Toby Press 和 iUniverse 等公司就是按需印刷的出版商，它们以电子形式储存好内容，有订单便立即印刷、装订、发货。或者，一有订单，配备有合适技术的书店也可印刷、装订该书。这样于出版商和读者都经济实惠。与传统出版相比，按需印刷不需要仓库储藏图书、不存在**退书积压**（remainders）损耗利润（退回给出版商的未销售掉的图书往往不得不再以极低折扣进行销售），且人员和设备上的生产成本都很小。这些因素不仅能为读者出版更便宜的图书，还能大大增加可能出版的图书种类。像牛津大学出版社这样的大出版商，每年按需印刷的图书超过 10 万册，比较小的按需印刷机构仅 100 份订单也能盈利。大型商业出版商也在它们的生意中找到按需印刷的份额：利用该技术抢先出版新闻热点图书。2008 年，美国出版商按需发行的图书首次超过传统方式发行的新版和修订图书。2010 年，该比例超过 3 : 1。得益于几大出版商的共同努力，自动印书机问世，按需印刷图书将会增加更多。这一每四分钟可印刷装订好一本 300 页图书的设备，已现身全球众多地方，为传统出版社之外的自主出版商及不受限制的公版领域出版图书 700 万册。

智能手机、平板电脑和电子阅读器

融合技术正以另外的有趣方式在重塑阅读。有些网站，比如 www.fictionwise.com、www.gutenberg.org 和 www.memoware.com，专门提供可在智能手机、平板电脑和**电子阅读器**（e-readers）上阅读的电子图书，外观与传统图书无异，但内容以电子形式存储，因此必须以电子形式阅读。索尼公司曾尝试生产电子阅读器却以失败告终，但 2006 年，继苹果公司音乐播放器之后，索尼电子阅读器 iBook 问世却很成功，其他类似产品很快相继出现，比如亚马逊的 Kindle、Kindle DX，黑莓手机专用的 Kindle，苹果的 iPad，邦诺书店的

Nook 等。此外，智能手机和平板电脑上出现了诸如 Stanza、ScrollMotion 这类应用程序以及其他的电子阅读选择，比如能在所有电子设备上通用的在线出版商 Zinio、有视频接口的 Vook 等。2011 年末，将近三分之一的美国人有至少一台电子阅读器或平板电脑，全球有超过 87 000 万人拥有兼容电子阅读的个人设备（Sheehy，2011）。可阅读的图书种类、支付给出版商和作者的款项、电子版与纸质版之间的版权、电子版与精装版的定价、广告的发布、广告收入的分配等问题，成为竞争对手、出版商和读者之间不断论争、协商的问题。

尽管如此，这样的设备还是深受读者欢迎，而出版商的回应当然也点明了企业的信条：现如今任何生意若还需要卡车，那还是算了吧（Thompson，2009）。众多正在销售、已经售罄的图书出现在了**与出版无关的平台**（platform agnostic publishing）上——电子书和书页截图对所有的阅读终端开放。而这些电子阅读设备本身也将不断演变，发展到屏幕薄到可叠卷、电子阅读设备可"打开"，让用户像使用其他电脑时那样可以进行剪切、粘贴和传输文本。一些传统出版商比如多尔切斯特出版社（Dorchester Publishing），鉴于电子出版业的未来，已然全部放弃了装订的纸质图书。

读者现在若想在所有图书中搜索特定内容（比如想找书名中未出现"内战"字样却有关内战的图书），已完全可以实现。网络书商亚马逊将所有纸质图书的每页内容全部扫描收录在它的"书内搜索"功能里，这就意味任何注册用户（此功能免费，但读者需提供一个信用卡号）均可从上百万部（亚马逊声称）图书中搜索有关任何话题或概念的图书。这些页面不能下载，同一读者特定时间内的搜索量也有限制。亚马逊的目的当然是想销售更多图书（你或许会订购一本你搜索时显示的图书），但它也在发展自己的按需打印业务，任何搜索到的图书，只要预订，就可以立即打印。一些非营利性机构也在线提供可搜索、打印的图书，古登堡计划（Project Gutenberg）准备提供 100 万本无版权限制的古典图书，百万图书计划（the Million Book Project）的目标是提供 100 万份文献和老资料，开放内容联盟（Open Content Alliance）正在努力数字化自己的会员图书馆。国际儿童数字图书馆（the International Children's Digital Library）和罗塞塔计划（the Rosetta Project）欲提供上万册可供下载的古今中外儿童图书。

数字化图书的这些努力虽获广泛认同，谷歌出版计划（Google Print）却是例外。2005 年末，网络巨头谷歌宣布，欲将纽约公共图书馆及密歇根大学、斯坦福大学、哈佛大学、牛津大学图书馆的共计 1 500 万册图书全部搬上网络，其中绝大多数即 90% 是不受版权限制的不再出版的图书（见第 14 章）。但问题是，谷歌计划将所有作品的文本，无论在售或售罄，均存储于自己的服务器，只向网民开放一小部分能合理使用的有版权的作品。一开始，很多出版商愿意加入谷歌出版计划，前提是它们版权内的全部文本必须存在自己的服务器上，但谷歌不同意。尽管谷歌坚持自己会努力"建构世界各地信息并让全世界共享"（其公司语），但美国作家协会（the Author's Guild）和五大出版商还是与谷歌打了一连串的官司。2008 年 10 月，各方达成一致意见：谷歌以 12 500 万美元设立图书版权登记处，补偿作品被使用的作家，其中包括在作品旁植入广告的收益。一年时间里，谷歌每小时数字化 1 000 页图书，实现其预期电子化 1 000 万册图书的目标（Timpane，2010）。

亚马逊的 **Kindle** 电子书、苹果的 **iPad** 及其他众多电子阅读器
正在改变出版与阅读。

自动印书机——来自传统出版社、公有领域和自助出版商的 **700 万册图书，每四分钟可印出一本。**

企业集团化

　　图书产业与其他媒介相比，经营规模相对较小。出版社供职人员一般不超过 20 个，大多出版社雇员不到 10 个。今天，虽然有 81 000 个公司称自己是出版社，但这其中一年出版 4 本或 4 本以上图书的出版社占比很小（Teague，2005）。图书产业如今被为数不多的巨头控制，比如赫斯特图书公司（Hearst Books），企鹅集团（the Penguin Group），矮脚鸡双日德尔公司（Bantam Double-day Dell），时代华纳出版社（Time Warner Pub-lishing），法勒、施特劳斯和吉鲁公司（Farrar，Straus，& Giroux）、哈考特通用公司（Harcourt General），哈珀柯林斯公司（HarperCollins）以及西蒙 & 舒斯特公司（Simon & Schuster）。这些巨头每家都曾是独立的出版商，有的原来另有名号。现在全是美国国内或跨国大型企业集团的一部分，控制了美国 80% 的图书销售。就连有人预言的"图书出版前景"的电子出版，也被这些大公司所控制。大出版社和书店不仅进行电子出版，还完全控制或部分控制诸如 Xlibris（属兰登书屋）、iUniverse（属巴诺公司）这样的按需出版网站。

　　在集团所有权权益问题上，认识有很大分歧。持积极态度者认为，经济基础好的母公司可向下属出版社提供必要资金，以吸引更好的作者或者冒险启用新作者（这在以前是根本不可能的）。另一种积极态度则是，为获得更大利润，可利用集团母公司的其他媒介资源来促销和包装图书。很多业内人士反驳说，这两项利润都很可观，因为图书出版不是经营更是赌博。文稿代理人埃里克·西蒙诺夫（Eric Simonoff）说，图书产业"不可预测……利润空间很小，（从签合同到出版的）周期又很长"，且"完全缺乏市场研究"（Boss，2007，p. 3. 6）。比如，小说家詹姆斯·帕特森（James Patterson）的处女作《托马斯·贝瑞曼号码》（*the Thomas Berryman Number*）1976 年被小布朗出版社（Little，Brown）出版之前，遭 12 次退稿。帕特森此后为小布朗出版社提供了 51 部《纽约时报》畅销书，其中 35 部名列榜首。2006 年后，美国每卖出的 17 本精装书中就有一本是帕特森的，仅 2009 年一年，他的书以 38 种语言销售了 1 400 万册（Mahler，2010）。双日出版社主编比尔·托马斯（Bill Thomas）说："全靠预测，凭经验预测，但总还是预测。你得努力确保你的上游错误能弥补你的下游错误。"（Boss，2007，p. 3. 6）。

持消极态度者认为，出版社作为所属母公司的众多企业中的一员，为了最大化利润，其重要的编辑和生产步骤被取消，产品质量大大受损。集团化之前，出版常被称为**家庭手工业**（cottage industry），因为，出版社为小型经营，人员（包括工作人员和作者）不多。但其家庭手工业的形象远非只是规模小，出版社对细节的关注、对传统的奉献和对自身名誉的爱护，让其独特而诱人。

集团化的企业集团因为利润高于一切而根本不顾这样的细节了。2007 年，广播集团哥伦比亚广播公司下属的西蒙 & 舒斯特公司宣布与数据收集网站 MediaPredict 合作，运用读者的"集体判断"，决定签下哪些图书的构思。对此，批评集团所有权者认为，利润重于质量占上风了。他们认为，让读者"投票选择"一部书是否可能成功，简直将出版产业"美国偶像化"，在确保出版产业平庸化。

追求利润及过度商业化

集团化的威胁，在于母公司过度强调底线，即不惜任何代价地盈利。与往日不同的是，批评者们担心，现在的集团不像当年的帕特南之子（G. P. Putnam's son）和舒斯特家族（the Schuster family），经营的公司以自己的家族命名，现在的集团对图书内容没有丝毫自豪感，越来越不愿承担风险（处理争议议题、实验新鲜方法、发现并培养无名新人）。

《纽约客》小说编辑丹尼尔·米纳克（Daniel Menaker）说："总之，当图书编辑就好像是在玩一个很难搞的游戏。艺术，无论高下，总在让人摸不着头脑地向前向后或向左向右发展，令侍奉者疲于紧跟、追随，不断辨别它的方向和特征。裹挟了利益的艺术，就不像纯艺术那么不可预计了。利益让艺术合理化、让艺术在经济上更为确切化。"（2009）兰登书屋资深编辑、安佳图书（Anchor Books）创始人杰森·爱泼斯坦（Jason Epstein）由此指出，他所在的产业"越来越令人担忧"，已存在"严重的结构性问题"，包括喜欢"名家"的图书零售体系和"预付高版税的畅销书驱动体系"。他认为当代出版"过分集中"、"没有差异性"和"注定刻板化"。米纳克、爱泼斯坦和其他批评图书产业集团化的人士认为，整个出版业似乎全被格式化理念所笼罩，一门心思寻找最畅销的作者和图书，几乎不考虑文学价值。最近，原流行乐队超级男孩（'N Sync）成员贾斯廷·廷伯莱克（Justin Timberlake），为其首部小说《胯下运球》（*Crossover Dribble*）挣得了七位数的预付款。迈克·克赖顿（Michael Crichton）两部书稿从哈珀柯林斯公司获 4 000 万美金。汤姆·克兰塞（Tom Clancy）两部书稿从企鹅帕特南出版公司获 4 500 万美元。玛丽·希金斯·克拉克（Mary Higgins Clark）五部书稿从西蒙 & 舒斯特获 6 400 万美元；2011 年，该社还出版了电视真人秀《泽西海岸》（Jersey Shore）中的明星妮可·波利兹（Nicole Polizzi）又名史诺琪（Snooki）所著《岸上的事情》（*A Shore Thing*）。哥谭出版社（Gotham Books）不甘人后，出版了另一《泽西海岸》明星麦克·索伦蒂诺（Mike "The Situation" Sorrentino）所著的《情况是这样的》（*Here's the Situation*）。行业网站 Holt Unlimited 的编辑帕特·霍尔特（Pat Holt）说，集团化出版现在好野史秘闻，它其实是在损害自己本该维护的体系。大出版集团们不是"选择佳作"，然后"创造性、冒险性地销售佳作"，而是在不断用乏味产品试水，硬生生赶跑读者"（"The Crisis in Publishing," 2003, p.22）。出版社的资源和精力全集中在少数大腕级作家和超级畅销书上，不那么吸引眼球但更有趣、更严肃或更重要的书，却得不到出版。这样的书不能出版，就没人写了，文化论坛中就缺失了他们的思想。是否如此，我们将拭目以待，但我们在本章前面部分读到，按需出版、电子图书等融合技术，或许是确保这些思想进入文化论坛、确保我们读到这些思想的工具。

出版商尝试销售**附属权**（subsidiary rights）以弥补自己的巨额投资，即将图书、图书内容甚至图书中的人物出售给电影制作人、平装书出版商、读书俱乐部、外国出版社以及生产 T 恤、招贴画、咖啡杯、贺卡等商品的生产商。比如，查尔斯·弗雷泽（Charles Frazier）第一部小说《冷山》（*Cold Mountain*）的大为成功，使他为第二部小说写的仅一页纸的创作构思，以出售电影拍摄权的方式为他的出版商从派拉蒙电影公司获得 300 万美元。出版业自己估计，若不出售这些附属权，很多出版商会破产。迈克·克赖顿［Michael Crichton，《侏罗纪公园》（*Jurassic Park*）]、约翰·克里斯汉姆［John Grisham，《客户》（*The Client*）]和盖·太利塞［Gay Talese，《邻居的妻子》（*The Neighbor's Wife*）]之类的作家，其作品可因电影拍摄权而获 250 万美元之多。这虽对出版商和大腕作家有利，但批评家担心，出版商以后只会关注最有附属权销售价值的图书了。

图书盈利越发与畅销书相关，附属权也因此越来越重要，围绕图书进行的市场营销、促销和公关，因此而变得非常关键。这就更让人担心，只有最畅销的书才能出版了——书店里堆满与玛莎·斯图尔特（Martha Stewart）有关的书、名人写真图书、未经授权的名人传记以及名人后代撰写的和盘托出的名人自传。

促销和宣传的重要，导致越来越多**即时图书**（instant books）的出版。有什么能比得上利用当下头版或银屏事件来宣传图书呢？简直就是相当于百万美元的免费宣传呀。出版商看到这个机遇，并以此设计方案。比如，2010 年，白金汉宫宣布威廉和凯特订婚，10 天之后，詹姆斯·科伦奇（James Clench）48 小时炮制出的《威廉与凯特：王室的爱情故事》（*William and Kate：A Royal Love Story*），便现身书店。批评家们指出，有价值、有内容、有影响的图书，淹没在了即时图书、易于推销的作者和图书及超级畅销书的滚滚浪涛之中。

最近发生的其他几大事件表明，追求利润让图书业的过度商业化愈加严重，其中的一个趋势，就是图书的"好莱坞化"。图书、电视和电影之间潜在的协同效应，促使一些大型媒介公司如维亚康姆、时代华纳和新闻集团都在出版业投入巨资，一些电影工作室致力于与出版商签订"独家"协议，比如沃尔顿媒介与企鹅童书、映艺娱乐有限公司与兰登书屋、派拉蒙影业公司和西蒙＆舒斯特公司。此外，2005 年，雷根图书（哈珀柯林斯出版社所有，隶属于新闻集团）的办事处从纽约搬到洛杉矶，以便更好地在图书和电影上发掘有潜力的素材。同年，华纳兄弟（Warner Brothers）、哥伦比亚（Columbia）、派拉蒙（Paramount）、梦工厂（DreamWorks）、福克斯（Fox）、新线（New Line）、想象（Imagine）、翠贝卡（Tribeca）、革命（Revolution）等电影公司也都开始在纽约运作，寻找可以改编为电影的图书，"杂志文章、戏剧和其他内容"（Fleming，2005，p. 3）。2007 年，兰登书屋和焦点影业宣布，将以兰登书屋的名义，共同拍摄故事片。批评人士担心，只有那些最具协同增效潜力的图书才会签署并出版。而倡导者的认识则正好相反：一部潜在利益有限的作品，作为"鸡肋"可能不会被出版，但通过多方相促的平台反而能找到出路。他们以《杯酒人生》为例说明，原本滞销的小说，拍成电影之后却一炮而红成了畅销书。

另一引发图书业保守者焦虑的趋势，是有偿的植入式广告。电影和电视早已出现产品制造商付费的产品特写镜头，但直到 2000 年 5 月，付费植入广告才第一次出现在小说中。比尔·菲茨休（Bill Fitzhugh）的小说《变装》（*Cross Dressing*），由埃文出版社（Avon）出版，包含施格兰酒的广告。2001 年，费·韦尔顿（Fay Weldon）紧随其后，把自己的书起名《宝格丽联络》（*The Bulgari Connection*），与赞助她的珠宝公司同名。珀尔修斯/冉宁出版社（Perseus/Running Press）出版的《凯西的图书》（*Cathy's Book*），封面女郎满身装饰品。但 2008 年，"消费者警报"及《纽约时报》编辑委员会等组织发出的公众批评，通过几个渠道，迫使出版商禁止在平装图书中植入广告。批评人士担心，小说会跟其他接受植入式广告的媒介一样，其内容因要迎合赞助商而被扭曲，而不服务于作品本身的需求了。以当代青年女性为主要读者的英国前卫浪漫喜剧作家卡罗尔·马休斯（Carole Matthews），与汽车制造商福特签订合约，其剧作中有这样一个场景：女主角"开着时髦的福特嘉年华汽车在白金汉郡的伊莫金呼啸而过，车上配备了六张 CD 的自动换碟机、空调和舒适至极的座椅"。马休斯说"我非常高兴福特对我的创作没有任何约束"，但作家、社会批评家吉姆·海托华（Jim Hightower）（2004b）质问马休斯能否这样自由地书写，即"我开着时髦的福特嘉年华呼啸在白金汉郡。六张 CD 的自动换碟机出问题了，蓝色的烟雾喷在我的脸上。这当口，汽车轰   轰作响，又抛锚了"？

"我们有基于这本书的日历、信纸、磁带和改编电影的录影带，但就是没有这本书。"

资料来源：© Michael Maslin/The New Yorker Collection/www. cartoonbank. com。

 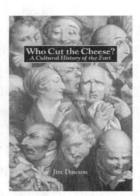 

十速出版社（**Ten Speed Press**），成千上万小出版社的典型，提供很多有趣、奇异、被大出版社忽略的"小"书。

小出版社的发展

出版社过度商业化的状况，因为小出版社的增多而稍许淡化了一些。这些较小规模的出版社虽然数量不少，但图书销售占比却很小。七年前美国有 20 000 图书出版商，现在有 81 000 多，大多是小出版社，它们没法在超级畅销书世界中竞争，便另辟蹊径，专注特别领域，比如环境学、女权运动、同性恋问题或指南类图书。它们还可出版一些大出版社不感兴趣的图书，比如诗歌、文学评论。因为专业，也因为营销目标比较精准，

莫耶斯贝尔出版社（Moyer Bell）出版的拉尔夫·纳达（Ralph Nader）和克拉伦斯·蒂特罗（Clarence Ditlow）的《柠檬书》（*The Lemon Book*）、母亲的勇气出版社（Mother Courage）出版的克拉德特·麦克沙恩（Claudette McShane）的《当心！约会也许会危害你的健康》（*Warning*！*Dating May Be Hazardous to Your Health*）、Midmarch Arts 出版社出版的一部有关离婚的诗集《破裂之诗》（*Split Verse*），均不仅赢得良好的市场，而且

对读者生活产生了挺大的影响。互联网企业尤其亚马逊，惊人地促进了小型出版社的发展。网络技术能根据顾客的偏好（购买过、浏览过、推荐给他人、心愿单）编辑资料、推荐图书给潜在客户，而这些图书多半是顾客从未考虑过的小出版社（甚至在传统的实体零售书店都见不到的出版社）出版的。换言之，亚马逊为图书行业提供了一个公平的竞技场。独立图书出版商协会会长肯特·斯特吉斯（Kent Sturgis）解释说："所有出版商基本平等，因为，亚马逊上几乎涵盖所有出版商，且能一两天内送货上门。"（Gillespie，2005，p. B2）。1998 年，亚马逊甚至成立了一名叫"优势"的专门项目，帮助小出版商付款和运输。

图书零售业的重构

65

美国有 20 000 多家书店，但这个数字正在缩小，因为小型独立书店越来越难以与巴诺书店（Barnes & Noble）、边界书店（Borders）和百万图书书店（Books-A-Million）这样的连锁书店竞争。但大型连锁书店也存在生存问题。2003 年时，位于人流密集的大型商场中连锁书店的图书销售份额，还占全国的 29%，仅边界书店一家，名下就有 1 249 家门店及沃尔顿书店（Waldenbooks）。但 2011 年，边界书店申请破产保护了，并关闭了剩下的 642 家门店中的 200 家（Lowrey，2011）。网络零售商如亚马逊的竞争、按需印刷的激增以及纸质阅读向笔记本、平板电脑、电子书和智能手机式阅读的迅速转换，让连锁书店困难重重。

它们繁荣是因为它们规模大，能廉价存货，然后给购书者打折。它们的位置吸引购书者，还能储存盈利高的非图书商品，比如录音录像带、光盘、电脑游戏、日历、杂志及贺卡等，以备顺便走进店里的顾客之所需。但大容量、大流量方式的经营，就得备上大量的图书。传统做书人会觉得这样只会鼓励图书产业想着生产超级畅销书。美国连锁大书店若只预定超级畅销书，小众图书便没了位置。再加上加菲猫咖啡杯和流行歌星日历占了空间，那些很有趣的小书可能就更没容身之地了。虽然批评大型连锁书店者甚众，但支持者也不少。他们认为，热门书、光盘和低廉的价格起码能吸引人进书店。一旦进书店开始翻阅，即便遍是无聊之作，他们也会翻拣些好点的出来。不买书的人是不会读书的。

支撑当今独立书店的，是个性化服务、带软垫的椅子、慢悠悠的翻阅和钟爱作家的亲临朗读。图为青少年文学作家艾琳·迪翁为年轻粉丝朗读。

独立书店和连锁书店还得和折扣店竞争，比如塔吉特百货、沃尔玛和科思科，这些折扣店共同控制了美国图书市场 30％ 的份额。鉴于此，美国现在只有 1 500 家独立书店，经营着 2 500 个门店。二十年前，美国有 4 700 家独立书店、5 500 家门店。独立书店发挥自己规模小、独立的优点，与连锁书店及折扣店抗衡。热爱阅读的员工团队、免费的咖啡和小吃、加了衬垫的椅子和沙发——独立书商给读者提供专业而人性化的服务，让你慢慢欣赏自己喜爱作家的作品。这些举措其实非常成功，大书店也在学习它们的方法，例如巴诺书店赞助了一个名为"发现"的项目，旨在助力那些值得注意的处女作，鲍德斯书店的"首创"项目同样意在如此。此番努力，不止在模仿小型独立书店通常提供的服务，也有助于减少那些对连锁书店的批评，尤其是批评它们忽略销量小的新书的声音。不过，有些策略大集团不能也不会效仿，比如专业化书店、宗教书店、女权主义书店、动物爱好者书店等。再比如专为儿童或诗歌爱好者设立店内读书俱乐部，也是小书店的策略。

除大商场内的连锁书店之外，还有一种选择，那就是在线购买图书。亚马逊（Amazon.com）是最有名的网上购书服务商。亚马逊自夸全面、快速、多储备、低开销，这意味着读者能更优惠地买到图书。此外，网站还给购书者提供大量潜在的有用信息。在网上，客户一上网便能确定自己感兴趣的图书：读概要、查看来自多渠道的综述、试读若干样页、阅读其他读者甚至作者和出版商的评论。当然，他们还可以订购图书。西雅图公司控制了美国一半以上的图书业务（Neft，2011），在美国和全球都被认为是最有价值的品牌。其他流行的网上书店还有 www.powells.com 和 www.books.com。所有出版商，无论大小，现在都在网上销售自己的图书。

最著名、最成功的网上书商亚马逊为潜在购买者提供丰富的信息和服务。

 培养媒介素养技能

《哈利·波特》的启发

2007 年 7 月，J. K. 罗琳描写英国小男巫哈利·波特的系列小说的第七本也即最后一本发布，热火朝天。这给有媒介素养的人若干启发。出版《哈利·波特与死亡圣器》，凸显了媒介素养的几大要素、发挥了媒介素养的若干技巧。比如，小说在年轻人中具有如此强烈的吸引力，可用来检验媒介素养的其中一个要素，即对于洞察我们的文化和我们的生活的文本，我们要充分理解其内容真意。这些图书为什么会引起年轻读者如此强烈的共鸣？该系列图书是否必须被禁止进入学校和图书馆，论争一直在持续进行。原因是这些图书反宗教、反基督，被审定为属美国儿童文学中"最受指责"的级别。这就需要我们发挥媒介素养技能，主动、有效地理解作品内容的意义了。

出版业将《哈利·波特》系列归为青少年文学，但它广受各年龄段读者的欢迎，这一现象表明，作品不仅能比较广泛地吸引读者，而且一定有它的独特性。《哈利·波特》系列第一本在美国一开始就印刷了 1 400 万本，是一般畅销书的 100 倍。《哈利·波特与死亡圣器》的发行日期是 2007 年 7 月 21 日，但 2 月的第一周，也即该书发行前 23 周，它就位居亚马逊销售排行榜之首。七册本的《哈利·波特》系列，全球共销售出 45 000 万本，三分之二的美国孩子至少读过其中一本。《哈利·波特》系列被译成 67 种文字（包括希腊语、拉丁语及"美式英语"），畅销 200 多个国家。《哈利·波特》系列各本图书，占据最畅销排行榜的前四位。

68

《哈利·波特》对阅读有什么影响？1963 年，盖洛普民意调查组织发现，有将近一半美国人在前一年中完整读完了一本图书。但 1999 年《阿兹卡班的囚徒》出版后不久，该数字上升到 84%（Quindlen，2000）。没人会说这只是哈利的作用，但《新闻周刊》（*News Week's*）的安娜·昆德兰（Anna Quindlen）推测，哈利"有助于新一代爱上阅读"（p. 64）。惊悚大师斯蒂芬·金赞同说："如果如此众多的读者十一二岁时便领略到幻想的奇妙……嗯，他们中一定有人在 16 岁时也成为斯蒂芬·金。"（Garchik，2000，p. D10）美国图书馆协会儿童服务部（the American Library Association's Services to Children）主席卡罗琳·沃德（Caroline Ward）说："一套系列图书居然让整个国家重新回归阅读，简直让人难以置信，但这绝非夸张。"《出版人周刊》（*Publishers Weekly*）的儿童图书编辑戴安娜·罗班克（Diane Roback）引证"哈利·波特光环效应"，即孩子们去书店和图书馆寻求类似《哈利·波特》系列的图书。对 500 名 5 到 7 岁阅读《哈利·波特》的读者进行图书阅读调查，结果显示，51% 的人表示，他们直到阅读了这一系列图书以后才发现阅读的乐趣。四分之三的人表示《哈利·波特》让他们开始对阅读其他图书产生了兴趣（Rich，2007），他们也确实开始阅读其他图书了。2008 至 2009 年的销售额表明，青少年读物是该年销售最好的图书类别。

培养媒介影响意识，是媒介素养的要素之一。《哈利·波特》系列充分展示了媒介的影响力。但《哈利·波特》系列的巨大成功，常被很多媒介批评者用来责备媒介从业者低估了他们的受众，以及受众纵容了媒介从业者的这种低估的例子。换言之，这一文笔优美、思想深刻、内容上乘的作品的成功（与盈利），与批评者谈论的其他媒介作品，尤其是广播、电视这样的依赖广告赞助的媒介作品质量的持续下降，形成了鲜明对比。论争很简单：广播公司，尤其是全国性大型电视台网络，面对收视率下降，不是竭力改进内容，而是降低节目深度与价值。面对读者的热情消退、网络电视关注度下降之现状，《哈利·波特》系列图书却承蒙读者热情越做越好（也越写越长，《哈利·波特与死亡圣器》达 759 页），而电视网络的节目却越做越庸俗，呈现给受众的是《冒险极限》（美国的一个娱乐节目）、《爱之味》（美国一档真人相亲节目）及其他所谓的真人秀的节目。

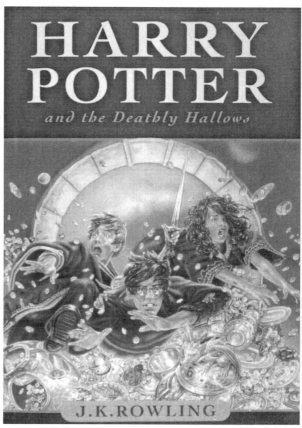

小巫师哈利·波特拉动了一百万读者。

诚如我们将在第 6 章中看到的，广播在面对收听率逐年下降、核心的年轻听众缺乏兴趣时，尝试解决的办法，不是运用新鲜的、有创意的节目，而是更为均化、更为自主，并取消地方新闻和地方节目制作。依赖广告支持的媒介的压力，与图书和电影面临的压力不尽相同。对于后二者而言，读者和电影观众直接用买书或买电影票的行动，表明自己的喜好。有媒介素养的人要问了，大批地离开某媒介，却未有别的媒介给他们更好的补充和满足，这是为什么？哈利·波特现象表明，期望值被越调越高的读者，其期望还是能被满足，也会被满足的。

挑战媒介素养

素养：学校限制的图书

《哈利·波特》系列一直畅销不衰，但也一直是学校图书馆的审查目标。你或许未读过该系列图书，但请你思考，为什么父母往往在根本不了解的情况下，便希望他们的孩子不要阅读某些图书。然后，请你回答下面的问题。回答这些问题时，我们需要运用媒介素养，了解那些制作（和发行）媒介内容的人的伦理道德责任，知晓媒介内容是领会我们文化的"文本"。还需要运用另外两个方面的媒介素养技能，即回应媒介内容时，能区分情感反应和理性反应，并能批判性地理解媒体信息。

挑战下列问题：由校外团体、家长或相关人士决定某些图书不能进入学校，你觉得合适吗？为什么合适或者为什么不合适？你若认为贴有警示标志的电影、电视、游戏、录音或家长反对孩子接触的图书应该清除，你自己会保有这些图书吗？对于校内的其他媒介是不是需要比图书控制得更加严格？为什么需要比图书控制得更加严格或者为什么不需要比图书控制得更加严格？内容有争议的书，反正也能鼓励孩子阅读，是让他们读好还是不让他们读好，哪种选择更"糟"？你可视此挑战为思考机会，并将自己的思考诉诸文字，或者组织辩论，比如分为三方，无须限制/部分限制/坚决抵制。

本章回顾与讨论

回顾要点：将内容与学习成果联系起来

- 概述出版业及图书媒介的历史与发展。
- 虽然第一台印刷机于 1638 年进入殖民地，图书对于早期殖民地生活并不重要，但图书和小册子是 18 世纪 70 年代殖民地民众反抗英国的核心。
- 18、19 世纪印刷机的改进、美国小说的繁荣及平装书的引进等诸多方面的发展，促进图书成为大众媒介。
- 描述图书的文化价值及审查制度对于民主的影响。
- 图书具有文化价值，因为它们是社会和文化变革的推动力，个人发展的重要源泉，消遣、逃避和个人反思的途径，文化的反映；而且，因为与依赖广告的媒介或被大力推广的媒介相比，购买和阅读图书是个性化活动。
- 无论是审查还是自己不愿阅读，均会威胁这些价值及民主本身。
- 阐述当代图书业的组织性质和经济性质如何形塑图书内容。
- 融合指借助电子出版、按需印刷、电子图书、电子阅读器、智能手机、平板电脑及其他电子化世界图书的努力，重构图书业及阅读经验。

■集团化影响出版业，因为它拥有所有媒介，通过追求利润和过度商业化来表达自己。

■追求利润和过度商业化显示的，是越发看重附属权、看重即时图书、看重"好莱坞化"、看重植入式广告。

■图书零售业发生变化，大型连锁书店主导零售业，但高质量的、有想象力的独立书店仍在挑战大型连锁书店。网购也抢去了大量的图书购买者。

●成为更有媒介素养的图书消费者，在当今越发以大众媒介为介质、各媒介越发融合的世界里，尤需认识到图书的独特之处。

■《哈利·波特》系列大获成功，有媒介素养的读者能从中获得不少启示，至少，人们是很看重媒介内容的。

关键术语

linotype　划线机

offset lithography　平版胶印

dime novels　廉价小说

pulp novels　庸俗小说

aliteracy　有文化却不读书

trade books　普及版图书

e-publishing　电子出版

e-books　电子图书

print on demand　按需印刷

remainders　退书积压

e-readers　电子阅读器

platform agnostic publishing　与出版无关的平台

cottage industry　家庭手工业

subsidiary rights　附属权

instant book　即时图书

复习题

1. 印刷机的现代化过程中有哪些重大发展？

2. 早期殖民者为什么不是图书阅读族？

3. 何为印花税？为什么殖民地印刷商反对印花税？

4. 19 世纪的哪些因素促进了美国小说的繁荣和图书业的发展？

5. 谁发展了英国的平装书？

6. 为什么图书是重要的文化源泉，请阐述出 6 点理由。

7. 图书有哪几大类？

8. 图书产业集团化有什么影响？

9. 图书产业越来越过度商业化、越来越追求利润，其产品将会怎样？

10. 什么是电子图书、电子阅读器和电子出版？

批判性思考与论述题

1. 你觉得图书还会像大革命时期或反对奴隶制时期那样，有力量改变国家吗？

2. 你满意自己的阅读习惯吗？为什么满意或者为什么不满意？本章提到马克·吐温，他是谁？

3. 什么情况下容许审查？你信任谁来决定你该阅读什么和不该阅读什么？你若是图书管理员，会在什么情况下取出一本书？

第4章

报纸

学习目标

报纸是推动美国独立的核心，作为人民的媒介，由来已久。报纸亦是首个依赖广告获取经济支持的大众媒介，受众和媒介间的关系从此因它而改变。学完本章，你应该能够：

- 概述报业及报纸媒介的历史与发展。
- 勾勒当代报业的组织性质与经济性质如何形塑报纸内容。
- 描述报纸与读者之间的关系。
- 概述融合技术给报纸带来的变化，以及这些变化如何影响报纸在美国民主中的传统角色。
- 运用媒介素养的重要技能，解读新闻报道的相对布局和图片使用。

72 　　申请的事令你焦头烂额。上次碰到类似事情还是四年前读高中时，如今，仿佛旧日重现：为升研究生院，你又在准备各种文书。更糟的是，你的朋友们还在不断给你泼冷水。他们说，读研虽说不坏，读新闻专业实在欠妥吧？报纸可是在走下坡路，互联网可谓新闻业的杀手。

　　你对此心里自然有数，朋友所言的确有一定道理。过去的十年间，数以千计的报业记者失业（Edmonds，Guskin，& Rosenstiel，2011）。但你做过调查，发现美国劳工统计局的数字显示，到2016 年，初级水平的记者岗位将增加 2%，对有经验的作者和编辑的需求，将增加 10%。你还发现，申请新闻学硕士学位的学生，数量正在激增（Herskowitz，2011）。因为，报纸并未消亡，只是在经历颠覆性的转型（写论文时要用上这句话）。一位新闻学院院长曾这样写道，"新闻业的骚动让很多年轻人兴奋，他们视其为加入新浪潮的契机而非威胁"，"新闻业的主要问题在于供给方而不在于需求方"（Lemann，2009，p. B8）。此话不错，人们的新闻阅读量比以往任何时候都大，虽然方式不限于纸质，但终归都在阅读；总要有人写新闻（写论文时也要用上这句话）。

　　尽管朋友们充满怀疑，但你调查后发现，美国大多报纸财务状况良好，很多甚至蒸蒸日上（Muller，2011）。新闻学院也同样备受青睐。日报正处在骚动的媒介新环境之中，而你正想投身其中。颠覆性转型——天哪，太棒啦！

　　本章我们将探讨这一颠覆性转型，以及该转型对于报纸与读者之间的关系产生了什么影响。首先探讨该媒介的根源，即早期报纸如何从欧洲传到美洲殖民地，并在此形成如今众多的新闻自由的观念。文化改变促成便士报的创立、促成其与报道"黄色新闻"的畅销日报之间的竞争，对此，我们也做研究。

　　我们还将从规模和范围的角度，回顾现代报纸，讨论不同种类的报纸以及报纸作为广告媒介的重要性。我们还将重点讨论作为报纸内容重要 73 提供者的通讯社和专题服务。

　　然后，我们将详述媒介和受众之间的关系如何因为下列原因而发生变化，即行业内竞争的消失及报纸编辑内容迫于商业压力而产生的过度商业化，新兴的融合技术的正、反面影响，网络报纸的出现以及报纸读者群性质的变化等。最后，我们通过讨论如何读报，比如，如何解读新闻报道的相对布局，来测试我们的媒介素养技能。

1600 年

1700 年

公元前100 年　▲恺撒时代的《每日纪事》诞生

1620—1625 年　英文报纸《时事新闻》，宽幅报纸在荷兰出版

1641 年　日刊问世

1665 年　《牛津公报》出版

1690 年　▲《国内外公共事件》问世。

1704 年　《波士顿时事通讯》创刊

1721 年　《新英格兰报》的詹姆斯·富兰克林因"恶毒诽谤"入狱

1729 年　▲本杰明·富兰克林的《宾夕法尼亚公报》创刊

1734 年　曾格公审

1765 年　《印花税法》颁布

1791 年　美国宪法第一修正案诞生

1798 年　客籍法和镇压叛乱法颁布

1800 年	1900 年	2000 年
1827 年 第一份非裔美国人报纸《自由之报》诞生	1905 年 ▲《芝加哥卫报》创刊	2003 年 阅读量研究机构进行发行量方面的研究
1828 年 《切洛基凤凰》创刊	1907 年 国际联合通讯社成立	2007 年 默多克收购《华尔街日报》
1833 年 《便士报》创刊	1908 年 《基督教科学箴言报》创刊	2009 年 《基督教科学箴言报》停止每日发行，《洛杉矶时报》消失，互联网作为新闻资源取代报纸
1844 年 发明电报	1909 年 国际新闻社成立	
1847 年 弗雷德里克·道格拉斯的《北极星》出版	1970 年 新闻保护法立法	
1856 年 纽约联合通讯社成立	1982 年 《今日美国》创刊	2011 年 ▲苹果公司的数字书报亭（Apple's Newsstand）问世
1883 年 普利策的《纽约世界报》创刊，黄色新闻出现		2012 年 另类新闻周报组织更名为另类新闻媒介组织
1889 年 ▲《华尔街日报》创刊		

报纸简史

本章开头的描述，形象地展现了当代报纸的现状：它正处于颠覆状态，在日益拥挤的媒介环境中努力保全自己的新身份。报纸作为媒介和产业，其角色及经营都在面临重大变化。报纸与读者之间关系的变化，是此变化的一部分。微软首席执行官史蒂夫·鲍尔默（Steve Ballmer）认为，"十年之后，一切媒介消费都将通过互联网协议（Internet Protocol）网络来实现，不再有纸质形式的报纸和杂志，一切皆以电子形式传播"（Dumenco，2008，p. 48）。这样的言论虽屡见不鲜，可报纸已不止一次经历过与此类似的挑战且幸免于难。

最初的报纸

恺撒时代的罗马就有报纸：每次元老院集会之后，当日的议事记录就会公布在挂于墙上的木板上，称《每日纪事》（Acta Diurna），发行量仅此一份，且无法有效测定其读者人数。但它表明，人总想知道什么正在发生，而且一些人能帮助大家了解什么正在发生。

74 我们现在通常认为报纸起源于 17 世纪的欧洲。1620 年，一种报道具体事件的单页英文报纸《时事新闻》（Corantos），在荷兰印制，并由英国书商销往英国。当时的欧洲，局势动荡，并引发后来的"三十年战争"，这份报纸正好满足当时英国公众对获取欧洲大陆消息的渴望。

英国人纳撒尼尔·巴特（Nathaniel Butter）、托马斯·埃克尔（Thomas Archer）和尼古拉斯·伯恩（Nicholas Bourne）最终开始印制属于自己的临时小报，并续用《时事新闻》这个名号。1641 年，他们的小报停止发行，这一年，另一种每天固定出版、记录当地新闻的小报即**日刊**（diurnals daily）问世。报纸（newspaper）一词，直到 17 世纪 60 年代才出现（Lepore，2009）。

当时，英国政治力量纷争不断，为支持自己的立场，赞成君主制的党派与赞成议会制的党派分别发行报纸，这极大地推动了这一刚起步的新兴媒介。君主制确立之后，《牛津公报》（Oxford Gazette）作为王权的官方发言人，垄断了出版权。《牛津公报》创办于 1665 年，后改名为《伦敦公报》（London Gazette），由国外新闻、官方消息、皇室公告和本地新闻等板块构成，后成为早期殖民地报纸沿用的样式。

殖民地报纸 我们在第 3 章中见证了书商/印刷商如何成为新闻和信息交换的中心、殖民地报纸如何因此得以产生。从英国购买来的公告或记述事件的单张**宽幅报纸**［broadsides，也称**大幅报纸**（broadsheets）］，正是通过这些渠道发布的。1690 年，波士顿书商/印刷商（同时还是咖啡店老板）本杰明·哈里斯（Benjamin Harris）印制了属于自己的宽幅报纸《国内外公共事件》（*Publick Occurences Both Foreign and Domestick*）。哈里斯本计划长久印制，可惜因为自己批判当地和欧洲的显赫人物，又没有取得许可证，美国这首份报纸，仅维持了一天的生命。

波士顿邮政局长约翰·坎贝尔（John Campbell）1704 年创办的《波士顿时事通讯》（*Boston News-Letter*）比较成功，一直持续到大革命时期。该报包含国外新闻、英国报纸文章转载、政府公告及航班讯息，尽管内容枯燥、价格昂贵，但成为殖民地的主要报纸。

《波士顿时事通讯》之所以能幸存，部分是因为政府津贴。政府津贴就意味政府干涉，但大革命前的暴风骤雨成就了媒介的独立。1721 年，波士顿的三份报纸中，只有詹姆士·富兰克林（James Franklin）创办的《新英格兰报》（*New-England Courant*）不受官方控制。《新英格兰报》广受欢迎但备受争议，马萨诸塞州州长遭受该报批评，富兰克林因刊登"流言蜚语"而入狱。出狱后，富兰克林依然我行我素，招致自己和名下报纸被双双封杀，不过他以让同名弟弟充当名义出版人的方式，躲过一劫。本杰明·富兰克林很快搬去费城，失去了他的引领，三年后，《新英格兰报》倒闭。然而，它让人们明白，受民众支持的报纸，群众的支持足以挑战当局。

诞生于 13 个殖民地的第一份日报《国内外公共事件》只存活了一天。

本杰明·富兰克林在费城创办了一家印刷厂，之后，1729 年，他又接管了一家濒临倒闭的报纸，使其起死回生，并改名为《宾夕法尼亚公报》（*Pennsylvania Gazette*）。他的书店、印刷生意及大卖的报纸的收入，保证了他能独立运营《宾夕法尼亚公报》。尽管费城的官方印刷工作都由他承揽，可他并不害怕得罪那些手握重权的人物。另外，他开始拓展广告收入，这也减少了他对官方印刷业务的依赖，避免遭受官方控制的可能。但是，本杰明·富兰克林表示经济独立能带来言论独立，这似乎也不尽然。

1734 年，《纽约周刊》（*New York Weekly Journal*）出版人约翰·皮特·曾格（John Peter Zenger）因批评殖民地总督而被捕入狱，罪名是煽动性诽谤，判决时依据的只是报上是否刊印有批评文字，根本不理会所言是否属实。批评文字白纸黑字，曾格有罪显然无疑，但曾格的律师安德鲁·汉密尔顿（Andrew Hamilton）向陪审团申辩："除非文字本身在故意中伤，即文字虚假、诽谤、煽动，否则我的当事人无罪。"陪审团认为申辩有理，曾格被无罪释放。皮特·曾格一案，标志着殖民地报纸脱离王权干涉。1765 年，出版商拒绝接受《印花税法》（见第 3 章）之举，足显此案之影响力。

独立后的报纸　　大革命之后，美国新政府不得不规定新闻自由的程度。1790 年宪法出台之后的第一次国会会议上，美国开国元老们几经辩论，起草并采用了宪法的前十条修正案，称为《权利法案》（Bill of Rights）。其中，**第一修正案**（First Amendment）规定：

> 国会不得制定有关下列事项的法律：确立一种宗教或禁止信教自由；剥夺言论自由或出版自由；剥夺人民和平集会和向政府请愿申冤的权利。

但是，仅仅八年之后，因为害怕亲法外国人的颠覆活动，国会通过了四部法律，统称**客籍法与镇压叛乱法**（Alien and Sedition Acts）。任何人以"虚假的诽谤和中伤文字"描述、出版或刊印总统、国会或者联邦政府，客籍法与镇压叛乱法视其为犯法。一个刚刚为反对限制言论自由而战的民族，对于此法，显然不屑一顾。两年后，也就是 1800 年的国会上，这些法律未得重申。第 14 章我们将继续深入探讨第一修正案、新闻自由和言论自由在美国的实施情况。

1754 年，本杰明·富兰克林在他的《宾夕法尼亚公报》上发表了美国首幅政治漫画"加入，还是死亡"，呼吁各殖民地团结起来。

现代报纸的崛起

19 世纪的纽约，对于欲寻觅新型报纸和新闻的新型受众而言，不啻天堂。这座以文化、商业和政治为中心的岛城，人口密集，新移民仍在不断涌进，人口非常多样化，加之工薪阶层文化水平的不断提升，产生一美分一份的**便士报**（penny press）的时机，已经成熟。1833 年 9 月 3 日，本杰明·戴（Benjamin Day）发行的《纽约太阳报》（*New York Sun*），是第一份便士报。戴的想法是，用低价报纸吸引大量读者，进而吸引广告投放。戴大获成功，因为他预见了新的读者种类。《纽约太阳报》涵盖政治与法庭报道、犯罪故事、娱乐新闻和人情故事。它秉承自己"太阳普照大众"

的口号，因此，报道的政治和商业精英的信息与　　　之前的报纸大有不同。

首份便士报本杰明·戴《纽约太阳报》的首刊首页。

不久，各大城市都出现了便士报，最具代表性的是詹姆士·班尼特（James Bennett）创办的《纽约先驱晨报》（New York Morning Herald）。比《纽约太阳报》更轰动的《纽约先驱晨报》，开创了通讯记者的先河，它向华盛顿特区、其他美国主要城市及国外派遣记者。通讯记者借 1844 年发明的电报发送新闻报道。贺拉斯·格里利（Horace Greeley）创办的《纽约论坛报》（New York Tribune）也是具有代表性的便士报。它不追求轰动效应，而关注事件、人性化报道的风格，确立大众报纸成为反映社会行为的有力媒介。

人民的媒介　被排斥在社会、文化和政治主流之外的人们，很快发现了大众报纸的价值。1827 年，约翰·B·洛斯乌姆（John B. Russwurm）和牧师塞缪尔·考尼什（Samuel Cornish）创办的《自由周刊》（Freedom's Journal），是第一份黑人报纸。不久，40 种报纸相继出现，但只有弗雷德里克·道格拉斯（Frederick Douglass）创办的《羊角号》（The Ram's Horn），将报纸的批量发行形式，发挥到极致。它的办报风格与本杰明的《纽约太阳报》明显不同，可惜他的风格行不通，但他和他的少数派报纸，成为被社会遗忘群体的代言。1847 年，道格拉斯创办的《北极星》（North Star），成为内战前最具影响力的黑人报纸，它的报头口号是："权利不分性别，真理不论肤色；上帝是万民之父，万民乃同胞弟兄。"

内战之后最具影响力的黑人报纸是《芝加哥卫报》（Chicago Defender），也是第一个取得商业成功的黑人报纸，而它之前的黑人报纸都依赖政治和教会团体的资助。《芝加哥卫报》由罗伯特·S·阿尔伯特（Robert Sengstacke Abbott）于 1905 年 5 月 5 日首发，它最终在全国范围赢得超过 23 万份的发行量。1917 年 5 月 15 日，阿尔伯特宣布"伟大的北上迁移"，自此，《芝加哥卫报》的办报宗旨，就是鼓励南方黑人北上发展。

阿尔伯特发表社论说："兄弟们，拜托大家离开这块愚昧的土地。你们是自由的……离开南方吧。"（Fitzgerald，1999，p. 18）该报常描述南方乱用私刑，以此与北方黑人获取成功的事迹做对比。"伟大的迁移"号召提出后的两年里，有 50 多万黑人及其家庭搬至北方。接下来的两年内，又有 50 万名黑人北上。

美国土著居民也有属于自己的报纸，包括 1828 年佐治亚州创办的《切洛基凤凰》（*Cherokee Phoenix*）和 1849 年俄克拉何马州创办的《切洛基玫瑰花蕾》（*Cherokee Rose Bud*）。如今，无论是在诸如奥格拉拉苏部落的《拉科塔时报》（*Lakota Times*）和肖松尼族的《肖族新闻》（*Sho-Ban News*）的刊物上，还是在互联网上，我们都能看到，美国土著居民报纸的浓郁特色得到很好保存，比如，《切洛基观察家报》（*Cherokee Observer*）可见 www. cherokeeobservor. org 网站；《纳瓦霍人时报》（*Navajo Times*）可见 www. navajotimes. com 网站；《印第安乡村新闻》（*News from Indian Country*）可见 www. indiancountrynews. com 网站。

报纸繁盛初期也出现过许多外文日报，尤其在一些移民聚居的大城市。斯隆（Sloan）、斯托瓦尔（Stovall）和斯塔特（Startt）1993 年的报告显示，1880 年时的美国，有包括德语、波兰语、意大利语、西班牙语和其他各种斯堪的纳维亚语言在内的 800 多种外文报纸。你将在本章后面的内容中看到，外文新闻及其近亲——另类新闻，在如今这个主流报纸读者人数处于持平或下降趋势的时代，傲然挺立于不败之地。

首个通讯社 1848 年，包括《太阳报》、《先驱报》和《论坛报》在内的 6 家纽约报纸，决定均摊费用，合力从停泊在纽约港的外国船只上打探新闻。制定好会员章程和其他组织策略之后，6 家报纸于 1856 年组建起首个新闻收集（和新闻发布）组织，即纽约联合通讯社（New York Associated Press）。其他国内**通讯社**（wire service）也纷纷跟风而建：1900 年组建的美联社（Associated Press），1907 年组建的合众社（United Press）和 1909 年组建的国际新闻社（International News Service）。

通讯社向国内外机构派驻通讯员，此举具有一系列重大意义。首先，它极大拓展了报纸向读者报道的宽度和广度，这对于想尽可能地吸引读者日报而言，裨益尤大。更广泛地报道国内边远地区的新闻，有助于在鼓励拓展的同时，凝聚这个正在拓展的国家。美国是一个移民国家，来自移民祖国的新闻更能吸引读者。其次，报道的性质开始发生改变。记者可以通过或多或少改写其他记者现场报道的方式发表报道。最后，报纸能降低成本（和提高利润），因为它们再也不需往各方派遣自己的记者。

黄色新闻 1883 年，匈牙利移民约瑟夫·普利策（Joseph Pulitzer）买下处于困境中的《纽约世界报》（*New York World*），他采用平民化方式对待新闻，用革命而激进的方法，报道许多世纪之交出现的社会问题，比如，贫民窟的扩大、用工压力和农业退化。其"新式新闻"之受众，均为"普通百姓"，他用令人眼前一亮的感官性新闻报道、大篇幅的图片及积攒人气的噱头和推广（例如，乘气球环球飞行），让广告收入和发行数量暴增。

不久，又有其他新闻新人出现。威廉·鲁道夫·赫斯特（William Randolph Hearst）将普利策的成功秘籍用于自己的《旧金山考察家报》（*San Francisco Examiner*）。之后，1895 年，他正式向普利策本人叫板。赫斯特的《晨报》（*Morning Journal*）与普利策的《纽约世界报》之间竞争十分激烈，甚至不惜使用恶俗手段，导致整个报纸与新闻行业的败坏。可颇具讽刺的是，普利策后来创立的卓越新闻奖，现在依然以其冠名。

黄色新闻（Yellow Journalism）之名，源于当时一叫黄孩子的卡通人物，其内容耸人听闻，包括色情、犯罪和灾难新闻；大号标题；大量使用图片；依赖漫画和色彩。黄色新闻一开始十分成功，国内其他报纸纷纷开始或全盘或部分效仿。公众对于泛滥的黄色新闻的反感，尽管导致了它的迅速衰退，但它的一些流行特色仍保留至今。在今天最优秀的报纸上，依然能看到大号标题、头版图片及图片说明和大量漫画的使用。

黄色新闻时代之后电视出现之前的岁月，见证了报纸的发展壮大。1910 年至二战之前，日报订阅量翻了一倍，广告收入翻了两番。1910 年，美国有 2 600 家报纸，比以往及以后的任何时候都多。1923 年，美国报纸编辑协会发布"新闻规约和原则声明"，欲重塑黄色时代之后的新闻秩序和责任。其开头写道："报纸吸引和维护读者的权利，唯以考量公众福祉为前提。"通讯社也实现了国际化。合众社 1909 年开始收集来自日本的新闻，1921 年开始报道南非和欧洲。为抵御广告收入上受广播和杂志的威胁，报纸开始整合成**报纸连锁企业**（newspaper chains）：一公司在全国不同的城市中拥有多家报纸。赫斯特和斯克里普斯（Scripps）赫然列于 20 世纪 20 年代最强连锁企业之列，现代报纸由此应运而生。我们将看到，该媒介生命的下一个阶段，始于电视的出现。

约瑟夫·普利策《纽约世界报》的这一头版，足以显现黄色新闻的放肆：撩人的图片、醒目的标题和传闻的报道。很多历史学家认为，"缅因号"的沉没是黄色新闻记者、《纽约先驱晨报》的出版商威廉·鲁道夫·赫斯特有意为之，目的是促成报道之战，以此提升发行量。

报纸及其受众

美国报纸日销量近 4 600 万份，44％的美国人称每天会阅读一份报纸或浏览该报网站，69％的美国人称至少每周会阅读一份报纸（Newspaper Association of America，2011）。报业今天服务读者的方式，与电视成为主导媒介之前，区别显著。如今报纸数量减少了，种类变多了，新闻报道平台多样了，越来越多的报纸成为大型连锁企业的一部分了。

电视始于二战结束、恰逢美国经历各种重大社会和文化变革之际。工时缩短、休假延长、可支配收入增加、移居郊区以及大量职业妇女的涌现，无不改变着报纸与读者之间的关系。战争结束时美国平均每100户家庭购买报纸140份，如今每100户家庭购买报纸不足50份。

今天美国人每天消费报纸4 600万份，但1970年是6 210万份。日报的数量也在持续下降，1990年有1 600多家，如今只有大约1 400家。2008年，《巴尔的摩考察家报》（*Baltimore Examiner*）、《纽约太阳报》（*New York Sun*）、《阿尔伯克基论坛报》（*Albuquerque Tribune*）、《辛辛那提邮报》

（*Cincinnati Post*）、《肯塔基邮报》（*Kentucky Post*）以及《伯明翰邮报》（*Birmingham Post-Herald*）陆续关门歇业。2009年，有150年历史的丹佛《落基山新闻》（*Rocky Mountain News*）停业，有146年历史的《西雅图快讯报》（*Seattle Post-Intelligencer*）改组成网络版，有101年历史的《基督教科学箴言报》（*Christian Science Monitor*）也停止纸质发行，改成一份网络日报和一份周末新闻杂志。发行量十年连续下跌，广告收入以两位数的速度下降。其他传统媒介也遭科技和经济变化带来的打击，但如今唯有报纸受伤最重。

运用媒介制造奇迹

非营利性新闻编辑部填补报道空缺

记者克里斯·赫奇斯（Chris Hedges）认为："纸质报纸的消亡，意味着一个时代的结束。新闻收集不会被网络替代。新闻业经济上难以为继，起码大型的新闻编辑室已是如此。新闻报道费时费力，需要出去与人打交道，天天如此，不断寻觅信息来源、情报、线索、文献、告密者、揭发者、新闻事实和消息，以及不为人知的故事和新闻。记者们常常工作数日却几无所获或收获甚微，工作可能枯燥可耗费却巨大。大都市的日报，预算纷纷缩水，报道数量因此而减少。"另一认为网络不是称道的替代品的记者加里·神谷（Gary Kamiya）认为："报纸数量减少、网络媒介数量相对增加，真正受威胁的是新闻报道，是由训练有素且熟悉情况的记者所做的现场报道——这些报道是记者在探究各方信息来源之后以尽可能客观态度所做的呈现，其真实性和原则性在呈送编辑后再受审核，为的是杜绝无根据的猜测、草率的臆断和马虎的报道及有意或无意的片面。"（2009）但是调查报告工作室（Investigative Reporting Workshop）的查尔斯·路易斯（Charles Lewis）认为："美国报纸新闻编辑室尽管三分之一已经消失，但报纸必须适应自己的市场；报纸需要内

容。"（Herskowitz，2011，p. 58）

过去的几年里，资深的、新兴的职业记者们期望变革，组建数以百计的非营利性新闻编辑室，以填补新闻报道的空缺。一些编辑室由基金会注资，一些由它们的商业媒介伙伴自愿注资，一些（例如Spot. us）实施的是**集资新闻**（crowdfunded journalism），即读者只能看到所有新闻的引子，想看某条新闻更多内容的读者们共摊阅读费用。较大的非营利性调查报告组织比如亲民（ProPublic）和公共廉政中心（the Center for Public Integrity），均由像福特与奈特基金会（the Ford and Knight Foundation）这样的大型慈善机构资助。一些非营利性新闻编辑室规模较小，主要服务当地社区和当地媒介，比如宾夕法尼亚州的"后院新闻"（Backyard News），主要服务哈里斯堡的六个郊区，还有密歇根州的"GrossePointToday.com"；但大多编辑室与国家级主要媒介合作。为加强当地报道，《纽约时报》就采用来自芝加哥、圣弗朗西斯科和其他地区非营利性新闻编辑室的稿子。除了《纽约时报》，《60分钟》（*60 Minutes*）、国内公用无线电台（National Public Radio）、《沙龙》（*Salon*）、《今日美国》（*USA Today*）、《洛杉矶时报》（*Los Angeles Times*）、《美国商业周刊》

（*Bloomberg Businessweek*）和《华盛顿邮报》（*Washington Post*）也常采用来自非营利性新闻编辑室的调查报告。这些调查报告常常是一些热议话题、调查成本很高，比如天然气开采问题、滥用联邦经济刺激方案援助资金问题，以及验尸官和法医失职问题。非营利性新闻编辑室带来变革了吗？公用无线电台的比尔·戴维斯（Bill Davis）认为，"仅凭自己，无力做出这样艰巨的探究性报道"（Rainey，2011）。公共廉政中心"获 40 多项国家新闻奖项，亲民获两项普利策奖项，这两家机构都是 2008 年才新建起来的。始建于 1977 年的调查报告中心（the Cen-ter for Investigating Reporting），也获几十项国家新闻奖"（Herskowitz，2011，p. 61）。哥伦比亚的《新闻评论》（*Journalism Review*）在其网站（www. cjr. org/the _ news _ frontier _ database/）上列有 200 多家非营利性新闻编辑室名单。

成立于 **2008** 年的亲民已经荣获了两项普策利奖项。

报业的范畴和结构

在美运营的报纸，目前有 9 800 多家，其中 15％ 属日报，其余属周刊（77％）和半周刊（8％），发行量共计近 1.3 亿份。**传阅读者人数**（pass-along readership，即非付费购买报纸的读者人数）为 1.04 亿日报读者和 2 亿周刊读者。但是，诚如我们所见，尽管读者在增长，但是纸质报纸的总发行量却在减少。

报纸的种类

我们作数字统计时虽用日报和周刊对报纸做分类，但这两者中其实还包含很多不同的报纸种类，我们一起来深入考察其中的几种。

全国性日报　我们一般会视报纸为本土媒介，即自己城市的那份报纸。其实有两家全国性报纸发行量很大，社会和政治影响很强。两者中，查尔斯·道（Charles Dow）和爱德华·琼斯（Edward Jones）1889 年创办的《华尔街日报》（*Wall Street Journal*）资格更老、更受尊重。它今天仍一如既往地关注商业，虽说当今商业定义的范围非常广泛。《华尔街日报》发行量 200 万份，读者家庭收入平均 15 万美元，因此成为高端产品广告商的最爱。2007 年，它成为鲁伯特·默多克（Rupert Murdoch）新闻集团旗下的一员。

另一重要的全国性日报，是创办于 1982 年的《今日美国》（*USA Today*）。《今日美国》称自己是"国报"，尽管早期因过分依赖外在形式、缺乏深度和实质内容而遭受业内专业人士嘲笑，但"它褪去自己 20 世纪 90 年代无足轻重的'快餐报'形象，变成严肃的'国报'，且吸引了诸如《华盛顿邮报》这样级别里的顶级人才"（Smolkin，2004，p. 20）。如今，该报有 180 万份的日发行量，说明读者喜欢短小精悍而又积极活跃的故事、全彩绘图、各州新闻与体坛短讯，以及大量使用的简单易懂的图形和表格。

大型都市日报　报纸每周至少得出版 5 次，才能算日报。在过去的 30 年里，大城市日报的发行量明显下降，晨报的增长收益赶不上晚报的严重亏损。日报发行量以接近 10％ 的速度逐年下降（Rosenstiel & Mitchell，2011）。很多老牌报纸包括《费城公报》（*Philadelphia Bulletin*）和《华盛顿星报》（*Washington Star*），近年均关门停业。

80

《芝加哥日报》（*Chicago Daily News*）关门歇业时，发行量居全国第六。

随着大城市工业中心地位的丧失，人们的生活、工作和兴趣也从市中心转移开去。成功的大型都市日报，开始运用各种策略，减少成本、吸引并维护住更多的郊区读者。一些日报发行**区域划分版**（*zoned editions*），即报纸的郊区版或者地区版，以吸引读者，并应对与郊区报纸之间的广告争夺战。但曾司空见惯的特色项目比如区域划分版 ［《普罗维登斯日报》（*Providence Journal*）］、独家书评版 （《芝加哥论坛报》和《华盛顿邮报》）、周刊杂志 （《洛杉矶时报》）和分类广告版 ［《辛辛那提问询报》（*Cincinnati Enquirer*）、《波士顿环球报》（*Boston Globe*）］，甚至送报到家服务 （《洛杉矶时报》），如今都在逐渐消失，因为大大小小的报纸均陷入广告收入减少和生产与销售成本增加的困境之中。

《纽约时报》是一家特殊的大型都市日报，虽为一份纽约地方性报纸，但其高质量的报道和评论、深度探寻的国内和国际新闻及深入人心的特色项目 ［如每周的《时代杂志》（*Times Magazine*）和书评］，使得它成为名副其实的全国性报纸，日发行量在 90 万到 100 万份之间。

郊区和小镇日报   美国人大多居住在郊区，所以报纸也随之郊区化。郊区日报的数量，自 1985 年以来增长了 50%，其中长岛的《新闻日报》（*Newsday*），更是以 404 542 份的发行量，成为全国第十一大报纸。

地处大都市附近的小镇日报，其运营方式，与郊区日报十分相似，比如《劳伦斯鹰论坛报》（*Lawrence Eagle-Tribune*）就深受波士顿两家大型日报的影响，主要关注离波士顿西北 25 英里之外的马萨诸塞州的梅里马克河谷。如果没有大城市的竞争，小镇报纸就是整个地区的核心。图 4—1 详述了人们订阅当地报纸的原因。

订报的原因及所占人数的百分比

- 当地新闻   85%
- 优惠券   67%
- 国内外新闻   58%
- 习惯   37%
- 讣告   35%
- 专栏作家   33%
- 其他   12%

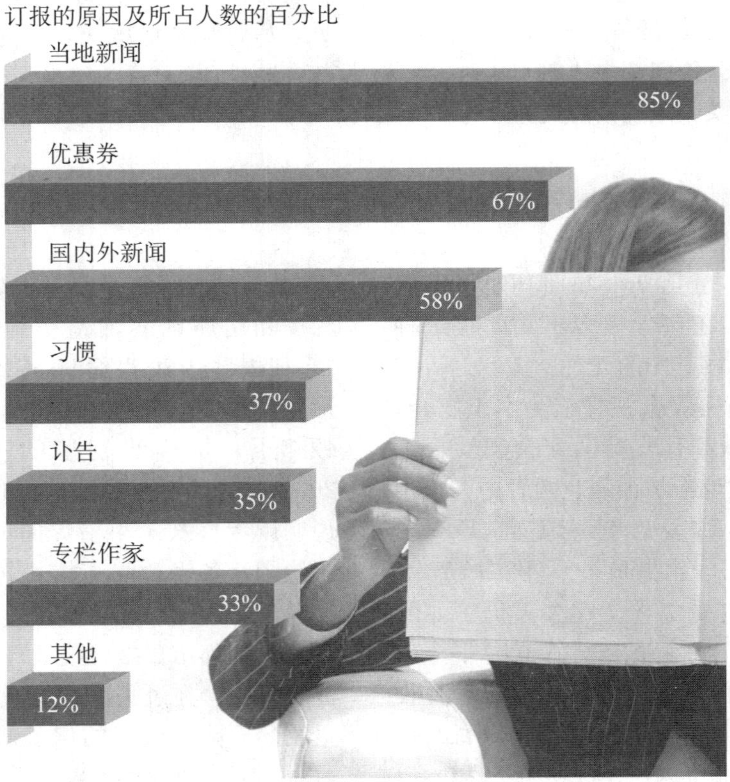

图 4—1   人们订阅当地报纸的原因

周刊和半周刊   很多周刊和半周刊十分繁荣，因为它们的郊区报道吸引了广告投放。社区报道对那些更喜欢在中等城市而不是大城市生活的人而言，更具可读性。而读者群集中、广告费低廉也让瞄准郊区的广告商极为乐意。

　　本章开头提到的报纸繁荣，其实主要指的就是郊区和小镇的日报和周刊。想看国内、国际新闻，读者完全可以从网络上获取大量消息，但想看当地和地区新闻以及涵括中学体育、讣告和警情通报在内的"三位一体"的本土消息，读者就只能依靠本土报纸了（Muller，2011）。图 4—2 显示本土报纸在人们获取当地新闻上的重要性，从以下题为《更小（有时）意味着更好》的专栏文章中，你将读到小型报纸成功的过程和原因。

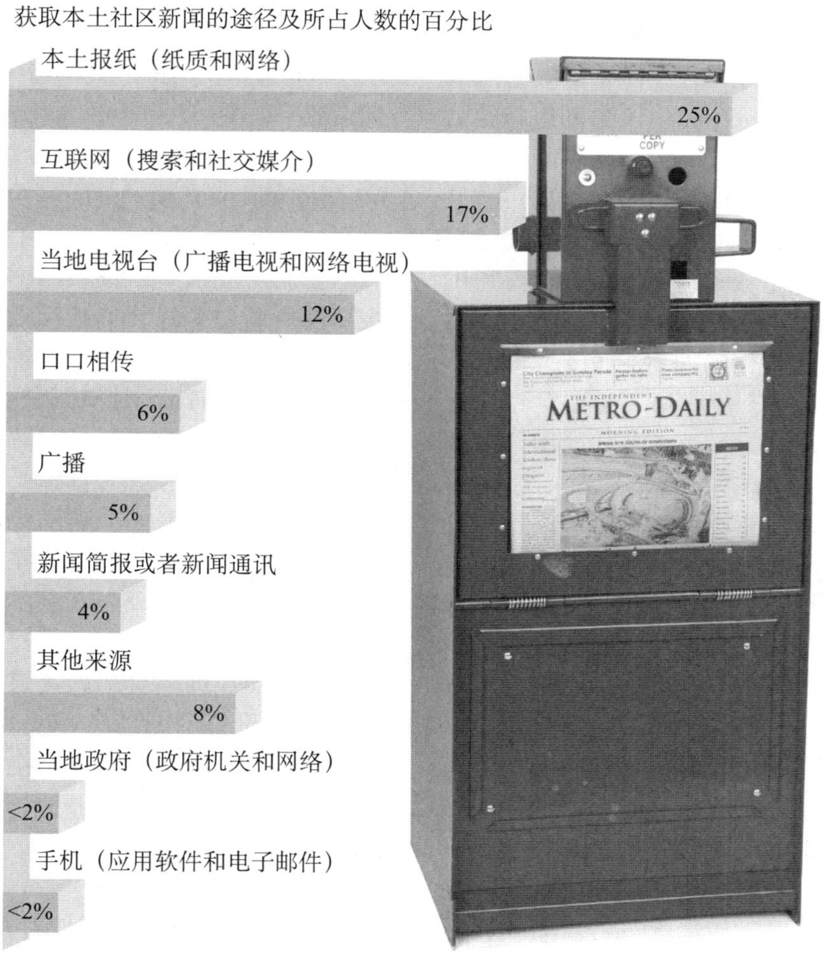

82

获取本土社区新闻的途径及所占人数的百分比

- 本土报纸（纸质和网络）25%
- 互联网（搜索和社交媒介）17%
- 当地电视台（广播电视和网络电视）12%
- 口口相传 6%
- 广播 5%
- 新闻简报或者新闻通讯 4%
- 其他来源 8%
- 当地政府（政府机关和网络）<2%
- 手机（应用软件和电子邮件）<2%

图 4—2　人们是如何获取本土社区的新闻的

资料来源：Edmonds, Guskin, & Rosenstiel（2011）。

少数族裔报纸　美国有 130 座城市拥有至少一份西班牙语出版物，该数字一直比较稳定，因为，除诸如《西班牙语之声》（*La Voz Hispana*）这样传统的独立性西班牙语周刊和半周刊外，还有一些英语报纸支撑西班牙语报，如论坛报业集团旗下的《嗨》（*Hoy*）、《达拉斯晨报》（*Dallas Morning News*）旗下的《今日新闻》（*Al Día*）。此令人赞叹的稳定，源自三个因素。第一，和所有媒介一样，大型日报也发现，要想成功（而这里指的便是扭转眼下长期停滞的发行量），就必须吸引越发细分的受众。第二，自称西班牙人和拉美人的美国人口，占美国总人口的 18% 以上，不仅表明该受众群体数量可观，还意味着该族群人数增长最快。第三，因为报纸是大众媒介中最为本地化的媒介，且母语为非英语的人更倾向于直接的语言环境，西班牙语报纸因此和大多数外语报纸一样，拥有忠实的读者群，这正好深深吸引缺少其他途径抵达这群读者的广告商们。

已存续一个半世纪的非裔美国人报纸，始终都是美国活跃的**少数族裔报纸**（ethnic press）的一个组成部分。非裔美国人占美国总人口的 12%，但英语是他们的母语，所以，他们一般都阅读主流报纸。他们其实是美国仅次于白人的第二大报纸读者群。尽管如此，仍有 250 家日报、周刊和半周刊专门面向非裔美国读者，比如纽约的《阿姆斯特丹新闻》（*Amsterdam News*）、《费城新观察家报》（*Philadelphia New Observer*）和底特律的《密歇根市民》（*Michigan Citizen*），专事报道城市新闻，却与传统的主流日报完全不同。

除西班牙语报纸和非裔美国人报纸外，还有很多少数族裔报纸，比如，纽约市就有 50 种不同语言的报纸，仅以 B 开头的就有孟加拉语、波西尼亚语、保加利亚语、巴西语和白俄罗斯语，以 I 开头的有印第安语、伊朗语、爱尔兰语、以色列语和意大利语。全美有 200 多种外国语种的报纸。

另类报纸　还有一种通常一周出版一次的免费报纸，称**另类报纸**（alternative press）。这些脱胎于 20 世纪 60 年代反战、反种族主义、毒品合法化群落的报纸，重新定义自己的身份。其中最成功的数《乡村之声》（*Village Voice*）、《洛杉矶周刊》（*L. A. Weekly*）、《波士顿凤凰报》（*Boston Phoenix*）和《西雅图周刊》（*Seattle Weekly*），其 83 成功主要倚赖吸引有前景的年轻人、青年职场人，而不是它们最初的那些反主流文化的愤世者。它

们藐视政治，重视事件表罗列、当地艺术广告和怪人征友分类广告。这些策略，促进全国 165 家另类周刊每周吸引 2 500 万的纸质或网络读者。但该数字背后隐含的实情却是，纸质读者正在下降，因为，内容一旦被认为"另类"，便不适合刊于传统报纸，只适于在家上网浏览。大多数另类报纸因而有自己的网站，有些另类报纸甚至只有网站版本，所以该行业组织不得不在 2011 年将其"另类新闻周刊组织"（Association of Alternative Newsweeklies）名称，更名为"另类新闻媒介组织"（Association of Alternative Newsmedia）（Anderson, Guskin, &Rosenstiel, 2012）。

上班族报纸　欧洲有一种常见的免费日报，主要供乘坐火车的上班族阅读。如今，模仿该形式的上班族报纸，遍布美国各大城市。该报就像极为成功的西班牙语报纸一样，是大型日报为努 84 力吸引住不大可能购买主产品的这群分众而制作的产品。不过，这里的目标受众，是那些早已习惯从另类报纸和网站上获取免费媒介内容的年轻读者。发行上班族报纸是一举两得的：首先，这些年轻读者人数可观，这对于报纸的衣食父母广告商来说，尤其重要。其次，大型日报希望这些年轻读者养成阅读日报的习惯并成为该报的固定读者。**上班族报纸**（commuter papers）中，数《华盛顿邮报》旗下的《快讯》（*Express*）和论坛报业集团旗下的《早间纽约》（*amNewYork*）最为成功。

中学体育作为"三位一体"本土消息之一促进了社区报纸的盈利。

有一个很强大的少数族裔新闻社为美国的外语读者提供服务。

文化论坛　　　　　更小（有时）意味着更好

服务于底特律郊区伯明翰的《伯明翰怪人》（*Birmingham Eccentric*），和全国几十家报纸一样，濒临灭亡。小报的价值问题，由此而被直接摆在文化论坛上。

《伯明翰怪人》创办于 1878 年，2005 年被甘尼特连锁企业（Gannett chain）收购。它的新主人早就料到，这份发行量仅为 7 000、一周出两次的报纸，必会终止。但当地居民"无法接受失去自己社区基石的事实，努力拯救自己的报纸"（Dellamere, 2009）。几千位新读者以 52 美元的年费订阅下该报，当地商人也一再向该报承诺长期合作意向，因为大多广告在该报纸投放，他们不能失去这个广告的主要载体。

《伯明翰怪人》幸存下来了，但这并未让由记者转行为批评家的本·巴格迪坎（Ben Bagdikian）（2004）吃惊，他早已预料到目前报纸的滑坡，并指出：

> 报纸具有一种特殊的、其他媒介不具备的社会功能，对于美国当地居民的生活至关重要，也是美国政治体系的重要部分。美国是唯一将当地学校、警察、土地使用权和税收的大头交给各自社区的工业民主国家。这些权利在其他国家都收归国有。因此，美国每个城市和城镇的选民，都会关注自己孩子所在学校的管理情况，关注自己所交的财产税何去何从，甚至关注当地警署办公室工作人员的表现。他们会在选举日投票，而获取有关选举详细资料的唯一途径，就是纸质报纸（p.70）。

行业的最新研究，显示巴格迪坎先生遵从地方报纸之举的明智。在拥有自己小报（发行量在 15 000 份以下）的社区，74% 的成人每周阅读该报，精读时间近 40 分钟；73% 的读者阅读报纸的"大半内容"；44% 的读者将报纸在家存放 6 天以上；读者平均与 2.33 位朋友分享从报上读过的内容；高达 94% 的读者花钱买报（Survey, 2011; Muller, 2011）。

请你在此文化论坛中发表观点。报纸在你们社区作用非常重要，没它不行吗？其作用其他媒介能代替吗？你们社区的报纸是否关注诸如"当地学校、警察、土地使用权和税收的大头"之类的问题？你能否从其他途径获取这些信息？你关心这些问题吗？如果没有当地报纸，会是什么情况？你的生活会有何不同？向你父母和祖父母同样提出这些问题，看看他们的回答与你的有何异同？你们的回答为什么有异同？

作为广告媒介的报纸

报纸的数量和种类那么多，是因为读者喜欢。报纸赚钱是因为广告商看到了它们作为广告媒介的价值。在美国的广告支出中，报纸占 17.9%，2011 年达 258 亿美元（Sass，2011b）。报纸最大的广告商是零售商店（例如梅西百货），还有通信商、汽车、电脑和娱乐品牌。

为什么这么多广告商选择报纸？其一是报纸读者人数众多，近 70% 的美国人每周要阅读一份纸质或网络报纸，40% 的美国人每天阅读，相当于观看"超级碗"的收视率。其二是读者群优秀，79% 的报纸读者为白领员工，82% 的读者家庭收入超过 10 万美元，84% 的读者有大学学历。他们正是广告商看中的有可支配收入的消费者。其三是报纸的本地化特征。超市、当地的汽车销售商、百货商店、电影院和其他当地商人欲发送优惠券时，会自动想到报纸。日报约 65% 的空间用于刊登广告。其中 60% 的空间用于刊登当地零售广告，另外 25% 用于刊登极具当地特色的分类广告。因此，问及哪种媒介对于产品销售影响最大，57% 的人的回答是当地日报或者周日版的纸质报纸，只有 33% 的人说是当地电视新闻，28.1% 的人会说是当地广播电台（Advertising Mediums，2011）。

新闻服务和专题服务

剩下的未用于刊登广告的 35% 的报纸空间，大多用于发布外部信息来源提供的内容，尤其是新闻服务和专题服务。我们知道，新闻服务是一种收集新闻并传播给会员的服务（它已不再叫"有线"服务，因为现在已不用电话线，而是通过电脑网络和卫星来传送材料）。与早期有线通信服务不一样的是，如今，更愿接受广播媒介渠道的成员，是接受报纸渠道的成员的 3 倍。这些广播台和电视台接受声音和影像资料，也接受书面资料。成员们在任何情况下都能收到所选材料，通常是国内外重大新闻、各州各地区新闻、体坛新闻、商业资讯、农业行情和天气预报，还有人情故事和消费资讯。

专题服务也称**特稿辛迪加**（feature syndi-cates），不是收集和传播新闻，而是相当于专栏作者、散文作者、漫画作者和其他创作者工作的结算站。（由电话线、电脑或包裹邮寄方式）提供的特稿材料中，有诸如艾伦·戈德曼（Ellen Good-man）和加里森·凯勒（Garrison Keillor）的评论；星象运程、象棋和桥牌专栏；诸如斯科特·威利斯（Scott Willis）和本·萨金特（Ben Ser-geant）的社论漫画；还有最常见且最受欢迎的特稿材料——连环漫画。在主要的特稿辛迪加中，最著名的莫过于《纽约时报》的新闻服务、国王专题服务（King Features）、报业协会（News-paper Enterprise Association，NEA）、《华盛顿邮报》的新闻服务及联合特稿辛迪加（United Fea-ture Syndicate）。

报纸出版中的趋势与融合

行业内缺乏竞争、过度商业化和融合以及报纸读者群的演变，不仅改变着报纸媒介的性质，而且改变着报纸与受众之间的关系。

86 **缺乏竞争**

报业内已明显丧失竞争，主要呈两种形式，即有竞争力的报纸的消失和所有权的集中。1923年，美国有2份或2份以上有竞争力的（不属于同一家企业的）日报的城市达502座，现在不到20座。都市日报的发行数量和广告收入只能勉强维持生存，很少有城市能支撑一份以上的报纸。国会为改变此趋势，在1970年制定了《报纸保护法》（Newspaper Preservation Act），认可**联合经营协议**（joint operating agreement，JOA），允许面临破产的报纸将其主要业务并入经营状况良好的当地报纸，但两家报纸编辑和报道过程必须保持独立。其理念是，有两家相对独立的报纸，比让一家报纸倒闭强。目前6个城市，包括底特律、查尔斯顿和西弗吉尼亚，实施了联合经营协议。

建立联合经营协议让人担忧的，是编辑多样化问题。一个城市若只有一家报纸，那就只有一种报纸编辑的声音。这与美国人在自由新闻与读者之间的关系上一直坚持的两条信仰相悖：

- 真理出于各抒己见。
- 更好服务于民的，是各种分析性的声音。

对集中化的担忧也源于此。没有多样化和分析性（或至少争议性）的声音，讨论政治、文化和社会会是什么样子？媒介批评家罗伯特·麦克切斯尼（Robert McChesney，1997）认为，"全国性报纸所有权以连锁企业形式集中化后，新闻所反映的，就是企业所有者和广告商所代表的党派利益，而不是某社区各自不同的利益了"（p.13）。今天，5家连锁企业甘尼特（Gannett，88家报纸）、论坛（Tribune，9家）、纽约时报（New York Times，20家）、先进出版公司（Advance Publications，59家）和新闻传媒集团（Media News Group，54家）的收入占报业总收入的54%（Morrison，2011）。

连锁企业并非新生事物。19世纪80年代，赫斯特就拥有好几家大城市的报纸，但当时，大多城市乐见报纸间的相互竞争。现在大多数社区只有一家报纸，声音若让非本土的连锁企业或集团企业所控制，就会出问题。连锁企业本身若还是一家拥有多种不同传播媒介及其他非媒介公司的媒介集团，其所有权就更让人担心。分别控股的各媒介，传达的是否是和集团一样的声音？它们的声音能客观吗？对于自己所属的非媒介集团的所作所为，它们会进行报道吗？

支持连锁企业的，也不乏其人。有批评家认为大公司格外看重利益和股东分红；也有批评家认为，连锁企业能变拓展的经济、新闻资源为更好的服务和报道，比如获普利策奖及其他奖项无数的麦克拉奇（McClatchy，77家报纸）。有批评家认为外属报业不会重视本土社区和本土问题；也有批评家认为外属报业能权衡、会客观（尤其在只有一家报纸的小镇）。最后，我们必须看到，各连锁企业经营有别，并非一致。有关心盈利赚钱的，也有注重优质服务的；有要求辖内所有报纸必须遵循总公司规定的，也有权力下放的。比如甘尼特，就公开宣称自己注重控制本土管理。 87

集团化：过度商业化，削弱防火墙，丧失使命感

和其他媒介一样，报纸的集团化导致盈利压力越来越大，显示在三个既不同又联系的方面，即过度商业化、广告与新闻之间的模糊化以及使命感的丧失。

很多报纸，包括《今日美国》、《纽约时报》、《橘郡纪事报》（Orange County Register）以及密歇根的《奥克兰快报》（Oakland Press）和《麦科姆日报》（Macomb Daily），都将曾仅限重大新闻的头版，卖作广告区域。还有一些报纸，比如罗得岛的《普罗维登斯日报》（Providence Journal），则将自己的过度商业化稍作遮掩，在自己的头版上贴上可以揭下的贴纸广告。如今，很多报纸的讣告版内允许（当然要收费）放置宠物讣告。《东南密苏里人报》（Southeast Missourian）将报纸的

"读者来信"栏出售，让人发表支持政治候选人的见解。

批评家还认为，集团化的连带作用，是不惜代价地追求利益，会让报纸原本分隔报纸社论与广告任务的那道曾经坚不可破的防火墙，备受削弱。阿拉斯加的《费尔班克斯日报—矿工》（Fairbanks Daily News-Miner）设了一个"广告编辑"（advertorial editor）职位，工资分成两部分，一部分比照编辑部门发放，另一部分比照广告部门发放。此举虽颇遭非议，但各大小报纸都面临这一相同的问题。比如，《德通纳海滩新闻日报》（Daytona Beach News Journal）新闻编辑室的记者和编辑，均被要求去拉广告赞助，以绩效获现金奖励（Jackson，2012）。加利福尼亚州的《长滩弄潮报》（Long Beach Beachcomber）很少派记者和/或摄像师亲临预设事件，除非那事件"极具新闻性"，或者那事件"由与本报合作的广告商组织，记者和摄像师费用由他们给付"——编辑杰夫·毕勒（Jeff Beeler）语（Romenesko，2012）。

负责《巴尔的摩太阳报》体育和专题版的副主编皮特·普罗科特（Peter Proctor）说，"报纸财务压力越来越大，这样的互动因此会越来越多"，"过去，镇上有家报纸便肯定会盈利。但现在报纸的命运和世界上很多其他事物一样，就在华尔街分析师们的一念之间。报纸面对更多提高利润上的压力，以致新闻编辑室与市场部之间更加相互渗透了"（Vane，2002，pp. 60 - 61）。互联网早期发家的企业家马克·库班（Mark Cuban）很赞同："你一旦得为股价而运行企业，离失败就不远了……（报纸）现在要做的，应该是抽身其中，静心自问：'报纸的特别之处是什么？'"（Cuban Knows，2006，p. 10）。

批评集团化的人认为，报纸将会灭亡，因为集团化令报纸摒弃自己传统的社会责任。这才是更为悲催的失败，因为，时机好时，很多报纸即便发行量减少，投资而不是减资，更能维护财务健康。新闻杂志《周刊报道》（The Week）主编威廉·福克（William Falk，2005）认为，报纸的终止

是自杀造成的……经营报纸的巨型公司应对新兴（数字化技术）激烈挑战的方式非常愚蠢：降低质量。驻外通讯社、调查报告团队和有经验的编辑全被撤销，报纸现在充满的全是肤浅内容和无聊专题，宏大报道和犀利笔锋正在消失。曾经深刻的报纸……变得平淡而千篇一律，其权威性正在逐渐消失。公司大佬们只为取悦华尔街而不断削减成本提高利润，待到发行量下降，方一筹莫展、不知所措。大佬们知道问题出在哪吗？报纸报道的东西早已众所周知，谁还去买报纸呢？（p. B7）

报纸在收入、利润均处创纪录的高峰时却开始裁减员工、关闭国家和地方记者站、雇用缺乏经验的年轻记者、缩小报纸版面。报业老板只关注利润，从业编辑哪有心寻觅和制作优质新闻。比如，1995 年，《巴尔的摩太阳报》关闭自己长达 85 年之久、发行量 8.6 万份的下午报时，其利润率高达 37%。不仅如此，它还解雇了近 100 名编辑和记者。报纸批评家约翰·尼克斯（John Nichols）评论说："这些男女记者在互联网尚未泛滥的年代，原本可能将《太阳报》打造成一艘新闻和评论界更加坚固的航母，却被早早地扫地出门了，为的只是实现华尔街短时间内财富激增。"（2009，p. C5）2008 年，《太阳报》老板论坛报业集团提请破产保护。两度获普利策奖的调查性记者、《太阳报》前主编比尔·马利摩（Bill Marimow）指出，"当编辑关注的是账单而不是新闻时，民主便有问题了"（Outing，2005）。

与互联网融合

为什么都在谈钱？答案有二：一因为你，二因为数字技术。《巴伦周刊》（Barron）在线专栏作者霍华德·戈尔德（Howard Gold）解释说：

"信心危机加上技术革命和结构性经济变化相结合，造就出这场所谓的完美风暴。年轻读者转向免费的通俗小报和电子媒介获取新闻，纸质出版形

式分崩离析、土崩瓦解。"(Farhi，2005，p. 52）让人担忧的是，报业可能经不起这场风暴——戈尔德所说的"信心危机"，让老板和投资者们去除了那些曾经确立报纸地位（尤其是好新闻）的特色。

互联网对报纸最直接的经济掠夺，是抢占分类广告。互联网出现前，地方报纸是分类广告的唯一家园。如今，互联网通过在线商业分类广告网站（比如，eBay、car. com、traderonline.com），打破了一度由报纸统治的领域，广告商在网站而不是报纸上，就能直接与客户沟通。比如，1995年在圣弗朗西斯科创办的克雷格列表（craigslist），如今已经发展到 50 个国家的 500 多座城市。半数以上的美国成人浏览过分类广告网站（Zickuhr，2010）。报纸最严重的广告损失，是招聘广告和汽车销售广告（二者均有 50% 以上的下降）。为抵抗类似"Monster. com"这样的就业网站，全国三分之一的报纸联合起来，创建属于自己的就业服务项目。它们虽然列有更多工作岗位，却依然无法创造更多收入。另有 200 家日报与雅虎"Hot-Jobs"服务建立合作关系。还有 75 家报纸与"Monster. com"化敌为友，亲密合作。如今，为抵抗在线汽车销售分类广告及房地产和日用商品网站，每家报纸都创建了自己的在线分类广告网页。但这些努力对于挽回报纸在分类广告上的昔日辉煌，只是杯水车薪。

祸不单行。除广告上惨遭损失外，人数上占绝对优势的年轻人亦弃报纸新闻而投身数字信息。10 至 34 岁之间的读者群中，只有 12% 的人阅读纸质报纸，79% 的人通过网络、手机和电子阅读器获取新闻（Data Page，2011c）。互联网和万维网不仅提供比传统报纸更丰富、更快捷和更深入的报道，还让读者能控制新闻、参与互动，其实质，就是自己成为某种意义上的主编。传统报纸因此想与这些技术融合，实现自己的升级改造。

报纸与网络联姻，并未让报纸这个老牌媒介得到什么经济好处，问题在于，是在用数字美分（digital dimes）替换模拟美元（analog dollars），即报纸网站的浏览量尽管很高（美国人上网，平均一半以上的时间用于阅读新闻，每月有 1.11 亿人点击报纸网址），但网络读者付费远低于纸质读者（Sass，2011a；Hendricks，2012）。至今，报纸每损失一模拟（纸质）美元换来的，其实只有

10 数字美分（Edmonds，Guskin，Rosenstiel，& Mitchell，2012）。但前景应该仍在向好方向发展，报业其实也明白，想获取网络读者的信任和接纳，尤其是获取他们稳定、长期的惠顾，投入花费是必需的。

互联网公共图书馆列出并提供几千家在线报纸的网址链接，供美国各州和其他国家使用。这些报纸为"触网"采用了各种策略，比如，《华盛顿邮报》联合《新闻周刊》（*Newsweek*）杂志、有限电视频道"微软全国广播公司"（MSNBC）和电视网络"全国广播公司"（NBC），分享各自网站的内容，提供读者进入源网站的链接。有些报纸则采用截然相反的方式，强化自己作为地方媒介的优势，比如《波士顿环球报》提供的"Boston. com"链接、《迈阿密先驱报》提供的"Miami. com"链接、《堪萨斯城星报》提供的"KansasCity. com"链接。它们的网站不仅提供自己的主报内容，还提供自己所在城市的其他重要便民信息，不仅是地方报纸，还成了城市指南。

本土因素的优势很多，可搜索、归档的地方性分类广告，比类似"Monster. com"和"Cars. com"这样的全国性大型分类广告网站更为便利，只有本土媒介能以街道或邮编的搜索方式，极为有效地提供治安、住房、社区政策、区域划分、学校午餐菜单、结婚证及破产方面的信息。本土报纸可在自己网站上建立二级网站，生动地发布当地产业详情。比如，《圣何塞水星报》（*San Jose Mercury News*）的网站"SiliconValley. com"，就专门提供数字产业的信息。本土报纸可实施的另一本土化策略，是在自己的网站上创建信息公布栏和聊天群，以应对一些重大问题。本土报纸还可利用网站开通自己的博客，方便读者和记者的交流，也正好满足用户的互动需要。

前谷歌首席执行官艾瑞克·施密特（Eric Schmidt）曾说过，"报纸的问题不是市场需求，而是经营模式"（Fallows，2010，p. 48）。但报纸想要线上成功，除新技术及新技术生成的阅读方式外，还得应对两个挥之不去的问题。首先是如何通过运营网站获利。互联网用户期待获取免费内容，多年来报纸也一直乐意提供免费内容，目的是确立自己在网络上的地位。记者、媒介高管史蒂文·布里尔（Steven Brill）说，"报纸最主要的

经济挑战就是印刷和运送"，"砍下大量树木以造纸印刷，再将报纸运送出去，是目前报纸的最大成本。所以互联网能让报纸摆脱它的这个主要成本。可报纸虽'触网'了但却是免费的，所以还得出纸质报卖钱，但又没那么多人想买，因为他们能从网上免费看到"（Thornton，2009，p. 2）。所以，报纸自身得另寻方案。

"方案"之一，就是靠广告获得在线收益。很多报纸依然免费开放，期望能吸引更多读者，进而吸引广告投放，从而获益。有报纸甚至提供免费的分类广告吸引人气（及付费广告商）。还有报纸看到 2009 年互联网的新闻资源已超过纸质报纸（Mindlin，2009），开始尝试各种网站**付费门槛**（paywall），即其所有或部分网站内容仅对付费读者开放。很多报纸，无论规模大小，都有自己严格的付费门槛，读者付费后方可进入。《华尔街日报》、《波士顿环球报》和罗得岛的《纽波特每日新闻报》（*Newport Daily News*）实行的就是这种方法。《纽约时报》实行的是计量制（metered system），纸质报纸的订阅者可免费获取网上所有内容，非纸质报纸订阅者只能免费获取部分内容，其他内容必须付费。有报纸实行微付费（micropayments），也叫"iTune"模式，即读者支付很少的费用，比如 10 美分一个故事，25 美分一份报纸。

但所有这些举措都必须面对在线新闻的两大现实。第一，一则报道或信息若能在网上其他地方免费获取，人们就不愿付费，即便只是 10 美分。因此，网站门槛背后的内容，无论什么，必须独有。第二，77% 的互联网用户表示他们从不付费阅读在线报纸（Whitney，2010）。但对在线报纸持乐观态度的人指出，北美数亿互联网用户中，有 23% 的人每月花费 5 至 10 美元，就会给报纸的网站运营带来可观收入。行业研究也显示，许多报纸担忧付费门槛制度"可能造成浏览量急剧下降，其实没有根据"（Mitchell，2011）。

这就引出在线报纸面临的第二个问题，即如何测算发行量。其实，若将访问报纸网站的读者和纸质报纸读者加在一起来看，报纸的流行程度还真前所未有，即报纸吸引的读者，数量空前。因此，很多在线报纸若继续靠提供免费阅读来吸引广告支持的模式，提高自己的"发行量"，它们该如何向广告商提供有关自己读者的数据，包括在线读者和纸质读者？业内人士期待有新的计算方式能更精准地描述报纸的确切使用率，他们认为应该用**综合受众使用率**（integrated audience reach）一词取代"发行量"。综合受众使用率指纸质报纸读者加上只限网络上阅读、未进行纸质报纸阅读的读者。鉴于报纸网站巨大的浏览量，这个数字肯定不小。

智能手机、平板电脑与电子阅读器

在第 3 章中，我们看到美国至少三分之一的人有电子阅读器或平板电脑。从 2012 年伊始，美国一半以上的移动电话用户使用智能手机。业内预计，该数字年底会升至 90%（Fischer，2011）。这些数据无不预示报纸大好的数字化未来：比如，56% 的平板电脑和电子阅读器用户、51% 的智能手机用户使用这些设备来获取新闻（Olmstead，Sasseen，Mitchell，& Rosenstiel，2012），且阅读时间多于以前收看电视的时间，浏览网页的数量更多，重复浏览同一网页的可能性更大（Mitchell，Rosentiel，& Christian，2012）。美国新闻编辑协会主席肯·保尔森（Ken Paulson）特别看好平板电脑："技术一定在不断进步，但没有什么能打败轻巧、便携且分辨率高的多媒体输送载体，它简直就是扩展版的报纸。"（Johnson，2012，p. 20）

报业和保尔森先生一样，充满乐观。美国 88% 的报纸将自己的内容做成可供移动设备使用的形式，比 2009 年增加了 50%。而且，很多人相信，移动平台"三年后将成为报纸阅读的主导形式"（Audit Bureau of Circulation，2011；Edmonds，Guskin，& Rosenstiel，2011）。其实有些报纸，比如《费城问询报》和《费城每日新闻报》，已经开始为自己的读者购买平板电脑给予补贴。《日报》是一全付费的、仅供 iPad 的新闻公司，首年经营，就吸引了 10 万付费订户，成为

2012 年最畅销的应用程序（Walsh，2012a）。

91　　　2011 年底，苹果公司在其 iPad 和 iPhone 上预设的"报纸杂志"应用程序，让用户能在该程序中存放每天自动更新的免费订阅的出版物，使得利用平板电脑和智能手机获取新闻的读者激增。此项功能推出后的一周之内，《纽约时报》的 iPhone 应用程序就被下载 1 800 万次，而此功能未推出的前一周的下载次数是 2.1 万；在 iPad 上被下载 18.9 万次，比前一周增长了 7 倍（Palser，2011）。仅 iPad 用户，每天就花费 7 万多美元下载这些报纸和杂志（Yarow，2012）。

报纸读者群的变化

报业出版人很清楚，美国报纸读者中，年轻人最少。年轻人看日报的人数呈下降趋势。投资天才沃伦·巴菲特（Warren Buffett）说："读报的都是些老者，年轻人不读报。"（Ambrose，2007，p. B5）请看图 4—3，留意纸质和在线报纸读者群随着年龄减小而呈下降的趋势。年轻人不读报的现象你怎么看？报纸现在面临的问题，就是如何吸引年轻人（未来读者）读报。在线及免费电脑报或许是两个解决办法，但根本问题仍在，那就是，报纸应该给读者他们该要的，还是给读者他们想要的？

法很好，但另一针对年轻人的策略却难以让传统派认同：他们将报纸其他比较严肃（可能也比较重要）的栏目改动得符合不常读报或者根本不读报的年轻人的口味了。为讨好媒介道德学家杰·布莱克（Jay Black，2001，p. 21）称之为"分裂、任性、善变且毫无耐心的年轻受众"，越来越多的报业人士采用市场导向法，即依据阅读率研究数据、焦点小组和其他消费者满意度测试来设计自己的报纸。他们发现，自己这种既"贬低"了报纸媒介又"贬低"了新闻机构的行为，越来越深受谴责。

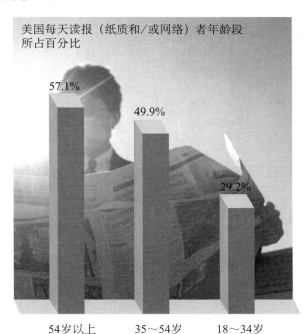

美国每天读报（纸质和/或网络）者年龄段所占百分比

57.1%　49.9%　29.2%

54岁以上　35～54岁　18～34岁

图 4—3　报纸受众年龄段的划分（2011 年）
资料来源：Newspaper Association of America，2011。

有报纸直面这一问题，增加插页或栏目，专门针对年轻人，有时由青少年自己撰稿。这一做

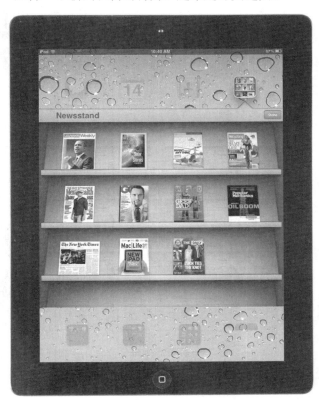

苹果公司的数字书报亭能"拯救"报业吗？

批评家质问，头版全刊登明星八卦、体育大

腕、飞机失事全彩照之类年轻人喜欢的内容，那么，报纸的新闻正义性、社区服务性和它在民主中发挥的传统作用，又如何体现呢？增加 18 至 35 岁、不读或不常读报的读者感兴趣的话题后，忽略掉的是什么？当报道变得越发简短和时髦时，还能谈得上深刻、详尽和准确吗？倘若**硬新闻**（hard news，有助于公民作明智选择、觅重大热点的报道）缺失，**软新闻**（soft news，耸人听闻、不能发挥新闻民主功能的报道）横行，会衍生什么样的文化环境？已故专栏作者莫莉·伊文思（Molly Ivins）对此很不乐观，暗示报纸不是正在灭亡，而是正在自杀。"如此的商业计划，真可谓空前啊，"莫莉·伊文思对《编辑与出版商》（*Editor & Publisher*）说，"老板们相互你看我我看你，'我们的收益在下降，把产品做小、

做差、做无趣吧，这样来解决问题'。"（Nichols，2007，p. 14）

1787 年，托马斯·杰斐逊（Thomas Jefferson）在写给同事的信中说："让我在没有报纸的政府和没有政府的报纸之间做选择，我会毫不犹豫选择后者。"今天，面对愈发拼命迎合偶尔读报或者根本不读报的年轻人需求和兴趣的报纸，托马斯·杰斐逊还会这么说吗？

但也有一种观点，认为这现象其实并不是问题。自从有了便士报，软新闻便开始充斥报纸。今天看到的一切其实一直存在，况且，不读报的人无非是通过其他途径，获取原本只有报纸才能提供的硬新闻和消息：上网、看电视、接触包括杂志和即时通信在内的有特殊针对性的信息来源。

为吸引当今年轻读者，报纸得在多大程度上丧失自身的特性？

培养媒介素养技能

解读新闻报道的相对布局

报纸通过新闻报道在各版面上的布局，向读者显示孰重孰轻。读者一般会按顺序（即从第1页逐一往下）阅读报纸的各个部分（比如头版、娱乐版、体育版、职场版）。鉴于此，报纸便将它们认为最重要的文章放在最前面。描述这种现象的新闻术语甚至进入了我们的日常用语，记者编辑室中的"头版新闻"，就好比客厅中的显要位置。

新闻报道同一版面上的布局也非常重要（见图4—4）。英语阅读是从上到下、从左到右的。编辑认为重要的新闻报道，会被安排在版面的左上方。这是报纸影响公众舆论的一个重要方面，也是培养媒介素养的一个重要方面。在第13章中你会看到，新闻报道的相对布局，是**议程设置**（agenda setting）的一个因素——报纸和其他媒介不仅影响我们想什么还影响我们怎么想。

具备媒介素养的报纸读者，还应能判断一些其他布局决策，比如，有配图表明编辑重视这篇新闻报道，还有标题字体的大小和措辞、转页（延续到其他版面），以及安排在特定专栏中的新闻报道等。某人逝世的报道被放在头版而不是国际新闻版或讣告版，情形绝非一般。同样，热点分析放在头版与放在编辑版，情形亦有不同。

图4—4　头版新闻典型布局

 挑战媒介素养

读报的三种方式：纸质、在线和移动

媒介素养包含两个方面：能批判性地独立判断媒介内容、有分析和探讨媒介信息的策略。以下测试正挑战了这两个方面。

选一份你熟悉的报纸，找出与其同日的网络版、你智能手机或平板电脑上的运用程序版及纸质版，比较三者的异同，哪些内容三者上都有，哪些内容只在网络或者移动设备上有，而纸质报纸上没有。

你如何定义网络专属内容和移动设备专属内容？也就是说，是不是有些专属内容只出现在网上和移动设备上，而不出现在纸质报纸上？你能推测个中原委吗？

电子版广告商与纸质版广告商有何相似和不同？网络版广告商与移动版广告商不是一家吗？你能推测自己发现的异同背后的原因吗？描述自己阅读在线报纸和移动设备上的报纸的体验，哪些你喜欢，哪些你不喜欢？用同样的方式描述自己阅读纸质报纸的体验。你会一直坚持阅读纸质报纸吗，虽然统计显示的趋势正好 相反？为什么会坚持阅读或为什么不会坚持阅读？

本章回顾与讨论

94

回顾要点：将内容与学习成果联系起来

- 概述报业及报纸媒介的历史与发展。
- 报纸自罗马时代便是公众生活的一部分，繁盛于欧洲，于17世纪90年代进入北美殖民地。
- 报纸是美国独立战争的核心力量，保护新闻因此被载入第一修正案。
- 便士报让报纸走进千家万户的"普通民众"，报纸很快成为人民的媒介。
- 勾勒当代报业的组织性质与经济性质如何形塑报纸内容。
- 报纸有若干种类，包括全国性日报、大型都市日报、郊区和小镇日报、周刊和半周刊、少数族裔报纸和另类报纸，以及免费的上班族报纸。
- 纸质报纸尽管读者人数下降，但仍是吸引广告的媒介。
- 日报数量减少，有竞争性报纸的城市几乎没有了，连锁经营已经普遍。
- 集团化引发过度商业化，削弱了分隔利润与责任的防火墙，导致报纸丧失新闻的传统使命感。
- 描述报纸与读者之间的关系。

- 报纸读者群正趋于老龄化，年轻人摒弃纸质报纸，倾向于在线读报或者根本不读报。对此，如何应对将决定报纸的未来。
- 本土化策略，即提供网上难以获取的报道材料，是许多报纸成功的策略。
- 概述融合技术给报业带来的变化，以及这些变化如何影响报纸在美国民主中的传统角色。
- 报纸已与互联网融合，虽然大多数人选择在线读报，但对于如何对内容计费及如何计算读者人数，问题仍未解决。
- 报业在移动设备（智能手机、平板电脑和电子阅读器）上的成功经营，让其重拾乐观。
- 运用媒介素养的重要技能，解读新闻报道的相对布局和图片的使用。
- 一篇新闻报道所放的版面、在版面中所占的具体位置、是否配图等因素，均显示报纸对该内容的重视程度。
- 新闻报道的这种相对布局，影响读者判断什么是当日的重要新闻。

关键术语

Acta Diurna 《每日纪事》
corantos 《时事新闻》
diurnals daily 日刊
broadsides（broadsheets） 宽幅报纸（大幅报纸）
Bill of Rights 《权利法案》
First Amendment 第一修正案
Alien and Sedition Acts 客籍法与镇压叛乱法

penny press 便士报
wire services 通讯社
yellow journalism 黄色新闻
newspaper chains 报纸连锁企业
pass-along readership 传阅读者人数
crowdfunded journalism 集资新闻
zoned editions 区域划分版
ethnic press 少数族裔报纸
alternative press 另类报纸

commuter papers　上班族报纸

feature syndicates　特稿辛迪加

joint operating agreement（JOA）　联合经营
　　协议

paywall　付费门槛

integrated audience reach　综合受众使用率

soft news　软新闻

hard news　硬新闻

agenda setting　议程设置

复习题

1. 什么是《每日纪事》、《时事新闻》、日刊及宽幅报纸？

2.《国内外公共事件》、《波士顿时事通讯》、《新英格兰报》、《宾夕法尼亚公报》和《纽约周刊》等刊的重大意义何在？

3. 什么因素导致便士报产生？什么因素导致黄色新闻产生？

4. 通讯社和特稿辛迪加的区别是什么？

5. 报纸连锁企业何时产生？你如何描述今天的报纸连锁企业？

6. 报纸有哪些不同种类？

7. 为什么报纸是吸引广告商的媒介？

8. 融合怎样影响了报纸的经营？

9. 防火墙是什么？它为什么很重要？

10. 在线报纸是如何取得成功的？

95

批判性思考与论述题

1. 对于报业连锁的争论，你的立场是什么？报业连锁对报纸媒介是利还是弊？

2. 你阅读在线报纸吗？如何描述自己的体验？

3. 对比你们当地报纸和另类周刊，选择不同栏目，比如头版或社论和分类广告，比较两者间的异同，若发现异同，你的兴趣点在哪里？为什么？

学习目标

杂志和电视一样，可谓美国曾经真正的全国性大众媒介。但美国社会在性质上、大众媒介在经济上的变化，导致杂志产业也发生了根本性的变化。杂志是最早以细分为特点的大众媒介，当今杂志的繁荣，得益于其对读者群的更为细分。学习完本章后，你应该能够：

● 概述杂志产业与杂志媒介的历史与发展。

● 认识当代杂志产业的组织性质和经济性质如何形塑杂志内容。

● 概述杂志与读者之间的关系。

● 诠释杂志与互联网及移动技术的融合。

● 运用媒介素养技能阅读杂志。

98 　　《美食家》（Gourmet）在康泰纳仕集团（Condé Nast）的杂志王国中，可谓帝王皇冠上的宝石。你一路走来，进入了这一美国规模最大的顶级消费类杂志，实属不易。大学刚毕业时，你进入的是康泰纳仕集团的《时尚先生》（Men's Vogue），在那里工作。《时尚先生》是一份与《绅士》（GQ）同类的新品牌，颇被公司看好。2009 年 1 月，《时尚先生》停刊了，集团因为你的年轻、热切和廉价而将你调入《多米诺》（Domino）。《多米诺》是一份家居杂志，这类杂志比较保险，毕竟，谁都是需要家的。但 2009 年 3 月，《多米诺》又停刊了，你被转到《投资组合》（Portfolio）。该杂志于 2007 年创办，是公司实验高端、精美杂志的产物，事实也证明，高端读者愿意为高品质内容买单。但《投资组合》于 2009 年 4 月也停刊了，你又被调到一本教妈妈们如何支配收入的杂志《曲奇》（Cookie）。2009 年 11 月《曲奇》停刊，你到了《美食家》。终于安全了，这份杂志可是创刊于 1941 年，比你父母甚至祖父母的年纪还大呢！

　　可开完会离席时，你完全惊呆了：集团要停办《美食家》，凭其姐妹刊物《好胃口》（Bon Appétit）进军美食烹饪类杂志。你在会上得知，《美食家》发行量的确比较大，但《好胃口》专注食品与娱乐，制作成本比较低，且能销售更多的广告版面。你不必担心，凭你的年轻、热切和廉价，公司肯定会在杂志的某个网络部门给你安排个职位。公司首席执行官查尔斯·汤森（Charles Townsend）告诉你，公司正致力于将所属的所有刊物内容电子化，"我们要用电子内容吸引新的消费者，就是那些此前不选择杂志来获取信息或享受娱乐服务的消费者"（"Condé Nast Says," 2010）。几经打击，你还愿意留在杂志行业吗？这些年杂志行业确实很艰难：2011 年 152 份杂志停刊；2010 年 176 份杂志停刊；2009 年最为悲惨，596 份杂志停刊（Sass, 2011e）。停刊的杂志中不乏名声如雷贯耳者，如《新娘》（Brides）、《都市女孩》（Cosmo Girl）、《花花女郎》（Play Girl）、《乡村生活》（Country Home）、《少女》（Teen）等。网络杂志或许是个很好的尝试，它会是杂志行业的未来吗？《广告时代》（Advertising Age）的鲍勃·加菲尔德（Bob Garfield）（2007）如此认为，因为，你正进入一个"后末世的媒介世界……加拿大的树木还留在这世上，广播电视塔已经没了"（p. 1）。倒塌的广播电视塔你或许根本就不关心，可那些树木之命运，与消亡的杂志相差无几。网络或许是条出路，但也并非绝对可行。最早（也是经营最好的）的仅限网络的杂志《板岩》（Slate）和《沙龙》（Salon），只是勉强盈利，另一些仅限网络的新刊如《美国新闻周刊》（U. S. News Weekly），因创刊时间太短而尚无法预测。印刷杂志或许还有前景。福布斯最近刚发行了《福布斯生活》杂志（Forbes Life），时代华纳出版了《形象与设计》（Style & Design），彭博咨询公司推出《追寻》（Pursuits），麦格劳-希尔公司则创办了季刊 HQ。这些杂志都是知名公司创办的，且广受读者喜爱。因此，你所需要的，就是磨砺好自己，并耐心等待。

99

　　但年轻人使用各种在线媒介的数量仍在不断增加，2006 年，网络广告的收入首次超过杂志广告（Ives, 2006b）。总是在线、在线！别急，耐心等待！杂志总会有一席之地的，诚如时代公司高级副总裁约翰·斯科尔斯（John Squires）所言："杂志具有高品质的触感，提供'专属'的时光，携带方便，也无屏幕闪烁，这些特征绝非可以轻易被取代。"（Ives, 2007a, p. 44）

　　本章我们将探讨当代杂志产业（纸质版与在线版）的境况和它的受众，研究殖民地时期杂志的兴起、南北战争前杂志的扩张以及南北战争及一战时期杂志的蓬勃发展。那是一个大批量发行杂志的时代，也是实力作家揭露丑闻而闻名的年代。

　　二战后，杂志受电视及社会文化变迁的影响，呈现出新的、更为细分的特征，增加了读者，提高了利润。我们将细述杂志种类，讨论发行研究，寻求措施应对其他媒介的竞争以及广告商对编辑决策施加的影响。媒介融合的影响，贯穿上述所有问题。最后，我们将探讨有媒介素养的读者尤其感兴趣的一些编辑决策。

100

1800 年

1850 年

1729 年　本杰明·富兰克林创刊《宾夕法尼亚公报》

1741—1794 年　美国新增 45 份杂志

1741 年　▲美国的早期杂志有《美国杂志，对英国殖民地政治地位的每月观察》、《综合杂志和历史纪事，针对在美国的所有英国种植园》

1821 年　▲《星期六晚邮报》

1850 年　▲《哈泼斯周刊》

1857 年　《大西洋月刊》

1879 年　《邮政法案》

1900 年

1950 年

2000 年

1906 年　《大都市》的《参议院的背叛》

1910 年　《危机》

1922 年　《读者文摘》

1923 年　▲《时代》周刊

1925 年　《纽约客》

1936 年　《消费者联盟报告》

1939 年　美国全国广播公司创办《电视世界博览》

1956 年　《科利尔》停刊

1969 年　《星期六晚邮报》停刊

1971 年　《展望》停刊

1972 年　《生活》停刊

1994 年　电子杂志《沙龙》创刊

2005 年　▲《沙龙》开始盈利

2006 年　网络广告收入超过杂志广告

2007 年　《板岩》开始盈利

2009 年　596 份杂志停刊

2010 年　新增杂志（193 种）超过停刊杂志（176 种）

2011 年　苹果数字书报亭（应用软件）

2012 年　Android app Premium

 ## 杂志简史

　　杂志是 18 世纪中叶英国上流社会最受欢迎的读物，两家著名的殖民地印刷商希望在新大陆继续复制这种成功。1741 年，安德鲁·布拉福德（Andrew Bradford）在费城创办《美国杂志，对英

国殖民地政治地位的每月观察》（*American Maga-zine，or a Monthly View of the Political State of the British Colonies*）。随后，本杰明·富兰克林创办《综合杂志和历史纪事，针对在美国的所有英国种植园》（*General Magazine，and Historical Chronicle，For All the British Plantations in A-merica*）。两份刊物虽然主要都是转载英国材料，但售价昂贵，且面向的是少数有文化的殖民者。

因为缺乏有组织的邮政系统，分销困难，两份杂志均未成功，《美国杂志》仅发行了三期，《综合杂志》也只发行六期便停刊了。1741 至 1794 年间先后有 45 份新杂志诞生，但没有超过三份杂志是在同一时期内出版的。印刷企业希望效仿伦敦杂志的成功方式，吸引受过教育、有文化、有钱的绅士。美国杂志甚至在独立战争之后，依然在效仿它们的英国先驱。

早期杂志产业

1821 年，《星期六晚邮报》（*Saturday Eve-ning Post*）诞生并延续 148 年，其前身可追溯到 1792 年本杰明·富兰克林创办的《宾夕法尼亚公报》（*Pennsylvania Gazette*）。《哈泼斯周刊》（*Harper's Weekly*）（1850 年创刊）和《大西洋月刊》（*Atlantic Monthly*）（1857 年创刊）也是早期颇为成功的杂志。与书籍一样，印刷成本的降低及人们文化水平的提高，推动了早期杂志的发展（见第 3 章）。此外，社会运动的兴起比如废奴运动及改革劳动法案而刊载的引人注目的内容，令杂志出版开始繁荣。1825 年，有 100 家杂志在运营，到 1850 年，增长到 600 家。杂志越来越关注美国读者关心的大事，《美国文化公报》（*United States Literacy Gazette*）、《美国男孩》（*American Boy*）等杂志开始与伦敦刊物有所区别，更新颖、更独特了。新闻史家约翰·特贝尔（John Tebbel）和玛丽·埃伦·祖克曼（Mary Ellen Zuckerman）（1991）称此为一个"重大开端"（p. 13）。杂志在此时期衍生出很多我们至今沿袭的特征。杂志及杂志从业者开始与其他出版工作（比如图书及报纸出版）明确区分。专业作家开始出现，且数量在不断增长。此外，杂志内页开始出现大量详细插图。

早期杂志依然是迎合那些对短篇小说、诗歌、社会评论及散文感兴趣的文化精英。直到南北战争之后，杂志才真正成为全国性的大众媒介。

《麦克尔卢》杂志的这个封面，捕捉到美国喧嚣的 **20 年代的精神以及繁荣的杂志产业的兴奋。**

大批量发行时期

现代杂志可分为两个阶段。在每个阶段，与受众之间的关系具有不同特点。

南北战争之后，大批量发行的流行杂志开始繁荣。1865 年有 700 份杂志出版，1870 年 1 200

份，1885 年 3 300 份。女性杂志对杂志的繁荣起了很大作用，杂志的主要内容是有关选举权（女性投票的权利）的社会运动，但也有一大部分内容是给家庭主妇提供的指南。广告商急于进驻新兴的女性杂志，吆喝它们的名牌产品。这时期首登广告的几个杂志，至今仍为我们所熟悉，如《妇女家庭杂志》（*Ladies' Home Journal*）、《家居管理》（*Good Housekeeping*）等。

　　杂志繁荣有诸多原因，和图书一样，文化普及是其中的原因之一。1879 年的《邮政法案》让杂志邮费降低，铁路的延伸让民众和出版物由东岸向西部运输更为便利，加之杂志成本降低。杂志售价每本 35 美分时（在当时算很贵了），消费主体是上等阶层群体。但《麦克卢尔、芒西的杂志》（*McClure's*，*Munsey's Magazine*）与《星期六晚邮报》两大杂志巨头之间打起发行大战，很快，它们和《妇女家庭杂志》、《麦克尔》（*McCall's*）、《女人家庭伴侣》（*Women's Home Companion*）、《科利尔》（*Collier's*）及《大都市》（*Cosmopolitan*）等杂志售价都降至每本 10～15 美分，许多劳动人民也买得起杂志了。

《时代》周刊第 1 期。

19 世纪 70 年代的这一价格大战，源自杂志开

始能吸引越来越多的广告。诚如我们将在第 12 章所见，南北战争之后，社会及人口的变化（城镇化、工业化、公路与铁路的延伸、消费品牌及品牌名称的发展），导致广告公司的大量增长，它们需要传递广告的媒介。杂志在全国有众多读者，因而是理想的载体。如今，就杂志发行量与杂志知名度二者比较而言，发行量是广告商决定是否投放广告的首要因素。杂志保持低标价，确保大量读者，以吸引众多广告商。杂志繁荣发展、数量增长的第五个原因，是工业化为民众提供了更多闲暇和收入。

今日备受尊重的《哈泼斯周刊》，为早期揭丑者和其他认真观察政治和社会的人提供了发言渠道。

　　杂志是美国第一个真正的全国性大众媒介，它和图书一样，在社会变革中发挥了重要作用，尤其是在 20 世纪头十年的"揭丑"（muckraking）时期。这一西奥多·罗斯福（Theodore Roosevelt）杜撰之词实为侮辱，但揭丑者（muckraker）却引以为傲，在《民族》（*The Nation*）、《哈泼斯周刊》、《竞技场》（Arena）甚至大批量发行的刊物比如《麦克卢尔》、《科利尔》等杂志上发文，推动社会变革。他们矛头指向权贵，贫苦大众从中受益。

　　大批量发行的杂志与美国一同发展。起初的大众趣味杂志有《星期六晚邮报》，女性杂志有《家居管理》，画刊杂志有《生活》（Life）、《展望》（Look），以及文摘类杂志有《读者文摘》（Reader's Digest）——1922 年为忙碌在喧嚣的 20 年代的美国民众创办的第一本文摘杂志。这些杂志的共性，是其读者群的规模。它们都面向大众市场，全国发行、价格低廉。因此，杂志有助于凝聚整个国家，它就好像是那个时代的电视——

102

是占绝对优势的广告媒介、全国新闻的主要来源，提供卓越的图片。

　　1900 至 1945 年，订阅一份及多份杂志的美国家庭，由 20 万增长到 3 200 多万。重要杂志在此期间继续诞生。1910 年，非裔美国学者杜波依斯（W. E. B Dubois）创办《危机》杂志（Crisis）并担任编辑，代表美国全国有色人种协进会（the National Association for the Advancement of Colored People，NAACP）之声。1923 年，《时代》创刊，该刊摘要每周新闻的模式迅速走红（最初仅有 28 页），并在创刊一年内盈利。冠有"世界最好杂志"之称的《纽约客》（New Yorker）1925 年首度亮相。

▌细分时期

　　1956 年《科利尔》杂志宣告破产，成为首家破产的大众杂志。但它和其他大量发行的杂志的命运，早在二战后的 40 年代末至 50 年代就已经注定。国民文化的变迁，尤其是电视的出现，改变了杂志与读者之间的关系。杂志的发行量无论多大，其覆盖率都无法与电视相比。杂志没有移动影像，没有视觉表述和口头表述，也没电视及时。杂志是周刊，而电视天天播，而且杂志也没有电视新奇。电视上的一切一开始就引起了观众的兴趣，杂志广告因而流失到电视上了。

　　受众也发生了变化。众所周知，二战从根本上改变了美国人的生活，新兴、流动的消费大众，不再对《星期六晚邮报》（1961 年停刊）上诺曼·罗克威尔笔下的传统世界感兴趣，而转向华丽时尚、描述多彩新生活的专业趣味杂志比如《绅士》（GQ）和《悦己》（Self）。二战加速了美国城镇化、工业化的进程，人们（包括众多成为劳动力的女性）开始有了更多的闲暇和金钱，购

104

买自己感兴趣的商品及杂志。过去只有《展望》（1971 年停刊）与《星期六晚邮报》，现在有了《飞钓》（Flyfishing）、《冲浪》（Surfing）、《滑雪》（Ski）及《逍遥骑士》（Easyrider）等杂志。杂志产业找到了成功的秘诀：专业化和引领生活潮流。诚如第 1 章的介绍，所有媒介都在沿着这个方向努力吸引逐渐分散的读者群，是杂志引领了这一趋势。诚如"卓越新闻计划"（Project for Excellence in Journalism）中编辑所述（2004，p. 1）：

　　杂志常常能预知变化。当重大社会、经济和技术变革开始重塑文化时，杂志是最先行动的媒介，这与杂志产业的结构特征有关。杂志与报纸不同，它们的发行大多不局限于某一特定区域，而是以读者兴趣与市场利润为导向。作家追寻趋势。相比其他媒介，杂志出版商能比其他媒介更为快捷地改进杂志以迎合特定受众及其兴趣。广告商也会向畅销杂志投放资金，瞄准特定人群。

杂志与杂志受众

　　杂志的受众究竟是谁？据杂志产业调查，94%

的受过高等教育的人群至少订阅一份杂志。美国

　　人们对杂志喜好的变化，反映了二战后世界的变迁。《绅士》、《悦己》及《人物》杂志中的美国，取代了诺曼·罗克威尔笔下的美国。

104　93％的成人阅读杂志，而 18 至 35 岁人群的比例更高，达 96％。成人每月平均阅读 7.7 期（18 至 35 岁为 8.8 期），每期所花的时间为 42 分钟。杂志读者与电视、广播及网络的受众不同，他们比较专注，很少在其他媒介上消费时间或参与非媒介活动（Association Of Magazine Media，2012a）。

人们如何运用杂志，这一点也是杂志媒介吸引广告的重要方面。杂志不仅根据自己的读者的数量和愿望，也根据读者参与和喜爱广告的程度，来向潜在的广告商推销自己。美国运通出版公司首席执行官埃德·凯利（Ed Kelly）是这样解释参与的："杂志的影响力在于个人体验。我们选杂志肯定是选自己感兴趣的，里面多为自己感兴趣的内容，就好像在和自己聊天，包括其中的广告。"赫斯特杂志公司（Hearst Magazine）首席营销官迈克·克林顿（Michael Clinton）补充说："杂志消费者和很多其他媒介消费者不同，他们得花钱买杂志，是在用真金白银买产品啊！要说读者如何参与杂志，花钱本身就是一种参与呀。"（"The New Imperative," 2005, p. M24）产业调查显示，读者喜欢杂志广告。相比其他所有商业媒介，杂志广告给人印象最好。而杂志在能让人边看广告边享受内容这一特性上，仅次于电子游戏。相比电视及网络广告（40%），更多美国成人（48%）相信杂志广告（Association of Magazine Media, 2012a）。

杂志产业的范畴与结构

1950 年有 6 950 种杂志在运营，现在已超过 20 000 种，其中约 7 300 种为大众趣味杂志，800 种杂志的收益占该产业总收益的四分之三。仅 2011 年就有 231 种杂志创刊，高于 2010 年的 193 种（Sass，2011e）。现代杂志一般分为三大类：

● 行业、专业及商业性杂志。刊载新闻报道、特写及广告，面向特定专业人士，由各行业组织机构自己发行，如《美国医学新闻》（American Medical News）或专业媒介公司发行，如惠特尔通信公司与时代华纳的《改进农场主》（Progressive Farmer）。

● 工业、企业及赞助类杂志。由企业发行，面向内部员工、客户、股东，或由俱乐部或协会发行给其会员，如费尔曼基金保险公司发行的《友好交流》（Friendly Exchange）和专为美国退休者协会会员发行的《美国退休人员杂志》（AARP）。

● 消费类杂志。通过订阅或在报亭、书店及其他零售平台如超市、园艺店、电脑商城等地销售的杂志如《日落》（Sunset）、《连线》（Wired）、《道路与轨迹》（Road & Track）、《我们》（US）、《电视指南》（TV Guide）和《纽约客》（New Yorker）（见图 5—1）。

消费类杂志的种类

杂志产业通常依据目标读者来对消费类杂志进行分类。当然，是读者的意愿需求和兴趣爱好决定刊物内容的。这些分类虽非绝对〔比如《芝加哥商业》（Chicago Business）与《体育画报》（Sports Illustrated）是否女性就不可阅读？〕，也非全面〔比如《飞车手罗德》（Hot Rod）和《国家地理》应该归为哪类？〕，但至少显示了选择的层次。

以下为消费类杂志常见的简略分类以及各类杂志中的代表性杂志。

另类杂志：《琼斯夫人》（Mother Jones）、《优涅读者》（Utne Reader）。

商业/财经类杂志：《财富》（Money）、《黑人企业》（Black Enterprise）。

名人娱乐类杂志：《人物》（People）、《娱乐周刊》（Entertainment Weekly）。

儿童类杂志：《天才少年》（Highlights）、《园林看守者》（Ranger Rick）。

电脑类杂志：《互联网》（Internet）、《个人电脑世界》（PC World）。

民族类杂志：《西班牙裔》（Hispanic）、《乌檀》（Ebony）。

家庭类杂志：《父爱》（Fatherhood）、《育儿》（Parenting）。

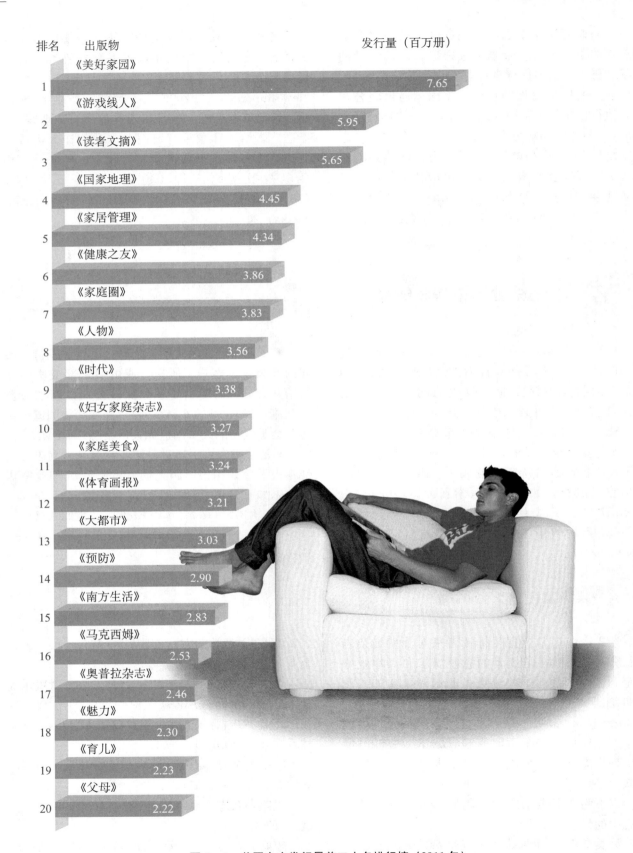

106

排名	出版物	发行量（百万册）
1	《美好家园》	7.65
2	《游戏线人》	5.95
3	《读者文摘》	5.65
4	《国家地理》	4.45
5	《家居管理》	4.34
6	《健康之友》	3.86
7	《家庭圈》	3.83
8	《人物》	3.56
9	《时代》	3.38
10	《妇女家庭杂志》	3.27
11	《家庭美食》	3.24
12	《体育画报》	3.21
13	《大都市》	3.03
14	《预防》	2.90
15	《南方生活》	2.83
16	《马克西姆》	2.53
17	《奥普拉杂志》	2.46
18	《魅力》	2.30
19	《育儿》	2.23
20	《父母》	2.22

图 5—1　美国杂志发行量前二十名排行榜（2011 年）

105　　时尚类杂志：《时尚芭莎》（*Bazaar*）、《世界时装之苑》（*Elle*）。

　　大众趣味类杂志：《读者文摘》（*Reader' Digest*）、《生活》（*Life*）。

　　地理类杂志：《得克萨斯月刊》（*Texas Monthly*）、《湾区生活》（*Bay Area Living*）。

　　老人类杂志：《美国退休人员杂志》。

　　文学类杂志：《大西洋月刊》、《哈泼斯周刊》。

　　男性类杂志：《绅士》（*GQ*）、《田园和小溪》（*Field & Stream*）、《花花公子》（*Playboy*）。

　　新闻类杂志：《时代》（*Time*）、《美国新闻与世界报道》（*U. S. News & World Report*）。

　　政论类杂志：《国家》（*The Nation*）、《国内评论》（*National Review*）。

　　体育类杂志：《体育》（*Sport*）、《体育画报》（*Sports Illustrated*）。

　　周末日报类杂志：《大观》（*Parade*）、《美国周末》（*USA Weekend*）。

　　女性类杂志：《职业女性》（*Working Woman*）、《家居管理》、《女士》（*Ms.*）。

　　青年类杂志：《十七岁》（*Seventeen*）、《虎韵》（*Tiger Beat*）。

杂志广告

　　杂志细分并取得成功，是因为特定读者群对广告商有吸引力。广告商希望瞄准那些对自己的产品与服务有回应的读者做广告。2006 至 2011 年，美国杂志广告版面销售量下降 30%（Sass，2011a），但杂志产业依旧有利可图。杂志年销售量约 36 000 册，文字与广告版面分别占 53% 和 47%。杂志产业年收益超过 300 亿美元，其中约一半源于广告。杂志的广告收益占全国广告总收益的 6%（Sass，2011c）（若探讨没有广告的杂志，请阅专栏文章《没广告？没问题：〈消费者报告〉》）。图 5—2 显示不同广告商如何使用广告经费。

107

　　分版刊登（split runs），即根据不同的人口或区域分布情况来调整杂志内容和广告的特殊版本，使得杂志更加细分化，比如，《时代》至少有 8 种区域版、50 多种国际版和 8 种专业版。杂志在国家和行业经济不景气时，还使用一些其他方式吸引广告商，其中之一，就是独家赞助杂志，即整期杂志仅有一家广告商。健康类杂志《散步祛病》（*Walk It Off*）专用此策略，甚至备受青睐的《纽约客》（塔吉特连锁百货独家赞助）和《时代》（卡夫食品独家赞助）间或也用此策略。另一策略是基本发行量承诺（accountability guarantees），比如《周刊报道》（*The Week*）承诺，双方共同制

108

　　定一个标准后，以独立测试的形式，显示读者记住赞助广告的程度，若没达标则免费刊登广告，直到达标为止。很多大出版商比如梅瑞狄斯公司（Meredith）、时代公司（Time. Inc）也会做出类似承诺。

排名	种类
1	洗护用品及化妆品
2	药品及医疗用品
3	食品
4	服饰
5	零售业
6	媒介
7	直复营销公司
8	汽车
9	家用品
10	金融、保险及房地产

图 5—2　2011 年杂志广告商分类前十排名

资料来源：Association of Magazine Media，2012b。

梅瑞狄斯公司和许多媒介公司一样，承诺基本发行量。

 运用媒介制造奇迹 ────

没广告？没问题：《消费者报告》

杂志不登广告如今几乎无法生存，坚持不登的杂志认为，不借助商业支持，会对其读者生活产生更大影响。例如，华纳通信出版物《女士》，自 1972 年创刊以来，经历了若干盈利和非盈利阶段，《女士》若刊登美貌对女性成功至关重要的广告，就无法倡导发展女性的强大和独立。《女士》如今每年发行四期，同时发行在线版，不登广告，依然致力于在全球推动女

性事业和女权运动。《消费者报告》更是不登广告——为确保自己当之无愧的公平和客观的美誉，它刊登的有关消费者产品的文章，必须完全不受外界干涉。正如《消费者报告》编辑在官网上所言，他们的职责是"检测、告知和保护。消费者协会（该杂志的上级组织）为保持独立和公正，不接受外来广告，不免费测试样本，只关注消费者利益议题"。杂志的这一独立性，防止了它的排名被任何产品广告及它评估的服

务所利用，包括那些被它评价为优秀的产品。

原名《消费者联盟报告》(Consumer Union Reports)、初版于 1936 年、最初发行仅 400 册的《消费者报告》，现在对它的网络版实行收费，杂志的 330 万网络版订户，与 450 万印刷版订户的订费相同，然而，其网络版的读者居全球在线杂志之首，印刷版杂志除屈居少数几家主流刊物之后外，发行量也是最大，超过《妇女家庭杂志》(330 万份)、《时代》(340 万份)及《人物》(360 万份)。

同时订购印刷版与网络版可享受折扣，但因两个版本旨在吸引不同的特定读者群，同时订购两版的订户仅 60 万。杂志网络版主编吉赛尔·贝纳塔尔 (Giselle Benatar) 称，印刷版读者一般都想"消息灵通。但我们在网上吸引的是马上就要购物的消费者，他们在找产品，希望有评价和推荐，立马就买，而不是一月一次"(Perez-Pen, 2007, p.C1)。网络版的确提供了大量免费信息，尤其是对有些产品可能引起健康和安全问题的评价。有时用户还能免费浏览一些专业内容，比如媒介素养视频系列、解析药品广告在如何利用劝服式诉求等。用户还能浏览到更多内容，比如有关国内销售的所有车辆的正面、侧面的撞击测试的视频。所有测试、测试结果及新产品最新评估信息，网络版《消费者报告》均保留有可搜索文档。

电子版无需纸张、运输和邮递费用，比纸质版利润更高。《消费者报告》为提高印刷版杂志利润，采用廉价纸张，而不是大多杂志使用的优质纸张。杂志为非营利机构，邮费比其他消费类杂志低。

另一与《消费者报告》和《女士》类似的杂志《广告克星》(Adbusters)，也不登广告。《广告克星》认为广告会不利于自己对特定读者的重要影响。杂志创刊于 1989 年，全球发行量 5 万册，创刊后的前六年，三次荣获"乌托内读者奖"(Vtne Reader Award)。该杂志视广告为贪婪的商业力量，试图阻止它对世界物质及文化环境的侵蚀。该杂志的网络版允许用户在其网站下载那些嘲笑流行的广告宣传活动及反消费主义的材料用作用户自己网站的广告横幅。

发行种类

杂志版面的广告价格依据杂志的**发行量**(circulation) 即杂志各期销售的总量而定。杂志销量主要来自订阅和零售。从杂志产业总体而言，约 68% 的销售量来自订阅，但有些杂志比如《女性挚友》(Woman's Day)、《电视指南》(TV Guide)、《阁楼》(Penthouse) 等杂志，主要依赖零售。订阅的优点是拥有持续的固定读者，但订阅价低于标价，出版商还得承担额外邮费。零售不够稳定，但广告商认为，零售有时是更好地检验刊物对读者有无价值的晴雨表。读者有心挑选某期杂志并按定价买下。

第三种发行方式是**赠阅发行**(controlled circulation)，即向符合广告商特定标准的读者免费赠阅杂志。航班、酒店提供的免费杂志属于此类，虽无订阅与零售收入，但对那些寻求忠实受众的公司而言，不啻为成本相对低廉的诱人的广告载体，比如，美国联合航空公司的《半球》(Hemisphere) 拥有众多富人读者，其 450 万读者的家庭年均收入为 12.948 7 万美元，是《时尚》杂志读者的两倍 (Ives, 2011a)。本章后文将细述**定制出版**(custom publishing) 杂志。

测定发行量

无论何种方式发行都可运用研究进行测定。成立于 1914 年的美国发行审计局 (the Audit Bureau of Circulations, ABC)，对繁荣的杂志产业自己随意提供的发行数据进行认证，提供可靠的发行数据和重要的人口统计信息。其他研究公司比如西蒙斯市场调研局（Simmons Market Research Bureau）、标准费率及数据服务公司（Standard Rate and Data Service），也为广告商和杂志挖掘有价值的数据。传阅读者人数（pass-along readership，即在医院或图书馆借阅或传阅的读者而非订购或零购杂志的读者）测定，让发行量数据大大提高，比如《手枪》（Handguns）杂志的付费发行量为 11.4 万册，但它的传阅读者人数为 540 万（Ives，2007b）。

但这种传统测定模式越来越受抨击。广告商需要更精确的评估问责和投资回报（见第 12 章），行业内外专业人士因此要求，除发行量外，建立一系列新的测定标准。广告营销主管史蒂夫·兰扎诺（Steve Lanzano）指出，"我们生活在一个短期测定世界，我需要获取即时答案。时滞会损害杂志，因为大家都需要看到即时变化。该测定体系已沿用 25 年。要吸引广告公司，就得建立一个全新模式"（Ives，2006，p. S-2）。有人提出，迅捷只是问题之一而已，出版商引以为傲的读者的

参与度与喜爱度，又怎么测定呢？为此，广告与杂志产业正在研究"一个全新模式"。2006 年，美国受众评估公司麦非特斯咨询公司（McPheters & Co.）创建一新评估服务——Readership.com，该网站设计旨在提供杂志销量、读者数量和参与度的实时信息。该评估服务不仅统计杂志的覆盖率，还统计杂志上的广告对品牌认识的影响、读者的购买倾向以及他们的实际购买行为。该新模式若能获取足够的支持者，只测定发行量的模式将成历史。

有些杂志（最著名的有《时代》周刊）依据受众总数（total readership）或付费发行量（paid circulation）设定广告费率，供广告商二选一。其受众总数的测定方式，与报纸的测定方式一样，其测定范围包括所有读者，不只是单一种类的读者，而是印刷版和网络版杂志所有受众之总和。以《时代》周刊为例，发行量从原先不足 400 万，增加到现在总受众为原来的 5 倍。其目的是引起广告商关注《时代》品牌，而不是《时代》杂志。

赠阅杂志如美国国家铁路客运公司的《抵达》（*Arrive*，火车）、达美航空公司的《天空》（*Sky*，航空），以及《网络医生》（*WebMD*）、《杂志》（*the Magazine*，诊室）等，发挥效用、捕获读者。

 ## 杂志出版的趋势与融合

杂志订阅及零售销量尽管在过去几年里双双 下跌，但 2000 至 2009 年间，美国消费类杂志的读

者总量增加了 8%（Sass，2010），重构所有大众媒介的推动力，对杂志亦产生影响。改进杂志产业运营方式，主要在于要有助于杂志与电视和互联网竞争，获取广告收入。融合在发挥着重要作用。

在线杂志

在线杂志的出现，得益于杂志与互联网的融合。当今，大多数杂志（83%）发行有互动特征的、印刷版读者体验不到的在线版（Audit Bureau of Circulations，2011）。不同出版物的支付形式不同，但大多数杂志对于仅供在线的内容，提供免费浏览，非订户欲浏览印刷版内容，需要付费。此策略旨在鼓励那些只浏览数字版（导致印刷版销量下降）杂志的读者，重新订阅印刷版杂志。此举对出版商和广告商意义都很大，因为印刷版杂志上的广告作用更大，因而价值更高：60% 的 14 岁以上的读者称，相比各类网络广告，自己更关注杂志上的印刷广告。在线浏览自己喜欢的杂志的每 10 位读者中，有 8 位表示自己更愿意阅读印刷版杂志；70% 的读者坦言自己喜欢阅读印刷版杂志，即便他们知道能在线找到大部分相同信息；55% 的网络版杂志读者会继续订阅印刷版（Deloitte，2011）。但大部分杂志读者在线浏览自己喜欢的刊物，不过，75% 的读者称，电子版内容是对印刷版内容的补充而非替代（Association of Magazine Media，2012a）。

几家只限网络发行的杂志已在尝试运营。1996 年，美国《新共和》（*New Republic*）杂志前编辑迈克尔·金斯利（Michael Kinsley）从首都华盛顿来到华盛顿州，为微软公司创办只限网络发行的杂志《板岩》。2004 年，华盛顿邮报公司从微软购得《板岩》，以拓展自己的网上份额。两年前，《旧金山纪事》（*San Francisco Chronicle*）的几位职员用从苹果公司获得的 10 万美金的启动基金，创办仅限网络发行的杂志《沙龙》。《板岩》与《沙龙》意在尝试杂志性新闻，即借助互联网的速度、互动和即时反馈，发布即时新闻、文化批评、政治与社会评论和各类访谈。

两大先驱虽每月访客近 200 万，但却直到最近才扭亏为盈（《沙龙》2005 年盈利、《板岩》2007 年盈利）。原因之一，是只限网络发行的在线杂志与纸质版杂志的网站不同，它们得自己制作原创内容，这是一项很大的投入，而且，它们还得与那些受纸质杂志资助的网站同等程度地竞争在线读者和在线广告商。此外，它们还得面对互联网上其他网站的竞争。它们对于潜在读者来说只不过是无数选择中的一个。

智能手机、平板电脑和电子阅读器

移动电子媒介与图书和报纸一样，正在重构杂志与读者之间的关系。时代华纳首席执行官杰夫·比克斯（Jeff Bewkes）迅速转型公司的 21 份出版物，进军移动媒介。他说："为了电子杂志的腾飞，我们必须为顾客提供选择弹性：可单购某期电子期刊，可只订电子期刊，也可既订印刷版也订电子版。"（Matsa，Rosenstiel，& Moore，2011）《经济学人》（*The Economist*）和《国家地理》尤其在引进"苹果书报亭"（Apple's News-stand）后（见第 3 章），极其成功：《经济学人》应用程序的下载量超过 300 万，《国家地理》基于应用程序的订阅量增加了 5 倍（Smith，2011b；Palser，2011）。《流行科学》（*Popular Science*）的数字订阅原本每天平均新增 75 人，"苹果书报亭"诞生后的前六天，注册人数就达 3 900 人（Matsa，Sasseen，& Mitchell，2012）。"苹果书报亭"的成功，推动了几大杂志出版商联合创立自己的应用程序版 Unlimited，一款为安卓平板电脑设计的应用程序，让读者能大量阅览各类图书。

读者热烈欢迎移动杂志。有电子书的读者中，53% 的人用这一电子设备浏览杂志，18 至 34 岁读者中，40% 以上的人在自己的平板电脑或智能手机上下载杂志应用软件（Association of Magazine media，2012a）。使用移动设备的读者中，90％的人称有了这项技术后他们阅读杂志（若未增加）与以前相当；66％的人称准备阅读更多的电子杂志；63％的人希望更多的杂志内容有电子形式。读者们（55％）尤其喜欢浏览过期的电子杂志；83％的读者喜欢存储杂志文章或整期杂志；86％的读者希望能分享杂志或杂志中的文章（Association of Magazine media，2011）。

　　有趣的是，智能手机和平板电脑的出现，让

硬拷贝杂志更为吸引读者和广告商，因为，几乎所有消费类杂志都有**二维码**（QR codes），即**快速反应码**（quick response codes），读者只需用移动设备对准这些小黑白方框扫描，就能立刻访问出版商或营销商的网站，增加参与度。更简便的使用方法，是**近场通信芯片**（near-field communication，NFC）：智能手机只要靠近广告，嵌在杂志中的标签便将为读者连接上广告商的电子内容，无需相应的应用软件或扫描二维码。

112

定制杂志

　　为应对越发拥挤的媒介环境，杂志产业开始出现一种新趋势——定制杂志。定制杂志是杂志细分的产物，为吸引特定受众比如最惠客户、潜在用户或购买者而专为公司量身定制。比如，医疗信息网站"网络医生"（WebMD）为全美85％的诊所免费提供同名杂志，发行量达110万册，堪比《纽约客》和《个人电脑世界》，超过《商业周刊》的发行量。当然，这类定制杂志利用的是读者对杂志广告的参与与喜爱。

　　定制出版分两类，第一类为**品牌杂志**（brand magazine）。品牌杂志是由零售商或其他商业机构出版的消费类杂志，通常面向跟自己顾客特征类

似的读者，内容涉及大众趣味文章和特写。这类出版物不仅刊登母公司的产品广告，还包括其他方面的广告。比如，能量饮料制造商红牛饮料公司发行《红牛公告》（*Red Bulletin*）杂志。再如，道奇汽车品牌公司、贺曼公司、布鲁明戴百货公司、萨克斯第五大道精品百货公司、Crunch 健身俱乐部及希瑞游船公司都有很成功的自办品牌杂志。这类新型杂志认识到当今媒介环境的两大重要现状：第一，保住现有顾客比吸引新顾客花费的成本低得多；第二，营销商必须"在大量眼花缭乱的信息中找到合适方式，脱颖而出，并与越发苛刻、猜疑的大众保持联系"（virgin，2004，p. E1）。

113

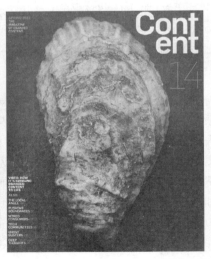

专业机构"目录定制委员会"自制高质量出版物《目录》。

第二类是**目录杂志**（magalogue），即制作出看起来像消费类杂志的设计师目录。阿贝克隆比 & 费奇、丁·克鲁、哈利罗森和迪赛等品牌均制作目录，模特着装，展示待售的名牌设计师的服装。丁·克鲁公司的玛戈特·布鲁内尔（Margot Brunelle）称："目录杂志视角前卫、即时易用的特征，是很多杂志缺乏的。"广告买家大卫·维克林（David Verklin）称："人们已极为热衷这类杂志，杂志正在进一步展示产品、构建自己独特的视角。"（Carr，2004，p C1）

所有《财富》500 强公司和大型零售商都已开始定制出版或计划定制出版。美国有 10 多万不同的品牌杂志与目录杂志，每年发行量超过 340 亿册。93% 的成人至少熟悉一种定制杂志，大多数读者（68%）认为此类杂志很有用，并购买过自己（63%）在这类杂志中看到的产品（Sass，2009）。

遭遇有线电视的竞争

前文已述，杂志细分之举，是迫于电视这一大众性、全国性广告媒介的诞生。电视尤其是有线电视，再次挑战细分杂志这一广告媒介的地位。受广告商赞助的有线电视频道，完全采用杂志的策略赖以生存：向广告商提供大量特征相近的特定人群。类似的竞争，还来自专门的在线内容提供商，比如娱乐与体育节目电视网（ESPN）的几个专门针对体育运动的网站和探索频道在线（The Discovery Channel Online）。杂志成竹在胸，迎接各方挑战，理由有三：

首先是国际化扩大了杂志的覆盖率，让杂志能因自己的内容尤其是已经制作的内容而获得额外的广告收入。国际化有多种方式，有些杂志比如《时代》与《新闻周刊》，用英文制作一种或多种海外版。有些则与海外公司达成合作协议，出版美国杂志的当地语版，比如赫斯特与英国 ITP 公司合作出版的英国版和中东版的《时尚先生》，是该男性杂志 18 个国际版本中的两个版本。这两家公司还在中东和印度联合推出迪拜版的时尚杂志《哈波斯芭莎》（*Harper' Bazaar*）和 75 种其他刊物。美国出版商通常为外语版杂志准备专门内容。《世界时装之苑》杂志有 42 种当地语版，包括阿根廷语、塞尔维亚语、波兰语、泰语、希腊语和葡萄牙语等。《时尚》杂志有 19 种当地语版，如中文、希腊语和葡萄牙语等。杂志产业和其他媒介业务一样，必将在集团化和全球化影响的大潮中合作融合、走出国门。

其次是科技的发展。计算机及卫星如今能把编辑们书桌上的原稿即刻传输到全球各地印刷厂印制，杂志出版后立即送达订户和各销售网点，这样，制作和发行范围较窄的分版刊登的成本就比较低。此效率是有线电视无法企及的。

最后是销售订户单及杂志自己本身的直接市场。*114* 广告商为到达特定读者而购买杂志版面。大多数杂志乐于向这些广告商和其他想以直接邮递形式联系读者的商家销售读者的姓名和地址信息。很多杂志利用自己的订户或网站访问者的信息，以同样的方式，将自己的产品推销给感兴趣的读者群。有些杂志甚至自己做电视以迎接电视挑战，如福克斯电视工作室（Fox Television Studios）基于赫斯特的刊物《都市女孩》（*CosmoGirl*）和《大众机械》（*Popular Mechanics*），制作网络节目。

只从杂志封面就能看出，该杂志是我们熟悉的美国杂志《今日心理学》的德语版。

社论式广告和补充内容两种广告在杂志中与杂志内容共存，有时很不和谐。但还有介于这两者之间的第三种形式——**干扰性广告**（interruptive ads）。此类广告引发的行业内专业人士的论争触怒了读者，促使美国杂志编辑学会（American Society of Magazine Editors，ASME）重新修改准则，也引发我们在此文化论坛一辩。

干扰性广告贯穿或隐含在杂志内容之中，批评者称其为侵入性广告，但只要读者能分辨得清广告与它所干扰的杂志内容，就未违反行业的道德准则。美国杂志编辑学会首席执行官希德·霍尔特（Sid Holt）补充说："但这并不表明干扰性广告就正确。我认为大多数编辑觉得这些（有意干扰读者阅读）的广告，损害了读者与杂志之间的关系。"

批评者讨厌什么样的干扰性广告？穿插在杂志文本页码中、以赞助商广告结尾的色彩鲜艳的广告文案。动物照片连续占据两页，之后直接插入广告，右边页面上的小男孩正在吃前一页左边页面碗里的面条。霍尔特先生认为这样的创意"或许很好，但让人讨厌"（Ives，2010）。

批评者指出，这样的广告令人讨厌是因为它不只具有干扰性，还具有欺骗性——这是广告吗？谁付的钱？这是杂志内容吗？植入式广告是否在形成文章的相关内容？他们补充说，这样的

广告还削弱了杂志优于其他媒介的优势，读者会因此而快速翻到下页，"快进"跳过广告。

当然也有人支持这种做法。Scholastic Parents Media 的副总裁里萨·克拉达尔（Risa Crandall）称："无缝性视觉整合不会干扰读者的阅读，它恰恰有机地连接了广告信息与杂志的内容……它与网上自动弹出式广告不同，那类广告遮掉了文字内容……杂志上广告的干扰，让读者读来更愉悦、更顺畅。我们喜欢将这类广告与电视上广受欢迎的植入式广告整合相比。"（Ives，2010）支持者认为干扰性广告不仅改善阅读体验，而且，在经济形式对各媒介而言均很严峻的时期，杂志需要在更加公平、更有创意和更为进取的平台上自由竞争。

请阐述你的观点。有关干扰性广告的论争是无事生非吗？干扰性广告是干扰了你的阅读体验，还是让你的阅读体验"更愉悦、更顺畅"？你是否赞同克拉达尔副总裁关于电视植入式广告"广受欢迎"的观点？如不赞同，你是否更愿意接受干扰性广告？如果赞同，你认为杂志的干扰性广告与电视的植入式广告有何相同或不同？你认为美国杂志编辑学会的标准公平、明确吗？杂志产业在此激烈的媒介环境中竞争得放低道德标准，对于这一观点，你同意吗？为什么？

社论式广告

广告商和出版商越发使用社论式广告来提高杂志这一广告媒介的价值。**社论式广告**（Advertorial）指表面看起来像真实的杂志内容，实质上却是广告。社论式广告有时占整整一页，有时不到一页，有时插入几页之中，一般都印有"广告"免责字样，但字体很小，有时只有广告商标那么大，且标在页面角落。其目的，就是将商业内容包装成杂志内容呈现给读者。20世纪90年代，杂志产业的社论式广告，在给予其使用的页面内，收入翻番。社论式广告现在占广告总收入的10%。而有媒介素养的读者则能分辨得很清楚：某条报

道，到底是新闻还是广告。

批评者认为，社论式广告模糊杂志内容与商业行为之间的区别，有悖读者信任（见专栏文章《干扰性广告：是干扰还是必要？》）。况且，社论式广告的初衷若不是欺骗，为何以小号字体刊印免责字样？支持者则认为，社论式广告是现代杂志不可或缺的部分。杂志行业认为，社论式广告是当今竞争日益激烈的媒介市场中经济发展的必然和特有产物。谁也未被社论式广告伤害，这类广告其实常常传递有用信息。美国广告商可自由使用任何合法、诚信方式，销售自己的产品。杂

志正是以这种方式标明产品售价。支持者还认为　　读者不是傻子，是不是广告他们自己能看得出来。

广告商影响杂志内容

　　广告商试图影响杂志内容，这个问题也常引起争议。影响总是有的，至少是潜在的。杂志编辑既要满足读者又要满足广告商。以广告商利益构建杂志内容，常用的一个方式是设置广告版面位置，比如，航空公司的广告肯定不会跟空难报道放在一起；香烟广告不大可能出现在有关肺癌的文章附近。其实，杂志提前知会广告商，提醒它们即将刊载的文章可能与它们的业务不协调，这已是行业惯例。广告商便可要求调整广告位置，或推迟到下期刊登。杂志也常常为吸引广告商而承诺调整广告位置，将广告刊登在与其相关的文章附近。

　　补充内容（complementary copy）常用来强化广告商的信息，或者至少提醒读者不要忽略广告商的信息。补充内容影响到杂志编辑的决策，就成问题了。这种情形其实时常发生，编辑总是非常审慎，斟酌如何报道、做何报道，生怕冒犯了哪个广告商。有些杂志比如《建筑辑要》（*Architectural Digest*）的插图说明中，只有广告商才享有标出公司名字的待遇。行业内外很多批评者注意到，广告诉求与编辑判断之间的那面象征标准的墙壁，正在坍塌。

　　将广告放置在此报道旁边，读者尚不在意。但广告商要求实施样稿政策，有媒介素养的读者就真要动怒了。（摄影 查尔斯·席勒）

　　批评者指出，这样的问题在当今显得尤为严重，因为，激烈竞争的媒介环境给杂志带来的额外压力，迫使杂志不得不屈服于广告商的要求。例如，希尔斯公司（Sears）营销主管提出，杂志需要以"更现代的方式"运作，让广告商"成为文章情节的一部分"（Atkinson，2004）。汽车品牌雷克萨斯，要求刊登广告的杂志的文章内容，采用其汽车图片做插图。最麻烦的是，广告商制定**样稿政策**（ad-pull policy），要求预览杂志，若不满杂志内容，则以终止合同为威胁。石油巨头英国石油公司（BP）和金融服务公司摩根斯坦利（Morgan Stanley）的广告代理商的要求，令杂志产业震惊。以英国石油公司为例，它的广告代理商要求杂志"有提及自己、竞争对手或石油能源业的文章和图片时，必须提前知会"（Sanders & Halliday，2005）。类似事件促使《广告时代》发表评论："英国石油公司可耻，摩根斯坦利可耻，通用公司可耻！任何公司，如若威胁编辑真实、独立的立场，可耻！这些公司以广告预算为武器，与新闻编辑室讨价还价，威胁着媒介与其受众之间原有的纽带关系，而这一关系，正是媒介能给予广告商的价值所在。"（"Shame on BP，"2005）然而，也有许多业内人士认为这是多虑了。2008

年，美国杂志编辑学会宣布"修改标准以保护编辑内容的真实性"时，做了重大让步。有位编辑辩驳说："只要读者感兴趣，谁会在意？编辑内容不可受影响，编辑现在这样做很好，他们不能被广告恶臭污染……如此云云。这样的象牙塔式的方式，让我恶心。"（Ives，2008）

117

但批评者担忧的问题依然存在："英国石油公司、摩根斯坦利以及众多其他广告商，它们若都要求预览杂志内容，目的不是为直接评论自己行业的重要事件，而是为争论和攻击，杂志如何运作以提供深入、多样和详尽的内容？这对理想性的自由出版和自由调查，会产生什么冲击？"

 培养媒介素养技能

认识制图的影响力

　　看杂志时能发现社论式广告的存在、判断社论式广告的信息价值，这只是具有媒介素养的一个方面，另一媒介素养必备技能，是能看出图片及其他插图如何提供背景、阐释报道内容。近期一些案例，充分说明此情。

　　1994年6月27日，《时代》杂志封面刊登的O. J. 辛普森的照片，由美术师依据O. J. 辛普森在洛杉矶警察局入案时的照片做了面部修整。此臭名昭著之举，就如何利用制图创造意义议题，引发争议。杂志方称他们希望展示无光环无炒作之下"真实的"辛普森。但批评者指出，将辛普森面部调暗，意在有意强化非裔美国人罪犯的丑陋的刻板印象。有媒介素养的读者或许还会诘问："修改'真实'照片，何以让照片更真实？"

　　最近，更多伪造电子照片的例证，引发另一问题。2007年10月号的《魅力》（Glamour），将美国电视剧《丑女贝蒂》（Ugly Betty）的扮演者费雷拉（Ferrera）电子照片上的形象瘦身了两个尺码，导致行业要求调查此事。此后，2009年9月号的《悦己》（Self）用歌手凯莉·克莱森（Kelly Clarkson）做封面人物，封面上的凯莉·克莱森，与《魅力》封面上的费雷拉

一样，比本人瘦了很多。此举触怒歌迷质疑杂志编辑。这本已够糟糕的了，可编辑露西·单泽阁对批评的回应，更是雪上加霜，引发网络抗议风暴。单泽阁解释说，歌手凯莉散发着"最真实的……由内而外的美丽"，她"不在意别人如何看待她的体重"，但《悦己》还是修饰了她的照片，因为杂志希望展现"美国偶像"冠军"真正自信的照片"、"最完美的自己"（William，2009）。换言之，为了呈现真实的凯莉·克莱森，《悦己》不得不展示虚假的凯莉·克莱森。

　　美国医学会（the American Medical Association）发现此举危害严重，在2011年度大会上投票敦促杂志产业停止此举。美国医学会指出，"广告商经常修饰照片美化模特外形，这会导致人们，尤其是易受影响的儿童和青少年，对正常的体型怀有不真实的期望。大量文献表明，媒介传播的不真实的身体形象，导致了儿童和青少年的饮食失调和其他健康问题"（Ives，2011c）。

　　这一现象表现出的另一个媒介素养问题，与保持受众成员的自信有关。电子修图越来越普遍，也越来越为人所知，观众和读者是否开始对那些未经修改的图像以及使用这些图像的报道的真实性，也产生怀疑呢？《美国新闻评论》

（*American Journalism Review*）的雪莉·理查迪（Sherry Ricchiardi）解释说："因为新技术的发展，制作虚假照片已更简单、更迅速，也更不容易被发现。娴熟的行家简直就像魔术师，只是他们是在用图片处理器……制造错觉。"美国国家新闻摄影师协会（the National Press Photographers Association）道德与标准委员会主席约翰·朗（John Long）认为："公众对我们的信任正在失去。没有信誉，我们将一无所有，

我们无以幸存。"（Ricchiardi，2007，pp. 37-38）

对此你是什么观点？你看到过这样的图像吗？你看出图像被修改了吗？你若看出，还会继续阅读报道内容或报道描述的事件吗？主流媒介有时也会修改图像并作为新闻呈现给你。此举会让你对整个媒介行业产生质疑吗？你觉得媒介修改图像、再造真实的举动应该告知受众吗？你得知我们现在在日报和新闻杂志上看到的大部分的图片已数字化后，会有什么感觉？

 挑战媒介素养

辨别数码照片是否被修改

有媒介素养的杂志读者，具备批判性思考的能力，能独立判断文章内容、批判性思考媒介信息，对所阅文章内容期望甚高。

选一份自己最喜欢的杂志，找出所有插入人物图片的文章及广告，辨别出经数码修改过的图片。批评和支持数码图片修改的人都坦言，消费类杂志中的所有图片都经过修改。你能找

出多少？依据是什么？你对此举有何看法？你觉得杂志有权对图像进行修改吗？你的答案如何阐述你对媒介信息作用的理解和尊重、对杂志内容的期待、对杂志传达的信息的批判性思考？你或许希望独自依据自己最喜爱的杂志来迎接这些问题的挑战；或许参与竞争，与别人同读一本杂志，看谁找出的被修改图片最多；或许小组间互比，一同探讨问题。

 本章回顾与讨论

回顾要点：将内容与学习成果联系起来

● 概述杂志产业与杂志媒介的历史与发展。

■ 杂志是 18 世纪英国上流社会最受欢迎的读物，顺利传播到殖民地时期的美国。

■ 南北战争结束后，大众杂志因文化水平的提高、交通的改善、邮费的下降和杂志价格的下跌而蓬勃发展。

■ 随着杂志读者的增多和经济的良性发展，揭丑者对社会权贵提出质疑。

● 认识当代杂志产业的组织性质与经济性质如何形塑杂志内容。

■ 电视促使杂志从大众化走向细分化。杂志的特定人群、读者对刊登的广告的参与和喜欢，吸引广告商。

■ 杂志的三大分类为行业、专业及商业性杂志，工业、企业及赞助性杂志，消费类杂志。

■ 杂志发行形式有订阅、零售和赠阅。广告商需要有更好的标准来测定阅读率，问责或许让以发行量为测定标准的手段显得过时。

● 概述杂志与杂志受众之间的关系。

■ 以品牌杂志和目录杂志为形式的定制出版，是杂志凸显于拥挤的媒介环境的手段。

■ 杂志通过国际化、借助技术提高发行、销售订户单和它们自身这个直接市场等多方努力，应对其他媒介尤其是有线电视的竞争。

119

● 诠释杂志与互联网及移动技术的融合。

■ 所有杂志几乎都有在线版，但经营模式有所不同。

■ 读者对电子杂志持极乐观的态度。

■ 他们也极热衷运用移动设备浏览杂志。

● 运用媒介素养技能阅读杂志。

■ 杂志产业各种提高收益的做法，让有媒介素养的读者面临挑战：

（1）社论式广告的商业性内容，乔装成评论性材料出现。

（2）干扰性广告是糅在评论性内容中的广告文案。

（3）补充内容是强化广告信息的评论性内容。

（4）样稿政策指广告商以取消广告合作为威胁，要求预览杂志内容。

（5）广告和评论内容均在频繁使用数码修图手段，这一现象备受争议。

▌关键术语

muckraking　揭丑

split runs　分版刊登

circulation　发行量

controlled circulation　赠阅发行

custom publishing　定制出版

QR（quick response）codes　二维码（快速反应码）

NFC（near-field communication）　近场通信芯片

brand magazine　品牌杂志

magalogue　目录杂志

interruptive ads　干扰性广告

advertorial　社论式广告

complementary copy　补充内容

ad-pull policy　样稿政策

▌复习题

1. 美国早期杂志的内容有哪些特征？

2. 20 世纪初推动杂志产业繁荣发展的因素有哪些？

3. 什么因素导致大批量发行时期的结束、杂志细分时期的发展？

4. 杂志有哪三大类？

5. 广告商为何支持杂志细分？

6. 参与和喜爱指什么？它们为何对广告商很重要？

7. 杂志通过哪些途径让自己的出版物国际化？

8. 杂志产业为何在移动技术对产业与读者之间关系的影响上，持乐观态度？

9. 什么是社论式广告？它的功能是什么？

10. 什么是补充内容？它为何引起批评者的担忧？

▌批判性思考与论述题

1. 当代是否有改革奋进型杂志或揭丑写家？与奋进时代的改革性杂志或揭丑写家相比，他们肯定没那么显眼，原因何在？

2. 你平时阅读哪些杂志？依据自己常读的杂志，概述自己的人口学特征。

3. 对于修图之举你讨厌吗？你是否觉得有些情况修图合适而有些情况修图不合适？

第6章

电影

学习目标

电影是梦工厂。电影高于生活。电影和图书是两大不依赖广告获取经济收入的大众媒介，这就意味它必须满足观众口味，否则电影票就卖不出去。因此，电影媒介与受众的关系，一定跟其他媒介与受众的关系不同。学习完本章后，你应该能够：

- 概述电影产业与电影媒介的历史和发展。
- 概述电影的文化价值及大片情结对于电影作为重要艺术和文化媒介的意义。
- 概述电影产业的三大构成部分——制作、发行和放映。
- 概述现代电影产业的组织性质和经济性质如何形塑电影内容。
- 概述融合技术的利与弊以及我们目前所了解的电影的最新数字技术。
- 明了制作成本提高的同时也在降低。
- 运用观看电影的媒介素养技能，解读商品的捆绑销售及植入式广告。

122   1895 年 12 月 28 日夜，巴黎。天气寒冷，微雨。你穿严实后赶往市中心的大咖啡馆。从晨报上得知奥古斯特·卢米埃尔（Auguste Lumiere）、路易·卢米埃尔（Louis Lumiere）两兄弟要展示他们让照片动起来的新发明，你急于一看究竟。

咖啡馆的地下室已摆好桌椅，舞台上挂着一块白色床单。卢米埃尔兄弟在掌声中出现，开始用法语向观众报幕：第一个故事描述的是卢米埃尔工厂下班时间（*La Sortie des usines Lumière*）；第二个故事呈现卢米埃尔家一个孩子在吃东西（*Le Repas de bébe*）；第三个故事是一个爱搞恶作剧的小男孩在捉弄园丁（*L'Arroseur arrosè*）；最后一个节目是火车进站的场景（*L'Arrivée d'un train en gare*）。

灯光暗下，你身后什么地方响起机器的声音，悬挂的床单上出现短暂的闪烁，然后……你真的惊呆了：比实物大的照片真在你眼前动起来，你看到数里之外的某地，看到勾起自己童年回忆的淘气男孩的神秘世界。最让你震撼的还是最后一个：巨大无比的机车冲着观众驶来，你和其他观众都唯恐被撞，纷纷惊叫着往椅子下躲，真的以为死到临头了！

电影历史上首批付费观众的观影经历，可谓有惊无险。

卢米埃尔兄弟是出色的机械师，他们的父亲有家生产感光片的工厂。他们的首部电影我们现在看来其实就是家庭黑白片，片名就让人看出其实是非常简单的故事，没有编辑加工，只是简单的开、关摄像机，完成拍摄任务，没有淡出淡入、消失或闪回等效果；没有电脑制图、对话和音乐。尽管如此，很多观众还是被影片中迎面而来的火车吓倒，他们还一点不了解电影语言。

我们对电影的讨论将从电影史开始，从它开创性的诞生、叙述语言和视觉语言的引入，一直到以大型电影制片厂形式经营的电影产业的建立。 *123* 我们详细讨论好莱坞与其早期受众之间的关系，以及电视的出现对电影结构和内容的改变。然后，我们考察当代电影的制作、发行和放映三大体系， *124* 以及它们如何受到融合技术的影响。我们还将讨论几大制片公司的影响力，以及它们在日益多媒介化的环境之下的经济压力。我们审视电影所占据的特殊地位，以及年轻观众和电影年轻化会如何影响我们的文化。认识电影中的植入式广告，是提高我们媒介素养技能的基础。

卢米埃尔兄弟的《火车进站》。早期电影虽十分简单，但观众缺乏恰当理解和欣赏电影的媒介素养。据说这个镜头吓得观众惊叫、躲闪，生怕被迎面而来的火车撞上。

18 世纪 20 年代　早期运
　　　　用化工盐类捕
　　　　捉临时影像
1793 年　▲尼埃普斯开
　　　　始多方试验拍
　　　　摄光学影像

1800 年
1816 年　尼埃普斯拓展摄
　　　　影技术
1839 年　▲达盖尔银版
　　　　照相法问世；
　　　　塔尔博特发明
　　　　光力摄影法
　　　　（纸质胶片）

1850 年
1877 年　▲迈布里拍摄奔跑照片
1887 年　古德温发明赛璐珞胶卷
1888 年　迪克森制造活动摄像机
1889 年　伊斯特曼发明简易相机
1891 年　爱迪生发明活动放映机
1895 年　卢米埃尔兄弟首创电影放映机
1896 年　爱迪生发明爱迪生式维塔放映机

1900 年
1902 年　梅里爱拍摄《月球之旅》
1903 年　鲍特拍摄《火车大劫案》
　　　　（蒙太奇手法）
1908 年　电影专利公司成立
1915 年　林肯电影公司成立；格里
　　　　菲斯拍摄《一个国家的诞
　　　　生》
1922 年　海斯办公室成立
1926 年　▲有声电影出现
1934 年　电影生产法规颁布
1939 年　电视在世展会露面
1947 年　众议院非美活动调查委员
　　　　会集会
1948 年　派拉蒙有线电视的引进

1950 年
1969 年　独立制片人电影《逍遥骑士》
1976 年　VCR 的引进
1996 年　▲DVD 的引进

2000 年
2007 年　《紫罗兰》直接向
　　　　iTunes 发行
2009 年　▲《阿凡达》
2011 年　27 部电影续集于一
　　　　年内发行，电影史
　　　　上续集发行最多的
　　　　一年
2012 年　《罗拉克斯》有 70 个
　　　　产品合作商

电影简史

我们已不再是不懂电影语言的电影盲，电影也不再像卢米埃尔时代那么简单。电影制作者制作《兰戈》（*Rango*）这类电影，需要使用复杂的电脑特效；观众欣赏《盗梦空间》（*Inception*）这类电影，需要适应时空变换、非传统拍摄角度及其他各种迂回转换。现如今的"媒介—受众"关系，其形成经历了颇为不凡的过程。

早期报纸是商人和爱国者为少数受过教育的政治精英创办的，但早期电影很大程度上是创业者为赚钱而打造的大众娱乐方式。电影和电视不一样，它没有先例可参考，没有规则可遵循，没有期待可实现。电影之后的电视的产生与发展，已有成熟的广播业的借鉴和指导了（见第7章）。

我们再回到章首插图。卢米埃尔电影的首批观众不"谈电影"。试想，倘若你搁浅于异国他乡，一点不懂当地的语言和文化传统，你也只能孤注一掷往前闯，每学会一点新经验，都能帮你更好地应对下一次经历。你必须首先学会一些简单的表达和基本的习俗，才能最终更好地了解他们，了解他们的语言，也即更加了解他们的文化。人们自那次巴黎首演后，便开始积累电影素养。他们必须学会理解电影中的时空变化、探索声像结合创造出来的意义。但接触电影与接触另一新文化不同，因为电影文化尚未成型。电影制作者和电影观众需要一同成长。

早期创业者

1873年，加利福尼亚原州长利兰·斯坦福（Leland Stanford）与朋友打赌，认为奔马是四脚腾空，可怎么才能让人相信？他得证明，于是他向著名摄影师埃德沃德·迈布里奇（Eadweard Muybridge）求助，迈布里奇花了4年时间才找到解决方法。1877年，迈布里奇在一段赛道上安放一组静物照相机，马全速飞奔时，每个相机都会拍下照片，最终，这些照片不仅帮斯坦福赢了赌注，更激发了摄影师迈布里奇自己的灵感。迈布里奇惊讶地发现，将这些照片连续起来看，有一种动态效果。于是，他开始拍摄各种人物、动物的动作，并发明一种能将幻灯片投影到远处平面上的**动物实验镜**（zoopraxiscope），来展示自己的作品。

人在观看快速而连续投影出来的幻灯片时，会感觉这些照片在动，这感觉缘于叫**视觉暂留**（persistence of vision）的生理现象，人眼睛看到的图像会在大脑中停留1/24秒。因此，如果摄影框以每秒24闪为单位进行摄影，人看照片时就会感觉照片在动。

1888年，迈布里奇终于遇到发明家托马斯·爱迪生（Thomas Edison）。爱迪生很快看到动物实验镜的科学性和经济潜力，并安排他的顶级科学家威廉·迪克森（William Dickson）去开发更好的投影机，好在迪克森领会的是去开发更好的摄影系统。迪克森发现，先拍大量静态照片，然后按次序排列，并将图像重绘到幻灯片上，这样的做法其实有内在局限。迪克森将汉尼拔·古德温（Hannibal Goodwin）新发明的胶卷，与乔治·伊士曼（George Eastman）发明的简单易用的柯达照相机相结合，制作成一秒钟能拍40张照片的电影摄影机。他使用这台**活动电影摄影机**（kinetograph）拍摄各种剧院表演，有不知名的艺人，也有安妮·奥克利（Annie Oakley）和"野牛"比尔·科迪（Buffalo Bill Cody）这样的著名艺人。这一切，没有摄影技术不可能实现。

迈布里奇的奔马图，将这些底片按序叠放，迅速翻页，就会产生动态效果。

摄影技术的发展　摄影技术由法国发明家约瑟夫·尼瑟福·尼埃普斯（Joseph Nicéphore Niépce）于 1816 年左右首创。虽然图像制作领域当时已有很多实验，但在尼埃普斯之前，还没有人将照相机和胶片投入实际运用。他拍摄自然物体，制作成彩色照片，遗憾的是，他的照片保留时间很短。

不过，尼埃普斯的成功引起了同为法国人的路易斯·达盖尔（Louis Daguerre）的注意，两人携手改进技术。1839 年，**银板照相法**（daguerreotype）正式推出。它是一种将图像记录在光面金属片上的技术，这种金属片通常使用的是铜，上面涂有一层薄薄的碘化银乳化液。从物体反射过来的光线穿过镜头，投到乳化液上，此时乳化液就会将图像蚀刻在金属片上，然后再用一种清洁剂冲洗金属片，上面就会留下如实的或者复制的图像。可惜，尼埃普斯没有等到这一天就去世了。

英国发明家威廉·亨利·福克斯·塔尔博特（William Henry Fox Talbot），在达盖尔首次向公众展示银板照相法的同一年，推出了一种纸质胶片技术。该技术比金属薄膜对摄影技术的发展更为重要，但银板照相法仍受广泛关注和赞誉，而且唤起公众对摄影技术的狂热。

塔尔博特的**光力摄影法**（calotype）使用的是半透明纸张，现在我们叫它底片，用它可以冲洗出不止一张的照片。而且他用的胶片比达盖尔的金属薄片更敏感，这便使它的曝光时间从银板照相法的 30 分钟，缩短到只要几秒钟。光力摄影法出现之前，所有银版照相法图像都是静物和肖像，需要很长时间的曝光。

这是一张典型的运用银板照相法拍摄的肖像。由于曝光时间较长，大多数静物无法运用此法拍摄。

诚如我们刚才所见，电影摄影技术发展至关重要的节点，在于古德温1887年的发明与伊士曼1889年的发明相结合，然后再由爱迪生的科学家迪克森运用于电影之中。

托马斯·爱迪生　爱迪生在自己新泽西的实验室边建了第一个制片厂，取名"黑玛丽"（Black Maria），这是当时警车的普称。制片厂没屋顶，能借着太阳，保证拍摄表演者时总能光线充足。

拍摄完成的电影不是用投影仪播放，而是用**活动电影放映机**（kinetoscope）放映，这是一种西洋景装置，放映时通常还伴有爱迪生发明的另一台机器在播放音乐。1891年，活动电影放映机获得专利并在三年后面市，随后迅速成为各游乐场、歌舞厅和大城市放映机室的宠儿。这标志着商业电影放映的开端。

卢米埃尔兄弟　卢米埃尔兄弟又往前迈进了一步，他们首映的银幕电影证明，观众愿意坐在黑暗的屋里观看投影在银幕上的电影。来自里昂的这两位兄弟，不仅大大拓展了同时观看一部电影的观众人数，而且看出其中潜藏的巨大商机。1895年，他们给自己发明的既能摄影又能放映的**电影放映机**（cinématographe）申请了专利。他们在圣诞节公映了几周，狂热的电影爱好者们在他们临时搭建的电影院外排起长队。爱迪生看到电影放映机比活动电影摄影机好，因而设法获取美国发明家托马斯·阿尔马特（Thomas Armat）发明的高级投影机的专利权。1896年4月23日，爱迪生式维塔放映机（the Edison Vitascope）在纽约市首次露面，美国电影业从此诞生。

叙事的出现

爱迪生和卢米埃尔的电影都只有短短几分钟时间，且局限于再现现实原样，比如名人、举重运动员、杂耍艺人以及正在吃东西的宝宝。他们使用固定支架拍摄（摄像机不动），没有任何编辑。对早期观众而言，此已足矣。但新鲜感很快消失，人们都希望钱花得更值。法国电影制作人乔治·梅里斯（George Méliès）开始制作叙事性电影，即有故事情节的电影。19世纪90年代末，他开始拍摄和放映单场景、单镜头电影。但不久他便开始多场景、多镜头地拍摄，即拍完一个镜头，关闭摄像机，移动到另一地点再拍另一个镜头，以此类推。梅里斯常被称作"电影艺术家的鼻祖"，因为他以想象的故事形式，将叙事引入电影媒介，比如《月球之旅》（A Trip to the Moon，1902）。

梅里斯成为电影制作人之前，是位魔术师和漫画家，他的创意电影显示出其戏剧天赋，一部部犹如奢华的舞台剧，人在其中出入、奇迹不断发生。《月球之旅》1903年在美国上映，美国电影制作人不仅迅速借鉴电影叙事概念，而且对叙事概念进行改进和提升。

爱迪生公司的摄像师爱德温·S·波特（Edwin S. Porter）发现，巧妙摆放摄像机，再加以艺术性的编辑，电影叙事效果会更好。他制作的时长12分钟的影片《火车大劫案》（The Great Train Robbery，1903），是首部运用编辑手段、场景替换和移动摄像机进行相对复杂的情节叙述的电影，它还是首部西部电影。这种新的叙述方式，运用**蒙太奇**（montage），将两个独立但有联系的镜头结合起来，产生一种全新的整体效果。影片一经推出，便立即受到观众追捧。几乎一夜之间，由商店、银行和礼堂改造而成的几百家**五美分娱乐场**（nickelodeon），出现在美国各地，最大的娱乐场有100张座椅。这种娱乐场因其票价五美分而得名。到1905年，像纽约这样的城市每天都有一家新的五美分娱乐场开张。1907年到1908年间，叙事电影的数量首次超过纪录电影，与此同时，五美分娱乐场的数量增加了10倍。这么多城市的这么多放映厅在为狂热的公众放映，电影的产量亟待增加。成千上万的**制作公司**（factory studio）或曰制片公司全新开张。

电影的需求激增，使电影业界的从业者们不得不学习并掌握电影制作的各个方面，没有时间或金钱像今天的电影制作那样，做特别的专项分工。身兼编剧、演员和摄像师的D. W. 格里菲斯（D. W. Griffith），就是在这样的环境下练就了完美技艺。他迅速成为杰出导演，并引入创新理念，比如最后拍摄前安排彩排、制作时严格遵循拍摄脚本等。他投入大量精力于服装和灯光这两个容易被忽视的环节，并运用特写和其他戏剧拍摄角度来传达情感。

他的所有技艺都倾注于 1915 年发行的影片《一个国家的诞生》（*The Birth of a Nation*）之中。倘若波特是在电影中用蒙太奇叙述故事，格里菲斯便是在电影中用蒙太奇制造激情、活跃情感和提升悬念。这部时长 3 小时的史诗电影，用了 6 周时间彩排，9 周时间拍摄。制作经费 12.5 万美元（当时成本最贵的一部电影），影片不仅伴有乐团演奏的音乐，还拥有包括人物和动物在内的数以千计的演员阵容，高达 3 美元的票价比通常的 5 美分贵了很多。它是史上当之无愧最具影响力的默片，是当时最受欢迎且最赚钱的电影，直到 1939 年《飘》（*Gone with the Wind*）的上映，才打破它的统治地位。《一个国家的诞生》与包括《忍无可忍》（*Intolerance*，1916）和《破碎之花》（*Broken Blossoms*，1919）在内的格里菲斯的其他代表作一起，共同奠定了美国电影的新标准。它们将电影带出五美分娱乐场，将其做成了大生意。不过，《一个国家的诞生》也暴露了美国文化最根本的特性，因为，该片包含丑化非裔美国人的种族主义内容，还显示出支持三 K 党的态度。影片招致全国观众在各地影院前抗议，一些报纸和杂志亦提出批评，非裔美国人还自己拍摄电影进行反击［请参看专栏文章《非裔美国人对 D. W. 格里菲斯的回应：林肯和米考斯电影公司》（African American Response to D. W. Griffith: Lincoln and Micheaux Film Companies）］。尽管如此，《一个国家的诞生》获得绝大多数观众的喜爱。

 运用媒介创造奇迹

非裔美国人对 D. W. 格里菲斯的回应：林肯和米考斯电影公司

1915 年，D. W. 格里菲斯的影片《一个国家的诞生》创造了电影奇迹，但非裔美国人群体面对其中的歧视内容并未坐以待毙，全国有色人种协进会（NAACP）就影片中的尖刻台词向法庭提出诉讼，可惜没有胜诉。另一些非裔美国人决定以牙还牙。第一个站出来的是温文尔雅的学者埃米特·J·斯考特（Emmett J. Scott），他从美国中产阶级黑人那里寻求资金赞助，制作了一部展示非裔美国人成就的短片。他原本只是打算将自己的电影《林肯的梦想》（*Lincoln's Dream*）作为开场戏随附于格里菲斯的电影，但后来在编剧伊莱恩·斯特恩（Elaine Sterne）的协助下，最终将其扩展成一部长片。他曾找过环球影视，但被对方拒绝。

这部电影在包括黑人和白人在内的独立投资者们的共同资助下，终于在 1918 年成功发行。影片更名为《一个种族的诞生》（*The Birth of a Race*），整整 12 盘胶片，时长 3 个多小时。参与制作的都是没有经验的演职人员，而且还遭遇恶劣天气和技术困难。影片颇受赞誉，"是一部最伟大、最勇敢的故事影片……讲述罪恶……是真理的圣灵孕育成的杰作，献给全世界各个种族"（Bogle，p. 103）。影片艺术和商业上都不成功，但斯考特激发了后人的创作灵感。

《一个种族的诞生》尚未完成之时，诺贝尔·P·约翰逊（Noble P. Johnson）和乔治·约翰逊（George Johnson）两兄弟于 1916 年在内布拉斯加州、1917 年在加利福尼亚州共同创办"林肯电影公司"，并采取与斯考特不同的策略。他们知道黑人电影登不了"白色"银幕，所以制作的都是面向黑人观众的关于黑人自己的影片。他们或许无法在白人世界指出格里菲斯的错误，但起码可以为非裔美国人提供一个表达想法的舞台。林肯公司的第一部电影叫《一位黑人梦想的实现》（*The Realization of a Negro's Ambition*），讲述黑人成功的故事。约翰逊兄弟变美国的种族歧视为己月，南方的种族隔离政策和北方的种族隔离现状带来黑人影院的蓬勃发展。1916 年至 1920 年，林肯公司制作了 10 部 3 卷长度的电影，供给急需片源的影院放映。

不久，又一家著名的电影公司成立，希望至少在黑人影院能挑战格里菲斯的电影。1918年，奥斯卡·米考斯（Oscar Micheaux）在芝加哥创办米考斯电影和图书公司，并很快制作出影片《自耕农》（The Homesteader）。这部 8 卷长度的电影改编自他 3 年前创作的自传小说，讲述南达科他州一位黑人农场主的成功故事。但米考斯不止满足于提升黑人的尊严，他意欲制作"描述种族生活的种族电影"（Sampson，1977，p.42）。1920 年，他发行影片《门内》（Within Our Gates），讲述南方滥用私刑的故事。影片虽在审片时遭受南北双方几十个城市的否定，但米考斯并未因此而退缩。1921 年，他又发行了一部 8 卷长度的影片《冈萨拉斯谜团》（The Gunsaulus Mystery），故事改编自一宗著名的黑人凶杀案件。

这些早期电影的先行者们用自己的这一媒介，为世界带来改变，他们不仅挑战这个世界主流电影叙述历史的方式，还为非裔美国人群体带来信心和娱乐。

电影《一个黑人梦想的实现》中的一个场景。

 ## 大制片公司

托马斯·爱迪生看到电影的巨大商业利润，于 1908 年创办电影专利公司（MPPC），通常称托拉斯（Trust）。该集团由 10 家公司组成，统归爱迪生管辖，控制几乎现有的所有电影制作和电影放映设备的专利权，将美国的电影制作和发行牢牢握在自己的铁拳之中，任何想制作或放映电影者，均需获托拉斯的许可，而获此许可并非易事。此外，电影专利公司还对影片限定了外在条件：长度必须为 1 卷，时长约 12 分钟，且必须采用"舞台视觉"，即演员必须全身出镜，像舞台剧一样。

很多独立电影公司站出来反对托拉斯，包括格里菲斯。这些公司为躲避电影专利公司的审查和打击，纷纷搬往加利福尼亚。此西进转移带来了很多好处：优越的气候条件提供更长的拍摄时间；脱离了电影专利公司的束缚，格里菲斯这样的电影奇才们，更能自由发挥潜能，尝试多种角度拍摄远超 12 分钟的电影。

制作更精致的电影、启用大牌明星，新制片公司体系由此诞生，加利福尼亚成了电影业的中心。托马斯·H·恩斯（Thomas H. Ince）、格里菲斯和喜剧天才麦克·塞纳（Mack Sennett）组建"三角公司"（the Triangle Company）。阿道夫·朱克尔（Adolph Zukor）在新片发行遭电影专利公司阻挠后，创办"名角配好戏"（Famous Player's in Famous Plays），之后与另外几家独立电影公司和一家发行公司一起，组建成"派拉蒙"（Paramount）。其他独立电影公司组建成"福克斯电影公司"（很快更名为 20 世纪福克斯）和"环球公司"。此时的电影虽然仍是默片，但到 20 世纪 20 年代中期，美国已拥有 2 万多家影院，从业人员超过 35 万。好莱坞每年用于拍摄的胶卷，超过 124 万英尺，美国国内电影票房年收入高达 7.5 亿美元。

电影产业的繁荣，不仅得益于艺术技巧、时代潮流和发明创新等因素，还得益于这些因素满足了观众日益扩展的需求。20 世纪伊始，美国的移民政策宽松，加之国外政治、社会的动荡，欧洲移民因美国语言与他们相通、工作机会充足而大量涌入美国大城市。已因多年干旱颗粒不收的美国农民，也在失去家园和希望之后来到城市。大型的磨坊和工厂虽条件恶劣，但提供很多工作机会。这些城市新居民有了收入之后，便滋生了休闲娱乐的需求。电影不需阅读和英语能力，你只要花 5 美分，便能观看明星众多、情节精彩的电影。

国外的政治动荡有助于刚起步的美国电影还另有缘由。1914 年到 1915 年间，加利福尼亚州的电影制片公司在太平盛世中重建电影产业之时，欧洲却挣扎于战争的水深火热之中，欧洲的电影制作包括最具影响力的法国、德国和俄国的电影事业均纷纷停滞，但欧洲的电影需求并未因此缩小。美国电影为满足国内观众渴求而暴增的产量，正好可以填补海外电影的空缺。美国国内观众识字者少，当时的默片因此很少有字幕，出口到国外时几乎不需做多大改动，电影真可谓是一种世界语言。但更重要的是，自卢米埃尔兄弟之后仅 20 年，美国电影产业便稳居世界领袖地位。

◼ 好莱坞的改变

电影同报纸和杂志的遭遇一样，电视的出现，深刻改变了电影与受众的关系，但这种关系性质的形成与改变，发生在声音的引入和电视的引入这 30 年间。

有声电影 第一部有声电影是华纳兄弟制作的三部电影中的一部，可以说是约翰·巴里摩尔（John Barrymore）主演的《唐·璜》（Don Juan，1926），伴有同步音乐和声效；也可以说是阿尔·乔森（Al Jolson）主演的另一部华纳更有名的影片《爵士乐歌手》（The Jazz Singer，1927），伴有集中声效和对话场景（总共 354 个单词），但大部分时间仍无声音；还可能是 1928 年拍摄的有声电影《纽约之光》（Lights of New York）。历史学家对此意见不一，是因为他们对有声电影的定义存有分歧。

但毋庸置疑的，是声音对电影和电影观众的影响。首先，声音催生出新的电影类型比如音乐剧。其次，演员必须倾情表演，表演的艺术性因此得以提升。最后，声音的引入使得电影制作更加复杂和昂贵，很多小电影制作人纷纷关门歇业，大制片公司因此更加巩固了自己的行业操纵权。

1933 年，全美 60% 的电影均出自好莱坞的 8 大制片公司。到 1940 年，全美 76% 的电影均出于此，赚取 86% 的票房总收入。至于观众人数，1926 年《唐·璜》上映时，电影院的观众数量为每周 5 000 万，1929 年经济大萧条时，该数量甚至上升到 8 000 万。1930 年有声电影出现时，该数量更是上升到 9 000 万（Mast&Kawin，1996）。

丑闻 电影及有声电影的流行，不免引起质疑，唯恐它对文化产生影响。1896 年尚无有声电影，《吻》（The Kiss）一上映，道德舆论哗然。演员约翰·C·赖斯（John C. Rice）和梅·欧文（May Irwin）在主演的百老汇音乐剧《寡妇琼斯》（The Widow Jones）中以吻结束全剧，将表演推向高潮。爱迪生公司要求赖斯和欧文在电影中重现那场吻戏。报纸和改要收到来自各方的指责，接吻在剧院可以接受，但在影院不行！当时尚处萌芽的电影行业，运用各种形式的业界自律和内部准则，应对道德舆论及要求审查电影的呼声。但 20 世纪 20 年代初期，丑闻越来越多的好莱坞，又被推到了风口浪尖。

脸被涂黑的阿尔·乔森（Al Jolson）与梅·麦卡沃伊（May McAvoy）主演的影片《爵士乐歌手》，是早期有声电影之一。

1920 年，"美国甜心"玛丽·碧克馥（Mary Pickford）在内华达与丈夫闪电离婚后很快嫁给在电影中与自己演对手戏的道格拉斯·费尔班克斯（Douglas Fairbanks），后者也刚刚离婚。1920 年、1921 年，喜剧演员"胖子"阿巴克尔（Fatty Arbuckle）在东西两岸分别进过警局，第一次犯事后他向马萨诸塞州地方检察官贿赂 10 万美元，案件随之一笔勾销，但第二次案件牵涉他在圣弗朗西斯科一家酒店派对上行凶，虽然他第三次庭审后被无罪释放（前两次均未做裁定），但阿巴克尔本人和他所从事的电影行业的形象均遭玷污。1922 年演员华莱士·里德（Wallace Reid）和导演威廉·德斯蒙德·泰勒（William Desmond Taylor）双双死亡，报称二人"神秘"死亡均与毒品和乱性有关。舆论要求政府介入，呼声越来越高，国家立法机构出台 100 多项单独立法，审核或控制电影和电影内容。

1922 年，好莱坞对此进行回应，设立美国电影制片人和发行人组织（the Motion Picture Producers and Distributors of America，MPPDA），任命时任共和党主席、长老教会长老和前任邮政大臣的威尔·H·海斯（Will H. Hays）为该组织的主席，该组织因此又称"海斯办公室"，承担起改进电影形象的重任。海斯强调电影在民生和教育方面的重要作用，承诺一定上映更为优质的电影，并成立一个包括多位市政和宗教领袖在内的委员会，处理公共关系。1934 年，海斯法典（the Motion Picture Production Code，MPPC）出台，严禁使用亵渎性语言，床戏只允许已婚夫妻观看，着装不得过分紧身和暴露，吻戏尺度不能太大，不得丑化公务人员和神职领袖的形象，从"上帝"到"蠢货"等一系列词汇不能乱用，触犯以上条款，都将处以 2.5 万美元的罚款。

新类型，新问题 1932 年，电影上座率下降到每周 6 000 万，大萧条是其中的一个重要原因。电影行业能挺过这一危机，主要有两个原因：原因之一是电影的创新性。新类型电影牢牢抓住观众的胃口：《开垦平原的犁》（*The Plow That Broke the Plains*，1936）之类的纪录片满足观众急于了解纷乱世界的好奇心；《第 42 街》（*42rd Street*，1933）之类的音乐剧、《育婴奇谭》（*Bringing Up Baby*）之类的喜剧给观众带来轻松快乐；《小霸王》（*Little Caesar*，1930）之类的街头流氓片反映了大萧条时期城市街区和日报内容的污浊不堪；《弗兰肯斯坦》（*Frankenstein*，1931）之类的恐怖片清楚地表达了似乎处于无法控制境况之中的观众深感的错乱与无助；《迪兹先生进城》（*Mr. Deeds Goes to Town*，1936）之类的现实喜剧告诉观众邪不压正。而且，**双片放映制**（double feature）对于精打细算的工薪阶层来说，不啻巨大实惠，虽然其中的一部片往往是便宜但很劣质的 B **级片**（B-movie）。

电影业挺过大萧条的另一原因是它的规模和影响，二者均缘起称作**垂直整合**（vertical integration）的运营体系。制片公司利用此体系自己制作电影、用自己的渠道和自己的影院发行和放映电影。大制片公司其实掌控了电影从拍摄到上映的全过程，确保电影的发行量和上座率，不问电影的质量优劣。

20 世纪 30 年代之后，电影的上座率重回每周 8 000 万，好莱坞每年大量生产电影达 500 部。看电影已成大多数家庭和团体活动的首选。然而，30 年代末也有不少坏消息。1938 年，实施垂直整合的五大制片公司华纳兄弟、米高梅、派拉蒙、雷电华（RKO）和 20 世纪福克斯因贸易管制而遭司法部门干预，此案 10 年之后才最终定夺，但电影行业却在这黄金的 10 年之中不断承受打击。直到 1939 年美国无线电广播公司（the Radio Corporation of America，RCA）从帝国大厦的顶部首发公共电视广播信号，电影的命运才最终注定。此二事件影响深远，电影媒介与受众之间，只有拓展新型关系，方能继续生存。

电视　二战伊始，政府控制新开发的电视技术的所有专利和制造电视所需的所有生产原料。电影媒介融入公众的进程因此而受到阻碍，但技术的进步并未因此而受影响。而广播网络和广告公司深知，战争总会结束，它们的未来在于电视，它们为这一天的到来积极准备。战争结束时，电影行业发现，自己的竞争对手并非羽翼未丰，其技术和经济方面都已发展成熟。有电视机的家庭，从 1946 年的 1 万跃升到 1950 年的 1 000 万和 1960 年的 5 400 万。而此时，至 1955 年，电影上座率已下降到每周 4 600 万，比最糟糕的大萧条时期整整少了 25%。

派拉蒙案　1948 年，也即该案发生 10 年之后，最高法院对派拉蒙案做出裁决，彻底剥夺制片公司对于电影制作的掌控，垂直整合被判违法；以前，放映商为获得一部比较好的电影，常常必须租下一大堆很劣质的电影。这种**整体预定**（block booking）方式，也被视为违法。制片公司被迫让出自己的放映业务（电影院）。派拉蒙案定音之前，美国 75% 的顶级电影院都在五大制片公司的控

制之下，此后，它们手里一个也没有了。这样，它们再也不能把持放映，其他电影制作人便能进入影院，争夺越发减少的观众的战争由此而愈演愈烈。

红色恐惧　美国战后取得世界领导地位，对外一切持防范态度，一些国会成员也担心共产主义会"窃取"人民的权利，所以决定先下手为强。好莱坞恶意攻击共产主义的运动被称为"麦卡锡主义"（因威斯康星州的参议员约瑟夫·麦卡锡而得名，他是公认的此项运动最狂热的拥护者），由众议院非美活动调查委员会（House Un-American Activities Committee，HUAC）及其主席 J·帕内尔·托马斯（J. Parnell Thomas）领导（托马斯后因虚报收入被捕入狱）。1947 年，众议院非美活动调查委员会第一次集会，将保证好莱坞免受共产主义影响作为自己的奋斗目标。他们担心共产主义、社会主义和左翼思潮的宣传内容会被"红色分子"的同路人"左翼分子"潜移默化地植入娱乐性电影之中。电影行业许多优秀、卓越的人才被叫到非美活动调查委员会做口供，被质问"你是不是共产党或曾经是不是共产党"？作家小林·拉德纳（Ring Lardner Jr.）、达尔顿·特朗勃（Dalton Trumbo）及导演爱德华·迪麦特雷克（Edward Dmytryk）等著名的"好莱坞十人"拒绝回答此问，并指控该委员会侵犯《权利法案》，结果均被判入狱。这些人对"红色恐惧"其实只是略作批评，可电影业在此关键时刻却抛弃了他们，没有捍卫自己人的正当权利。电影在抵抗电视的战斗中变得越发温顺，唯恐引起过多争议。

电影业不仅输在自己的胆小怯懦上，也输在自己的目光短浅上。电视行业因急需内容而向好莱坞购买老片进行播放。制片公司坚决不允许将电影出售给电视，不许任何电影界的在职演员出现在"纸箱大小的"电视上。这次有助于塑造早期电视观众对电视这一新媒介的品位和期待的机会，被好莱坞白白浪费掉了。这项禁令 1958 年才被取消。

回击　电影业试图革新技术和内容，从电视方抢回观众。一些革新沿用至今，深得电影媒介和观众的认可，手段包括更加强调特效、更加依赖和重视色彩及宽银幕电影（在宽度 2.5 倍于高度的银幕上放映电影）。一些革新则被淘汰，包括原始 3D 和嗅觉电影（影院飘散气味）。

内容革新上包括场面的壮观，此为电视所难

以媲美。《十诫》（*The Ten Commandments*，1956）、《宾虚》（*Ben Hur*，1959）、《万世英雄》（*El Cid*，1960）、《斯巴达克斯》（*Spartacus*，1960）等影片均出现成千上万的演员和宏大的场景。既然电视服务于大众，那么电影就可以自由地为更高级的观众展示不一样的风景。"启示性电影"记述社会趋势尤其是年轻人的叛逆［《黑板丛林》（*Blackboard Jungle*，1955）、《阿飞正传》（*Rebel Without a Cause*，1955）］和偏见［《12怒汉》（*12 Angry Men*，1957）、《春风秋雨》（*Imi-tation of Life*，1959）、《杀死一只知更鸟》（*To Kill a Mockingbird*，1962）］。电影还关注性观念的改变［《午夜牛郎》（*Midnight Cowboy*，1969）、《两对鸳鸯一张床》（*Bob and Carol and Ted and Alice*，1969）］，同时，也关注新一代抵触中产阶级价值观的价值观念［《毕业生》（*The Graduate*，1967）、《再见哥伦布》（*Goodbye Columbus*，1969）］及对暴力的厌恶或着迷［《雌雄大盗》（*Bonnie and Clyde*，1967）］。电影作为产业经历变化，但作为具有社会评论和文化影响的媒介，或许已经成熟。

134

电影及其观众

我们把好莱坞说成"梦工厂"、"电影魔术"制造者。我们渴望自己的生活和爱情"像电影一样"。电影"高于生活"，电影明星比电视明星更闪耀。换言之，电影在我们的文化中占据非常特别的地位。从文化上说，电影和图书一样，是一种特殊而重要的媒介。从这个意义上说，电影与观众的关系或许更接近"图书与读者"的关系，而不是电视与观众的关系。人们购买电影票，诚如他们购买图书，观众真正意义上说其实是消费者，所以电影的影响显然比电视更大。

不管怎样，如今的电影观众越来越年轻，美国大多数电影观众是青少年和年轻人，青少年和20多岁的年轻人虽然只占总人口的20％，却贡献了票房收入的30％。难怪各大购物中心内影院设置如雨后春笋，因为青少年和年轻人在这里能整整消遣一天。很多电影是针对孩子的：《鼠来宝》（*Alvin and the Chipmunks*）、《冰河世纪》（*Ice Age*）、《星际宝贝》（*Lilo & Stitch*）和《史酷比狗》（*Scooby-Doo*），还有《玩具总动员》（*Toy Story*）、《尖峰时刻》（*Rush Hour*）和《美国派》（*American Pie*）。所有电影改编自电视节目、电脑游戏和连环画册。请看图6—1呈现的全球票房收入前二十强。除1997年的特效电影《泰坦尼克号》（*Titanic*）外，其余所有奇幻冒险片均针对年轻观众。认真观察电影与文化之间关系的学者们质疑，电影媒介是否越来越受孩子们的期望、胃口和需求所控制？电影作为重要的、表达看法的、激励人的媒介，它到底怎么了？

此问，电影捍卫者们的回答是，电影的一切都取决于我们观众。诚如深受欢迎的大明星约翰·马尔科维奇（John Malkovich）所言，"一切有赖公众"，"大众决定自己需要的政治、电影和文化。当今（美国电影制作）的状况，缺乏根本特性，那就是——探索"（Mckenna，2000，p.70）。

136

电影业的捍卫者们指出，针对年轻人的电影未必一定肤浅。《朱诺》（*Juno*，2007）和《被拯救者》（*Saved*，2004）都属于"青少年电影"，但对美国社会和青年文化均提出深刻洞见，亦对意外怀孕和宗教信仰等话题探讨深入、细致。好莱坞尽管迷恋年轻观众，但仍制作了几十部针对更为广泛的观众的优质电影，比如《老爷车》（*Gran Torino*，2009）、《撞车》（*Crash*，2005）、《革命之路》（*Revolutionary Road*，2008）、《拆弹部队》（*Hurt Locker*，2009）和《国王的演讲》（*The King's Speech*，2010）。2011年被提名的十部"最佳影片"都是探讨人和人类文化方面的重要电影，包括《艺术家》（*The Artist*）、《后人》（*The Descendants*）、《特别响，非常近》（*Extremely Loud & Incredibly Close*）、《帮助》（*The Help*）、《雨果》（*Hugo*）、《午夜巴黎》（*Midnight in Paris*）、《点球成金》（*Moneyball*）、《生命之树》（*The Tree of Life*）和《战马》（*War Horse*）。

好莱坞若只盯着儿童和青少年制作电影，为什么还会给我们提供这些宝贝呢？派拉蒙影视总裁、后来的迪士尼首席执行官迈克尔·艾斯纳（Michael Eisner）曾在一份内部备忘录中如是说，的确，“我们没有创造历史、创作艺术和发表宣言的责任，我们唯有赚钱”（“Friends，” p. 214）。然而，电影业一直在不断制作一些的确创造了历史、艺术和思想且票房火爆的电影。之所以如此，是因为我们会花钱买票去看这些电影。

135

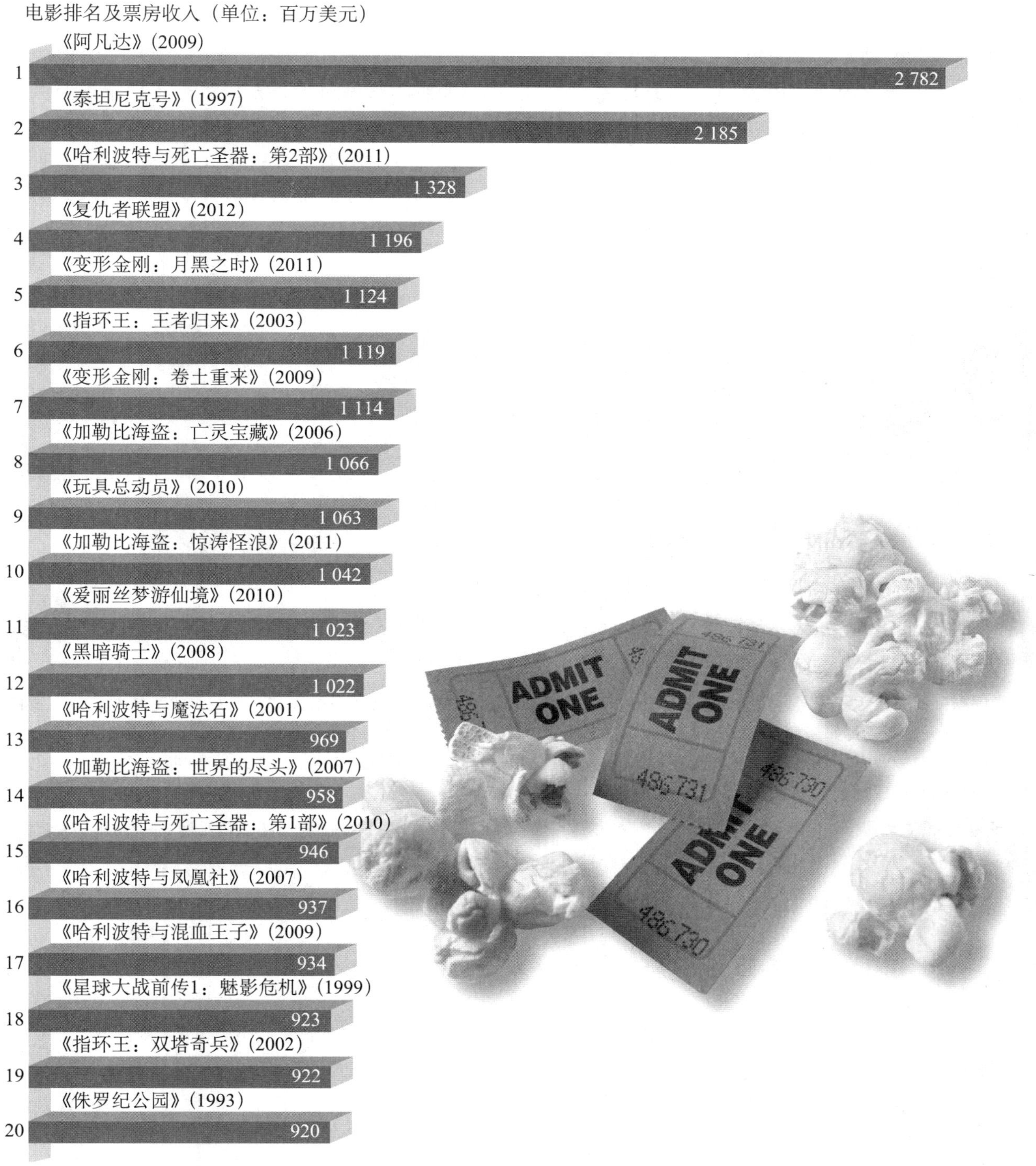
电影排名及票房收入（单位：百万美元）
1 《阿凡达》(2009) 2 782
2 《泰坦尼克号》(1997) 2 185
3 《哈利波特与死亡圣器：第2部》(2011) 1 328
4 《复仇者联盟》(2012) 1 196
5 《变形金刚：月黑之时》(2011) 1 124
6 《指环王：王者归来》(2003) 1 119
7 《变形金刚：卷土重来》(2009) 1 114
8 《加勒比海盗：亡灵宝藏》(2006) 1 066
9 《玩具总动员》(2010) 1 063
10 《加勒比海盗：惊涛怪浪》(2011) 1 042
11 《爱丽丝梦游仙境》(2010) 1 023
12 《黑暗骑士》(2008) 1 022
13 《哈利波特与魔法石》(2001) 969
14 《加勒比海盗：世界的尽头》(2007) 958
15 《哈利波特与死亡圣器：第1部》(2010) 946
16 《哈利波特与凤凰社》(2007) 937
17 《哈利波特与混血王子》(2009) 934
18 《星球大战前传1：魅影危机》(1999) 923
19 《指环王：双塔奇兵》(2002) 922
20 《侏罗纪公园》(1993) 920
ADMIT ONE
ADMIT ONE
ADMIT ONE
486731
486730

图 6—1　全球票房收入前二十强

资料来源：imdb. com。

电影产业的范畴与性质

好莱坞电影门票销售 1946 年创历史最高纪录，达 40 亿张。美国现在每年大约有 13 亿人次去影院看电影。2011 年国内票房收入 101 亿美元，当年有 21 部电影的国内票房超过 1 亿美元，其中《哈里波特与死亡圣器：第 2 部》（*Harry Potter and the Death Hallows：Part 2*）和《变形金刚：月黑之时》（*Transformers：Dark of the Moon*）甚至超过 3 亿美元。有 60 部电影的全球票房收入超过 1 亿美元。这些数字虽令人振奋，但电影业的从业者们和其他媒介人员一样，始终存有忧患，第 2 章中我们对此已做讨论。人口增长了，票房收入却始终保持未变，而这稳定主要还归因于票价的上涨。他们对未来的疑虑，读完专栏文章《我们还会一如既往地去影院看电影吗？》后，请你尝试给予解答。

影评家批评《泰坦尼克号》情节薄弱、角色简单，世界首部票房冲破 10 亿美元的大片，其实靠的是特效。但光靠特效也不行，《火星需要妈妈》（*Mars Needs Moms*）这部成本 15 亿美元的影片 2011 年在全球只赚了 3 900 万美元，是票房史上的惨败。但 2009 年的影片《鬼影实录》（*Paranormal Activity*）却完全不同，这部成本仅 15 000 美元、拍摄时间仅 7 天的影片当年在全球赚了 1.7 亿美元。

文化论坛　　　我们还会一如既往地去影院看电影吗？

数据统计显示的情况很不乐观，2011 年有 13 亿人次去影院观看电影，这个成绩虽然不差，但比 10 年中最高成绩的 2002 年下降了 13％。电影产业的起落时有报道，但烦扰文化论坛的问题是："我们还会一如既往地去影院看电影吗？"可以想象，答案形形色色、五花八门。

过去几年的电影票房实在太糟糕，只有大投入的系列电影和票价昂贵的 3D 电影，才能挽救票房收入免遭更大缩水，弥补《失落的大陆》（*Land of the Lost*）、《火星需要妈妈》（*Mars Needs Moms*）和《三个火枪手》（*The Three Musketeers*）之类极不卖座的电影。好莱坞曾称，自 2009 年始，学院奖的"最佳影片"由原来的 5 个增加到 10 个。很多影评家认为此举十分讽刺，因为这只是所谓的"最佳影片"数量的翻番，并不是真正意义的优秀电影的翻番。

事物总是相互关联的，好电影越少，去影院看电影的观众就会越少，这也导致他们看其他电影预告片的机会越少，更甭谈去观看这些影片了。

有好电影大家就会去电影院看，没好电影大

家就去得少，以至于渐渐淡忘了电影这一娱乐方式。《广告时代》（Ad Age）杂志影评家 T. L. 斯坦利（T. L. Stanley, 2005）称此为"眼不见，心不烦"（p. 20）。

不知道自己去电影院看的会是什么，到底是什么样的电影。这让问题更复杂了。斯坦利称此为"所见非所得"，即制片公司竭尽夸大之能事，部部新电影都被说得天花乱坠，结果却让影迷期望落空。

影迷若真去电影院了，结果又是什么呢？就如一次价格不菲的远足。电影平均票价从 1998 年的 4.69 美元涨到如今的 7.93 美元，上涨速度是过去 10 年通货膨胀率的两倍（Verrier, 2012）。此外，还有贵得出奇的爆米花和饮料，加上来回汽油费和雇一位称职保姆的费用（如果家里有孩子的话），"看电影"变得十分奢侈了。

找到座位坐下之后，又是什么感觉？周围观众吵吵嚷嚷，也就是说，看电影的环境越来越吵闹、粗俗：打电话的、婴儿哭闹的、一大群看不懂电影的小孩四处乱跑的，不一而足。

可放映厅内灯光熄灭后，总归能开始好好看电影了吧？呵呵，才不是呢。花这么多钱来看电影，看预告片前，看的却是完整广告。美国大多数影院有广告业务。观众明显对此不满。影评家理查德·罗珀（Richard Roeper）指出："在等待的 20 分钟广告时间里，你若听到后面座位有人打电话，肯定说的是'你说我这是图的啥？家里有效果超棒的音响系统，还有 50 英寸的液晶电视。早知道就等两个月，等电影的 DVD 出来后再在家看'。"（Germain, 2005）

新数字技术其实才是电影产业的最大威胁，尤其是那些"发烧友"家庭（有点播服务、图像高清且屏幕超大的电视、付费电影服务），还有越来越全面的 DVD（不仅含花絮等额外内容，且电影上映后几周内就能买到），还有在超市、麦当劳和加油站（超过 33 000 家）销售的一美元 DVD，还有操作简单、价格低廉的网络电影下载。

人们对高端家庭科技设备的依赖，是电影产业的另一威胁，因为它造成年轻一代远离电影。如今的年轻人是未来的电影消费者，但这些年轻人对影院毫无兴趣。虽然 13～25 岁的男性仍是独自观看电影人群的主力军，但票房下降时，这些人的下降数量比其他群体更为明显，因为他们往往有其他更好、更便宜的设备可供娱乐，尤其是游戏和网络。

请你发表看法。你还和以前一样去电影院看电影吗？是与不是，均请阐述原因。如何让"看电影的经历"更值？很多影院增加了"额外服务"，比如影视走廊和酒吧。此举会"改善"你的观影经历吗？

贵得出奇的零食会让你对影院望而却步吗？

三大构成体系

电影产业的三大构成体系制作、发行与放映，无不在当今数字化和融合技术的媒介环境中经历深刻变化。

制作　制作就是制造电影。美国现在每年大约生产 700 部长片，较 20 世纪 80 年代初期有很大增幅。以 1985 年为例，当年长片产量 288 部。我们在本章后面会看到，增幅的一个原因，是家庭影院收入的明显增加。企业所有权越发集中，需要为更多市场生产更多产品。

技术也在影响制作。好莱坞大多数电影是以录影形式拍摄的，即通常都是将影片录在胶片上，导演和摄影师能即刻看到拍摄效果。可用数码方式拍摄出来的电影，无论大片［2009 年的票房历史冠军《阿凡达》；乔治·卢卡斯 2012 年的影片

《红尾巴》（Red Tails）] 小片（1999 年的影片《女巫布莱尔》以 3.5 万美元成本创造全球 2.2 亿美元收入；2009 年的影片《鬼影实录》以 7 天拍摄时间加 1.5 万美元成本创出 1.7 亿美元收入），都获得了巨大成功。更多电影制作人于是开始以数码为主要拍摄方式，制作录影带、光碟或记忆芯片。

技术的另一个影响在 2011 年三大卖座电影《哈利·波特与死亡圣器：第 2 部》、《变形金刚：月黑之时》和《加勒比海盗：惊涛怪浪》中可见一斑。数码电影制作的宏大特效很逼真。精湛的特效能让一部好电影成为经典，《泰坦尼克号》和《阿凡达》就是很好的例子。电脑制作特效，缺点就是制作费用大大提高。《泰坦尼克号》成本超过 2 亿美元，《阿凡达》超过 3 亿美元。美国电影协会（MPAA）称，好莱坞电影制作和营销成本平均为 1.12 亿美元，该数字居高不下，很大程度上缘于观众对特效的需求。很多观察者认为，制作成本的大幅提高，是制片公司不愿创新大制作电影的主要原因。

发行 过去发行十分简单，就是制作出正片后送到影院。如今，发行还意味着将这些影片供应给电视网络、有线和卫星电视网络、影碟制作商及互联网在线播放。总之，任何一部电影都必须通过发行商在全球多达 250 种不同的数字平台上发行，才能满足数字零售商的各种特定需求（Ault，2009）。发行业务范围的扩大，确保了大公司（绝大多数是大制片公司）拥有主导权。发行商现在除了制作拷贝和确保拷贝送达，还担负制作经费、负责广告和宣传以及确定和协调发行日期等事宜。一部好莱坞电影，广告和宣传费通常占制作成本的 50%，有时占比还会更高。《阿凡达》制作花 3 亿美元，但其制片公司福克斯另外花费 2 亿美元做市场宣传，总费用达 5 亿美元，成为史上最贵电影（Hampp，2010）。这样做是否值得？《阿凡达》发行之后仅用 39 天，就成为史上最赚钱的电影（18.6 亿美元），仅在美国就卖出 5.6 亿张电影门票。在接下来的一个月中，其票房达 23.6 亿美元。所以一部好莱坞电影花 2 500 万到 5 000 万美元做宣传（行业平均价；Graser，2011），是很平常的事。这个投入不一定必需，但一定有回报。宣传对于电影票房实在至关重要，以至于各

大公司诸如环球、米高梅等，都将其广告和营销人员纳入**决策过程**（green light process），即营销人员的优劣，是决定是否开拍一部影片的条件。营销人员可以决定是否制作一部电影，若决定制作，营销人员还须估算相关制作经费。

139

影响电影制作及最终票房的另一个重要因素，是发行商决定放映电影的影院数量。有一策略叫**平台首映**（platform rollout），即先在少数影院放映，然后通过媒介评论、电影获奖以及看过电影的观众的口碑来达到推动电影成功的目的。这种方式对发行商的好处就是，大大减少了宣传费用。温斯坦公司（Weinstein Company）2010 年只在 4 家影院首映《国王的演讲》（The King's Speech），然后等待必定来临的如潮好评。一个月后，《国王的演讲》获得诸多奖项，包括 12 项奥斯卡提名，"最佳影片"奖也在其中。此时，电影才开始在 2 553 家影院大范围放映。在成百上千家影院同时首映的影片，有可能栽在影评或口碑上，比如《仪式》（The Rite，2011 年同时在 2 553 家影院上映）和《极速赛车》（Speed Racer，2008 年同时在 3 606 家影院上映）。不过在多家影院同时首映的电影也有黑马，比如 2009 年的《阿凡达》，就在全球 18 300 家影院同时首映。

放映 美国目前有 38 000 多家影院，分布在 6 000 多座城市，80% 以上的影院至少有 2 间放映厅，每间放映厅平均 340 个座位，一半的放映厅属制片公司所有。比如，索尼公司拥有 3 000 多间放映厅，分属 Sony/Loews、Sony IMAX、Magic Johnson 和 Loews-Star Theaters 等名下。非制片公司所有的放映厅往往为更大的连锁公司所有，比如 National Cinemas 有 10 000 间放映厅。七家最大的连锁影院（包括属于制片公司的）控制着美国 80% 的票房收入。

哪个观众都知道，放映商的大部分收入，来自销售利润率高达 80% 的特许商品，这占到影院 40% 的利润。电影院喜欢宣传午后场次和特价之夜的原因也在这里，观众低价票省出的钱用在了买奇贵的爆米花和花生米上。这也是许多放映商为了电影院满座、为了能卖特许商品而在影院不只放电影的原因。地标影院（Landmark Theater）的泰德·芒多夫（Ted Mundorff）说："即便现场同步直播的体育赛事，也比不上《哈利·波特》

上映第一周时的火爆，但第五周就可能被反超了。"（Barnes，2008，p. A1）同样可能被反超的，还有说笑喜剧演员、3D 的全国橄榄球联赛（NFL）及全国职业篮球联赛（NBA）、现场歌剧表演、大牌明星演唱会及经典的电视长剧，影院放映这些节目必定吸引顾客，尤其是放映商给影城添加了酒吧和餐馆之后，情况就更是如此。

制片公司

　　制片公司是电影产业的核心，在产业的三大构成体系中越发举足轻重，分为大制片公司、联合独立制片公司和联合独立制片公司。大制片公司自负盈亏，华纳兄弟、哥伦比亚、派拉蒙、20 世纪福克斯、环球、米高梅和迪士尼等都属大制片公司。**联合独立制片公司**（corporate independent studio）之所以如此命名，是因为它们制作的电影很像独立电影。索尼经典（Sony Classics）、新线影业（New Line Cinema）、福克斯探照灯（Fox Searchlight）和焦点影业（Focus Features）等属联合独立制片公司。这些公司其实是大制片公司的特色部门或分支机构，其主要任务是制作更高级、更便宜的电影，主要目的一是为母公司赢得名声，二是利用影院上映时取得的媒介赞誉和良好口碑，通过有线电视和 DVD 继续创利。比如《谍影行动》（*Tinker Tailor Soldier Spy*，2011）和《贱民》（*Pariah*，2011）是焦点影业的作品，奥斯卡提名影片《黑天鹅》（*Black Swan*，2010）、《生命之树》（*Tree of Life*，2011）和《后人》（*The Descendants*，2011）是福克斯探照灯的作品，《防风通行证》（*Hall Pass*，2011）和《情人节》（*Valentine's Day*，2010）是新线影业的作品，《切肤欲谋》（*The Skin I Live In*，2011）和奥斯卡提名影片《午夜巴黎》（*Midnight In Paris*，2011）是索尼经典的作品。

　　大制片公司及其特色部门虽然每年电影产量只占全国的三分之一，但票房收入却占全国的 80%～90%（"Market Share，"2011）。其余的电影产量都来自从外界获得经费的独立制片公司。狮门影业（Lionsgate）和温斯坦影业（Weinstein）是好莱坞尚存的少数几家真正的独立制片公司的两大代表，《真爱人生》（*Precious*）和《林肯律师》（*The Lincoln Lawyer*）都是它们的作品。另外，《电锯惊魂》（*The Saw*）系列电影和泰勒·派瑞（*Tyler Perry*）的电影属狮门影业；《朗读者》（*The Reader*）、《万圣节前夜 II》（*Halloween II*）、《国王的演讲》（*The King's Speech*）和《无耻混蛋》（*Inglourious Basterds*）属温斯坦影业。还有许多其他独立制片公司也投身电影制作，它们通常都希望取得与好莱坞的某家制片公司交易的机会，比如《鬼影实录》的版权以 30 万美元的价格卖给了派拉蒙；层云影业（Stratus Films）2005 年制作的奥斯卡"最佳影片"《撞车》卖给了狮门影业；湖岸独立制片公司（Lakeshore）制作的影片《百万宝贝》（*Million Dollar Baby*）卖给了华纳兄弟，该片 2004 年至 2005 年间的票房高达 1 亿美元。

　　独立电影一般成本较低，因此更敢于冒险尝试天马行空的制作。1969 年的独立电影《逍遥骑士》（*Easy Rider*）以 37 万美元的成本，换取超过 5 000 万美元的票房，宣布现代独立电影的崛起。《我盛大的希腊婚礼》（*My Big Fat Greek Wedding*，2002）以 500 万美元的成本，换取全球 3 亿多美元的票房收入。还有一些大家可能熟悉的独立电影，比如《美丽心灵的永恒阳光》（*Eternal Sunshine of the Spotless Mind*，2004）、《变装男侍》（*Albert Nobbs*，2011）、奥斯卡"最佳剧本"《低俗小说》（*Pulp Fiction*，1994）和《海上钢琴师》（*The Pianist*，2002）、《卧虎藏龙》（*Crouching Tiger，Hidden Dragon*，2000）、《毒品网络》（*Traffic*，2000）、《惊变 28 天》（*28 Days Later*，2003）及奥斯卡获奖影片《拆弹部队》（*Hurt Locker*，2009）。

电影制作趋势与融合

141

票房低迷、制作成本提高及独立电影"公司化"，均为重塑电影产业的重要趋势，除此之外，还有一些趋势，有的甚至被许多影评家看作好莱坞未来改变的动力。

集团化和大片情结

大制片公司除了米高梅，其他均隶属某一大型集团公司，派拉蒙（Paramount）属维亚康姆公司（Viacom），华纳兄弟（Warner Brothers）是时代华纳（Time Warner）控股大家庭中的一员，迪士尼（Disney）是迪士尼公司、大都会公司和美国广播公司三家组成的大集团公司的一部分，环球（Universal）2004 年被美国全国广播公司的母公司通用电气收购，2009 年又被有线电视巨头康卡斯特并购。这种集团化大多采用跨国经营形式。哥伦比亚（Columbia）属日本的索尼（Sony）所有，福克斯（Fox）属澳大利亚的新闻集团（News Corp）所有。许多影评家认为，这种集团化和外资所有权的结合，迫使电影行业形成**大片情结**（blockbuster mentality）。其特点是，风险下降，但形式更为老套。艺术创作被商业机构控制，创意人员被会计和财务人员取代。演员本·金斯利（Ben Kingsley）说："重要决定一旦由一个个担心丢掉金饭碗的委员会成员来做，也就没有正确决定可言了，因为这些决定都是在惧怕之中做出的，都是在不得已或者为了迎合上司的情况下做出的，而不是顶住压力并大胆创新。"（"Stars Diss Hollywood," 2012）这种大片情结，孕育出以下几种常见产物。

概念电影　大公司的市场和公关部门都热衷于**概念电影**（concept films），即用一句话就能描述清楚的电影。《龙卷风》（*Twister*）说的是一场罕见的巨大旋风。《暴龙再生》（*The Lost World*）说的是一群骇人的巨型恐龙。《金刚》（*King Kong*，2005）说的是一只奇迹般出现于纽约的高大猩猩。

142
跨国所有和跨国发行是产生这种现象的原因。高概念电影极少倚赖特色、情节发展和对话，因此，比情节复杂的电影更容易销往海外市场。《神奇四侠》（*Fantastic Four*）和《斯巴达 300 勇士》（*300*）无论在哪儿都受欢迎。大牌明星也享有国际号召力，这也是他们片酬不菲的原因。海外发行的重要性不可估量，因为只有两成的美国电影能在本土票房盈利，它们最终的利润大多来自海外发行。比如，2011 年的《青蜂侠》（*Green Hornet*）国内票房惨淡（9 900 万美元），但在海外却赢得 1.29 亿美元。同样，《生化危机：来生》（*Resident Evil：Afterlife*）国内票房仅为 6 000 万美元，但海外却是 2.36 亿美元，几乎是国内的 4 倍。并不只是国内票房惨淡的电影才在海外火爆，《泰坦尼克号》（*Titanic*）2009 年的美国票房是 6.01 亿美元，但海外票房是它的 2 倍，达 12 亿美元。《阿凡达》（*Avatar*）的情况也是如此。《哈利波特和死亡圣器：第 2 部》和《变形金刚：月黑之时》的海外票房均为国内的 3 倍；《加勒比海盗：惊涛怪浪》（*Pirates of the Caribbean：On Stranger Tides*）的海外票房是其 2.41 亿美元的国内票房的 4 倍。海外票房收入占美国电影产业收入的 55%。

观众调查　一部电影的概念、情节和角色，发行之前有时甚至是制作之前，就已摆在大众面前，接受市场检验了。先制作出多种不同结局，然后由 National Research Group 和 Marketcast 之类的公司对其进行样本受众检测。《芝加哥读者报》（*Chicago Reader*）影评人乔纳森·罗森鲍姆（Jonathan Rosenbaum）认为，观众调查尽管是"伪科学，如轮盘随便一转一般"，但它"在这方面却被尊如宗教信条，是电影制作中不可分割的一部分"（Scribner, 2001, p. D3）。该检测曾判《低俗小说》"史上最低分"，结果它上映后赚了 2 亿多美元；判《拼出新世界》（*Akeelah and the*

Bee)"史上最高分",结果它只赚了 1 900 万美元（Friend，2009）。电影纯化论者不禁要问,这种伪科学既然如此不值得信任,那么,是什么影响了电影创作者的禀赋?受市场考验的电影,与其他商品到底有什么不同?《综艺》电影编剧戴德·海耶斯（Dade Hayes，2003）解释说,大片控制下的好莱坞面对的两难境地是,"检测使电影趋同,观众习惯了某种舒适的形式,偏离该形式会让他们感觉不安……连 2 亿美元的**主力大片**（tentpole）都不敢进行什么创新"（主力大片指成本高昂,制片公司指望利用它带动其他新片发行的大片;pp. 1，53）。

续集、翻拍和系列电影　电影成功了便自然继续拍续集。《蝙蝠侠》（Batman）迄今已有多少部了?《夺宝奇兵》（Indiana Jones）、《律政俏佳人》（Legally Blond）呢?《致命凶器》（Lethal Weapon）、《美国派》（American Pie）和《终结者》（Terminator）呢?约翰尼·德普（Johnny Depp）主演的《查理和巧克力工厂》（Charlie and the Chocolate Factory，2005）是 1971 年基恩·怀尔德（Gene Wilder）主演的经典片《威利·旺卡和巧克力工厂》（Willie Wonka and the Chocolate Factory）的翻版。泰坦巨神们 1981 年对决之后,2010 年又再度迎战。我们 1972 年路过《魔屋》（The Last House on the Left）之后,2009 年又再度拜访。1963 年飞起的《群鸟》（The Birds）又飞进了 2011 年。《沙丘》（Dune，2010）、《名扬四海》（Fame，2010）和《地铁惊魂》（The Taking of Pelham 123，2009）都是最近翻拍的影片。好莱坞的**系列电影**（franchise films），即拍摄时就计划拍摄续集的电影,也日益增多。1962 年首次拍摄的詹姆士·邦德电影,迄今已有 22 部续集。《星球大战》（Star War，1977）有 5 部续集。《哈利·波特》（Harry Potter）有 7 部续集。好莱坞 2011 年发行的电影,27 部都是续集电影,当年最叫座的 7 部电影均为续集电影,这便应验了行业的一句老话——"给续集大开绿灯不会招来异议。"请看图 6—1,除《阿凡达》、《泰坦尼克号》和《爱丽丝梦游仙境》外,其他票房前二十强的电影都是续集或者系列电影中的一部。《复仇者联盟》（Marvel's The Avengers）中的很多角色来自很多其他惊奇漫画电影系列。

电视、连环漫画和视频游戏的翻拍　电影成功了便自然继续拍续集这一原因,加上青少年和年龄大点的儿童仍是电影观众的主力军,使得很多电影改编自电视节目、连环漫画和视频游戏。在过去的几年中,《神探加杰特》（Inspector Gadget）、《王牌骑警》（Dudley Do-Right）、《摩登原始人》（The Flintstones）、《火星叔叔马丁》（My Favorite Martian）、《亡命天涯》（The Fugitive）、《神鬼至尊》（The Saint）、《碟中谍》（Mission：Impossible）、《森林泰山》（Gorge of the Jungle）、《正义前锋》（The Dukes of Hazzard）、《极速赛车手》（Speed Racer）、《霹雳娇娃》（Charlie's Angles）、《瘪四与大头蛋》（Beavis and Butthead）、《X 档案》（X-files）、《布雷迪家族》（The Brady Bunch）、《家有仙妻》（Bewitched）和《糊涂神探》（Get Smart），都是从小荧幕搬上大银幕的。《亚当斯一家》（The Addams Family）、《淘气阿丹》（Dennis the Menace）、《财神当家》（Richie Rich）、《蜘蛛侠》（Spider-Man）、《蝙蝠侠》（Batman）和《超人》（Superman），都是从连环漫画登上电视屏幕然后再登电影银幕的。《罪恶之城》（Sin City）、《尸城 30 夜》（30 Days of Nights）、《X 战警》（X-Men）、《毁灭之路》（Road to Perdition）、《雪盲》（Whiteout）、《斯巴达 300 勇士》（300）、《迷失战队》（The Lost Squad）、《黑衣人》（Men in Black）、《神奇四侠》（Fantastic Four）、《绿巨人》（The Hulk）和《乌鸦》（The Crow），都是直接从连环漫画搬上大荧幕的。《古墓丽影》（Tomb Raider）、《生化危机》（Resident Evil）、《格斗之王》（Mortal Kombat）和《最终幻想》（Final Fantasy），都是由游戏改编成电影的。制片公司尤其喜欢将连环漫画和视频游戏改编成电影,因为这些电影是商品捆绑销售的天然载体。

商品捆绑销售　电影不仅自身具有价值,有时还能给非电影产品带来商机。基德（Kid）2012 年的作品《老雷斯》（Lorax）有 70 多个"产品合作商"。好莱坞每年仅因电影和电视节目的商品捆绑销售合作,便获利近 2 亿美元。迪士尼 2010 年《玩具总动员 3》（Toy Story 3）赚 28 亿美元。《汽车总动员》（Cars）2006 年在全球带动 100 亿美元的商品交易,为制片公司赚取授权费 25 亿美元。

迪士尼的一位管理者认为，《汽车总动员》与其说是电影，不如说是"年轻男孩的生活品牌……'迪士尼公主'公司的营销策略针对的就是男性"（Forbes，2011）。而且大家几乎都知道，在麦当劳、汉堡王或塔可钟用餐，总会得到一个电影捆绑产品。制片公司通常认为，花 700 万美元拍一部不含推销内容的电影，比花费 1 亿美元拍一部含有大量推销内容的电影，风险更大。

植入式广告　许多电影还承担做广告的双重职责。我们下面将此现象作为媒介素养问题进行详细讨论。

融合手段重塑电影产业

今天的电影电视产业已是你中有我、我中有你，分开谈论往往毫无意义。制片公司高达 70% 的制作针对的是电视。但电视技术的革新，使得**院线电影**（theatrical films，即为影院放映而制作的电影）与电视之间的联系越来越紧密。电影与卫星电视、有线电视、点播视频、付费预览、DVD 和在线收看等的融合，给电影带来巨大的发行和放映机会。比如，1947 年票房收入占制片公司收入的 95%，如今还不到五分之一。发行商如今从国内家庭娱乐（DVD、网络和有线电视、下载和在线收看）中的获利，3 倍于影院放映的获利。DVD 销售业绩保持良好。2003 年，院线电影的 DVD 销售额（120 亿美元）首次超过国内票房收入（95 亿美元）。如今每年的销售和租赁收入约 190 亿美元。制片公司还借 DVD 推送其他视频，影院电影用预告片及穿插广告的方式，来最大化自己的利润。票房收入不佳的影片可以通过良好的 DVD 销售，实现扭亏为盈。《单身男子俱乐部》（*Old School*）国内票房收入 7 500 万美元，DVD 销售额 8 300 万美元。《留级之王》（*National Lampoon's Van Wilder*）票房收入 2 100 万美元，DVD 销售额 3 200 万美元（Snyder，2004）。很多票房火爆的影片最终甚至也在 DVD 销售中获取更多利润。2009 年《宿醉》（*The Hangover*）的票房收入 2.77 亿美元，而它的影碟发行 6 个月之后就卖出 1 000 万张，成为 DVD 销售的历史冠军。《大人物拿破仑》（*Napoleon Dynamite*）成本仅为 40 万美元，票房却突破 5 000 万美元，DVD 销售更是超越 1.2 亿美元。

数字技术手段正在融合电影，重塑电影的制作、发行和放映。两大因素促进了数字发行和放映的发展。其一是数字化 3D 电影流行，数量猛增。与制片公司分摊放映成本的放映商为了获得数字化 3D 电影的利益，纷纷开始改进，如今全球范围约有 16 000 块数字银幕，其中 20% 可以放映 3D 影片。2010 年，三大连锁影院 AMC、Cinemark 和 Regal 宣布，计划联网一系列 3D 放映机，实现它们名下 14 000 家影院的 3D 功能（McClintock，2010）。其二是越来越多成功的电影是用数字设备拍摄的。

1999 年《女巫布莱尔》的意外叫座，是为**微电影**（microcinema）运动的发轫。微电影制作成本低（有的仅需 1 万美元），制作者用数字视频摄像机和台式数字编辑器就能制作电影，观众可以在影院观看也可在线观看。《鬼影实录》的成功再度确立微电影的地位，各大制片公司开始创建自己的微电影分部，比如派拉蒙创建了 Insurge Pictures。但推动院线电影（它们若仍能称作电影的话）数字化发展走向高潮的，是乔治·卢卡斯（George Lucas）2000 年 4 月的宣称。他试用了一些数字设备之后，表示将用数字视频摄像机拍摄《魅影危机》（*Phantom Menace*）续集中的现场动作场景。业内人士预计，数字拍摄 2015 年将成为标准（Taylor，2005）。

数字化和融合不仅在改变放映和制作，也在改变发行。电影的在线发行虽因担心盗版而放慢脚步，但已势在必行。美国一般有网络和有线接口的家庭，每天至少有 10 万部长片和电视节目可以选择（Whitney，2011）。网飞原先是一家投递 DVD 的公司，现在它已不做这项服务，而是转投在线电影事业，全球 45 个国家都有它的业务，用户数量近 3 000 万。网飞上传的在线内容其实是美国最大的网络流量（Manjoo，2011）。且网飞不是唯一的在线电影资源，谷歌电影、亚马逊即时视频及康卡斯特有线运营，也只是几十家为影迷提供从经典和小众影片到最新热映影片的网站中的三家而已。迪士尼、索尼、环球、华纳兄弟和狮门之类的制片公司为了竞争，都在通过 YouTube 视频网站，在线播放自己的影片。派拉蒙曾尝试针对性地在线播放《变形金刚》之类的影片。但也有行业分析人士认为，直接到户的数字方式会比这里描述的数字方式更为强大，因为有两个从电脑屏幕免费下载的新技术，第一个技术支持直接下载到电视的机顶盒，根本无需电脑（网飞和 LG 电子提供一个版本，亚马逊和 TiVo 提供另一版本）。第二个技术能将电脑下载的电影传输到家里任何一台电子设备上，比如苹果电视。第 10 章将进一步讨论电影和视频内容的网络发行。

但欲彻底改变传统电影的发行模式，或许须倚赖诸如 IFC Entertainment 制片公司、史蒂文·索德伯格导演及亿万富翁马克·库班（Mark Cuban）的地标影院的努力。他们均计划在影院、DVD、点播有线电视和网络在线等媒介上同时发行影片。迪士尼也公开表示要尝试这种发行方式。导演索伯德伯格预计，数字制作、发行和放映一

旦确立，"5 年或者 10 年之后，就会出现著名电影制作人亲自发行影片"（Jardin，2005b，p. 257）。这其实已经成为现实，在第 2 章中我们看到，演员兼导演爱德华·伯恩斯（《紫罗兰》、《新婚夫妇》）不向电影院发行影片，喜剧演员路易·C·K 自己制作并发行自己的演唱会电影。2011 年，导演凯文·史密斯（Kevin Smith）带着《红色之州》（Red State）去各大城市的影院亲自发行（并建立口碑），后做成 DVD、VOD 发行，并在线传播。《华盛顿邮报》的媒介撰稿人史蒂文·皮尔斯坦（Steven Pearlstein，2005）认为，这些变化必将对好莱坞的经济产生重大影响。"制片公司不再操心观众如何观看电影，无论你在影院观看、租赁观看还是从康卡斯特那旦点播观看，制片公司都一样赚钱。"他觉得这种变化比好莱坞现有的运营方式好，制片公司会变得更有竞争力和效率，更加人性化，不再过于依赖大片和大牌。那些制作"优质影片并通过目标化营销和发行渠道，销往各类小众观众"（p. D1）的制片公司，必将立于不败之地。

智能手机、平板电脑和社交网站

制片公司还通过社交网络"脸书"来发行自己的影片。影迷们不仅能连接到米拉麦克斯（Miramax）、派拉蒙、环球和华纳兄弟的电影，还能使用脸书的许多功能来"点赞"和分享对话、场景和其他自己喜欢的部分。社交网站的广泛利用，源于在线收看已逐渐演变成手机和平板电脑收看。能在线和下载收看的电影，同时也能在任何一部带有适当软件的高级安卓操作系统或苹果

操作系统的设备上收看。影迷可以在自己的智能手机和平板电脑上随意观看电影。每月有近 3 亿人次收看移动视频内容（"Online Video," 2011）。但电影产业对此喜忧参半：制片公司和发行商虽确实因此有了更多将内容送达观众的方式，但随着影迷尤其是已习惯了使用相对较小的移动屏幕的年轻影迷愈加在非影院的地方看电影，我们熟知了一个多世纪的"电影"，会变成什么样？

 培养媒介素养技能

识别植入式广告

变形金刚（玩具）或许成为 2007 年同名电影的明星，但真正得意的，是通用汽车，尤其是雪佛兰大黄蜂，其销量在这部电影首映之后的三个月里，上涨 2.7%（Brodesser-Akner，2008）。瑞秋·麦克亚当（Rachael McAdams）和钱宁·塔图姆（Channing Tatum）主演的电

影《誓约》（The Vow），有近 39 位"品牌合作商"。2005 年的电影《逃出克隆岛》（The Island）有一关键场景：一逃脱的克隆人（约翰逊·斯嘉丽扮演）恰巧来到洛杉矶街头卡尔文·克莱恩专卖店（Calvin Klein）的店面展示跟前。店面展示中还有台电视正在播放一女明星为卡尔文·克莱恩做的广告，约翰逊·斯嘉丽就是用

广告中女明星的 DNA 制造出来的，约翰逊·斯嘉丽这才意识到自己克隆于这位著名女演员。电视正在播放的广告其实真是卡尔文·克莱恩"永恒时刻香水"的广告（不是电影），为它做广告的就是约翰逊·斯嘉丽本人（不是电影，也不是克隆人）。也就是说，"《逃出克隆岛》用了约翰逊·斯嘉丽为卡尔文·克莱恩做的真广告，并让广告成了这部科幻电影的重要部分；约翰逊·斯嘉丽在电影中扮演的是位不是约翰逊·斯嘉丽的女演员"（Sauer，2006）。

146

在电影中植入品牌产品并非新鲜事，凯瑟琳·赫本（Katharine Hepburn）在 1951 年的影片《非洲皇后》（*The African Queen*）中将哥顿牌杜松子酒扔进河里，斯宾塞·屈塞（Spencer Tracy）在 1950 年的影片《岳父大人》（*Father of the Bride*）中被可口可乐溅了一身。但如今电影行业的植入式广告已拓展为自成体系的行业。好莱坞大约有 100 家植入式广告代理公司，甚至还成立了行业协会：娱乐资源与营销协会（Entertainment Resources and Marketing Association，ERMA）。植入式广告显然非常吸引赞助商，只要提前一次性预付一笔固定费用，影片中出现的产品其实就成了一个永久性广告：先在大银幕上，后在电视和有线电视上，再在购买或租借的光盘和下载的影片上，而且这广告还很可能在全球散布。

电影业内外很多人认为植入式广告具有固有的欺骗性，他们质问："广告就是广告，为什么遮遮掩掩不予承认？"从媒介素养的角度说，问题的关键在于艺术家的创作会多大程度地屈从赞助商的要求。为容纳赞助商的产品，剧本要改写，摄像角度要调整。影评家克里斯蒂·勒米尔（Christy Lemire）指出："普通观众或许不了解内幕，不知道将产品植入电影需要经历怎样的纠葛，比如，原本计划好的拍摄，就可能因为某个汽水品牌的赞助商的某个硬性要求而被打破。"《尖峰时刻》的导演布莱特·拉特纳（Brett Ratner）对此的反应是："艺术操守？扯淡。"表现出同样冷漠态度的还有《变形金刚》的导演迈克尔·贝（Michael Bay），他说："日常生活中到处都是产品，品牌难道不是再正

常不过的事吗？一切皆有品牌，我不赞成（娱乐内容）去除商品标志，这不真实。"（Fagbire，2007）

了解媒介内容如何得到赞助、这些经济资助如何影响内容，这些都是理解大众传播过程的重要方面。因此，认识电影产业如何竭力从自己的影片中最大化地获取收入，是良好的电影媒介素养的核心。

比如下面的植入式广告：这两部最近的电影你若看过，这些产品的植入式广告你看出来了吗？

《情人节》（*Valentine's Day*）

1-800-Flowers、阿迪达斯、美国航空公司、美国运通、苹果、黑莓、Blazer、凯迪拉克、凯迪拉克-凯雷德、卡迪尔、香奈儿、雪佛兰、芝加哥小熊队、克里斯提·鲁布托、克雷格列表、探索频道、娱乐与体育节目电视网、evite.com、脸书、联邦快递、福特、福特-野马、佳得乐、好莱坞永久墓园、印第安纳大学、国际创造管理公司、洛杉矶道奇队、Mapquest、马克·雅克布、酩悦香槟、耐克、诺基亚、西北大学、宝丽来、美洲狮、急速骑板、路虎、retin-A、Scope、Sharpie、索尼、西南航空公司、斯坦福大学、The BLVD（洛杉矶）、劳伦斯基金、丰田、塔夫茨大学、美国陆军、美国邮政管理局、范思哲、维多利亚的秘密、大众-甲壳虫、迪士尼音乐厅、耶鲁、约克。

147

《社交网络》（*The Social Network*）

阿迪达斯、阿帕奇、苹果、阿尔姆与汉姆公司、波士顿大学、布鲁克斯兄弟、凯迪拉克、剑桥大学、哥伦比亚大学、康奈尔大学、戴尔、迪士尼、埃克塞特学院、脸书、交友网站、GAP、谷歌、哈佛大学、交友网、伦敦经济学院、梅西、match.com、微软、山露汽水、聚友网、奈普斯特、网络解决方案公司、新英格兰爱国者队、全国橄榄球联盟、耐克、牛津大学、Patagonia、飞利浦、宝丽来、拉尔夫·劳伦-Polo 衫、保时捷、路虎、红牛、三星、索尼-VAIO、班霸、斯坦福大学、哈佛大学深红队、北脸、The Unlimited、Thirsty Scholarship、Tower Records、Ty Nant、Under Armour、维多利亚

的秘密、耶鲁大学。

要展现这些品牌就得对情节进行改动，虽然有时只是很小的改动。你对此反感吗？赞助商产品信息多大程度地改动了剧本，才会让你觉得喧宾夺主？你付钱去看电影，结果却发现电影制作人允诺的电影，已变得像充斥广告的电视，你会觉得不公、不诚实吗？法律规定电视上的所有广告信息，至少必须明确具体，信息赞助商必须真名实姓。你觉得此规定是否也应运用于电影？

有电影媒介素养的消费者对这些问题的回答可能各有不同，尤其是一定程度上尊重电影的人，但还是得回答这些问题。对于好莱坞出现的最新植入式广告趋势，**品牌电影**（branding films），即赞助商出钱拍摄宣传自己产品系列的

电影，你作何评论？联合利华（多芬肥皂）为电影《女人们》（The Women）融资，克莱斯勒为电影《蓝色情人节》（Blue Valentine）提供经济担保，佳得乐为电影《格蕾丝》（Grace）融资。环球与孩之宝签订了一份包含四部电影的合约，世界第二大玩具生产商孩之宝同意按一年一部的速度，与环球共同融资，前提是影片须取材该公司"糖果乐园"、"大富翁"之类的畅销桌面游戏。汉堡王已经宣布将制作自己的电影。《综艺》杂志的彼得·巴特（Peter Bart，2007）提出疑问："苹果蜂若资助了《女服务生》（Waitress），这部电影还能那么犀利吗？雷达若投资了《虫子》（Bug），剧本会被改成什么样啊？好电影越来越难制作，因为要考虑到消费品公司的品牌需求，或者营销专家的剧本说明。"(p. 58)

挑战媒介素养

电影中的植入式广告

任意挑选两部电影，但要注意多样化，比如选一部高投入的大片，再选一部浪漫喜剧。列出你能找出的所有植入式广告。你觉得电影在哪些地方为植入式广告而做了改动，哪怕是很小的改动？提倡植入式广告的人认为，在电影中用真品牌其实只是为"真实"付出了小小代价。你同意这种说法吗？根据自己原本期待的电影内容，以及广告融入惯常的电影类型后你对其辨认的能力，对此进行阐述。你可以用写文章的方式独立完成这项任务，也可以与班里一个或几个同学进行讨论。

本章回顾与讨论

148

回顾要点：将内容与学习成果联系起来

● 概述电影产业和电影媒介的历史与发展。

■ 电影在创业者迈布里奇、发明家托马斯·爱迪生和威廉·迪克森等人的奋斗中诞生。

■ 汉尼拔·古德温、乔治·伊士曼、约瑟夫·尼瑟福·尼埃普斯、路易斯·达盖尔和威廉·亨利·福克斯·塔尔博特开发的摄影技术，是电影的重要先导。

■ 爱迪生和卢米埃尔兄弟最先开始电影的商业

放映，但放映的影片都是日常生活题材。乔治·梅里斯将叙事引入电影。爱德温·S·波特将蒙太奇引入电影。D. W. 格里菲斯发展了长篇故事片。

■ 20 世纪初电影成为由制片公司控制的大生意，但不久就发生变化，出现了有声电影、丑闻、控制及为抵挡大萧条而产生的新类型。

● 概述电影的文化价值及大片情结对于电影作为重要艺术和文化媒介的意义。

　　■ 集团化和集中化影响了电影产业，导致对大片的过度依赖。

　　■ 电影若继续迎合青年观众口味，它作为重要媒介能否持久发展，有人对此存疑。

　　■ 每年的重要电影名单显示，电影可以满足所有观众的口味。

　　● 概述电影产业的三大构成部分——制作、发行和放映。

　　■ 制作指制造电影，数字技术的运用越来越多。

　　■ 发行指向电视和有线电视网络、DVD 生产商、网络在线播放和下载服务甚至个人供应电影。

　　■ 放映指在影院放映电影，数字技术的运用也越来越多。

　　● 概述现代电影产业的组织性质与和经济性质如何形塑电影内容。

　　■ 制片公司是电影产业的核心，越来越居于三大构成体系之首。

　　■ 制片公司分大制片公司、联合独立制片公司和独立制片公司。

　　● 概述融合的利与弊以及我们所了解的最新电影数字技术。

　　■ 融合正在改变电影产业，尤其是互联网和相关移动技术催生的新发行方式变得比现在更加普遍时，电影的结构和经济将发生更大变化。

　　● 制作成本提高的同时也在降低。

　　■ 发行变得越发复杂，因为需要通过更多平台让更多影片到达更多观众。

　　■ 电影放映已越发疏离影院，变得越来越移动化，但这还能称为"电影"吗？

　　● 运用电影媒介素养技能解读商品捆绑销售和植入式广告。

　　■ 商品捆绑销售及版权销售的经济利益，导致电影产业过度依赖大投入，电影制作过于针对年轻人（成人电影相对减少）。

　　■ 植入式广告，无论好坏，一定会影响剧本的撰写、电影的制作。

▌关键术语

zoopraxiscope　动物实验镜

persistence of vision　视觉暂留

kinetograph　活动电影摄影机

daguerreotype　银板照相法

calotype　光力摄影法

kinetoscope　活动电影放映机

cinématographe　电影放映机

montage　蒙太奇

nickelodeon　五美分娱乐场

factory studio　制片公司

double feature　双片放映制

B-movie　B 级片

vertical integration　垂直整合

block booking　整体预定

green light process　决策过程

platform rollout　平台首映

corporate independent studio　联合独立制片公司

blockbuster mentality　大片情结

concept films　概念电影

tentpole　主力大片

franchise films　系列电影

theatrical films　院线电影

microcinema　微电影

branding films　品牌电影

▌复习题

149

　　1. 什么是活动电影摄影机、活动电影放映机、电影放映机、银板照相法、光力摄影法及五美分娱乐场？

　　2. 梅里斯、波特和格里菲斯对作为叙事媒介的电影的贡献是什么？

　　3. 什么是电影专利公司？它如何影响电影内容及电影产业的发展？

　　4. 二战之前影响电影发展的社会、技术和艺术因素是什么？

　　5. 电影产业的三大构成体系是什么？

　　6. 什么是大制片公司、联合独立制片公司和独立制片公司？

　　7. 什么是概念电影？什么是商品捆绑销售？什么是植入式广告？

　　8. 什么是平台首映？什么时候开始使用平台首映的？为什么要使用平台首映？

　　9. 数字化和融合技术如何影响了放映、发行和制作？

　　10. 电影产业越来越数字化之后，发行会发生什么变化？

▌批判性思考与论述题

　　1. 你认为大片情节会对电影产生什么影响？利润是否应该成为电影内容的指挥棒？为什么应该或者为什么不应该？

　　2. 你喜欢独立电影吗？你能识别独立电影吗？你若是独立电影迷，你欢迎微电影运动吗？为什么欢迎或者为什么不欢迎？

　　3. 电影业很多观察员认为，随着三大构成体系走向数字化，必定催生新的发行方式，这将不可避免地改变好莱坞的经济。有人认为这有助于制作更为优秀的电影。你同意这种观点吗？为什么？

第7章

无线广播、录音制品与流行音乐

学习目标

无线广播是首个电子大众媒介，也是第一个全国性的广播媒介。无线广播建立广播网络、创立节目类型、采用明星人物。无线广播和录音制品的这些因素让日后的电视迅速成功，但多年来却一直是年轻人的媒介，一代人的代言，它们因此是我们个人最为重要的大众媒介。学习完本章后，你应该能够：

● 概述无线广播和录音产业及无线广播和录音媒介的历史与发展。

● 描述与早期无线广播有关的融资及管理决策的重要意义，以及这些融资及管理决策如何构建当代广播的性质。

● 阐述当代无线广播和录音业的组织性质和经济性质如何形塑广播和录音两种媒介的内容。

● 认识无线广播和录音的新型融合技术，以及该技术对音乐、无线广播和录音产业本身以及听众的影响。

● 运用媒介素养技能收听广播，尤其在你评价杂谈节目主持人的文化价值的时候。

152

我们能听收音机吗？

"我们在听收音机。"

"换个台吧？"

"你想听音乐？"

"嗯，除了公共广播什么都行。公共广播说话太多！"

"行，这个台吧。"

"这个！这是古典音乐台呀！"

"古典音乐台怎么啦？"

"嗯，没……没什么。"

"什么叫'没什么'？"

"行了，我选台吧。"

"好，你来选。"

"这个台吧。"

"这是什么台？！"

"《亲亲 100》，刚火起来的。介绍一直以来的热门音乐。"

"这不是音乐。"

"你怎么说话跟我爸妈一个腔调。"

"我不是说他们播放的东西不是音乐，我是说这个音乐节目主持人一直废话连篇。"

"等等，马上就播歌了。不管怎么样，这风格还挺有意思。"

"我不觉得打趣未成年人轮椅比赛有意思。"

"不过是好玩罢了。"

"对谁好玩？"

"你今天怎么啦？"

153

"没什么，只是觉得这玩意不好玩。我来找台。"

"这是什么台？"

"爵士台。"

"饶了我吧。体育谈话台怎么样？"

"别介。全新闻台吧。"

"那怎么行？闲聊台如何？"

"怎么，你还要听这种侮辱性的聊天吗？"

"那就什么都不听算啦。"

"好，什么都不听。"

1900 年   1925 年

1844 年	塞缪尔·莫尔斯发明电报	1900 年	特斯拉和马可尼申请广播专利	1926 年	第一个广播网全国广播公司诞生
1860 年	斯科特发明的录音				
1876 年	亚历山大·戈莱汉姆·贝尔发明电话	1903 年	▲马可尼将无线信号传送到大西洋对岸	1927 年	《广播法》出台，联邦无线电委员会成立
1877 年	▲爱迪生发明"说话机器"	1905 年	哥伦比亚留声机公司生产出双面唱片	1934 年	《通信法》出台，联邦通信委员会成立
1896 年	马可尼将无线信号传送到两英里以外	1906 年	德福雷斯特发明三极管	1939 年	电视首登世界博览会，调频电台开始广播
1899 年	马可尼将无线信号传送到英吉利海峡对岸	1910 年	《船舶无线电波法》	1946 年	美国士兵从德国带回磁带录音机
		1912 年	《无线电法》	1947 年	哥伦比亚唱片公司生产 $33\frac{1}{3}$ 转速唱片
		1916 年	萨诺夫撰写《广播音乐盒备忘录》		
		1919 年	美国无线电公司成立	1949 年	▲引进音乐节目主持人
		1920 年	KDKA 电台开始广播		
		1922 年	第一个广播广告诞生		

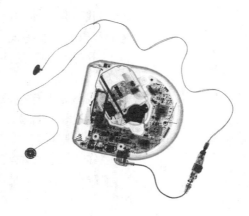

1950 年	1975 年	2000 年
1951 年　车载收音机数量超过家用收音机	1983 年　▲激光唱片问世	2001 年　卫星广播诞生
20 世纪 50 年代中期　网络隶属减半	1987 年　MP3 投入生产使用	2002 年　地面数字广播
1955 年　▲音乐节目主持人福瑞德将蓝调音乐带到纽约	1996 年　《电信法》	2003 年　▲iTunes
20 世纪 50 年代后期　全国营业额下降近 80%		2004 年　播客
		2005 年　米高梅就点对点软件状告格罗斯特
		2007 年　艾默斯被解雇
		2008 年　索尼公司取消下载资源的版权保护，艾默斯重做主持
		2009 年　iTunes 数码版权限定
		2010 年　iTunes 销售出一百亿份下载
		2011 年　数字音乐销售超过实体音乐销售
		2012 年　林博"荡妇"论战

本章研究无线广播和唱片业初期的技术与社会现状，回顾广播媒介的诞生，考察法规、经济和组织结构的发展如何引导广播媒介走向黄金时代。

本章重点论述电视如何改变广播、如何将该媒介呈现成我们现在所熟悉的广播式样。我们考察当代广播的范畴和性质，尤其是广播地方化、细分化、特殊化、个人化和汽车化后的新面貌，以及这些特征如何服务于广告商和听众；探讨广播、当代唱片产业和流行音乐三者之间的关系以及新型融合技术如何服务和挑战广播、唱片业和当代流行音乐。夸张低俗的杂谈节目主持人引发我们讨论媒介素养问题。

广播与录音简史

我们不喜欢的电台或许各有不同，但我们可能都曾有过类似本章开场部分的对话。广播这一似乎无处不在的媒介，对我们极为重要，因为我们常常是独自收听，广播非常个人化。广播可移动，我们带在车上、附在苹果公司音乐播放器和手机里。广播还很特别，广播电台针对细分受众制定广播内容。但这些都是当代广播的特征，广播曾在我们的文化中占据完全不同的地位，我们一起来考察广播是怎样发展起来的。

早期广播

到底谁"发明"了广播？这事一直存有争议，因为，东欧移民尼古拉·特斯拉（Nikola Tesla）与意大利富商（其妻为爱尔兰人）之子古列尔莫·马可尼（Guglielmo Marconi）二人于 19 世纪 90 年代后期，相差数月，几乎同时申请了这一专利，但一般公认古列尔莫·马可尼为"广播之父"，不仅因为他是最早在空中传输信号者之一，还因为他很善于宣传自己的每一步成功。1896 年，他改善早期试验，两英里距离内发送、接收电报密码成功。意大利政府对他的发明不感兴趣，他利用母亲在英国的关系，寻找资助和支持。英国当时是世界帝国，有全球最大的海军舰队和商业船队，对长途无线通信当然感兴趣。1899 年，得到英国资金、技术帮助的马可尼，成功地将无线电波发送到英吉利海峡对岸；1901 年发送到大西洋对岸，无线传送终于实现。马可尼对自己的成功很满意，但其他科学家发现，用无线电传送声音，将是下一步要挑战的目标。

1903 年，雷金纳德·费森登（Reginald Fessenden）发明了第一个接收无线语音传输的**液态电解电容**（liquid barretter）。他 1906 年圣诞节前夜从新英格兰一个沿海小村布兰特·洛克村（Brant Rock）播出的节目，是第一个公共语音和音乐广播，其听众，是海上的船只和一些有接收设备的报社。

美国人李·德福雷斯特（Lee DeForest）1906 年继雷金纳德·费森登之后，发明了**三极管**（audion tube），即改善和增强无线电信号的真空管，保证声音和音乐传播的清晰度。德福雷斯特的第二大重要贡献是，视广播为大众传播工具。包括马可尼在内的早期先驱，只把无线广播看作点对点的传播，比如船与船之间的传播，或者船与岸之间的传播。1907 年，德福雷斯特在其广播公司计划书中这样写道："不久的将来，大都市歌剧院屋顶上的无线电话台，可以通过舞台上的传播器，将音乐传送到几乎所有居住在大纽约市区和邻近地区的居民家中……其他大城市也能如此。教堂音乐、讲座等可通过无线电话传送至国外。"（Adams，1996，pp. 104 - 106）很快，众多"广播台"开始出现，有些是希望通过控制这一媒介来获取利润的大公司所为，还有些是爱好者玩票而已。一时间因"电台"过多而引起混乱，但广播的前景让此媒介趋向成熟。就在此时，第一次世界大战爆发，美国政府命令"立即关闭所有发送和接收信息的无线电台"。

古列尔莫·马可尼（图中坐者）。

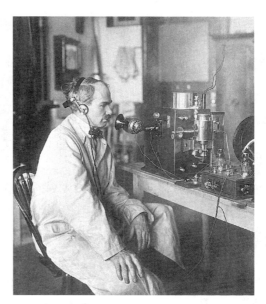

李·德福雷斯特。

早期录音

录音技术一般认为始于19世纪后期，但2008年在巴黎一份档案中发现，法国一个无名修补匠斯科特（Edouard-Leon Scott）曾做过10秒钟的录音，这让研究录音史的学者开始重新思考录音的起源。1860年，斯科特将一首民歌录在一个他称作"亲声录下"的装置上。他一直认为托马斯·爱迪生窃取了他的声望（"Edison Not,"2008）。多产发明家托马斯·爱迪生1877年为自己的"说话机器"申请了专利，即通过手摇曲柄驱动刻有槽纹的金属圆筒和唱针来复制声音的装置：唱针在机械转动的圆筒上划过槽纹时发生震动，转变成电动声波，再通过扬声器产生声音。但其缺点是任何声音只能"录制"一次，圆筒不能被复制。这个问题1897年被德国移民埃米尔·伯利纳（Emile Berliner）解决了，他制造的留声机使用的是制作简单的包蜡圆盘。伯利纳在录音上的另两大同样重要的贡献，是他改进的麦克风和（他所在的RCA Victor录音公司）后来从欧洲进口的著名歌剧明星的录音唱片，让人们不光有了价格适中的留声机，还有了在留声机上播放的唱片。下一新发明是哥伦比亚留声机公司1905年生产的双面唱片。很快，成百上千的留声机公司相继出现，到1920年，美国几乎家家都有一台某个品牌的留声机。仅1919年一年，留声机销量就达200多万台、唱片10 700万张。1924年，贝尔实验室的约瑟夫·P·马克斯维尔（Joseph P. Maxwell）发明的电磁录音，更让公众对这一新兴媒介热情高涨。

无线广播与录音齐头并进的发展与普及，意义重大。广播让人们有史以来第一次听到他人在他处说的话、制作的音乐。录音让人们可以听到几天前、几个月前甚至几年前说的话、制作的音乐。

1887年，埃米尔·伯利纳研发的扁平圆盘留声机和复杂的麦克风，成为广受家庭欢迎的录音产品。**RCA Victor**唱片公司的商标**Nipper**，至今可见。

广播的到来

广播的概念，即将语音和音乐远距离向众多受众传送这一概念，在无线广播发展之前就已存在。早在19世纪后期，亚历山大·戈莱汉姆·贝尔（Alexander Graham Bell）的电话公司在大城市提供一种音乐预订服务，通过电话线把音乐传送到商业机构或客户家中。1877 年某期《纽约每日画报》的封面故事曾向读者暗示过广播的前景，德福雷斯特的成功被如此宣传，此后，公众热切期盼，希望音乐和语音能传送到自己家中。看到这一需求的美国马可尼公司（American Marconi）员工、俄罗斯移民大卫·萨诺夫（David Sarnoff）1916 年给上司写了备忘录，日后成为著称于世的《广播音乐盒备忘录》（Radio Music Box Memo）。萨诺夫在其备忘录中写道：

> 将无线广播发展成类似钢琴或留声机一样的"家用设备"的计划。该想法是用无线电将音乐传送至家中……接收器可设计成简单的"广播音乐盒"，设有几种不同的波长，波段之间的变动可通过简单的开关或按钮来进行（Sterling & Kitross，1990，p. 43）。

大众广播的问世，因专利的争夺与诉讼而在 20 世纪初推延了 20 年，德福雷斯特和费森登两人均因这场对峙而在经济上被拖垮。而第一次世界大战结束时，热切的公众等到的，已是发展更为完善的媒介。无线广播和二战中几经发展的电视一样，也是先有令人振奋的技术观念，继而转化为娱乐、商业兼行的庞大实体。政府为支持战争，接管与无线广播有关的专利，并继续提高无线广播在军事上的运用。战争期间，无线广播因此在技术上得以继续完善和发展。1919 年，战争结束

时，专利回归原主——对峙重新开始。

美国政府担心这一媒介遭受浪费，也害怕外国公司（英国马可尼公司）控制这一重要资源，强令争吵双方和解。1921 年，各自控制了部分重要技术的美国马可尼公司、通用电器公司（General Electric）、美国电话电报公司（American Telephone & Telegraph）和西屋公司（Westinghouse）联合，组建成美国无线电公司（the Radio Corporation of America，RCA）。美国无线电公司是政府批准组建的垄断企业，其成立，避免政府直接控制这一新兴媒介。《广播音乐盒备忘录》作者、28 岁的大卫·萨诺夫受命美国无线电公司商务经理，该媒介面向大众发展的道路得以奠定，其成功已得到公众的确立，因为，人们已经因留声机的出现而适应了家庭音乐环境，而且战争刚刚结束，他们急切需要了解即时、广泛的新闻和信息。

1920 年 9 月 30 日，西屋公司一主管看到报上描述，该公司工程师弗兰克·康赖德（Frank Conrad）在自家车库发送的无线电广播，被很多人收听到了。他非常振奋，让弗兰克·康赖德把设备搬到公司的工厂，加大功率。康赖德照办。1920 年 10 月 7 日，宾夕法尼亚州匹兹堡的实验性电台 8XK，领取到美国商务部颁发的广播营业执照。11 月 2 日，KDKA 电台首次进行商务无线广播，播送沃伦·G·哈丁（Warren G. Harding）入主白宫的总统竞选结果。1922 年，美国家庭收音机的拥有量已近 100 万台，而前一年只有 5 万台（Tillinghast，2000，p. 41）。

法规的形成

诚如美国无线电公司协议所示，政府极为关注无线广播的发展、运营和传播。政府最初关注的是点对点传播。1910 年，国会通过《船舶无线电波法》（Wireless Ship Act），要求所有使用美国港口、载客超过 50 人以上的船只，必须备有无线设备和操作人员。无线电产业当然不会反对，因为此立法无疑会促进其产品的销售。1912 年，泰坦尼克号在北大西洋触撞冰山，当时附近海面的不少船只的无线电信号关闭未启，几百条生命求救无望，葬身海底。此后，国会通过《1912 年无

线电法》（the Radio Act of 1912），不仅强调船只应遵守无线电法规，还要求无线电操作人员必须持有商务部长和劳工部长颁发的执照。

《1912 年无线电法》规定联邦政府和地方政府各自的权力范围，制定发放执照、吊销执照和违法者罚款的规定，并分配操作电台的频率。政府干预这个日后成为广播的媒介，令众多执行者不快，他们法庭上叫板《1912 年无线电法》，最终，卡尔文·柯立芝（Calvin Coolidge）总统下令，政府不得干预无线广播，尽管他预感该媒介可能遭

遇混乱。

不幸被柯立芝料中。在嘲笑1912年法案的那些年里，该产业濒临灾难边缘，收音机的销售和利润急剧下降，听众厌倦混乱局面。电台随意改换频率、功率和广播时间，电台之间不断冲突，且常常有意冲突。将自己描述无线电早期状况的著述取名《巴比伦塔》的历史学家埃里克·巴尔诺（Erik Barnouw, 1966）指出，无线电产业的领袖们求救于商业委员会委员赫伯特·胡佛（Herbert Hoover），敦促政府采取"强硬手段"，管理和控制竞争者。政府的反应是，召集产业专家、政府官员和政府立法人员，连续召开四次全国无线电会议，制定出《1927年无线电法》，重新颁布命令，产业开始出现转机。广播电台为确保政府的这一挽救性干涉而做出重大让步，1927年法案授权电台使用频道而不是拥有频道——频道属于公众，因此，广播电台只是在管理作为国家资源的广播频道。

法案进一步明申，颁发执照的标准是公众兴趣、便利或需要。成立联邦无线电委员会（the Federal Radio Comission，FRC），监督法案的执行。此规章的**托管模式**（trustee model）基于两个前提：其一是**频谱短缺**（spectrum scarcity）观点，因为广播频谱空间有限，不是每个想广播的人都能广播，那些获服务地方区域执照的电台必须遵守规章制度。其二与电台的影响有关，广播几乎能到达社会上的每一个人，其威力实在很大。

1934年，《通信法》（the Communications Act of 1934）取代1927年法案，联邦通信委员会（the Federal Communication Commission，FCC）取代联邦无线电委员会，强化其管理上的权威，一直延续至今。

▌广告与网络

广播媒介监管构架改善之后，经济基础亦得以改善。美国无线电公司的形成，确立了广播将以盈利为本的机制。产业借出售接收器得以维持，即通过经营无线广播电台来销售收音机。问题是，大家都有了收音机以后就不会再买收音机了，因此，解决方法便是做广告。1922年8月22日，纽约WEAF电台播送了第一条广播广告，为长岛上流社会公寓做的一个10分钟广告，价格50美元。

出售广告促成全国无线广播网络的建立。广播电台群或曰**从属电台**（affiliates），能扩大听众，拓宽广告收入来源，因而能聘用更出名的明星来制作更好的节目，这样便吸引了更多听众，于是能再提高广告价格。1926年，美国无线电公司建立起拥有24个电台的网络——全国广播公司（the National Broadcasting Company，NBC）。一年后它买下美国电话电报公司的电台，建构第二个网络"全国广播公司蓝网"（原全国广播公司更名为"全国广播公司红网"）。哥伦比亚广播公司（the Columbia Broadcasting System，CBS）成立于1927年，但经营一直不好，直到一年后由26岁的百万富翁、烟草大王威廉·S·派利（William S. Paley）购得，才旗鼓相当地成为全国广播公司的竞争对手。

1934年组建的第四个广播网络"成熟"（Mutual），主要以西部成功的电台"孤独的巡逻兵"（the Lone Ranger）为基础。中西部和东部的这四大广播网络向广告商销售自己及其他节目。"成熟"不久便拥有60家从属电台，与其他几大全国广播网不同的是，它不拥有也不操纵自己的旗舰电台（**拥有与操纵**即O&O，为owned与operated二词的缩写）。到1938年，这四大全国网络几乎囊括美国所有大电台和大多数小电台，威力越来越强大，以至于政府于1943年强令全国广播公司让出一条网络，将全国广播公司蓝网卖给"救生圈形糖果"生产商爱德华·诺贝尔（Edward Nobel），更名为美国广播公司（the American Broadcasting Company，ABC）。

美国广播的基础是：

● 广播电台为商业性私有企业，非政府操纵。

● 政府的规章制度须建立在公众兴趣的基础之上。

● 许可电台为特定地区服务，但全国广播网的节目在听众最多、最能获利的时间段播放。

● 娱乐与信息为广播的基本内容。

● 广告是广播最根本的经济支柱。

黄金时代

广播网引来广播的黄金时代。1929—1939 年的美国经济大萧条，严重损害了留声机产业，唱片销量 1932 年降到 600 万张，但它却促进了无线广播的发展。留声机和唱片是要用钱购买的，但家里若买了收音机，便能随时随地免费获取娱乐和信息。有收音机的家庭从 1930 年的 1 200 万户，上升到 1940 年的 3 000 万户，其中一半的家庭不是有一台而是有两台收音机。与此同时，广告收入也从 4 000 万美元，上涨到 15 500 万美元。四个广播网每周播放源自广播网的节目达 165 小时。这期间的新节目类型逐渐固定下来：喜剧类［《杰克·本尼秀》（The Jack Benny Show）、《菲伯·麦吉和莫利夫妇》（Fibber McGee and Molly）］、听众参与类［《教授问答》（Professor Quiz）、《真理或推理》（Truth or Consequences）、《凯·开瑟的音乐知识》（Kay Kyser's Kollege of Musical Knowledge）］、儿童类［《小孤儿安妮》（Little Orphan Annie）、《孤独的巡逻兵》（The Lone Ranger）］、肥皂剧类［《双氧水的马泼金丝》（Oxydol's Own Ma Perkins）、《指路明灯》（The Guiding Light）］及戏剧类［奥森·威尔斯的《天空水银剧场》（Mercury Theater of the Air）］。新闻也成为广播的一个主要组成部分。

二战中的无线广播与录音　1941 年日本轰炸珍珠港将美国推入第二次世界大战之后，无线广播的黄金时代更为灿烂。用广播推销战争公债券，很多广播内容意在鼓舞国家士气。战争扩大了新闻需求，尤其是对国外新闻的需求。战争亦引发纸张短缺，减少广告在报纸上所占的版面。战争期间政府未允许建立任何新电台，原有的 950 座电台瓜分所有广播广告收入，包括那些本属于报纸的广告收入。1945 年二战结束时，广告收入达 31 000 万美元。

159

·广播的黄金时代，乔治·伯恩斯（George Burns）和格蕾西·艾伦（Gracie Allen）是哥伦比亚广播公司的喜剧明星，和很多电台演员一样，他们顺利地成功转型为电视演员。

录音产业也从战争获益。二战之前，美国的录音或直接在金属母盘上制作，或在钢丝录音机上制作，也就是在金属丝上进行磁性录音。但美国士兵从被占领的德国带回磁带录音机这一新技术：一卷易操作的塑料带安装在转轴上。1947 年，哥伦比亚唱片公司的彼得·戈德马克（Peter Gold-mark）经改进引进一种每分钟转速为 $33^1/_3$ 圈、录音时间较长的塑料唱片，比原来转速为 78 圈的虫胶唱片更先进、更耐用，录音时间从原来的 $3^1/_3$ 分钟延长到 23 分钟。哥伦比亚唱片公司将自己的技术免费提供给其他唱片公司，但美国无线电公司拒绝接受，1948 年制造出转速为每分钟 45 圈的唱片。虽然它只能录 $3^1/_3$ 分钟，唱片中央的圆孔又很大，需要一个特殊的安放器，但美国无线电公司仍然坚持在市场上推销自己的唱片，于是引发一场速度战，直到两大巨头 1950 年各自做出妥协，将每分钟 $33^1/_3$ 圈转速的唱片作为录制经典音乐的标准型唱片，每分钟 45 圈转速的唱片作为录制流行音乐的标准型唱片，这场速度战才得以平息。但是，转速为每分钟 45 圈的唱片将音乐业维持到了 20 世纪 60 年代中期，此时"披头士"不仅让摇滚乐从不列颠"入侵"美国，还将流行音乐变成以每分钟 $33^1/_3$ 圈转速唱片为主的文化力量，形成今天的流行音乐，促进无线广播业的再创造。

160 　　**电视的出现**　战争结束后，开始重新颁发电台执照，电台数量迅速增长到 2 000 家。1950 年，

广告收入达 45 400 万美元。此时，电视开始出现，面对电视的全国性支配地位，广播开始转向地方，广播网的从属电台由 1945 年的 97％，下降到 1950 年中期的 50％。1960 年，全国性广播的广告收入，下降到 3 500 万美元，而这一年，电视机进入 90％ 的美国家庭。广播要生存，就必须找到新的功能。

艾奥瓦州广播电台购买了产业"圣经"《广播/电视》的封面版面，希望读者相信广播领域一切正常。其实不然。

　　## 无线广播与它的听众

　　广播不止生存下来了，它还因改变自己与听众之间的关系而得以蓬勃发展。理解此现象的最便利之方法，是要看到现在的电视与电视出现之前的广播之间的类似：它们都面向全国范围，播放大量受众熟悉的节目形式，启用明星和名人，消费形式主要为家人围坐在一起收看或收听。电视之后的广播具备了地方性、分散性、专门性、个人性和移动性。因此，电视出现之前的广播的特征，是大型全国性网络，而今天的广播以地方电台为特性。

　　广播听众都是些什么人呢？美国平均每周有超过 2.42 亿 12 岁以上的人在听广播，占全国人口的 93.1％（"Radio Broadcasters Attract," 2011）。但广播电台的听众数量未增长，此 93.1％ 的数据，比之 2009 年的 95.6％，其实还是下降了。近年来听众规模相对恒定，但收听时间在下降，减少了几分钟（Walsh, 2011A）。但最令广播从业者头疼的，还是青少年与大学毕业生收听时间的下降（Sass, 2010）。图 7—1 为听众人口下降统计分解图，显示青少年听众最少。广播业自身将此情形归结为听众不满缺乏想象力的节目、不满过度商业化（平均每 1 小时就有 12 分钟的广告），外加现

在又有了在线音乐资源、有了 MP3 播放器和智能手机等移动设备。今天，38％的美国人用数字通信产品收听音频，该数字预计到 2015 年会增长一倍（Santhanam，Mitchell，& Rosenstiel，2012）。

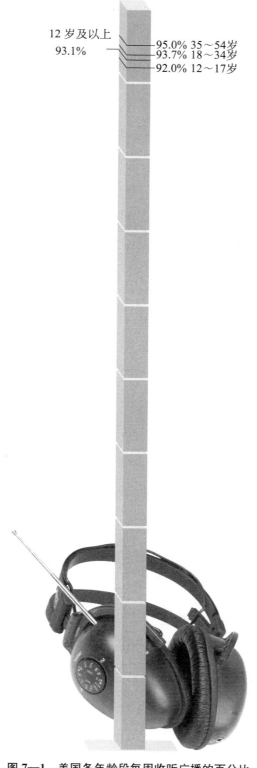

12 岁及以上
93.1%
—— 95.0% 35～54岁
—— 93.7% 18～34岁
—— 92.0% 12～17岁

图 7—1　美国各年龄段每周收听广播的百分比

无线广播业的范畴与性质

美国目前有 14 952 个广播电台，其中商业调幅电台 4 766 个，商业调频电台 6 542 个，非商业调频电台 3 644 个。还有 838 家**低功率调频广**播（Low Power FM, LPFM），美国平均每人有两台收音机，广播业一年销售广告时间的收入为 170 亿美元。

调频电台、调幅电台和非商业电台

调频电台虽然只占所有商业电台的 56%（调幅占 44%），却吸引了超过 75% 的广播听众，这与调频与调幅各自背后的技术有关。调频的信号比调幅的信号宽，广播是立体声，清晰度也更好。喜欢音乐的人因此趋向用调频广播。收听新闻、体育和信息类的人倾向使用调幅广播。调幅信号比调频信号传播得更远，在离市区较远的郊外使用，效果较好。但郊外人口密度低，大多调幅电台的听众比较少。1985 年，美国联邦通信委员会批准调幅立体声广播，但有调幅立体声收音机的人却不多，收听新闻、体育和信息似乎也不需要立体声广播。

今天的调频电台很多已非商业性质，即它们已不接受广告。商业广播电台在政府审议落实全国频率分配计划、促成《通信法》制定期间，说服国会，它们自己能独立发展广播这一有价值的媒介。它们承诺提供宗教性节目、儿童节目和其他教育性节目时间，但未特别留出频率给非商业性广播来实现这些功能。批评者对商业电台的食言坚持不懈的批评，促使美国联邦通信委员会于 1945 年把 88.1 至 91.1 兆赫之间的所有调频频率，分配给非商业电台。现在，这些电台不光为地方提供服务，其中的很多也提供全国性网络的高质量节目，通过与之有联系的国家公共广播电台（National Public Radio, NPR）、国际公共广播电台（Public Radio International）或小一些的全国性广播网如大西洋广播电台（Pacifica Radio）进行广播。

161

广播的地方性特点

20 世纪 50 年代，广播再也无力与电视争夺全国性受众，于是开始吸引地方听众，因为，经营地方性电视的花费，比经营地方性广播要大得多，广播电台的广告价格比电视的广告价格低很多。因此，地方广告商在电台做广告比在电视台要容易，这也增加了广播的地方风味。

广播的分散性特点

无线广播遍布美国各地，几乎每一城镇，有的只有几百居民，都至少有一个广播电台。一个地区持有执照的电台的数量，对本镇及邻镇居民发挥作用。小镇可能只有一个调幅电台或调频电台，大城市可能会多达 40 家电台。这种分散性，即很多电台服务很多地区，促成当代广播最重要的特征，即它的专门性。

广播的专门性特点

广播成为地方媒介后，便不可能再像黄金时代那样，提供明星云集的昂贵节目了。现在的问题是如何制作价廉物美的广播节目。让电台音乐节目主持人（disc jockey，DJ）播放音乐，是最好的解决办法。电台很快发现，可以用某种类型音乐为某些广告商吸引特定的听众群体，**类型化**（format）广播因此诞生。当然，选择特定类型，意味着你必须接受许多潜在听众可能不收听你的广播了。但对于类型化广播来说，听众的构成比听众的数量更重要。

进行无线广播收听调查的阿比创公司（Arbitron）每年列出 60 个不同的类型化电台，从最常见的"乡村"（Country）、"40 佳"（Top 40）、"以专辑而非单曲主导的摇滚"（Album-Oriented

Rock）和"空谈"（All Talk），到不太流行的比如"民族世界"（World Ethnic）。很多电台，尤其是郊区的电台，提供**辅助**业务（secondary services，类型化），比如乡村电台可能会在周末时间播放 10 小时宗教类型的节目。图 7—2 是阿比创公司所列的 60 个类型化广播电台。

类型化广播给电台提供很多优势，经营成本低，专门化的听众吸引广告商。电台面对听众减少或广告收入下降，只要更换音乐节目主持人和唱片即可，电视台或纸媒在内容上绝无这等灵活机动；遭遇与自己类似的类型化电台的竞争时，还可通过将类型改进得更为专门化，以便能更加针对自己的听众。

音乐的类型化广播，需要音乐节目主持人一

80s Hits
Active Rock
Adult Contemporary
Adult Hits
Adult Standards/MOR
Album Adult Alternative
Album Oriented Rock
All News
All Sports
Alternative
Blues
Children's Radio
Christian AC
Classical
Classic Country
Classic Hits
Classic Rock
Contemporary Christian
Contemporary Inspirational
Country
Easy Listening
Educational l
Family Hits
Gospel
Hot Adult Contemporary
Jazz
Latino Urban
Mexican Regional
Modern A Adult Contemporary
New Adult Contemporary /Smooth Jazz

New Country
News/Talk/Information
Nostalgia
Oldies
Other
Pop Contemporary Hit Radio
Religious
Rhythmic AC
Rhythmic Contemporary Hit Radio
Rhythmic Oldies
Smooth Adult Contemporary
Soft Adult Contemporary
Southern Gospel
Spanish Adult Hits
Spanish Contemporary
Spanish Contemporary Christian
Spanish Hot Adult Contemporary
Spanish News/Talk
Spanish Oldies
Spanish Religious
Spanish Sports
Spanish Tropical
Spanish Variety
Talk/Personality
Tejano
Urban Adult Contemporary
Urban Contemporary
Urban Oldies
Variety
World Ethnic

图 7—2　阿比创公司列出的类型化电台

资料来源：Arbitron，2012。

边播放音乐一边进行解说。当代音乐节目主持人是托德·斯道慈（Todd Storz）的发明。1949 年，斯道慈买下内布拉斯加州奥马哈市的广播电台 KOHW，把音乐作为自己广播的个性类型。斯道慈之前，一直是电台播音员在说话，只是偶尔放放音乐来让自己歇一歇。斯道慈希望多放音乐少说话。他觉得广播应该像自动唱机，不断播放人们想听的那几首音乐。他的类型化广播"40 佳"，

要求严格遵照事先制定好的流行音乐**播放单**（playlist）向青年听众播放，节奏快，噱头足，已成为后电视时代流行音乐电台的标准。达拉斯市的戈登·麦克伦登（Gordon McClendon）进一步完善了"40 佳"类型化广播，并发展了一些其他类型，比如"美丽音乐"（Beautiful Music），因此，常与斯道慈一道，被公认为两大类型化广播的先驱。

▍广播的个人性特点

广播与听众之间的关系随着电视的出现发生了变化，以前一家人围坐收音机旁一起收听广播，现在自己单独收听广播了。我们选择自己个人喜欢的类型，听广播是我们其他重要个人活动的补充。

▍广播的移动性特点

广播的移动性特点，很大程度上促成了它的个人性。我们任何地点、任何时间都可收听广播：工作时收听、锻炼时收听、晒太阳时收听。1947 年，车载收音机与闹钟收音机销售之总和，首次超过放在客厅的传统收音机。1951 年，车载收音机的年产量，首次超过家用收音机的年产量。当今，三分之二的广播收听行为发生在家庭之外（Santhanam, Mitchell, & Rosenstiel, 2012）。

广播产业

广播以其特征服务听众，同时也促使广播成为繁荣的产业。

▍广播作为广告媒介

广告商非常喜欢广播的专门性特征，这能让它们找到同质性听众群体，向他们推销产品。销售电台商业广告播出时间所获收入，称**营业额**（billings）。地方台时段（占所有时间段销售额的80%）和全国性电台的插播广告（比如，普锐斯通防冻剂冬季购买几千家电台的时间段），占营业额的92%，其余营业额为广播网所有（Television Bureau of Advertising，2011）。购买时间段的价格**以收听（视）率**（ratings）即到达总体受众的百分率为依据。

广播成为诱人的广告媒介，除了它能到达同质性听众群体外，还有其他原因。广播广告制作成本低，能不断更新，能专门制作满足特定听众的内容。还能为一天中的不同时段特制广告。比如，可为汉堡快餐店针对早晨的顾客制作一个版本的广告突出早餐食谱，针对傍晚下班开车回家、害怕做饭的顾客制作另一个版本的广告。广播的时间段售价便宜，尤其是与电视相比。忠实于某一特定广播类型的听众，也会忠实于在该广播类型上做广告的广告商。广播是听众的朋友，他们

走哪带哪，广播像是在跟他们私语。

去除管制与所有权

广播业因为去除管制及所有权规则上的改变而发生变化。美国联邦通信委员会为确保文化领域观点的多样化，长期以来一直限定个人或公司拥有广播电台的数量，规定在地方规模上不能超过 1 个调幅电台和 1 个调频电台，在全国规模上不能超过 7 个调幅电台和 7 个调频电台。该数字在 20 世纪 80 年代后期做了更改，而 1996 年的《电信法》几乎完全取消了对广播的约束。现在，鉴于此法案的**去除管制**（deregulation），已经没有了广播须国家拥有的限制，个人或公司可依据市场规模，在同一市场拥有 8 家电台。此情形促使**双头垄断**（duopoly，即个人或公司在同一个市场拥有和经营数家电台）迅速出现。自 1996 年《电信法》实施以来，10 000 多家电台被转卖。电台拥有者现在不到 1 100 家，下降了 30%。转卖的电台多被广播集团收购，比如"清晰频道"（Clear Channel）

和哥伦比亚广播公司，分别有 850 和 570 家电台。有三家公司声称，在 50 个最大的广播市场中的 25 个之中，它们占有 80% 的听众。43 个不同城市中，三分之一的广播电台为一家公司所有，广播因此成为"所有媒介中整合力度最大的产业"（Morrison, 2011）。波士顿所有 15 个调频电台、西雅图 17 个调频电台中的 14 个电台，属四大公司，而加拿大多伦多市的 12 个调频电台却各有其主。

如此的集中化，让职业广播人倍感担心。地方公共事务节目如今在美国所有商业节目时间中，仅占不到 0.5%。美国联邦通信委员会委员迈克尔·柯普思（Michael Copps, 2011）指出："超过三分之一的商业频道若几乎不给自己获特许的社区提供新闻，是会产生危机的。美国的新闻与信息资源会不断萎缩，众多市民本该了解的新闻却不为人知，甚至未被发掘。新闻编辑部大量遭裁撤，

164

粉丝们对于到底是托德·斯道慈还是戈登·麦克伦登发明音乐节目主持人，意见不一，但对于艾伦·弗里德先在克利夫兰后在纽约成为音乐节目主持明星，没有异议。这是弗里德 1958 年的照片。将查克·贝里和小理查德等节奏布鲁斯艺人介绍给美国白人青少年，开辟摇滚乐的时代，弗里德功不可没。

广播听众的小幅增加，得益于非商业性电台，比如公共广播台、体育谈话台、西班牙语台。图为迈阿密的哈维尔·塞里亚尼。

众多走在街头的新闻记者，不是去搜寻新闻而是在寻找工作，还谈什么媒介生机?"以音乐为例，2011年，美国最大的广播公司清晰频道和美国第二大广播公司积云媒体（Cumulus）共裁掉"数十到数百"的流行音乐主持人，意在让音乐节目"更自动化，更成为全国的联合性节目"（Sass, 2011c）。洛杉矶资深摇滚音乐节目主持人吉姆·兰德（Jim Ladd）如是说，"真是糟透了。原本是我们这些音乐主持人先播汤姆·佩蒂（Tom Petty）的歌，先向大家介绍大门乐队。但如今做电台的人不是音乐人而是商人了"（Knopper, 2011, p. 19）。得知过去十年里听众的增长主要得益于电台，比如，公共广播台（31%以上）、体育谈话台（25%以上）、西班牙语台（54%以上），你会惊讶吗? 电台可是不太可能从公司总部领取节目播放单的（Stevenson, 2008）。用10到100瓦的、只能覆盖周围几英里的低功率调频非营利性社区广播电台，来应对广播集中化问题，应该行之有效。服务全美50个州的838个低频率调频电台，得益于在国会赢得两党支持的2005年《社区广播法》，现在能有机会发出更多声音、服务自己的地方社区。美国联邦通信委员会称，他们"每年都会收到数以万计来自团体和个人的请愿，希望开办低频广播电台"（Federal Communications Commission, 2012）。

录音产业的范畴与性质

20世纪50年代，音乐节目主持人和类型化广播"40佳"在拯救广播业的同时，也改变了整个时代的流行音乐，并因此而拓展，改变了录音产业。音乐节目主持人选择唱片不带种族色彩，他们把美国黑人艺术家如查克·贝利（Chuck Berry）和小理查德（Little Richard）的节奏布鲁斯（rhythm 'n' blues）音乐介绍给唱片购买者。20世纪50年代中期以前，这些作品不得不被**翻录**（cover）——由白人艺人如派瑞·科莫（Perry Co-mo）重新录制后播放。节奏布鲁斯这一新型音乐深受青少年喜爱，成为青少年自己亚文化的基础，奠定了录音音乐的迅速发展。更多有关摇滚乐的起源，见专栏文章《摇滚乐、广播与种族关系》。

今天，美国5 000多家公司每年发行100 000张不同唱片公司出的新专辑。美国人平均每年购买的音乐专辑占全世界的三分之一，个人交易总量从2000年的8.45亿，增长到15亿（Masnick & Ho, 2012）。

几大唱片公司

三大唱片公司控制了近90%的美国录音音乐市场。两大唱片公司（索尼和环球音乐）占全球音乐市场300亿美元中的59%。三大唱片公司中，有两个为外商独资:

● 控制全球音乐市场23%的索尼公司，为日本索尼和德国贝塔斯曼两大全球媒介集团共有，旗下的唱片公司包括"哥伦比亚"（Columbia）、"史诗"（Epic）、RCA和Arista。

● 总部设在纽约的华纳音乐集团控制全球音乐市场的15%，由亿万富翁莱恩·布拉瓦特尼克（Len Blavatnik）的通道实业（Access Industries）和其他几位私人投资者拥有。其唱片公司包括大西洋（Atlantic）、Electra和华纳兄弟。

● 环球音乐集团（Universal Music Group）控制全球音乐市场的36%，由法国集团维旺迪环球公司（Vivendi Universal）拥有，控制的唱片公司有MCA、Capital和Def Jam Records。

批评者对音乐产业集中化、国际化现象早有担心，尤其在意音乐蕴含的传统文化价值对青少年产生的影响。亿万美元的企业集团，即使不悖逆自己的文化品位，也不愿在新观念上承担风险。这些职责便基本落在独立唱片公司如"真世界唱片"（Real World Records）和"碑文"（Epitaph）身上。但音乐产业与受众之间的关系所存在的问题，一直延续至今。

世界上所有有影响的唱片被少数几个以盈利为目标的巨头所控制，极可能造成文化趋同，令人担忧。乐队或演员若不能立刻拿出作品，就不会有人跟他们签约。因此，无独创的艺人、粗制滥造的组合占主流，比如贾斯汀·比伯（Justin Bieber）和汉娜·蒙塔娜（Hannah Montana）。

重在盈利而不在艺术，让很多乐迷担忧。大唱片公司得花数千万美元才能签约诸如 R. E. M.（8 000万美元）或玛利亚·凯莉（Mariah Carey，8 000万美元）这样的卖座组合，有独创潜质但不太出名的艺人自然从排名单中被排除。

批评者和业内人士都认为，重盈利不重艺术成了录音产业的问题，同时也成了音乐和音乐听众的问题。诚如我们在第 2 章中所见，唱片业在过去十年中销量持续下降，近几年下降得尤其剧烈的原因就在于此。2008 年，百代（EMI）在华纳裁员 400 人仅数月后，又裁员 2 000 人。其他大唱

片公司员工面临同样的命运（Garside & Power，2008）。很多乐评人指出，造成这一情形的原因，不是录音产业以为的网络盗版，而是产业自身。乐评人约翰·西布鲁克（John Seabrook，2003）指出："是录音产业促进形成了这些偷窃、懒惰和不忠诚的粉丝。唱片公司营销肤浅、昙花一现的流行歌星，引导粉丝肤浅、任意地对待音乐。"他引用传奇音乐制作人马尔科姆·麦克拉伦（Malcolm McLaren）的话说："令人吃惊的是，没有人会在意录音业消亡。电影业若消亡，会有人说：'噢，真可惜，毕竟出过嘉宝和玛丽莲·梦露呀。'但录音业现在正在消逝，却根本没人在意。"（p. 52）**经典目录专辑**（catalogue albums，占总音碟销量的30%以上）的大量销售，延缓赤字于加速发展之中。经典目录专辑指已发行三年以上的专辑。但**最新目录专辑**（recent catalogue albums，指发行 15 个月到 3 年的专辑）的销量在过去五年中急剧下降，予产业以更加致命的重创。"最新目录"不能成为"经典目录"，除非唱片公司与某一艺人长期合作，录制三四张专辑，使其从中成长。请见图 7—3 中最畅销的专辑和艺人。

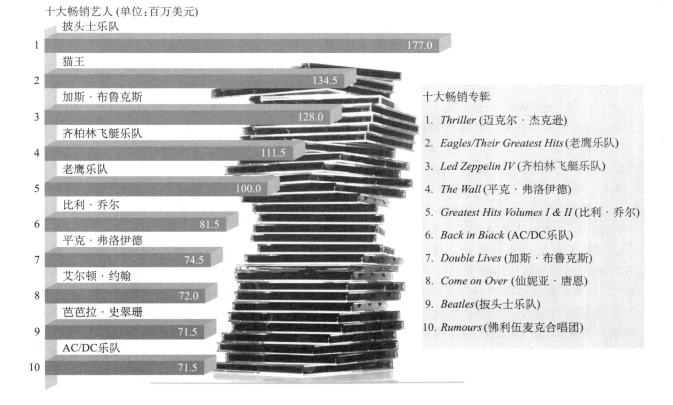

十大畅销艺人 (单位：百万美元)

排名	艺人	数值
1	披头士乐队	177.0
2	猫王	134.5
3	加斯·布鲁克斯	128.0
4	齐柏林飞艇乐队	111.5
5	老鹰乐队	100.0
6	比利·乔尔	81.5
7	平克·弗洛伊德	74.5
8	艾尔顿·约翰	72.0
9	芭芭拉·史翠珊	71.5
10	AC/DC乐队	71.5

十大畅销专辑

1. *Thriller* (迈克尔·杰克逊)
2. *Eagles/Their Greatest Hits* (老鹰乐队)
3. *Led Zeppelin IV* (齐柏林飞艇乐队)
4. *The Wall* (平克·弗洛伊德)
5. *Greatest Hits Volumes I & II* (比利·乔尔)
6. *Back in Black* (AC/DC乐队)
7. *Double Lives* (加斯·布鲁克斯)
8. *Come on Over* (仙妮亚·唐恩)
9. *Beatles* (披头士乐队)
10. *Rumours* (佛利伍麦克合唱团)

图 7—3　全美一直保持的十大畅销专辑和十大畅销艺人（只限美国）

资料来源：Recording Industry Association of America（www. riaa. com）。

166 你觉得现在的艺人和专辑中有多少能进入这个级别？批评者们认为，重盈利不重艺术表明录音产业缺乏培养人的耐心。

批评者认为营销让音乐黯然失色。乐队或艺人若在电视上不受欢迎，或者不利推销（比如他们不属于某种易于识别的类型），就得不到合约。所以，解决办法就是从一开始就创造有销路的艺人。巡回推销也是个问题。乐队或艺人若没有公司资助，巡回演出便不能成行。艺人不做巡回演出便不可能培养出大量热情的追星一族。没有大量热情的歌迷便不能吸引公司出资做巡回演出。这让广播电台在推出新人和新音乐形式上更显重要，但广播电台本身也越来越为提高利润、限制类型所驱使，因而依赖大唱片公司定义适于播放的艺人。于是，当这个自鸣得意的产业的长期盈利的商业模式开始被互联网侵害时，迎面而来的挑战让其措手不及。

 运用媒介制造奇迹 ———————————

摇滚乐、广播与种族关系

第二次世界大战之后，非裔美国人拒绝继续"隐身"。他们曾在欧洲被隔离划分成单独单位作战，在那里，他们为自由而战。现在，他们在自己的国土上公开要求享有自由权利。有白人开始对此赞同。杜鲁门总统认识到，世上号称最民主的国家存在种族隔离实在荒谬，于1948年命令废除种族隔离武装力量。早期这些平等的萌芽，让非裔美国人认识到，一切皆有可能，这种感受也渗透到他们的音乐之中。他们那曾被贬为"猫"、"乌贼"或"黑鬼的"音乐，呈现出新的曲调。这些取自传统黑人音乐的新曲调——福音歌、布鲁斯以及悲悯奴隶、种族不平等的曲调，非常与众不同。音乐史家埃德·沃德（Ed Ward）认为这种比较大胆和激进的音乐，"是在表达一种共同的经验，不只是黑人（通常是农村黑人）的生活"，它将成为"真正的、美国黑人和白人都会喜欢的音乐"（Ward, Stokes, & Tucker, 1986, p. 83）。

众多出产这种带新标签的节奏布鲁斯（R&B）的小型独立唱片公司大量涌现。这种音乐关注美国人民的共同经验，而性和酒是美国各种族人民生活的组成部分。20世纪50年代，R&B凭借其朴实的歌词和强烈的舞蹈节奏，很快获得自己的听众，包括众多城市黑人（人数随着非裔美国人越来越多地逃离南方而不断增多）和白人青少年。

大唱片公司意识到，与其签约已获成功的R&B歌手，不如让白人艺人翻录黑人歌手的成功作品。企鹅乐队（the Penguins）的《地球天使》被克鲁·卡茨（Crew Cuts）翻录过，他还翻录过和弦乐队（the Chords）的《人生如梦》（Sh-Boom）。约翰尼·朗（Johnny Long）和拉尔夫·玛特瑞（Ralph Marterie）两个管弦乐队都翻录过查克·贝利的《梅贝林》（Maybellene）。甚至连比尔·哈雷与彗星乐队（Bill Haley and the Comets）的《青春颂歌》（Shake, Rattle and Roll）亦是乔·特纳（Joe Turner）的某个曲调的翻录。

但这些翻录让更多白人青少年了解了这种新型音乐，他们要听原唱。山姆·菲利普斯（Sam Phillips）注意到此，于1952年成立"太阳唱片公司"，旨在将黑人音乐带给白人青少年［据说他曾揣测，"我要是能找到有黑人嗓音的白人，肯定能赚十个亿"（"Why Elvis Still Lives," 2002）］。1954年，他真找到了这样的人：爱尔维·斯普莱斯特（猫王）。

这情势也引起克利夫兰市音乐节目主持人艾伦·福瑞德（Alan Freed）的注意。他在自己全国范围播出的广播（和后来播出的电视）节目中尤推黑人R&B，且从来不是翻录的。福瑞德称此音乐为"摇滚乐"（表示它是黑人和白人青少年的音乐）。1955年他将节目带到纽约演出时，翻录现象已经停止。黑人歌者向国人录制和发行自己的音乐，各种肤色的听众为之狂热。

青少年现在有了自己的音乐，越来越多的广播电台愿意制作这样的节目，青年文化由此开始形成，它有悖于父辈文化，而音乐是这一抵触的关键，不仅是因为摇滚乐的粗犷和遇遏，还因为它揭露了成人文化的虚伪。

20 世纪五六十年代的年轻人觉得，家长、老师和政府总在絮叨种族，说黑人不如白人、黑人满足自己的现状，这样的谎言被小理查德、法兹·多米诺（Fats Domino）、雷·查尔斯（Ray Charles）和查克·贝利的音乐揭穿。

制作独立 R&B 的切斯唱片公司（Chess Records）制作人拉尔夫·巴斯（Ralph Bass）对历史学家大卫·萨特麦立（David Szatmary）描述了当时的发展情景。20 世纪 50 年代初他与切斯唱片公司 R&B 乐队一起巡演时，"他们不让白人进俱乐部。后来，他们'给白人观众发票'，让他们坐在最差的角落。他们不让白人孩子进入，有时晚上又让白人进入，或者在屋中央拉一条绳子，一边是黑人，一边是白人，白人看黑人怎样跳舞，然后学他们跳舞。跳着跳着，去它的绳子！他们跳到一块去了，盐和胡椒已混到一起"（2000，p. 21）。

R&B 和摇滚乐并不能终结种族主义，但音乐的确发挥了巨大作用，让美国人最终想要解除种族主义的枷锁。20 世纪 60 年代后期反战运动和民权运动中，摇滚乐（和播放摇滚乐的广播电台），又一次准动美国朝更美好的方向前进。当代批评家哀叹流行音乐的趋同，其实是违背流行音乐的历史背景的。流行音乐与政府制定的诸多官方法律一样，曾经发挥过巨大作用。也许音乐能发挥也确实在发挥巨大作用，但是音乐还能继续发挥巨大作用吗？他们质疑。

查克·贝利、法兹·多米诺和小理查德的音乐被白人艺人翻录，但他们音乐的热情和灵魂，对父辈谎言的揭露，很快吸引了不同种族的年轻听众。

广播与录音业的趋势与融合

新诞生和发展的技术，对广播和录音制片的 生产和发行都产生了影响。

电视的影响

我们已看到电视如何从根本上改变了广播的结构以及它与听众之间的关系。电视（尤其是有线频道 MTV）也改变了录音产业。1981 年出现的 MTV 频道，使录音产业重振于 1979 年的灾难性下滑，但代价巨大。首先是音乐会形式改变了。只将一个或一帮艺术家塞入挤满数千名尖叫着的歌迷的大厅或体育会场，已远远不够。现在的音乐会必须是一场大张旗鼓的多媒介盛事，其复杂程度，不亚于 MTV 频道上的录像。首先，这意味着现场的实际活动少了，音乐人与歌迷之间的关系改变了。其次，广播与录音产业的关系发生了变化。甚至连 MTV 频道制作的音乐录影带都越来越少，唱片公司越来越依赖电视推广新音乐。比如，《美国偶像》自 2002 年首播后的七年里，其选

手发行了 60 首冠单和 14 张白金唱片（销量超过百万）。唱片公司现在依据艺人在电视上的露面，来决定发行唱片的时间，新老曲调均频频出现于《绯闻女孩》和《欢乐合唱团》这样的电视节目上。"电视就是个新收音机，"CW 电视网音乐副总裁莱纳德·理查森（Leonard Richardson）如是说，"大家一直都这么说，但确实是如此。"（Littleton & Schneider，2009，p. 62）而另一种视频，网络视频，也成为"新收音机"了。YouTube 之于流行音乐歌星贾斯汀·比伯，就是事业上的一大跳板。2008 年，贾斯汀·比伯上传了自己 12 岁时对着镜子唱歌以及在家乡唱歌的自制视频，吸引了极缺新星的唱片业的眼球。

168

卫星与有线电视

169

广播与卫星的融合，促进了广播网的复兴。音乐和其他形式的广播内容能非常廉价地传送到各个广播电台。因此，一个"网络"，能向各有不同的从属电台提供各种不同的服务。比如，Citadel 有两个网络：里科·迪依每周 40 佳（the Rick Dees Weekly Top 40）和 ESPN。"韦斯特伍德第一广播网"（Westwood One）以其**辛迪加**（syndication）的经营方式，向全国几乎每家商业电台提供自己 300 多种不同的网络和节目辛迪加服务。同时，广播节目制作成本低，因而有可能建立其他更为专门化的网络。卫星使得许多广播电台不用花费太高成本便能接收辛迪加的内容与形式。辛迪加组织者能依据市场向电台提供新闻、十佳节目和其他内容。他们还能为地方电台提供全部类型的节目，地方台什么都不必做，只需插入能让

听众感觉是自己地方广播的广告就成。

卫星还有另一作用。很多听众现在收听"广播"，是通过他们的有线电视，接收卫星传送的**数字音乐速递**（Digital Music Express，DMX）形式。天狼星卫星广播公司（Sirius XM Radio）通过**数字音频广播服务**（digital audio radio service，DARS），直接向家庭、办公室和汽车发送卫星音频节目，提供成百上千的商业频道（主要是谈话、体育和交通节目）和非商业频道（主要是音乐节目），令公司获得超过（3 200 万听众中的）2 200 多万订户。这个数字可能还会增长，因为该公司与全国各大汽车制造商合作，让制造商选择天狼星卫星广播公司的接收器安装在其生产的汽车上（Yao，2010）。

然而，卫星广播对广播和录音行业的真正影

响，或许远不止只提供更多样化的收听选择而已。因为，尽管传统的广播电台经营者们开始因听众人数减少而逐渐放弃卫星广播，但为应对新技术，这些人已开始改变自己广播电台的声音。他们减少广告的播出数量，增加众多新歌和新艺人，引进新节目类型，加强当地新闻的播出。广播和流行音乐都将在这种改变中变得更好。

地面数字广播

众多无线电台从 2002 年底起开始运用**地面**（以陆地为基础）**数字广播**（terrestrial digital radio）。地面数字广播运用的是一种被称为**带内同频**（in-band-on-channel）的数字压缩技术，让广播台不仅能发射它们常用的模拟信号，还能利用现有的频谱间隔，发射一个或一个以上的数字信号。带内同频技术提高了声音的真实度，使高清广播成为可能，但大多数电台使用该技术是因为看中它在付费服务上的巨大价值，比如传递订阅数据。提倡带内同频技术的支持者们乐观地预测，2017 年以前，地面数字信号广播将完全取代模拟信号广播。

网络广播与播客

广播的数字融合技术体现最为显著、潜力也最为深远的领域，是在**网络广播**（Web radio）和**播客**（podcasting）上。网络广播通过互联网，将"广播"直接送达每位听众，播客让用户录制和下载存储在服务器上的音频文件，诚如《财富》技术专栏作者彼得·刘易斯（Peter Lewis）所言："广播的数字融合技术，是在反叛寡淡无趣的商业电台、在对广播做时间位移，就如同数字录像机对电视进行时间位移一样；同时也是在庆祝互联网能让个人向全球受众传播自己的声音。"（p. 204）

先说网络广播。众多"广播电台"是以这种形式生存在网络之中的。同时的广播联播，指传统的无线广播电台通过网络传播自己的信号。有些网络广播只是复制电台的广播内容，但大多数网络广播还包括新增的信息，比如歌词、歌手简历和演出日期等。

再说**网播站**（bitcasters）。网播站是只能在线收听的网络电台。有些网播电台专门面向特定群体，比如 Indie 103.1 为洛杉矶的另类摇滚乐台，the allworship.com 为在亚拉巴马州伯明翰市进行网播的基督电台。但促使网播风靡的最大因素，是两大**流媒介**（streaming，即能同时下载和接收音乐的服务）的巨大成功。潘多拉（Pandora）在线服务音乐软件不受任何应用平台约束，可在几乎所有新兴数码产品（包括常见的手机、电视、车载收音机和不常见的数码产品比如配置了无线功能的冰箱）上安装使用。听众每月登录超过 10 亿小时（Walsh，2012d）。听众付很少的钱，便能享受零广告服务。可该软件的 75 万用户中，大多选择不付费用，因此就得照单全收特别针对他们这些人群以及他们品位的商业广告。潘多拉实现广告针对性的秘诀，就在于它的音乐基因工程比对系统。潘多拉软件公司称，听众告知他们喜欢的艺人后，音乐基因工程比对系统便"迅速扫描整个受分析的音乐库，包含近一个世纪的新的老的、知名的和不知名的流行音乐录音，从中找出听众自己喜欢的、可能会选择的音乐"。听众自己还可以创造近百个个性化"电台"，如果愿意，还可以自己对它们进行优化。他们可以随时轻击鼠标，购买自己正在收听的音乐。

声破天（Spotify）全球用户超过 1 000 万，2011 年进入美国。该软件系统免费为听众提供 1 500 多万首歌曲。听众可以免费收听音乐，但不能免除广告，还得忍受一些歌曲的限免播放与下载；也可每月支付一小笔费用，便可无限制地自由收听歌曲，且无广告插入。美国的流媒介服务还有 Slacker 和雅虎音乐等，在线广播是美国发展最快的收听音乐方式。2011 年，美国 43% 的网民选择用这种方式收听音乐，比 2010 年上涨 9%（Walsh，2012c）。

这些艺人（从左至右，小野猫乐队、艾美·曼、拱廊之火乐队、我的化学罗曼史乐队）在
迅速变化的音乐产业中发现新的成功方式，而且还能吸引粉丝。

而播客文件是粘贴在网上的，不需流媒介软件。听众可按需或（通过订阅）自动下载到任何带 MP3 播放器的数字设备上，包括台式机、笔记本电脑或智能手机。网上现有近 27 000 个播客，狂揽一切个人或组织可能关心的话题。播客诞生于 2004 年，始于民间技术高手、音频博主和 DJ 狂人。不到一年，便引来"专业"播客的加入，如唱片公司、商业与公共电台及娱乐与体育节目电视网、美国有线电视新闻网、精彩电视台和迪士尼这样的大型媒介公司。随着 iPod 和其他 MP3 设备的越发流行和使用宽带上网的人越来越多，播客听众爆炸性增长。25％的美国人收听播客，比 2006 年增加了一倍。其实，若将网络广播、播客等形式都算在内，美国 12 岁及 12 岁以上的人群中，有 56％的人在收听互联网广播，平均每周收听时间近 10 个小时（Edison Research，2011）。

171

智能手机、平板电脑和社交网站

收音机的一大显著特点，显然是它的便携性，智能手机和平板电脑更增强了这一特性。潘多拉半数以上的收听者使用的是移动设备，因此，它是苹果手机和苹果平板电脑上最火的音频软件。11％的智能手机用户将手机连接到汽车音响系统，一边开车一边收听流媒介音乐。19％的人将音乐从其他设备下载到智能手机上，以便随时收听（Santhanam，Mitchell，& Rosenstiel，2012）。

智能手机和平板电脑的音乐收听，大多是通过社交网站的流媒介服务实现的，比如，MySpaceMusic 和 Facebook 上的免费音乐链接，连接到声破天、潘多拉和 Turntable.fm。数字技术对传统唱片产业的经营模式造成巨大威胁，也在以似乎不可能的方式帮助唱片公司避免损失，即将音乐销售给移动电话。把音乐下载到手机上当铃声这一项，全球交易已达 10 亿美元！而由于网络音乐销售建立在唱片原有的销售模式之上，对唱片公司而言，其收入与其原有的唱片利润持平！（见图 7—4）

67.6%　　　13.1%　12.8%　　4.8%　　1.1%　　0.1%

单次　　CD　手机下载　专辑下载　数字　　DVD
下载　　　　　　　　　　　　　音乐　　音乐
　　　　　　　　　　　　　　　视频　　视频

图 7—4　录制音乐的主要传输形式（2010 年）

资料来源：Adapted from Record Industry Association of America（www.riaa.com）。

数字技术

20 世纪 70 年代，录音业和广播业的基本发展，均为从模拟录音走向**数字录音**（digital recording）。也就是说，无论是灌唱片、录磁带还是电波传输声音，均从线性记录，发展到以对各毫秒记录的 0 和 1 两个数值进行电脑转换处理为主要形式的数字记录。运用该技术录制的声音，以适当速度重播时，声音连续且纯净，没有嗤啦噪声。1983 年诞生的激光唱片（compact disc，CD），运用激光束在 4.7 英寸的唱片表面读取数码信号。1986 年，由英国恐惧海峡乐队（Dire Straits）创作的《手足同心》（*Brothers in Arms*），成为首张销量百万的激光唱片。1988 年，激光唱片销量首度超过塑料唱片。目前，激光唱片销量占所有音乐产品销量的 13.1%。

电脑与互联网的融合，还给广播和录音行业带来了其他挑战和机遇。互联网极大地改变了唱片产业的运作方式。以前，唱片公司往往是先签艺人，再做唱片，然后通过各种渠道宣传该艺人及其唱片，但最主要的渠道是将音乐发行到各广播电台。听众从广播中了解到这位艺人及其作品，然后再去音乐商店购买唱片。但现在一切已大不相同，诚如乐评人里埃尔·博伊兰（Gabriel Boylan，2010，p.34）所述，现在的乐迷"处于一个全新的世纪，其音乐自由流传之程度前所未有"。乡村音乐电视台（Country Music Television）台长布莱恩·菲利普斯（Brian Philips）指出，"以在广播里不断播放的老方式传播音乐，唱片销量肯定会不出所料地越来越低……当今唱片要卖得好，赢家当属那些能充分发挥想象、打破旧体制之狭隘限制的人"（Klaassen，2005b，p.12）。诚如你将在专栏文章《音乐产业的未来何去何从？》一文中所见，那些"狭隘限制"的确正在被打破。

172　　艺人运用网络制作、促销和发行自己的作品，完全绕开电台和唱片公司。音乐人正运用自己的网站、社交网站和专为新人开设的网站（比如purevolume.com），与听众直接连接。粉丝们能免费收听（有时甚至能下载）新歌，也可付费下载歌曲、购买专辑和周边商品，还能获取演唱会信息、购买门票、与艺人及其他粉丝聊天。你可能从未听说过霍桑高地（Hawthorne Heights）、葡萄柚（Pomplamoose）、尼基·布卢姆与赌徒们（Nicki Bluhm and the Gamblers）这些乐队，但他们借助网络，创造了"一个新阶层：流行音乐中产阶级。他们只需销售一定数量的唱片，约每次发行5万到500万张，便可全职做音乐"（Howe，2005，p.203）。知名艺人对网络也兴趣浓厚。全民公敌乐队（Public Enemy）的专辑《毒药蔓延》（*There's a Poison Going On*）只在网上发行；Lady Gaga2011年的专辑《天生完美》（*Born This Way*）在流媒体播出一周后，实体专辑才开始发行。Lady Gaga、坎耶·维斯特（Kanye West）和杰斯（Jay-Z）这类艺人只跟亚马逊、iTunes这样规模的在线商城签约。

网络与录音产业的未来

网络音乐革命始于（针对MPEG-1视讯压缩标准、Audio Layer 3音频压缩格式的）MP3的发展。MP3是压缩软件，可将音频文件缩小到原始文件的十分之一大小，1987年由德国电脑科学家迪特尔·塞泽（Dieter Seitzer）发明。20世纪90年代，越来越多的用户运用速度越来越快的**调制解调器**（modem）连接网络，MP3开始蓬勃发展。这种**开放源代码软件**（open source software）或曰自由下载软件，让用户能下载已录制好的音乐。今天，一半的美国家庭至少有一个MP3播放器（Edison Research，2011）。

唱片公司的关键问题在于它们销售"有形"音乐，而MP3让音乐能以无形的形式发行。最初，只有独立乐队和音乐人会使用MP3压缩软件将自己的音乐发布在网上，以此吸引粉丝。可现在，随着唱片公司旗下有名艺术家的音乐在MP3网站上的出现，**盗版**（piracy）即非法录音、买卖有版

173　权的材料和高品质的录音制品，已非常容易。这一现象让唱片业非常头疼。用户不仅能在自己的硬盘驱动器上听下载下来的音乐，还能用MP3文件自己制作光盘，随时随地听音乐。

代表全美所有大唱片公司的美国录音产业协会（the Recording Industry Association of America）绝不欢迎MP3，它开发自己的"安全"网络技术应对MP3的威胁，但等它的技术被应用时，为时已晚。MP3因其易获取和使用方便之特点，已经成为乐迷青睐的技术，他们早已不满光盘的昂贵以及因为一支心仪单曲而要买下其他不喜欢的歌曲。曾任百代和华纳音乐总监的特德·科恩（Ted Cohen）指出，"这些唱片公司本有机会创造在线音乐销售的数字生态系统和基础设施的，可它们没有大局观，总局限在小格局上，不愿放手激光唱片"（Mnookin，2007，pp.209-210）。但激光唱片正迅速重蹈黑胶唱片的覆辙，已被下载所取代。下载有两种形式：产业同意的下载和点对点（P2P）下载。

产业同意的下载

非法文件共享，使得从网络下载音乐的现象越来越流行。四大唱片公司因此联合起来，分别推出"授权"音乐下载网站，但都经营得不好。它们以收取会费方式，每月为会员提供海量音乐免费下载。另外，它们在音乐上附加了加密信息，限制下载音乐的有效播放时间及播放和拷贝方式。其结果是，非法文件共享继续大行其道。苹果公司 2003 年诞生的 iPod 和 iTunes 音乐商店，为付费音乐提供了更好的解决方案。乐迷只需花 99 美分，便可购买并拥有音乐专辑和个人单曲。苹果公司只占个人电脑市场 5％的份额，但 iPod 和 iTunes 音乐商店上线第一周，就售出 100 多万首付费音乐。该举措让华纳兄弟的执行总裁汤姆·沃利（Tom Whalley）极其兴奋，他说："这是那些愿意付费购买音乐的乐迷们一直盼望的。"（Oppe-laar，2003，p. 42）很多观察者认为，沃利对苹果付费音乐模式的评论，表明产业界对信息技术变革大势所趋所持的肯定态度。大唱片公司仍然坚持自己的付费下载音乐受版权保护。然而，2008 年，当索尼公司成为各大唱片公司中最后一个做出让步的公司，宣布其

唱片目录中的大部分曲目的出售不带复制保护时，通过网络发行和出售音乐开始普遍。2009 年，世界音乐销售领军者 iTunes（2010 年 2 月，iTunes 销售出自己第 100 亿份下载；Plambeck，2010）宣布，将出售自己 1 000 万份曲目的下载，且不做反盗版限制，更促进了网络发行和出售的流行。网络上现在已有众多合法的音乐下载网址，销售各种音乐。2011 年，数字音乐销售量首次超过实体销售，而激光唱片 13％的销售份额，与它几年前 60％到 70％的绝对优势的销售份额相比，俨然天壤之别（Knopper，2012）。下载的增长，还与**云音乐服务**（cloud-music service）的刺激有关，即订阅网站允许用户在网上存储数字音乐，并能不受地点限制地将其传送到任何电脑和数字存储器上。亚马逊的云服务、苹果公司的 iTunes Match 服务和谷歌音乐，都提供这一服务，常被称为"数字储物柜"。美国实体唱片商店自 2003 年以来骤减五成，不足为奇，其功能虽未被互联网完全取代，却已被沃尔玛和塔吉特百货这样的零售业巨头所接管，零售业巨头占据了实体音乐销售的大多数份额。

点对点下载

174　　　非法下载仍时有发生。非法下载占互联网音乐下载总量的 95％（Morrissey，2011）。每月从资源共享网站下载的 11 亿歌曲中，大多为非法共享，但极具讽刺的是，花更多钱去合法购买自己所需资源者，正是这些非法资源的共享者。很多网站比如 Gnutella、Freenet、Lime-Wire、Morpheus 和 BearShare，都使用**点对点**（P2P）技术，即点对点软件，能使两台或多台个人计算机的数据在联网环境下经由中央服务器，同时实现直接传播或合作。点对点技术因此能让用户访问不断更新、无限变化的计算机网络，并分享资源。唱片公司（和电影制作公司）质疑点对点软件，起诉点对点软件的开发者。2005 年，米高梅因格罗斯特公司开发的 P2P 软件纵容版权侵犯行为，起诉格罗斯特侵权，美国最高法院裁决该软件开发者依法承担法律责任。此倾向对该行业进行版权保护的判决没有异议。可唱片业再

苹果应对盗版之策：廉价、永久、随时下载。

遇挑战：**比特流**（BitTorrent）是一种文件共享软件，该软件的匿名使用者们在众多隐蔽的服务器上同时下载或上传某文件资源的"比特"时，会产生"大量"数据。比特流现在传输的数据，占网络传输数据总量的 20% 至 40%，每月有 1.5 亿多用户。批评者指责它助长了世界上一半以上的非法文件共享。

技术与经济上的这一混乱，无论最终会导致何种生产和发行音乐的模式，其对**版权**（copyright，保护原创者自己作品的经济利益）的冲击，都将是重大问题。第 14 章将对版权问题做更多详述。

文化论坛   音乐产业的未来何去何从？

唱片业收益在过去 10 年间下滑 550 亿美元（Pollack, 2011），这已是不争之实，但唱片业、艺人和歌迷如何构建音乐产业的未来，趋势尚不明确。传奇唱片公司经理大卫·格芬（David Geffen）解释说，"总体而言，音乐产业已不再执信音乐本身。仅十年之前，唱片公司还在专注制作优秀唱片，看其是否畅销。但现在，恐慌已经渗入，公司已不再制作音乐，而是在销售音乐。如何解决这一问题，还不得而知"。哥伦比亚唱片公司经理里克·鲁宾（Rick Rubin）补充说："恐慌让唱片公司不再那么自大，它们现在更能听进别人的意见。"（Hirschberg, 2007, pp. 28–29）其实，各路观点比比皆是，本文化论坛将罗列出来一一探讨。

"传声头像"乐队（Talking Heads）主唱大卫·拜恩（David Byrne, 2008a）指出："今天的音乐产业已不再是出品音乐的产业，某种程度上，它已沦为销售带有塑料包装盒的激光唱片的产业，这样的产业很快就会完蛋。但这对音乐，尤其对音乐人而言，未尝不是好事。"对于如何重塑唱片业、艺人和歌迷之间关系问题，他详述了六大观点：

（1）360 协议，即全方位协议（有时称衡平或多权协议）。在此模式下，公司给艺人们提供品牌支撑。唱片公司运作艺人演艺生涯的各个方面，包括唱片录制、推销、促销和巡演。艺人和他们的音乐都属公司"所有"，公司因此不再受光盘是否热销的束缚，似乎可以从长远的角度考虑艺人演艺生涯的发展。"小野猫"女子组合（the Pussycat Dolls）与环球唱片公司签署的即是 360 协议。麦当娜在与合作 25 年之久的华纳唱片解约后，转而与演唱会推广公司"现场国度"（Live Nation）签下金额高达 1 200 万美元的 360 协议。

（2）标配制，这是音乐产业数十年来赖以运行的模式。此种模式下，唱片公司包下旗下艺人的唱片录制、制作、分销和推广。公司持有音乐版权，艺人享有一定比例的分红，但前提是公司已收回在唱片录制、制作、分销和推广过程中的所有费用开支。

（3）授权制，与标配制相差无几，其区别在于，艺人持有音乐版权和主盘的所有权，同时授予唱片公司一定期限的使用权（通常为七年）。期满后艺人便可将音乐用作他途。加拿大摇滚乐队"拱廊之火"（Arcade Fire）与独立唱片公司 Merge Records 签署的即是此项协议。

（4）分红制，相比前三种模式，此模式对唱片公司要求较少，唱片公司因此同意在扣除成本之前与艺人分享所有利润。音乐版权归艺人，但因这种模式要求公司在音乐版权上投资得较少，它们便可少销售些唱片，但双方都可获利，公司承担风险较小，艺人分红较多。拜恩的"传声头像"乐队发行专辑《远离诱惑》（*Lead Us Not into Temptation*）时与 Trill Jockey 公司合作，使用的即是此种模式。

（5）制作与分销制，要求艺人参与除制作和分销之外的全过程。他们持有音乐版权，但是自行承担各项开支，包括唱片录制、市场推广和巡演等。由于利润低，大公司通常不接受此类协议，小公司则以此方式与知名艺人比如艾米·曼（Aimee Mann）合作而获利，而艺人也因此方式而获得艺术自由及较高的收入（虽承担更大风险）。

（6）艺人自营制，赋艺人以最大限度的自由。在此模式下，艺人的演出、音乐制作、营销、推广甚至发行都由艺人自有团队负责。拜恩（2008a）称此为"资源缺失的自由，抽象式的独立"（p.129），但很多知名或不知名的艺人都在借助互联网选择这种模式。他们利用自营网站、社交网站和专门设立的推广新人的网站，实现与歌迷的联系和互动。歌迷可以在这些平台免费试听或下载新曲；也可以付费下载，购买 CD，参与营销推广；还可以获得演唱会门票及相关信息；甚至可以与艺人和其他歌迷进行线上交流。美国著名朋克乐队"我的化学罗曼史"（My Chemical Romance）即是运用这种模式的典范。

　　请你表述观点。毕竟，上述各种不同模式能否获得成功，还取决于你是否愿意购买他们出品的音乐。如果有一种模式会主宰音乐的未来，你觉得会是哪种？第一种 360 协议，给艺人自由度最低，但确保成功的可能性最大；最后一种自营模式，给艺人的自由度最大，但确保成功的可能性最小。还有中间四种，你倾向哪种？为什么选它？不同的模式会更适合不同的演出或不同知名度的艺人吗？哪种模式下出品你最爱的音乐你最愿购买？若让你决定，你愿付多少钱下载你最喜爱的歌手的最新单曲？为什么？拜恩认为音乐业如此天翻地覆的变化，"对于音乐本身尤其对于音乐人而言，未尝不是好事"，你赞同此观点吗？

你觉得那些从经纪公司及其利益纠葛中独立出来的艺人，能制作出自己想望的音乐吗？会有让你感兴趣的音乐吗？

众多著名艺人尝试艺人与录音产业的新关系模式，麦当娜为其中之一。

 培养媒介素养技能

收听杂谈节目主持人的节目

　　粗暴拙劣、令人不可容忍的杂谈类广播节目的增多，虽说还未让人立刻明显意识但已开始显示媒介素养的重要。培养媒介素养包含四个方面：认识媒介影响、理解媒介内容并以此促进我们认识自己的文化和生活、了解大众传播过程、知晓媒介从业者应具备的职业道德（见第 1 章）。收听杂谈类广播节目的听众，其媒介素养各不相同，对节目的评判当然也截然不同。可他们都在收听节目、探讨节目的文化作用。

　　有素养的听众质问杂谈节目及播出杂谈节目的电台："广播电台节目若靠冒犯和粗俗来吸引听众、谋取利润，这从总体上给文化及生活于该文化中的人民造成什么后果？"我们的社会是一个自由的社会，言论自由是我们最宝贵的权利之一。广播电台利用第一修正案赋予的权利及听众的强烈兴趣，把杂谈节目主持人霍华德·斯特恩（Howard Stern）、拉什·林博（Rush Limbaugh）及唐·艾默斯（Don Imus）之流，打造成今日时尚的代表。比如，斯特恩让纽约市等级很差的电台 WXRX 一跃而成第一；作为无限广播公司（Infinity Broadcasting）的头号红人，他的节目同时在全国转播。节目中，他随意诅咒自己不喜欢的公共官员得癌症死掉，经常讲黄段子，鼓吹男性至上，憎恨同性恋，厌恶女性，侮辱嘉宾，侮辱给电台节目打电话的听众。当无限广播公司为响应美国联邦通信委员会的反下流庸俗运动而让斯特恩下课时，斯特恩便把自己的节目给了卫星广播电台Sirius XM。

杂谈节目始作俑者、主持人唐·艾默斯引发了一次广为人知的毒舌事件。2007 年 4 月，哥伦比亚广播公司取消了播出 30 年的节目《清晨艾默斯》（*Imus in the Morning*）。此前，艾默斯提及在全国冠军赛中与田纳西大学对阵的罗格斯大学女子篮球队员时，称她们是一群"卷毛荡妇"。格温·艾费尔（Gwen Ifill, 2007）认为该词的"女性歧视和种族歧视之意，令人发指"。艾费尔为非裔美国人，效力公共电视台之前，曾为《纽约时报》报道过白宫、为全国广播公司报道过国会。1993 年，她曾被艾默斯称为"清洁女工"。这次种族歧视事件很快过去，但侮辱罗格斯大学女生这事不能过去，艾默斯最终被解雇。

2012 年，拉什·林博攻击乔治城大学法律系学生桑德拉·弗卢克（Sandra Fluke），此事最近再次激起公众就杂谈节目主持人价值观问题展开媒介素养讨论。桑德拉·弗卢克曾就员工保险项目应提供女性避孕保险一项，在国会举证。此后，林博连续三天点名攻击这位 30 岁的女性多达 46 次，诸如"能想象你若是她父母会多骄傲吗？你女儿泛性泛到买不起避孕药了……这会让她成什么样？成荡妇，对吗？成妓女。她要用身体换钱……（弗卢克）在用身体与你我及纳税人换钱……（弗卢克）如此泛性，难为她还能走路……（弗卢克）乐于表现得不道德、无厘头、没人生目标。她滥性，无时无刻不如此，不计后果。她不对自己的行为负责"。

公众对此反应迅速而激烈。林博不仅歪曲了弗卢克女士的证言（比如是雇员和雇主支付保险而不是纳税人支付保险，而且似乎也不了解避孕药的效用），甚至攻击这位行使自己公民权利、评述当下重大事件的普通公民。50 多位赞助商迅速从林博的节目上撤下自己的广告，不到一周，节目几乎没有付费广告了（Mirkinson, 2012）。负责发行该节目的首映网（Premiere Networks）给各电视台发邮件，邮件中列出了 98 家公司要求自己的广告只出现在"不冒犯、不争论的节目之中"。

"万恶的审查制度！"林博的支持者们愤而呐喊。"这不是审查制度，"批评者反驳道，"政府并未卷入，这其实是市场在起作用。广告商只听客户的。"诚如记者汉克·卡莱特（Hank Kalet）就艾默斯事件所言，这是"冒犯言论会遭遇更多言论围剿"的例证，"这是在向强权问责，向一直与总统候选人和经纪人混在一起的主持人问责，向靠制造震惊新闻震惊公众并以此来赚取声誉的主持人问责"（2007, p. 21）。

但杂谈节目主持人的捍卫者们则认为，这不过是玩笑而已，玩笑也开不起？你是什么人？思想警察？为什么不换频道？这些发问的确给有媒介素养的听众提出了问题。有媒介素养意味着不仅要理解自由在媒介体系运作中的重要性，还要理解自由在发挥民主功能上的重要性。有媒介素养还意味着我们不能低估杂谈节目主持人的影响。我们不能假定他们的言论不代表我们文化中不快的方面、不代表我们自己。

有媒介素养的人还知道，之所以有唐·艾默斯、霍华德·斯特恩、拉什·林博以及其他杂谈节目主持人存在，是因为他们的节目有听众。三位仍活跃在广播、电视界，有大批拥趸。他们的节目只是文化争议之地吗（见第 1 章）？只能在这些节目里讨论禁忌话题、挑战文化底线吗？有媒介素养的听众其实也可能和那些主持人的粉丝一样，会认为他们是"伪善者的克星、真相的揭露者、不讨喜的智者"，他们在发挥着重要的文化作用。

挑战媒介素养

杂谈节目耸人听闻，听广播时我们要随时调动自己的媒介素养技能

找一当地语言耸人听闻的杂谈节目。大广播市场多半有一两个这样的主持人甚至更多。你为什么将他（多为男性）归入这类主持人行列？若在当地广播市场找不到这样的主持人，用辛迪加的唐·艾默斯或 Sirius XM 广播公司的霍华德·斯特恩的节目来挑战自己的媒介素养。

听完他们的节目请回答下列问题。你听到的什么内容可能会令人震惊？你觉得这位杂谈节目主持人是真相信自己说的话，还是在激怒听众？他说的话到底会产生什么影响？听众会盲从主持人的引导吗？作为有媒介素养的广播听众，对于你收听的广播内容，你应该有自己的伦理道德判断和理解。由此，你觉得广播电台播出

这些话符合伦理道德吗？如果不符合伦理道德，有播出其他不同声音吗？播出其他不同声音这一方式是否足以充当补救措施呢？这些杂谈节目主持人耸人听闻的内容是否为我们的文化提供了语境和洞见？怎么提供的？你对媒介内容还寄予厚望吗，还会继续收听这样的节目吗？为什么会或者为什么不会？

本章回顾与讨论

回顾要点：将内容与学习成果联系起来

● 概述无线广播和录音产业及无线广播和录音媒介的历史与发展。

■ 古列尔莫·马可尼的广播实现长距离无线传播；雷金纳德·费森登的液态电解电容得以传播声音；李·德福雷斯特的三极管实现可靠的声音传播和音乐广播。

■ 爱迪生第一个开发录音装置的史实现遭质疑；埃米尔·伯利纳在此基础上改进了留声机，能从母带上拷贝多个唱片。

● 描述与早期无线广播有关的融资及管理决策的重要意义，以及这些融资及管理决策如何构建当代广播的性质。

■ 1910 年、1912 年、1927 年的《无线电法》和 1934 年的《通信法》，最终促使美国联邦无线电委员会采取托管模式。

■ 20 世纪 20 年代，无线广播的广告和网络结构形成，创造了该媒介的黄金时代，直到电视媒介诞生。

● 阐述当代无线广播和录音业的组织性质和经济性质如何形塑广播和录音两种媒介的内容。

■ 广播电台分为商业和非商业电台、调幅电台和调频电台。

■ 广播具有地方性、分散性、专门性、个人性和移动性特点。

■ 去除管制使得产权集中的广播分散成若干公司所有。

■ 三大录音公司控制了世界 59% 的唱片音乐市场。

● 认识无线广播和录音的新型融合技术，以及该技术对音乐、无线广播和录音产业本身以及听众的影响。

■ 融合技术以卫星传输、有线传输、地面数字广播、网络广播、播客和来自各种网站的音乐流媒介的形式，进入广播领域。

■ 数字技术造就的倚赖互联网进行的音乐创作、推广和发行及合法和非法从互联网和手机上进行的下载，重新构建了录音产业的性质。

■ 智能手机和平板电脑等个人技术更增强了广播的移动性，扩展了受众群。

● 运用媒介素养技能收听广播，尤其在你评价杂谈节目主持人的文化价值的时候。

■ 杂谈节目主持人给有媒介素养的听众提出难题：他们是代表了粗俗，还是在提供展开文化论争的论坛？

▌关键术语

liquid barretter　液态电解电容

audion tube　三极管

trustee model　托管模式

spectrum scarcity　频谱短缺

affiliates　从属电台

O&O　拥有与操纵

Low Power FM　低功率调频广播

format　类型化

secondary services　辅助业务

playlist　播放单

billings　营业额

ratings　收听（视）率

deregulation　去除管制

duopoly　双头垄断

cover　翻录

catalogue albums　经典目录专辑

recent catalogue albums　最新目录专辑

syndication　辛迪加

Digital Music Express　数字音乐速递

digital audio radio service　数字音频广播服务

terrestrial digital radio　地面数字广播

in-band-on-channel 带内同频

Web radio　网络广播

podcasting　播客

bitcasters　网播站

streaming　流媒介

digital recording　数字录音

modem　调制解调器

open source software　开放源代码软件

piracy　盗版

P2P　点对点

cloud-music service　云音乐服务

BitTorrent　比特流

copyright　版权

▌复习题

1. 谁是古列尔莫·马可尼、雷金纳德·费森登、李·德福雷斯特？

2. 1910 年、1912 年、1927 年的《无线电法》与 1934 年的《通信法》有什么关系？

3. 美国广播体系进入无线广播的黄金时代时有哪五大典型特征？

4. 第二次世界大战及电视的诞生如何改变了无线广播和录音音乐？

5. 广播具有地方性、分散性、专门性、个人性和移动性特点，指的是什么意思？

6. 什么是经典目录专辑和最新目录专辑？

7. 有线和卫星技术、计算机和数字化如何影响了广播和录音产业？

8. 广播受众的规模是在扩大还是在缩小？为什么？

9. 流媒介音频是什么？

10. 点对点技术是什么？

▌批判性思考与论述题

179

1. 你支持广播体系的非商业化吗？为什么？

2. 少数跨国集团控制录音产业必定导致文化同质化及利润上的绝对优势。你对此观点做何评述？

3. 对于美国的广播媒介，你认为多大程度的管理是必要的？如果广播频道属于人民，那么我们怎样才能保证持证经营者履行公共服务职责？

电视、有线电视、移动视频

学习目标

人对电视的态度不可能中立，要么喜欢，要么讨厌，很多人是既爱又恨，这全基于电视是最为普及也最具社会和文化影响力的大众媒介。当今和未来的技术进步必将促使情况更加如此。学习完本章后，你应该能够：

● 概述电视、有线电视产业及电视媒介的历史与发展。

● 概述现代电视和有线电视产业的组织性质和经济性质如何形塑电视内容。

● 概述各种形式的电视与其观众的关系。

● 概述新型视频融合技术及其对电视产业和电视观众的影响。

● 概述数字和移动电视的变革。

● 运用媒介素养技能收看电视。

"你在看什么？《黑道家族》（*The Sopranos*）吧？哎呀，我就喜欢在葫芦网上看老片子。网络电视最棒！"

"慢着。没错，是网络，确切说是'网飞'，但我看的不是《黑道家族》。"

"可我看见西尔维奥·但丁（Silvio Dante）和史蒂文·范·赞特（Steven Van Zandt）了呀，就是《黑道家族》。"

"没错，里面确实有史蒂文·范·赞特，但这是《莉莉海默》（*Lilyhammer*）。范·赞特依然演土匪，但他最后在'证人保护计划'下移居去了挪威，移民后的他找不到工作，又走上了犯罪道路。"

"不记得《莉莉海默》了，老片新片？"

"新片，网飞上放的最新连续剧。"

"什么？网飞不是网络电影网站吗？你开什么玩笑？"

"没开玩笑。我一会儿还要看另一部新剧，凯文·史派西（Kevin Spacey）主演的《纸牌屋》（*House of Cards*），然后再上葫芦网看《战场》（*Battleground*）。对，在葫芦网和网飞上先睹为快。"

"不可能。"

"怎么不可能！好家伙，电视的日新月异，超乎你想象。"

情况确实如此。网飞打败老牌影视巨头家庭影院频道（HBO）和美国经典电影频道（AMC），以 1 亿美元的代价获取《纸牌屋》两季 26 集的播放权。2011 年初，YouTube 耗费 1 亿美元委托他人为其打造 20 个新频道专属原创节目。引擎电影频道（Machinima）是 YouTube 旗下的视频游戏频道，每月播放量超过 10 亿（Whitney，2012）。此前的 2007 年，首部为智能手机量身制作的电视连续剧《后世》（*Afterworld*）在手机和互联网上同步首映，该片总共有 130 集，每集只有两分多钟。科幻频道（Sci-Fi Channel）原本要求制作人斯坦·罗高（Stan Rogow）将其制作成一部传统的电视连续剧，但他却毅然选择了手机和网络，对此他解释道："我认为这是电视产业发展的方向，而且我认为结局不见得是电视网的终结，而是诞生一种能为受众提供多平台体验的新电视网。"（Moses，2007）事实验证了罗高先生的先见。如今，每月有 1.8 亿人收看网络电视，人均收看 200 个视频，其中大多是短片，但 8% 以上是"付费视频"或"真正的"电视节目（Friedman，2011）。诚然，电视在发生改变，本章将对此进行详述，从早期的机械扫描实验，到进入寻常百姓家的电子奇迹，再到装在人们口袋里的移动显示屏幕。我们将追溯二战之后电视如何迅速演变成成熟媒介，探究有线和卫星电视的出现和繁盛是如何改变电视媒介甚至整个电视产业的。如今，重大改变将再次来袭并重塑当今电视。我们所提

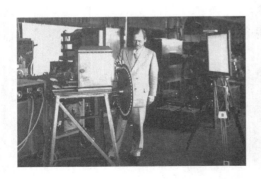

1900 年

1925 年

1884 年　▲尼普科夫发明了他的圆盘

1923 年　▲斯福罗金展示电子光电摄像管

1927 年　法恩斯沃思展示电子扫描的电视图像
1928 年　▲贝尔德将机械影像传过大西洋
1939 年　沙诺夫在世博会上正式展示电视的播放
1941 年　最早的两家商业电视台批准建立
1948 年　电视销售停滞，沃尔森开创有线电视

1950 年	1975 年	2000 年
1950 年　"红色频道"，尼尔森收视率体系	1975 年　家庭影院频道开始向全国推出	2002 年　联邦通信委员会授权数字接收器使用期至 2007 年
1951 年　美国铺设全国电缆；▲《我爱露西》	1976 年　VCR 诞生	2004 年　有线电视的内容和价格接受政府监管
1954 年　电视转播"军队—麦卡锡听证会"	1996 年　DVD 诞生；《电信法》颁布	2005 年　电视网开始销售下载节目；"Brand X"案件的判决
1959 年　智力竞赛节目的丑闻	1998 年　数字电视首播	2007 年　《后世》
1962 年　全频道法规	1999 年　▲DVR 诞生	2009 年　所有电视台实现数字化
1963 年　FCC 开始监管有线电视		2010 年　康卡斯特对抗 FCC，葫芦网首播首个数字节目
		2011 年　▲网飞、葫芦网和 You-Tube 开始播放原创节目
		2012 年　网络电影交易超过碟片

的改变只是即将来临的改变中极小的部分。**非线性电视**（nonlinear TV）已成现实，它意味着我们可以按照自己的时间表而不是电视台的既定时间表来收看电视。甚至还有比这更惊人的演变，将发生在不远的将来。

　　无论哪种形式的电视，传播力都很强，因此很吸引广告。我们将讨论这种传播力、探讨电视和有线电视产业的结构、制作和经济状况。我们将认识新技术以及新技术与电视的融合，探讨这种融合会怎样改变电视与观众之间的互动。最后，我们将从如何认识新闻造假的角度，讨论媒介素养问题。

电视简史

　　电视改变了教师授课、政府管理、牧师传道和家具摆放的方式。电视不仅改变了图书、杂志、电影和广播的性质和运营，还改变了它们与受众的关系。互联网作为大众传播媒介，最终可能会凭自己的网络优势而超过电视，但它的未来仍由电视决定。网络未来会溺亡在商海中吗？网络能比电视提供更便捷可靠的信息吗？电脑屏幕看起来和电视屏幕没什么两样，我们在电脑屏幕上注册、观看网络视频、进行在线视频会议和玩最新升级的网络视频游戏。我们在深入探讨网络这一强劲媒介的性质及其与受众之间的关系之前，先梳理一下电视的发展历程。

184

机械与电子扫描

1884 年，居住在柏林的俄国科学家保罗·尼普科夫（Paul Nipkow），率先开发了能将可视景象转化成电子信号进行传输的仪器。他发明的**尼普科夫圆盘**（Nipkow disc），是一个在光电管前旋转的扫描圆盘，每秒产生 4 000 个**像素**（pixel，像点），构成一幅由 18 条平行线组成的图像。尼普科夫的机械系统虽存在极大局限，但展示了这种可能，即用扫描系统先将景象有序地分割成可传输的图像元素模式，之后再重组成视觉图像。1925 年，英国发明家约翰·洛吉·贝尔德（John Logie Baird）运用机械圆盘传输动态图像，于 1928 年成功将电视图像从伦敦传送到纽约的哈茨代尔。

电子扫描技术到底是谁发明的，历史学家对此意见不一，有人说是一个俄国人，有人说是一个美国农家子弟。1923 年，居住匹兹堡附近、在西屋电气工作的移民维拉蒂米尔·斯福罗金（Vladimir Zworykin）展示了他的**光电摄像管**（iconoscope tube），这是首个实用电视摄像管。1929 年，斯福罗金受大卫·沙诺夫（David Sarnoff）的怂恿，加入美国无线电公司（Radio Corporation of America，RCA），负责公司电子研究实验室的工作，他就是在这里开发了升级版显像管——**电视显像管**（kinescope）。此时，一位叫菲洛·法恩斯沃思（Philo Farnsworth）的年轻人，为改进自己的电子电视系统，从爱达荷搬到圣弗朗西斯科。菲洛·法恩斯沃思 15 岁读高中时，就在自然科学老师面前展现过自己的设计。1927 年，20 岁的法恩斯沃思第一次向公众展示自己的发明，播放若干职业拳击赛的影像片段、玛丽·碧克馥（Mary Pickford）主演的一部电影中的几个场景和其他若干图像。这位"神童"与斯福罗金服务的美国无线电公司为争夺专利，打了 10 年官司。1939 年，美国无线电公司屈服并同意支付使用法恩斯沃思专利的版税。

同年 4 月，美国无线电公司在纽约举办的世博会上首次正式公开展示电视，播放美国全国广播公司（National Broadcasting Company，NBC）两个小时的固定节目，包括烹饪、唱歌、杂耍、喜剧、木偶，也就是又热又亮的工作室既能容纳得下又能展示动感的节目。在世博会美国无线电公司展位当场就能购买这种电视机，价格从 5 英寸的 200 美元，到 12 英寸超大屏幕的 600 美元不等。1941 年，美国联邦通信委员会（Federal Communications Commission，FCC）首批建立两家商业电视台，但二战干扰了整个进程。不过，电视新媒介和一战时的广播一样，其技术的发展和进步从未停止。

185

尼普科夫圆盘。

电视发展中的两位先行者：菲洛·法恩斯沃思和维拉蒂米尔·斯福罗金。

20 世纪 50 年代

1952 年，108 家电视台向 1 700 万电视用户转播节目。20 世纪到 50 年代末，电视台数量达 559 家，有电视的美国家庭占到 90%。20 世纪 50 年代，美国的电视销量（7 000 万）比婴儿出生量（4 050 万）还多（Kuralt，1977）。技术标准制定完备，电视台蓬勃发展，公众趋之若鹜，广告商摩拳擦掌。电视媒介的内容和特征也在这十年中设定完成：

● 电视体裁承续广播网络的传统，包括综艺节目、情景喜剧、戏剧（包括西部片和警匪片）、连续剧和智力竞赛。

● 两种新节目形式出现：故事影片和访谈节目。访谈节目让电视观众第一次看到自己最喜爱的广播节目主持人的庐山真面目。

● 电视在哥伦比亚广播公司（Columbia Broadcasting System，CBS）的爱德华·R·默罗〔Edward R. Murrow，《现在请看》（See It Now）的主持人，1951〕、美国全国广播公司的大卫·布林克里（David Brinkley）和切特·亨特利（Chet Huntley）的引领之下，以其自身的优势，重塑广播的

新闻性和纪实性，显示出其强大的力量。1956 年，亨特利和布林克里报道的重大政治会议，让观众首次见证电视报道新闻和历史事件的力量。

● 1951 年夏，用于发送电视节目的**同轴电缆**（coaxial cable）和**微波中继**（microwave relay）的建构工作，由美国电话电报公司（AT&T）完成。至此，主要电视网覆盖全美，电视成为主导媒介。

20 世纪 50 年代发生的另四大事件，注定了电视的长期主导运营方式，这些事件是智力竞赛节目丑闻、电视剧《我爱露西》（I Love Lucy）的出现、麦卡锡主义及收视率体系的建立。此外，还有一大事件彻底重塑了电视产业，那就是 1948 年开始发展起来的有线电视。

智力竞赛节目丑闻及赞助方式的改变　20 世纪 50 年代，电视网其实主要是在经销时间，即（向它们的附属机构）提供播放时段和节目发行，以此获利。电视网除新闻和体育报道自己制作外，其他节目均由外部代理机构提供。比如，广告公司会雇一家制作公司为自己的客户制作节目，这家客户便成为该节目的赞助商，比如《卡夫电视

剧场》（*The Kraft Television Theatre*）和《西屋一号工作室》（*Westinghouse Studio One*），广告公司然后再花钱让电视网在其全国的电视台上播放该节目。当时广播网正处鼎盛，但该体系让电视网很快繁荣起来，因此，没有理由去改变这一体系。

187 然而，1959 年，一个涉及独立制作、独家广告赞助的智力竞赛节目丑闻的发生，改变了电视网的经营方式。当《最难回答的问题》（*The $ 64 000 Question*）等流行节目被曝广告商和制作人为确保预期效果而暗箱操作时，电视网因害怕自己名誉受损而决定播放时间由自己掌管。它们开始委托制作或花钱购买可供全天播放的娱乐节目。电视网不再将播放时段卖给广告商和赞助商，而是先行自己购买要播出的内容，然后进行**广告空位销售**（spot commercial sales，即在节目中间穿插若干个 60 秒空位广告时间，向各广告商销售）。

电视内容因此而发生改变。有批评家指出，该广告空位销售方式，终结了电视的黄金时代。以前赞助商以节目冠名，必定关注节目的质量，比如《铝业奉献》（*Alcoa Presents*）和《德士古明星剧场》（*Texaco Star Theater*）。空位销售降低了对节目质量的要求，因为电视网的销售人员将各个小段时间出售给许多不同的赞助商，各个赞助商与节目无冠名关系，它们因此不在乎节目好坏，只关注收视率高低。空位销售还导致电视网对节目内容避免做创新，因为，凡节目让观众越熟悉、越有预见，观众便越喜欢，自然也就越吸引广告商。

188 但也有人持不同观点。电视网的经济效益一旦依赖自己制作的节目的播出，它们就会更关注自己节目的质量，电视会因此而走过混沌的起始阶段（即只被早期少数观众痴迷的以人物为主的严肃电视剧时期，也是所谓的"黄金阶段"）。两种观点，不同的历史学家和批评家均有深入阐释。

《我爱露西》与更多改变 1951 年，哥伦比亚广播公司让露西尔·鲍尔（Lucille Ball）将其热播的广播节目《我最爱的老公》（*My Favorite Husband*）搬上电视屏幕，露西欣然接受，但要求自己的丈夫德西·阿纳兹（Desi Arnaz）在剧中扮演自己的配偶，遭公司拒绝（有历史学家认为哥伦比亚广播公司不愿在黄金时段节目中展示跨国婚姻，德西·阿纳兹是古巴人，但此说遭哥伦比亚广播公司否认）。露西进而提出另外要求。当时的电视都是现场直播：三架大型电视摄像机分别拍摄各自的画面，然后由摄影棚里的导演选择其中之一播放。露西要求以同样方式拍摄她的节目，在现场观众面前架起三台同时工作的摄像机，但必须是胶片摄像机。拍摄结束后由编辑将三组画面进行剪辑和组合，以求最佳效果。露西还要求制作工作必须在电影之都好莱坞完成，而不是当时的电视之都纽约。对此偏离正常电视制作套路的做法，哥伦比亚广播公司不甚确定，因而拒绝了这些要求。

于是，露西和德西自筹资金制作《我爱露西》，并将播放权卖给哥伦比亚广播公司。由此，这位被后世称为"滑稽的红发女魔头"改变了电视的经营和面貌：

● 胶片录制的节目可以重播，电视直播节目就没有这样的可能，由此，网外辛迪加产业应运而生。

● 电视产业从主打舞台戏剧的纽约，转向强调娱乐电影的好莱坞。荧屏上开始出现越来越多的动作和闪光灯。

● 以周为系列的连续剧，制作更廉价更快捷，一部 39 周的电视剧，20 或 24 周内便能完成，节约了花费在演职人员和机器设备上的开支。此外，库存的影片资料，比如一些外景资料，可在不同的剧集中反复使用。

麦卡锡主义 电视越发具有影响力使令电影业人心惶惶的"红色恐慌"，亦波及电视领域，导火索源自 1950 年三位前联邦调查局特工经营的一个叫作"美国商业顾问"的公司出版的一本书，《赤色频道：关于共产主义对广播和电视的影响》。这本 200 页的著述，详述了广电界 151 位所谓亲共"人士"，包括奥森·威尔斯（Orson Welles）和记者霍华德·K·史密斯（Howard K. Smith），敬告广告商不要购买雇用这些"赤色同情者"的电视台的广告空位。电视产业和电影业一样，亦低头屈服。电视网聘请安全审查员，调查就职者背景，避免雇用有嫌疑的人才，并要求在职者宣誓效忠。处于起步阶段的电视，选择明哲保身。许多才华横溢的艺术家被拒门外，错失塑造电视媒介内容的机会。

极具讽刺的是，恰是这场赤色恐慌，让电视展示出它承载民主和自由的巨大力量。来自威斯康星州的共和党参议员约瑟夫·麦卡锡，其策略留下了那个时代的烙印。1954 年他在美国军中进行赤色调查，这让他连续 36 天频频出现在各大电视网中，电视日收视率增加了 50%（Sterling & Kittross，1990）。与此同时，爱德华·R·默罗（Edward R. Murrow）用自己的《现在请看》（*See It Now*）节目，曝光这位参议院的谎言和伪善。有鉴于这两种曝光，麦卡锡终被扳倒，接受参议院审查，最后孤独地死于酗酒。电视给人提供了看和听的机会，进而产生影响。史上一系列有关军队与麦卡锡之间冲突指控的听证会，以及默罗对麦卡锡主义的挑战，至今仍被视为电视史上两大最为辉煌的时刻。

尼尔森收视率　电视沿用了广播计算收听率的概念（见第 7 章），但今天的电视收视率体系要复杂很多。1923 年，AC 尼尔森公司做产品测试起家，之后迅速涉猎市场调查领域。1936 年尼尔森开始发布广播收听率，1950 年开始发布电视收视率。

为统计今天的收视率，尼尔森选取了 37 000 个家庭作为全美电视受众代表。尼尔森用**个人收视记录器**（personal peoplemeter）记录这些家庭收看的电视节目的种类，要求每位家庭成员按键记录下自己的每次收看行为，这些记录下来的信息通过电话线传到尼尔森公司，供其统计什么观众收看了什么节目以及收看了多长时间。但融合技术对原有的收视率数据收集和计算方式，提出了挑战，这家公司于是又开始发布**总受众人数评测指数**（Total Audience Measurement Index，TAMi），这种方式评测的是某一电视剧集在各种平台上的收看情况，包括电视、数字视频录像机（DVR）、互联网和移动视频。以《绯闻女孩》（*Gossip Girls*）为例，若以每集的电视观众计算，约为 2 400 万，只能勉强排在收视率的第 100 位，但若以总受众人数评测指数计算，便上升到第 15 位（Hampp，2009）。

为更全面地描述收视全景，为评测当地收视情况，尼尔森每年进行四次收视模式日志式调查，**扫描周期**（sweeps periods）分别为 2 月、5 月、7 月和 11 月。扫描期内，尼尔森在选定市场内向样本家庭发放日记本，这些家庭的受众成员须记录下谁收看了什么节目。日记数据与个人收视记录器所收集的数据汇总后再做分析，以决定电视台接下来三个月里的广告价格。2006 年 6 月，尼尔森宣布将废除纸质日记方式，完全改用电子测评。

扫描方式或许很快成为历史。每季度都盛大上演的电视网重磅推荐的节目和本地的花边新闻（想看高中生的豪饮狂欢？更多报道和惊人视频就在 6 点！）可能消失，原因有二。第一，有线电视的竞争，使得广播电视的播放节奏正在改变。有线电视全年都在推出新节目和大片，让所谓的"秋季剧集"和"首映周"显得落伍。福克斯全年都有首映，2008 年，美国全国广播公司宣布效仿福克斯。哥伦比亚广播公司的《幸存者》（*Survivor*）和美国全国广播公司的《谁敢来挑战》（*Fear Factor*）都在被电视网视为电视节目淡季的夏季开播。一年里节目的规划安排，基本框架一旦打破，电视台便再也不能把最好或最大的制作留待到扫描周时再出手了。第二，个人收视记录器全年传送每天详细记录下的收视数据，使得一年四次的数据密集型评测周期显得没有必要。

另一个更重要的电视观众评测方式，是**收视份额**（share），它能直接反映某特定节目的竞争优势。收视份额评测的不是收看某一节目的电视用户占总用户的百分比（收视率就是这样测评的），而是评测收看某一节目的电视用户占同一时段收看电视的总用户的百分比。它能显示某个节目在真正收看电视的观众中的吸引力有多大，也就是它与同时播放的竞争节目相比，显示出的孰胜孰负（见图 8—1）。例如，《大卫深夜秀》（*Late Show with David Letterman*）的收视率大约是 4。若在黄金时段，这个成绩很糟，但由于它播放时收看电视的人很少，所以它的收视份额达到 15（当时收看电视的家庭有 15% 在收看这档节目），这就很高了。

第三种观众评测方式叫**前 3 天收视率**（C3 rating），不过它显示的不是节目收视率。人们可能会在各种不同的平台上收看某一特定节目，尼尔森因此决定统计电视（首播加重播）、互联网及移动视频三个不同平台上的受众。这里的"3"代表的不是这三种平台，而是节目中穿插的"广告"在电视首播的"前 3 天"之后在 DVR 重播和互联网上的收视情况。2012年，为平息广告商对基于多平台和时间位移的电视环境下的观众评测指标的不满，尼尔森提出将C3提高到C7，也就是评测整一周的收视情况。广告商要的是更精准的数据，而不是更长的时间，因此对该测评不以为然（见第12章）。

收视率和收视份额可用以下公式计算：

$$收视率=\frac{收看某一节目的电视用户}{电视总用户}$$

$$收视份额=\frac{收看某一节目的电视用户}{同一时段收看电视的总用户}$$

例如，一个访谈节目在一个有100万电视用户的市场上进行转播，有40万用户选择收看，40万除以100万等于0.40，即收视率为40。

你看电视的时段里若只有80万用户正在收看电视，40万除以80万就等于0.50，即收视份额是50。

你若能解释某一个节目的收视份额为什么总大于它的收视率，你就弄明白二者之间的区别所在了。

图8—1　计算收视率与收视份额

有线电视的出现

1948年，在宾夕法尼亚州马哈诺伊市销售家用电器的约翰·沃尔森（John Walson），正为电视销路发愁。波科诺山脉横贯于他所在的城市与费城的三家新电视台之间。沃尔森还是位电缆工人，他说服自己的老板准许他铺设一条电缆，用此电缆连接起自己在新波士顿山上竖起的塔和自己的商店。越来越多的人得知他的电缆体系，他开始将电缆铺设进购买他电视的家庭中。当年 6 月，沃尔森的**公用天线电视**（community antenna television，CATV）体系就拥有 727 个用户（Chin，1978）。现在虽然已没人使用这一名称，但有线电视从此诞生。

沃尔森使用的电缆是一种平行双芯导线，很像连接台灯和插座的电源线。为吸引更多用户，他必须提供更好的画质。他使用同轴电缆和自制的增强器（或者放大器）实现了这一效果。同轴电缆从里到外总共四层，分别是铜包铝线、塑料泡沫绝缘体、网状铝制导电层和塑料外皮，比平行双芯导线的带宽更大，因此能传输更多的原始信号、能发送更多的电视频道。

当沃尔森继续扩张自己的 CATV 之时，后来成为宾夕法尼亚州长的米尔顿·杰罗尔德·沙普（Milton Jerrold Shapp）留意到百货商店和公寓大楼楼顶横七竖八布满的无数天线。有感于沃尔森的成功先例，米尔顿·杰罗尔德·沙普便竖起主天线，利用自己开发的信号增强器，将这些大楼中的电视机连接到主天线上，这就是**主天线电视** *191*（master antenna television，MATV）。

带宽的扩大及杰罗尔德新开发的增强器的出现，加之可输送更优质画面和更多样节目的电缆，

这些构成的体系开始试行**远程信号输入**（importation of distant signals），传输远在纽约的独立电视台的节目，满足当时多达 7 到 10 个频道的播放需求。到 1962 年，已有 800 个这样的体系在为 85 万多家庭提供有线电视节目。

如今，该产业拥有 7 143 个独立有线体系，服务 5 980 万个至少认购了基本的有线电视套餐的家庭，其中 78.4％ 的家庭使用数字有线电视。该产业产值高达 976 亿美元，其中 272 亿美元来自广告（NCTA，2012）。

约翰·沃尔森。

电视与其受众

20 世纪 60 年代，电视技术的改进，影响了电视的结构和受众。1962 年，国会通过**全频道法规**（all-channel legislation），要求美国所有进口、国产电视机必须安装甚高频（VHF）和超高频（UHF）两种接收器。此举当时并未引起多大反响，美国观众当时只能收看到三家全国性电视网和它们甚高频的附属电视台。但超高频的独立台和教育台至少有吸引观众的可能，有线电视的出现，将予超高频的独立台以良机。教育台吸引了更多的观众，但它们的节目越来越不像真正意义

上的教育节目，而是越来越像娱乐性的文化节目（见专栏文章《创立〈芝麻街〉》）。1967 年实行的《公共广播法》（The Public Broadcasting Act），将所有教育电视台联合成一个重要电视网——公共广播服务（The Public Broadcasting Service，PBS），该电视网如今已拥有近 400 家电视台成员。

20 世纪 60 年代还见证了电视新媒介在深入改变国家意识与行为上的巨大社会威力与政治威力，其中尤具影响的，是 1960 年的尼克松—肯尼迪竞选辩论、1963 年的肯尼迪遇刺及葬礼报道、1969

年的尼尔·阿姆斯特朗月球上行走之电视转播，以及 60 年代末民权领袖和反越战领袖利用电视的呐喊。

我们如今谈论电视时常用的一个描述语，亦源自 20 世纪 60 年代。1961 年，约翰·F·肯尼迪新任命的联邦通信委员会（FCC）主席牛顿·迈诺（Newton Minow），在全美广播事业者联盟（National Association of Broadcasters）大会上说："请广播电视从业者们在电视机正播放你们的节目时坐在电视机前，且莫让书报杂志、盈亏账表或定额手册分散你们的注意力，眼睛紧盯着屏幕一直看到节目结束，我保准你们看到的是**一堆垃圾**（vast wasteland）。"

迈诺对电视（无论指过去的电视还是现在的电视）的评价，无论你赞同与否，不可争辩的事实是，观众仍在继续看电视：

● 美国有 1.147 亿的家庭有电视机，占全美家庭的 97%。

● 每个家庭平均每周收看电视 59 小时 28 分钟。

● 人均每周收看电视 34 小时 12 分钟。

● 电视每天抵达的成人受众比其他任何媒介都多，这些人花在电视上的时间多于其他任何媒介。

● 即便常用互联网的用户，也有 71% 的人说看电视是自己"最喜欢的与媒介相关的活动"。

● 美国人 31.1% 的新闻和信息从电视获取；71% 的人说电视是他们获取国内外新闻的主要渠道，64% 的人说电视是他们获取本地新闻的主要渠道（Nielsen，2011；eMarketer，2010）。

还有一点可以肯定的是，电视是成功的广告媒介：

● 电视的年总营业额约为 700 亿美元，其中三分之二左右属广播电视，剩下的三分之一属有线电视，它们共同获取美国 40% 的广告支出。

● 电视网黄金时段的 30 秒广告空位的均价是 10 万美元（《美国偶像》的广告空位价格高达 70.5 万美元，2010 年《迷失》大结局的广告空位价格高达 90 万美元）。

● 2012 年 2 月"巨人队—爱国者队超级碗"（Giants-Patriots Super Bowl）比赛的 30 秒黄金广告空位价格高达 400 万美元。

● 86% 的美国消费者认为电视是最有影响力的广告媒介；78% 的美国消费者认为电视最有说服力；61% 的美国消费者认为电视最有权威性；83% 的美国消费者认为电视最有吸引力。

● 大城市的地方电视台的高收视率节目中的 30 秒广告空位价格可以高达 3 万美元（以上所有数据均来自 www.tvb.org）。

 运用媒介创造奇迹

创立《芝麻街》

1968 年，纽约市"13 频道"（Channel 13）的一位公众事务节目制作人罗列出许多相关问题，她认为，精心策划和制作一部电视节目，可以解决这些问题。

琼·甘兹·库尼（Joan Ganz Cooney）发现美国 80% 的 3～4 岁孩子和 25% 的 5 岁孩子不上学前班。与家庭经济好的孩子相比，经济条件差的孩子更可能不上学前班。该年龄段的孩子，即便上学前班，也学不到什么文化知识，学前班就像是个有组织的游乐场。尽管教育专家一直强调学前教育对发展儿童智商和智力十分关键，但美国大多数的一年级新生并没接受过正式的学前教育。家庭条件不同的孩子学业基础上有差异，是国家的失职。

这些孩子不上学前班，他们都干什么了呢？库尼知道他们爱看电视，她还知道"现有的适合 3～5 岁孩子收看的节目……都未以教育为主要目的"（Ball & Bogatz，1970，p.2），于是，她想打造一款活泼有趣、视听效果强烈的经典教育类电视节目，"促进学龄前儿童（尤其是家庭经济条件差的学龄前儿童）的智力和文化成长"，"教孩子如何思考、思考什么"（Cook et al.，1975，p.7）。

库尼创办了一家叫作"儿童电视工作室"（the Children's Television Workshop，CTW）的非营利性组织，并为自己的节目寻求赞助。几家联邦机构（主要是教育办公厅）、若干私人基金会包括卡耐基和福特及公共广播电视台，共同资助 1 370 万美元，作为儿童电视工作室前四年的经费。

儿童电视工作室就如何制作高质量的儿童电视节目做了大量研究，并学习进行学龄前儿童教育的最为有效的方法，于 1969 年电视开播季推出《芝麻街》（*Sesame Street*）。《新共和杂志》（*The New Republic*）说："按大多数其他学龄前儿童节目的标准评判，《芝麻街》是一个充满想象、趣味和智慧的节目。"（Ball&Bogatz，1970，p.3）节目播出时间原本安排的是上学时间每天播放一小时，但播出几个月后，许多公共电视台每天都播放两次，还有许多电视台周六和周日重播整个一周的节目。《芝麻街》从开播到现在已近 45 年，依然以每年 26 期节目的速度在更新。

库尼和她的节目带来改变了吗？几项全国调查显示，低年级学生的学业表现与长期收看《芝麻街》有直接而明显的关系。商业电视网开始在周六早上的档期中推出教育类节目。美国广播公司推出的 *Grammar Rock*、*America Rock*（有关美国历史）以及 *Multiplication Rock* 都是当时重要且成功的教育节目。哥伦比亚广播公司推出的《袋鼠船长》（*Captain Kangaroo*）一直是孩子的最爱，播放的都是受芝麻街影响的有关各种社会和个人能力的短片。截至 2009 年，持续 40 年之久的《芝麻街》已获 122 项艾美奖，在全球 120 个国家播出，包括科索沃和巴勒斯坦这样的社会动荡国家（Gardner，2009）。

《芝麻街》全家福。

广播电视产业的范畴与性质

如今的广播电视产业，和最初的状况一样，受少数集中化制作、发行和决策组织的控制。这些**电视网**（network）及其附属机构在向广告商推荐和出售观众。美国 1 390 家商业电视台，大多附属于全国性广播电视网：美国广播公司、美国全国广播公司和哥伦比亚广播公司各有 200 多家附属机构，福克斯附属机构的数量与此相近。常被称为"网络承租商"的 CW 电视网（属哥伦比亚广播公司和华纳兄弟）有更多的附属电视台。虽然还有几十家有线电视台，比如娱乐与体育节目电视网（ESPN）、音乐电视网（MTV）、喜剧中心（Comedy Central）和艺术与娱乐电视网（A&E），但提到电视，我们首先想到的是广播电视网策划、授权、赞助、制作和发行的节目。

地方附属电视台转播电视网的节目［它们**空出时间**（clear time）］。附属电视台直到最近才从节目转播中直接获得补偿费，它们另外还能从节目中的广告销售中获益。但电视网观众的减少和有线电视的崛起，改变了这种情况。如今，作为附属机构，地方电视台要向电视网支付**反向补偿**（reverse compensation）。它往往参照地方有线电视台在转播地方电视台节目时支付的**转播费**（re-transmission fees）。

电视网与节目内容

电视网不仅控制了绝大多数地方电视台的节目内容，还控制着非电视网的附属电视台自己制作的节目内容，此外，它们还影响独立电视台和有线频道的节目内容。非电视网的节目素材不仅类似于电视网，而且大多数节目在电视网播放过［称为**外网**（off-network）节目］。

为什么电视网和电视网形式的内容能主导电视？可用性是因素之一，电视网的内容已在地方电视台成功播放了 65 年。第二个因素是，长期服务广播电视网的制作和发行机制已完善，可以以服务美国全国广播公司、哥伦比亚广播公司和美国广播公司一样的方式，服务新生电视台。最后一个因素是我们观众自己，我们已熟悉、喜欢的节目形式（我们的口味和期待）一直且继续由电视网开发拓展着。

节目制作过程

全美的广播电视网每年大约有 4 000 个电视系列片新提案，其中很多是应电视网邀约或鼓动而提交的。4 000 个提案中大约有 100 个会拍成试播**样片**（pilot），成本从 300 万美元的 30 秒钟的试播节目，到 700 万美元的 1 小时的试播电视剧不等（《迷失》的样片成本为 1 000 万美元；Guthrie，2010），最终会有 20～30 部节目在电视上播放，其中只有 12 部（十分之一）能够播完一季，即便丰收年，也至多只有三四部能成为热播。此过程电视网要耗资 5 亿多美元，它们因此倾向与业绩记录良好、有经济和组织能力的制作人合作，比如，杰瑞·布鲁克海默（Jerry Bruckheimer）除《犯罪现场调查》（*CSI*）、《犯罪现场调查：迈阿密》（*CSI：Miami*）、《犯罪现场调查：纽约》（*CSI：NY*）、《急速前进》（*The Amazing Race*）、《铁证悬案》（*Cold Case*）和《无影无踪》（*Without a Trace*）外，近 10 年还制作过其他 12 部在黄金时段播放的连续剧。

与应邀提交方案的制作人相比，自主提交方案的制作人，在最终制作节目的方式上会有不同。首先，制作人有一个创意或电视网有一个创意并挑选有实力的制作人据此创意提呈节目制作方案［电视网可能会提供**承诺**（put），即保证电视网至少会从制作人处订购样片，否则将支付巨额赔偿］，制作人最终须将他们的创意提交给某一电视网，而应邀的制作人只传递给邀约的电视网。不管哪种情况，电视网只要同意了，就会购买下该创意，并要求提炼原创意并呈交书面大纲。之后电视网若对其仍有兴趣，便会预订完整脚本。

剧本经电视网认可后，便可制作样片。样片将受电视网自己的观众研究组织和独立的观众研究组织的严苛审验。电视网常会据此审验要求修改，比如删除审验观众评价低的角色、充实审验观众特别喜欢的情节等。

此后电视网若对这个节目仍感兴趣，即觉得这个节目会火，便会预订若干剧集安排播放。以前，电视早期，一般是预订 26 集或 39 集。现在，由于制作成本的上升，一般先预订 6 集，如果效果不错，再预订 9 集。若效果依然很好，就会再预订 9 集（称后九集）。不过，很少有节目能走这么远。

电视节目制作者之所以如此投入，是因为他们能借这种辛迪加形式，即将一个节目卖给多家电视台的销售形式，获取巨大回报。即便电视网控制着从创意到播放的整个过程，制作人也自始至终掌握节目的所有权。制作完成一定数量的剧集后（通常约 50 集，四年的制作时间），制作人可将该剧集卖给美国 210 家电视台中出价最高的一家，获取所有收益。这得归功于露西尔·鲍尔的商业天赋。节目的价格，取决于市场规模、市场中电视台之间的竞争程度以及节目本身的寿命及流行程度。电视台购买下节目的播放权之后，制作人依然持有节目的所有权，所以可以反复出售。在某一电视网已持续播放四年的节目，足以证明其受欢迎的程度，肯定能吸引到续约，积累的剧集已足够地方电视台每日不重复地播放好几个星期。这样的节目很赚钱：派拉蒙的《欢乐一家亲》（Frasier）盈利 20 多亿美元，华纳兄弟的原创剧《老友记》（Friends）每集热卖 580 万美元，华纳兄弟的另一部电视剧《生活大爆炸》（The Big Bang Theory）仍在电视网播放时便每集热卖 400 万美元。

电视网看到辛迪加销售潜力的巨大利润，加之剧集的网络下载和 DVD 销售利润的前景，开始自己制作节目（进行辛迪加销售）。其实，如今，各大广播电视网黄金时段 82% 的节目是自己制作的。

值得注意的是，还有另外一种形式的辛迪加式节目制作，即**首播辛迪加**（first-run syndication）。首播辛迪加指建立在市场基础上的专为以辛迪加形式销售而制作的节目。这种形式之所以吸引制作人，是因为制作过程中他们摆脱了电视网的种种限制，且能获百分之百的收入。

卫星改善了首播辛迪加式节目的发行方式，大大增加了这类节目的数量和种类。现在，在电视业过去两大支柱性节目游戏和谈话节目之上，又新增了很多类型，比如，《朱迪法官和乔·布朗法官》（Judge Judy and Judge Joe Brown）这样的法庭节目，每天通过卫星发射给众多电视台。这些节目制作、发行成本不高，且容易**长期固定播放**（stripping）（每周 5 个晚上同一时间播放）。这些节目可以不重复地大量制作，而且很容易推广（"法眼看天下：偷窥的房东。5:30 播出"）。

电视上播出的节目无论属哪种制作形式，其制作过程都在改变，这是因为电视网在这一过程中的中心地位发生了变化。1978 年，美国全国广播公司、哥伦比亚广播公司和美国广播公司拥有的黄金时段观众，占 92%；1988 年占 70%；2002 年，该数字跌到"历史新低，占 47%"。不仅是史上最低，也是四大电视网首次跌破 50%，它跌破了广播电视人的底线"（Mc-Clellan，2002，p. 6）。甚受关注的《老友记》大结局，收视率其实还不到 30，甚至算不上收视率最高的节目之一（见图 8—2）。有线电视、磁带录像机（VCR）、DVD、数字视频录像机、卫星、互联网和数字化，甚至遥控器等新技术，已经在颠覆媒介和受众之间长期存在的关系。技术的融合，正在重构这一关系。

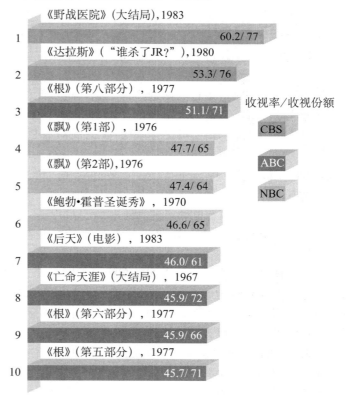

图 8—2 非体育类电视节目收视率前十强

资料来源：Television Bureau of Advertising（www. tvb. org）。

有线电视和卫星电视

约翰·沃尔森之创意，重塑了现代电视的形象。有线电视起步期，很多无线广播电视人视其为友，它拓展了无线电视的领域，扩大了观众的数量和利润空间。1972 年 11 月，斯特林·曼哈顿有线电视公司创办家庭影院频道（Home Box Office，HBO）。这个现如今大名鼎鼎的频道，首播时收看者寥寥，但当家庭影院频道的新主人时代公司于 1975 年开始通过卫星传播该电影频道时，广播电视人对该频道原本的温吞关注态度，顿时变为仇视。如今的**付费有线电视**（premium cable），就是在全国范围内提供和发行高品质内容，吸引走了广播电视的原有受众。公众极热烈地迎接有线电视的到来，加上**光纤**（fiber optic，通过光束在玻璃上的反射传输信号，可传输数百频道）的广泛运用，电视这一媒介日臻完善。

196

1975 年，这类卫星让家庭影院频道能在全美传播，电视因此而永远改变。

节目编排

我们已看到，2002 年，有线电视黄金时段的收视份额首次超越四大广播电视网。自此，其观众收视总份额，年年超过美国广播公司、美国全国广播公司、哥伦比亚广播公司和福克斯。其吸引观众之处在于节目编排，最近的两项产业数据，可对此做充分佐证：每年黄金时段节目的学院奖提名，50% 来自有线电视，且有线电视各年龄段的观众数量，均多于电视网，甚至连卡塔尔乙烯基公司（Qatar Vinyl Company，QVC，年收入 70 多亿美元，超过传统电视网美国广播公司和美国全国广播公司）这样的家庭购物频道，也都家喻户晓。

诚如所见，有线电视通过基本和收费两种频道以及制作地方特色节目，来吸引观众。全国性有线电视网有 560 多家，地方性有线电视网有几十家。全国性有线电视网知名的有美国有线电视新闻网（CNN）、终生频道（Lifetime）、家庭影院频道和历史频道。地方性有线电视网有服务华盛顿、俄勒冈、爱达荷、蒙大拿、北加利福尼亚和部分阿拉斯加的西北有线新闻网，有服务新英格兰地区的新英格兰有线新闻网，以及几家服务不同地区的地方体育频道。这些有线电视网处于体系不同的**级别**（tiers），频道组别不同，收费标准有异，其财政支持和目标受众亦各不相同。

有线电视基本节目的编排　有线电视迅速渗透，公众对其依赖日益增加，鉴于此，国会于 1992 年通过了《有线电视消费者保护和竞争法》（Cable Television Consumer Protection and Competition Act），规定有线运营商必须在它们的地域和频道转播电视台节目。有线运营商还需提供另一基本服务，叫作**扩展的基本有线电视**（expanded basic cable），即转播地方广播电视台和诸如东京广播公司（Tokyo Broadcasting System Inc，TBS）、特纳电视网（Turner Network，TNT）、美国有线电视网（the USA Network）和喜剧中心（Comedy Central）这样的大众喜闻乐见的频道。这些电视网的节目极为丰富，与传统的无线广播电视网的节目不无相似之处。图 8—3 列出的是用户数位居前二十的有线电视网，它们上榜的理由不仅仅因为收视率高，还因为都属有线电视的基本级别。这显然很重要，因为广告商觊觎其巨大的受众群体。美国橄榄球联盟电视网（NFL Network）之所以长期与美国有线运营商们发生争议，就源于此。大多数运营商想将其归入收费级别，而美国橄榄球联盟电视网坚持基本级别。体育频道麦迪逊广场花园电视网（MSG Network）与时代华纳之间为　　此也争议了很久。

排名及电视网用户（单位：百万）

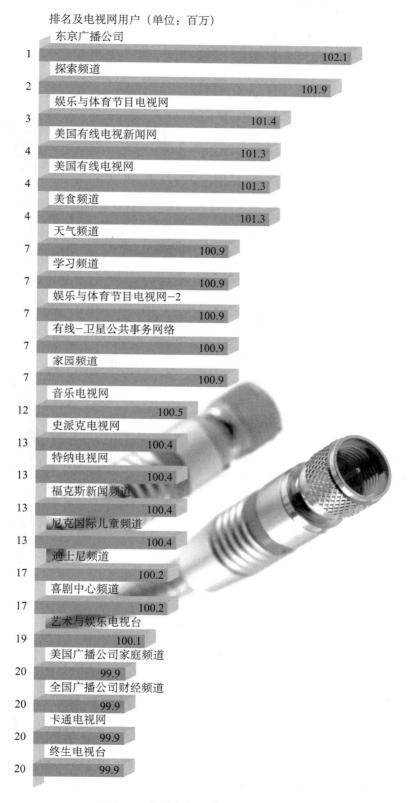

东京广播公司	
1	102.1
探索频道	
2	101.9
娱乐与体育节目电视网	
3	101.4
美国有线电视新闻网	
4	101.3
美国有线电视网	
4	101.3
美食频道	
4	101.3
天气频道	
7	100.9
学习频道	
7	100.9
娱乐与体育节目电视网-2	
7	100.9
有线-卫星公共事务网络	
7	100.9
家园频道	
7	100.9
音乐电视网	
12	100.5
史派克电视网	
13	100.4
特纳电视网	
13	100.4
福克斯新闻频道	
13	100.4
尼克国际儿童频道	
13	100.4
迪士尼频道	
17	100.2
喜剧中心频道	
17	100.2
艺术与娱乐电视台	
19	100.1
美国广播公司家庭频道	
20	99.9
全国广播公司财经频道	
20	99.9
卡通电视网	
20	99.9
终生电视台	
20	99.9

图 8—3　有线电视网前二十强（2011 年）

资料来源：NCTA，2012。

196

媒介产业的集中化使得运营商越发选择运营内容具体的基本频道，是因为运营商的老板（与该频道有财政关系）责令其这样做。**多体系运营商**（multiple system operators, MSO）指拥有若干有线特许权的公司。时代华纳、自由（Liberty）和广电视觉公司（Cablevision）共同拥有真理频道（truTV）。康卡斯特（Comcast）对很多主流频道都显示出兴趣。维亚康姆（Viacom）掌管黑人娱乐电视台（BET）。当然，这些电视网的运营，更可能由多体系运营商所拥有的体系进行控制，不大可能受其他体系控制。该形式也适用于家庭影院频道和娱乐时间电视网（Showtime）这类归属于多体系运营商的收费频道。

频道的组合、级别不同，价格便有差异，这个一直以来的约定俗成，如今遭到联邦通信委员会和一些国会议员的攻击。观众偶尔看到了不想看的冒犯性内容，有线电视费又在惊人上涨（为通胀速度的两倍），因此，**点菜式定价**（à la carte pricing，即收看什么频道就向什么频道付钱）的呼声越来越高。对此，有线电视产业内部意见不一，多体系经营商和节目编排商各持己见。有关这一争论，你将在专栏文章《捆绑定价还是点菜式定价？》中，读到更多相关内容。

付费有线电视　联邦通信委员会不再限制有线电视输入远程信号、播放最新电影，家庭影院频道因此而发展壮大，并迎来很多其他卫星传输的收费电视网的加入。如今，最为大家熟悉和喜爱的付费有线电视网有家庭影院频道、娱乐时间频道、趣味频道（the Spice Channel）、圣丹斯频道（the Sundance Channel）和电影频道（Cinemax）。

新兴的收费频道的成功，除了因为不受法规限制，还得益两个重要的新发现。电视早期尝试无线**付费电视**（subscription TV）败北，让很多专家认为观众不愿付费收看电视。因此，第一个重要发现，就是观众其实愿意花钱收看最新电影。打包的电影组合可比一部电影便宜，观众也愿意以月为单位付钱，而不是每看一部付一次钱。

推动收费电视网发展的第二个新发现是，观众不但不介意重复（很多无线电视观众也不介意），反而觉得这是付费收看电影的福利。收费频道经营商乐得如此。复播降低节目制作成本，填充播放时间。

收费频道有两种服务形式：一种为提供新老电影组合及大型体育和其他特别报道的电影频道（例如家庭影院频道、Starzan! 和 Encore），按月收费。另一种是从菜单（几乎都是最新电影和最新大型体育赛事）中选择节目收看，按次收费。

体育频道麦迪逊广场花园电视网与时代华纳有线电视公司在转播上起争执，致使无数篮球粉丝未能欣赏到林书豪 2012 年加入全美篮球协会（NBA）时的盛况。

人们喜欢在家收看付费频道，因为他们可以收看到完整的原版电影和一些广播电视频道上一般看不到的内容，比如成人电影、拳击和摔跤大赛。但"广播电视频道上一般看不到的内容"不只局限于电影和体育节目，还有高品质的连续剧——不断吸引广大受众的最为不二的选择。付费有线电视连续剧诸如《黑道家族》（*Sopranos*）、《权力的游戏》（*Game of Thrones*）、《抑制热情》（*Curb Your Enthusiasm*）、《斯巴达克斯党》（*Spartacus*）、《嗜血判官》（*Dexter*）、《火线重案组》（*The Wire*）、《单身毒妈》（*Weeds*）和《都市女孩》（*Girls*），吸引了大量忠实的剧迷。

另一主要的多频道服务，是直播卫星（direct broadcast satellite，DBS）。直播卫星自 1994 年首次运用于公众之后，让有线电视用户的增长几乎停滞，因为，观众觉得，通过直播卫星传输的节目的画质，与通过有线传输的画质几无二致。

美国的直播卫星控制在两家公司手中：鲁伯特·默多克（Rupert Murdoch）的新闻集团旗下的直播电视（DirecTV）和上市公司艾科斯达（EchoStar）旗下的碟形电视网（Dish Network）。直播电视有 1 980 万用户，碟形电视网有 1 390 万

用户。除了这两家公司，还有威瑞森（Verizon）旗下的拥有 400 万用户的光纤服务电视（FiOS-TV）。它们正带走有线电视用户，图 8—4 罗列了十大有线电视多体系运营商、碟形电视网、直播电视均名列其中。有线电视每月费率的不断上涨，导致观众流向直播卫星。但是直播卫星运营商同其他电视多体系运营商一样，也面临**掐线**（cord-cutting）威胁，也就是观众既不看有线电视也不看直播卫星，而是流向互联网上的网络电视。2011 年，美国电视家庭中，11％选择网络电视，另有 11％表示准备选择网络电视（Tharp，2012）。

199

排名和用户（单位：百万）

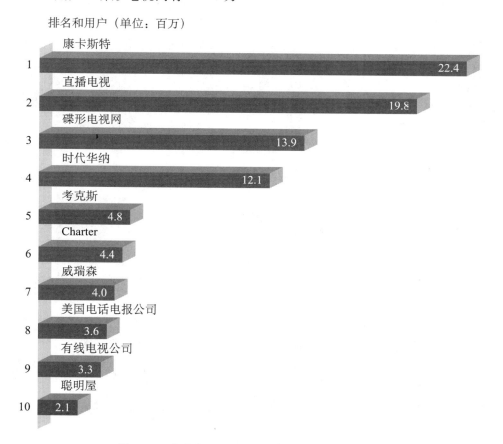

康卡斯特 1	22.4
直播电视 2	19.8
碟形电视网 3	13.9
时代华纳 4	12.1
考克斯 5	4.8
Charter 6	4.4
威瑞森 7	4.0
美国电话电报公司 8	3.6
有线电视公司 9	3.3
聪明屋 10	2.1

图 8—4　有线电视多体系运营商前十强（2011 年）

资料来源：NCTA，2012。

| 文化论坛 | 捆绑定价还是点菜式定价？ |

200

有线电视如何计费，这个问题争论激烈、关注度颇高，本文化论坛将对此专做讨论。很多用户不满订阅费的上涨，有人说到 2020 年订阅费每

月可能会高达 200 美元（Tharp，2012）。有官员担心用户偶尔会看到自己觉得具有冒犯性的内容，不少电视多体系运营商不满转播费的高昂。过去

十年，节目成本年增长率在 6%～10% 之间，而且电视多体系运营商还必须以每户 4.69 美元的价格，支付娱乐与体育节目电视网（Entertainment Sports Programming Network，ESPN）之类极受欢迎的频道（Schechner & Peers，2011）。解决这些争议的方法，就是让市场（即观众）来决定，也就是点菜式定价。这样消费者就不用为不看的频道付费（92% 的有线电视用户支持点菜式定价；Wallenstein，2012），看到冒犯性内容的几率也会减少，且电视多体系运营商也不用为所有订阅用户支付费用，只需为最终收看某一频道的用户支付费用即可。

但有线电视网制作商比如迪士尼和维亚康姆，马上会争辩说，自己的成本也在急剧增长。ESPN 每年在节目制作上花费 50 多亿美元（比 5 年前增加 50%），特纳电视网花费 11 亿美元（增加 55%），历史频道花费 2.83 多亿美元（增加 50%；James，2011）。节目制作者指出，如果让观众决定，观众肯定想看成本昂贵的内容。他们还指出，点菜式定价其实会增加消费者的支出，因为那些成本昂贵的受欢迎频道，可能促成小众

频道的出现。或许，会有很多观众愿意支付 4 美元收看娱乐与体育节目电视网，但有多少观众愿意付费或支付多少来收看 C-Span、外语频道或宗教频道呢？点菜式定价意味菜单越变越小。此外，节目制作者还指出，人们已经习惯了捆绑定价。报纸和杂志都是捆绑定价——要买就是整本，不存在只买个别文章的情况。家庭影院频道和电影频道这类付费频道也是捆绑定价——要订就是所有节目，不存在只订个别自己收看的节目（当然，家庭影院频道和电影频道已从电视多体系运营商那开通了点菜式服务）。就连游乐场也是捆绑定价制——无论我们玩哪些项目，想要进去，就要买一张全票。

请你对点菜式定价还是捆绑定价发表意见，你是更愿意只为你收看的 15 个频道付费，还是更愿意拥有更多选择，虽然很少收看所有频道？你对偶尔浏览（serendipitous viewing），即没打算收看，只是偶然浏览到了这一情况，做何感想？这是有线电视的慷慨馈赠吗？你有这样的经历，即喜欢上自己以前不经意看到的节目吗？

订阅费上涨引发争论，有人提议有线频道进行点菜式定价。

电视与有线电视的趋势和融合

电视与观众之间长期以来形成的关系，正在被重新定义。尼尔森首席技术官鲍勃·勒夫（Bob Luff）指出，"广播正在走向网络，电视正在走向手机，网络正在走向电视，一切似乎都在走向点播视频，且很可能走向 iPod 和掌上游戏机（Play-Station Portable）。未来三到五年，电视和媒介将发生比过去 50 年更大的变化"（Gertner，2005，p. 34）。有线和卫星率先引发的深刻变化，如今已经开始由其他新技术接替：磁带录像机（VCR）、数字视频光盘（DVD）、数字视频录像机（DVR）、互联网、数字化，甚至智能手机。

201

VCR

磁带录像机（video cassette recorder，VCR）1976 年开始引进市场，迅速进入普通美国家庭，但如今正在逐渐消失，因为，新的录像技术在收看选择上给人以更多的控制权。但它们的出现进一步削弱了观众对传统无线电视的依赖，因为，人们现在可以租赁或者购买录影带了。VCR 让**时间位移**（time-shifting）成为可能，即人们可以录下节目以后再看。VCR 还让**快进**（zipping）成为可能，即录下来的广告可以快进过去。总之，人们开始更舒适或更准确地说是更能够控制收看电视的时间、内容和方式了。

DVD

1996 年 3 月，**数字视频光盘**（digital video disc，DVD）开始在美国各大商店销售。DVD 的画面可以在不失真的情况下随时暂停；电影 DVD 提供多种语言的字幕；DVD 可以播放从屏幕菜单中选择的图像；DVD 还包含电影背景信息内容，包括制作过程和演职人员。影院发行时被剪掉的场景和音乐通常也包含在 DVD 中。

DVD 的这些创新，使其在诞生之际，便成为史上发展最快的电子消费产品。2001 年 9 月，DVD 播放机的销量首次超越 VCR。现在，85％的美国家庭有 DVD 播放机。由于现在的收看选择很多，DVD 的销售和租赁在过去几年里急剧下降（delia Cava，2012）。2012 年，在线电影交易数量（销售和租赁）达到 34 亿，首次超过实体碟片，碟片的交易数量为 24 亿（Smith，2012c）。

DVR

1999 年 3 月，飞利浦电子公司（Philips Electronics）推出**数字视频录像机**（digital video recorder，DVR），其内置的数字软件，让观者能很大程度地控制节目内容，收看和录像过程中，可以随时"倒带"、重播前面的内容，且不影响录制效果。简单地告知系统节目名称，便可以实现自动数字录像。只要说明自己喜欢的节目名称，便可不仅指示 DVR 自动录像并播放这个节目，而且，所有特定时间内类似的节目都会被自动录像并播放。该功能还可以用在自己喜欢的演员上：输入亚当·桑德勒（Adam Sandler），DVR 便会自动录下所有与他有关的节目。

DVR 的播放形式与广播、有线电视和直播卫星不同，它更像这些体系的一个额外补充。所有直播卫星运营商和几乎所有的电视多体系运营商现在都将廉价 DVR 作为技术平台的一部分，提供给用户，大大加快自己进驻美国家庭的步伐。美国如今大约一半的家庭有 DVR。当然，传统的广播电视网和对广告有很强依赖的有线电视网，会感到 DVR 快速发展的隐患。DVR 尽管明显改变了收看方式，但并没对传统电视产生严重的负面影响。有 DVR 的家庭，21％的收看活动是在 DVR 上进行的，时长达到 2 小时 9 分钟，这为黄金时段的收视率增加了 7.9 个百分点。其实，有 DVR 的家庭，收看黄金时段节目比没有 DVR 的家庭更多。此外，所有录下来的广告内容，DVR 观众收看到 45％，且总体说来，通过 DVR 收看到的时间位移广告，平均增加了 16％（Nielsen，2011；Loechner，2011a）。

有这么多视频，谁还看电视啊？

资料来源：Hi&Lois ⓒ 2011 king features syndicate，Inc.。

互联网上的视频

因为担心版权和盗版，也因为大多数受众家中传输信号的**带宽**（bandwidth）不够，网络电视因此迟迟未能腾飞。多年来，网络上最典型的视频，都是各种特别的传输作品，比如电影预告片、短篇幅独立电影、音乐视频和新闻短片。但随着视频压缩软件的日益强大及家庭网络连接**宽带**（broadband）的出现（66.3％的美国成人有家庭宽带；Nielsen，2011），这一情况得以改变。由于宽带的信息承载能力更强（也就是带宽增加），如今在网络上收看高清电视，已经是家常便饭。许多视频内容源自电视网和有线电视，但也有不少是仅供网络播放的视频（若按照在线视频流量来算，大多数视频是仅供网络播放的）。

诚如本章伊始所呈现的，专供网络的节目与广播电视/有线电视节目之间的区别正在消失。网络视频网站网飞、葫芦网和 YouTube 都委托他人制作原创内容，网飞甚至想建立一个有线频道，提供自己节目的点播服务。YouTube 有众多频道，包括讲述歌手杰斯（Jay-Z）文化兴趣的"生活和时代"（Life and Times）频道、播放麦当娜舞蹈的"跳舞吧"（Dance On）频道、"公园与娱乐"（Parks and Rec-reation）的艾米·波勒（Amy Poehler）主持的"派对上的聪明姑娘"（Smart Girls at the Party）频道、还有滑板人的"滑吧"（RIDE）频道和足球迷的"踢球电视"（Kick TV）频道及很多诸如《华尔街日报》和赫斯特报业等实体报社制作的新闻频道。这些分类与我们收看的有线电视很类似，其广告支持与我们开始接受的网络电视相似。

网络视频从短片时代发展到长片节目，YouTube 是此过程理所当然的领导者，因为，它让网络原创视频火爆起来。2005 年，它每月吸引 60 万用户登录。如今，它拥有用户 1.6 亿，他们每天收看视频 40 亿，每分钟上传新内容 60 小时（Online Video Market，2011；Oreskovic，2012）。

还有很多其他更为小众的成功网络视频网站。例如《福瑞德》（Fred）和《爱贾斯汀》（iJustine）等高质量原创网络连续剧，就是以"Blip. tv"网站做跳板，最终在整个网络上发行的。"Atom. com"专注喜剧，在喜剧中心频道有一个有线电视版。网络视频的丰富资源，正在改变观众尤其是年轻观众的收看习惯。虽然电视收看的总时间不短，但 18～34 岁的观众收看时间却以每天 9 分钟的速度持续下降（Shelter，2012）。图 8—5 显示的是互联网用户收看视频的渠道。在家收看网络视频的人数百分比如今还很小，但很快就会暴涨，因为，到 2016 年，1 亿多的北美和西欧家庭都会用上网络电视机（Chmielewski，2012）。现在，平均每天有 1 亿多美国人收看网络视频，平均每月收看 239 个视频（comScore，2012）。"脸书"上大肆扩散的视频让该数据有增无减。"脸书"是美国第三大网站，每 11 次网络登录就有 1 次是登录"脸书"的；每 5 次网页浏览，就有 1 次是浏览"脸书"的（Dougherty，2012），其用户每月收看近 2 亿的视频（Online Video Market，2011）。

互联网和电视之间的区别，因新技术的作用而越来越小，融合程度越来越高。例如，"Slingbox"让用户能将电视内容"挂"在电脑和手机上。观众可购买该单机装置，而且几家有线和卫星公司也正在考虑提供给用户使用。观众还可以利用"AppleTV"、"Boxee"和"Roku"等设备将网络视频"挂"在家用设备上。另外，有网络接口的高清电视（HDTV）可以直接播放网络视频，这种电视，其销售 2013 年有望达 8 000 万台。若将视频游戏操控台包括在内（见第 9 章），三分之一的美国家庭拥有"网络—电视"链接（Poggi，2012）。

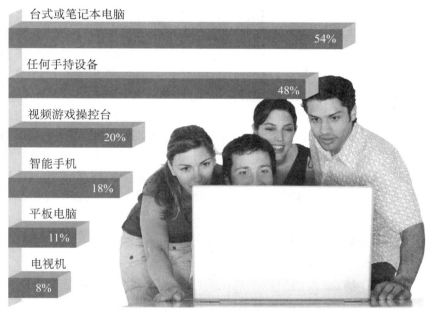

台式或笔记本电脑　54%
任何手持设备　48%
视频游戏操控台　20%
智能手机　18%
平板电脑　11%
电视机　8%

图 8—5　互联网成人用户在哪看视频？

资料来源：Online Video Business，2012。

互动电视

互联网不是唯一能互动的技术，有线电视和卫星电视也能让观众与内容提供者"对话"，但向用户传输数字影像和其他信息的**数字有线电视**（digital cable television）才是真正意义上的互动电视。美国有 4 570 万数字有线电视用户，他们中有很多人还使用电缆线路连接互联网。目前，还有 4 640 万用户利用有线调制解调器和一种特殊的互联网服务供应商（ISP），实现电脑的网络连接（NCTA，2012）。因此，"强制转播"在互联网时代开始有了新的含义，因为对于有线电视允许或限制外部服务和内容提供者接入的能力，以及这些提供者是否有权接入，国会和法院意见不一。

有线电视的数字频道允许多路传输，也即在一个频道上转播两个或更多不同的节目信号。数字压缩正好可以将多个信号"挤压"到一个频道上进行转播。数字压缩的原理是去除信号传输中的多余信息。比如，某电影的一个场景中，两演员身后的背景几分钟内一直不变，为什么还要重复传输该不变的背景呢？只需传输场景中变化的数字数据，没变化的数据就不必传输了。

拓展出的这一功能，使互动有线电视成为现实，也就是用户可以与系统运营者对话（频道中的额外空间可以用于这种对话）。这就带来以下服务，其中有许多我们已经在使用了：**视频点播**（video-on-demand，VOD）、单击购物（看到—点击—买下）、本地信息点播（新闻、交通和天气）、节目互动（选择摄像机角度，了解演员的更多信息，与游戏节目嘉宾互动）、互动收视指南，以及第 9 章中将要详述的视频游戏。而视频点播最能显示增加观众操控权后所带来的经济效益，因为观众按次付费才能收看电影和其他随时可以收看的内容。视频点播每年可以为多体系运营商获利近 17 亿美元，而且这个数字肯定还会增长，因为，到 2016 年，如今 5 300 万的视频点播家庭将扩展到 7 100 万，也即近 60% 的美国电视家庭（Marich，2011；Steinberg，2011）。

有线电缆电话

204

另一项很多多体系运营商提供的服务，是用有线电缆传输的电话服务。目前有 2 500 万有线电缆传输的固定电话用户（NCTA，2012）。有线电缆电话为多体系运营商带来特别收益。有线电缆若既可以传输电视信号又可以传输电话信号，那也就能传输互联网信号。而且，电缆线路如果是能处理数字压缩数据的宽带，它的网络传输速度就应该比传统的电话线路更快。换句话说，电缆就可以成为一站式信号提供者：电视、视频点播、音频、高速互联网接口、长途和本地通话、多重电话线路及传真。这就是所谓的**捆绑**（bundling）。

对多体系运营商，接受捆绑的用户的价值在哪里？把你可能要支付的各项费用加一加，包括有线电视基本费用或收费项目、互联网接入费及电话费，总费用是多少？你估计一下，如果你已有宽带和超高速有线调制解调器，是否还会花钱收看按次收费的视频和点播视频。你会花多少钱在家收看实时体育比赛或者财经数据？你每次接收到的互动分类广告或者商业广告，多体系运营商都会记录在册。这就是捆绑用户的价值所在。

智能手机、平板电脑和移动电视

我们已知，48% 的互联网的成人用户在手机上收看视频，其中，青少年是这一消费的主力军，他们平均每月收看 7 个多小时，甚至连广告也不落下（58%；Loechner，2011b）。相较其他媒介，智能手机和平板电脑实现了随时随地收看电视。其实还有另外两个发明具有类似功能：第一个是颇受欢迎的手持式游戏机，比如任天堂（Nintendo）的 GBA（Game Boy Advance）游戏机、索尼的 PSP（PlayStation Portable）掌上游戏机和"Vita"游戏机，它们都能收看网络视频、播放影碟或影带（见第 9 章）。第二个是"电视无处不在之倡议"（TV Everywhere Initiative），指内容提供者正致力于在所有移动设备上实现数字点播节目的播放。包括康卡斯特、碟形和威瑞森在内的多体系运营商及包括福克斯和哥伦比亚广播公司在内的广播电视网都参与了这项倡议活动，但对价格、广告形式、观众数量和内容发布方式的担心，使得这项活动放慢了速度。此外，900 家无线商业电视和公共广播电视组成的开放式移动视频联盟（Open Mobile Video Coalition），也在努力让自己的节目"无处不在"。2012 年伊始，120 多家电视台开始为自己的观众提供移动数字信号，比前一年增加了 70%（Open Mobile，2012）。

这一移动收看行为将改变的电视与观众的关系不只体现在移动性上。花在移动设备上的时间正逐渐取代花在电视机前的时间。实际上，移动设备用户花在这些设备上的时间已超过花在电视机前的时间（前者为 27%，后者为 22%），且 39% 的用户在看电视时仍在使用移动设备（Patel，2012）。其实，在被问及是更离不开智能手机还是更离不开电视机时，58% 的受访者说离不开手机（Edison Research，2011）。

培养媒介素养技能

识别假新闻

多年来，研究表明，大多数美国公众主要从电视上获取新闻，认为电视是最可信的新闻来源。电视新闻即时、深刻，尤其是所披露的事件曝光于镜头之时。但倘若电视新闻并不即时、深刻呢？新闻是事实报道，可电视新闻也可能是电视秀，因为这样才能吸引观众。电视新闻人有义务真实、准确地报道新闻，可他们也有义务吸引人流量，好为自己的电视台或电视网盈利。

公众如果不收看，最好的电视记者也没法向他们告知。公众要看电视画面，电视人为采集画面，常行走在**新闻造假**（news staging）的道德边缘，即再造某种被认为是真的或可能发生过的事件。新闻造假的形式有时很简单，比如，屏幕上记者在叙述正在播放的某一事件，而其实他并未亲眼目睹该事件。这很容易让人误以为记者就在现场，那又何妨？这其实是美国所有电视新闻节目的惯例。可美国广播公司新闻频道将若干不同的视频拼接在一起，制造出布莱恩·罗斯（Brian Ross）就在丰田事件的现场时，是否做过头了（Cook，2010）？

电视方辩护道："这不能算造假事件。记者是否在现场有什么关系？只要报道的事件的确发生。"你若赞同此说（只要事件的确发生，就不存在新闻造假），那么，2002 年美军在阿富汗遭受重创时，福克斯新闻频道的杰拉尔多·瑞弗拉（Geraldo Rivera）并未在现场，却在阿富汗战争"圣地"进行现场报道，对此你又做何评价？对于利用数字技术手段将记者置于新闻现场的现象，我们如果赞同，那么哥伦比亚广播公司一直利用数字技术，将自己的台标置于出现在记者和播音员身后的广告牌和大楼上，你对此又有何评论？若你能接受这些造假，那又为什么不能利用数字技术夸大新闻中的火情和爆炸？

或许，一些有媒介素养的观众因为"这一事件的确发生"而尚能接受，但还有一种新闻造假方式更让人讨厌，那就是重造新闻。2011 年，罗得岛电视台邀请高尔夫运动员在摄像机前重摆某次大赛的最后一杆姿势，然后让记者在一旁叙述，制造出实时报道的感觉（Busbee，2011）。电视台的解释是，"重造"是真实再现发生过的事件。2003 年，战地记者阿什利·吉尔伯特森（Ashley Gilbertson）正在埃尔比勒的

杰拉尔多·瑞弗拉在所谓的"圣地"报道，其实那里远非真实现场，他是否参与了许可的或不被许可的新闻造假？

一家相对安全的旅馆收看有关空军在伊拉克的轰炸行动的报道时，看到福克斯新闻记者"穿着防弹衣和头盔匍匐在沙袋前面"，他惊异了。"他当时应该在现场，正通过嘶嘶的视频话筒做报道，而且他说他只能小声说话"。但吉尔伯特森很快认出"我们居住的建筑风格奇特的旅馆"。那位从战壕发出"现场报道"的记者，其实是在旅馆房间里"重造"报道。愤怒的吉尔伯特森拨通福克斯记者的房间的座机，尔后挂上，让大家都听出这是一则虚假报道（Genoways，2007，pp. 80 - 81）。然而，此次造假被认为是合理的，理由是它"可能发生过"。

媒介从业者的底线在哪里？当事实与虚构、真实与幻觉、数字化与非数字化以及报道重造之间，区别消失时，公众对自己最喜爱的新闻来源的信任，会将如何？

一则电视新闻报道若冠以重造或者模仿，你还会相信这个重造或者模仿的版本吗？有媒介素养的人会提升分析内容、鉴定新闻底线的策略，从而识别超出底线的假新闻。新闻制作人必须在服务公众与收视率和利润率之间寻求平衡，观众必须在寻求精彩刺激的视觉效果与接受新闻的真实性之间寻求平衡。

电视从业者为什么非得新闻造假？有两个解释：第一可能是为满足观众的感官需求。第二可能是电视从业者普遍以为重要问题只有按观众的期待方式展现才会被他们读懂、接受、理解和明白。若真如此，那么有媒介素养的观众就得重新审视自己对媒介的期待了。若非如此，那么，有媒介素养的观众就必须选择非造假的真实新闻，或抗议造假的新闻，以此向新闻制作人明确表态。

 挑战媒介素养

一周不看视频

媒介对你和社会有多大影响？认识这个问题的最好方法，莫过于远离它试试。作为有媒介素养之人，你可以测试一下视频这一具体媒介对你有多大影响。测试一下是你控制观看行为还是观看行为控制你。先划一个 5 天时间段，在这 5 天内不看视频，包括电视、网络或手机视频，不玩视频游戏，也即整整 5 天不看任何荧光屏。冒险一点，还可邀请一个或几个朋友、家人或者室友一起加入。

只简单改变自己日常收看行为远远不够，还要思考改变的意义。对自己（及你邀请加入的同道）提出以下问题：远离所有视频对你有多难或者有多易？为什么这么难（或这么易）？你的视频消费习惯让你了解了些什么？不看视频空出来的时间你做什么了？你能找到更有创造性的活动，还是念念不忘地想看视频？请描述不看视频的这一周你的其他生活习惯（饮食、与家人和朋友的交流、获取新闻等）如何受到影响。描述这一周你与其他人的互动情况：你们的谈话内容有改变吗？谈话的长度、深度或者话题有改变吗？你若不能坚持一周不看视频，请说明理由。决定放弃一周不看视频的测试对你有多难或者有多易？你觉得 5 天没结束就又开始看视频了，这是一种失败吗？为什么是失败或者为什么不是失败？重新回归正常的收看视频习惯之后，请你给自己在 1～10 之间打分，1 表示"我控制视频"，10 表示"视频控制我"。并请解释你给自己打分的理由。

本章回顾与讨论

回顾要点：将内容与学习成果联系起来

● 概述电视、有线电视产业及电视媒介的历史与发展。

■ 1884 年，保罗·尼普科夫开发了首个用于图像传输的仪器。不久，约翰·洛吉·贝尔德利用这种机械扫描技术远程发送图像。20 世纪 20 年代，维拉蒂米尔·斯福罗金和菲洛·法恩斯沃思开发了电子扫描技术。1939 年，利用电子技术制作的电视正式公开展示。

■ 20 世纪 50 年代，智力竞赛节目的丑闻、露西尔·鲍尔的商业头脑、麦卡锡主义和收视率体系塑造了广播电视的性质。1948 年出现的有线电视带来了更多变化。

■ 原为远程信号输入而设计的有线电视，成为一种播放电影和其他收费内容的成熟媒介。

● 概述现代电视和有线电视产业的组织性质与经济性质如何形塑电视内容。

■ 由多体系运营商控制的有线电视的节目分为不同级别，包括基本有线电视、扩展基本有线电视和付费有线电视。有人支持点菜式定价新方案。

■ 有线电视的主要多频道竞争对象，是直播卫星及"光纤服务电视"这样的光纤系统。

● 概述各种形式的电视与其观众的关系。

■ 曾被称为一堆垃圾的电视，却是绝大多数美国人的主要新闻来源。

■ 观众视电视为最有影响力、说服力、权威性和吸引力的广告媒介。

● 概述新型视频融合技术及其对电视产业和电视观众的影响。

■ 一系列的新技术，包括 VCR、DVD、DVR、网络视频和互动电视，影响了电视与其观众的关系。

● 概述数字和移动电视的变革。

■ 智能手机、平板电脑和其他便携式视频设备，让视频播放无处不在，"电视无处不在之倡议"的想法和社交网络网站上大肆扩散的视频，助长了这一趋势。

● 运用主要媒介素养技能收看电视。

■ 新闻造假引发有媒介素养的人质疑广播电视对观众的诚信和道德。

207

关键术语

nonlinear TV　非线性电视

Nipkow disc　尼普科夫圆盘

pixel　像素

iconoscope tube　光电摄像管

kinescope　电视显像管

coaxial cable　同轴电缆

microwave relay　微波中继

spot commercial sales　广告空位销售

personal peoplemeter　个人收视记录器

Total Audience Measurement Index，TAMi　总受众人数评测指数

sweeps periods　扫描周期

share　收视份额

C3 rating　前 3 天收视率

community antenna television（CATV）　公用天线电视

master antenna television（MATV）　主天线电视

importation of distant signals　远程信号输入

all-channel legislation　全频道法规

vast wasteland　一堆垃圾

network　电视网

clear time　空出时间

reverse compensation　反向补偿

retransmission fees　转播费

off-network　外网

pilot　样片

put　承诺

first-run syndication　首播辛迪加

stripping　长期固定播放

premium cable　付费有线电视

tiers　级别

expanded basic cable　扩展的基本有线电视

multiple system operator（MSO）　多体系运
　　营商

à la carte pricing　点菜式定价

subscription TV　付费电视

cord-cutting　掐线

time-shifting　时间位移

zipping　快进

digital video disc（DVD）　数字视频光盘

digital video recorder（DVR）　数字视频录
　　像机

bandwidth　带宽

broadband　宽带

digital cable television　数字有线电视

video-on-demand（VOD）　视频点播

bundling　捆绑

news staging　新闻造假

复习题

1. 保罗·尼普科夫、约翰·洛吉·贝尔德、维拉蒂米尔·斯福罗金、菲洛·法恩斯沃思和牛顿·迈诺在电视史上发挥了什么作用？

2. 智力竞赛节目的丑闻、《我爱露西》、麦卡锡主义和尼尔森收视率对电视产生过什么影响？

3. 收视率是如何计算的？收视率体系有什么局限性？

4. 电视节目一般都是如何制作的？电视辛迪加是如何产生的？

5. 有线电视、VCR、DVD、DVR 和 DBS 是如何影响电视网的？

6. 有线电视是如何改变电视的？

7. 基本有线电视、扩展基本有线电视、付费有线电视、按次付费和点菜式定价的区别是什么？

8. 远程信号、付费有线电视和光纤的重要性是什么？它们之间的关系是什么？它们在有线电视发展为成熟媒介上起到了什么作用？

9. 观众收看网络视频的方式有哪些？通过移动设备吗？这些平台上有哪些内容？

10. 什么是新闻造假？

批判性思考与论述题

1. 如果你是独立制作人，你会为电视网开发什么样的节目？

2. 你是有线电视用户吗？为什么是或者为什么不是？你使用的是什么级别？你支持点菜式定价吗？为什么支持或者为什么不支持？

3. 新闻造假可以被允许存在吗？如果不可以，为什么？如果可以，那么在什么情况下可以？你能识别出伪装得很好的假新闻吗？描述你看到的情景。

第9章

视频游戏

学习目标

视频游戏正在日益加速重构大众传播与大众媒介产业的五大趋势：视频游戏是高度集中产业的产物；视频游戏正从比较传统的媒介中吸引走受众（受众细分）；视频游戏正被用作广告或植入广告（过度商业化）；视频游戏不受国界限制（全球化）；视频游戏可在游戏机、个人电脑、互联网和手机等各种技术平台上运行（融合技术）。尽管游戏产业每年的收益接近好莱坞收益的两倍，但大众传播专家直至今日才开始重视这一媒介。学习完本章后，你应该能够：

- 概述游戏和游戏产业的历史与发展。
- 细述当代游戏产业的组织性质与经济性质如何形塑游戏内容。
- 诠释游戏与游戏玩家之间的关系。
- 认识新型融合技术为游戏产业带来的变化。
- 运用媒介素养技能玩游戏。

210　　　"为什么在玩游戏？你没家庭作业、没要交的论文啊？"

"玩这个游戏更重要。嗯？你管我干吗？你是我妈吗？"

"当然不是，我只是不想又得从游戏中捞室友。"

"谢谢关心啦，可我看似玩游戏，其实是在准备我的国际政治课哈。你看，这是美国海军发行的多人网络联机战争游戏（MMOWGLI），目的是打击索马里海盗。"

"政府推出的试图挫败索马里海盗的游戏？"

"这款游戏是这个目的，还有其他游戏针对海军求助的其他问题。这些游戏创造游戏氛围，让我们这些玩家和各类问题的专家一起，共同分享、合作，赚积分赢游戏。"

"海军为什么重视你的想法？"

"它不一定重视我的想法，但它重视我们大家的想法。多人网络联机战争游戏是一种基于网络的游戏，海军借此方式与更多人商定战略，人数之多，非以前任何面对面商定之规模可比。海军方面的人了解海军上的事，非洲专家熟悉非洲方面的情况，其他玩家有其他玩家精通的领域。大家都上网，**共同探讨**（crowdsource）各种解决方案和未曾想到的可能，网络上所有人即全体网民都参与其中。你想玩玩吗？"

"不想玩，谢谢。我玩游戏就玩用大量武器打坏蛋、能飞天遁地的那种。"

本章探讨各种以电子微处理器为平台运行的游戏。深入探讨当今大量复杂、具有娱乐性但有时不甚好玩（从开篇的对话可以看出）的游戏之前，我们先从弹球游戏机与军事模拟器的融合开始，仔细研究这些游戏的源头。之所以这么做，是因为视频游戏与其他媒介一样，甚至比其他媒介更为受融合技术的影响，融合技术决定着视频游戏的当今和未来。

211　电脑游戏与视频游戏简史

1931 年，游乐场的大卫·戈特利布（David Gottlieb）发明了首款可大批量生产的街机游戏《挡板球》（*Baffle Ball*），其外形为一小木柜子，只有一个可移动部件——活栓。玩者将弹球投入由金属"针"围绕的"计分孔"斜面球场，目标是将球弹进孔中。戈特利布很快就能一天生产 400 台这样的柜子。效仿者跟进的速度同样迅速，哈里·威廉姆斯（Harry Williams）很快便发明首台电子弹球游戏《接触》（*Contact*）。1933 年，工程师威廉姆斯发明弹球游戏电子计分（《挡板球》的玩家须自己用脑计分）与计分孔（或称球兜），球可以自动返回球场（《挡板球》中的球一旦掉进孔中，不会自动返回球场）。街机游戏非常受欢迎，当游戏制造商将开发的投币式老虎机投入市场后，游戏玩家的热情更加高涨。20 世纪 30 年代，美国经济大萧条，官员们不太支持游戏发展，并在纽约等多地禁止此类游戏，弹球游戏被认定是赌博。

大卫·戈特利布认为技术型游戏不是赌博，以附加游戏而非金钱作为回报的游戏也不是赌博。

1947 年，大卫·戈特利布推出《胖墩冲撞》（*Humpty Dumpty*），一款有六个数字视频光盘的游戏，以再玩一次游戏作为奖励，得高分者可接着继续玩。游戏禁令解除后，弹球游戏重返街机市场，技术型电子游戏吸引了更多玩家，为当今的视频游戏与电脑游戏奠定了基础。《美国有线新闻网电脑新世界》（*CNN Computer Connection*）的史蒂文·巴克斯特（Steven Baxter）称："不能说视频游戏源于弹球游戏，但没有弹球游戏，就不会有视频游戏。这就像自行车与汽车之间的关系。一产业引领另一产业，之后，两者并行发展。但你得先有自行车再有汽车。"游戏软件师史蒂文·肯特（Steven Kent）补充道："新技术不会突然出现，新技术伴随相近产业或相似理念而产 *212* 生。人们或许会笑称早期的汽车是'不用马拉的马车'，但该词对定义汽车其实很有裨益，它借用已为大众所普遍接受的交通工具，来描述新诞生的、人们尚不明就里的机械。"（Kent, 2001, pp. 1-2）

1931 年　▲《挡板球》，首
款大批量生产的
街机游戏

1933 年　《接触》，首款电
子弹球游戏

1940 年

1947 年　▲数字视频光盘运用到
弹球机中

1951 年　日本扑克牌公司丸福株
式会社更名为任天堂
公司

1955 年

1961 年　史蒂夫·罗素创建《太空大战》
游戏

1964 年　世嘉公司成立

1966 年　世嘉公司将《潜望镜》游戏出
口到美国与欧洲国家；▲游戏
收费标准为每次 25 美分

1968 年　贝尔为交互式电视游戏申请专利

1970 年

1971 年　▲《电脑空间》，第一款街机电
脑游戏

1972 年　发行"奥德赛"；雅达利公司
成立，研发《乓》

1975 年　《家用乓》首发；《枪战》，首
款采用微处理器的游戏

1976 年　《F 频道》，首款程控卡带式家
用游戏

1977 年　首款便携式视频游戏

1979 年　首款便携式程控游戏系统

1980 年　家用版游戏《太空入侵者》；
首款家用系统游戏《吃豆人》

1981 年　《大金刚》

1985 年

1985 年　任天堂推出"红白机"

1986 年　《塞尔达传说》

1987 年　推出单机游戏

1989 年　▲Game Boy 掌机

1990 年　《超级马里奥 3》

1993 年　《毁灭战士》游戏发行

1994 年　娱乐软件分级委员会
建立分级体系；《神秘
岛》游戏发行

1995 年　美国引进 PS 游戏机

2000 年

2000 年　▲Xbox 游戏机

2001 年　GC 游戏机（"方糖
机"）

2003 年　《第二人生》游戏发行

2004 年　《光环 2》游戏发行；
PSP 机推出

2006 年　任天堂推出 Wii 机

2012 年　Xbox 游戏机娱乐功能
的使用超出游戏

现代游戏的出现

20 世纪 50 年代末至 60 年代，电脑还是庞然大物，占据整个房间（见第 10 章），大多数电脑通过电传打字机将电脑的输出内容打印在纸上。但当时最好、最先进、针对军事研究与分析而设计的电脑，外形比较优美，且配有显示器，但是只有麻省理工、犹他和斯坦福三所大学及几所专门研究机构有这样的机器。麻省理工大学铁路模型技术社团（Tech Model Railroad Club，TMRC）一群自诩为书呆子的人们，出于好玩，开始为军用电脑编程。成员们将自己的编程放在电脑旁，以便后面的成员能接上前面的编程继续往下干。有一位叫史蒂夫·罗素（Steve Russell）的成员决定编写终端程序，即交互式游戏。6 个月时间里，他花了 200 多个小时，于 1961 年设计出世界上首款交互式电脑游戏《太空大战》（Spacewar），通过操作杆控制游戏中两架太空飞船的飞行速度与方向，用鱼雷互相进行攻击。他第二年完成的终版，以精确的星云图为背景，配有一个控制玩法的精密引力场星体。罗素和社团其他成员甚至制作了控制游戏各项功能的远程开关——第一款游戏控制手柄。罗素称："我们也想过用这个赚钱，但最后还是觉得这条路走不通。"（Kent，2001，p. 20）。

但另一位大学生诺兰·布什内尔（Nolan Bushnell）却不这么想（DeMaria & Wilson，2004，p. 16）。铁路模型技术社团（TMRC）在罗素完成该游戏开发之后的两年里，将游戏提供给其他学校免费使用。在游戏厅兼职赚学费的犹他大学工程专业学生布什内尔，不停地玩《太空大战》。毕业后，他致力于开发投币式游戏，并为此花费了大量时间。他明白，要想赚钱，游戏只吸引电脑爱好者是远远不够的。因此，他设计出外观前卫的玻纤柜游戏机，于 1971 年发行游戏《电脑空间》（Computer Space），但结果令人失望。此款休闲游戏机太复杂，在校园周边收益良好，但在保龄球馆与酒馆等场所则不佳。但布什内尔并未灰心，1972 年，他辞去工程师工作，与两位朋友一起，每人出资 250 美元，创立雅达利公司（Atari）。

早在此前的 1951 年，为军事承包商工作的工程师拉尔夫·贝尔（Ralph Baer）就接受了一项开发"世界上最好的电视机"的任务。拉尔夫·贝尔觉得，好电视机肯定不单是能接收若干频道（请注意这是有线电视出现之前的时代），还要能接收游戏。他的老板们对此却不以为然。15 年后，贝尔为另一家防务承包商工作，草创一款视频游戏机原理图，售价 20 美元。1968 年，他为此申请专利，并将之授权于米罗华公司（Magnavox）。1972 年，该公司推出第一款家用视频游戏机"奥德赛"（Odyssey），售价 100 美元。

"奥德赛"游戏机很简单，配有代表双方玩家的两个方形手柄（或控制杆）、一个球、一条中心线。游戏机有六个插件筒和十二款简单游戏覆盖图的透明彩色屏幕。游戏机的制作成本高，米罗华公司当时又让电视机经销商销售游戏机，这一营销决策错误，让人误以为只能用米罗华公司的电视机才能玩游戏。因为这两个原因，这款游戏机发展不尽如人意，仅售 10 万台。但是，有了"奥德赛"游戏机和雅达利公司，可以说：

引进新艺术形式和新产业的舞台已经搭起，技术基础业已具备。探路先锋们颇有远见，已踏出探索性步伐。随着新政治、新音乐、新社会意识开始在欧美国家传播，世界开始不断变化。60 年代已成历史，新一代年轻人有新梦想，要不断突破现状。拉尔夫·贝尔先行、诺兰·布什内尔紧跟其后地奉献着自己的绵薄之力，以前所未有的方式改变了世界（DeMaria & Wilson，2004，p. 17）。

1972 年，雅达利推出的乒乓街机游戏《乓》（Pong），掀起游戏改革大潮。布什内尔在一次电子展上看到"奥德赛"游戏机后，组织开发投币式游戏机（雅达利后来同意向米罗华支付授权费）。这款双人游戏一夜爆红，第一年售出 10 万台——是山寨版游戏的两倍（Burnham，2001，p. 61）。玩游戏的大众将大把硬币投进《乓》，哈里·威廉姆斯的《挡板球》，罗利（Rally）的《为了玩》（For-Play）以及雅达利为抵制布什内尔所称"胡狼"而开发的《双人乓》（Double Pong）、《超级兵》（*Super Pong*）和《方形兵》（*Quadrapong*）等游戏之中（Sellers，2001）。

诺兰·布什内尔与他的小发明。

高速发展时期

随着微芯片与电脑产业的迅速发展（以及日本繁荣的游戏产业中技术天才的涌现），游戏产业迎来高速创新的发展期。1975 年，雅达利通过希尔斯百货公司（Sears）销售《家用兵》，此举迈出将街机游戏引入家庭的第一步。1980 年，家用版《太空入侵者》（*Space Invaders*）发行，巩固了这一趋势的发展。1975 年，美国 Midway 公司也开始从日本的 Taito 公司进口《枪战》游戏（*Gunfight*）。《枪战》意义重大，原因有二：虽然世嘉公司（Sega）1966 年开始将街机游戏《潜望镜》（*Periscope*）进口到美国，但《枪战》是首款采用电脑微处理器的进口视频游戏。1976 年，仙童摄影器材公司（Fairchild Camera and Instrument）推出第一款配有操作器的程控家用机游戏《F 频道》（*Chanel F*）。1977 年美泰玩具公司（Mattel Toy）推出真正的便携式电子游戏，比如《导弹袭击》（*Missile Attack*）、《赛车》（*Auto Race*）、《足球》（*Football*）等，这些游戏可在计算器大小的带**发光二极管**（LED）和**液晶显示器**（LCD）的掌机上运行。1979 年，弥尔顿·布拉德利（Milton Bradley）开发出第一款程控掌机系统微视机（Mi-crovision）。日本南梦宫公司（Namco）1980 年推出的《吃豆人》（*Pac-Man*）与任天堂公司 1981 年的《大金刚》（*Donkey Kong*）两大进口游戏，迅速成为经典，长销不衰。1985 年，任天堂的开创性游戏机"红白机"面世，家用版游戏机开始成功发展。日本游戏公司进一步优化家用版游戏，1986 年发行开创性游戏《塞尔达传说》（*Legend of Zelda*），它可在任何场合玩，不局限在家中，且可多途径赢取游戏，这已成为现代游戏的准则。

1987 年，日本 NEC 公司开发电脑与游戏机结合体，个人电脑游戏从此将街机游戏、便携式游戏系统及家用游戏机集于一身。如今，游戏可在微机控制器上运行，基于微型电脑游戏的开发因此变得简单。至 20 世纪 90 年代初，光盘驱动器（CD-ROM）式电脑游戏已很普遍，发展很成功，《毁灭战士》（*Doom*，1993）与《神秘岛》（*Myst*，1994）便是其中两款。《毁灭战士》发展迅速，因为玩家可登录**局域网**（LAN）或区域性（local area）电脑网络，在同一楼内玩此游戏，即多人在同一电脑网络中参与交互式游戏。它也是第一款**第一人称视角射击游戏**（first-person perspective game），玩家

"携带"武器，能亲眼看到游戏中的所有动作。

游戏与游戏玩家

72％的美国家庭玩视频游戏（Entertainment Software Association，2012）。我们在探讨游戏玩家之前，需要准确定义视频游戏的构成。

216

运用媒介制造奇迹

发挥游戏的积极作用

视频游戏已与其他大众媒介一样，获得合法、体面的地位。视频游戏内容现在同样面临质疑：它会对儿童产生什么影响？需要怎样制定法规？如何运用游戏媒介以及怎样发挥游戏媒介的积极作用？

游戏产业专家、社会学家、教育家和家长通常都在探讨最后一个问题，关注游戏在政策变化、培训和学习上的作用，产品包括思科公司（Cisco Systems）为对抗贫穷而开发的《彼得模拟游戏与挑战》（*Peter Packet Game and Challenge*）及非营利性的环球儿童公司（Global Kids Inc.）与乐高（Lego）、微软（Microsoft）和美国公共电视网（PBS）等公司联合所做的鼓励儿童自创视频的教育游戏。说服游戏网站（Persuasive Games）提供具有指导和说服性行动的电子游戏；观点互动网（P.O.V. Interactive）与美国公共电视网纪录片频道合作，利用交互式游戏来探究环境等问题。美国国家科学院（the National Academy Of Sciences）在美国科学家联合会（the Federation of American Scientists）的协助下，集资开发游戏，激发人们的科学热情，促进人们选择科学作为专业和职业。

健康游戏会（Games for Health）是最成功的健康游戏实验之一，由游戏开发者、研究员、保健医药专家组成，通过在线和年会，维系"最佳实践"对话，互相交流有关现有游戏与原始游戏对保健和政策的影响。比如日本游戏制造商科乐美公司（Konami）推出的《劲舞革命》（*Dance Dance Revolution*），就是一款**运动游戏**（exergame），邀请玩家在玩游戏的同时运动起来。玩家根据显示器上箭头指示，站在一个连接着游戏机的大地垫上模仿同样动作。索尼和耐克共同合作开发了一款多重益处的运动游戏——*EyeToy Kinetic*，此款游戏支持玩家在不同模拟环境中做有氧搏击、练习瑜伽等健身活动。其他一些老游戏——掌机游戏，经常用来缓解那些即将面临麻醉、透析或者化疗手术的孩子们的紧张情绪。研究显示，这些游戏在安抚术前孩子们的情绪方面，甚至比父母的安慰更为有效。

一些新游戏是专为人的健康需要而开发的。任天堂开发的 *GlucoBoy* 就是帮助孩子应对遗尿症的。《马里奥医生》（*Dr. Mario*）协助糖尿病人管理自己的需求。本章开篇介绍了海军开发的多人网络联机战争游戏，它还开发了一款虚拟现实游戏，帮助从中东战场归来的士兵治疗创伤后应激障碍。治疗师运用游戏重现战争场景，让玩家/病人慢慢重新历经那些创伤场景。雅达利的创建者诺兰·布什内尔也涉足健康游戏领域，他的抗衰老游戏网站（Anti-Aging Games），为老年人提供多款游戏，帮助他们提高短时记忆和专注能力。

这些尝试都是社会**游戏化**（gamification）的体现：运用视频游戏的技巧和规则，解决现实社会中有关医药、健康、决策、个人责任及人类社会面临的任何问题。从这个意义上说，游戏化就是充分发挥游戏的积极作用。

游戏无论通过哪种平台运行，其动作只要通过屏幕进行交互，就是视频游戏。

什么是视频游戏？

技术融合让同一款游戏能在越来越多的平台上运行，比如《神秘岛》起初是为苹果电脑（Macintosh）设计的，后来可用于 IBM 电脑、独立 CD-ROM 驱动器及索尼的 PS 等视频游戏机，这款游戏现在还可在线玩了。《大金刚》各版本可在街机和家用机、互联网、苹果电脑和其他电脑及掌机上畅玩。Q^*bert 适用于各种主机平台，也可在珍藏版 Nelsonic 游戏手表上玩。众多游戏都能在智能手机和平板电脑上运行。游戏动作通过屏幕进行交互，我们就称其为 **视频游戏**（video game）。**多用户网络空间**（multiuser dimension, MUD）游戏是一款键入文字的网络游戏，虽然无移动画面，但依据此定义，也属视频游戏。不过通过 DVD 提示画面运行的家用版《棋盘游戏》（*Trivial Pursuit*）不是视频游戏。

视频游戏名称的由来，从技术上说，一半的原因是基于视频（video）一词，但游戏（game）是什么呢？我们说，视频游戏指玩家直接参与显示屏上的活动以达到某种目标的游戏。比如多用户网络空间游戏的玩家，为了某个特定目的，键入文字口令创建人物、环境甚至世界，与他们生存其中，这就是游戏。盒式学习辅助器《马里奥教打字》（*Mario Teaches Typing*）也是视频游戏吗？它的目标虽是教学，但因为具有游戏特性（在《超级马里奥》中操控显示屏以达到特定目标），因此也是游戏。专栏文章《发挥游戏的积极作用》指出，游戏不仅仅只有娱乐功能。

谁在玩游戏？

美国固定游戏玩家 13 500 万，我们对他们有多少了解？图 9—1 显示，他们未必如我们的刻板印象那样，是躲在家中地下室偷玩游戏的男孩。

● 游戏玩家平均年龄 37 岁；50 岁以上玩家占 29%。

● 成年女性玩游戏的比率（37%）高于 18 岁以下男孩玩游戏的比率（13%）。

● 2008 年，美国游戏玩家的总数是 5 600 万，

至 2011 年翻了一番，达 13 500 万。

● 全球玩家总人数同期由 25 000 万增长到 *218* 150 000 万（Masnick & Ho，2012）。

● 45% 的父母每周与孩子一起玩游戏；80% 的父母认为这有助于增进家庭成员之间的感情。

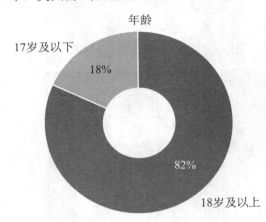 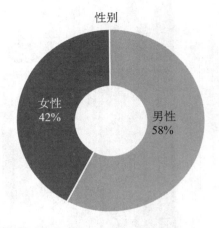

图 9—1　游戏玩家的人口统计资料（2011 年）

资料来源：Entertainment Software Association，2012。

视频游戏产业的范畴与性质

全球 720 亿美元的视频游戏市场，美国大约占一半份额，其中一半用于购买软件（2008 年首次超出购买 DVD 的消费额），30 多亿美元用于购买游戏（Masnick & Ho，2012）。图 9—2 显示，全球发展最快的三家媒介公司均从事视频游戏业务。2011 年发行的《使命召唤：现代战争 3》（*Call of Duty：Modern Warfare* 3）开卖 24 小时内，销售额超过 4 亿美元，16 天内达 10 亿美元，比最受欢迎的电影《阿凡达》（*Avatar's*）达到 10 亿美元的纪录还少一天（Masnick & Ho，2012）。

与我们迄今探讨的其他媒介产业一样，集中化和全球化也是游戏产业的定律。游戏主机销售，只有三家公司：美国微软（最有名的 Xbox 机与 Kinect 机）和两家日本公司任天堂（Wii 机）和索尼（PS 机）。PS 机与 Xbox 机的销售一直领先。2006 年，任天堂推出 Wii 机，意在吸引非传统的新玩家。Wii 机广受欢迎，主要因为它是一款全身互动式游戏机，玩家可操作多个控制杆而不是传

统游戏的按钮。2010 年，微软推出 Kinect 挑战 Wii。Kinect 是一款感应游戏机，配备面部与声音识别装置，无需任何控制器就可以感知玩家的肢体动作。这款游戏机 60 天内售出 800 万台，迅速成为史上销售最快的消费类电子设备（超过此前的冠军 iPhone 和 iPad；Kato，2012）。

任天堂的 Game Boy Advance（GBA）机是便携式游戏设备中的翘楚，售价相对低廉，是相对低价的卡带式游戏机。索尼开发的掌机 PSP（PlayStation Portable）叫板任天堂的 GBA，不仅提供与其端口控制器版本相同品质的画面，且能够通过无线局域网连接网络，与多人同玩游戏。PSP 不是卡带式游戏机，而是采用特制的小型 CD，可同时当音乐和电影播放器使用。2009 年底，任天堂针对索尼 PSP 机推出具有互联网功能的多媒体 DSi，但它 2011 年推出的无需 3D 眼镜、可连接互联网的 3D 掌机 3DS，更是革命性的便携式游戏。比如，玩家可用该设备拍摄 3D 图片，并

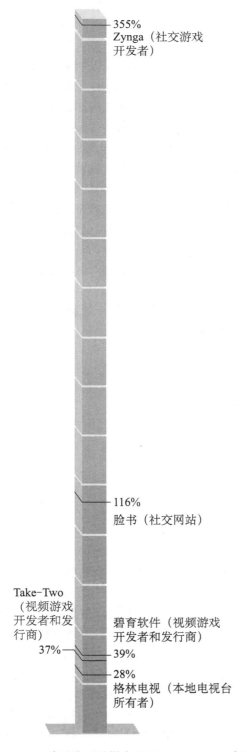

355%
Zynga（社交游戏
开发者）

116%
脸书（社交网站）

Take-Two
（视频游戏
开发者和发
行商）

碧育软件（视频游戏
开发者和发行商）

37%　　39%

28%
格林电视（本地电视台
所有者）

图 9—2　高速发展的媒介公司（2009—2010 年）

资料来源：Johnson，2011a。

将自己所摄插入正在玩的游戏，使游戏更为个性化。2012 年索尼推出 PS Vita。这是一种移动游戏

系统，具有端口式游戏机的能量和图像，可通过无线局域网连接网络，并通过网飞下载传输影片。这不只是挑战任天堂的 Game Boy 和 DS 掌上游戏机了，也是在挑战智能手机和平板电脑，成为越来越多掌上游戏玩家的首选。索尼断定，只要游戏体验优越，老游戏机的玩家们愿意多带一个设备。

硬件上的成功，为微软、任天堂和索尼带来更多销售收入。专为现有硬件系统开发游戏的公司称**第三方发行商**（third-party publishers），它们自然希望自己最好的游戏能载入最受欢迎的系统，而好游戏自然又吸引更多顾客购买支持游戏的系统。第三方发行商为各种系统开发游戏，比如：美国动视（Activision）制作的《使命召唤》（*Call of Duty*）可在各种游戏主机、苹果电脑（MAC）及其他个人电脑上运行；艺电体育（EA Sports）推出年销量超过 500 万的热门游戏《疯狂橄榄球》（*Madden NFL*）和《美国职棒大联盟》（*MVP Baseball*）系列。此外，还有科乐美公司的《合金装备》（*Metal Gear*）、美国动视的《托尼·霍克》（*Tony Hawk*）、贝塞斯达软件公司（Bethesda Softworks）的《上古卷轴》（*Elder Scrolls*）、华纳兄弟互动媒体公司的《蝙蝠侠》（*Batman*）。可科林麦考雷（Codemaster）的《MTV 音乐工厂》（*MVT Music Generator*）只能在 PS 和 Xbox 上运行；育碧软件公司（Ubisoft）和艺电的 Headgate 工作室等几家第三方发行商只研发适用于 Wii 的软件。游戏机厂商的确也开发自己的游戏产品。任天堂推出《口袋妖怪》（*Pokémon*）、《超级马里奥》（*Super Mario*）与《皮克敏》（*Pikmin*）系列。索尼发行《GT 赛车》（*Gran Turismo*）系列，微软提供《实况足球》（*XNS Sports*）、《光环》（*Halo*）等游戏。游戏软件业与硬件行业一样，也在集中化。雅达利旗下有好几家游戏开发商，包括美国的英宝格（Infogrames）和占将近 50% 视频游戏销售额的艺电公司。2011 年中，艺电收购了开发颇受欢迎的《宝石迷阵》（*Bejeweled*）及《植物大战僵尸》（*Plants vs. Zombies*）等免费在线休闲游戏的开发商宝开公司（PopCap），提高自己在游戏产业所占的份额。为扭转集中化趋势，许多为独立游戏开发者提供平台的网站开始涌现，最著名的是 Humble Indie Bundle 网站。小发行商无法像

219

大公司那样发行、推广游戏，便将自己开发的游戏上传到这些网站，不设任何防盗版措施，可供免费复制。这些游戏可在任何游戏平台上运行，一旦与其他游戏捆绑，玩家愿付多少钱购买就付多少钱购买，收入的一部分捐给慈善机构。此经营模式头两年就为网站运营商、游戏开发商与慈善机构带来 1 100 多万美元的收益。Humble Indie Bundle 网站因为在开发独立游戏市场方面所作的贡献，被《游戏电脑》杂志（*PC Gamer*）评为"2011 年网页英豪"（Francis，2011）。

第三方游戏发行商与其他传统媒介尤其是电影一样，也面临一个严重问题，那就是制作与推广费用激增。制作技术越来越复杂，游戏与电影明星一样，需要建立粉丝群。有了粉丝，幕后创作团队才能有更大的知名度和回报。2001 年，制作一款游戏平均花费 500 万美元，推广花费 200 万美元。如今，仅游戏开发耗资就达 1 500 万至

2 500 万美元，《侠盗猎车手 4》（*Grand Theft Auto IV*）的制作甚至耗费了一亿美元，推广费比制作费还高出几千万。和电影业一样，业内人士与粉丝担忧游戏的改编特许权及授权问题，包括被电影及电视改编的游戏。比如，市场上有 65 种不同版本的马里奥游戏，越来越多的钱花在了购买《詹姆斯·邦德 007》（*James Bond 007*）和《蜘蛛侠》（*Spider-Man*）之类的电影版权上。业界研究显示，大多玩家希望游戏开发商不要太依赖授权的内容与系列，此愿望与当今游戏产业的制作、推广及发行成本不断上升的现状相矛盾。50% 的游戏一上市就失败。2011 年，销量前十的游戏每款都是特许改编系列或授权内容。和其他媒介一样，受经济危机冲击的游戏产业，需要规避风险。而特许改编的《使命召唤》、《侠盗猎车手》之类的游戏，几天的销售额就达 5 亿美元，让业界人士看到改编策略的可行。

220

视频游戏产业趋势与融合

游戏产业与我们研究的其他媒介产业一样，也正在经历巨大变化，其主要原因，在于融合技术与过度商业化的驱使。

融合技术无处不在

美国有线电视两大巨头康卡斯特公司（Comscat）和考克斯公司（Cox）为其宽带用户提供付费游戏服务。这两大直播卫星（DBS）供应商还提供互动游戏服务。大多数互联网服务商（见第 10 章）提供某种形式的网络互动游戏，比如美国在线游戏（AOL Game）向会员免费提供由美国艺电体育（EA Sports）、TryMedia 或 Funkitron 等游戏公司制作的游戏，以维护现有宽带用户、吸引新用户。另一互联网提供商雅虎游戏网（Yahoo!），月访问量接近 500 万。许多游戏开发商也提供交互式网络游戏。美国艺电公司旗下游戏网站 Pogo.com 有 900 万用户，他们可玩棋类、拼图、文字、网上赌博、体育和纸牌游戏比赛。这些游戏，部分免费部分付费。

221

诚如前文所述，新一代掌机具有互联网功能。迫于技术融合，所有三类游戏主机均设计出可玩各类游戏和非游戏的功能，借助宽屏高清电视（HDTV）及数字多声道音响，具有播放 DVD、音乐 CD，下载传输网络音乐及网络视频的功能。比如微软的 Xbox 机用户，只要有 Kinect 体感器，通过语音指令或手势操作，便可享受美国清晰频道 iHeart 电台（Clear Channel's iHeart Radio）的 800 多场直播演唱会及全数字广播。Xbox 机用户也可登录懒虫（Slacker）个人广播电台网站，畅听数十万首音乐歌曲。用户如果订购了微软公司的 SmartGlass 应用软件，可通过游戏主机将智能手机或平板电脑中的媒介内容传送到电视屏幕上。三星公司销售的电视机将观众直接连接到存储在

远程专用服务器上的缓冲游戏上（见第 10 章）。有线电视公司威瑞森和康卡斯特、节目提供商 HBO 电视网、Epix 电影视频网站、网飞视频网站、葫芦视频网站等，通过游戏主机传输内容。美国 12% 的家庭其实已经常使用游戏机接收视频内容（Poggi，2012）。2012 年，用 Xbox 机娱乐的用户首次超过用 Xbox 机玩多人游戏的用户，这表明用户花在观看在线视频、收听在线音乐的时间，比玩在线游戏的时间长（Tsukayama，2012b）。

家用电脑用户通过多用户网络空间与其他游戏玩家互动已有几十年，现在，成群的主机游戏玩家又加入到他们之中，一起玩**大型多人在线角色扮演游戏**（MMO），比如《网络创世纪》（*Ultima online*）、《魔兽世界》（*World of Warcraft*）、《无尽的任务》（*EverQuest*）和《第二人生》（*Second Life*）。全球有 3 000 万玩家在玩 80 多款**虚拟世界游戏**（virtual worlds game），其中一款非常热门的《魔兽世界》，一年内，月度订购加其他收益，总额近 10 亿美元（Dibbell，2007）。

技术的发展以及游戏玩家迎接技术的急切程度，是促成技术融合浪潮的两大原因。游戏可通过互联网供应商或社交网站在有线电视、专用家用机和掌机上玩，也可在游戏设计商的网站上在线玩，用游戏机、平板电脑或智能手机在线玩，或者在家或在办公室用电脑在线玩。

技术 随着微处理器越来越小、越来越快、越来越强大及微处理器进入游戏机领域，游戏机与电脑的区别开始消失。一台带有快速微处理器的游戏机连接上电视机，就相当于可干任何事情的电脑和显示屏。

技术带来的舒适 玩游戏的不同载体之间的技术区别越来越小，游戏玩家想在不同的平台上玩游戏的愿望因而开始增加，统计数据也符合这一趋势。娱乐软件协会（Entertainment Software Association）会长道格拉斯·洛温斯坦（Douglas Lowenstein）在第 10 届 E³ 电子游戏年度贸易展（2005）上说："展望未来，1995 年与 E³ 电子游戏同年诞生的孩子，到 2014 是 19 岁。人口调查局数据显示，2020 年美国 5 至 44 岁的人口总数将达 17 400 万，他们从儿童至青少年伴随 PS、Xbox 和 GameCubes 游戏机一起成长……这意味着游戏玩家们的平均年龄将普遍较大，而且他们因为一直接触交互式游戏，非常熟悉，因此，对游戏要求更高，要求游戏更具识别度。"（p. 4）

玩游戏的各种技术平台中，智能手机给游戏玩家带来的舒适程度最高，你对此或许已有体会。

智能手机、平板电脑与社交网站

智能手机和平板电脑正推动电子游戏产业发生革命性变化。如前所述，索尼公司希望通过游戏产品 Vita，仍能捕获那些既想体验移动媒介又苛求高品质游戏的老玩家。92% 的智能手机与平板电脑用户每周至少玩一次游戏，其中 45% 的用户每天在玩游戏（Bear，2011）。据行业估测，2016 年，全球移动游戏总收入的三分之一，来自平板电脑（Walsh，2012b）。仅苹果手机店就有游戏软件 9 万多款，比上线投入市场之初增长 14 倍（Masnick & Ho，2012）。如今，苹果移动操作系统与安卓移动设备的游戏收入，已超出任天堂与索尼掌机收入的总和（Lovison，2011）。

当今的大多数移动电子游戏是**休闲游戏**（casual games），经典的有纸牌游戏（扑克牌、克星比奇、单人纸牌）、配对游戏、填字小游戏等。《愤怒的小鸟》（*Angry Birds*）中玩家用弹弓发射无翅小鸟攻击肥猪，此款游戏推出后的前三年，下载量达 7 亿，每天玩游戏的时间达 2 亿分钟（Anderson，2012）。玩休闲游戏的数量短期内激增，且游戏易于被手机的小屏幕容纳。休闲游戏在互联网玩家中也非常受欢迎，1 亿多网络游戏玩家经常访问 gametap.com、realarcade.com 和 pogo.com 等网站。众多玩家加入其中（多为女性），在脸书等社交网站上玩游戏。美国社交游戏商 Zynga 开发的《开心农场》有 8 000 多万活跃用户，加上它为脸书开发的《黑手党战争》（*Mafia Wars*）、《城市小镇》（*Cityville*）和《你画我猜》（*Draw Something*）的用户，总计 232 百万活跃用户。2011 年，脸书的总收益是 37 亿美元，其中游戏玩家虚拟商品购买、游戏广告销售的总收入占

12%（Franzen，2012）。休闲游戏玩家其实花一半以上时间（56%）在社交网站上玩游戏，其中51%会登录专门的游戏网站玩游戏（PopCap，

2011）。图9—3显示休闲游戏玩家在社交网站上的时间分配。

参与活动的百分比

活动	百分比
与他人一起玩游戏	39%
玩独自玩的游戏	18%
与朋友聊天/发信息	14%
往朋友墙上贴评论	11%
读朋友墙上的评论	10%
读新闻	9%
贴/看照片	9%
看视频	8%
约/加新友	7%
踢出朋友	7%
贴链接	7%
做测试	7%
更新个人头像/境况	7%

图9—3　休闲游戏玩家在社交网站做什么？

资料来源：PopCap，2011。

过度商业化

各大媒介都超级重商。广告商希望避开传统媒介中广告的杂乱，寻找传递信息的新渠道，游戏玩家又恰是极具吸引力的细分群体，所有这一切，促使视频游戏成为吸引各类商业广告及说服宣传活动的媒介。

不同游戏吸引不同群体：《真人快打》（Mortal Kombat）、《侠盗猎车手》吸引的玩家，与《蜘蛛

侠》和MSN Game网站上《智取珍妮佛·洛佩慈》（Outsmart Jennifer Auto）吸引的玩家不同。网络游戏吸引广告商的另一原因，是它们的**黏性**（sticky）。玩家待在（黏在）游戏网站的时间往往比待在其他网站长。比如，艺电公司popo.com网站的访问者每月在该网站上玩游戏的时间达2 500万小时（Traffic States，2010）。行业研究显示，

223

无论哪种游戏平台，游戏玩家只要坐下来玩游戏，一般一玩就是 2 到 4 小时。赞助商以四种方式用游戏达到目的：植入式广告、免费增值游戏、广告游戏和宣传游戏。

植入式广告　广告商喜欢植入式广告有几个原因。第一，产品在游戏中一经植入，就一直存在其中了，每次玩游戏，广告商的品牌不仅会出现，还在游戏中被使用。第二，广告一经植入，便是永久性的，快进也跳不过。第三，品牌与游戏联系在一起使得品牌很"酷"，而且，游戏的交互性建立起一种浓厚的情感联系，因此，与看电视广告相比，游戏玩家与品牌的联系更为积极。第四，玩家们似乎并不介意广告，甚至很欢迎广告，只要提供优惠游戏或者能免费在线玩游戏（Vorhaus，2009）。第五，植入式广告很有效，而且它的有效性可以测定。因为，赞助商可通过点击量精确测定反响。第六，以前游戏中的广告是静态的比如建筑物顶上的广告牌，或者赛车车身上的商标。如今的广告都是动态的了，即广告商可对广告进行实时远程更改，以适用特定地点、特定时段。

早在 20 世纪 80 年代，世嘉公司发行的街机赛车游戏就植入了万宝路香烟的广告语。游戏设计者在自己的产品中植入广告，除了赚钱，还有别的原因吗？首先是品牌给虚拟的游戏世界增添了些许现实色彩，这或许能提高游戏玩家的乐趣。其次是广告商与游戏制作商频繁交叉推广。比如雪碧广告牌凸显了美国动视发行的《街头篮球》（Street Hoops），该汽水制造商还在自己的汽水罐和自己的广告上增印该游戏介绍。美国艺电公司发行的《橄榄球竞技场》中，随处可见美国冠军体育用品专卖店鼓励它的 600 家连锁店内的顾客在专

文化论坛	游戏是利还是弊？

2011 年，简·麦戈尼格尔（Jane McGonigal）在《游戏改变世界：游戏如何让世界变得更美好》（Reality Is Broken: Why Games Makes Us Better and How They Changed the World）一书中指出："认为游戏是逃避现实的人在浪费时间，这是对游戏的最大误解。十多年的科学研究显示，游戏是消遣的最好方式之一。"此番言论，将游戏价值之争推向文化论坛。麦戈尼格尔是游戏设计师，倡导游戏有益，颇为成功，她一直在竭力论证游戏有益于人类。孩子们 21 岁之前，玩视频游戏可能的确花掉 10 万小时，但这并非浪费时间。玩游戏能让他们有成就感、存在感、创造感，游戏正在塑造新一代"有能量有前途的生命个体"，比如《小小大星球》（LittleBigPlanet）之类的网络游戏培养合作精神、有奖励的游戏《正方形》（Foursquare）赋予人动力、《阳光超级马里奥》（Super Mario Sunshine）教人利他主义。简·麦戈尼格尔指出，世界上所有玩家花在《魔兽世界》的时间累计已达 600 多万年，与人类最终能够直立行走所花时间相等。她认为这些玩家不只是在玩游戏，他们同时也在进步。

但科技专栏作家大卫·吉尔森（Dave Gilson）反驳道："美国人每年观看电视的时间总数将近 2 900 万百年，但没人说我们的客厅是当代的奥杜威峡谷（人类文明的摇篮）。"（2011，p. 56）社会学家对游戏目的的纯粹性也表示怀疑。克雷格·安德森（Craig Anderson）和他的同事证实，短期或长期的暴力倾向与玩《侠盗猎车手》之类的暴力游戏相关（Anderson et al.，2003）。一组研究人员发现，儿童每天玩游戏超过两小时，会导致注意力障碍，且会一直持续到他们的成年初期（Swing et al.，2010）。另一组研究人员发现，玩视频游戏的美国年轻人中，8.5% 的人有行为成瘾倾向，包括"玩游戏花费的时间和金钱越多越兴奋，否则就会出现烦躁不安；通过玩游戏逃避问题；抛开家务或家庭作业而花更多时间在游戏上；恣意延长游戏时间；偷游戏或偷钱玩游戏"（St. George，2009）。

但视频游戏产业联盟娱乐软件协会（2012）却回应说，玩游戏若有问题，那原因出在个人尤其是父母身上，他们自己应该管理好游戏时间。娱乐软件协会指出：45% 的父母每星期至少和孩子们一起玩一次游戏；68% 的父母相信游戏有益于促进脑力发展或教育；57% 的父母认为游戏有助于家庭互动；54% 的父母认为游戏有助于他们的孩子交朋友。不仅父母们赞同简·麦戈尼格尔游

戏有益的观点，行业销售数据也显示，社会学家定义为"不好的"游戏，其实只占游戏总量的极小部分，仅 17%。

请你阐述观点，游戏到底是好是坏？当然，你知道这个问题很复杂，绝非用好坏可简单界定。游戏确实对某些人有负面影响，但显然也对人们的生活有益。基于以上信息，你支持哪一方呢？读完第 13 章有关媒介影响态度、行为的论证以及第 14 章官方管理媒介的能力之后，请重新审视你此前的答案。

225 门设计的亭子里玩这款游戏，获胜者可赢得公司产品。

在游戏中进行产品植入，其实是互利双赢，因此，一款流行游戏，10 亿美元的广告植入费常在讨价还价中最终免掉了，也就是说，游戏制造商与品牌广告商未做金钱交易，游戏设计师获得品牌形象（为现实），赞助商获得产品植入（为曝光）。据行业估测，到 2014 年，游戏中的广告，将给游戏制造商带来 10 亿美元收益（Entertainment Software Association，2012）。

免费增值游戏　免费增值游戏（freemium games）将产品更为深入地融入游戏之中，其中，广告充当游戏里的虚拟货币。免费增值形式多样，在有些游戏中，游戏玩家以观看商业广告为交换条件换取武器、盔甲等虚拟产品，无须卖力玩游戏去挣足够的购买武器的积分（大多数玩家在有此选择时会选择这一方式）。还有一些游戏选择使用某品牌产品，让满足于普通产品的游戏玩家习惯于游戏中品牌产品的特殊属性。比如在线游戏网站奥特斯帕克游戏（Outspark）上的滑雪游戏，提供有魔力的（Rocawear 品牌）滑雪衣，玩家选择它可获额外加分。

广告游戏　在游戏中植入广告已经被证实非常成功，**广告游戏**（advergames）中的品牌，很多情况下其实就是游戏本身。广告游戏通常以两种形式出现：一是用 CD-ROM，并通过互联网连接到游戏机或移动设备上；二是在线广告游戏，通常是以特定品牌网站和无赞助仅提供品牌游戏的游戏网站的形式。比如汽车行业就充分利用 CD-ROM 中的广告游戏。克莱斯勒汽车公司免费提供游戏，甚至为经销商建立游戏的自助式服务。它的吉普车游戏，鼓励游戏玩家随时随地开吉普，撞车也没事，鼠标点击一下，车体便复原如初。有一半的人在得到广告游戏时，平均会玩 25 分钟（Entertainment Software Association，2012）。

特定品牌游戏网站的游戏有的可下载，有的只能在线玩，无论哪种方式，目的都是借提供愉悦体验，向玩家介绍产品信息。比如大众汽车公司免费提供苹果手机游戏《实况赛车 1》（Real Racing GTI）应用程序，玩家与其他车手竞技，226 胜出者真有可能赢一辆汽车，还能在推特网站（Twitter）上相互交流，特别精彩的赛车片段还可上传到视频网站 YouTube 的实况赛车频道。支付卡网络维萨公司（Visa Inc.）则选择另一种方式与国际足球联盟（FIFA）合作，它在自己专事宣传金融知识的网站上赞助世界杯足球教育视频游戏。有线电视贺曼国际电影台（Hallmark Channel）甚至选择创建自己的游戏网站 Fun&Games，提供 1 000 多款在线、下载游戏，所有游戏均在推销自己公司的主要有线电视节目。

独立游戏网站宣传特定品牌，有可能造成不公平问题。批评者认为，在非特定品牌游戏中植入品牌个性和品牌商标，无疑模糊了这些游戏的真实用意。比如自称"最大虚拟宠物网站"的尼奥宠物网站（Neopets.cm），对未满 13 岁的游戏玩家解释说："你们的帮助，让我们建立起世界规模、有 7 亿多虚拟宠物主人的社区！尼奥宠物网站提供各种服务，有 160 多款游戏，可交易、拍卖、问候、传递信息，真是一株智慧之树啊。最关键的是，这些全都免费哦！"但游戏中有《幸运符超级搜索游戏》（Lucky Charms Super Search Game）、《雀巢冰淇淋冻结航班》（Nestlé Ice Cream Frozen Flights）、《培珀莉农场金鱼三明治》（Pepperidge Farms Goldfish Sandwich Snacks）、《麦当劳：餐狩猎》（McDonald's：Meal Hunt），以及去迪士尼或通用磨坊影院，在那看广告片可获积分。公司向家长保证，所有赞助内容均有明确标识，但批评者反驳说，广告与游戏的区别即便明确，小孩也不能分辨。

宣传游戏　公司与机构也借助宣传游戏（advocacy games）传递非商业信息，主要是借助网站和移动设备。许多国家政坛候选人借助宣传游戏获取"支持"。大学生选民中至今仍尤受欢迎的游戏，是《奥巴马竞选总统游戏》（*Obama Race for the White House Game*）。2004 年发行、至今仍可玩的《霍华德·迪安竞选艾奥瓦州长游戏》（*Howard Dean for Iowa Game*）的设计师伊恩·博格斯特博士（Dr. Ian Bogost）称："我不是为推广宣传而设计游戏的，我是觉得用游戏交流政治观点和过程比其他论坛更好，所以我设计了游戏。"（Erard，2004，p. G1）

支持采用宣传游戏进行政治宣传的人认为，这一方式有三大优势：首先，宣传游戏相对而言成本较低。设计一款好的政治宣传游戏大约只需三周两万美金，远低于电视宣传时间的成本。其次，宣传游戏和其他广告游戏一样，具有黏性，玩一次信息增强一遍（广播广告的信息是不断递减的）。最后，宣传游戏具有互动性，是潜在选民尤其是比较年轻的选民强烈要求的交流方式。广播、电视广告和竞选传单这类比较传统的信息宣传形式，在组织选民参与活动时不如宣传游戏，宣传游戏善于鼓动潜在选民参与互动。

并非所有宣传游戏都与政治有关，例如还有倡导使用其他产品替代石油能源的游戏［《石油大亨游戏》（*Oiligarchy*）］，倡导宗教自由的游戏［《宗教格斗》（*Faith Fighter*）］，倡导更灵活地运用版权的游戏［《自由文化》（*The Free Culture Game*）］，倡导改善儿童营养的游戏［《肥肥世界》（*Fatworld*）］。

 培养媒介素养技能

采用娱乐软件分级委员会的分级体系

游戏诞生伊始，游戏与反社会行为之间的关系便引发了社会争议，尤其是琼斯伯勒、科伦拜校园悲剧发生之后。1998 年，阿肯色州琼斯伯勒镇 13 岁的米切尔·约翰逊和 11 岁的安德鲁·金，两位沉溺于射击游戏《金眼 007》（*GoldenEye 007*）的少年儿童，在自己就读的校园拉响火警，并朝逃离教室的学生和教师开枪射击。1999 年，两位沉溺于《毁灭战士》游戏的青少年，18 岁的埃里克·哈里斯（Eric Harris）和 17 岁的迪伦·克莱伯德（Dylan Klebold），枪击美国科罗拉多州杰弗逊郡科伦拜中学学生，造成 12 名同学和 1 名教师死亡、23 人受伤。这两起校园枪击事件中，当事青少年都"沉迷"于游戏，这一现象引起了广泛注意。科伦拜中学的两名枪击者甚至创立定制版《毁灭战士》，标出了要射杀的同学。

美国国会 1993 年首次开始调查电子游戏的影响，同年，可用于家用计算机的《毁灭战士》游戏投放市场。游戏产业为摆脱美国政府限制，于 1994 年成立娱乐软件分级委员会，制定分级体系（ESRB），共分六个等级［待定级（PR）的第七级，相当于"电影中的尚未定级"］：

BC	幼儿	3 岁及以上年龄段
E	所有人	6 岁及以上年龄段
E10+		10 岁及以上年龄段
T	青少年	13 岁及以上年龄段
M	成年	17 岁及以上年龄段
AO	仅限成人	18 岁及以上年龄段

娱乐软件分级委员会分级体系与电影分级体系一样，要求电子游戏包装封面或背面附有内容描述，说明特定分级的原因。美国联邦贸易委员会称赞该娱乐软件分级体系是三大产业（游戏产业、唱片产业和电影产业）中最全面的体系，但有媒介素养的游戏玩家（或游戏玩家的朋友和父母）还是应该认清该体系的利弊。

此自我管制体系的有利之处在于防止政府干涉人们的生活，并保护游戏制造商享有第一修正案规定的权利；不利方面在于此自我管理体系为自我服务，往往执行不力。对于"内容描述"的确切含义也存在争议。分级体系要求游戏商列出做出如此分级的任何一条内容描述即可，比如"极度粗俗"。这对一些人是有用信息，但对另一些人可能就掩盖了潜在问题。首先，娱乐软件分级委员会的分级体系显示，如果这一内容已足以给游戏定为 M 级，那么其他可能导致做出该分级的内容比如成人性主题和暴力等，则不必列出了。其次，"极度粗俗"也适用于涉及性、暴力、酒精或毒品的歌词中。游戏玩家只有玩过游戏后才能弄清分级与描述内容的依据。

分级体系另一令人担忧的问题，就是执行不力。美国媒介与家庭研究所（the National Institute on Media and the Family）的一项研究显示，87％的男孩和 46％的女孩玩过 M 级的电子游戏，他们的平均年龄为 13.5 岁。一半以上的

家长不了解娱乐软件分级委员会的分级体系。美国联邦贸易委员会发现，69％的 17 岁以下儿童可顺利购得 M 级游戏（Meehan，2004）。加拿大实施的自愿使用方案是一个解决办法。加拿大零售委员会推出"向父母承诺"方案，参与游戏经销的商店悬挂宣传海报、分发解释娱乐软件评级委员会评级体系的宣传册。许多零售商安装有自动收银提示机，有顾客购买或租借 M 级电子游戏时，系统会自动提醒销售人员。参阅专栏文章《游戏是利还是弊？》，你将读到更多有关为什么很多人认为给视频游戏分级有利的信息。

 挑战媒介素养

游戏世界中的男性特征与女性特征

请挑选 5 款有男女主角的游戏，看到这些角色时脑海中立刻出现的是什么？请列出三个描述词，它们分属男性和女性的共同特征吗？如果是，请解释你的结论。游戏对男性和女性的形象描述真实吗？你能从自己媒介素养技能的这三个方面，即你关注和理解视频内容的能力和愿望、尊重游戏信息的影响、玩电子游戏时区分情感与理性的能力，来解释自己的结论吗？

有媒介素养的游戏玩家应了解游戏设计者的伦理、道德义务，我们在阅读娱乐软件协会会长道格拉斯·洛温斯坦有关视频游戏的评述时，应牢牢铭记这一点。道格拉斯·洛温斯坦说："为保护产品而游说自己的游戏已经分级、父母应为子女玩游戏承担责任也就罢了，但若认为我们不必为自己生存于其中的文化构建质量和价值，那就严重了。"（2005）请你根据自己对游戏中男女形象描述所做的梳理，阐述视频游戏中反映的性别伦理问题？

 本章回顾与讨论

回顾要点：将内容与学习成果联系起来

● 概述游戏与游戏产业的历史与发展。

■ 大卫·戈特利布和哈里·威廉姆斯开发的弹球游戏是视频游戏的先驱，而史蒂夫·罗素、诺兰·布什内尔和拉尔夫·贝尔则被我们今天称为电子视频游戏的鼻祖。

■ 玩家借助屏幕直接进行交互行为，并达到想要的结果，这样的游戏称为视频游戏。

● 细述当代游戏产业的组织性质与经济性质如何形塑游戏内容。

■ 游戏机（家用与便携式）、电脑和互联网为最常用的游戏平台，但智能手机正日益成为最受欢迎的游戏平台。

■ 微软、任天堂和索尼公司为三大主要游戏商。

　　■第三方游戏发行商为最热门的系统开发游戏。

　　■游戏开发成本的提高，导致过度商业化，导致对大片、特许经营权及电影电视续集更为依赖。

　　■游戏中的过度商业化，表现在产品植入和广告上。

　　●诠释游戏与游戏玩家之间的关系。

　　■美国游戏玩家 13 500 万，与美国总人口匹配。

　　■成年女性玩游戏的比率比 18 岁以下男孩高，主要因为休闲游戏的发展。

　　●认识新型融合技术给游戏产业带来的变化。

　　■因为强大的技术，因为人们欢迎技术，融合

技术迅速挺进游戏领域，游戏现在能在众多平台上运行。

　　■能连接无线局域网的掌上电子设备、智能手机和平板电脑，不仅将游戏从游戏机中解放出来，还推动休闲游戏的发展，壮大女性游戏玩家和成人游戏玩家队伍。

　　■脸书等社交网站进一步促进这些变化。

　　●运用主要媒介素养技能玩游戏。

　　■娱乐软件分级委员会的游戏分级体系广受称赞，但有媒介素养的游戏玩家仍觉存在重大问题，比如分级的可靠性多大？确保游戏可靠性的责任由谁承担？

关键术语

crowdsource　共同探讨

LED（light-emitting diode）　发光二极管

LCD（liquid crystal display）　液晶显示器

LAN（local area network）　局域网

first-person perspective game　第一人称视角射击游戏

exergame　运动游戏

gamification　游戏化

video game　视频游戏

MUD（multiuser dimension）　多用户网络

空间

third-party publishers　第三方发行商

massively multiplayer online role-playing game　大型多人在线角色扮演游戏

virtual worlds game　虚拟世界游戏

casual games　休闲游戏

sticky　黏性

freemium games　免费增值游戏

advergames　广告游戏

advocacy games　宣传游戏

复习题

　　1 大卫·戈特利布和哈里·威廉姆斯是谁？他们对弹球游戏发展有哪些贡献？

　　2.《乓》游戏是如何影响视频游戏发展的？

　　3. 什么是真正的视频游戏？

　　4. 最常用的游戏平台有哪些？

　　5. 第三方发行商指什么？

　　6. 哪些因素决定第三方发行商为已有游戏平

台开发游戏？

　　7. 产品植入在游戏中如何发生？

　　8. 广告游戏有哪些不同形式？

　　9. 什么是宣传游戏？

　　10. 娱乐软件分级委员会的分级体系有哪些分级？

▌批判性思考与论述题

1. 你最喜欢的游戏平台是什么？为什么？你认为不同的游戏平台吸引不同的游戏玩家吗？为什么？

2. 广告游戏尤其是儿童玩的广告游戏让你不安吗？你是否觉得广告游戏其实就是在欺骗这些年轻玩家呢？为什么？

3. 你玩过宣传游戏吗？若玩过，玩的是哪款，游戏内容是否属于你支持的一方？什么会促使你在自己不赞同的网站上玩游戏？

第10章
互联网与万维网

学习目标

毫不夸张地说，互联网和万维网改变了世界，更改变了其他所有大众媒介。互联网和万维网不仅自身是强大的传播媒介，还是融合我们身边几乎所有媒介的核心。学习完本章后，你应该能够：

- 概述互联网与万维网的历史与发展。
- 概述互联网与万维网潜在的文化价值。
- 概述当代互联网与万维网产业的组织性质与经济性质如何形塑互联网与万维网的内容。
- 概述互联网、万维网及它们与其他所有媒介的融合如何改变大众传播的性质。
- 概述互联网、万维网及相关新技术所引发的社会和文化问题。
- 概述这两种新媒介与它们的各种用户和受众之间的关系。
- 运用互联网和万维网的主要媒介素养技能保护自己的隐私，思考互联网因潜在的正反两方面影响而具有的双重性质。

232　　大学伊始，初识威廉·吉普森（William Gibson）和马歇尔·麦克卢汉（Marshall McLuhan），他们成为你心目中的智慧化身。吉普森提出"赛博空间"概念，被誉为"赛博空间之父"，代表作有《神经漫游者》（*Neuromancer*）和《捍卫机密》（*Johnny Mnemonic*）。麦克卢汉是《理解媒介：论人的延伸》（*Understanding Media：The Extensions of Man*）的作者，你耳熟能详的"热媒介与冷媒介"以及"媒介即讯息"等论述，均语出此公。可你很快发现，吉普森和麦克卢汉的思想相互矛盾。

比如麦克卢汉的另一著名论断"地球村"，意为人们的生活将随着媒介"缩小"世界而愈加彼此关联，曾因距离而远隔的人们开始相互了解，从而形成一种有利的新关系：地球村。

你后来在电视上看到吉普森接受采访，他认为科技对世界的影响完全是消极的。他说："我们正发展趋向于这样一个世界，在那个未知的将来，判断所有消费者身份的，不是国籍这个已过时的概念，而是他们的消费者身份，或者他们消费的产品。人与人之间的区别越来越小。"（Trench，1990）

麦克卢汉的观点你也许领会错了，他的极有影响的著述都是很久以前发表的，你是在哪里得知"地球村"概念的？在杂志的访谈中吗？你去图书馆查阅，以确定自己对他的思想有正确的理解，终于找到了，和你原来想的一样："人类能成为一个真正的大家庭，人类意识能从机械的文化镣铐之中解放出来，自由漫步于宇宙之中。"（"A Candid Conversation，1969，" p. 158）

麦克卢汉说的地球村令人神往，人们借助电子技术可以享受更紧密的接触和联系。吉普森说的无疆域世界，则不是要显示人们之间生活和经历的相互联系，而是展现电子技术将齐聚商品之下的我们变成毫无区别与个性的集合体。联系我们的是购得之物，认同的不是共同的文化，而是共同的商品。*233* 麦克卢汉认为新传播技术拓展我们的经历，吉普森的观点却更为消极。你尊重并接受两位思想家的观点，但对于他们的分歧，你将如何协调呢？

本章我们将首先探讨**互联网**（Internet）这一给吉普森带来名望、为马歇尔·麦克卢汉思想注入新生命的"新技术"。我们从计算机的发展讲起，研究互联网历史、审视互联网现状、探讨它的形式和功能，尤其是最常见的万维网。我们还将讨论当今互联网用户的数量和性质。

讨论的问题你大多早已非常熟悉。互联网在促进和推动融合、集中化、受众细分、全球化和过度商业化的过程中扮演了重要角色，我们之前讨论其他传统

1885 年　▲巴贝奇设计
"计算机"

1940 年

20 世纪 40 年代　英国人研发巨人计算机和二进制代码

1946 年　▲埃尼阿克机诞生

1950 年　UNIVAC 诞生

1951 年　人口调查局首次成功实现计算机商用

1955 年

1957 年　▲发射斯普特尼克号

1960 年　立克里德发表《人机共生》，IBM 制造大型计算机

1962 年　美国国防部高级研究计划局（ARPA）委托巴兰开发计算机网络

1964 年　麦克卢汉发表《理解媒介》

1969 年　阿帕网上线

1970 年	1985 年	2000 年

1972 年　▲电子邮件出现	1990 年　▲开发超文本传输	2000 年　美国女性网民超过男性
1974 年　互联网出现	协议（HTTP）	2003 年　在线社交网 MySpace 诞生
1975 年　盖茨开发 PC 操作系统	1992 年　互联网协会建立	2004 年　▲脸书社交网站创立
1977 年　乔布斯和沃兹尼亚克开	1994 年　出现垃圾邮件；首	2005 年　新闻集团收购 MySpace
发"Apple Ⅱ"	个网页广告条出现	2006 年　推特社交网站诞生
1979 年　BITNET 网诞生	1995 年　Classmates. com 诞生	2007 年　笔记本电脑销售超过台式电
1981 年　IBM 推出 PC 机		脑；苹果应用商店开张
		2009 年　互联网取代报纸成为主要新
		闻来源；社交网络取代电子
		邮件成为主要人际通信手段
		2010 年　首台大众平板电脑诞生
		2012 年　苹果应用商店下载次数达
		250 亿；脸书收购 Insta-
		gram 公司

媒介时早已"见过"互联网和万维网，对之已不生疏了。

　　互联网和万维网正在彻底重塑这些媒介的运营，而且，随着我们与之互动的这些媒介的变化，它们在我们生活中所起的作用以及它们对我们和我们的文化产生的影响，同样会发生改变。我们将审视新技术（好、坏两方面影响）的双重特性：互联网促进更大言论自由的能力，控制这一言论的举措，对个人隐私所赋予的新意及带来的新的威胁，以及践行在线民主的前景与险境。

　　最后，我们探讨互联网的五项自由，以提升我们的媒介素养。但先谈互联网。

互联网简史

234

　　关于互联网的起源，观点不一。媒介历史学家丹尼尔·J·西特伦（Daniel J. Czitrom, 2007）认为，互联网的起源与"军事和反文化、命令和控制的需要及反对等级、倾向分权"有关（p. 484）。"命令和控制"说比较普遍，认为互联网是冷战产物。1962 年，美国空军希望保持全国军队的信息传递不会因某一地区遭敌军攻陷而受扰，委派顶级计算机专家开发这一系统。但这一宣称互联网最初是"为在核攻击中保护国家安全而建"的说法，遭到很多研究者和科学家的质疑，他们认为该"说法长久以来无人异议，以至于被普遍接受为事实了"（Hafner & Lyon, 1996, p. 10）。

　　另一种版本是"分权"说。早在 1956 年，支持马歇尔·麦克卢汉提出的传播技术具有影响力的心理学家约瑟夫·C·R·立克里德（Joseph C. R. Licklider），就曾预言，连接起来的计算机，可以让国民"了解、关注和参与政府行为"（Hafner & Lyon，1996，p. 34）。他相信"家用计算机操纵台"和电视机能实现全国联网。他认为，"政治活动将彻底变成大型电话会议，竞选活动将是候选人、宣传员、评论员、政治活动团体和选民们共同参与的一系列持续数月的传播活动。关键是要有自我激励的精神，配以连接在高效计算机上的高效操纵台和高效网络，实现真正有效的信息互动"（p. 34）。

此时的立克里德已放弃心理学，全身心投入计算机科学之中，并于 1960 年发表了被现在很多技术专家视为在计算机网络的潜力和前景方面做出了开创性论述的《人机共生》（Man-Computer Symbiosis）一文，文中写道："不久的将来，人类大脑和计算机有望紧密结合，其思考方式将颠覆人类大脑，数据处理方式将超越目前任何信息处理机器。"（Hafner & Lyon，1996，p. 35）受立克里德观点激励的几十位计算机专家（以及很多其他相信网络化计算机能充分发挥刚刚进入市场且昂贵、稀奇的计算机的功能的人），均加入这股迈向我们如今称之为**互联网**（Internet）的发展潮流之中，也就是能自由通信、分享和交换信息的全球互联计算机网络。

马歇尔·麦克卢汉。

计算机的发展

"计算机之父"头衔属英国人查尔斯·巴贝奇（Charles Babbage）。资金的匮乏和必要技术的缺失，阻碍了他制造"分析机"的计划——一种蒸汽驱动的计算机。但 19 世纪 80 年代中期，巴贝奇受爱达·拜伦·勒芙蕾丝女士（Lady Ada Byron Lovelace）理论的启发，终于设计出利用存储记忆进行代数运算、使用穿孔卡片进行输入和输出的"计算机"。他的成果激发了后来者的灵感。

接下来的 100 年里，许多人尝试制造机械、机电计算机，有人取得了成功，但英国人在二战中为破解德军密码而开发的"巨人计算机"（Colossus），是第一台电子**数字计算机**（digital computer）。它将信息分解成由 0 和 1 组成的**二进制代码**（binary code），用这种形式存储和运算数据。1946

年，宾夕法尼亚大学电机工程学院的约翰·莫克里（John Mauchly）和约翰·普雷斯伯·埃克特（John Presper Eckert），在艾奥瓦州立大学约翰·V·阿塔纳索夫（John V. Atanasoff）的研究成果之上，推出第一台"多用途"电子计算机——"电子数字积分计算机"，简称埃尼阿克机（Electronic Numerical Integrator and Calculator, ENIAC）。埃尼阿克机与我们现在的计算机区别甚远，有 17 500 个真空管和 500 英里电线，高 18 英尺，长 80 英尺，重 6 万磅，耗电量 150 千瓦，体积可占据一个礼堂。莫克里和埃克特最后离开大学，创建了自己的计算机公司，之后，于 1950 年将公司卖给了雷明顿兰德公司。并入雷明顿兰德公司之后，他们开发了"通用自动计算机"，简称 UNIVAC（Universal Automatic Computer），这台机器 1951 年卖给人口调查局使用，成为第一台成功的商用计算机。

商用计算机的兴盛归功于 IBM。IBM 利用自己训练有素的销售和专业服务人员形成的稳固组织系统，在计算机革命初期，帮助很多企业找到了发展之路。IBM 的创新之一，就是将面向客户的计算机租赁，改为计算机销售。到 1960 年时，IBM 在计算机产业中的霸主地位，被描述成是"IBM 与七个小矮人"——斯佩里公司（Sperry）、控制数据公司（Control Data）、霍尼韦尔公司（Honeywell）、美国无线电公司（RCA）、全国现金出纳机公司（NCR）、通用电气公司（General Electric）和宝来公司（Burroughs）（Rosenberg，1992，p. 60）。

电子数字积分计算机（简称埃尼阿克机）。

军事运用

1957 年，苏联发射第一颗人造地球卫星"斯普特尼克号"（Sputnik），美国在科学技术上曾经毫无争议的支配地位由此被反转，美国的科学家和军界领袖对此极为震惊，立即组建高级研究计划局（the Advanced Research Projects Agency, ARPA），专门支持和协调国防相关的尖端研究。1962 年，为进一步推动计算机在国防中的运用（此为互联网起源说法之一），高级研究计划局委托兰德公司的保罗·巴兰（Paul Baran）设计美军在传统通信方式被核进攻摧毁的情况下仍能控制导弹发射的方案。军方认为分散式通信网络至关重要，因为，无论轰炸在何处发生，其他地方都可以继续发动反攻。巴兰的方案之一，就是"分组交换网络"。他对此解释说：

分组交换就是将数据分解成标识了信息出处

和去向的数据报或者数据包，然后将这些数据包从一台计算机发往另一台计算机，直至信息到达终点计算机。这对计算机网络的实现至关重要。如果数据包在任何一个环节上丢失，讯息就会返回源计算机（Kristula，1997，p. 1）。

巴兰构思的系统有两个绝妙之处：（1）统一的通信规则［称**协议**（protocols）］和统一的计算机语言能让使用任何操作系统的任何计算机彼此实现通信；（2）当网络上的某一台计算机不可用时，在系统上发送的、嵌入在信息里的目的指令或传输指令，能即时"迂回"或"变更路线"。

1969 年，斯坦福大学、加利福尼亚大学洛杉矶分校、加利福尼亚大学、加利福尼亚大学圣巴巴拉分校和犹他大学利用各自校内的霍尼韦尔计算机搭建起名为"高级研究计划局网"（ARPAnet，也称阿帕网）的交换网络，正式开通，且在接下来

的一年内保持正常而稳定的运行。随后，新发展相继而至。1972 年，工程师雷·汤姆林森（Ray Tomlinson）开发了第一个电子邮箱程序（并创造常用符号@）。1974 年，斯坦福大学的温顿·瑟夫（Vinton Cerf）和军方的罗伯特·卡恩（Robert Kahn）首创术语"互联网"。1979 年，北卡罗来纳大学一位名叫史蒂夫·贝劳文（Steve Bellovin）的研究生创建"有思网"（Usenet），IBM 另创"比特网"（BITNET）。这两个网络软件系统使得 Unix 或 IBM 计算机在这种不断扩大的网络上真正实现互联。1992 年，互联网协会组建成立，万维网闪亮登场，至此，已有 110 多万台将个人计算机用户连接到互联网上的**主机**（hosts）。如今，处于持续增长态势的主机数量已接近 1 亿，而且还在不断增加，它们服务全球 23 亿用户，也就是 33％的世界人口（Internet World Stars，2012）。

237

苏联制造的直径 1 英尺、重量 184 英镑的斯帕特尼克号是第一个围绕地球旋转的人造卫星，震惊了美国的科学界和军事界。

20 世纪 60 年代的老式 IBM 大型计算机。这台超大机器的计算能力，可能还比不上你家的个人电脑。

个人电脑

个人电脑的发展和普及是讨论互联网的关键。IBM 极其成功地激发了企业、学校和大学以及其他机构组织对计算机的热情。但 IBM 和其他公司制造的**大型计算机**（mainframe computer）和**小型计算机**（minicomputer）都要依赖**终端机**（terminals），用户操控的这些终端站都要与更大型的中央机器连接。因此，最初的互联网就是这种环境中的用户形成的区域。

当小巧、绝热和廉价的半导体（或集成线路，或芯片）替代真空管成为计算机的重要信息处理器时，设计和生产小型低价的**个人计算机**（personal computer，PC）或**微型计算机**（microcomputer）便成为可能。这当然也将实现人人可以随时上网。2007 年，笔记本电脑的销量首次超越台式电脑，这就实现了人人可以随时随地上网。2006 年，微软首次推出平板电脑，它当时还只是医护人员专用的小众电脑。但 2010 年推出的 iPad，拥有集成的平面屏幕和触屏控制功能，不仅让人人可以随时随地上网，而且让这一过程更加方便。如今，平板电脑和笔记本电脑的销量几乎持平，但到 2015 年，平板电脑销量将超越笔记本电脑（Indvik，2011）。

个人电脑革命的领导者有比尔·盖茨（Bill Gates）以及史蒂夫·乔布斯（Steve Jobs）和斯蒂芬·沃兹尼亚克（Stephen Wozniak）这对搭档。1975 年，还在上大学一年级的盖茨在杂志上看到一篇报道"MITS Altair 8800"这款低能耗微型电脑的文章，这款电脑能通过构建程序来运行简单的游戏。盖茨知道计算机的未来有赖于这些个人电脑，而电脑的功能不在它们的大小，而在它们使用的软件。盖茨从哈佛大学辍学，与好友保罗·艾伦（Paul Allen）一起创建微软公司，开发控制电脑运行的**操作系统**（operating system）软件，并将使用权转给"MITS"。这一技术进步使得人们在使用电脑时无须了解复杂的操作语言。1977 年，同样辍学的乔布斯和沃兹尼亚克推出全新的"Apple Ⅱ"，这款低成本、易操作的微型电脑专为个人打造，不是针对商业人士。Apple Ⅱ 很快就取得巨大成功，尤其是其在声音和图像等**多媒体**（multimedia）功能的开发上，具有领先优势。未能成功涉足个人电脑市场的 IBM 公司，立即与微软公司洽谈合作，并于 1981 年首次推出安装了微软操作系统的 IBM 个人电脑。至此，家用电脑革命所需的一切因素，已经具备。

238

台式电脑实现了人人随时上网。笔记本电脑实现了人人随时随地上网。平板电脑让随时随地上网变得更加方便。

 ## 今日互联网

将互联网描述成飞速发展的"万网之网"，恰如其分。这些网络包括常常是同一栋大楼里的两台或更多电脑连接而成的局域网（local area networks，LAN）以及连接不同地点的若干局域网的广域网（wide area network，WAN）。人们在图书馆用电脑上网时，很可能是在局域网上。但当几所大学（或企业，或其他机构）将它们的电脑系统连接在一起时，它们的用户便在广域网上了。

随着互联网的越发流行，向用户提供网络连接并根据用户的连接种类和数量收取月租费的**互联网服务供应商**（Internet service providers，ISP），也随之增加。美国有几百家运营中的互联网服务供应商，知名的有美国在线（America On-line）、地球联（EarthLink）和 Quest。越来越多的美国人发现，他们的互联网服务供应商和视频（有线或者光纤）供应商，其实是同一家，比如康卡斯特和威瑞森。美国有一半的互联网用户是五大互联网服务供应商的客户。用户可以通过供应商获取各种服务，例如电子邮箱和网络电话。

用户可以利用**电子邮箱**（e-mail）账户，与全球任何地方的任何人实现网络通信。每一个网络用户都有一个独一无二的类似电话号码功能的电子邮箱地址。网络上甚至还有帮助用户查询他人电子邮箱地址的"黄页"和"白页"。让人惊讶的是，每天发送的电子邮件有 2 500 亿。另外，每天还有 2 000 亿不请自来的广告邮件，它们占全球电子邮件通信量的 90%。这些**垃圾邮件**（spam）大多来自海外，你若经常使用电子邮箱，对此也许早已习以为常（Elias，2010）。**即时通信**（instant messaging，IM）是电子邮箱的实时版本，它可以在两个以上的用户之间实现即时的讯息发送和回复。即时通信还可以用于游戏及下载文本、音频和视频等文件。

网络电话（Voice over Internet Protocol，VoIP）不是通过电路交换的电话线传输，而是一种将通话以数字包的形式通过互联网传输的电话服务形式。这就好比是"语音电子邮箱"。这一变革技术，"意味着任何一家联网的公司或任何一位支付了 30 美元宽带月租费的个人，都能打电话不花电话费"（"Finally, 21st Century Phone," 2004，p.1）。如今，四分之一的美国互联网用户，也就是 19% 的成年人，使用网络电话，比 2007 年增长了 8%（Raine，2011）。

个人电脑革命的发起者——比尔·盖茨、史蒂夫·乔布斯和斯蒂芬·沃兹尼亚克。

万维网

另一获取信息的方式是通过**万维网**（World Wide Web，WWW，通常简称为"网络"）连接到互联网上。网络不是实地，也不是文件，甚至不是电脑网络。网络的核心在于规定其使用的协议。万维网使用超文本传输协议（HTTP），将文件从一个地方输送到另一个地方。20世纪90年代初，在瑞典日内瓦附近的欧洲粒子研究委员会（CERN，国际粒子物理实验室）工作的英国人蒂姆·伯纳斯-李（Tim Berners-Lee），研发了超文本传输。伯纳斯-李将超文本传输无偿提供给世人使用。他说："网络更是社会产物而不是技术产物，我设计它是为了服务社会、帮助人们协同合作，而不是为炫技。网络的终极目标，是支持和改善全世界人民彼此交叉如网的生活。"（Berners-Lee & Fischetti，1999，p. 128）

轻松实现网络连接，有赖很多因素：主机、统一资源定位符（URL）、浏览器、搜索引擎和主页。

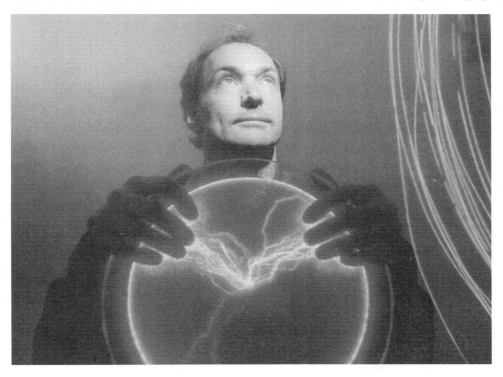

网络发明者蒂姆·伯纳斯-李。

主机（与互联网连接的计算机）　大多数上网活动需要用户调用远程计算机上的文件。要连上这些文件，用户必须通过"连线互联网"的主机来连接到互联网，这些主机通常称为服务器。

用户连接到网络上的主机计算机后，需要在主机上寻找他们想找的文件的具体位置。互联网上（确切说是连接到互联网的主机计算机上）的每一个文件或目录都有**统一资源定位符**（uniform resource locator，URL）。统一资源定位符其实就是网站的官方地址。但所有的网络用户都更习惯用**域名**（domain name）来识别网站。网站地址最后部分的".com"、".cn"和".org"，是它们的顶级域名，由此，我们得知".com"指企业网站，".org"指非营利性组织。但2012年，互联网名称与数字地址分配机构（the Internet Corporation for Assigned Names and Numbers，ICANN）授权无限制使用包含几乎一切单词或名称在内的通用顶级域名，例如".defibrillator"或".newyorkcity"，还首次允许使用非拉丁语文本，例如阿拉伯语、汉语和斯拉夫语。个人域名或网址的数量每分钟都在变化。2008年7月，谷歌两位软件工程师统计出，有1兆多网站在互联网上同时运行（Alpert & Hajaj，2008）。图10—1罗列的是在美国通信量最大的网站。

239

240

241

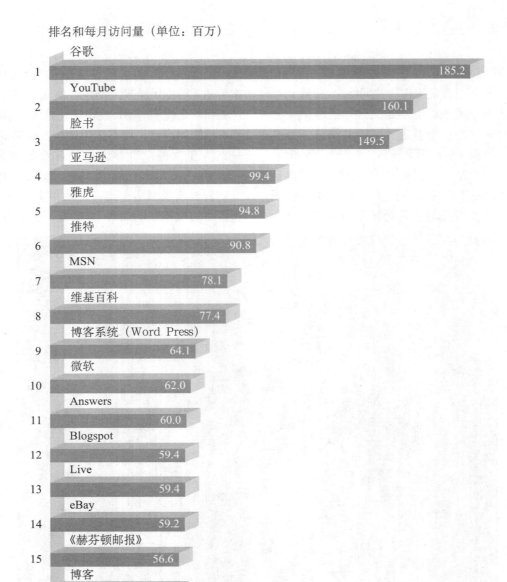

排名和每月访问量（单位：百万）

图 10—1　美国网站访问量前二十强

资料来源：Quantcast，2012。

240　　**浏览器**　装在用户电脑上用于下载和浏览网络文件的软件程序叫**浏览器**（browsers）。浏览器读取单独文件（文本文件、图片文件和音频文件），然后将它们放在一起供用户浏览。网景浏览器

（Netscape）和互联网浏览器（Internet Explorer）是最常用的两个网络浏览器。

搜索引擎　在网络上寻找信息十分简便，这要归功于**搜索引擎**（search engines），用户只要简单输入搜索词，点击屏幕上菜单里的搜索列表即可。搜索引擎比较知名的有"Ask"和"必应"（bing）。全球用户每月在几十个搜索引擎上搜索1 130多亿次，但名气最大、使用最频繁的（占全球搜索的69%）是"谷歌"，其搜索结果是通过整合网络自身资源而产生的，也就是说搜索结果是依据某一网站与其他网站的链接频度进行排列的（"Digital Fast Facts，" 2012）。

主页　用户一旦进入目标网站，首先映入眼帘的是**主页**（home page），也即进入网站本身，它不仅包含网站创始人想让浏览者了解的信息，还提供本网站其他内容的**超链接**（hyperlink），以及连接全球任何网络的其他计算机上的其他网站内容的超链接。

智能手机、平板电脑和社交网站

笔记本电脑和平板电脑已经让上网活动变得随时随地，智能手机让这一切变得更为方便。近8%的网页总浏览量其实是在智能手机和平板电脑上进行的（comScore，2012）。诚如我们所知，智能手机和平板电脑用户使用的数以百万计的应用软件，极大地推动了这一趋势。最常见的有游戏应用软件（67%的用户使用）、天气应用软件（65%）和脸书应用软件（60%；Kulicke，2012）。2012年3月，苹果应用商店一家的下载记录是250亿次，比五年前刚开张时少了很多（Smith，2012b）。图10—2显示的是典型的手机用户如何利用科技的便捷。垃圾邮件发送者也利用智能手机的移动性，让远离家庭电脑和办公室电脑的用户"在劫难逃"。自2009年起，因为无限量的短信套餐和移动载体相对较差的垃圾短信过滤能力，手机垃圾短信的数量翻了一倍，达45亿条，这个数字还在增长之中（Oremus，2012）。

当然，大多数人把手机当作社交工具。电子邮件长久以来一直是互联网最常用、用户人数增长最快的功能，但它的统治地位2009年被在线用户群体网站即**社交网站**（social networking site）取代。这些群体常因共同志趣而确定，比如爱好、职业或学校，但用户访问这些社交网站通常都是为社交，大家一旦进入网站，就会聚集成以兴趣为界的更为具体的组别。社交网络占网络平台使用的近17%（comScore，2012），脸书为吸引更多手机用户，2012年以10亿美元的代价，买下两年前发布的移动手机专用的图片分享软件In-stagram。1995年上线的Classmates.com掀起社交网络浪潮，很快，许多类似网站相继出现，其中最有名的是2002年的Friendster和2003年的领英（LinkedIn）。2003年上线的Myspace比早期的同类网站更为专业也更有特色，一度成为全球年轻人的最爱，但2004年哈佛大学专用脸书出现，迅速取而代之，并于2006年走向世界。2012年，脸书用户达到8.45亿，也即占世界互联网用户的三分之一强，他们使用40多种不同语言，每月浏览网页超过1兆（Marche，2012）。美国有14%的互联网搜索是脸书，成为美国搜索频度最高的名词，而且，美国脸书用户平均20分钟就刷新一次页面（Dougherty，2012）。

2006年，专为微博而设计的社交网站推特，加入这些"老字号"网站。推特用户在自己的个人主页上发布140个单词以内的帖子（叫"推文"），然后发送给他/她的网友（跟帖人）。阅读权限可限制在特定网友圈，也可是系统默认的公开形式。3亿多互联网用户在使用推特，大多数用户为娱乐消遣［演员艾什顿·库奇（Ashton Kutcher）和歌手布兰妮·斯皮尔斯（Britney Spears）都拥有400万粉丝］，但也有不少用户讨论严肃话题。巴拉克·奥巴马总统为自己2012年连任造势，赢得粉丝1 280万。很长时间里未有报道的2008年孟买大屠杀图片、2010年海地大地震，都是推文首发且很长一段时间只有推文在发，向世人发布后续消息。推特还在中东民主运动中扮演核心角色，第15章中你将读到更多相关细节。

以下状态下使用移动设备的人数的百分比

- 躺在床上时　67%
- 等待时　47%
- 看电视时　39%
- 乘坐交通工具时　25%
- 和家人在一起时　22%
- 上厕所时　19%
- 购物时　15%
- 参加聚会时　15%

图 10—2　移动设备用户什么时候上网（2012 年）

资料来源：Patel，2012。

互联网与互联网用户

我们通常把使用某种媒介的人称作受众，但说到互联网时我们一般使用"用户"这个词。人们可以随时，甚至在阅读互联网内容的同时创造内容，电子邮件和聊天室就是明显的例子，用户既是受众又是创造者。这样的例子还有很多，比如大型多人在线角色扮演游戏（MMO，见第 9 章）允许即时创造完全不同的事实；电脑屏幕上的多窗口显示，允许用户在"阅读"某一网站内容的同时创造自己的内容，有时可能就是利用刚刚阅读的内容进行创作。我们可以轻松上网，从一个网站到另一个网站，从一个网页到另一个网页，甚至可以创建自己的网站。在第 2 章中我们就已了解到，互联网可以让人人都成为记者、播音员、解说员、评论家、电影制作人和意见专栏作家。

很难确切统计互联网用户的数量，有电脑的人不见得都上网，也不一定非要有电脑才能上网，有些用户在学校、图书馆或工作单位的电脑上上网。根据目前最可靠的测算，全球至少有 23 亿用户，78％的美国家庭可以上网，其中 63％的家庭使用宽带上网（"Internet World Stats，"2012）。互联网的人口统计资料在过去的几年中发生了巨大变化。以 1996 年为例，62％的美国互联网用户为男性。2000 年女性用户数量首次超过男性（Hamilton，2000）。如今，各年龄段的女性互联网用户人数都超过男性，而且年龄越轻越可能上网。

大众传播过程的变化

我们在第 2 章中了解到，所有权集中化、全球化、受众细分、过度商业化和融合，会影响大众传播过程的性质，它们在重新定义受众与媒介产业的关系。比如，我们之前讨论过所有权集中化对报纸读者群的影响、全球化对电影内容的种类和质量的影响、受众细分对电视观众选择频道的影响、融合对音乐产业变革的影响，以及过度商业化对所有媒介的影响。

互联网和这些较为传统的媒介不一样，它不是改变受众与产业的关系，而是改变传播过程中不同因素的性质，进而改变它们的关系。诚如第 2 章所示，我们原以受众自称，但我们现在大多已

是（很快还会越来越）离不开网络的**数字原住民**（digital natives）。互联网上与你交流的人数，简直可达跨国公司制作的网络电视节目的观众人数，这规模符合我们最初定义的大众传播源，即有等级的大型结构性组织，但互联网用户不是有等级的大型结构性组织。大众传播中的反馈，传统上是推断的、延后的，但在线反馈可以且常常是即时的、直接的，更像人际交流中的反馈而不是大众传播中的反馈。

大众传播过程的因素，因互联网的产生而发生改变，因而重新引发对诸如言论自由、隐私、责任和民主等问题的关注。

技术这把双刃剑

244

本章开头提及麦克卢汉与吉普森观点相悖，其实是一个视角问题。麦克卢汉的观点形成于电子媒介相对年轻的阶段。1964 年《理解媒介》出版之时，电视才刚刚成为大众媒介，个人电脑甚至还未及梦想，而美国国防部高级研究计划局的阿帕网也还只是保罗·巴兰的幻想。

吉普森的著述作于晚于麦克卢汉很久的电子媒介时代，其评论依据的是更为深入的体验和对于现实世界实情的观察。麦克卢汉乐观是因为他在推测电子媒介的未来，吉普森悲观是因为他在

评论电子媒介的现状。

但两人的观点都不能说全对或者全错。让两人着迷的电子媒介即使再强大，仅凭技术也不可能创造新世界或者创造看待世界的新方式。我们运用技术创造新世界、创造看待世界的新方式，这便是为什么技术是把双刃剑。技术是好是坏取决于我们。我们用以到达地球另一端的飞行技术，也可能被用在摧毁世贸中心上。创造真正地球村的传播技术，也可能会让这个村里的人们失却人性和个性。

麦克卢汉思想之复兴

马歇尔·麦克卢汉的思想开始再度流行。这位加拿大英文教授，是知识分子早期争论电子媒介的焦点，其著述，尤其是《古登堡星汉璀璨》（*The Gutenberg Galaxy*，1962）、《理解媒介：论人的延伸》、《媒介即讯息》（*The Medium Is the Massage*，McLuhan & Fiore，1967），引发激烈争论，招来无数批评。麦克卢汉的观点无法让人信服。人文学科的批评者们指责麦克卢汉在无聊的

电视上浪费时间，他们认为真正的文化只存在于"现实的"文学之中。大众传播理论家也未宽待麦克卢汉，认为媒介影响力有限（见第 13 章）的社会学家与极为推崇强大的媒介技术的麦克卢汉观点相悖。其他持媒介有潜在负面影响观点的人认为麦克卢汉盲目崇拜技术、非常不切实际，不接受他的观点。社会学家提出要用科学来证明麦克卢汉的观点。然而，被冠以"波普思想的高级祭

司"、"媒介的形而上巫师"和"电子时代的预言者"的麦克卢汉，其实是走在了他时代的前面。

是互联网重又把麦克卢汉带回到大众媒介文化讨论的前沿（还记得有技术史家将互联网的开创追溯于麦克卢汉的助手约瑟夫·C·R·立克里德吗?）很多人相信新媒介能实现麦克卢汉的乐观设想：构建相互融合与联系的地球村。而认为互联网的潜力（和之前的电视一样）无法实现麦克卢汉预见的人，则不得不针对他的观点进行阐释。麦克卢汉回来了，且和以前一样，备受争议。自诩"赛博空间圣经"的《连线》（Wired）杂志，将麦克卢汉视为其守护神。但诚如章首相悖观点所呈，赛博空间里并非人人都像麦克卢汉一样信任技术。不过，因为互联网，麦克卢汉提出的"地球村"和"媒介是身体的延伸"两大概念，重又引发热议。

这些著述让麦克卢汉再次成为电子传播争论的中心。

地球村　麦克卢汉1980年去世，但他提出的很多概念却流传下来，其中最为人乐道的是**地球村**（global village）。该概念认为，新传播技术让人的生活变得越来越彼此联系。怀疑者指出，麦克卢汉的思想表明了他对技术不切实际的空想和迷恋。但麦克卢汉自己从未说过地球村里会非常平静。的确，他相信电子媒介能让"人类部落"变成"大家庭"，但他也意识到大家庭会有纷争：

> 与在同一城市中的成千上万家庭相比，在同一屋檐下的家庭，内部会矛盾更多，一致性更少。地球村规矩越多，变化和分化也就越多。地球村对任何问题都绝对最大限度地允许分歧（McLuhan & Stearn，1967，p. 279）。

融合不一定融洽，但一定是在进行思想的沟通和交流，诚如麦克卢汉所言，地球村是"人们永远赤诚以待的世界"（p. 280）。

媒介是身体的延伸　媒介与文化如何互动？麦克卢汉在这个问题上的核心看法是，媒介不是将世界带给我们，而是让我们更广阔、深入地认识世界，所以媒介是我们身体的延伸。诚如衣服是我们皮肤的延伸，让我们能从温暖的家中走进冰冷的世界；汽车是我们双脚的延伸，带我们到达步行走不到的地方；电视拓展我们的视听疆域，向世界、向历史、向未来前行；电脑拓展我们的中枢神经，处理、分类、重组和分析。麦克卢汉的观点与凯利（Carey，1975）的大众传播仪式观不谋而合。传播技术不传递或输送信息，传播技术只是从根本上改变人与这个世界的关系，鼓励人们赋予自己借助技术所看到的事物以新意。用麦克卢汉的话说，就是"我们打造工具，之后，工具打造我们"（Carr，2011，p. 10）。

重新理解互相交织的世界中的生活

地球村里的人们生活有什么变化？技术延伸了感官之后会给受众和用户带来什么影响？我们有多大的言论自由？能更多地与他人接触是否意味隐私丧失？我们在随着新传播技术而来的正负两面中寻找平衡时，会碰到很多问题，以上只是九牛一毛而已。

互联网与言论自由

互联网因其性质而引发了一系列有关言论自由的重要问题。互联网没有中心，没有开关，这让那些想控制它的人对它束手无策。但提倡言论自由的人认为，免受控制之自由，是互联网这一媒介的重要优势。那些原本可能被压制的声音，可以通过匿名方式发表言论，哪怕是极端种族主义的、亵渎的和低俗的言论。提倡加强互联网言论控制的人认为，匿名会导致滥用。反对控制者反驳说，互联网合理的费用和简单的操作，让它成为我们最为民主的媒介。赞成控制者则认为，互联网的言论自由应伴之以责任，这一其他媒介内容创造者均遵守的责任，却被很多网民忽略了。互联网言论自由问题因此而分为两方面：一方面是互联网能让更多人享有第一修正案的言论自由，另一方面是设定控制权限问题。

谁享有言论自由？

《纽约客》（*New Yorker*）资深专栏作家、常被誉为"新闻良知"的 A. J. 雷柏林（A. J. Liebling），曾为该杂志撰写过一篇题为《不羁的言论》的专题报道。他常说，拥有新闻机构，才有新闻自由。理论上说，也就是那些拥有广播电视或有线电视企业的人，才有新闻自由。但任何群体里广播电视的数量总是有限的，而且只有最有钱的个人和企业才有可能拥有广播电视。虽然理论上说人人都能办报办杂志，但资金问题使大多数人被拒门外。内部通讯和在街角做演讲差不多，传播范围有限，只能吸引那些早已赞同通讯上信息的人，与大商业媒介相比，实在过于稚嫩。

但互联网让所有用户成为潜在的大众传播者，而且，互联网上的"出版人"个个平等。最大的政府部门、最强的广播电视网络、发行量最大的报纸、最有财力的广告公司和公关企业、最有影响力的宗教，以及有自己的观点或志向的个体用户，在网络上平起平坐，大家以观点是否有力而制胜。

换言之，互联网为那些通常没有话语权的人提供了表达机会。为另类报刊新闻网 AlterNet 撰文的激进分子 L. A. 考夫曼（L. A. Kauffman）说："互联网是煽动者的天堂：速度快、价钱低、传播广。而且，随着万维网的广泛传播，激进分子网络在全球急速扩张。"（Cox，2000. p. 14）AlterNet 的布拉德·德格拉夫（Brad deGraf，2004）后来补充说："如果从工业时代到信息时代、从等级制到网络化的模式转换正在发生，它自然有益于那些支持这一模式转换的人。从这个意义上说，它广义上会威胁共和党和民主党两党制，因为他们不能像以前那样控制游戏规则了，且设立的游戏'门槛'也从'建立第三党'变成'自发组织运动'了。"（p. 3）

形象演绎这一模式转换的，是**快闪族**［flash mobs，有时也称**知识暴民**（smart mobs）］，即"散落于不同地域的巨大群体，仅凭微弱的传播技术纽带的连接……便像鱼群一样，一经通知即刻会聚，进行某项集体活动"（Taylor，2003，p. 53）。有 500

万会员的 MoveOn. org 网站，是最出名的组织快闪族的网站，且随着网站的不断成熟壮大，还开始组织在线政治活动。2003 年 2 月 15 日，MoveOn 通过电子邮件和即时通信，发起全球性反战抗议，在纽约汇集了 40 万人、在全球汇集了 1 000 万人，抗议即将爆发的伊拉克战争。但不止是在"激进分子"网站才能召集人们采取行动。2011 年中，反消费者的激进分子们在 Adbusters. com 上通过邮件告知用户，将举行抗议华尔街活动，即类似引发中东民主运动的活动。消息很快在推特、脸书和以图片为主的汤博乐（Tumblr）上散播，不久，全球 900 多座城市出现"占领华尔街"的抗议活动。这次运动获得绝大多数美国人的支持，影响了次年的全国政治辩论（Garofoli，2012）。《连线》杂志高级编辑比尔·瓦希克（Bill Wasik）认为，"所有这些集会真正的革命性在于，它们代表了聚合在一起的分散群体，那为人见的潜在的巨大力量，强有力地展现于实体空间"（2012，p. 112）。他指出，当代政治活动是"自组织"和"超链接"，即鼓动人们行动（让他们离开电脑）的最好方式是借助电脑。阅读《关闭互联网以拯救互联网》一文，你将看到与"占领华尔街"不一样的、组织得非常成功的线上活动。

248 互联网还通过网络日志或博客，给予更多的言论表达机会。2001 年 9 月 11 日之前，博客是典型的个人在线日记。但那天的恐怖事件发生之后，或许是因为无数人觉得主流报刊报道的世界动态让他们始料不及、毫无防备，博客开始发生改变。博客指经常更新的在线评论日志，通常包含他们所评论的对象的链接。互联网研究公司 Technocrati 定期跟踪全球 1 亿多活跃博客。科技作家兼保守派活动家安德鲁·苏利文（Andrew Sullivan）指出，"博客正在改变媒介世界，且可能在新闻的文化作用方面引发革命"，因为，个体博主不仅赢得读者的尊重，他们的"个性风格比老牌杂志和报纸的固执己见更符合我们当前的情感。读者越来越怀疑《华盛顿邮报》或《国民评论》（National Review）的权威性"（Sullivan，2002，p. 43）。

《国民评论》杂志前编辑苏利文认为，这"意味着允许发表的观点的范围在扩大，不再局限于老牌媒介精英的偏见、口味或爱好"（Seipp，2002，p. 43）。换句话说，博主其实已经有了自己的言论渠道，他们因此而有了言论的自由。人们正在利用这种自由。重温图 10—1 你会发现，第 9、12 和 16 个美国最常用网站，都是专门提供、支持博客的网站。博客可能比迂腐的传统媒介更加灵敏，鼓励市民参与到全新的透明社会中。例如，几百万博主在不断实时对候选人做背景核查。有人会联系政客在重要政治问题上的投票，追踪现金最终流向何人。他们提醒手握重权的人物，"小弟"正在监视你的一举一动呢。有视频功能的手机偶然拍到的图片、未经审查的公共数据、市民拍下的官方活动视频等资料，统统可以在互联网上公之于众。不相信主流新闻渠道的揭发者们，可以匿名在维基解密网站上发布秘密或机密内容。诚如网络激进分子迈卡·西弗莱（Micah Sifry）阐述，"即使没有集中指导，群众还是能在这个世界不停地寻找趣闻、分享奇事"（Melber，2008）。互联网已经超越报纸成为美国人 249的主要新闻来源，因此这实在不是一件小事（Mindlin，2009）。

也有很多批评博客的声音。《广告时代》（Advertising Age）的媒介撰稿人西蒙·杜门寇（Simon Dumenco，2006）认为，所有主流媒介渠道和世界 500 强公司里的流行博主，不过是些"冠以了这一酷名"的撰稿人（p. 18）。比如，全食公司的首席执行官约翰·麦基（John Mackey）被曝用假身份开了一个用来宣扬自己和自己的连锁超市的博客；还有类似 PayPerPost 网站的公司，花钱雇用博主评论他们的客户，无论这些博主是否用过这些客户的产品和服务。博主只需登录博客去寻找适合的"机会"即可。换句话说，也就是，"外行"博主完全可以做"内行"。批评博客者认为，博客的更大麻烦是，博主不承担任何责任。媒介评论家埃里克·奥尔特曼（Eric Alterman，2005）指出，政治博客"衡量证据或展示证据的固定模式，就是揣测，除了指责还是指责，然后等待最终结果"（p. 10）。评论家还指出，公司博主常常不过是建起的攻击竞争对手的前线。皮特·布莱克肖（Peter Blackshaw）是一家监管宝洁和福特等企业博客的公司的首席营销官，他认为"博主比我们想象的还要可怕，而且只会变得越来越恶毒。这是新现实"。据他的估计，他的客户遭受的在线攻击，50%～60% 来自竞争对手而不是独立博主（Lyons，2005，p. 130）。

运用媒介制造奇迹

关闭互联网以拯救互联网

2012 年 1 月 18 日，1 300 多万网民参加在线抗议活动，包括 11 500 家网站选择设置黑屏或更改主页以示支持。比如维基百科所有英文网页都打不开，1.62 亿访客只能在屏幕上看到"试想一个没有免费知识的世界"。谷歌也参与了，在自己的图标上盖了个审查黑条，并建议用户给他们的客服打电话。

促使互联网用户关闭互联网的原因，是《禁止网络盗版法》（Stop Online Piracy Act，SOPA）和《保护知识产权法》（Protect Intellectual Property Act，PIPA）这两项有利于电影、电视和音乐产业打击非法下载的法案。这些产业为确保法案通过，不惜花费 2.8 亿多美元收买 241 位说客去国会说情。

但反对者看出这两部法律的阴险，只要内容提供者一个投诉，美国司法部门无须法院命令，就有权要求美国搜索引擎、网络服务供应商、广告网络和支付平台阻断涉嫌版权侵犯的境外网站。电子前线基金会认为，问题就在于"立法部门能授予政府和个人干涉互联网基础构架的权力。政府能强迫网络服务供应商和搜索引擎阻断用户查找某些网站的统一资源定位符……广泛的豁免条款（加上法律保障），导致服务供应商过多阻断无辜用户，甚至任意阻断网站。这会刺激内容供应商制作非正式网站，而服务供应商会迫于压力，无视第一修正案而阻断这些网站"（Electronic Frontier Foundation，2012）。

"互联网的集体发力"出现奇迹了吗？为未来而战、反对《禁止网络盗版法》、《保护知识产权法》的组织的回答是："技术公司和用户们团结起来。电脑高手们上街抗议。造就了互联网现状的成千上万网民们联合起来，捍卫自己的自由。网络要自卫。无论你怎么看，我们已经永远改变了干涉互联网的政策——没有回头之路。"（Forbes，2012）抗议能多大程度地改变政策？《禁止网络盗版法》的 3 位联合提案代表撤销提案，《保护知识产权法》的 7 位提案议员撤销提案，还有 19 位议员公开批评《保护知识产权法》。国会两院双双搁置了相关立法进程。甚至奥巴马政府也发表评论，称支持打击网络盗版活动，但"不支持削弱言论自由……损害互联网活力和创造力的立法活动"（Tsukayama，2012a）。

控制互联网的言论

这类对互联网言论自由的滥用，引发加强互联网监管这一问题的热议。互联网赋予普通用户挑战权势的力量的同时，也成了说谎和欺骗的温床。互联网无法辨别正确和错误、偏见和客观、次要和重要。错误信息一旦上传互联网，便很难收回和纠正。

蓄意诋毁已让无数个人和组织深受其害。保洁公司因其清洁剂毒死猫的谣传而遭损失，星巴克蒙冤被指控拒绝出售咖啡给在伊拉克服役的海军。还有很多其他发端于互联网的虚假消息对现实世界造成更加巨大的破坏，比如防疫针会引发孤独症，这一毫无科学依据的说法，导致很多父母不敢给他们的孩子注射有可能是救命的疫苗。女演员珍妮·麦卡锡（Jenny McCarthy）是"这次反对疫苗运动的公众代言人，她自信地说自己从'谷歌大学'学到很多有关疫苗副作用的知识，经常将自己掌握的'知识'与她将近 50 万的推特网友分享"（Morozov，2012）。

有人类交流的地方就存在谎言，互联网只不过给了谎言更大的发挥空间。《这种时期》（*In These Times*）杂志编辑克里斯托弗·海耶斯（Christopher Hayes）认为，"媒介广泛散播匿名虚假信息之首，当属电子邮件"（2007，p. 12），但政府很难控制这种滥用。《诽谤法》和《欺诈罪诉讼法》中都已包含相关的法律制裁。用户对回信地址应保有警觉，警惕来历不明的邮件，忽略匿名发来的或来历可疑的讯息，以减少这种滥用给自己造成的损害。互联网自己也有解决办法。Hoaxbusters. org 网站将互联网上的最大谎言整理出一份按字母顺序排列的详尽名单。Snopes. com 也是一个重要的辟谣网站，自诩"提供无限的互联网参考资料，包括都市传奇、民间传说、神话故事、传闻和谣言"。

万维网上的色情

监管互联网的重心是控制网络上的不雅或色情内容。第 14 章中我们将看到，不雅和色情内容是受保护的。因此，互联网尤为关注的，是如何防止儿童接触到这些内容。

1996 年生效的《儿童色情防治法》（Child Pornography Prevention Act）禁止在网络上传播任何"青少年性行为"的图片。支持者指出，儿童色情内容对儿童和社会影响恶劣，必须有一个这样的法律。反对者指出，儿童色情内容本身就是非法，与在何种媒介上传播无关，这样的法律显得没有必要，反而过度干涉网络言论自由。2002 年 4 月，最高法院支持反对者说，裁定该法严重破坏言论自由。法官安东尼·肯尼迪（Anthony Kennedy）认为，"很少有正规的电影制作人、图书出版人或者任何有身份的演讲者敢冒险发行明显违背或可能违背法律的图片。宪法规定，在第一修正案的广泛而特许的范围之内发表的言论，不受其他法律约束"（"Justices Scrap，" 2002，p. A3）。肯尼迪指出，缉毒影片《毒品网络》、学院奖获奖片《美国丽人》和莎士比亚的《罗密欧与朱丽叶》这些含有青少年性行为镜头的作品，都不会出现在互联网上。

这场战争因此转到如何防止儿童接触这些本来合法的内容之上。此特别关注囿于互联网的公开性和开放性。父母理论上可以防止儿童收看有线电视上播放的青少年性行为内容。观众必须专门预订且通常还要另付费用才能收看这类节目。法律通过管理卖主来监控色情视频、图书和杂志的销售。但电脑就在家庭、学校和图书馆里，怂恿孩子们一试究竟。比如，搜索小说《小妇人》，出来的可能是很多色情网站。

支持加强互联网监管者认为，互联网上淫秽内容触手可及，就等于在书店、图书馆把色情书籍和儿童读物摆放在一起。实体书店和图书馆及图书零售商或图书管理员这些专业人士，其实都是在根据自己的标准来选择和摆放材料的，为的是达到合理和平衡。他们的专业眼光让儿童受益。但互联网没有类似的选择和评价标准。反对互联网监管者同意"把互联网与书店和图书馆"做类比的说辞，但他们指出，网络上各种内容鱼龙混杂，可能给监管带来麻烦，何况它们还是第一修正案的保护对象。

解决问题的办法似乎在于技术。安装 Net Nanny 这样的过滤软件之后，某些名称的网站和出现特定文字和图片的网站就无法打开。倡导言论自由的人基本上都不反对家庭电脑使用过滤软件，但他们坚持认为不应该在公共机器上安装这种软件，比如学校和图书馆。他们指出，能过滤色情内容的软件也屏蔽掉了避孕知识、宗教网站和种族问题的讨论。任何内容其实都能被阻止，他们认为这种方式干涉了其他用户的自由，比如成人和成熟的青少年。

国会斟酌有关过滤软件的论争，并于 2000 年出台《儿童互联网保护法》（Children's Internet Protection Act），要求学校和图书馆安装过滤软件。但此法与第一修正案精神抵触。2002 年 6 月，联邦上诉法庭做出裁定，要求这些安装过滤软件的机构将自己的机构性质从信息提供场所改成不受宪法控制的场所。尽管如此，2003 年 6 月，内部分歧严重的最高法院表示支持《儿童互联网保护法》，宣布国会完全有权要求图书馆安装过滤软件。

版权（知识财产所有权）

版权是另一个在互联网上呈特殊性质的言论自由问题。版权保护的初衷是确保内容创作者的成果得到经济回报（见第 14 章）。其设想是，金钱回报若得到确保，就会有更多"作者"创造更多

内容。内容若有形（图书、电影、影带、杂志、CD），则作者的身份和作品的用途相对容易确定。但在赛博空间事情就变得有点复杂。电子前线基金会（Electronic Frontier Foundation）的共同创

办人约翰·佩里·巴罗（John Perry Barlow，1996）是相对较早评论互联网生活的人，他认为：

> 问题是，我们的知识财产如果能被无限制地复制并全球性即时发行且不需给我们回报、不需取得我们的许可，甚至不需知道我们才是所有者，那么，我们怎么捍卫自己的权利？我们的脑力成果如何得到回报？得不到回报又如何确保我们继续创作和发行这样的作品？（p. 148）

版权法严格意义上说，不仅适用于其他媒介，同样应适用于互联网。互联网上的材料，即使是电子公布栏上的材料，也应属于其作者，所以，要想使用，就应获得许可，有的还应该给付报酬。但由于互联网上的材料不是有形的，所以很容易遭受随意、私自拷贝。这使得监管互联网盗版行为非常困难。

另一个令人困惑的问题，是新内容其实是融合原有内容后"更新"的内容，这就很难确定作者身份了。一个用户若从来源一借用一些文本，与来源二借用的图像相融合，再从来源三借用些背景图形做点缀，最后再加上从各种来源借用的样品音乐。此番折腾之后，还分得清谁是作者吗？

1988 年，美国国会为解决这些棘手问题，制定《数字千年版权法》（Digital Millennium Copy-right Act），主要目的是让美国的版权法与总部位于瑞士日内瓦的世界知识产权组织（World Intellectual Property Organization，WIPO）制定的同类法律相符。该法案包括以下内容：

- 规避商业软件内置的防盗版措施，属于犯罪行为。
- 生产、销售或发行用于非法拷贝软件的破译密码设备，属于犯罪行为。
- 非营利性图书馆、档案馆和教育机构在某些情况下允许使用盗版。
- 减小互联网服务供应商因在互联网上传播信息而产生的版权侵犯责任，但供应商必须从用户网站上删除构成版权侵犯的内容。
- 网络广播（见第 7 章）必须支付录制公司使用费。
- 明确规定在互联网上可未经许可或未付费用而**合理使用**（fair use）的拥有版权的材料，比如引用一本书里的少量文字（见第 14 章）。

电脑网络的出现，让基本价值观发生细微变化，并随之产生巨大冲突，于是引发互联网版权争议，比如监控儿童接触的内容、控制骚扰性和挑衅性的言论。我们将在第 14 章中全面讨论互联网的版权问题。

隐私权

大众传播中的隐私权问题，通常指个人有权保护自己的隐私不受媒介侵扰（见第 14 章），比如报纸是否可以公开性侵受害者和未成年犯罪者的身份？成为公众人物之后是否应丧失一定程度的隐私权？但在全球化的背景下，这个问题呈现出新特点。最高法院法官路易斯·布兰迪斯（Louis Brandeis）曾指出，隐私权是指"不受打扰的权利"，但今天的隐私权很可能是指"掌管我们自己的数据的权利"。地球村里的隐私权有两个方面，第一个是保护我们不想对外公布的通信隐私，第二个是防止使用（和盗用）在网上发布的个人隐私信息。

保护通信隐私　1986 年出台的《电子通信隐私法》（Electronic Communication Piracy Act）保障了我们的电子邮箱隐私。"在未授权的情况下故意（进入）提供电子通信服务的设备，或在（超过）授权范围的情况下故意进入该设备"，都属刑事犯罪。另外，此法案还"禁止电子通信服务供应商蓄意泄露存储的电子通信内容"。此项立法旨在保护公民个人不受官方侵犯，让电子邮件"通话"和电话通话一样受保护。政府部门若需监听，必须得到许可，像监听电话通话必须得到法院许可一样。

个人或公司若觉得有必要更加直接地保护通信，加密是一个解决方法，但该方法有争议。**加密**（encryption）是对信息进行电子加密或掩饰，只有输入解除密码才能破译。但联邦调查局和很多其他政府官员认为，这种完全性隐私有助于恐怖分子、毒枭和暴民利用互联网威胁国家安全。因此，2000年1月初，克林顿政府提出"放宽"政策，允许政府掌控所有加密技术的解除密码。此项新政策要求加密软件制作商向指定第三方上交一份密码，政府只有在得到法庭许可时才能使用。

253 　　"授权情况下"拦截讯息，是另一隐私权问题。法庭坚决认为，雇主有权拦截和阅读员工的电子邮件。雇主必须保障他们的电脑系统不被员工滥用。周到的公司会发布明确、公正的电脑网络使用规则，以解决这一问题。因此，它们若真检查员工的电子通信时，员工会知道有这些检查、为什么检查以及什么检查结果会给他们带来麻烦。

保护个人信息隐私　网络上的一举一动都会留下"数字踪迹"，这使得大量收集和提取客户数据的**数据监控**（dataveillance）成为可能。但让人意想不到的是，我们自身竟参与到入侵自己隐私的活动之中。因为电脑的存储、网络交流和交叉引用能力，我们提供给某一方的信息，被非常便捷、廉价地转给了无数其他方。

　　数据监控的一个形式，就是在原始目标之外的组织中发布和分享个人隐私信息。每一笔信用卡交易（在网络上或商店里）、信用卡申请、通话记录、超市或其他地方的非现金交易（如支票、借记卡或会员卡）、报纸和杂志订阅，以及有线电视的使用等信息，都被数字记录和存储起来，以后很可能被卖给其他人。医疗档案、银行信息、工作申请和学校记录的高度电脑化管理，使得可销售的信息越来越多，以至于最终任何想要了解某人信息的个人，都能轻松购买到所需信息，且不需经过此人许可或知晓。这些数据进而可以用来获取更多隐私。雇主可以无缘由地拒绝申请人，保险公司可以根据人的日常生活习惯判断是否承保。国际人权组织发布的国际隐私的全球隐私指数中，美国位列最低一级，属"受普遍监视的社会"。鉴于诸如法律保护的缺失、执法力度、数据分享的数量、生物统计学应用的频度和闭路摄像头的普及等因素，和美国一样属于受普遍监视的社会，还有马来西亚、俄罗斯和中国（Lawless，2008）。

　　国会意识到数据收集的规模和因此引发的潜在问题，于1974年通过《联邦隐私法》（Federal Privacy Act），限制政府收集和发布公民信息的能力。但此项法案明确企业和其他非政府组织免受监管。因此，企业平均每天收集736条普通互联网用户的个人信息，而且能够永久保存。这就像"第三方占有你人生近四年时光"（Popova，2012）。人们已经开始意识到这个问题，71%的美国人担心一些公司会私自发布自己的信息，还有56%的人担心公司"即使不再需要"但依然保存他们的数据。智能手机用户也有担心，65%的人担心应用软件能入侵他们的通讯录、照片、方位和其他数据（Tsukayama，2012c）。最近的一项广告产业研究发现，人们"更担心个人隐私丧失，而不是诸如恐怖主义猖獗、气候变化和流行疾病的增加这样的问题"（McClellan，2011）。

　　2012年，互联网产业和联邦政府终于做出反应，发布《消费者隐私权利法》（Consumer Privacy Bill of Rights），要求网站自觉在网页上设置"请勿跟踪"按钮。批评者认为这些提示远远不够，因为不是所有网站都会遵守，且设置了按钮的网站仍可收集和掌控用户的个人数据，用于自己的市场研究。对于网站只在用户明确要求〔称**选择退出**（opt-out）〕的情况下才提供安全的举措，批评者表示反对。《名利场》杂志编辑亨利·奥尔福德（Henry Alford）不禁要问："隐私权什么时候从天赋权利变成选择权利了？"且"要想弄明白如何激活网站的隐私监控设置，不硕士毕业恐怕很难搞定"（2012，p. ST2）。网站其实只有在我们许可的情况下才能收集和散布我们的个人数 254 据，也就是说我们应该可以**选择加入**（opt-in）。欧洲的做法就是这样。欧盟隐私法不仅要求互联网公司只有在用户明确授意情况下才能使用他们的数据，而且公民"有权要求销户"，也就是有权要求永久性删除他们所有被收集的个人数据。隐私保护的倡导者质问："我们的版权保护法能与其他国家接轨，隐私法为什么不能？"在题为《请归还我和我的873个朋友的隐私：脸书与隐私》的专栏文章里，你将读到脸书与隐私保护倡导者之间的论争。

　　射频识别芯片〔radio frequency identification（RFID）chip〕、**增强现实**（augmented reality，AR）和**云计算**（cloud computing）等三项新技术的发展，导致新的隐私问题。已被很多零售商使用的射频识别芯片，是一种内置在消费者产品中、只有米粒大小的微型芯片和天线装置，可输送一种无线电信号。零售商可以利用它更好地监控库存，降低劳动成本。他们可以绝对实时地检测到货架上商品的数量，顾客可以拿到商品后就走人，射频识别芯片会向确定的信用卡索款，整个过程不需收银员。隐私保护倡导者对此显然心存担忧。一直持续发射的信号让市场专员、政府和其他人始终知道你和你买的那盒小玩意在哪里、你使用这盒小玩意的频率有多快、什么时候用完这盒小玩意。推销商品的电话怎么打得这么及时？入室盗窃的小偷若借射频识别芯片在室外就了解你家的情况了，那怎么办？这些数据连同你所有的其他个人信息若都上传到网络，那该如何是好？你如果买的是一箱啤酒而不是一盒小玩意，要紧吗，你的雇主会不会知道？你的口味如果偏甜会要紧吗，你的保险公司应该知道吗？

2009 年，增强现实技术引入市场，适用于安装了 Layar 程序的智能手机，用户将手机指向现实生活中的某地、某人或某场景，手机就会立即链接到几百个相关的网站信息，并叠加地出现在手机屏幕上。支持者认为这样操作很方便，可以快速查阅餐馆的评价信息、附近打流感疫苗的地点、相关网络相簿的照片，以及附近你认识的亲戚的名字等等。隐私保护倡导者则认为这种操作很危险："依靠人脸识别（已经存在）技术，你用手机指着财务部的鲍勃，他的信息马上在你面前'放大'：他有个同性恋儿子，他喜欢喝福加白啤酒。"（Walker，2009，p. 32）换言之，一切存于互联网的信息都可被链接到。如果人人都能用手机对着某个人获取这些数据，已经岌岌可危的隐私就要彻底沦陷了。

让隐私保护倡导者担心的第三项技术发展，是云计算。云计算是一种在第三方网站上存储包括个人信息和系统操作软件在内的电脑数据存储技术。谷歌、微软和几个独立的供应商提供云计算。支持者吹嘘云计算的强大功能和记忆，即使笔记本电脑丢失或者损坏，数据也能找回来。但

隐私保护倡导者认为，"存储在网络上的数据，在具体操作过程和法律上都得不到隐私保护……坏人以前通常需要进入我们的电脑才能看到里面的秘密，如今有了云计算，只要知道密码就可以看到我们的秘密了"。卖主一旦破产或单方面改变服务条款，租赁或购买的下载音乐或电子图书就有被收回的危险。比如 2009 年，亚马逊就因为版权争议而从用户的电子阅读器上取消了《1984》的电子版。哈佛大学的乔纳森·齐特林（Jonathan Zittrain）将此担忧总结为："你们将自己的数据委托给他人，他们会让你失望或者彻底背叛你们。"（2009，p. A19）

另一形式的数据监控，是对我们上网的点击选择进行电子跟踪，或叫**点击流**（click stream）。网络用户以为自己是匿名，其实每一次点击通常都被记录在册，用户输不输入信息都一样，比如输入信用卡号购物，或者输入社保卡号确认身份。这是因为**识别代码**（cookies，即用户访问过的网站在用户的电脑硬盘上添加的身份鉴别密码）在起作用。通常只有发送识别代码的网站能识别你的身份，也就是你下次访问同一个网站时，网站还"记得"你。但有的网站将"第三方"识别代码带入你的硬盘。由于有诸如 DoubleClick 和 Engage 这样的大型互联网广告网络的维护，这些识别代码可以被同一网络上成千上万的网站中的任何一家看到，即使你没有访问这些网站，而且不需要得到你的许可。这种未经许可或同意而被安装在电脑上的身份鉴别软件，因此而越发被视为**间谍软件**（spyware）。间谍软件不仅可以帮助网站和/或陌生人（也就是"第三方"）进行跟踪，而且为弹出各种广告和其他商业讯息大开方便之门。

普通网络用户的电脑硬盘上任何特定时间都有几十个识别代码，但大多数商业浏览器自带阻止或删除识别代码的功能。"反间谍软件联盟"为解决识别代码和间谍软件问题提供信息和帮助。另外，用户可以购买消除识别代码的软件。Anonymizer 这类企业销售的软件不仅能阻止和删除间谍软件，而且允许用户匿名上网。

虚拟民主

互联网的特点就是自由和自主，这也是民主

的真实特征。难怪电脑技术常被视为提高民主参

与度的最新、最佳工具。2008 年总统选举之后，所有主要甚至次要候选人都广泛使用互联网。专家们其实将那次竞选中 30 岁以下的美国选民登记和投票的增加，归功于互联网。政治学家丹尼尔·谢伊（Daniel Shea）认为，"年轻选民开始关注选举，他们上网，他们发博客，他们讨论选举"（Mieszkowski，2008）。

因政治和政治行为的越发不得人心而热衷于寻求技术进行解决，此热情与收音机和电视机诞生后之境况，如出一辙。比如，1924 年 9 月，《新共和》杂志的一篇文章指出，公众对于收音机播送的 1924 年政党会议的高度关注，让"最顽固的政治愤青"都感到"不解"（Davis，1976，p. 351）。1940 年，美国全国广播公司创始人和主席大卫·沙诺夫（David Sarnoff）预测，电视将提升民主度，因为它"注定能向更多民众提供更多知识、对时事的意义提出更真实的解读、对参与公共生活的人物做出更精准的评价、对人类同胞的需求和奋斗给予更广泛的认识"（Shenk，1997，p. 60）。

有批评家指出，互联网并不比收音机和电视机更有助于推动民主，因为，影响传统媒介内容和运营的经济和商业力量，同样会严格束缚新媒介。他们的依据，就是那些就保持互联网的公开与自由而一直在进行的无休止争论；就《禁止网络盗版法》和《保护知识产权法》的争论；以及正在进行的有关**网络中立**（network neutrality，即要求所有网络服务供应商，包括有线电视多体系运营商实现所有网络通信量的自由与公平）的法律和立法之争。他们的悲观还部分来自互联网的集中化和集团化，比如新闻集团 2005 年收购广受欢迎（且民主化）的 MySpace，谷歌 2006 年收购广受欢迎（且民主化）的 YouTube，微软 2011 年收购互联网视频电话公司 Skype，脸书 2012 年收购 Instagram，以及大型公司之间常见的经济合作（比如雅虎与美国在线和微软之间的广告销售合作关系）。

技术鸿沟　民主的一个重要原则，是"一人一票"。但如果民主越来越网络化，那么必要的技术与技能的缺失就会妨碍投票，这就是**技术鸿沟**（technology gap），即有通信技术技能的人与没有通信技术技能的人之间的巨大差距。电脑普及速

度虽然飞快，但仍有 20％的美国人不使用互联网。互联网的"民主化"只能针对那些有钱购买连接互联网软、硬件设备并支付连接费用的人，这就把很多处在**数字鸿沟**（digital divide）另一边的美国公民拒之门外了。

数字鸿沟指美国某些特定群体缺乏技术手段。这是一个备受争议的现象。2001 年，时任联邦通信委员会主席的迈克尔·鲍威尔（Michael Powell）在被问及打算如何消除这一数字鸿沟时对记者说，这词"用得悬，因为它暗示创新技术从引进市场的那一刻起，就在层层划分社会了，这样理解美国资本主义体系是不正确的……我不是说完全忽视这个问题，我其实觉得这是一个重要的社会问题，但它不应被用来作为社会化基础设施配置的借口……要知道，奔驰也有鸿沟。我想要一辆，可我买不起"（Jackson，2001，p. 9）。批评者指出，互联网越来越成为美国经济、文化生活不可或缺的组成部分，被划在鸿沟另一边的美国人会越来越边缘化。且互联网若在履行民主的过程中变得越来越重要，比如广泛实现网络化投票，那么，被划在鸿沟另一边的美国人将无法享受基本的民主权利。

数字鸿沟的真实情况如何？虽然 80％的美国人经常上网，但教育程度低的人、残疾人、收入低的人和农村家庭及西班牙裔和非裔美国家庭等，使用互联网的比率较低（Zickuhr & Smith，2012）。图 10—3 是这一划分的人口统计情况。这些数据，促使"民主社会中社区信息需求的奈特委员会"（Knight Commission on the Information Needs of Communities in a Democracy）宣布，这个世界有两个美国，一为有线美国，一为无线美国，它们在文化、政治意识及社会参与方面都存在差距（Tessler，2010）。

信息鸿沟　民主的另一个重要原则是，信息完全公开的人民自治，是最好的管理方式。难怪我们的文化如此抗拒审查制度。技术鸿沟给虚拟民主带来的第二个障碍，是**信息鸿沟**（information gap），没有必需技术设备的人，接触到的信息越来越少。换言之，他们遭受技术强加的限制。

批评信息鸿沟者指出，其他媒介也有未将重要信息传递给所有公民的例子：有线电视使用率城市工人和贫穷市民最低，很多报纸也忽视这群

人，不愿意在他们居住的地方推销报纸，在一些大城市，这些报纸甚至不送到那里，因为他们不吸引广告商。因为同样的原因，重要的消费者杂志几乎不面向不富裕的市民。电脑技术鸿沟若导致那些受众和其他市民之间的信息鸿沟愈发扩大，那么，民主必然将遭受社会学家说的**知识鸿沟**（knowledge gap）的威胁，也就是文化水平较高的美国人和文化水平较低的美国人之间，在知识、公民活动及文化素质方面的差距越来越大。

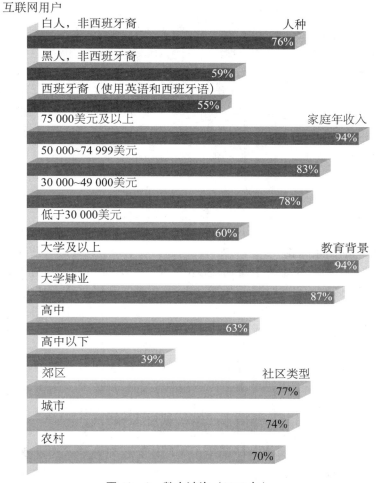

互联网用户

图 10—3　数字鸿沟（2010 年）

资料来源：Pew Internet and American Life Project，Raine，2010。

文化论坛	请归还我和我的 873 个朋友的隐私：脸书与隐私

257

　　2011 年底脸书传出负面消息，我们的个人信息隐私问题由此而成为文化论坛之热议。事情的起因是，奥地利法律专业学生马克斯·施雷姆斯（Max Schrems）在使用脸书网站 3 年之后，要求网站将有关他的个人数据统统归还给他本人。按欧盟的法律，脸书必须遵循，于是将一张包含 1 222 页数据的 CD 寄送给他，包括他一年多之前已经删除的聊天记录、始于 2008 年的 pokes（朋友间的打招呼）、他没有回复的邀请函，以及其他几百条信息。按欧洲的隐私法，大多数信息属于脸书非法占有（Eddy，2011）。这件事情自然在互联网上传遍了世界。联邦贸易委员会（Federal Trade Commission，FTC）紧接着找上门来。联邦贸易委员会发现，脸书尽管一再保证"不会把用户信息提供给广告商"，"但事实情况是……脸书已经将用户信息提供给了广告商"。

联邦贸易委员会发现，这些信息极为具体，完全可以推断出用户的真实身份。联邦贸易委员会指出，脸书的广告商可以"将用户的真实姓名与用户点击的广告中出现的任何目标特点结合"（Dumenco, 2011）。脸书受到审查，但没支付其他罚金。

这件事的争议到底在哪里？是脸书在说一套做一套，还是这种数据监视本身？就脸书和用户隐私这一争论，发表观点之前，请考虑以下数据：11%的社交网站用户发布过自己后来后悔的内容（Madden, 2012）；70%的美国招聘人员和人力资源专业人士承认曾依据他们在网上查询到的信息拒绝申请人；93%的美国人赞同他们应该在网络公司使用他们的个人数据之前有选择加入

的权利；69%的美国人希望联邦政府采取法律手段让他们了解网站所掌握的信息（Andrews, 2012）。对于为什么不应该反对跟踪，脸书创始人马克·扎克伯格（Mark Zuckerberg）是这样解释的："我们帮你分享信息，你在分享中更多地使用网站，然后，网页旁边就会出现广告。你分享越多，就有越多的……模式就是如此。"（Bazelon, 2011, p. 16）

请你发表观点。分享你的个人信息可能对脸书有益，它每年的广告收入超过 20 亿美元，但对大学生用户有益吗？94%的大学生用户说他们曾经分享过自己并不打算公开的个人信息（Bazelon, 2011）。

 培养媒介素养技能

258

互联网的四项自由

2004 年，时任联邦通信委员会主席的迈克尔·鲍威尔，对通信业内人士做了一个题为《保护互联网自由：产业的指导原则》的演讲，明确指出互联网的四项自由：

● 获取信息的自由。消费者首先应该可以获取自己选择的合法内容。消费者期望在高速信息通道上自由遨游。

● 使用应用软件的自由。消费者应该可以使用自己选择的应用软件。与获取内容一样，消费者期望能使用几乎任何他们想使用的软件。

● 安装个人设备的自由。消费者应该可以在家中的网络连接上安装任何他们选择的设备。各种设备可以为消费者提供更多选择、用途和个性，也对宽带的未来有要求。

● 获得服务套餐信息的自由。消费者应该可以按他们的服务套餐获得有用信息……供应商完全有权提供包含各种宽带和特色选项的不同服务级别。消费者应该了解这些选择，以及他们的服务套餐是否保护，如何保护他们不受垃圾邮件、间谍软件和其他潜在的隐私侵犯。

2009 年，认识到互联网产业即使完全遵循这四项自由，但如果它可以操控内容流，该指导原则对它也几乎无从"指导"。因此，联邦通

信委员会新任主席迈克尔·科普斯（Michael Copps）提出第五项自由，即不受歧视，这其实是重申网络中立原则（鲍威尔担任主席期间反对这项原则）。科普斯认为，服务提供商不能偏向，不搞特权，不能让网络内容低俗化（Eggerton, 2009）

这五项自由十分重要，作为有媒介素养的互联网用户，我们在和供应商打交道时，应该了解自己享有的自由。但是我们还应该了解，即便科普斯另加了一项，互联网与用户的关系其实还有两个非常重要的方面被忽略了。第一是互联网产业做这些承诺时，是把我们当消费者看而不是当公民看。互联网如果是需要一辈子呵护的必需品，我们对它的期待是否应该超越商品消费者的期待呢？

另一个被忽略的是我们的承诺。我们如果想无拘无束地使用这一最强大的通信工具，需要做出什么承诺？作为有媒介素养的互联网用户，我们的义务是什么？"沙龙"是在互联网最辉煌、风险也最大的时候，创立起的最早的在线企业之一，沙龙的希瑟·哈弗瑞莱斯基（Heather Havrileshy）认为我们已经失败了："看看吧，数字革命把我们带入这一境地：好似一个巨大的商业性高中聚会，里面全是些总在

发短信或推文、三心二意的半人类，乌七八糟，鸡毛蒜皮。没错，信息时代的确和所有人预测的一样光鲜、特别！"（2010）

可技术专家克莱·舍基（Clay Shirky）认为，我们仍有能力让互联网按我们期望的方式存在，为时依然不晚，决定权在于我们。他说："鉴于现在我们取得的一切成果，现今的互联网，充满了自我陶醉和社交泛滥，仿佛是个隐形的中学。但我们还能将它变成隐形的大学，成为真正提升知识、改善公民沟通的支柱。但是，想要实现这一目标，光有技术还不够，还需要我们制定公开分享和参与的规则。"（2010）换句话说，需要我们努力实现互联网产业普及与我们的责任之间相互结合。

要记住，文化既不是天生的也不是一成不变的，文化是我们创造的——文化既能主导也很有限。我们会越来越倾向以大众传播的方式创造文化，而互联网给了我们前所未有的平台。因此，我们在讨论这些被建构和维系的文化之前，必须了解自己的立场和信仰，要能捍卫自己的立场。有媒介素养的标志，就是具有分析能力和自我反省能力。请重温有关互联网自由的五项承诺，你的供应商都做到吗？你知道有好几家网络服务提供商（康卡斯特、前线通信和时代华纳有线）正试图宣布或已经宣布，它们将开始**计量**（metering）互联网的使用吗？也就是说它们将开始"按字节"计费——用得多花钱多，用得少花钱少。这与完全获取信息的允诺吻合吗？重温哈弗瑞莱斯基和舍基说的话，谁的话更正确？如果一切已经太迟，互联网没有发挥自己的潜力，你能做些什么来促进它？如果一切还来得及，你将如何努力让互联网更为有利、有益和有趣？

 挑战媒介素养

分析推特的利与弊

小说家乔纳森·弗兰芩（Jonathan Franzen）在一次他的小说阅读分享会上对读者说起自己对推特的看法："推特很烦人，推特的一切都让我讨厌……140 字根本不够引用事实或者发表评论……这就好比卡夫卡决定做视频表达他的《变形记》。或者不含'P'字母写一部小说……推特是最不负责任的媒介。我爱我的读者……他们是我的亲人。"（Attenberg, 2012）弗兰芩先生可能不喜欢推特，但作为有媒介素养的互联网用户，你应该了解它对个人和社会的影响，无论你喜欢与否，推特上的内容都是对现代文化的见解。

所以，记着这位获奖作家的话，然后，挑战一下自己的媒介素养。调查 3 位非大学生成人使用推特的情况，询问他们每天阅读和发布多少条推文，这些推文（包括接收和发送）中有多少他们认为挺重要，他们在推特上花多少时间，以及询问他们一些其他你认为重要的问题。再调查 3 位在校大学生，询问同样的问题。然后，根据调查结果和你自己的经验，用短文或简短的口头方式回答以下问题：推特不过是人们"闲扯"自己的工具？推特在哪些方面改善了人们发送和接收信息的能力？对于推特，如果要权衡的话，我们需要付出哪方面的负面代价，才能换取它的益处？

 本章回顾与讨论

260

回顾要点：将内容与学习成果联系起来

- 概述互联网与万维网的历史和发展。

■ 互联网创意可能来自技术乐观主义者约瑟

夫·C·R·立克里德，或来自意欲在敌军进攻时维持通信网络的军方，也可能来自双方。

■ 保罗·巴兰发明的分组交换网络，奠定了互联网的技术基础；约翰·V·阿塔纳索夫、约翰·莫克里和约翰·普雷斯伯·埃克特在此基础之上，开发了多功能计算机。

■ 比尔·盖茨及史蒂夫·乔布斯和斯蒂芬·沃兹尼亚克"二人组合"，开发了个人电脑。

● 概述互联网与万维网潜在的文化价值。

■ 质疑互联网技术的两面性的声音，让人们重新关注提出"地球村"和"媒介是身体的延伸"等概念的马歇尔·麦克卢汉。

● 概述现代互联网与万维网产业的组织性质和经济性质如何形塑互联网与万维网的内容。

■ 互联网提供电子邮件、网络电话、社交网络和万维网等服务。智能手机和平板电脑的迅速普及大大提升了这些服务。

■ 用户上网需要依赖主机、浏览器和搜索引擎所构成的系统，网站的特点是统一资源定位符和主页。

● 概述互联网、万维网以及它们与其他所有媒介的融合如何改变大众传播的性质。

● 概述互联网、万维网及相关新技术所引发的社会和文化问题。

■ 互联网让所有网民有言论自由，但滥用这种自由，使得呼吁互联网监管的声音越来越强烈。

■ 限制色情内容、保护版权和隐私受威胁，这些是反对监管者和支持监管者之间争论的焦点。

● 概述这两种新媒介与它们的各种用户和受众之间的关系。

■ 对于互联网对民主参与度的潜在贡献，这个问题也引发争议，因为诸如技术、信息及数字鸿沟之类的问题，还尚待解决。

● 运用互联网和万维网的主要媒介素养技能保护自己的隐私，思考互联网因潜在的正反两方面影响而具有的双重性质。

■ 对所有媒介产生过影响的互联网和万维网，激发了有媒介素养的用户的思考，他们期望在这个相互联系的世界中发展，也许，方法就蕴含在互联网的五项自由权益之中：

■ 获取信息的自由。

■ 使用应用软件的自由。

■ 安装个人设备的自由。

■ 获得服务套餐信息的自由。

■ 不受歧视，即网络是中立的。

▌关键术语

Internet　互联网

digital computer　数字计算机

binary code　二进制代码

protocols　协议

hosts　主机

mainframe computer　大型计算机

minicomputer　小型计算机

terminals　终端机

personal computer（PC）/microcomputer　个人计算机/微型计算机

operating system　操作系统

multimedia　多媒体

WAN（wide area network）　广域网

ISP（Internet service providers）　互联网服务供应商

e-mail　电子邮箱

spam　垃圾邮件

instant messaging（IM）　即时通信

Voice over Internet Protocol（VoIP）　网络电话

World Wide Web　万维网

URL（uniform resource locator）　统一资源定位符

domain name　域名

browsers　浏览器

search engines　搜索引擎

home page　主页

hyperlink　超链接

social networking site　社交网站

digital natives　数字原住民

global village　地球村

flash mobs（smart mobs）　快闪族（知识暴民）

fair use　合理使用

encryption　加密

dataveillance　数据监控

opt-in/opt-out　选择加入/选择退出

radio frequency identification（RFID）chip　射频识别芯片

augmented reality（AR）　增强现实

cloud computing　云计算

click stream　点击流

cookies　识别代码

spyware　间谍软件

network neutrality　网络中立

technology gap　技术鸿沟

digital divide　数字鸿沟

information gap　信息鸿沟

knowledge gap　知识鸿沟

metering　计量

复习题

261

1. 查尔斯·巴贝奇、约翰·阿塔纳索夫、约翰·莫克里和约翰·普雷斯伯·埃克特对于计算机的发展分别起了什么重要作用？

2. 约瑟夫·C·R·立克里德、保罗·巴兰、比尔·盖茨、史蒂夫·乔布斯和斯蒂芬·沃兹尼亚克对互联网的发展和普及分别作出什么贡献？

3. 什么是数字计算机、微型计算机和大型计算机？

4. 什么因素导致万维网的普及？

5. 关于互联网版权问题，有哪些不同看法？

6. 马歇尔·麦克卢汉重新引起关注的原因是什么？他的"地球村"和"媒介是身体的延伸"是什么意思？

7. 在线传播的两大隐私问题是什么？新技术有哪些威胁？

8. 什么是博客？博客会如何改变新闻？

9. 认为互联网能推动民主参与的论据是什么？认为互联网不能推动民主参与的论据是什么？

10. 什么是技术和信息鸿沟？技术和信息鸿沟与虚拟民主或网络民主有什么关联？什么是数字鸿沟？

批判性思考与论述题

1. 如果需要，应该加强对博客哪些方面的监管？你认为博客是传统媒介与普通个人分化文化影响的一种方式吗？为什么是或者为什么不是？

2. 你在网上发布过个人信息吗？如果发过，你担心这些信息的安全吗？你采取措施保护自己的隐私了吗？

3. 你觉得新传播技术提高民主参与度还是降低民主参与度？为什么？联系自己个人经历，阐释互联网如何增加或者限制你参与政治活动。

第三部分

战略传播产业

第11章

公共关系

学习目标

　　某人或某组织若明显需要试图以颠倒是非的手段挽回名誉，他就在做宣传。这是我们所不屑的。公共关系若是以此拙劣手段进行公关，那就太具讽刺意味了。但公关是维持组织与公众之间的基础，公关为的是改善关系。学完本章后，你应该能够：

● 概述公共关系产业的历史与发展。

● 描述当代公关产业的组织性质与经济性质如何利用日趋融合的媒介环境中的公众参与来形塑讯息。

● 界定不同种类的公共关系以及用以服务不同公众的各种公共关系。

● 阐述公共关系与各种公众之间的关系。

● 运用媒介素养技能消费公关信息，尤其是视频新闻稿形式的公关信息。

264 　　　"这些士力架巧克力是怎么回事？我还以为你在节食呢。"

"我在节食啊。"

"好吧。不过你的学期论文明天不是要交了吗，怎么还在看电视？"

"你管得真宽哈，告诉你吧，我在为'横扫饥饿'助力呢。士力架公司在为挨饿者提供食物，我只要把这个包装纸上的密码输进电脑，士力架公司就给需要的人捐赠两顿饭。我巧克力吃得越多，就有越多的人能得到食物。士力架公司意在'横扫饥饿'，懂吗？"

"懂了。那你看电视又是怎么回事？"

"我正在看赛车比赛。看到 18 号赛车了吗？那是凯利·布斯克的车，车上标有'横扫饥饿'的标识。凯利·布斯克正在支持这项活动，而我支持凯利·布斯克。你该明白'横扫饥饿'运动这双重之意了吧？"

"明白了，但我不懂你在干嘛。"

你好奇的朋友还没弄明白赛车、巧克力糖和消灭饥饿之间的关系，但你明白，士力架制造商玛氏巧克力公司和其他数以千计的公司一样，在与公共服务组织合作，共同为社会做善事，以提升自己公司的形象。当公众对商界缺乏信心时，公司的形象就非常重要了。近 4 000 万美国人饿着肚子睡觉，玛氏巧克力公司希望至少能免除一部分人的饥饿之苦，因此，联合演员大卫·阿奎特、狂野夏洛特乐队主唱乔尔和吉他手本吉、运动员布施·雷诺兹等名流以及《绅士》（GQ）和《滚石》（Rolling Stone）杂志，运用脸书、推特和一个专门网页，与全美拥有 200 多家独立食品库、美国最大的对抗饥饿慈善机构"消除美国饥饿组织"合作。"横扫饥饿"运动是玛氏公司公开参与的有辨识度的公共关系活动。

本章探讨公共关系产业以及它与大众媒介和媒介受众之间的关系。我们先下定义，再研究这个始于小商贩手段继而全面发展成熟为以传播为基础的行业的历史过程。我们讨论公众不同的需要和兴趣如何成为公共关系过程的一部分。我们 265 也将确切定义何为公众，详细分析产业的范畴和性质，列举不同种类的公关活动和特殊公关事件的组织者，研究全球化、专门化等趋势，新的融合传播技术对公关产业的影响，以及人们对公共关系的信任度。关于媒介素养技能，我们应学会辨识视频新闻稿。

1773 年　▲波士顿倾茶事件

1800 年

1833 年　▲安德鲁·杰克逊聘阿莫斯·肯德尔为美国第一位总统新闻秘书

1850 年

1889 年　西屋电器公司成立第一个企业公关部

1896 年　▲威廉·詹宁斯·布莱恩和威廉·麦金利首次发起全国性政治竞选活动

公共关系的定义

"供养美国人",像"母亲反对酒驾"、"拯救威尼斯"、"控制手枪"、"全国环境信托"等无数非营利组织一样,是一个兴趣团体,旨在运用各种公关工具和战略为各类公众服务,即希望用公关做善事。赞助该组织活动的公司也希望做善事——为它们所在的社区也为它们自己。即便最愤世嫉俗的人,对于竭力供养急需者这样的行为,也会大为喝彩。

但很多人认为,这样的努力,无论从活动本身还是从产业角度看,均是对公共关系的莫大讽刺:公共关系的公关手段真是拙劣。我们不要"只为公关"而公关。公关从业者常被喻为蛇油销售商、小商贩或别有用心的欺诈者,在媒业内外均被称为**"宣传员"**(flack)。但任何组织和机构,无论大小、公私、营利或志愿,几乎均将公关作为日常工作的一部分,很多公司还有自己的公共关系部。"公共关系"一词似带负面含义,因此,大多数独立公司和公共部门现在启用"公共事务"、"企业事务"或"公共传播"等名称取而代之。

之所以如此,部分原因在于在理解公共关系上有异议。关于公关,目前尚无普遍接受的定义,因为,它可能也确实囊括了很多方面:它是宣传、研究、公共事务、媒介关系、推广和推销,等等。媒介消费者与公共关系的联系,大多发生在产业维护冒犯了那些公众的人和公司的时候。中国出口美国的玩具曾被发现表面颜色含铅、牙膏被发现含有毒物质二甘醇时,寻求奥美公关帮助。华盛顿公关巨头 Qorvis 为也门和巴林说话,结果导致三分之一的合伙人罢工,此事被广泛报道。近来就美国医疗保健系统改革,论争如火如荼,"争取健康改革权利"组织在此当口被曝以向在线玩家支付虚拟货币的方式,让这些玩家向国会发送

1900 年
1906 年 宣传局成立,为首家宣传公司
1913 年 艾维·李的《原则宣言》
1915 年 凯迪拉克的出人头地的代价
1917 年 ▲威尔逊总统成立公共信息委员会
1929 年 自由火炬
1938 年 《外国代理人登记法》出台
1941 年 战时新闻处
1946 年 《联邦游说法》出台
1947 年 美国公共关系协会成立;《宣传员》

1950 年
1954 年 美国公共关系协会道德公约出台
1962 年 美国公共关系协会认证程序出台
1980 年 ▲母亲反对酒驾协会

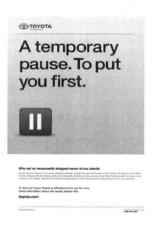

2000 年
2005 年 视频新闻稿之争
2007 年 透明提倡者出现
2010 年 ▲丰田公司的危机
2011 年 脸书偷袭谷歌

预先写好的反对改革的邮件。该组织其实是一个由全美十大保险公司联合注资的**假草根组织（astroturf）**的公共关系机构。2011年夏天，脸书雇用公关巨头博雅公关，在主流媒介和互联网新闻媒介上植入报道，批评谷歌侵犯个人隐私，结果被抓个正着。

与此对比，1982年，强生（泰诺的生产商）和它的公关公司博雅却在七人因服用被污染的泰诺胶囊而死于氰化物中毒时，采取巧妙而诚实的公关活动，拯救了品牌、重建了人们对其产品的信心。2010年，向来以安全闻名的丰田公司因几款车型存在突发失控加速现象而陷入召回门。丰田公司以直接、积极的公关活动，确认并解决问题，甚至关闭了几个制造厂，以此补救，挽救了品牌及保住了成千上万的就业机会。"母亲反对酒驾"协会发起的公共关系活动，其影响几乎直接促进各州颁布严厉标准，消除道路上的酒后驾车现象，严厉惩罚酒驾司机。其努力促使与酒精有关的交通事故数量锐减（见专栏文章《"母亲反对酒驾"运动》）。

雪城大学公共关系学教授布伦达·瑞格利（Brenda Wrigley）指出，"公关有其自身问题，我们得先独善其身。我们提倡公共关系。公共关系只要以道德和价值观为基础，我们就问心无愧"。美国公共关系协会主席朱迪·费尔（Judy Phair）补充说，"公共关系要发挥作用，就必须建立在公众信任的基础之上"。因此，对于公共关系的定义，我们以诚实、道德为前提，援引美国公共关系协会提出的、"广泛接受"的定义：

公共关系是战略传播过程，旨在在公司与其公众之间建立互惠互利关系（PRSA，2012b）。

 ## 公共关系简史

丰田用强大的公关活动，甚至关闭制造厂，以挽救品牌名誉、保住众多雇员的工作。

1773年12月16日，波士顿倾茶事件是新大陆第一批成功制造的新闻事件之一。当时若有相机，则会拍到很好的照片。

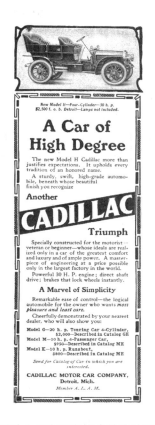

1906 年的高质量凯迪拉克车。此活动为早期形象广告的成功案例——用付费广告建立产品声誉。

公共关系这一复杂领域可分为四个阶段，即早期公关阶段、公开宣传阶段、初期双向传播阶段和高级双向传播阶段。这四个阶段共同构建了公关产业的特点。

早期公关阶段

考古学家在伊拉克发现了一块可追溯到公元前 1800 年的牌匾，类似我们今天称为公共信息布告的东西，上面向农夫们提供播种、灌溉和收割庄稼方面的信息。恺撒大帝不断向罗马帝国公众报告胜利，鼓舞士气，巩固自己的威信、权势和地位。成吉思汗派遣"先遣部队"传播他的实力，威慑敌人弃战投降。

遍布美洲殖民地的公关活动，促进了殖民地的建立。商人、农夫和那些看到自己在不断增长的殖民地人口中所获机遇的人，其夸张的、半真半假的描述，怂恿很多人到"新世界"来落户。约翰·怀特（John White）发表于 1588 年的《新发现之地弗吉尼亚之真实简报》（*A Brief and True Report of the New Found Land of Virginia*），为的就是引诱欧洲移民。波士顿倾茶事件（the Boston Tea Party）是一个组织周密的媒介事件，意在吸引公众注意重要目标。我们今天称此为**"假新闻"**（pseudo-event），即为吸引公众注意特意策划的事件。本杰明·富兰克林利用自己的出版物和官员们高超的演讲技巧，精心组织了挫败《印花税法》（即国王试图限制殖民地的新闻自由）的运动（见第 3 章）。约翰·杰伊（John Jay）、詹姆斯·麦迪逊（James Madison）和亚历山大·汉密尔顿（Alexander Hamilton）的《联邦党人文集》（*The Federalist Papers*），原为发表于 1787 年至 1789 年间的 85 封信件，意在引导新独立的美国的公众舆论支持并通过新宪法，此为早期议题管理上的努力。以上例子，均为个人或组织在利用传播，提供信息、树立形象、影响公众舆论。

运用媒介制造影响

"母亲反对酒驾"运动

1980，坎迪·莱特纳（Candy Lightner）的孩子因酒驾导致的车祸死亡，此后，她开始寻找其他像她一样因酒驾导致车祸而丧失孩子的母亲们。她希望彼此间在精神上相互支持，并呼吁大家行动起来，避免今后其他父母尝此苦果。由此，"母亲反对酒驾"协会（MADD）诞生。

"母亲反对酒驾"的公众包括青少年，它与"学生反对酒驾"（SADD）一起，以各种教育活动及媒介来吸引青少年受众这一高危群体。"母亲反对酒驾"还经常与州政府和其他官方机构合作，举行针对成人驾驶员和经常酒驾的驾驶员的公众信息活动，并帮助立法部门建立酒驾的管理法规。"母亲反对酒驾"的另外两个公众群体，是公共机构服务人员，比如必须处理酒驾后果的警察和医护人员，以及因酒驾或毒驾导致亲人丧生的家庭和朋友。

"母亲反对酒驾"产生影响了吗？从 1988 年起，很多黄金时段的电视节目播出酒驾造成的危险，"母亲反对酒驾"协会的专业人员亲任这些节目的脚本顾问。"母亲反对酒驾"协会还促进 1988 年《联邦防范酒驾法》（Federal Drunk Driving Prevention Act）的通过，资助政府开展活动，减少因酒精或毒品而引起的交通事故。该法律还将最低饮酒年龄定为 21 岁。"母亲反对酒驾"还成功策划活动促进 1984 年《受害者犯罪法》（Victim's Crime Act）的制定，对酒驾受害者和家庭进行赔偿。

有关莱特纳组织的团体赢得的成功，还有很多例子。美国交通部称，自"母亲反对酒驾"成立 30 年来，因酒驾造成的车祸数量，下降到历史最低水平（Phillips，2010）。而"母亲反对酒驾"在人们对待酒驾上的文化影响，非常之大。我们不再视聚会上喝得烂醉为"酷"，也不再视难以置信自己竟能回家为"酷"。每晚与朋友出去聚会几乎都会指派驾驶员。酒驾者几乎与少年猥亵犯一样被人蔑视。在公共关系、交通安全和执法部门工作的很多人，视此变化为"母亲反对酒驾"的公关效果。

MADD 以多种方式向不同的公众做宣传。

公开宣传阶段

19 世纪 30 年代出现的大众报纸和第一批创办成功的消费杂志，扩展了个人和组织与公众之间的交流。例如，1833 年，安德鲁·杰克逊（Andrew Jackson）聘曾为新闻记者的阿莫斯·肯德尔

(Amos Kendall) 做他的公关人员及美国第一位总统新闻秘书，旨在反击那些认为杰克逊普通得不适合当总统的贵族们。

废奴主义者努力废除奴隶制。实业家需要吸引工人、引诱消费者、刺激投资者。P. T. 巴纳姆（P. T. Barnum）相信"每分钟都在诞生一个笨蛋"，努力引诱这些笨蛋看他的表演。大家都用报纸和杂志为自己的目的服务。

政治家们认识到，拓展新闻是一个必要的新型竞选方法。1896 年，总统的竞选者威廉·詹宁斯·布莱恩（William Jennings Bryan）和威廉·麦金利（William Mckinley）都在芝加哥建立竞选指挥部，从那发布新闻稿、意见书和宣传册。当代全国性政治竞选活动由此诞生。

公共关系正是在这个时期开始形成其欺诈、叫卖的形象的，其所提供的信息，宣传成分多于实用。公关专家漠视公众、效劳权贵，格外加剧人们的这种认识，但与此同时，公共关系作为职业开始建立。形成中的新闻是其借以发挥的出处；向西扩张、迅速城市化和工业化成为其动力。铁路贯穿全国，城市新人口、新生活迅速膨胀，小型的地方性市场，开始变成大型的全国性市场。

政治、经济的发展，导致商业和政府变得越发腐败和自私：1882 年，威廉·范德比特（William Vanderbilt）在被问及改变纽约中央铁路时刻表造成的影响时，所用官话是"该死的民众"。丑闻的频频被披露，极大影响了工业界、政治界的形象。长时间、大规模的煤矿罢工，引发暴力及更多反商情绪。政府和商界在新闻曝光和改革运动（见第 5 章）的全盛时期，均需良好的公共关系。

1889 年，西屋电器公司（Westinghouse Elec-tric）成立第一个企业公共关系部，聘用一位前报社记者负责新闻方面的工作，确保公司立场始终鲜明且为公众所知。包括艾耶父子（N. W. Ayer & Sons）和洛德暨托马斯（Lord and Thomas）在内的广告代理商，也开始为客户提供公关服务。1906 年，取名"宣传局"（the Publicity Bureau）的首家宣传公司，在波士顿开业，后延伸到纽约、芝加哥、华盛顿、圣路易斯和托皮卡，帮助铁路工业挑战它反对的联邦法规。

铁路还遇到许多其他问题，于是求助《纽约世界报》（New York World）记者艾维·李（Ivy Lee）。宾夕法尼亚铁路受事故和罢工困扰，却想隐瞒信息。李认为，这样做在公众已经不信任包括铁路在内的大型企业之时，是非常危险的。李陪同记者亲临案发现场，建立新闻中心，发布新闻稿件，并帮助记者获取更多信息和照片。

1913 年，当科罗拉多州的煤矿罢工突变为暴力事件时，报纸抨击煤矿主要股份人约翰·洛克菲勒（John D. Rockefeller）必须对数名被枪杀的工人及他们的妻子和孩子负责。李与新闻界斡旋，说服洛克菲勒亲临现场与罢工者对话（并拍摄下来）。罢工结束，洛克菲勒的及时参与很快受到赞扬。李后来发表《原则宣言》指出，公关人员的职责是提供信息而不是承办宣传。

这一时期的公共关系并不都是损害控制。亨利·福特策划事件（比如赛车）吸引人们对福特汽车的兴趣，创办《福特时代》（公司内部刊物）并大量使用形象广告。

这一阶段的公关是典型的单向的、从组织到公众的传播。至第一次世界大战爆发时，今天的大型多功能公关公司所运用的大多数元素，已见端倪。

初期双向传播阶段

美国公众对于国家参与第一次世界大战并不热衷，伍德罗·威尔逊总统认识到，需要用公关来支持战争行动（Zinn，1995，pp. 355 - 357）。1917 年，他任命前新闻记者乔治·克瑞尔（George Creel）为新成立的公共信息委员会（Committee on Public Information，CPI）负责人。克瑞尔召集全国的舆论领袖，商讨政府公共行为，并促进形成公共舆论。公共信息委员会还出售自由债券、帮助增加红十字会成员。公共信息委员会利用电影、公众演说、报刊文章和招贴画等手段参与公关活动，其规模之大，前所未有。

此时，公关先驱爱德华·伯纳思（Edward

Bernays）开始强调，公众拥护某组织的情感，非常重要。伯纳思进而将此认识作为增强公关效果的基础。伯纳思的研究与克瑞尔的委员会一起，构筑了公共关系双向交流的开端，即公关说服公众的同时，也倾听公众反馈。公关专员们既代表客户向公众解说，也代表公众向客户解说。

这一阶段的公共关系还有若干其他进展。20世纪 30 年代，富兰克林·罗斯福总统接受他的顾问路易斯·迈克亨利·豪（Louis McHenry Howe）的指导，为使他当时的激进"新政"寻求支持，精心策划了一场公关运动，其核心环节，便是广播这一新媒介。威胁国家十年之久的大萧条，将公众舆论又一次推向对商业和企业的抵触情绪中。越来越多的企业为消除人们的不信任而在企业内成立公共关系部，比如，通用汽车公司 1931 年创立其公共关系组织。公关专员们开始越发依赖乔治·盖洛普（George Gallup）和埃尔莫·罗珀（Elmo Roper）新创立的民意测验行业，旨在进行公关活动时更好地测量公众舆论，并收集反映这些活动效果的数据。盖洛普和罗珀成功运用新改善的社会科学研究方法（抽样、问卷设计和采访上的新手段），满足客户以及客户的受众的商业需求。

公关产业发展迅速，但名誉仍不很巩固，于是，1936 年，美国合格公关董事会（the National Association of Accredited Publicity Directors）成立。三年后，美国公关委员会（the American Council on Public Relations）成立。1947 年，两组织合并，美国公共关系协会（the Public Relations Society of America，PRSA）成立，此为今天的公关专职人员的主要专业组织。

第二次世界大战期间，美国政府通过战时新闻处（the Office of War Information，OWI），又一次发起支持参战的大规模运动。战时新闻处除了启用已被第一次世界大战证明成功的手段外，还利用公众舆论民意测验和已完备建立的强大的广播网及广播网的明星，外加急于介入的好莱坞。歌手凯蒂·史密斯（Kate Smith）的战争债券广播节目，募集了上百万美元；导演弗兰克·卡普拉（Frank Capra）为战时新闻处制作系列电影《我们为何而战》（Why We Fight）。

公共关系和艾维·李的名誉在这个时期均遭重创。李是美国对德及其统帅阿道夫·希特勒的公关发言人。1934 年，李被要求在国会澄清自己是纳粹同情者的指控。他非常成功地为自己做了辩护，但此事对他的伤害已无可挽回。国会因为李与德国的联系，于 1938 年通过《外国代理人登记法》（Foreign Agents Registration Act），要求任何在美国境内代表外国政体参与活动的人，均须以该政体代理人的身份，在司法部进行登记。

高级双向传播阶段

第二次世界大战后，美国社会面临巨大的社会变革，消费文化急剧扩张。对于组织机构来说，了解客户在想什么、喜欢什么不喜欢什么、关心什么、什么能满足他们，显得越发重要。公共关系因此开始运用研究、广告和推广的手段，尝试互动的双向交流。

公共关系作为行业开始越来越引人注目，并敞开自己，接受严密审查。《宣传员》（The Hucksters）、《穿灰色法兰绒的男人》（The Man in the Gray Flannel Suit）之类的畅销小说（及据此改编的热门电影）把公关行业和公关人员描绘得很醒龌。万斯·帕卡德（Vance Packard）描述公共关系和广告的畅销书《隐形说客》（The Hidden Persuaders），更是影响了人们对公共关系的尊重。就因为公众对公关行业不信任，国会于 1946 年颁布《联邦游说法》（Federal Regulation of Lobbying Act），除其他规定外，还要求那些代表私人客户与联邦政府工作人员打交道的人，必须说明身份。公关操作和职业道德受到指责，美国公共关系协会的反应是，1954 年颁布职业道德公约，1962 年颁布认证程序，这两项标准经修订和改进，一直沿用至今。

一些其他事件也体现出现代公共关系的特征。有更多的人在更多地购买产品，这说明越来越多的人在接触越来越多的商业。消费市场增大，竞争基础当然要起变化。例如德士古（Texaco）做广告销售汽油，可它的产品与其他石油公司的产品并无明显不同，便利用自己的好名声和信誉进行推销。广告代理商也开始增设公共关系部，此举模糊了广告和公关之间的界限。

二战中已证明能胜任任何职业的妇女，成为公共关系产业的生力军。安·威廉姆斯·惠顿（Anne Williams Wheaton）是艾森·豪威尔的新闻秘书；莱昂内·巴克斯特（Leone Baxter）是颇具影响的公关公司惠特克暨巴克斯特（Whitaker & Baxter）的总经理。公司执行官以及政客，越发借助电视美化自己形象、构建公众舆论。非营利组织、慈善机构和社会活动群体也掌握了公关艺术，且尤为成功地利用公共关系挑战目标企业的公关力量。环境保护主义者、民权和妇女权利组织以及安全和消费者权益组织也成功导引公众赞同自己并付诸行动。

构建公共关系特征

有几个因素在公共关系发展的四个阶段中共同建构了公共关系的特征，影响了该行业的工作方式，阐明了公共关系在商业和政界中的必需。

技术的进步。工业技术的进步，实现了商品的大规模生产、发行和市场营销。传播技术的进步（和增长），使得向更大规模、更特定的受众进行充分、有效的传播成为可能。

中产阶级的增长。受教育程度更高、对周围世界更了解的中产阶级在越发增长，他们需要关于人和组织的信息。

组织机构的增长。二战后，商业、隶属工会的工人和政府的规模都变大，公众觉得它们影响更大，且遥不可及，自然对这些似乎影响了自己生活各个方面的势力好奇、生疑。

研究工具的改善。先进的研究方法和统计技术的发展，让公共关系产业能更好地理解受众、判断公关活动的效果。

专业化的实现。很多的国内、国际公关组织，促进了公关产业的专业化，澄清了公关产业的名誉。

公共关系与它的受众

我们其实每天都在接触公共关系信息。我们在地方电视晚间新闻上看到的很多视频剪辑，多由公关公司，或公司、组织的公关部提供。我们在网上看到的报道、在广播中听到的地方新闻内容，多直接源于公关部提供的新闻稿。诚如某媒介关系公司送呈潜在客户的一份推销宣传所示，"媒介分两部分，一部分是内容，另一部分是广告。两者都在出售。广告可以直接由出版者购买或通过广告代理商购买，内容空间可从公共关系公司购买"（Jackson & Hart, 2002, p.24）。另外，我们支持的捐赠食品活动、鼓励选择安全性行为的招贴画、我们参观的由企业赞助的美术展览，全是公关策划。公关人员与七类公众交互活动，这里的**公众**（public），指任何与某组织机构、某问题或某观念有关系的一群人：

职工。职工是组织机构得以生存的血液，是它的家庭成员。优秀的公共关系的建立，始于熟悉公司的时事通讯、社会事件及对组织内外出色表现的认可。

股东。股东是组织机构（它若是股份制公司的话）的持有者，他们也是"家庭"成员，且其名誉对企业的运营非常重要。年度报告和股东会议不仅提供信息，也带来归属感。

社区。任何组织之施展，都有邻里。礼仪与良好的商业意识，要求组织与邻里之间维持友好和支持的关系。信息会议、企业赞助促进食品安全、定期邀请民众参观等，都是加强邻里关系的手段。

媒介。公关人员若在大众媒介上没有信任和声誉，其组织机构与各类公众之间，便不可能进行交流。报纸、简报及容易接近组织机构的新闻发言人，都是建立信任和声誉的良方。

政府。政府是"人民的声音"，因此，任何与

273 公众打交道的组织都不能对政府掉以轻心。从实用角度说，政府掌管税收、管理和区划，组织机构必须赢取并维持声誉及政府的信任。通过提供信息、呈送报告和意见书、举行人事会议等，让政府了解组织机构并建立对组织机构的信任。组织机构及其游说者寻求有利的立法和其他支持时，政府便是它们公关的目标。

投资团体。用自己或他人资金投资企业或提出投资建议的人，会时刻关注企业的建设。商业价值和商业增长能力，是赢得投资团体尊重和信任的标准。因此，努力建立组织机构的良好形象，是公关部门对投资团体必须进行的工作。

消费者。消费者通过购买产品或服务为企业买单。产品或服务的声誉无价。这也使得各类良好的公关变得无价。

公共关系产业的范畴和结构

今天，有 275 200 人认为自己在从事公关工作，美国几乎所有的大公司都设有公关部，有的公司公关人员达 400 人之多。美国有 7 000 多家公关公司，最大的公关公司聘用职员达 2 000 人。但大多数公关公司没那么多人，有的只有 4 人。2010 年，美国公关公司的收入为 57 亿，预计到 2015 年达 110 亿（PRSA，2012a）。图 11—1 为美国十大公关公司。

274 有提供全面服务的公关公司，也有只提供特定服务的公关公司。比如为公司总裁服务的媒介专家、监控网络评论的服务以及视频新闻稿的制作，都属特定服务项目。公关公司的服务收费方式也各不相同，有的服务以小时计，有的随时听候调遣，按月向客户收取公关咨询费。例如伟达公关（Hill and Knowlton）每月最低收费标准为几千美元。第三种是**固定收费协议**（fixed-fee arrangements），公关公司按预先制定好的收费标准为客户提供特定的系列服务。最后，还有许多公司收取**附加材料**（collateral materials）费，对提供的打印服务、研究活动和照片等另收可高达 17.65％ 的额外费用。比如打印一份耗资 3 000 美元的招贴画，公司收客户 3 529.50 美元 [3 000＋（3 000×0.176 5）＝3 000＋529.50]。

按净收益率（单位为百万美元）的公司排名、公司总部所在城市

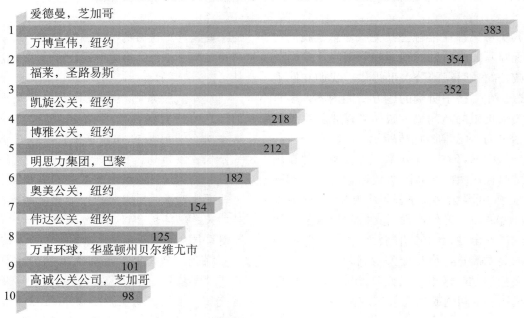

图 11—1　美国十大公关公司（2011 年）

资料来源：Agency Report，2012b。

公共关系活动

公关公司无论采取什么形式收费，均以提供以下 14 种服务挣钱。

（1）社区关系。这类公共事务工作关注组织机构所在的社区。比如某市若想修建新机场，就得抚平那些土地被占或利益受损的人的不满，否则，反对建机场的情绪就会在社区蔓延。

（2）咨询。公关人员定期向组织机构中涉及政策、关系和传播方面的管理者提供建议，指导他们与各种公众打交道。管理者要告诉公众"我们在做什么"，公关公司则帮助组织机构制作、提炼和传达这些信息。

（3）拓展、筹款。任何组织机构，无论是商业性质还是非营利性质，其生存均依赖其成员、朋友、雇员、支持者和其他所有人士时间和资金上的自愿贡献。公关活动帮助组织机构表达对这些贡献的需要。这些活动有时以解决问题的**因果营销**（cause marketing）形式呈现。有数据证明这样的方式很重要：83% 的美国人认为，"公司应做更多善事，尽量少做坏事"；77% 的美国人认为，"品牌和公司有责任参与改善它们所在的社区"（Greenberg，2011）。图 11—2 显示，告知公众客户在因果营销及公司其他形式的社会责任上的努力，非常重要。

（4）雇员/成员关系。这类公关活动与在目标公众中发挥公司作用类似，特别针对组织机构中的雇员或成员及其退休人员和他们的家属，目的是维持高昂的士气和动力。

（5）金融关系。金融公关主要由企业组织进行，意在增进公司与公司股东们、金融团体（如银行、领养老金一族和投资组织机构）以及公众之间的交流。企业的很多战略比如拓展新市场、兼并其他公司，都倚赖良好的金融公关。

（6）政府事务。这类公关事务工作关注政府机构。**游说**（lobbying），即直接接触并影响选举出的官员或政府监管部门和机构，是通常的主要活动。

（7）行业关系。公司不但要与消费者和股东们互动，也要与业内其他公司如竞争对手和原料供应商等互动。此外，它们还必须用同一声音，应对各州及联邦监管机构。比如得克萨斯餐饮协会、美国石油协会、全国生产者协会等众多毫不相关的团体，都需公关来应对它们各不相同的公众，目的在于维护、繁荣整个行业。

（8）议题管理。组织机构对于一些影响公众舆论的重大议题，常常非常感兴趣，因为这些议题终会影响自己的经营，以及自己的形象。议题管理通常指开展大规模公关活动，意在试图针对具体议题构建舆论。这类议题常常引发深层情感，比如提倡死刑的激进分子会全方位使用宣传手段争取公众站在他们立场上。埃克森美孚（ExxonMobil）常用软文广告，强调环境保护和公共交通这些关系到其自身，也是有关主要汽油生产商前途的重要议题。

（9）媒介关系。媒介数量在增长、媒介技术在进步，应对媒介越来越复杂，公关客户需要有人帮助它们了解各种不同媒介、帮它们准备和组织材料并投放到合适的媒介。另外，媒介关系还要求公关人员与媒介工作者保持良好关系，知悉他们的截稿期以及其他约束，取得他们的信任。

（10）营销传播。此为销售产品、服务或观念之综合，可以包括广告创意、宣传与推销、包装设计、销售点陈列、商展和具体事件的设计与实施。要注意的是，尽管公关人员常使用广告，但公关与广告是不相同的，区别就在于控制。广告是控制性传播：广告商斥资让广告准时出现在其选择的具体媒介上，但公关不是那么严格的控制。公关公司不能控制它的新闻稿何时、以什么方式出现在地方报纸上。例如，对于耐克公司坚持说自己已纠正海外商店虐待工人的说辞，媒介会做何反应，公关公司并不能控制。广告只有在其目的是树立形象或鼓励行动时，才具有公关功能，与它通常的销售产品功能截然相反。护林熊森林防火活动，就是一个成功的著名公关广告活动。

广告和公关显然重叠，甚至在消费产品的生产商上。雪佛兰公司得销售汽车，同时也必须与各种公众进行交流。丰田公司得销售汽车，但当它不得不加速召回时，需要紧急的公关帮助。广告与公关重叠产生的一个结果，就是广告商越来越多地拥有自己的公关部或公关公司，或与公关公司合作密切。探索网络时代的品牌营销，请阅专栏文章《胖子不再沉默：社交媒介时代如何维护公司声誉》。

广告与公关的另一个不同之处，是广告人一般不为任何组织制定政策，只是执行组织领导已经制定的政策。而公关人员常常是政策决定程序的组成部分，因为他们是组织和公众之间的纽带。高效率的组织已经认识到，即便是一般决策，它对公众的影响及随之的后果，也有可能事关重大。公共关系因此已成为一个管理职能，而公关人员属于公司的最高层成员。

（11）少数民族关系/多元文化事务。这类公共事务活动主要具体针对激进的少数民族。20 世纪 90 年代，丹尼斯连锁餐厅面临种种种族歧视指控时，举行了一场激进活动，以应对那些认为自己的权利被剥夺的人们。该活动主要针对黑人社区。它的第二个目的，是向自己的雇员和广大的公众传递这一信息：公司规章表明，歧视是错误的，丹尼斯欢迎每一个人。

（12）公共事务。公共事务的作用，是与客户需要面对的各种不同权力中心的官员和领导打交道。这类公关工作的主要目标，常常是社区和政府的官员、压力群体的领袖。公共事务强调社会职责和建立良好声誉，比如某公司给地方中学的电脑实验室捐钱。

（13）特别事件与公众参与。运用公关精心策划正被关注的"事件"，即为促进组织机构与公众之间互动而策划活动，以促进公众对组织、个人或产品产生兴趣。

（14）研究。组织机构常需确定各类公众的态度和行为，从而计划和实施必要的活动来影响或改变这些公众的态度和行为。

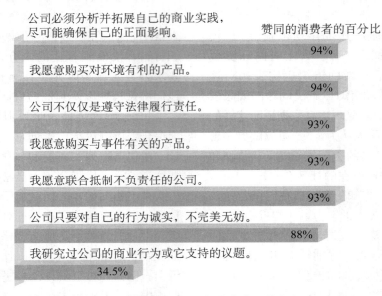

图 11—2　全球消费者对公司承担社会责任的态度（2011 年）

资料来源：Kerkian，2011。

公共关系的管理职能

前面我们已经看到，公关人员帮助制定传播策略，广告人员运用传播策略。这就是公众关系的管理职能，是任何组织机构成功的关键。美国公共关系协会指出，公共关系的职能包括：

● 预测、分析和阐释可能会影响（无论好影响还是坏影响）组织机构的行为和计划的公众舆论、态度和问题。

● 就政策制定、行动与传播路线咨询组织机构中的各级管理者，重视公众分类及公司的社会或公民责任。

● 持续研究、实施和评估项目的进展与传播，以便了解公众，顺利实现公司目标。

● 计划并实施组织机构的行动，以此影响或改变公众策略。

● 设定目标、制订计划和预算、招募和培训员工、开发工具。总之，经营好实现以上各条所需要的一切资源。

文化论坛　　　胖子不再沉默：社交媒介时代如何维护公司声誉

某航空公司与某名人之间的一场纠葛，将网络时代的公共关系问题推上文化论坛。

2009年2月，自认胖子的电影导演凯文·史密斯（Kevin Smith）乘坐美国西南航空公司一航班时遭拒，原因是他太胖了。以沉默的鲍勃之荧幕形象闻名的史密斯顿时火了，并随即在自己的推特上向160万粉丝吐槽西南航空：我静坐在那里吃加工食品，为何受你们干扰！……我未违反法规，没造成安全隐患（我会压倒其他乘客吗？）……我看到飞机上有比我还胖的家伙呢！但我不会因为自己受打扰也拉那位胖同胞下水，我俩眼睛对视时他好像在说"别说出我来……"。

这起"胖子门"事件迅速在全球传播，但史密斯拒绝任何采访，而是选择在社交网络、播客和博客上吐槽自己的尴尬经历，激发起对所谓的社会歧视胖子问题的讨论。西南航空做出相应回应，在推特和博客上向史密斯先生道歉，但同时重申了公司对待超重乘客的政策。史密斯随即现身《每日秀》，并当场发推文@西南航空："嘿，你们把航班上的那排座位搬到《每日秀》上来让我坐着试试吧，如果大家觉得不合适，我捐一万美金给你们选择的任何一家慈善机构，但如果大家觉得我坐着合适呢（而且也系了安全带）？(1) 你们得承认自己撒谎了。(2) 必须改变你们的政策或对员工重做培训，培养他们多一些人性，少一点死板。"西南航空未接此招。

此事件让致力于维护品牌声誉的公共关系专家们认识到一个新现象，即消费者评论的即时性、直接性和毫无过滤性。公共关系总监霍华

德·布莱格曼说过："1985年，5条电视商业广告便能到达85%的家庭，而现在1 292条才能得到同样的效果。"可史密斯先生未做任何广告，却让全世界人都注意到了西南航空。另一行业专家莱恩·斯坦由此指出："消费者（我们人）越来越关注和苛求企业和产品的价值。只提供'高品质的产品和服务'、展示'透明和诚实的商业准则'，已不足以让我们信赖。越来越多的人希望了解公司的应对行为，以及这些行为是否有益于大局。"

斯坦先生认为这有益于消费者，因为公司只有不断改进才能应对这一新现象，"公共关系行业必须站在'我们人'的立场，为客户提供咨询，调整应对措施，以便更好地服务社会"。巴克莱公关公司的迈克·斯文森指出，运用同一新媒体"与个体消费者直接对话，是实现此效果的一个方式。品牌和消费者在社交媒体上对话没有过滤、没有缓冲，这是维护公平竞争的双行道"。另一行业赞成者、埃森哲咨询公司的专家洛克茜妮·泰勒补充说："我不相信公共关系。我的意思是我不相信大肆宣传与自吹自擂，但我相信真诚的交流。"

请阐述你的观点。新的即时性社交媒介开启的开诚布公之风，会就此终结**吹嘘**（spin）、谎言和忽悠吗？你相信公司与消费者会在期望、信誉和服务上进行更加公开的交流吗？推特上的这场公开抨击若敦促西南航空改进服务，那是否以后都要先有类似史密斯那样尴尬经历的发生，才会有企业产品与服务的提升？或者，有社交媒介的存在，便足以敦促公司主动改善自己的产品和服务？

经营公共关系的组织

经营公共关系，规模可大可小。典型的公关公司或公关部，无论规模大小，均需这些职位（但称谓或许不一定相同）：

经理。此为首席执行官，有时与其他成员一起，有时单独制定政策，是公司的发言人。

客户主管。每项业务都有各自的客户主管，任务是给客户提供建议、分析问题与形势、判断客户的目标受众群的需求、推荐交流计划或活动，

并收集公关公司的资源以支持客户。

创意专员。可以是文案作者、图表设计者、美术人员、音频视频制作人员和摄像人员，总之，任何满足客户传播需求的工作者。

媒介专员。媒介专员熟稔各种不同媒介的要求、取向、局限和长处，为客户信息的传达寻找正确的媒介。

运作比较大的公关活动可能还需要以下职位：

调研。双向公关交流的关键在于研究，即评估客户各类不同公众的需求和针对他们实施活动的效果。民意测验、面对面采访和**焦点小组**（focus groups，采访目标公众中的小组成员），为公关运作以及它的客户提供反馈。

政府关系。依据客户需求，游说政府官员或以其他直接方式与政府官员交流，或许是必要的。

金融服务。向客户提供可靠的金融公关信息的前提，是掌握经济、金融和商业或者企业法方面具体、深入的知识。

公共关系的趋向与融合

全球化、集中化和专业化

和媒介产业一样，全球化和集中化也渗透到公共关系领域，具体表现为：国外拥有权形式、公关公司运营触及海外形式、若干不同公司聚合成巨大营销组织形式。例如，赢得世界前十的公关公司中的三家——伟达、博雅和奥美，虽从美国起家，但现在都为总部设在伦敦的 WPP 集团所有。伟达的 2 000 名雇员分别在 44 个国家的 79 个办公室。总部设在纽约的爱德曼公关公司的 3 100 位雇员，分别在世界各地的 51 个办公室。营销巨头宏萌集团（Omnicom Group）总部也在纽约，分支遍布 100 个国家，有雇员 112 262、客户 5 000。宏萌集团成绩如此骄人，得益于排名世界前七的公关公司中的三家公司的合作（福莱、凯

旋和培恩国际公关），也得益于若干专业公关机构（比如 Brodeur Worldwide、Clark & Weinstock、Gavin Anderson & Company、Cone）。但宏萌集团还是国内、国际几家广告公司的母公司，包括三家全球前十的广告公司 [天联（BBDO Worldwide）、恒美（DDB Worldwide）、李岱艾（TBWA Worldwide）]；是几家媒介计划与购买公司的母公司；是户外、直营和网上专业广告机构的母公司；是全球营销公司"多样化代理服务"集团（Diversified Agency Service）的母公司，而"多样化代理服务"集团本身就是 160 多家公司的母公司，在 71 个国家的 700 个办公室提供服务。图 11—3 显示全球最大的十家营销组织。

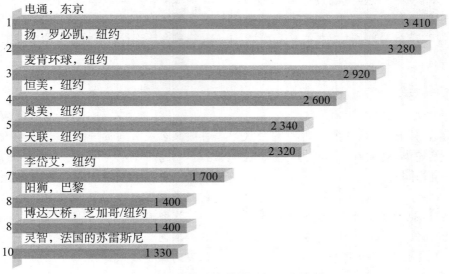

按净收益率（单位为百万美元）的公司排名、公司总部所在城市

排名	公司，城市	净收益率
1	电通，东京	3 410
2	扬·罗必凯，纽约	3 280
3	麦肯环球，纽约	2 920
4	恒美，纽约	2 600
5	奥美，纽约	2 340
6	天联，纽约	2 320
7	李岱艾，纽约	1 700
8	阳狮，巴黎	1 400
8	博达大桥，芝加哥/纽约	1 400
10	灵智，法国的苏雷斯尼	1 330

图 11—3　世界十大营销公司（2010 年）

资料来源：Agency Report，2011。

280 公共关系的另一趋势是专业化。我们已经了解了公关人员应从事的 14 项活动，但专业化远不止于此。专业化呈两种形式，首先由议题决定。环保公关吸引包括环境保护主义者和企业家在内的越来越多人注意。布鲁斯·哈里森咨询公司（E. Bruce Harrison Consulting）吸引企业客户的部分原因，是因为该公司享有"**刷绿**"（green-washing）技能高超的声誉，即哈里森公司被认为擅长运用公关，把环保主义者关注的客户争取过来。医疗保健与药物近来也成为专业公关的重要领域。

只有你能使森林免于火灾。

此为一个非常成功的长期广告活动，也是一个非常成功的公关活动。

融合

公关活动中运用的媒介日益增多，此为推动公共关系专业化的第二动力。公关活动依赖新型融合技术。公关使用越来越多的媒介组合，是在线信息和广告，例如**视频新闻稿**（video news release，VNR，指事先制作好有关客户或客户产品的报道）和视频会议。本章后面部分专辟一小节，讨论视频新闻稿。采用**卫星传送媒介巡回**（satellite-delivered media tour）形式的电视中的发言人，可通过电话连接，同时接受全球范围观众的采访，这一方式进一步拓展了公关的范围。此外，网络出版，更加拓展了可以利用的媒介通道的数量和种类。所有这些都需要专业的从业者。

公关产业在其他方面也在应对传统媒介与互联网之间的融合。其中之一，就是**整合营销传播**（integrated marketing communications，IMC）的发展。前面我们已经看到广告与公关是如何重叠的，但企业在整合营销传播中，主动将公关、市场营销、广告和推广等职能融为一体，构成几近天衣无缝的传播活动，既可见于家中的网站，也可见于电视屏幕和杂志页面。整合的目的，在于为客户和代理商在愈加细分但又倍加协调的媒介环境中进行传播（及传播阐释）提供更大控制。例如，整合营销传播的一个常用技巧，是**病毒式营销**（viral marketing），即以互联网上使用某些特殊传播手段的网民作为目标，令他们用自己感到最得心应手的传播工具来传递信息。此为整合营销传播，既廉价又高效。

公关产业还得以另一种方式应对互联网。网络向各类公众提供强有力的新手段，以对抗最佳公关行为，诚如我们在西南航空事件中所见的社交媒介上的喧闹。英国环保组织"大地之友"的托尼·朱尼珀（Tony Juniper）称互联网为"抵制工具箱中最有效的武器"。诚如公关巨头"国际协约"（Entente International）的彼得·费黑尔（Peter Verhille）之解释，"压力集团的一个主要力量，其实就是利用远程通信的革命性工具，拉平与其对立的权势公司的势力。其灵活运用全球化工具比如互联网，降低企业曾经提供预算这样的优势"（Klein，1999，pp. 395 - 396）。比如，"美国学生抵抗血汗工厂"组织持续努力，监控童工、安全和美国服装制鞋生产商海外生产的工作条件。"美国学生抵抗血汗工厂"组织利用互联网建立起全国性学生网络，组织抗议和联合抵制，取得若干"胜利"。比如，迫使耐克和锐步准许在墨西哥的一家工厂成立工会。公关公司和企业内部的公关部门采取若干对策，其中之一就是整合营销传播；另一对策是聘用内部的网络监管员；第三个对策是发展专项公司比如 eWatch，其职能是为客户提示网络上的消极信息并提出有效对策。

智能手机、平板电脑和社交网站

我们已从本章了解到互联网和社交媒介正在如何改变公共关系领域，业内专业人士也已注意到此。《广告时代》的西蒙·杜门寇（Simon Dumenco）指出，鉴于推特，"我认为，长期以来饱受诟病的新闻稿时代，终于结束了"。公众可以像凯文·史密斯一样写推文，代理机构及其客户也可以发新闻。自 1906 年以来从未改变的公关，现在已经过时。科恩通信公司（Cone Communications）首席名誉官迈克·劳伦斯（Mike Lawrence）说："欢迎来到赋消费者予权力的全新互联网世界。"（Kerkian，2011）显然，智能手机和平板电脑让公共关系领域的公众能随时随地批评或赞扬其客户，更让人尤其是年轻人大有参与到公司或组织之中的参与感。音乐电视研发组（MTV's Research Group）副总裁尼克·肖尔（Nick Shore）指出："千禧一代在生活各方面都要求公平、透明、鲜明、一致的规则。身为消费者的他们，只有在行使自己权力（不论以个人形式还是以集体形式）维护公平竞争环境之时，才有满意感。"他举了个著名的例子："消费者要求有权购买和下载单曲而不是整张唱片，结果，唱片业在这个问题上不得不一定程度地让步。"

移动技术和社交网络相结合，让公众"有了自由的大喇叭，把用户的不满传送到世界各地"，《纽约时报》科技作家兰德尔·斯特罗斯（Randall Stross，2011，p. BU3）如是说。例如，智能手机和平板电脑上的应用程序 Gripe，让人能在脸书和推特上向朋友和跟帖者即时发帖，或者指名道姓地向某组织的客服部即时发帖，表达自己的抱怨或赞美。一些业内专家因此而担心会出现"社交性威逼"，因为，少数吹毛求疵的消费者在朋友圈内的言论，可能会造成无法估计的影响。但 Gripe 的法哈德·莫希特（Farhad Mohit）反驳说，正因为有很多人看评论，才不会有人滥用脸书和推特，"谁也不想被朋友和家人当成混蛋"（Stross，2011，p. BU3）。

信任公关

"公关之父"爱德华·伯纳思在他漫长职业生涯中
的最后岁月，致力于提高公关行业的伦理道德。

本章伊始讨论公共关系时我们提到，公关业自己承认名声不佳。爱德华·伯纳思（Edward Bernays）提倡对各类公众的需求要更为敏感，艾维·李坚持公关必须公开、诚实，此为产业远离其贩卖根源所迈出的第一步。二战后的职业道德公约与认证程序，是产业迈出的第二步，也是更为重要的一步。但伯纳思对行业的进步并不满意。这位"公关之父"于 1995 年去世，享年 103 岁。他晚年致力于公关产业尤其是美国公共关系协会的律己问题。伯纳思 1986 年指出：

在当前情况之下，没有道德的人可签署美国公共关系协会公约而成为其成员，并开始无道德约束地操作事件，任何法律制裁对他无可奈何。这样的人在法律界和医学界是要被剥夺职业资格的……我们没有标准……这一可悲境况，让任何人，无论教育背景如何或道德观念怎样，均可用"公关"一词来描述自己的职能（p. 11）。

很多公关从业者与伯纳思有同样的担忧，尤其是当行业内部的研究有如下显示的时候：85％的美国民众认为公关从业者"有时会利用媒介提供误导性的、有利于它所服务的客户的信息"。美国公关协会民意调查同样显示，79％的公众认为，公关人员"只愿意传播能帮助自己客户赚钱的信息"（Burton，2005）。因此，博雅公关高级顾问弗雷泽·赛陶（Fraser Seitel，2004）一直坚持认为，需要重建公共关系中的信任：

公共关系咨询的核心，是"做正确的事"。公共关系的基本原则是"绝不说谎"。尽管如此，一份针对 1 700 名公共关系专员就约束话题所做的调查显示，25％的受访者承认自己"工作中说过谎"，39％的人说自己夸大过事实，另有 44％的人"不确定"自己是否具有职业道德（p. 132）。

福莱国际传播咨询公司执行副总裁约翰·桑德斯（John Saunders）也认为信任很重要，他呼吁同事们讨论自己所从事的公共关系行业代表什么。他在 2005 年国际通信咨询组织年会上指出：

公共关系的黄金时代已经不再，为实现我们想要的未来，我们需要改变，需要将更多精力投入到职业道德之中。若在声誉管理上给予忠告，那就是，我们必须做到无可指责，我们必须更为严格地要求自己（Marriott，2005）。

如今，美国每 10 万人中几乎就有 1 人从事公关工作，相比之下，每 10 万人中只有 0.25 个记者，"比率超过三比一，且装备更好，待遇更优"（Sullivan，2011）。行业内外都估计，无论报纸报道还是视频新闻，我们读到或看到的内容，50%到 90%或完全或部分受公关操纵。批评家进一步指出，我们所读、所看的 40%的内容，其实未经编审，以至于公关从业者们常夸海口，"看不出的公关才是最好的公关"、"看着像新闻的公关才是最好的公关"（Stauber & Rampton，1995，p. 2）。

但对于公关之高妙就在于"让人看不出是公关或者让人分不清是新闻还是公关"之论，并非所有公关从业者处之泰然。2007 年，沃尔玛和索尼的公关运作，被人发现是雇人写**虚假博客**（flog）推广自己的品牌（攻击竞争对手），**透明提倡者**（transparentists）因此频发呼吁，用公关经

理埃里克·韦伯（Eric Webber，2007）的话一言以蔽之，那就是公关行业"在互联网固有的信息公开、可获得的背景之下，必须采取完全、彻底披露信息的态度"。他指出，公共关系若要赢得消费者（和客户）的信任，其从业人员就必须认识到，"现在的记者，无论专业还是业余，都能很容易地分辨出公司及其公关人员是否在说谎，因此，我们最好还是讲实话"（p. 8）。

公众若遭受公关欺骗，所引发的文化意义，不可小觑。公共关系若仅为一些人带来好处，它会给文化协商功能带来什么后果？对于这个问题，我们将在文化论坛中讨论我们的价值与兴趣。解决这一潜在问题的方法，是消费者必须知道信息来源和信息产生的过程。诚如我们在本书通篇所呈，我们期望有媒介素养的人能做到的，就是如此。

 培养媒介素养技能

识别视频新闻稿

公共关系专家对道德、责任与诚信的呼吁源于前文提到的乘客遭受的不公平待遇。而最近披露的另一现象同样引起公众注意，即政府机关频繁采用视频新闻稿（VNR）当实况新闻播报，以资表明自己的政治立场。在一片哗然中，视频新闻稿本身变得备受争议。美国国会审计总署认为，政府机关擅自采用视频新闻稿属违法行为。联邦通信委员会（FCC）声明，要公开对视频新闻稿的来源加强法规管理，对违规电台要提高罚款上限。广播业的广播电视新闻导演协会也澄清并强调自己辨识和公开视频新闻稿的规则。

但 90%的美国电视新闻编辑部仍在使用视频新闻稿，主要是因为许多地方台增加了新闻播报时间，却几乎没有时间和资源生产充足的原创内容来维系播报。尽管联邦通信委员会管理更为严格，授权行业公开信息的法规也更加严格，但媒介与民主中心最近对 69 家拥有全国一半观众的电视台进行了一项调研，结果显示，69 家电视台均在使用视频新闻稿，却并不认同

这些新闻稿。四分之一的美国电视新闻高管坦言"这是广告与新闻之间的灰色地带"。由此，对播报员来说的认同与公开问题，对于有媒介素养的观众来说，就是得辨别清楚的问题了。辨识视频新闻稿并不容易，因为视频新闻稿常常：

● 在视觉和听觉上与真实的新闻报道几乎毫无二致；

● 描述者在声音、语调和表述上与电视新闻记者一模一样；

● 采用独立的旁白声道，去掉原始叙述，用自己的主播或记者叙述，看着像原始播报一样；

● 当地方台想自己叙述但需要文字辅助时，播报时会伴有字幕；

● 可随意更换标题或其他图文，因为地方台都有自己的台标（logo）和视频字体。

视频新闻稿可以被整体或部分使用。视频新闻稿制作公司甚至认为，被地方新闻节目摘播五秒钟，就是成功。很多电视台播出时遵从联邦法规和职业道德，但常常播报到最后，才

发现"提供的影视胶片"与播报的内容不相符。对此，联邦通信委员会试图提供对策，于2012年提交新规则，要求所有商业电视台在自己的网站上公布与所播新闻有牵涉的企业，但观众接触视频新闻稿时终究需要倚赖自己的媒介素养。

举个例子，当记者或主播告知某一报道出自外部来源时，观众就得判断，该报道的可信度有多大。并非所有视频新闻稿均为虚假或误导的。我们若认识到视频新闻稿其实就是在为某人或某团体创造更大利益，它们就能为我们提供有用信息。报道的来源若未确认或只得到

部分确认，有媒介素养的人就不仅只质疑报道本身，还会质疑该新闻运作的价值，因为，此为完全不尊重观众的做法。

问题是，电视台若未确认视频新闻稿来源，我们怎么识别呢？

● 报道配的是非报道地区的视频。
● 报道中无本土电视台人员出现。
● 报道中没有语言或文字上的归属说明（比如"场景源自我们在孟菲斯的姐妹台"或在屏幕一角有一台标）。
● 报道出现在专辟为软性报道或专题报道的新闻节目部分。

 挑战媒介素养

284

寻找视频新闻稿

批判性思考能力，是媒体素养的重要组成部分，让人独立判断媒介内容。这当然也包括体裁规约模糊情况下的辨识能力，这里指的是公共关系的宣传资料及电视新闻。请观看一天你最喜欢的电视台的早间和晚间版的本土新闻，挑战自己的媒介素养。记录下除天气预报和体育新闻以外的新闻报道的数量，判断这些报道中有多少出自本台以外的来源，你的根据是什么？本台人员是否作为报道中的一部分出现了？有语言或文字上的归属说明吗？报道是出现在

新闻中的"软新闻"部分吗？电台告知资料源于外部来源了吗？如果都没有，你觉得这是欺骗吗？为什么？无论信息来源多么真实可信，你能根据自己对本土电视新闻的期望、对地方新闻与公共关系之间体裁规约的认识以及你批判性解读媒介信息的能力，阐释自己的结论以及自己对这些结论的反应吗？请将此挑战作为自己深入思考的机会，并书面写出自己的观点，或与同学比一比，看谁找出的视频新闻稿最多，或者在这类报道中找出的欺骗性例证最恶劣。

 本章回顾与讨论

回顾要点：将内容与学习成果联系起来

● 概述公共关系产业的历史与发展。
■ 公共关系史可分为四个阶段：早期公关阶段、公开宣传阶段、初期双向传播阶段和高级双向传播阶段。
■ 公共关系的构建，得益于技术的进步、中产阶级的壮大、组织机构的发展、更优异的研究

工具和专业化的形成。
● 描述当代公关产业的组织性质与经济性质如何利用日趋融合的媒介环境中的公众参与来形塑讯息。
■ 公共关系将组织机构的"故事"告知公众（传播），协助构建组织机构及组织机构的执行方

式（管理）。

■ 广告执行组织机构的传播策略，公共关系提供若干重要管理职能。

■ 公关公司的组织构架通常为经理、客户主管、创意专员和媒介专员。比较大的公关公司通常还包括调研、政府关系和金融服务方面的专职人员。

● 界定不同种类的公共关系及用以服务不同公众的各种公共关系。

■ 公关行业服务的受众包括职工、股东、社区和消费者。

■ 公关公司提供以下 14 种或其中一部分的服务：社区关系、咨询、拓展和筹款、雇员/成员关系、政府事务、行业关系、议题管理、媒介关系、营销传播、少数民族关系/多元文化事务、公共事务、特别事件和公众参与，以及研究。

● 阐述公共关系与各种公众之间的关系。

■ 以视频新闻稿、卫星传送媒介巡回、整合营销传播和病毒式营销方式出现的全球化、专业化和融合化，正在重塑当代公关与客户和公众之间的关系。

■ 信任是公关行业服务客户与公众的关键。

● 运用媒介素养技能消费公关信息，尤其是视频新闻稿形式的公关信息。

■ 识别视频新闻稿不容易，但有媒介素养的观众会从报道配的是否是非报道地区的视频，报道中是否无本土电视台人员出现，报道中是否有归属说明和报道是否出现在专辟为软性报道的新闻节目部分等几个方面进行判断。

▎关键术语

285

flack　宣传员

astroturf　假草根组织

pseudo-event　假新闻

public　公众

fixed-fee arrangement　固定收费协议

collateral materials　附加材料

cause marketing　因果营销

lobbying　游说

spin　吹嘘

focus groups　焦点小组

greenwashing　刷绿

video news release（VNR）　视频新闻稿

satellite-delivered media tour　卫星传送媒介
　　巡回

integrated marketing communications（IMC）
　　整合营销传播

viral marketing　病毒式营销

flog　虚假博客

transparentists　透明提倡者

▎复习题

1. 定义公共关系的重要元素是什么？

2. 公关产业发展的四个阶段是什么？

3. 艾维·李、乔治·克瑞尔和爱德华·伯纳思是谁？

4. 公关和广告之间的区别是什么？

5. 公关中的公共事务活动有哪些特别的组成部分？

6. 谁是公关的公众？他们的特征是什么？

7. 公关运营通常有哪些职位？

8. 新传播技术如何影响公关产业？

9. 什么是整合营销传播？其目的是什么？

10. 什么是病毒式营销？它是如何发挥作用的？

▎批判性思考与论述题

1. 你知道本章开篇提到的玛氏巧克力公司吗？你在未知它支持"横扫饥饿"活动之前对它有什

么印象? 现在对它有什么印象? 这样的社区关系真会起作用, 抑或大多数人认为它其实是自私自利的? 你觉得公司若发生危机, 其危机前的声誉有助于它度过危机吗, 为什么?

2. 你是否参加过由互联网发起的反对某组织的活动或支持某善行举动的运动? 若参加过, 你便参与了公关活动。将自己的经历与本章描述的情况做比较, 阐述你参加的是何种公关活动? 你的公众是谁? 活动成功吗? 为什么?

3. 你知道凯文·史密斯碰到的麻烦吗? 你是怎么知道的? 你运用互联网深入了解该事件了吗? 你对西南航空的印象会因为史密斯先生而有所改变吗? 你对西南航空的反馈满意吗?

第12章

广告

学习目标

广告无所不在。我们就是因为广告的越发随处可见而开始对它视而不见的，可我们的视而不见又让广告商越发想方设法让它随处可见。我们对广告的态度和电视一样，也无法中立，要么喜欢广告，要么讨厌广告。很多人对广告是又爱又恨。学习完本章后，你应该能够：

- 概述广告业的历史与发展。
- 概述当今时代对广告的批评和捍卫。
- 概述当代广告业的组织性质与经济性质如何形塑广告内容，尤其在当今媒介日益融合的环境之中。
- 概述广告的不同种类及其目的。
- 概述广告内容与其消费者之间的关系。
- 在广告消费中运用媒介素养技能，尤其是当广告有意含糊其辞之时。

288　你两位学广告专业的室友跟你打赌："明天一天你若没看到一则广告，我们给你 10 美元。"你心里琢磨："大不了我明天不开广播和电视，反正我车里有 MP3 播放器，我还有一大堆功课要做呢。"剩下来的就是报纸和杂志了，不过只要 24 小时内不读报刊，就看不到广告。网络广告怎么办？不上网、不登录脸书和推特就得了，一天不找朋友、不跟帖也没那么难熬。可你突然想起，"大广告牌怎么办？"

室友亲切地让步："大广告牌可以不算，但其他的都算在内。"

你与室友握手敲定，表示接受挑战。躺床上后你开始思忖对策：明天早上不能吃麦片，"脆谷乐"的包装盒上有"麦当劳"的广告。上学不能坐公交，现在很多公交车不仅车内到处张贴广告，整个车体，除了车窗，几乎全包裹在塑料广告之内，公交车俨然一巨大的移动广告。走路去上学也不行，沿途至少有两个广告栏。可坐出租车上学但车费都不止 10 美元了，但为打赢这场赌，花点钱也无所谓，干脆坐出租车上学！你怀揣必胜之心入睡，一夜好眠。

第二天晚上，在比萨店的餐桌上，你递给室友 10 美元。

"怎么了？偷看电视了？"室友一脸坏笑。

"没看。"你开始悉数揭"密"：出租车后备箱上贴有某家广播电台的广告，车顶上竖着的三棱锥形牌子的三个面上都有广告，分别归属于你们正在消费的这家比萨店、某位脊椎按摩师和西南航空公司。出租车里一个固定在车顶的电子数字屏幕，不断滚动彩票信息广告。学校附近的人行道上，有人用水溶性亮红色涂料喷了这样的信息，"从这里看，您需要购买新内衣啦——翠竹内衣"。学校卫生间的墙上刷有"大众汽车"广告。自动取款机的取款凭条上印有某家证券公司的广告。杂货店的现金发票背面印有"达美乐比萨"广告，店里卖的奇异果上贴有"斯耐普饮料"广告。购物篮的侧面贴有某家房屋中介公司的广告；甚至连用来将你买的奇异果和矿泉水与前一位消费者购买的东西隔开的小塑料杆的四面，也全印上了广告。

289

"我们这 10 美元挣得轻松哈。"室友笑着说。

本章将探讨广告的历史，重点审视工业化和内战如何促进广告走向成熟，详述广告公司的发展和广告业专业化的形成，阐述杂志、广播、二战和电视对广告的影响。

我们将从广告公司如何构建、各类不同广告如何瞄准受众这样的角度，探讨消费者与现代广告业的关系，并讨论融合技术、受众细分和全球化等趋势中的哪些趋势会改变这些关系。

我们研究围绕广告产生的争议。批评者指责广告具有干扰性和欺骗性，广告在针对儿童时没有道德底线，广告玷污文化。我们也审视广告业的辩护。

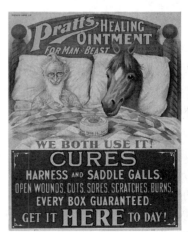

1625 年　▲首份含有广告的新闻小报
1735 年　本杰明·富兰克林出售《宾夕法尼亚公报》里的广告空位

1800 年
1841 年　▲帕尔默开创首家广告公司

1850 年
1869 年　艾尔开创首家提供全面服务的广告公司
19 世纪 80 年代　▲品牌的出现

1900 年	**1950 年**	**2000 年**
1914 年　联邦贸易委员会成立	1957 年　帕卡德发表《隐藏的说 客》	2004 年　《广告克星》的反美国品 牌化活动
1922 年　首条广播广告	1959 年　智力问答节目丑闻	2005 年　MI4 成立；混乱局面
1923 年　《永备牌电池时间》为首个厂 商冠名赞助、固定播出的系 列节目	1971 年　全国广告评审委员会成 立；电视烟草广告遭禁播	2008 年　互联网的广告经费超过广播
1936 年　消费者联盟成立	1980 年　▲美国海外广告经费首 次超过国内	2009 年　互联网的广告经费超过杂志
1938 年　《惠勒里亚法》		2012 年　▲互联网的广告经费超过 所有纸质广告
1941 年　▲战时广告理事会成立	1994 年　首条网页横幅广告；垃 圾邮件出现	
1948 年　电视走向大众		

　　在最后的媒介素养技能部分，我们将讨论广告商是如何有意含糊其辞的，以及辨识和解读这些有意含糊其辞的策略。

广告简史

　　你的室友有优势，他们知道，美国的广告商和营销商为获受众注意、左右他们的选择，每年要耗资近 5 000 亿美元，占全球总量的一半。他们还知道，你每天通常会接触 5 000 条广告信息，而 1971 年时仅 560 条（Johnson，2009）。广告和广告商数量庞大，几乎所有广告从业者都在抱怨广告泛滥成灾，用《广告时代》（*Advertising Age*）的作者马修·克里默（Matthew Creamer，2007）的话描述："广告业在解决自身问题时，就像一只被关在窗外拼命想飞进窗内的苍蝇一样，同样在使用蛮劲，即拼命制作更多广告。"（p.1）有人将此称作**环境广告**（ambient advertising），也有人将此称为**360 度全面营销**（360 marketing）。叫什么名不重要，重要的是这些广告的展现形式有异于

传统，这是因为，广告商们认为，"不懂处处营销，就不懂真正营销"，即所谓的**模糊市场营销**（murketing）（Manjoo，2008，p.7）。肯德基出资将城市消防栓和其他安全设施刷漆翻新，换取在上面印上自己商标的机会；"索尼"雇用涂鸦艺术家在一些大城市的房屋和大楼的墙上喷涂自己的掌上游戏机广告。新泽西州布鲁克劳恩市的官员将学校设施的命名权对外出售，比如爱丽丝科斯特洛小学（Alice Costello Elementary School）的体育馆现名布鲁克劳恩市绍普莱特中心。Green-Graffiti 广告公司用"达美乐比萨"商标，将肮脏的人行道"装点一新"；InChairTV 在牙科诊所安装在屋顶的数字显示屏上播放"迪士尼/美国广播公司"特许节目中的插播广告；Clear Channel 公

司从事广播、音乐会推广和户外广告等业务，Branded City 是该公司一直保留的独立板块，其功能是"将某地变成目的地——消费者可以去消遣、用餐、购物、工作和居住……也可以去体验那里的品牌文化"。"索尼爱立信"雇演员扮演游客，邀请路人合影，拍摄时用的就是"索尼爱立信"的最新智能手机。门吊牌上、小便池祛味膏上、信件中、棒球比赛用的球棒背面、城市公园里的篮球架上，到处都是广告。我们在广播里播放的歌曲间隙，会听到一秒钟的**瞬间广告**（blinks），这种广告形式也开始在电视上出现了，比如 2009 年"超级碗"上出现的"美乐啤酒"的瞬间广告，就曾让人议论纷纷。广告虽非总这样标新立异，但它环绕我们为时久矣。

早期广告

早在公元前 3000 年，巴比伦商人便雇人对着路人叫卖商品。罗马人在墙上写公告。下面这则广告是在庞贝遗址中发现的：

本市角斗士团
将于 5 月 31 日开战
人兽决战
现场将为观众准备遮阳篷（Berkman & Gilson，1987，p. 32）

我们现在所知的广告，到 15 世纪已在欧洲兴盛。贴在墙上的各种产品和服务的分类广告，被称为**喜求斯**（siquis），当时已极为常见。商人用美观而精致的商业名片——**购货单**（shopbills），来宣传自己。酒店老板和其他商人在店铺门上挂起吸引眼球的招牌。1625 年，首份包含广告的**新闻书**（newsbook）《每周新闻》（*The Weekly News*）在英国出版。那些提供产品和服务的人，他们从一开始就懂得利用广告。

英国人将广告带到殖民地。此时的英国广告已呈夸张、夸大倾向，但殖民地的广告比较直截了当。在第 4 章中我们看到，本杰明·富兰克林（Ben Franklin）销售他《宾夕法尼亚公报》里的广告空位，刊登在那里的这则 1735 年的广告，非常典型：

某种植园，沃土 300 公顷，已经开垦 30 公顷，另有 10～12 公顷的优良英式草场，园中建有房屋一栋，配有谷仓，临近溪水，地点位于 French

这则 18 世界早期的烟草标签，表明英国已经懂得在广告中运用名人效应。

Creek 边的南特梅尔镇，距费城约 30 英里。有意者请登门咨询园主西门·梅雷迪斯（Sandage，Fryburger，&Rotzoll，1989，p. 21）。

不过，广告在内战之前还只是小生意。当时的美国还只是农业国，全国 90％的人口在农场自给自足。当地零售商主要利用广告吸引本地居民消费。本地报纸为主要广告媒介。

工业化与内战

工业革命和内战，改变了社会和文化环境，促进了广告的蓬勃发展。19 世纪 40 年代，电报实现了远距离通信，铁路贯通了各州各城。涌入美国的大量移民，为扩张中的工厂提供了劳动力。生产商渴望为自己的商品找到更多销路。1841 年，广告撰稿人沃尔尼·B·帕尔默（Volney B. Palmer）看到，商人们需要抵达本地报纸覆盖范围之外的消费者。他联系了费城的几家报纸，欲在它们和有意向的广告商之间，充当广告空位的销售代理。四年不到，帕尔默的这一营生便做到了波士顿，1849 年还在纽约开了一家分支机构。广告公司由此产生。

内战加快了工业化进程。生产战争物资需要更多的工厂，运输物资和军队需要扩建公路和铁路。农民们都去参战或去新工厂了，所以需要更多的农业机械来弥补人手不足，由此，要有更多工厂来生产更多的机械。如此循环，持续往复。

19 世纪 80 年代初，电话和电灯已经发明。80 年代的十年，很多技术发明不仅开始投入生产，产品种类及实用性亦不断扩大。仅 1880 年一年，美国就申请有 13 000 多项版权和专利。19 世纪 80 年代，新铺设的铁路轨道超过 7 000 英里，连接各个大小城镇。生产商为追逐更多购买力越来越强的消费者，不得不在内容和形式上开始区分自己的产品：把桶里的腌菜装入极具自己特色的包装，商标由此诞生，如"桂格"燕麦（Quaker Oats）、"象牙"香皂（Ivory Soap）、"皇家"发酵粉（Royal Baking Powder）以及很多其他品牌。现在，广告商需要媒介来告诉人们这些品牌。

He Cut off his Nose to Spite his Face.

This man is a Grammar Master of the old school. He does not believe in the "New Methods." He will not send for our **Illustrated Catalogue of School Aids and Material**, although if he would mention that he reads the "Ads" in the POPULAR EDUCATOR we would mail it to him without charge. Said a prominent teacher the other day: "I never dealt with any other firm as prompt and business-like in all their methods as Milton Bradley Co., Springfield, Mass., and their material is always excellent." The majority of teachers use it, and you will surely want some of it this year. Do not attempt to begin school without our Catalogue. Send 12 cents for our new Number Builder for desk-work in figures. Remember that we shall soon publish a Manual for Primary Work in Ungraded Schools.

MILTON BRADLEY CO.
October, 1889   Springfield, Mass.

杂志是广告商首选的全国性媒介。这是著名的米尔顿·布拉德利玩具公司的创意广告。

杂志广告

在第 5 章中我们看到，19 世纪结束之前铁路扩建、读写能力提升及邮资下降，如何刺激了普通杂志的蓬勃发展。杂志与广告结合得顺理成章。1883 年创办《妇女家庭杂志》的塞勒斯·H·K·柯蒂斯（Cyrus H. K. Curtis）告诉生产商：

《妇女家庭杂志》编辑认为我们为美国妇女出版这份杂志，这实为幌子，但也不失为合适的借口。出版人（柯蒂斯）真正的意图，其实是想给你们这些生产妇女商品的生产商一个宣传自己产品的机会。

19 世纪和 20 世纪之交，杂志经济主要依靠的是广告商而不是读者，我们如今习以为常的广告策略当时已经广泛使用，包括视觉和语言上的创意、邮购广告，以及在利益相关的内容旁边植入广告。

广告公司与专业化

内战与一战之间的几年里，广告迅速发展，变得更复杂、更有创新性、更昂贵。广告公司只得拓展业务以满足需求。帕尔默只是为报纸的广告空位做销售代理，而 F·韦兰·艾尔（F. Wayland Ayer）则于 1869 年开创了自己提供全面服务的广告公司。他以父亲的名字为自己的公司命名——N. W. 艾尔父子公司。当时，年仅 20 岁的他，仅凭自己恐怕难以获得客户信任。艾尔（儿子）为客户提供广告活动方案，公司的艺术家和作家们创造和制作广告，并投放到最合适的媒介。当时创立的几家大公司至今仍在运营，包括智威汤逊广告公司（J. Walter Thompson）、威廉埃斯蒂广告公司（William Esty）和洛德暨托马斯广告公司。

293 此间，有三个因素共同促使广告业制定自我约束的专业标准。第一个因素是公众和医学界专业人员对专利药物广告商滥做宣传的反应。这些骗子在推销补药的广告中使用虚假信息和医学数据。这些药物，没作用也就罢了，弄不好还可能致命。第二个因素是以丑闻揭发者为首的美国许多重要机构的严苛检查（见第 5 章）。第三个因素是 1914 年联邦贸易委员会（Federal Trade Commission, FTC）的成立。它的职责之一，就是监督和管理广告。很多知名广告公司和出版人坚决反对过分夸大、虚假验证和其他的误导性广告形式。美国发行审计局（Audit Bureau of Circulation）的成立就是为了稽核发行数量。美国广告联合会〔Advertising

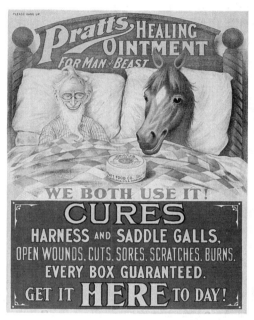

受众对专利药物广告的欺骗和谎言反应激烈，迫使广告业努力实现广告专业化，比如这则 1880 年的"普拉茨"修复药膏（Pratts Healing Ointment）广告。

Federation of America，即现在的美国广告协会（American Advertising Federation）〕、美国广告公司协会（American Association of Advertising Agencies）、美国广告主协会（Association of National Advertisers）和户外广告协会（Outdoor Advertising Association）也都是在这一时期成立的。

广告与广播

我们在第 7 章中看到，WEAF 电台 1922 年播出了首条广播广告（10 分钟空位，价值 50 美元）。广播对广告的重要性体现在三个方面：第一，虽然人们反对给新媒介以商业支持，但普通大众并不排斥广播广告。其实，在"兴旺的二十年代"里，很多人欣然接受广告，广告似乎自然让广播"免费"播放了。第二，广告公司其实已经承担了广播的功能，它将广告编入自己制作的节目，广告商业即是演艺商业。1923 年，某电池生产商赞助的综艺节目《永备牌电池时间》（The Eveready Hour），是首个冠名赞助、固定播出的系列节目。Blackett-Sample-Hummert 广告公司，甚至为自己的客户宝洁公司开发了一种新节目类型——广播肥皂剧。第三，此时，大量资金投入广告业用于扩大全国性的研究和营销，广告商首次开始获取全国消费者和市场的详尽资料。广告业从广播中积累的财富，让它在大萧条中幸存下来。

尽管如此，大萧条对广告还是产生了影响。1929 年美国股市崩盘，广告业到 1933 年时几乎丧失三分之二的收入。广告业对此采取的对策是硬销售，直接宣扬顾客为什么需要某商品，并且开始偏离诚实。与此同时，大规模的失业和贫穷，导致声势浩大的消费者运动。至今仍在出版《消费者报告》（*Consumer Reports*）的消费者联盟（the Consumer Union），成立于 1936 年，其宗旨是保护人们不受黑心生产商和广告商的欺骗。1938 年，国会通过《惠勒里亚法》（Wheeler-Lea Act），在规范广告方面授予联邦贸易委员会广泛的权力。

第二次世界大战

对所有大众媒介的发展意义重大的第二次世界大战，对广告也产生了影响。战争期间（1941—1945），几乎停止了生产消费者产品，传统广告受到限制。广告业转而以自己的总体技能服务战争，其有限的产品广告带有典型的爱国色彩。

1941 年，几家全国性广告与媒介协会联合，组建成战时广告理事会（War Advertising Council），利用自己的专业技能推广了大批政府项目，但最著名的活动，还是代理销售战争债券。战争债券项目是迄今为止最大的单项产品活动，帮助销售了 8 亿张债券，总额达 450 亿美元。当战争结束时，已更名为广告理事会（Advertising Council）的该组织，又将精力转向代理众多非营利机构的大量公共服务活动（参见专栏文章《产生积极的社会变化》）。"该讯息来自广告理事会"这句话我们大多看到或听到过。

二战极大地影响了广告业的规模和结构。生产商战时获得的利润超过战前，需要上缴很高的超额利润税。此举旨在限制通过战争获利，避免公司从战争的死亡和破坏中大发横财。生产商为躲避沉重的税收，以将收入投资到再生产中的方式来减少利润，而原材料匮乏又难以扩大生产和资本重组，因此，很多公司投资制作企业形象广告。公司虽然眼下没有产品可卖，但它知道战争总会结束，积攒起良好形象肯定会显示出重要性。

…*Yank friendliness comes back to Leyte*

消费者产品走进战场。广告商和生产商为战争服务。这则《科利尔》杂志 1945 年的广告，展示美国士兵在太平洋中的莱特岛上畅饮可口可乐的场景。

由此产生的第一个结果是，生产商的广告部和广告公司的数量和规模，均在扩大。第二个结果是，企业形象广告在培育公众、在预期消费者产品回归。

广告与电视

战争结束时，消费者产品并未出现短缺。美国的生产能力在满足战争需求的过程中得到极大提升，该能力战后转向生产消费者产品，满足有更多空闲和金钱的人们的需求（见第 1 章）。人们开始生育更多孩子，而且，有《退伍军人法》（GI Bill）的保障，可以实现拥有自己房子的梦想。他们需要产品来丰富自己的闲暇、满足自己的孩子、装饰自己的房子。

296　　　广告能巧妙地将产品和大众结合起来，不仅是因为广告公司战时的发展，还得益于电视的到来。广播的形式、明星和网络结构，将批发销售移向这一新媒介，电视迅速成为全国性主要广告媒介。1949 年，广告商购买了价值 1 200 万美元的电视时段。两年之后，这一数字达 1.28 亿美元。

电视广告因为能让消费者动态地看到和听到产品而有别于所有其他媒介广告，比如，对"天美时"手表进行耐力测试，用"吉列剃须膏"在砂纸上流畅刮擦。这样展示产品，强调**独特卖点**（unique selling proposition，USP），即将此产品有别其他品牌的同类产品之处，凸显出来了。广告商发现产品的独特卖点之后，会在广告中不断展示。不同品牌的同类产品其实相差无几，即它们都属**同类产品**（parity products），广告商因此常常需要硬造出某产品的独特卖点。比如，糖果几乎都一样，但 M&M's 的独特之处就是，"只溶在口，不溶在手"。

有观察者对此深感困扰。越来越多的产品在推销中宣扬的，不是它们的价值或质量，而是它们的独特卖点。广告中包含的产品信息少之又少，但销量却有增无减。因此，批评广告以及它对消费者文化的影响的声音，越来越大（本章后面还有更多有关这一争议的内容），直接影响，就是建起了一个行业自律的重要载体。1971 年，广告业为应对来自诸如《隐藏的说客》（*The Hidden Persuaders*，Packard，1957）著述的责难之词及联邦贸易委员会越发频繁的审查，创立了全国广告评审委员会（National Advertising Review Board，NARB），以监督潜在的欺骗性广告。全国广告评审委员会是该行业最重要的自我约束组织，负责调查消费者投诉及广告商竞争对手的投诉。

 运用媒介创造奇迹

294

产生积极的社会变化

广告常能引导人做善事，最好的例子莫过于广告理事会。广告理事会的使命其实就是"产生积极的社会变化"，它做到了吗？知道"护林熊"（Smokey Bear）、"铆工罗西"（Rosie the Riveter）、"罪犯狗麦格拉夫"（McGruff the Crime Dog）、"碰撞试验假人"（Crash Test Dummies）及"哭泣的印第安人"（Crying Indian）吗？它们都是广告理事会创造的人物。以下这些标语你熟悉多少？

● 朋友不会让朋友醉酒驾驶。
● 谨防森林失火人人有责。
● 浪费思想就是浪费生命。
● 勇敢拒绝。
● 我是美国人。

这些都是广告理事会的活动口号。广告理事会创造奇迹的能力可以量化吗？请思考以下现象：

● 自"老大哥/老大姐"活动发起之后，申请人生导师的人数，从一年 9 万上升到 9 个月 62 万。
● 68% 的美国人说自己阻止过别人酒驾。"喝完这杯就回家"这一句老话，被"朋友不会让朋友醉酒驾车"取代。
● 自 20 世纪 80 年代环境保护运动发起以来，美国人回收利用垃圾的数量，增加了 385%（www.adcouncil.org）。

广告理事会目前有 50 多个不同的公共服务活动在进行，每年能从 28 000 家不同的媒介渠道获得大约 20 亿美元的免费播放时段和广告空位。它现在的主要精力放在儿童问题上，80% 的资源都投在"向儿童奉献 10 年：帮助父母即帮助儿童"活动。广告理事会也不避讳争议性问题。20 世纪 70 年代，理事会开展了以性传播疾病为主题的"预防性病，人人有责"活动，该活动遭到很多宗教团体的反对。1987 年，很多广播机构拒绝播放"预防艾滋病，使用避孕套"的公益广告。

广告理事会之所以能创造奇迹，是因为它背后有几十家大大小小的广告公司在奉献它们的时间、精力和创意。

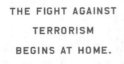

几十年来，广告理事会利用行业专家的技能，产现积极的社会变化。你认出这两次活动了吗？

广告与广告受众

美国人一生中看电视广告的时间超过一年。见不到广告的时刻几乎没有。我们在本章开篇看到，广告商为吸引我们注意，除了传统的商业媒介外，还将自己的讯息投放在很多其他地方。我们每天碰到的广告实在太多，已经对它视而不见了，以至于很多人在被广告触犯时才意识到它的存在。

批评广告与捍卫广告

广告有时确实令人反感，常成为批评的焦点。但该行业捍卫广告的人认为：

● 广告支撑我们的经济体系，没有广告就没有新产品推介，其他产品的改良也得不到宣传。恰当的新产品和新交易广告为我们的经济注入能量，因为，它不仅促进经济增长，还增加各行各业的就业机会。

● 人们在决定购买之前可以通过广告获取信息。

● 广告收入让我们能从大众媒介"免费"获取娱乐、维护民主。

● 广告通过展示资本主义自由社会的丰富，提高了国家生产效率（因为人们更努力工作去获取更多产品）、改善生活水平（因为人们确实获取了更多产品）。

广告捍卫者辩驳的第一条，是先天就有的。我们是资本主义社会，国家经济依赖商品和服务交易。人们指责的不是广告的存在，而是广告的形式和内容。这些指责由来已久。1941 年，智威汤逊（J. Walter Thompson）广告公司高管詹姆斯·韦伯·杨（James Webb Young）在广告理事会创始大会上指出，这一公共服务承诺，会大大消除大众对他所在的广告业的成见，"人们对该行业的成见太深，反感广告的表现形式——或许是反感广告的陈腐、俗气、愚蠢和吵闹"（"Story of the Ad Council，" 2001）。广告捍卫者辩驳的第二条是认为广告能提供信息。但很多广告（批评者认为是大多数广告）缺乏有关产品的有用信息。The Revo Group 广告公司执行董事格兰特·利奇（Grant Leach）坦言："消费者买的不是产品，而是生活方式及产品传递的内容、体验和情感"（Williams，2002，p. 17）。

广告捍卫者辩驳的第三条是认为媒介的唯一生存之路是依靠广告，但世界上已有很多国家成功建立了不依赖广告商的良好媒介体系（见第15 章）。批评广告的人认为，捍卫者辩驳的第四条不啻是在诋毁人性，因为，这一条的意思是，人们努力工作只是为了获取更多物质，衡量我们生活水平的标准是物质。

具体指责

广告在干扰性、欺骗性、儿童广告缺乏道德底线等方面遭受指责，广告还被斥责贬低或玷污文化。

广告的干扰性　很多批评者指责广告具有干扰性。广告无处不在，干涉和影响着我们的生活。巨幅墙面广告改变了城市的面貌。夜晚天幕中激光束照射出的广告破坏了欣赏星空的兴致。糖果公司提供的让学生们"数 Toosie Rolls 糖果"的教学辅助工具在改变教育。很多互联网用户抱怨网络的商业化，担心广告会改变网络免费、公开和自由的性质。例如，有近 16％的网民因为内容播放前的 15～30 秒广告而点击关闭原先选择的内容（Learmonth，2010b），67％的美国人表示讨厌智能手机和平板电脑上的无端广告（Barron & Chowdhury，2012）。美联社的一项研究显示，大多数人虽然"渴望获取自己需要的信息，也不吝于在自己的生活圈中传递这些信息……但现在的广告却让他们感觉很累，甚至很烦。而且，他们不信任大多数广告讯息"（2010，p. 47）。从图 12—1 中，可以看到用户对数字广告的态度。

广告的欺骗性　很多批评者认为，大多广告本

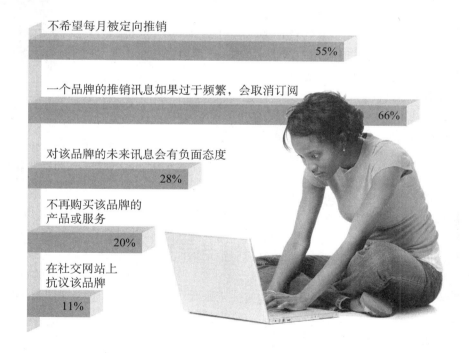

图 12—1　美国人对数字广告泛滥的态度（2012 年）
资料来源：Barron & Chowdhury，2012。

质上具有欺骗性，因为它们在间接（有时是直接）承诺，人们的生活可以通过使用或购买广告中的产品得以改善。贾米森（Jamieson）和坎贝尔（Camp-bell，1997）将此称为"如果……就……"策略："广告中一美女使用某品牌口红，到处受男人追捧。广告虽未明说，但在暗示你如果使用这款产品，就

会变漂亮，如果漂亮（或如果使用这款产品），就会更加吸引男人。"（p.242）他们将相反的策略称为"如果不…… 就不……"贺曼公司（Hallmark）说"如果爱他，就送最好的给他"，言外之意就是，你如果不送贺曼产品，就是不爱他。

广告承诺健康、长寿、"性福"、财富、友谊、名望和赞美。捍卫广告者辩驳说，人们理解并接受这些适度的夸张，不认为这是欺骗。但 2012 年，近一半的消费者（47%）说，他们对电视、杂志和报纸上的付费广告的信任，比之三年前，下降了 24%、20% 和 25%。

广告利用儿童　美国 2～11 岁的儿童一年平均接触电视广告 25 600 条，时长达 10 700 分钟。美国孩子 13 岁之前所看广告达 25 万条（Coates，2009）。而挪威、瑞士和加拿大的魁北克省却完全禁播针对孩子的电视广告。广告和商业正越发侵入学校，仅以 20 世纪 90 年代为例，赞助商给美国学校提供的教学材料的数量，上升了 1 800%。公司每年的儿童产品营销经费，从 20 年前的 1 亿美元，上涨到如今的 170 亿美元。一个普通的一年级学生能认出 200 个品牌标识。让 3～5 岁的孩子辨认 50 种不同品牌的 16 类产品，正确率达 92%（麦当劳的识别率最高），说明 3 岁的孩子就从自己看的广告中认识了品牌（Skenazy，2008；Andronikidis & Lambrianidou，2010）。2004 年所做的一项民意调查显示，甚至有 61% 的青年营销人员认为，"儿童广告针对的儿童，年龄太小"（Fonda，2004，p.52）。

批评者指出，儿童心智上还不理解这些广告的意图，他们在七八岁之前不能理性判断广告宣传的价值。这表明，儿童广告本质上是缺乏道德的。儿童电视广告尤遭质疑，是因为儿童都在家看电视，这暗示有父母的默许，但其实大多情况下并没有父母的监督。批评者质疑说："父母在现实生活中从不允许销售员进入家中推销儿童产品，怎么会允许最为精明的销售员们每周六上午在电视上每隔 1 小时就推销 20 分钟呢？"罗恩·威廉姆斯（Rowan Williams）2002 年被任命为英国坎特伯雷大主教时大谈道德，却避而不谈儿童广告的道德。

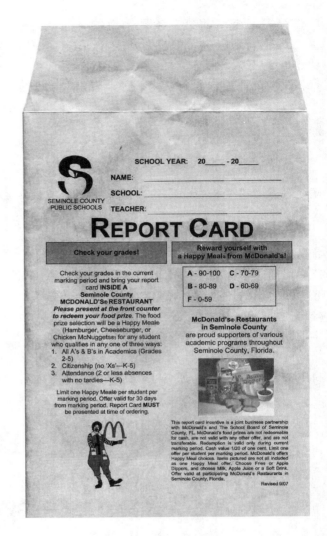

学校及教学材料上现在也常见广告，这现象遭受了很大的争议。佛罗里达州赛米诺镇各校成绩单上印有麦当劳广告，此举遭家长极度抗议才得以停止。

"儿童若是消费者，就是经济主体。经济主体要做的就是投入资金，并以此限制选择，为利润或回报承担风险。"教育家劳拉·巴顿（Laura Barton，2002）认为，罗恩·威廉姆斯的意思是，"我们在未来无比宽广的人生阶段（即童年时光），便越发饱受鼓励去承受限制，用我们穿的运动鞋上、我们喝的酸奶盒上的标志，限定自己。直接针对儿童的广告就是这样泯灭童真的"（p.2）。短文《儿童广告：自我管束就够了吗?》将讨论儿童快餐和甜点广告等具体话题。

| 文化论坛 | 儿童广告：自我管束就够了吗？ |

批评儿童广告的声音从未停止过，尤其是推销垃圾食品的广告。1983 年，企业在儿童广告上的耗资是 1 亿美元，如今该数字达 170 亿美元，大部分花在快餐、麦片和甜食广告上（Sirota，2011）。反对儿童广告者指出，社会科学研究显示，广告与儿童肥胖之间有极大关联。有六分之一的儿童和青少年患有肥胖症，是他们父辈的三倍，联邦贸易委员会宣布，儿童肥胖是"当今年轻人面临的最严重的健康危机"。有 65 000 名会员的美国儿科学会（American Academy of Pediatrics）呼吁，在儿童电视节目上禁播快餐广告（2012 年，迪士尼公司同意履行）。美国政府问责办公室要求联邦通信委员更加严格监督儿童电视广告。

广告业和快餐业多方应对，期望既能保护儿童又能保持自己的言论自由。电视赞助商承诺严格遵守 1990 年《儿童电视法》（Children's Television Act）规定的广告时间限制。商业促进局（Better Business Bureau）的《儿童食品与饮料广告倡议》（Children's Food and Beverage Advertising Initiate）称在其成员公司中实施自愿的营养标准。全国餐饮协会（National Restaurant Association）在其包括"汉堡王"和"丹尼餐厅"在内的成员公司中，发起提供和推广健康儿童饮食的倡议（Neuman，2011）。我们在此文化论坛中提出问题，如何在广告言论自由与保护儿童之间，找到恰当的平衡。

广告商和快餐业认为，自己享有受第一修正案保护的权利，做到自我管束已是绰绰有余。批评者认为，针对儿童的广告不受第一修正案保护，因为，儿童不具备第一修正案里规定的可区分好坏讯息的基本能力。请你发表见解。

广告、食品业受第一修正案保护。那么谁保护这些孩子不受广告、食品业的影响呢？

广告贬低、玷污文化　我们的文化注重美好、善良、荣誉、家庭、爱情和成功。人需要食物、居所和延续物种即性爱。广告就是迎合这些价值和需求，从而达到成功的。此说服策略，实质上就是 **AIDA 措施**（AIDA approach），即广告为了说服消费者，必须吸引注意（attention）、点燃兴趣（interest）、激发渴望（desire）并促成行动（action）。但业界批评者认为，问题在于，广告把人类生存的要义全归结为消费者去消费品牌产品：自由就是在 711 便利店的大杯苏打水和听装苏打水之间的自由选择；做好妈妈就是购买多丽织物柔顺剂；成功就是饮用芝华士；爱情就是为丈夫购买衬衫或者给未婚妻购买价值两月工资的钻戒。

批评者指出，我们的文化已经变成**消费文化**（consumer culture），个人价值和身份不在于自身而在于围绕我们的产品。消费文化腐败，给我们传统生活的各个重要方面强赋新义，它是为广告商服务而不是为文化服务的。例如，如果爱情靠买卖而不是靠培养，它能有多珍贵？如果成功不是个人对成就感的渴望，而是对物质财富的追求，那么成功的文化意义又是什么？列举五位你知道的成功人士，你会列举几位老师、几位社区工作者、几位有钱或有名的人？

批评者进一步指出，消费文化亦在贬低生活在其中的每一个人。广告激发渴望、怂恿行动的一个常见策略，就是暗示我们不够好，不应该满足现状。我们不是太胖就是太瘦，我们的头发需要改善，我们的衣服都不好看，我们的伴侣不够尊重我们。这一切通过购买都能改善。

"Wieden＋Kennedy and Martin Agency"前高管杰利·赫尔姆（Jelly Helm，他的客户包括耐

克、可口可乐和微软）认为，广告创造的消费文化已让美国走入"病态……我们卖力工作就为购买我们不需要的东西，制造这些东西的工人收入微薄，生产过程还在威胁地球的生存"。消费文化让美国"成为最大的财富生产者，其标志就是前途和力量、科技和健康方面的巨大成就，它是前所未有的享乐主义文化，是物质主义、工作狂主义和个人主义文化，是肤浅、短暂、贫乏、有害、虚荣和暴力的文化，是丧失精神智慧的文化"（Helm，2002）。

广告产业的范畴和性质

本章开篇描述的各种商品宣传激增的现象，是广告泛滥的产物。广告商不断尝试新招，吸引眼球和耳朵。只有引人注目，才能让人铭记、诱人购买。商业讯息种类繁多，广告的定义因此很宽泛。我们认为，广告就是公司或机构认可的付费的中介讯息，其目的在于促使更多消费这些讯息的人能像广告商期望的那样去行动和思考。

美国广告业每年耗资 360 多亿美元向公众投放商业信息，这其中还不包括策划、制作和发行这些广告的费用。该运作主要由广告公司完成。

广告公司

美国约有 6 000 家广告公司，从业者大约 50 万人（见图 12—2）。年收益超过 100 万美元的广告公司不到 500 家，很多广告公司还制作自己开发的广告，几乎所有广告公司都在为自己的客户购买各种媒介的广告时间和空位。制作费用按约定的**预付费用**（retainer）收取。在媒介中植入广告需支付**服务费**（commissions），通常是广告时间或空位价格的 15％。服务费在大型广告公司的收入中占 75％。

广告公司按经营规模和服务种类，常划分成数量不等的部门，以下是典型的广告公司的各个部门，比较小的广告公司即便不是所有部门都有，也可通过与外面公司合作来提供相应的服务：

● 行政部负责公司的管理和账目。

● 客户管理部通常由客户经理负责，充当公司和客户之间的联络员，不仅要保持双方沟通顺畅，还要统领公司指派给客户的专家小组成员。

● 创意部负责将广告从想法变成现实，涉及广告文案、平面设计甚至具体制作，比如广播、电视和网络广告。

● 媒介部负责安排投放广告的地点和时间，购买合适的广告时间或空位（见图 12—3）。投放效益率取决**千人成本**（cost per thousand，CPM），即广告覆盖 1 000 个受众成员的成本。例如，耗资 2 万美元在一份读者数量为 100 万的大报上投放广告，其千人成本为 20 美元。

● 市场研究部负责测试产品在市场中的生存能力，包括投放商业讯息的最佳场所、潜在顾客的性质和特征，有时还包括广告效益率。

● 诚如我们在第 11 章中所见，很多比较大的公司还有公共关系部。

广告的种类

依据广告意图和目标市场对广告公司制作和投放的广告进行分类，以下为常见广告类型：

机构或公司广告。公司不仅出售产品，还宣传自己的名称和名誉。公司信誉好产品就好卖。有些机构或公司的广告只推广自己的形象，例如"FTD 花业（FTD Florists）支持美国奥运健儿"。有些广告既宣传形象也推销产品，例如"用西屋电器，您高枕无忧"。

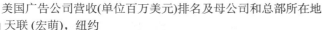

美国广告公司营收(单位百万美元)排名及母公司和总部所在地

排名	公司	营收
1	天联 (宏萌)，纽约	495
2	McCann Erickson (Interpublic)，纽约	450
3	扬·罗必凯* (WPP)，纽约	370
4	智威汤逊* (WPP)，纽约	358
5	李岱艾 (宏萌)，纽约	311
6	恒美 (宏萌)，纽约	297
7	博达大桥 (Interpublic)，芝加哥/纽约	279
8	李奥贝纳* (阳狮)，纽约	260
9	盛世长城* (阳狮)，纽约	236
10	葛瑞* (WPP)，纽约	230

注：带*的表示非美国所有。

图 12—2　美国最大的广告公司（2011 年）

资料来源：Agency Report，2012a。

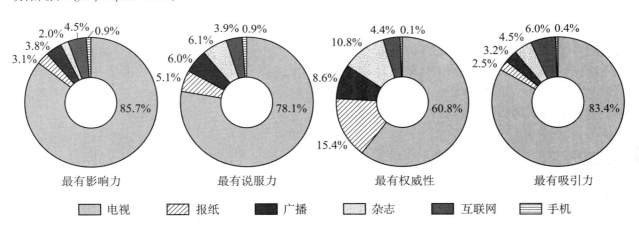

图 12—3　主要媒介中的广告形象

消费者如何以影响力、说服力、权威性和吸引力为据，评价不同的广告媒介？

资料来源：*Media Trends Track* 2011，*Television Bureau of Advertising Media Comparisons Study*。

行业或职业广告。行业和职业宣传时针对零售商的讯息，不一定会推动产品或品牌，但是却在向零售商宣传产品的重要信息：数量、市场支持、利润潜力、分配方案和晋升机会。

零售广告。我们每天看到的广告，很大一部分是诸如西尔斯百货（Sears）和梅西百货（Macy's）之类的零售商销售的产品广告，常具地方特色，针对居住于当地的消费者。

303

促销零售广告。零售商投放的促销广告通常关注的不是产品，而是零售商特别开展的促销活动。"午夜疯狂甩卖"和"新学期甩卖"这两次促销活动，就得益于海量广告，尤其是报纸广告。

产业广告。针对特定产业产品和服务的广告，通常用于产业内的出版物。例如，电视产业的主要行业杂志《无线与有线电视》（*Broadcasting & Cable*）刊登"节目辛迪加"的广告，旨在向电视台推销节目，还刊登转播台和相机制造厂的广告。

全国性消费者广告。我们在流行杂志和电视上看到的，大多是全国性消费者广告，通常是生产商针对潜在消费者所做的付费产品广告，如麦当劳、本田、脆谷乐、索尼和耐克。

直接市场广告。产品或服务的直接市场广告，针对的是潜在消费者而不是所有消费者。这些目标消费者会直接收到邮件、商品目录和推销电话。这类广告可个性化，如"您好，布鲁斯·弗里德伯格，您有机会优惠购买雷克萨斯汽车"；也可定制化，可从信用卡和其他购物记录、邮政编码、电话号码和会员卡等电脑数据中，获取消费者的身份信息。2010 年，直接营销占美国广告总费用的 54.2%，直接带动 140 万人就业（Direct Marketing Association，2011）。

户外广告。本章开篇即提及广告如影随形，原因在于，即便我们没在家，根本不接触媒介，也处处遭遇广告。每年耗费达 64 亿多美元的户外广告，包括广告牌、街道设施和交通工具上的广告，以及从加油泵到机动车驾驶管理办公室的无

处不见的电子屏幕（Hayes，2012）。

Xpand 公司希望通过《综艺》杂志上出现的这则产业广告，吸引影院使用其品牌的 3D 眼镜。

公共服务广告。公共服务广告不为销售商业产品或者服务，而是向公众宣传重要的机构和观念。心脏基金会（The Heart Fund）、黑人大学联合基金会（United Negro College Fund）和母亲反对酒驾协会（MADD）等，是这类广告的典型，通常由接受它们的媒介免费播放。

广告监管

联邦贸易委员会（FTC）是监管广告的主要联邦机构。联邦通信委员会（FCC）监管广播行业的商业行为，各州的监管和司法机关也可对虚假广告进行监督。1980 年兴起的去除管制运动，把联邦贸易委员会监管虚假不当广告的职能，变成监管和处理虚假广告投诉。

联邦贸易委员会裁定广告商确有欺骗行为后，可采取若干处理方法：可下发**勒令停止函**（cease-and-desist order）要求其停止违规行为；可处以罚款；可下令制作和发行**更正广告**（corrective advertising），即违规者必须制作一系列新广告更正原先的误导性内容。违规者可以就联邦贸易委员会的裁定向法院提出异议，等待法院的最终判决。在此期间，它们是无罪的，原先的广告依然可以在市场流通。

最让联邦贸易委员会为难的，是区分虚假广告和**夸大广告**（puffery）。后者为让广告更加好看而含有少量夸张成分。"比白更白"和"强过污

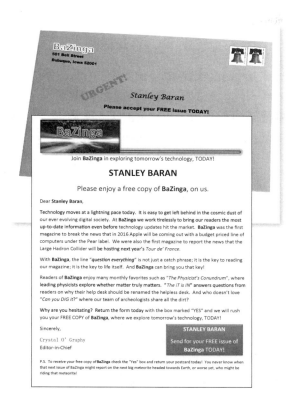

广告商在这则直接营销广告中，不仅采取个性化的方式（亲爱的斯坦利·巴兰），而且还根据消费者订阅杂志的情况，了解到他对环境和技术感兴趣，然后据此大做文章。

垢"就是两个夸大广告的例子。法院和联邦贸易委员会认为公众不会按字面理解广告（绿巨人并不存在，我们对此是知道的），因而允许一定程度的夸张。虽然允许夸大，但广告业内，很多人担忧隐藏在此背后的严重后果。"Keller & Heckman"公司的理查德·雷顿（Richard Leighton）认为，夸大广告意味着"对虚假或夸张说法无须负责"（Greenberg，2009）。

但联邦贸易委员会和法院的确认识到广告有可能虚假的多个方面，可依据以下标准判断广告是否虚假：

● 与事实完全不符。锐步称其 EasyTone 运动跑鞋让腿筋肌肉产生的力量和韧劲，比普通步行鞋多 11％。联邦贸易委员会要求锐步公司证明此说，锐步无法证明。石榴红公司（POM Wonderful）称其石榴果汁"历经耗资 2 500 万美元的医学研究验证"，且"能有效治疗心血管、前列腺和勃起障碍等疾病"，但联邦贸易委员会说这些都是谎言。

● 与事实部分不符。美乐淡啤（Miller Lite）设计的"新口味封存瓶盖"，能有效保存啤酒的口味。吹捧这一设计的广告其实掩饰了部分事实，那就是，美乐淡啤的瓶盖与其他所有瓶装啤酒的没有任何区别，所谓其他普通灌装和瓶装不具备的封存口味的特点，它也不具备。

● 使用文字、设计、制作手法和声效或综合以上方法来误导消费者。现在的电视儿童玩具广告，结束前都会在一中立背景之下展示整个玩具〔此拍摄手法叫**孤岛拍摄**（island）〕。使用诸如低角度、特写等拍摄技巧，可使玩具看上去比真实玩具更大、更好。

305

公共服务广告允许广告商运用自己的技术服务社会。这是美国国家性暴力资源中心某处的一幅剧照。

测算广告效益率

根据销售增长情况判断广告效益率，不失为好方法。但产品的销售除了广告还有很多其他因素，包括经济变化、产品质量、经销范围以及竞争者的价格和促销手段。据说，19 世纪 80 年代末期，百货商场巨头约翰·沃纳梅克（John Wanamaker）曾抱怨说："我知道我做的广告有一半是白做，我就想知道是哪一半。"今天的广告商有同样的困惑，可以想见，他们对此束手无策。广告公司因此试图通过研究获取更大的把握。

成功发布一则广告或一次广告活动，需要想很多办法。任何形式的广告都使用**广告效果测试**（copy testing），即向消费者展示广告讯息，然后测算效益率。此测试有时在集中群体中进行，即让一群人集中收看广告，然后与广告公司和客户工作人员一起讨论。有时会利用从目标市场中选出的代表组成**消费者评委会**（consumer juries），评估某次活动或广告的一系列措施或变数。**强迫性接触**（forced exposure）主要用于电视广告，要求广告商将消费者带入影院或其他设施（常会以礼物或其他奖励为诱饵），然后播放含有新广告的电视节目。节目播放前询问观众喜欢什么品牌，播放后再次询问，然后据此测算广告效益率。

活动或广告向公众展示后，就可运用一系列不同测试来评估广告效益率。**识别测试**（recognition tests）的方式是，当面或电话询问看过某宣传

的被试是否记得曾看过的具体广告。**回忆测试**（recall testing）的方式是，当面或电话询问消费者哪种平面或广播广告给他们印象最深。这种回忆可以是主动的，即研究者不给任何提示（"你最近有没有看过什么有趣的广告"），也可以是被动的，即研究者提示产品类别（"你最近有没有看过什么有趣的比萨广告"）。广告商会把回忆测试中给人印象深刻的广告视为有效广告。**认知测试**（awareness tests）做同样假设，但不针对任何特定广告，目的是测算某次活动对某产品在"消费者认知"上产生的累积效果。使用认知测试时通常在电话中询问的问题是"你能说出哪些洗涤用品的牌子"。

这些研究方法的缺陷，是没能展示客户最关心的环节，即广告促进消费者购买产品了吗？广告业希望运用**神经营销研究**（neuromarketing reseach，诸如大脑电波、面部表情、眼球跟踪、流汗和心率监测等生物计量测算方式），更好地发现其间最关键的联系。人类大脑处理信息的大多方式是无意识的，这些方法因此触及的是消费者对市场和广告的潜意识反应。但这类研究也受到很多批评，批评者指出，神经营销研究诉诸的是人类意识的最底层，发掘的是消费者无意、本能的反馈。尽管如此，不满于传统研究方法的广告业依然继续支持神经营销研究方面的工作。

广告的趋势与融合

2005 年夏，世界最大的广告商宝洁公司宣布，削减 3 亿美元电视广告经费，比往年标准下降了 15%。该公司全球市场总监吉姆·斯登戈尔（Jim Stengel）说："我认为当今的市场模式已经改变。我们还在用陈旧的思想和工作体系面对新的世界局面。"（Auletta，2005，pp. 35 - 36）2006 年，美国第二大广告商通用公司也削减了 6 亿美元的广告预算，并将营销资源转向"直接营销、网站、网络视频、活动营销、品牌娱乐和互联网广告之类的渠道"，

《广告时代》杂志的珍·哈利迪（Jean Halliday，2007）称此为，"即使最顽固的怀疑者，在如此惊人的下降事实面前，也会承认大众媒介营销正在走回头路"（p. 1）。公众对传统广告模式的这些指责，显示了大多数业内专家早已明了的事实：广告业在经济、创新和与消费者关系上需要改变，有人甚至说需要变革。广告业正面临"混乱局面"，媒介作家鲍勃·加菲尔德（Bob Garfield）称其是"大众娱乐的传统形式快速消失、广告商自身难保的混乱媒介环

境"（Klosterman，2005，p. 63）。这种新的混乱的媒介环境的出现，原因是融合技术的相互作用和融合技术使人们在消费它（及它所包含的广告）时方式、时间和动机上的改变。

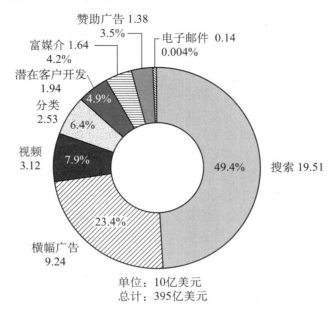

图 12—4　按平台分类的美国在线广告（2012 年）

资料来源：DigitalFastFacts，2012。

新融合技术

广告制作不可避免地受到电脑的影响，如今，全国性零售电视广告中，电脑制图、影像变形（用数字方法合成和改变图像）和其他特效已是司空见惯。棒球比赛中球棒背面上的广告在电视转播时可以利用技术手段进行修改，这种技术如今被用来添加节目中原本没有的植入式广告：角色原本吃的是没有牌子的甜饼，现在可以通过植入变成"奥利奥"牌甜饼。

电脑数据库和电脑化印刷，刺激直接营销广告飞速增长，诚如我们从第 5 章中了解到的，电脑化印刷，使得全国性杂志的分区版和其他特殊版成为可能。但最吸引广告业的，是用新数字技术融合所有传统广告形式的数字广告。2007 年美国网络广告经费是 195 亿美元，2012 年是 395 亿美元（见图 12—4）。互联网广告超过了广播，并于 2012 年超过了杂志和报纸的总和（Ives，2012）。

网络广告自 1994 年 5 月某网页显眼位置首次出现静态**横幅广告**（banners）始，已经走向成熟（D'angelo，2009）。网络广告的其他形式还有：**搜索营销**（search marketing），即在用户关键词搜索结果的旁边或者里面投放广告；**潜在客户开发**（lead generation），即用互联网建立的数据库收集潜在客户或顾客的姓名、地址、电子邮箱地址和其他信息（见第 10 章）；**富媒介**（rich media），即融有声音和视频的复杂的互动网络广告；**赞助广告**（sponsorships），即"顺便带给你的"网页，常含有很多植入式广告、软广告和联合品牌的其他部分。

智能手机、平板电脑和社交网站

拓展全方位的数字广告，就是将把广告移至智能手机和平板电脑之类的移动技术扩展到社交网站上。2012 年，移动广告经费超过 26 亿美元，预计到 2016 年，在搜索和社交网络讯息的推动之下，可能会增加到 100 亿美元以上（Olmstead, Sasseen, Mitchell, & Rosenstiel, 2012）。

产业数据显示，智能手机和平板电脑广告促进了**电子交易**（e-commerce）即网购及在线服务的发展。使用智能手机或平板电脑购物刺激了冲动购物。76%的移动技术使用者称，他们用掌上设备进行电子交易（Patel, 2012）。这对广告商是好事。但智能手机是"极为私人的媒介"，其缺陷是用户不大可能接受平板电脑、个人电脑或台式电脑通通接受的广告：66%的人称，他们"受够了"手机上的无端广告（Barron & Chowdhury, 2012）。

308　　社交网站无疑是广告商的福音，它们可以根据用户自愿提供的信息将特定的讯息直接传给特定的用户，但这种做法并非人人喜欢，这点我们在第 10 章讨论隐私时就已知道。广告商还利用网站的互动活动。所有公司，无论规模大小，至少都有脸书和推特账号。2012 年，广告年收入已超过 57 亿美元的脸书还额外有 12 亿美元的移动广告收入（Whittaker, 2012; Lunden, 2012b）。推特的广告年收入是 2.6 亿美元，领英（LinkedIn）的广告年收入是 2.26 亿美元，虽然比较而言它们少了很多，但增长速度相当迅速，推特的年增长率为 80%，领英为 46%（Lunden, 2012a）。各种形式的数字广告，成本低（相对于传统媒介而言）、覆盖面广，最重要的是，具有传统媒介无法企及的互动性，因而绝对是冲击当今广告业的核心力量。

新经济　消费者越来越不满其他媒介中的过度商业化、不满很多广告缺乏的与消费者的关联。诚如你从本章前面部分所阅，消费者抗拒、厌烦自己遭遇的很多营销方式。很多广告商现在已不再看重千人成本，而是关注**投资回报率**（return on investment，ROI），一种建立在问责基础上的衡量广告成功率的方法。毕竟，无论你的讯息覆盖多少千人，他们如果拒绝你的讯息，那有何用？业内专家研究互联网和万维网的广告，发现它完全能增加投资回报率便开始追问，为什么所有媒介不能同获此利。加菲尔德（Garfield, 2005）指出，"技术越来越有助于我们精确定位目标受众、促进营销者与消费者之间的互动，旧的衡量和配置标准便显得原始甚至荒谬"（p. 58）。

广告商不再用千人成本测算品牌曝光，而是

开始要求问责，比如网络的**绩效广告**（performance-based advertising），就为此提供了典范。刊登广告的网站只有在消费者有购买或链接赞助商网站的具体行为之后，才能得到报酬。网络激发起的问责要求，导致 2005 年出现一种衡量所有广告效益率的新方法——**承诺**（engagement）。美国广告主协会、美国广告公司协会及广告调查基金会（Advertising Research Foundation）参与了一场代号为"MI4"的运动，定义承诺的心理和行为层面、确定如何测定承诺。除了广告经费转向了给予更大承诺的平台外，很多对广告公司与品牌之间的传统关系有威胁的革新措施，也都出现问责要求：越来越多的客户要求广告公司（当然后者也接受）承诺特定的活动效果，遵从协商的**问责指标**（accountability metrics）即如何确定某特定广告或活动的效益率。现在，有广告公司承诺未提高品牌投资回报率将退款。它们还提出**价值补偿项目**（value-compensation program），即广告公司费用的"全额或至少大部分取决于事先订立的目标"（Fajen, 2008, p. 17）。

新创新　广告公司前高管约瑟夫·贾菲（Joseph Jaffe）认为，"传统的创意公司已经完全失去方向和方寸"（Gross, 2005）。很多公司如此，但也有很多公司意识到，互联网引发的受众细分和媒介民主，要求它们必须另寻迎合消费者的途径。人们如果越来越排斥传统的大众媒介及其传递的广告讯息，广告业就必须在讯息本身及如何向潜在消费者传递讯息方面有所创新。我们已见识了很多例子，所有媒介中的植入式广告、通过有线电视或 DVR 电话直销的特别定制的针对性广告、在线广告游戏以及本章开篇描述的有时令人厌烦的环境广告。

不过，互联网在新创意上也有其影响。大多数的广告创意团队能够将网络上典型的且通常不讨好的语境广告，与通过网络、智能手机和平板电脑、MP3 播放器和 iPod 及便携式游戏机传输的 *309* 科幻视频广告区别开来。例如，宝马、宜家、林肯-水星（Lincoln-Mercury）、密谷大牧场（Hidden Valley Ranch）和汉堡王之类的传统高端电视广告商，已将数目可观的广告预算转向制作和发行网络短片，以此来宣传自己的产品，有时还分集，邀请著名演员参演。钢笔制造商三福（Sharpie）公司用从用户那里收集来的艺术作品组成互动拼图对 YouTube 主页做"改头换面",主页一天内被更新 6 200 万次形象,吸引了 72 000 多人次访问该公司的网站、200 万新用户关注该公司的脸书账号(Sullivan,2011)。

与消费者的新关系 诚如我们从本章通篇所阅,互联网让大众传播少了独白,多了对话。当今的消费者已不再是被动的媒介接收者,照单全收电视网络和电影工作室自卖自夸的作品,而是有主见的媒介使用者,越来越自由地控制和影响自己所接收的内容。奥美(Ogilvy & Mather)副主席史蒂夫·海登(Steve Hayden)说:"所有媒介都是可寻址的,因此也都是可阻断的。"他指出,消费者如今有接收内容或拒绝内容的权利,广告商虽沿用大众广告的一贯模式与消费者达成协议"'我给你这一内容,你给我关注',但现在

的协议得以个人为基础了"(Kirsner,2005)。

这种新型**许可营销**(permission marketing),已促使人们开始重新审视广告商与消费者之间为谋求共同利益而分享信息的合作关系。诚如海登所述,新的广告形式,将是营销商与**生产消费者**(prosumer)之间进行的对话。生产消费者指拒绝过于传统的广告而使用包括传统媒介、互联网、产品评级杂志和圈内朋友推荐在内的多重资源的主动消费者,他们的目的不仅为研究某产品,也为议价和其他好处。经济学家称此为"表达不满"(expressing disapproval)。现在的消费者有两个选择:退出(根本不购买产品)或发言(具体解释不满意的原因和自己喜欢的标准)。主动的媒介使用者既是熟练的生产消费者,也会使用各种互动技术,他们以发言取代退出,是衡量广告成败的标准。

310

加剧的受众细分

广告商还面临其他挑战。广告的媒介渠道在增加,传统媒介的受众也越发细分了,广告商因此不得不绞尽脑汁,才能到达越发细分的受众。数字技术虽然有助于此,但受众细分是独立于新技术而存在的。美国的民族成分正在改变,广告也要跟上节奏。非裔美国人占美国总人口的 12% 强,拉美裔美国人以 18% 的比率成为美国现在最大的少数族裔(23% 的美国儿童是拉美裔)。人口

统计局的报道显示,中、高等收入的非裔和拉美裔美国人在房屋产权和购物消费之类的经济指数方面与白人不同。其实,到 2014 年,非裔美国人的购买力将占全美的 8.7%、拉美裔美国人占 10.2%、亚裔美国人占 5.3%(Ethnic Buying,2011)。到 2015 年,仅拉美裔家庭就将在消费中豪掷 15 亿美元(Sass,2012)。

消费心态学

人口统计细分(demographic segmentation)长久以来一直是广告商的重要战略组成部分,这是一种迎合具有不同个人和社会特征(例如种族/民族、性别和经济水平)的受众的做法。但广告商现在越来越依赖**消费心态细分**(psychographic segmentation),这是一种迎合有相似生活习惯、态度、价值观念和行为风格的受众群体的做法。

20 世纪 70 年代,消费心态学进入广告领域并受到越来越多的关注,因为,广告商努力在越来越细分的媒介中到达越来越差异化的消费者。**价值观念与生活方式**(VALS),是一种根据价值观念和生活方式细分消费者消费心态的策略,能显示生活方

式的细分。加利福尼亚一家叫"斯坦福研究所"(SRI Consulting,2008)的咨询公司开发的"VALS II",将消费者的价值观念和生活方式分为八类,每一类都有特定的价值观念和生活方式、人口统计以及广告商最关心的购买方式。以下所列就是这八个类别的细分,包括一些重要的人口统计标识:

311

创新者(innovators):成功、老练、高自尊。有丰富资源。引领变化,且接受新思想新技术。

思想者(thinkers):有理想有动力。成熟、满足、自在、理性。重视秩序、知识和责任。受过良好教育,主动追寻信息。

成就者(achievers):有明确的生活方式,对

家庭和事业有很强的责任心。社会生活以家庭、宗教和工作为重心。

体验者（experiencers）：追求自我表现。年轻、冲动的消费者。对新事物的热情来得快去得快。寻求变化和刺激。

信仰者（believers）：有理想有动力。保守、传统，对家庭、宗教、社区和国家这些传统概念有牢固的信仰。

奋斗者（strivers）：时尚，好玩乐。追求成功。在意别人的看法和认可。视金钱为成功标志，对钱的渴望永无止境。喜欢时髦的产品。

创造者（makers）：追求自我表现。用作品/项目表达自己。实干，有动手能力，重视自力更生。

生存者（survivors）：生活十分受局限。资源不多。喜欢熟悉的环境，最担心安全和保障。关心的是满足需求而不是实现愿望。

全球化

媒介和国家经济的全球化，让广告也必须跟上形势。美国的广告公司与来自世界其他地区的广告公司合并、并购或并入，已越来越常见。请回顾图 12—2，你发现，美国十大广告公司中，有五家归外国公司所有。促使这种趋势的形成，除了媒介、经济全球化外，还有一个动力，那就是人口分布情况。当今 80% 的世界人口生活在发展中国家，到 2014 年，居住在亚洲的人口将占世界的三分之二。广告业已在为自己的客户与这些国家的消费者牵线搭桥。1980 年，美国海外广告经费首次超过国内总额，当今主要媒介在美

国的广告投入所占的世界总额比率，从 1986 年的 44%，下降到现在的 33%（Johnson，2011b）。在发展中国家的广告投入速度的增加，超过发达国家。其实，2014 年之后，亚太地区取代北美成为世界最大的广告市场。2012 年，60% 的国际营销商表示，它们已将自己的广告预算偏向南非、阿根廷、"金砖四国"（巴西、俄罗斯、印度、中国）和"迷雾四国"（墨西哥、印度尼西亚、韩国、土耳其）这些新兴市场（McClellan，2012）。图 12—5 显示的是世界十大国际广告商。

全球广告开支(单位10亿美元)公司排名及公司总部所在地

排名	公司，总部所在地	开支
1	保洁，俄亥俄州辛辛那提	11.43
2	联合利华，英国伦敦及荷兰鹿特丹	6.62
3	欧莱雅，巴黎	4.98
4	通用汽车，密歇根州底特律	3.59
5	雀巢，瑞士韦威	3.19
6	丰田，日本丰田	2.86
7	可口可乐，佐治亚州亚特兰大	2.46
8	利洁时，英国斯劳	2.43
9	卡夫食品，伊利诺伊州诺思菲尔德	2.34
10	强生，新泽西州新布朗斯威克	2.32

图 12—5　世界十大国际广告商（2010 年）

资料来源：100 Global Marketers，2011。

培养媒介素养技能

识别有意的含糊其辞

广告商经常在遣词造句上有意含糊其辞，不表述确切实情。各种广告形式，无论营利非营利，无论坦诚不坦诚，都是如此。有意含糊其辞可分三类，即言犹未尽式，运用限定语式，表述外延意义丰富式。

我们对言犹未尽式并不陌生，比如电池广告"电力长一倍。"其他类似的广告语还有"用西屋电器，您高枕无忧"、"美乐华给您更多"、"洁力清洁剂让灶台清洗更简易"。对文字较真的广告消费者忍不住要问："比什么长一倍？""我为什么能高枕无忧？""给我更多什么？""比什么更简易？"用更好、更多、更强、更白、更快这些形容词的比较级，用意是造成两个以上事物之间的比较。如果不提及比较的另一方，就是有意含糊其辞制造比较的假象。

运用限定语式是对所述使用限定的词汇。比如某产品有助于缓解压力。它在缓解压力上可能还不如休息、较好的计划和组织，但广告商只要用了"有助于"这一限定词，便能对产品功效随意吹嘘，因为广告只说可辅助，并不意味可治愈，如果出现误导，那也是消费者自己的事。产品能抗污垢，但并未保证它有效。"德士古公司对煤的气化处理，可能意味你不必担忧环境因此遭受影响"，这话中的"可能"，让广告商卸去一切责任。"可能"不意味"一定"。而且，你不必担忧环境并不意味该产品对环境没有影响，只是你不必担忧而已。

有些限定语比较明显："不含税"、"仅供限定时间"、"仅限参与地"，"价格可能会浮动"、"需要一定组装"、"需要额外费用"及"不含电池"，这些限定语会放在主要宣传语之后。这些词常常在广播和电视广告的结尾处极快地播出，或者在屏幕、报纸和杂志广告的底端以小字体出现。

另一些限定语是产品的广告标语的组成部分。布多思金酒是"用世界上最昂贵的方式才能酿出的顶级精制英国金酒。布多思，世界最昂贵的英国金酒"。广告商先暗示用最昂贵的方式才能酿造出顶级的金酒，然后将该产品定位为最昂贵的"英国"金酒，或许还可能有更昂贵、更优质的爱尔兰金酒、美国金酒和加拿大金酒。很多儿童甜味麦片广告将该产品摆在放有水果、牛奶和吐司面包的桌子上，然后是画外音或字幕："可可味美（Coco Yummies），完美早餐的一部分"——台布也是其中的一部分。麦片本身对补充早餐营养其实十分有限，只是早餐的"一部分"。2003 年 12 月，肯德基抢在联邦贸易委员会行动之前，在电视广告中宣称自己的炸鸡是健康饮食的"组成部分"，该广告活动被《广告时代》定为"垂死挣扎，不顾颜面"（MacArthur，2003）。

广告充满内含丰富的词汇。畅销或许更多的是指某产品的广告和经销体系，而不是产品的质量。"不只是医生最常开的镇痛药"指阿司匹林。樱桃口味产品意为不含樱桃。绿色食品标签的正面出现"无添加剂"毫无意义，是厂商在决定什么是添加剂什么不是添加剂。是否无刺激同样由公司说了算。其他内含丰富的绿色食品标签还有，低过敏性（广告商创造的科学味十足的词汇，但毫无意义）、不含香料（之所以闻不出香味，是因为用了化学剂掩盖）、无毒（不致命，但可能会导致其他健康问题），以及地球智慧、绿色、大自然的朋友等毫无意义的说辞。广告商想让消费者关注这些词的外延含义，而不是它们本身的意思。

有意含糊其辞属夸大广告，它不违法，也不至于给广告业惹麻烦而被勒令自我管束。但夸大广告既不真实也不准确，且具有欺骗性。这就意味着正确、准确解读广告有意含糊其辞的重任，落在有媒介素养的消费者自己身上了。

挑战媒介素养

识别善意的小谎言

识别现代广告中有意含糊其辞的善意小谎言，可能很有挑战性，但有媒介素养的消费者应该不会退缩。请录下包含广告的一小时电视或广播节目，仔细重温并指出广告中有哪些地方有意含糊其辞。找没找到类似"电力长一倍"这样的言犹未尽式含糊其辞？罗列出这些广告以及你要质疑的问题（比什么长）。找到多少"有助于缓解压力"或"拥有此车，别无他求"

之类的运用限定语式含糊其辞？找到"可可味美，完美早餐的一部分"这样的外延意义丰富的例子了吗？识别这些有意含糊其辞的方面容易吗？你认为它们具有欺骗性和危害性吗？为什么？请运用你的媒介素养技能，比如你有心努力理解广告内容并过滤干扰、你对广告讯息的影响力的理解和尊重，来诠释你的识别结果以及你对这些结果的反应。

  本章回顾与讨论

回顾要点：将内容与学习成果联系起来

● 概述广告业的历史与发展。

■ 广告几个世纪以来一直是商业的一部分，但随着工业化和美国内战的出现，广告发展成为独立的产业。

● 概述当今时代对广告的批评和捍卫。

■ 广告遭受各种批评：它的干扰性和欺骗性，它损害儿童，它贬低和玷污文化。

■ 也有人认为广告有益：它支撑我们的经济体系，提供有助于购买的信息，支撑我们的媒介体系，提高我们的生活水平。

● 概述现代广告业的组织性质与经济性质如何形塑广告内容，尤其在日益融合的媒介环境之中。

■ 广告公司通常设有这些部门：行政部、客户管理部、创意部、媒介部、市场研究部和公关部。

■ 测算广告效益率的方法有好几种：广告效果测试、消费者评委会、强迫性接触、识别测试、回忆测试、认知测试和神经营销研究。

■ 融合技术的相互作用以及融合技术导致人们消费它（和它含有的广告）的方式、时间和动机上的变化，正在重新塑造广告业的经济状况和创

造力以及广告业与消费者之间的关系。

■ 广告业的重塑，引发改进效益率测算的要求，例如承诺、投资回报率和绩效广告。

● 概述广告的不同种类及其目的。

■ 广告种类繁多：机构或公司广告、行业或职业广告、零售广告、促销零售广告、产业广告、全国性消费者广告、直接市场广告、户外广告和公共服务广告。

■ 广告商必须面对因媒介选择和人口分布状况导致的日益细分的消费者。

■ 广告业与它支撑的各种媒介一样，也变得日益全球化。

● 概述广告内容与其消费者的关系。

■ 联邦贸易委员会负责监管广告内容，与事实完全不符、与事实部分不符以及误导消费者的广告，都被视为虚假广告。夸大广告是合法的，被视为逗人的"小谎言"。

■ 多因互联网，人们已变成积极主动的消费者，他们现在对营销者有两个选择：可以退出也可以发言。

● 在广告消费中运用媒介素养技能认识有意含糊其辞的策略。

■ 认识广告中的有意含糊其辞：以言犹未尽式、运用限定语式和表述外延意义丰富式，检测 消费者的媒介素养技能。

关键术语

ambient advertising　环境广告

360 marketing　360 度全面营销

murketing　模糊市场营销

blinks　瞬间广告

siquis　喜求斯

shopbills　购货单

newsbook　新闻书

unique selling proposition（USP）　独特卖点

parity products　同类产品

AIDA approach　AIDA 措施

consumer culture　消费文化

retainer　预付费用

commissions　服务费

cost per thousand（CPM）　千人成本

cease-and-desist order　勒令停止函

corrective advertising　更正广告

puffery　夸大广告

island　孤岛拍摄

copy testing　广告效果测试

consumer juries　消费者评委会

forced exposure　强迫性接触

recognition tests　识别测试

recall testing　回忆测试

awareness tests　认知测试

neuromarketing reseach　神经营销研究

banners　横幅广告

search marketing　搜索营销

lead generation　潜在客户开发

rich media　富媒介

sponsorships　赞助广告

e-commerce　电子交易

return on investment（ROI）　投资回报率

performance-based advertising　绩效广告

engagement　承诺

accountability metrics　问责指标

value-compensation program　价值补偿项目

permission marketing　许可营销

prosumer　生产消费者

demographic segmentation　人口统计细分

psychographic segmentation　消费心态细分

VALS　价值观念与生活方式

复习题

1. 为什么我们会在那么多新的、不同的地方看到那么多广告？

2. 为什么有人认为针对儿童的广告不道德？

3. 什么样的广告是虚假广告？

4. 广告公司通常设有哪些部门，分别发挥什么作用？

5. 广告分多少种？它们的目标分别是什么？

6. 什么是勒令停止函、更正广告和夸大广告？

7. 什么是广告效果测试、消费者评委会、强迫性接触、识别测试、回忆测试和认知测试？它们之间的区别是什么？

8. 什么是生产消费者？生产消费者如何改变广告商与受众之间的关系？

9. 消费者表达不满的两种方式是什么？它们如何影响了当今的广告？

10. 什么是人口统计细分和消费心态细分？

批判性思考与论述题

1. 你若有一家广告公司，会制作儿童广告吗？为什么会或者为什么不会？

2. 你如果是联邦贸易委员会的工作人员，会如何把握夸大广告的限度？你如何区分虚假广告和夸大广告？请举例说明。

3. 你如何看待"退出—发言"这两种消费者行为？能够将其联系到自身的广告消费吗？如果能，请详述过程。

第四部分

信息时代的大众

媒介文化

第13章

大众传播理论和大众传播效果

学习目标

媒介有效果。人们对媒介有何效果可能各执己见，但媒介的确有效果。媒介若无效果，广告商不会每年花巨资向各大媒介投放信息；媒介若不产生重大效果，宪法也不会以第一修正案方式，保护媒介的自由。我们尝试用大众传播理论理解和解释这些效果。学完本章，你应该能够：

- 概述大众传播理论的历史与发展。
- 诠释理论的含义、重要性及应用。
- 描述对当代影响深远的经典大众传播理论。
- 分析有争议的媒介效果问题，比如媒介对暴力、吸毒和酗酒的效果及媒介在种族和性别刻板印象上的效果。
- 用大众传播理论指导自己的媒介使用。

318 "我知道这不包含在课程大纲之内，权当临时测验吧。"老师突然袭击出乎你预料，你问："计不计入最后成绩？"老师瞪你一眼，你赶紧闭嘴。

"请把桌上东西都收起来，只留纸笔。"

你照老师话做。

"5 个题目，1 到 3 题是正误判断题。（1）人大多只关注自己。（2）你跟人打交道时得谨慎小心。（3）人大多会乘机占便宜。现在听好第 4 题，你每周看多长时间电视？"

不难嘛，你心想，全能答出来。

"最后，第 5 题。请用简笔画出一角钱硬币，尽可能画得与实际硬币一样大小。"

本章我们将探讨大众传播理论。界定、讨论完理论的重要性之后，我们将了解当今流行的各种大众传播理论如何发展而成。我们将研读当代几个最具影响的理论，讨论媒介素养与大众传播理论之间的关系。这些理论及应用，将有助于我们理解媒介与文化如何相互影响，也即有助于我们理解大众传播。

有关效果的争论

关于大众传播的效果，争论一直很激烈，无论争论问题涉及的是在线仇恨族、电视暴力、电视黄金时段少数族裔角色的缺失，还是政治对话质量的下降。本章后面部分，我们将详细探讨这些效果问题，比如媒介对暴力的影响、对吸毒和酗酒的影响、对刻板印象的影响。但在探讨具体319效果这一问题之前，我们必须明白，学界在认识效果的存在、威力和作用方面，分歧巨大。很多人依然认为，媒介效果有限或极其微小。以下是正反两方观点。

（1）媒介内容对受众影响有限，因为它是虚构的，人们知道它不是真的。

反驳意见：（a）新闻不是虚构的（至少不应该是虚构的），我们应该认真看待。（b）大多数电影和电视（比如《犯罪现场调查》、《现代家庭》），运用拍摄纪录片的技术，比如摄像机的角度和不均匀的灯光等，有意拍摄得非常真实。（c）很多当代电视节目的确是真的，比如《警察》（Cops）、《泽西海

1900—1938 年　大众社会理论
　　　　　　　阶段
1900 年

1900—1938 年　大众社会理论阶段
　　　　　　　1920 年
20 世纪 30 年代　法兰克福学派
1938 年　▲威尔斯的《世界之战》

1938—1944 年　有限效果理论阶段
　　　　　　　1940 年
1941 年　▲战时新闻处成立；说服
　　　　研究
1945 年　奥尔波特和波斯特曼的谣
　　　　言传播
1955 年　两级传播理论

1960—1973 年　文化理论阶段
　　　　　　　　1960 年

1960 年　克莱珀的《大众传播效果》/
　　　　　强化理论

至 20 世纪 60 年代　▲社会认知理论、
　　　　　符号互动理论、现实的社会
　　　　　构建理论、英国文化研究

至 20 世纪 70 年代　培养分析理论

1972 年　议程设置；卫生部长有关电
　　　　　视和社会行为的报告

1975 年　使用与满足理论；依附理论

1975—至今　意义建构理论阶段
　　　　　　　1980 年

1975—至今　意义建构理论阶段
　　　　　　　2000 年

2012 年　▲出现崭新问题：脸书会改变友
　　　　　谊的意义吗？是否会有"威尔与
　　　　　格蕾丝"效果？

岸》（*Jersey Shore*），还有诸如《杰里·斯普灵格脱口秀》（*The Jerry Springer Show*）等，就是真人呈现。（d）广告内容也本该都是真实的。（e）儿童尚无分辨真假的智力和判断力时，就通过电视世界接触善恶，电视效果研究者称此为"**早期窗口**"（early window），孩子眼中的一切都是真的。（f）我们为享受消费而**自愿暂时搁置怀疑**（willingly suspension of disbelief），即我们自愿将呈现给我们的东西视为真实的而接受。

（2）媒介内容对受众影响有限，因为它只不过是游戏或者娱乐。

反驳意见：（a）新闻不是游戏也不是娱乐（至少不应该是游戏或娱乐）。（b）媒介内容即便是游戏，也有助于我们了解自身和世界。我们从进行有组织的体育运动中学会团队协作和努力的价值、对权威的服从和对比赛规则的尊重。凭什么将这些放在互联网或电影中进行，影响就会削弱呢？

（3）媒介即便真有影响，也不是媒介的过错。媒介不过是给社会竖起一面镜子，反映现状，展现原本的我们和我们的世界。

反驳意见：媒介竖立的是一面极具选择性的镜子。大千世界的广泛与复杂，不可能完整展现，所以，媒介必须有所选择。例如，你一生所看的电视、电影中有多少异族婚姻？可能不多，但美国现实生活中，7.4％的婚姻是异族婚姻。2008 年后的新增婚姻中，15％的婚姻是异族婚姻（Izadi，2011）。人口统计局的信息表明，有 72％的家庭喜欢看有妈妈和爸爸出现的节目。电视上，14％的节目的家庭户主为单亲父亲，而现实当中只有 6％（Elber，2002）。你最近一次看到汽车爆炸事故或警察与坏蛋街战是什么时候？媒介给社会竖立的至多是一面哈哈镜，扭曲了所反映的现实，有些放大了，有些缩小了，有些则没有反映出来。

（4）媒介即便真有影响，也只不过是强化现存的价值与信任，与之相比，家庭、教堂、学校和其他社会机构的影响更大。

反驳意见：（a）传统社会机构的影响力在如今这错综复杂、发展迅速的社会已丧失很多。（b）而且，强化并不等于没有影响。媒介若能强化我们文化中好的方面，它自然也会强化文化中不好的方面。种族主义消除了吗？性别歧视呢？不尊重他人呢？我们的媒介若只是在强化现有的价值

320

媒介竖于文化之前的镜子，犹如一面哈哈镜，有的被放大，有的被缩小，有的则消失。

和信任，那它就真如很多批评家所认为的那样，没什么作用了。联邦通信委员会原成员尼古拉斯·

约翰逊（Nicholas Johnson）一直认为，电视真正的问题，不在于它对我们有什么影响，而在于它为什么没对我们产生本该产生的影响。

（5）媒介即便真有影响，也只不过是对我们生活中不重要的东西比如时髦和风尚产生影响。

反驳意见：（a）时髦和风尚并非对我们不重要。我们开什么车、穿什么衣服、怎么看问题，其实都在确立我们自己、向他人显示特定的我们自己。时髦和风尚在我们的自我定义和幸福上如此重要，其实全围于媒介。孩子们不会因为妈妈说乔丹系列的运动鞋酷，就会为得到别的孩子价值150美元的运动鞋而去杀害他们。（b）媒介如果只影响我们生活中不重要的东西，为什么会有数以亿计的美元花在媒介上，以影响诸如全球健康保护、核大国或全球变暖等社会问题的观点（见第 11 章）？

关于媒介的作用与效果，争论一直持续不断，原因之一，在于人们考察问题的角度截然不同。有关媒介影响的争论，一般可归纳为三大相互对立的角度。

从宏观层面还是从微观层面

我们很关注媒介效果：电视会不会导致暴力？啤酒广告会提高酒的消费吗？色情节目会不会引发强奸？问题就在"导致"这个词上。有很多科学证据表明，媒介的确导致很多行为的发生，但同样也有很多证据显示媒介未导致行为的发生。

大多数人认为，讨论媒介效果若仅局限个人，就很可能会忽略媒介更为重大（积极和消极两方面）的影响。比如，1999 年科罗拉多州立托顿镇科伦拜中学枪击案再次引发媒介效果公开大讨论时，美国电视网（USA Network）联合总裁史蒂夫·布兰纳（Steve Brenner）不得不出面为自己的行业辩护："美国人人都看过数以百计的电影、新闻报道、图片画面和数以千计的动画片，但他们大多没有出去杀人。"（Albiniak，1999，p. 8）

这话谁能反驳？媒介对大多数人而言，鲜有个人或**微观层面**（micro-level）的直接效果。但我们之所以生活在枪杀事件时有发生、总有人使用暴力来解决争端的文化之中，至少部分是因为媒介传播的文化信息。媒介在文化层面或曰**宏观层面**（macro-level）发挥着潜在却更为重大的影响。电视暴力有助于构建让现实世界更为容忍暴力的文化氛围。诚然，我们或许谁也没出去杀过人，但你家装防盗窗了吗？有你不敢单独一人行走的街区吗？你的选票是投给主张"严惩犯罪"的候选人，还是投给主张"教育改造"的候选人呢？

从微观层面看问题的观点认为，电视暴力影响甚微，因为即便有人直接受影响，但大多数人不会。从宏观层面看问题的观点认为，电视暴力影响极大，因为它影响了整个社会的文化氛围。请阅读专栏中大众媒介个体研究提供的一个题为《朋友新解：脸书与关系研究》的当代案例。

321

是管理研究还是批判研究

管理研究（administrative research）关注的是大众传媒中即时的、可观测的影响。广告营销活动能帮商家卖出更多麦片吗？增加现有版面能提高报纸发行量吗？是《毁灭战士》游戏引发科伦拜中学枪击案的吗？数十年来，科学（乃至媒介业、管理者及受众）接受的媒体效果证据，只是直接、即时、可观测的证据。但早在 70 年前，社会科学研究之父、有史以来最重要的大众媒介研究者保罗·拉扎斯菲尔德（Lazarsfeld，1941）便警告说，这种狭隘观点存在危险。他认为**批判研究**（critical research）从更大层面上探讨我们正在建设怎样的国家、成为什么样的人，因此，更有利于我们的文化。早在电视影响与互联网信息爆炸之前，他就指出：

我们当今正生活在一个周遭环境瞬息万变的时代，一个每几个小时就有新闻冲击的时代，一个新闻层出不穷让人应接不暇的时代，一个大自然只是我们偶尔开车经过时的浮光掠影、宏伟连绵的山川也只是我们眼中迅速闪过的动态画面的时代。由此，我们构建自己经历的方式，难道还会与几十年前相同吗？（p. 12）

管理研究关注直接的原因和效果，而批判研究则着眼更为广泛或许更为重大的文化层面问题。诚如连环漫画《凯文与虎伯斯》（*Calvin and Hobbes*）显示的，凯文知道其中的区别。 *322*

从传递角度还是从仪式角度

最后，我们来探讨导致凯利教授阐述传播的文化定义（见第 1 章）的两大对立观点，即传递论与仪式论。**传递论**（transmissional perspective）视媒介为信息的发布者，其目的在于控制，也就是说，媒介对我们的行为要么产生影响，要么没产生影响。凯利（1975）著述说，传播**仪式论**（ritual perspective）视媒介不只"空间上传递信息"，更是"时间上维系社会"。大众传播不是"传递信息，而是展示共识"（p. 6）。也就是说，仪式论探究大众传播的文化意义。

以深蓝伏特加广告为例。广告传递出什么信息？当然是大家买深蓝牌伏特加。你要么买要么不买。该信息要么控制了人的购买行为，要么没有控制。这便是传播学中的传递论。但这则广告中的文化影响是什么？现实中酒与社交之间有什么联系？年轻人真实社交场合中没酒能玩得开心吗？什么样的男人或女人算好看？美国人怎么样算成功？仪式论阐述这些信息，即广告中重要的文化内容。

大众传播理论的定义

323　你刚读到的有限效果理论及其反对观点，无论赞同与否，均基于一种或不止一种的**大众传播理论**（mass communication theories），它们试图诠释和预测大众传播与我们个人生活和文化生活或社会制度之间的关系，比如，（或许你已预料到）你对本章伊始提出的五个问题的回答，可依据各

种大众传播理论进行解释了。

前四个问题反映**培养分析理论**（cultivation a-nalysis theories）——人们对自己、对世界以及对自己在这个世界中所处的地位，观点的形成与维持，主要来自电视。前三个正误判断题的答案，能根据人们看电视的时间（第四个问题）做出相

对准确的判断。看电视时间越长，对贬低他人的评价选"是"的可能性就越大。

简画一角钱硬币的问题可以用**态度改变理论**（attitude change theory）解释。几乎每个人画的这个一角钱硬币与实际硬币相比都太小，这是因为一角钱微不足道，我们感觉的比它实际的要小，感觉在指导我们的行为。我们每个人都熟悉一角钱硬币，但我们对一角钱硬币的态度，造就了我们在对待它的问题上的行为。

理解大众传播理论必须认识以下重要概念：

（1）诚如我们刚刚之所见，大众传播理论不止一个，比如：有理论宏观上阐释我们如何赋予文化符号以意义及文化符号又如何影响我们的行为（符号互动）；也有理论具体地解释媒介在变化或危机之中如何影响我们（依附理论）。大众传播理论产生一系列**中层理论**（middle-range theories），阐述和预测大众传播过程中具体、有限的方面（Merton，1967）。

（2）大众传播理论常借鉴其他科学领域，比如，态度改变理论（一角钱硬币问题）出自心理学。大众传播理论学者运用所借鉴的理论，解释传播中的问题和争论。在比一角钱硬币大小更重大的事情（比如民主、种族、政府或性别作用）上，人们表现出的行为，受大众媒介呈现给我们的态度和认识的影响。

（3）大众传播理论是人的创造，人创立了大众传播理论，因此，他们的创造一定受人自身偏见的影响，比如我们生活的时代、我们在大众传播过程中所处的位置以及许多其他因素。例如，关于暴力如何从电视中习得这个问题，传媒产业的研究者得出的理论，与大学研究员就有所不同。

（4）理论是人类创造的，理论生成的环境在不断变化，因此，大众传播理论是动态的，它们在不断重塑、接受和拒绝。比如，那些在电视和电脑网络成为大众媒介形式之前提出的理论，在这些新技术面前，必须重新接受检验，有的甚至需要抛弃。

大众传播理论简史

大众传播理论的动态性质，从其发展历史可见一斑：所有学科知识均经历以下发展阶段，即提出假设，进行测试，被证实或否定，最终达成一致，形成学科的主要概念，也就是说，提出问题并寻求和预测答案。但随着时间的推移，一些答案在挑战我们的预测，因此，再提新问题，产生新答案，最后，达成新的一致。大众传播理论向不断发展的新观点开放，原因有三：

● 先进的技术或新媒介的引进，彻底改变了大众传播的性质。比如，广播和电视的出现，让我们不得不对基于印刷的大众传播体系重做思考。

● 控制和管理新技术的需求，尤其在我们这样的民主国家，要求我们建立客观的、以科学为根据的判断体系。

● 作为致力于保护民主和多元文化的国家，我们尝试探寻每一种新技术或媒介如何助力我们达此目标。

由这些因素导致的思想革命，导致大众传播理论发展形成四大阶段：大众社会理论阶段、有限效果理论阶段、文化理论阶段和意义建构理论阶段。前两个阶段为早期阶段，后两个阶段完美体现了当代思想。

大众社会理论阶段

诚如我们所见，19 世纪后期至 20 世纪初期，一些重要的大众媒介开始产生或者繁荣，大众化报纸和杂志、电影和广播均在此时期发展起来。这也是美国社会性质发生巨变的一个时代：工业化和城市化开始蔓延、非裔美国人和贫困的南方白人涌向北方，移民从东西两岸入美寻机。宗教、政治和教育界处于传统权力地位的人士，开始担忧现状被扰乱。美国原本宁静的乡土自然开始成为历史，取而代之的，是一个巨大熔炉，融汇了挤进迅速扩张的城市、具有各不相同习惯的各色人等。犯罪率增高，社会和政治局面出现动荡。很多文化、政治、教育和宗教领袖，认为美国变得过于多元，指责大众媒介为迎合新来者低级的口味和有限的阅读及语言能力，制作着简单而耸人听闻的内容。为保护传统价值，需要约束媒介。

欧洲极权政府尤其是德国国家社会党（纳粹）宣传上的成功，进一步证明媒介具有绝对威力。为防止类似的媒介滥用，美国需要控制媒介。

由此引发的理论是**大众社会理论**（mass society theory），即认为媒介在破坏社会秩序上发挥着极为不良的影响，让"普通"百姓无以抵御。大众社会理论学者所说的"普通"百姓，指不具备他们（理论学者）所持有的高级品味和价值的所有人。《纽约时报》（*New York Times*）全国性辛迪加专栏作家、美国最著名的社会评论员瓦尔德·李普曼（Walter Lippmann），显然怀疑普通百姓认识自己周围复杂世界的能力。政论作者埃里克·埃特曼（Eric Alterman）引用并概述了李普曼 1922 年的著名著述《公众舆论》（*Public Opinion*）所表达的观点：

李普曼作于 20 世纪 20 年代的该著述有一著名类比，即将普通民众比作坐在剧院后排、听不见台词的观众：他不知道正在发生什么、为什么发生和将会发生什么。"他生活在一个自己看不见、不理解、不知道如何行动的世界里。不善哗众取宠的新闻，使得境况更为糟糕。控制权更为落入了解内部信息的'特定阶层人士'手中。没有人期待钢铁工人懂物理，那么，为什么一定要期待普通百姓懂政治呢？"（2008，p. 10）

此观点最主要的揣断，表现为**皮下注射理论**（hypodermic needle theory）或**魔弹论**（magic bullet theory）。二者象征明显，即媒介是危险的毒品或极具杀伤力的武器，"普通"百姓无以防御。

大众社会理论是**宏观理论**（grand theory）的代表，用以描述和阐释某一现象的各个方面。但显然并不是所有普通百姓都毫无头脑地被邪恶的大众媒介所左右。人使用媒介是有选择的，常以个人认为重要的方式来理解媒介内容。媒介的确有效果，且常常是好效果。没有哪种理论能全面概括大众社会理论学者囊括的所有媒介效果，否则，理论将不堪重负。

有限效果理论的出现

一个学科，其主要思想发生改变，常需要相当的时间。大众社会理论的变化正是如此，但媒介研究者常把 1938 年万圣节前夕发生的事件，作为大众传播有限效果理论出现的标志。那夜，演员、导演奥森·威尔斯（Orson Welles）正在哥伦比亚广播公司播出由 H. G. 威尔士（H. G. Wells）的科幻经典小说《世界大战》（*The War of the Worlds*）改编的广播剧。逼真的广播剧以我们现在称为文献纪录片的形式制作，表现地球受到火星人的致命袭击。广播剧吓坏了成千上万的听众，人们惊慌地从家中逃离。精英媒介批评家们认为，此为大众社会理论之佐证，一个广播剧竟能让人吓得逃进山里以躲避外星人。

普林斯顿大学科学家的研究表明，其实只有100 万人因受广播剧惊吓而逃离，其他 500 万听到广播剧的受众没有此举，尽管大众社会理论如是说。更重要的是，这些科学家指出，不同的因素让一些人受影响，却未让另一些人受影响（Lowery & DeFleur, 1995）。

奥地利移民保罗·拉扎斯菲尔德（Paul Lazarsfeld）提出并捍卫的先进的调查研究、民意测验和其他社会科学方法，让这些科学家获益匪浅。这些科学家其实是拉扎斯菲尔德的学生和同事。拉扎斯菲尔德（1941）指出，单凭推测媒介效果来解决大众传播所蕴含的复杂的交互作用，是远远不够的，只有精心、细致地研究媒介和受众，方能提供更多有价值的知识。

有限效果理论　研究者运用拉扎斯菲尔德的方法，确定那些导致受众成员受（或不受）媒介影响的个人和社会特征，由此得出这样的观点，即

图 13—1 两级传播模式

媒介效果的两级传播模式。媒介影响通过意见领袖从大众媒介传递到意见追随者。意见领袖和意见追随者之间具有共同的个人和社会特征，媒介的潜在效果因为他们共同特有的认识、信仰和态度而受限。

资料来源：Katz & Lazarsfeld, 1955。

媒介效果因个体不同（比如智力、教育不同）、社会类型不同（比如宗教倾向、政治倾向不同）和人际关系不同（比如朋友不同、家庭不同）而受限。综合这段时期开创性、系统性和科学性的媒介效果研究，此时期的理论被统称为**有限效果理论**（limited effects theories）。

两级传播理论 拉扎斯菲尔德自己有关大众媒介和个人影响的**两级传播理论**（two-step flow theory），是此阶段广为人知的成果，也是有限效果理论的典范（Katz & Lazarsfeld, 1955）。拉扎斯菲尔德对 1940 年总统选举所做的研究表明，媒介对人投票行为的影响，因**意见领袖**（opinion leaders）而受限。意见领袖先根据自己的个人兴趣消费媒介内容，依据自己的价值和信仰理解媒介信息，然后传递给那些接触媒介较少的**意见追随者**（opinion followers）（见图 13—1）。

拉扎斯菲尔德时代以来，两级传播理论一直在不断被重新审视。比如，在 1940 年，尚未普及的电视，或多或少给消费者提供了一个直接、平等消费媒介内容的机会。意见领袖无疑仍然存在，我们仍经常问朋友在读什么书、看了什么电影或在听什么音乐，但他们在大众传播过程中的中心地位已经减弱。

两次世界大战期间及之后，有限效果理论和它所支持的几种理论，地位更为稳固，这些理论思想左右媒介研究，一直持续到 20 世纪 60 年代。而战争本身，对于大众传播理论在此期间的发展，与对于我们所研究的所有媒介及支持产业一样，影响重大。

人们对第一次世界大战仍记忆犹新，且并非所有美国人都热衷参与另一个似乎极其遥远的世界的纷争。那些参军或被征入伍的战士，对来自美国不同地区、不同背景的战友们，显然知之甚少。德军宣传似乎应验了大众社会理论学者的观点：大众媒介威力巨大。于是，战时新闻处（OWI）开始试图在参战认识上改变公众舆论、教导士兵了解周围战友情况并反击纳粹宣传。但演讲和讲座不起作用，散发的宣传册也宣告失败。战时新闻处向电影制片人如福兰克·卡普拉（Frank Capra，见第 6 章）和电台主持人凯特·史密斯（Kate Smith）等求援，讨教吸引受众的技能；向社会科学家求助，寻求评估这些新媒介活动效果的方法。

部队在自己的信息教育部建立实验室，由卡

尔·霍夫兰（Carl Hovland）领导一批研究态度改变的心理学家，考量政府大众传播活动的效果。他们战后继续在耶鲁大学进行研究，其研究可谓最具影响的传播研究，其成果产生态度改变理论。态度改变理论解释传播过程中人的态度如何形成、发展和改变，以及这些态度又如何影响到行为（Hovland，Lumsdaine，& Sheffield，1949）。

态度改变理论　与最为重要的态度改变理论相关的，是失调和选择过程概念。**失调理论**（dissonance theory）认为，人在面临新信息或有冲突的信息时，思想上会有不适，即失调。我们因此通过三个相关的**选择过程**（selective processes），有意无意地限制或减少这种不适感。这些过程以极为个性化的方式，帮助我们"选择"自己接触、记忆和理解的信息：

● **选择性接触**（selective exposure）或**选择性关注**（selective attention）指人只接触或关注与自己固有态度和信仰一致的信息的过程。你常在网上阅读某位与你政见不同的权威人士的文章吗？你更可能去阅读那些与你深信的观点一致的文章。人购买了新车、新电子产品或其他昂贵产品后，常会突然对该产品的广告更加留意。你花了很多钱，心有不快，广告让你觉得自己的决定很明智，从而减轻自己的失调感。

● **选择性记忆**（selective retention）假定，人对与自己已有态度和信仰一致的信息，记忆得最为牢固和长久。例如，电视观众记住的政党宣传言论，一定是自己的支持党远远多于反对党。

● **选择性理解**（selective perception）认为，人运用自己固有的态度和信仰去理解信息。你喜爱的政要在某个问题上改变立场，你会觉得他是在变通和顺应民意。你不喜欢的政要改变立场，你会觉得他是在摇摆，没主见。

失调理论发展时期，其主导思想就是有限效果理论，因此，选择过程被视为限制了媒介效果，因为，制作媒介内容免不了选择性过滤，为的是尽量不造成态度改变。当代大众传播理论者同意，媒介内容以信息为主时，选择过程会限制媒介内容的影响。但很多内容具有符号性而不只具有信息性，因此有理论家认为，在解释媒介产生重大文化影响时，选择过程相对而言并不重要。第 1 章中读到的有关媒介威力，本章前面部分所述的大众传播的传递论

与仪式论之间的区别，让你对此有所认识。

驾驶员的种族在很大程度上决定他的车会不会被搜查。

以下例证充分展示了信息性内容与符号性内容之间的区别以及它们与选择过程之间的关系。一般来说，不会有电台直接播放宣扬少数族裔易犯罪的讲座，公然支持种族主义。但若真看到这样的节目，我们的选择过程会开始启动，引导我们转换频道（选择性接触）；若真看了，我们会认为这种观点不正常，让人生厌（选择性理解）；事后，我们会很快忘了听到的观点（选择性记忆）。

所幸，媒介极少公然呈现种族主义信息。对于当代电视，更可能的情况是，新闻的制作惯例和经济与时间的约束，导致它有这样的惯常描述，即某类人更容易参与暴力和犯罪。比如，对电视台来说，报道市区发生的暴力犯罪，比报道非暴力犯罪简单、便宜——既就近，又可视，还无需太多文字，尽管美国 90% 的重罪为非暴力犯罪。对于犯罪，正是这种符号性体现，让我们的选择过程没有机会重塑这些新闻报道中的"信息"。没有信息，只有各种有趣的图像。

文化理论者们（我们将在本章后面部分读到）引用官方统计数据，证明媒介在形成人的种族态度上具有威力。美国各色人种都有犯罪，所占比率，与他们各自在总人口中所占的比率相当，但描述非裔美国男性入狱、被判死罪的比率却更高。黑人和西班牙人开车，为什么比白人更容易受到

警察的检查？检查时为什么他们的汽车更容易受搜查？孩子犯同样的错，为什么黑人孩子和西班牙孩子比白人孩子更容易受怀疑、更容易被学校开除（Hefling，2012）？他们质问，如果我们的刑法、司法和教育体制在种族问题上保持中立，还会有此差异存在吗？

强化理论　选择过程大概是迄今大众传播效果方面影响最大的那部著述的核心。著名科学家、哥伦比亚广播公司负责社会研究的约瑟夫·克拉珀（Joseph Klapper）1960年出版《大众传播的效果》（*The Effect of Mass Communication*）一书，对自己的核心观点有限效果理论，做了明确、清晰的阐释。克拉珀理论常被称为**强化理论**（reinforcement theory），是以1960年之前发展的社会科学成果为依据的。在国家深感战争造成文化上的改变的那个时期，强化理论曾让人信服。此外，技术与科学曾助美国打败轴心国，沉溺于如此热情与乐观的公众，满眼看到的只是媒介技术带来的益处，因此，他们相信克拉珀和其他科学家的这些论述。

330　　回顾历史，自该书1960年出版之后，强化理论的价值似已过时。随着战后迅速的城市化、工业化及更多妇女参加工作，克拉珀所说的"介质因素与效果之间的关联"（宗教、家庭和学校），对许多人来说，已开始失去其原有的社交作用。20世纪60年代十年所孕育的社会和文化变迁，无论好坏，均让人越来越难以忽视媒介的影响。而最重要的是，克拉珀著述的所有研究，均做于1960年以前，而电视在1960年开始成为大众媒介。他为建立发展强化理论所做的研究，一点未涉及电视。

使用与满足理论　学科体系没那么容易改变。有限效果理论的研究者们，不会忽略明显的媒介效果，比如广告的效果、媒介在维持反越战情绪上发挥的作用、传播对民权和女权运动的支持，以及现实社会中犯罪率的上升似乎与电视暴力的增多相关。他们以媒介消费者为焦点，解释效果的有限。由此产生的大量新思想，称**使用与满足理论**（uses and gratifications approach），认为媒介未对人产生影响，而是人使用媒介产生影响。也就是说，媒介的有限影响是人赋予的。

使用与满足理论的研究，着重受众成员选择特定媒介消费的动机及该有意识的媒介使用的效果，因此往往被认为有为媒介产业辩护之嫌。即把媒介的负面影响看成受众自己选择和使用媒介的结果，免除了媒介产业在制作或传播内容上该负有的责任，媒介只是给人提供他们想要的东西。该理论受批评的另一原因是，它假定人们不仅知道自己为什么选择该媒介内容，还能对使用与满足研究者清楚讲明自己选择该内容的原因。第三种批评意见是，该研究忽略了这一事实，即很多媒介消费是无意识的——我们上网阅读选举新闻时看到的广告；我们观看动作片时，看到的各种与我们选择的电影无关的性别和种族特征的描述，与我们对此影片的选择毫无关系。第四种批评意见是，该研究忽视了媒介在影响人选择和使用媒介时所发挥的文化作用。

使用与满足理论尽管遭受批评，但它强调大众传播过程的互动性质，在大众传播理论的发展中发挥了重要作用。也就是说，学者们开始重视这一概念，即人在传播过程中的重要性——他们选择内容、探究其意、依其行事。

议程设置　有限效果理论阶段发展的几个重要概念，让人对"媒介对人和文化的影响很小"的假说开始产生怀疑，至今仍受尊重、受检验，其中最有影响的是**议程设置**（agenda setting）。该理论认为，媒介或许没告诉我们想什么，但它告诉我们怎么想。1972年，麦克斯韦尔·麦考姆斯（Maxwell McCombs）和唐纳德·肖（Donald Shaw）根据自己对1968年总统大选所做的媒介效果研究指出：

> 编辑、新闻编辑部工作人员和广播公司对新闻的选择和安排，在塑造政治现实上发挥着重大作用。读者不仅从中了解了某一事件，还从新闻报道包含的信息的多少及新闻置放的位置，了解它的重要程度……大众媒介完全可以决定事件的重要程度，即媒介可以为活动设置"议程"（p.176）。

媒介的议程设置作用，不仅表现在对于该报道，广播或报纸给予了多少时间或空间，将它放在了什么位置，还在于所有媒介在选择某一问题或事件及进行报道的方式上，有很大的一致性，　*331*
而这样的一致性和重复，显示了该问题或事件的重要性。

仙托·艾英戈（Shanto Iyengar）和唐纳德·金德（Donald Kinder）针对某网络晚间新闻节目做了一系列实验，检验议程设置理论的应用，得出的结论支持麦考姆斯和肖的理论。他们指出，"美国人对自己国家和社会的看法很大程度上受晚间新闻内容的支配"（p. 12）。但艾英戈和金德将议程设置理论又向前推进了一步，他们发现，报道的先后，影响电视新闻的议程设置作用。可以预测，晚间新闻的头条，议程设置效果最大。第一个原因是，前面部分的新闻报道往往能吸引观众的全部注意——它们出现在中断和其他干扰发生之前。他们提出的第二个原因是，观众接受了播报者的隐形分类，即头条新闻为最重要的新闻。艾英戈和金德还对展示生动的视频节目做测试，结果发现，动情的、强烈的图像，往往会削弱电视新闻的议程设置作用，这是因为，图像关注的不是事件本身，而是报道中的具体情境或人物。

依附理论　1975 年，梅尔文·德弗勒尔（Melvin DeFleur）和桑德拉·葆-萝克奇（Sandra Ball-Rokeach）提出一个观点，即大众媒介具有潜在威力，认为其威力让观众对媒介内容产生依赖。他们**依附理论**（dependency theory）观点的构成如下：

● 媒介威力的基础，在于"更为广大的社会体制、媒介在其体制中的作用以及受众与媒介的关系三者之间的关联"（p. 261）。

● 我们依附媒介和媒介内容的程度，是"理解媒介信息什么时候改变以及为什么改变受众信仰、情感或行为的关键变量"（p. 261）。

● 当代工业化社会，我们越发依赖媒介（a）了解社会，（b）有益且有效地行动于社会，（c）寻觅幻想、逃离现实或消遣解闷。

● 我们依附的程度（a）与"媒介提供的具体信息的数量和重要程度"相关，（b）与社会变化和冲突的程度相关（p. 263）。

有限效果理论显然在这里已被抛弃。依附理论认为，尤其在当今我们这复杂的、日趋变化的社会，人们越发依赖媒介和媒介内容了解身边发生的一切，依赖媒介学会有意义地表现、学会逃离现实。比如危机来临之时，比如自然灾害降临之日，我们立刻转向大众媒介，依靠它了解我们

周围正发生了什么，我们该怎么应对（如何行动），有时甚至是如何逃离所处之现实。再想想一些我们遇到的更为个人化的危机：进入青春期、升入高中、开始恋爱或即将生子。当我们依赖媒介帮助我们就选举、战争或医疗改革等复杂问题做决定时，依附理论能够阐释或预测我们的媒介使用，以及媒介在这些情况下所产生的影响。

社会认知理论　大众传播研究者用议程设置、依附理论等概念挑战有限效果理论之时，心理学家正在拓展**社会认知理论**（social cognitive theory，人通过观察进行学习的概念），并将其应用于大众媒介，尤其是电视。

社会认知理论认为，人模仿自己看到的行为，这种**模仿**（modeling）有两种方式：一为**效仿**（imitation），即直接重复观察到的行为。比如，一个小孩看到动画片《猫和老鼠》中的猫汤姆用棍子打老鼠杰瑞，可能也会用棍子打自己的妹妹。二为**认同**（identification），此为一种特殊的效仿形式，模仿者并非直接效仿所见行为，而是做出更为普遍但却与此相关的反应。比如，上面提到的那个孩子可能对妹妹仍有攻击，但不是用棍子打她，而是往她头上浇一桶水。

对于研究电视对行为产生效果的大众传播理论者来说，认同概念尤具价值。大家都承认人会效仿自己从电视上看到的行为，但并非所有人都会这么做。倘若真有这种效仿的极端例子，比如，有人玩过《真人快打》（Mortal Kombat）游戏之后，打死了一个小女孩——这太残暴，是变态。观察和研究认同类模仿显然更难，但它更可能是电视影响行为的方式。

社会认知理论者指出导致效仿和认同的三个过程：

观察性学习（observational learning）。观察者只要看到行为展示，便能习得（学会）该新行为。我们很多人没打过手枪，但我们会，因为我们见识过枪是怎么打的。

抑制性效果（inhibitory effects）。看到某人比如电影中的人物因某种行为而受罚，会减少观察者模仿该行为的可能。我们从媒介上看到"善良的撒马利亚人"（Good Samaritans）因助人而被告上法庭，这会降低我们在同样情况下助人的意愿。该行为因我们的观察而受到抑制。

非抑制性效果（disinhibitory effects）。看到某人因禁止性或威胁性行为而受到奖励，这会提高观察者采取同样行为的可能。人原本须抑制的行为现在却更可能发生了，这便是抵制电影美化犯罪或吸毒行为的缘由。这些行为未受抑制。

333　■　文化理论——回归强大效果这一概念

　　对于议程设置理论、依赖理论和社会认知理论研究的问题及得出的结论，同时代的文化理论学派不感意外。文化理论学派的研究者大多是欧洲的社会理论家和北美的人文主义者，比如我们之前提到的马歇尔·麦克卢汉和詹姆斯·凯利。美国步入 20 世纪 60 年代时，没有人会感觉不到电视给文化带来的显而易见的影响：日益复杂的媒介产业及其消费者，种族冲突等根深蒂固的社会问题，政治生活的丑态百出和针对有线电视、录像机、卫星和电脑网络等新技术而涌现出的控制需求。大众传播学者们不得不重新思考媒介影响问题。显然，有限效果理论已不足以解释他们身边每天所见的影响，即使运用大众社会理论，也不足为据。

　　然而，知名理论的影响不会完全消失，约瑟夫·麦卡锡 20 世纪 50 年代致力于清除好莱坞的共产主义者，依据的就是大众社会理论，认为媒介邪恶，媒体操纵受众。此后的牧师杰瑞·法威尔与其几乎如出一辙，他抨击幼儿电视节目《天线宝宝》（*Teletubbies*）宣扬同性恋（就因为"丁丁"是紫色的，还挎了个女式手袋，而且天线还是三角形的——紫色、三角形都是同性恋的象征）。2011 年，一些保守团体抗议杰·克鲁（J. Crew）的分类广告，就因为广告中出现了一位母亲在周末给儿子的脚趾甲涂粉红色指甲油，并表示自己最喜欢粉红色。这些保守团体认为，"这完全不顾社会性别身份标志……公然提倡儿童跨越社会性别"（Crary, 2011, p. B4）。当今在争执视频游戏管控问题时经常提及的理论，是社会认知理论、有限效果理论和使用与满足理论（见第 9 章）。

　　但是，今天的媒介研究者和理论家最为支持的理论，是那些认为媒介具有强大的潜在效果的理论，其潜在效果，可能会随着受众成员参与大众传播的过程，或增强或减弱。受众、媒介互动论观点，是**文化理论**（cultural theories）的重要观点。斯坦利·J·巴兰（Stanley J. Baran）和丹尼斯·戴维斯（Dennis Davis）（2003）指出，这些理论：

334

《天线宝宝》，是儿童节目，还是邪恶代言？

共享同一基本假定，即我们对现实的感受，是持续进行的社会建构，不只是传播给驯良公众的某物……受众并非被动接收、储存信息于自己记忆的文件柜之中，而是主动处理、加工信息后，只保留下文化上确切需要的部分（p. 323）。

该书有关媒介素养的深入探究，部分建立在文化理论之上，即意义与效果经受众与媒介的协商，在文化中产生互动。

文化批评理论　对大众传播理论产生主要影响的，有研究媒介效果的欧洲学界。**文化批评理论**（critical cultural theory）显然极富政治性，源自**新马克思主义理论**（neo-Marxist theory），其要义是，媒介的主要目的，在于以牺牲普通群众为代价来维护和支持现状。"老式"马克思主义者认为人民受那些拥有工厂和土地（生产资料）的有产者的压迫。他们称工厂和土地为经济基础。现代新马克思主义理论者认为，人民受控制文化的人的压迫。所谓文化，即上层建筑，包括宗教、政治、艺术、文学和大众媒介。

现代文化批评理论在媒介与文化之间的关系上，认识有所不同，但所有概念均认同以下共同特征：

● 往往属宏观范畴，探究广泛的、文化范围内的媒介效果。

● 公开、明确的政治倾向，基于新马克思主义，政治上倾向左派。

● 其目的，少则鼓动改变政府的媒介政策，多则引发媒介和文化体制上大规模的变化。文化批评理论家合理地假定，支撑掌权者的上层建筑必须加以改变。

335
● 探究和阐释精英们在如何运用媒介维持自己的特权和权威地位。媒介所有权、政府与媒介的关系、代表劳工和非特权经营群体的媒介公司等，均为文化批评理论研究的议题，因为，文化批评理论关注权力施行。

法兰克福学派。 20 世纪 30 年代，法兰克福大学两位著名媒介学者从希特勒统治的德国逃往美国，将文化批评观点带到那里。西奥多·阿多诺（Theodor Adorno）和马克斯·霍克海默（Max Horkheimer）成为**法兰克福学派**（Frankfurt School）媒介理论的核心人物（Arato & Geb-

hardt，1978），其研究方法以新马克思主义为中心，重视严肃艺术（文学、交响乐和戏剧），视消费艺术为提高广大百姓生活水平的方式，而一些典型的媒介形式，比如流行音乐、广播闹剧、喜剧电影及主导报纸的软新闻，在安抚百姓的同时，却助长了压制百姓的作用。

阿多诺和霍克海默生前对美国媒介理论影响甚微，当时，有限效果理论正处鼎盛，新马克思主义并未得到充分认识。同时，阿多诺和霍克海默的观点听上去跟那个称"流行媒介为堕落、低级"的大众社会理论也过于接近。但法兰克福学派最近"重新被发现"，从以下两个当代批评理论——英国文化理论和新闻制作研究中，我们可以看到它产生的影响。

英国文化理论。 第二次世界大战以后，英国各社会阶层之间关系极度紧张。20 世纪五六十年代曾为祖国奋战过的劳工阶层，不愿再接受传统的贵族和特权观念。他们认为，英国媒介助长了由来已久的阶级区分——广播业由最好的上流学校毕业生把持，报纸杂志的所有权把持在有钱人之手。如此阶级冲突的社会环境中产生的理论家斯图尔特·霍尔（Stuart Hall，1980），首先提出媒介是公共论坛（见第 1 章）的观点：各势力在此论坛进行博弈构成对日常现实的理解。霍尔和英国其他文化研究学者认为，媒介应该为所有人服务。但由于所有权的形式、媒介的商业定位及政府对媒介所持的同情政策，论坛处于统治阶层的把持之下。换言之，即便是相互妥协的文化论坛，其最强音依然来自权力结构中站稳脚跟的人。如今，**英国文化理论**（British cultural theory）为欧洲和美国的女性主义研究和流行文化研究奠定了基础。

新闻制作研究。 文化批评理论的另一有趣分支，是**新闻制作研究**（news production research），即研究新闻制作过程中，经济和其他方面的影响如何造成失真和偏袒，致使新闻报道偏向权势方。W·兰斯·贝内特（W. Lance Bennett，1988）确认了四种美国媒介惯用的支持权势方的新闻制作手段。

（1）个人化新闻。大多数新闻报道以人为中心，比如，报纸若想报道无家可归的现象，一般会以报道人或家庭为中心，这让新闻很好看（能提高报纸的发行量），但却把重大社会、政治问题降到了肥皂剧水平。这可能会导致两种结果，一是公众会把报道中的人物看成是具体个案而忽略他，二是媒介没有向公众提供产生问题的社会、政治背景，没有提示公众可能采取行动的方向。

（2）戏剧化新闻。新闻和其他形式的媒介内容一样，需要诱人的包装，尤其是电视新闻，采取戏剧化形式包装，报道中必须有英雄和坏蛋、冲突和结局，重大公共议题呈现出肥皂剧或西部片式特征，这很成问题。而更令人担忧的是政治辩论的琐碎化，税收法、国防支出或其他任何重要议题上的根本改变，均降格成诸如环境极端分子与贪婪的公司之间或白宫与国会之间的辩论。常有人对媒介报道的政治活动提出批评：本为政治活动之中心的议题，却淹没在连篇累牍的"赛马"式的报道之中了：谁现在占上风、候选人 X 在新罕布什尔州的良好表现如何有助于战胜竞争中暂时领先的候选人 Y？

（3）碎片化新闻。美国人日常时间和费用上的要求，使得美国报纸和广播充斥大量简要、短小的新闻报道，没有观点和背景囊括其中。贝内特（1988）认为，造成碎片化新闻的另一原因，

是新闻工作者过于强调客观性。将任何一天的报道置于特定背景——将其和当时或过去发生的其他事件联系在一起，需要记者判断哪些联系最为重要，这样的选择一定带有主观性，记者因此索性不做。记者往往就问题从一方采访一个意见，从另一方再摘取一份见解，拼接一块，便觉公正。然后便去忙明天的任务了。

（4）规范化新闻。美国报道自然灾害和人为灾难通用的新闻写法，是寻求和报道权威意见和观点。比如，空难报道的结语一定是"联邦航空局迅速赶到现场，飞机驾驶舱内记录器已经找到，事故发生原因将很快查明"。也就是，这里发生的事件很糟糕，但权威人士将会调查清楚。记者几乎从不就坠机或水灾做独立调查，从不同于官方的角度提供信息。

媒介以此惯例制作新闻，其文化影响在于，掌权者若能继续行使权力，体制便将继续奏效。对于有意义的社会行动，任何提议都会受到压制，因为，记者只是作为"缺失记忆的速记员"在为权势服务（Gitlin, 2004, p. 31）。

2010 年 4 月发生于蒙特考尔（Montcoal，直译煤山）的矿难据说造成近 30 人死亡，在披露搜寻努力的新闻发布会上，西弗吉尼亚州州长乔·曼钦（Joe Manchin）一直把持话筒。但为什么他成为中心？他并未指挥行动，也不具备煤矿安全或救援方面的专门知识。研究新闻制作的学者会认为，他的存在其实是设计出的规范——告诉我们，政体正在发挥着它的既定作用。

意义建构理论

意义建构理论（meaning-making perspective）在认识大众传播的威力上与文化理论接近，它从更为微观的层面认识媒介影响，认为受众成员主动运用媒介内容建构自己的意义和自己有意义的经验。当然，受众成员也能运用媒介内容建构宏观的、文化上的效果。将文化理论与意义建构理论合在一起，便成就了最强大的媒介素养。

符号互动理论　大众媒介理论家从心理学中借鉴的**符号互动**（symbolic interaction）认为，人通过互动习得文化符号，并依据习得进一步调整互动。即人赋事物予意义，再由意义控制自己的行为。比如美国的国旗就是一个很好的例子：我们决定用红、白、蓝色布块以特殊形式排列，代表我们的国家、我们的价值及我们的信仰。国旗具有的意义是我们赋予的，该意义进而又制约我们对待国旗的某些特定行为。手持国旗的护旗队进入时，我们必须起立；我们不能随心所欲地折叠国旗；公共会议上我们不可把国旗插在主席台的右边。这就是符号互动。

传播学者唐·福莱斯（Don Faules）和丹尼斯·亚历山大（Dennis Alexander）（1978）将传播定义为"参与者之间不同程度的意义共享和价值共享导致的符号行为"（p.23）。他们认为，符号互动充分阐释了大众传播如何塑造人的行为。大众传播学者以参与者在文化活动中协商符号意义为前提，接下来要解决的问题就是，媒介在此协商上发挥什么作用？作用有多大？

符号互动理论常被用来研究广告的影响，因为，广告商常成功煽动受众视产品为超越其产品实际功能的符号，并称此为**产品定位**（product positioning）。比如，凯迪拉克（Cadillac）意味什么？功成名就。保时捷（Porsche）呢？阳刚之气。通用食品国际咖啡（General Foods International Coffees）呢？归属感和亲密感。

现实的社会构建理论　若还记得第1章中詹姆斯·凯利给传播学下的文化定义，即传播是一个符号过程，现实在此过程中被创造、维持、修补和改变，那么我们对大众传播理论家受社会学家彼得·伯格（Peter Berger）和托马斯·勒克曼（Thomas Luckmann）观点的吸引，便不会感到惊奇。彼得·伯格和托马斯·勒克曼 1966 年出版的《现实的社会构建》（*The Social Construction of Reality*），从未提及大众传播，但他们提出一个令人信服的理论，阐释了文化如何运用标志和符号，构建和维持统一的现实。

现实的社会构建理论（social construction of reality theory）认为，共享同一文化的人们，同时也共享意义的"不断对应"。某事物之于我与之于你，一般情况下意义是相同的。比如停车指示牌，对大家是同一个意思。伯格和勒克曼将此称为具有"客观"意义的**符号**（symbols）——我们常以惯例方式对其进行理解。但生活中的另一些事物我们赋予了"主观"意义，称为**标志**（signs）。由此，现实的社会构建之中，汽车是交通工具符号，而凯迪拉克或奔驰却是财富或成功的标志了。符号性意义和标志性意义都可以协商，但标志性意义的协商比较复杂。

人们长期在某一文化中的互动，以及在与该文化的互动过程中所习得的标志和符号，构成**典型图式**（typification schemes），即赋予某现象或某境况以集合意义。这些典型图式，不只是典型化他人……而且是典型化所有类型的事件和经历（Berger & Luckmann，1966，p.43），为人们如何理解日常的惯常生活以及在生活中如何行为举止，提供自然背景。走进教室，你会自动联想教室里各种不同要素比如一排排课桌、黑板或白板、讲台的文化含义，你意识到这是教室，套用的是"教室典型图式"。你知道在教室该如何行为举止：跟站在讲台上的人说话要礼貌，提问要举手，跟邻座说话要小声。这些"行为规则"并未贴在教室门上，你如此行为是因为这符合你的文化"现实"背景。其他文化中此背景下的行为，或许完全不同。

现实的社会构建理论对研究广告效果的学者非常重要，原因同样源自符号互动的价值，但现实的社会构建理论应用非常广泛，绝非仅限于此。我们只要看看媒介尤其是新媒介在如何塑造我们的政治现实，便可知一二。

犯罪问题是一个实例。政要们说自己"严惩犯罪"时的意思是什么？他们（和你）认为的犯罪现实是什么？"犯罪"似乎就意味（是……的标志）帮派、吸毒和暴力，但数据（而不是社会构建）现实是，美国白领犯罪比暴力犯罪高出十倍。再看福利问题。现实是什么？是大企业在寻找政府补贴和税收漏洞？还是未婚、失业却不愿工作的母亲伸手讨要救济？现实的社会构建理论认为，构建这些"现实"的"积木"，主要出自大众媒介。

培养分析理论　符号互动理论与现实的社会构建理论为培养分析理论奠定了坚实基础。培养分析理论认为，电视"培养"或构建了社会现实，这个现实可能并不准确，但对我们有意义，因为我们相信它是真实的。然后，我们依据电视培养出的现实，来判断世界并行动于这个世界。

培养分析理论虽因媒介研究者乔治·格布纳（George Gerbner）和他的同事关注电视暴力效果而发展形成，但已被应用到无数其他电视培养的现实之中，比如美容、性别作用、宗教、司法程序和婚姻。所有研究的假定都相同，即电视会培养现实，对大量看电视的人更是如此。

培养分析理论依据五个假定：

（1）电视与其他大众媒介有根本性的不同。电视与图书、报纸和杂志不同，不需要有阅读能力。电视与电影不同，不需要出门或花钱，在家看就行，免费看也行。电视与收音机不同，它声像并茂。从蹒跚的婴儿到耄耋的老人，大家都能看电视。

（2）电视是美国社会"最重要的文化武器"。格布纳和他的同事（Gerbner, Gross, Jackson-Beeck, Jeffries-Fox, & Signorielli, 1978）认为，电视作为我们文化的主要讲述者，是"历史上为最多样化的公众（包括在任何共同的公共信息体系中从未共享过的大型群体）"提供统一文化格式（娱乐和信息）的主要制造者（p. 178）。这一共享的信息产品，就是现实社会的**主流化**（mainstreaming），让各不相同的个人和群体均趋于以共同的、电视引导的方式理解外部世界。

（3）电视培养的现实不一定是具体的态度和舆论，而更可能是对生活"事实"的基本推断。电视教授事实和数字，电视建构大体的参考框架。回到我们前面讨论的电视描述的犯罪问题，电视新闻从未说过"大多数犯罪是暴力犯罪；大多数暴力犯罪分子是有色人种，你得提防这些人"。但电视新闻因为新闻制作者的选择而体现出的大致"现实"图景，根本不考虑其"现实"是否与观众心中的现实匹配。

（4）电视的主要文化功能是稳定社会模式。即文化上现存的力量关系，通过建构意义的电视图像的推动，得以巩固和维持。格布纳和他的同事指出：

> 不断重复大量制作出的电视信息和图像，构建出共同的符号环境中的主流，从而培养认识现实的最为统一的概念。我们依据自己讲述的故事生活，如有什么存在、事物如何运转、该做什么；同时电视大部分时间在用新闻、戏剧和广告给大家讲故事（p. 178）。

媒介产业的生存，与政治、社会和经济体制利害攸关，因此，媒介产业讲的故事，绝不会挑战资助自己的体制。

（5）电视在观察性、评价性和独立性方面对文化所作的贡献，相当微小。这不是有限效果理论的重复，而是格布纳和他的同事运用"冰川期类比"（ice-age analogy）对其意义所做的诠释：

> 诚如平均温度几度的变化就会导致冰川期……相对微小但却极具渗透力的影响，也能造就巨大的不同。就效果而言，持续渗透，比大"规模"更为关键（Gerbner, Gross, Morgan, & Signorielli, 1980，p. 14）

换言之，我们并非总能看到媒介影响我们及他人的效果，但它的确存在，且终会深远地改变我们的文化。

大众传播效果——四大问题

科学家和学者运用这些早期和当代的理论，诠释大众传播效果。长期以来一直在争论的电视暴力的效果，你一定听说过。但研究人员感兴趣的远不止于此，还有很多其他媒介效果问题。

■ 媒介暴力会导致攻击行为吗？

媒介效果议题中，最吸引公众、政府和产业注意力的，莫过于媒介的暴力描述与随后的攻击行为之间的关系。之所以如此，原因之一是美国影视充满了太多暴力，20 世纪 60 年代的美国，又恰巧遭遇暴力高潮。这个时期，正是电视一跃成为美国主要的大众媒介，而电影为区别于电视并与其竞争而越发逼真地呈现暴力的时期。

20 世纪 60 年代盛行的观点是，某些媒介暴力在某些时候只对某些人某种程度地产生影响。比如，传播学中持传递论和有限效果理论的研究者认为，对于"正常"人，即那些本就没有暴力倾向的人，任何媒介暴力在任何时候对他们几乎都产生不了多大影响。然而，青少年暴力行为的不断增加，罗伯特·F·肯尼迪和马丁·路德·金的被刺，以及人权运动、女权运动和反越战运动期间爆发的城市暴力，促使美国公共卫生部（the Surgeon General）于 1969 年成立电视与社会行为研究科学顾问委员会（Scientific Advisory Committee on Television and Social Behavior），耗资 100 万美元，历时两年研究，委员会（其成员须获电视网批准）呈示的发现结果，让卫生部长杰西·F·斯坦菲尔德（Jesse L. Steinfield）向国会汇报如下：

本措辞精心、符合社会科学工作者语言规范的报告清楚显示，电视暴力和反社会行为之间的因果关系，已足以证明立即采取适当补救行动的必要。收集到的社会现象数据，比如电视与暴力和（或）攻击行为，无法让所有社会学家对其因果关系的简要描述意见一致，但数据已足以表明，我们应该当机立断，采取行动了（Ninety-Second Congress，1972，p. 26）。

尽管该汇报立场明确，但在媒介是否导致攻击行为、多大程度上导致攻击行为这个问题上，依然存在分歧。几乎没有人会认为媒介暴力绝对不会导致攻击行为，但分歧在于，在什么情况下对什么人会产生这样的效果。

在什么情况下　若干实验室实验，科学地展示了暴力内容与攻击行为之间的直接因果关系，即**刺激模式**（stimulation model）。另一**攻击暗示模式**（aggressive cues model）也科学地展示了暴力内容与攻击行为之间的直接因果关系。该模式指媒介内容能暗示某种类型的人（比如妇女或外国人），在现实世界中易受侵犯，因此，便会增加某些人攻击这类人的可能。

刺激模式和攻击暗示模式均建立在社会认知理论基础之上。心理学家（如阿尔伯特·班杜拉）推进的社会认知理论，为暴力研究又增新贡献。

社会认知理论批驳认为观看媒介暴力能降低人内在攻击冲动的**宣泄**（catharsis）概念。社会学家的确早已存疑：看别人吃饭不能降低饥饿感，看别人做爱不会降低欲望冲动，但他们的研究的确显示，观看暴力会降低攻击行为。对此现象，解释更为合理的，不是媒介的某种宣泄功能，而是媒介的抑制效果。也就是说，诚如我们在讨论社会认知理论时所见，媒介暴力若以被惩罚或被禁止的形式加以描绘，它的确会降低模仿该行为的可能。

一些人尤其是媒介产业从业者，至今还在捍卫宣泄理论，但 40 年前，德高望重的媒介研究者和理论家、当时牵头为哥伦比亚广播公司做社会研究的约瑟夫·克拉珀，就对美国国会如是说："我本人未亲眼见到任何看电视或任何其他媒介暴力能促进暴力宣泄的确凿证据。有研究显

示有此效果，但显示与此相反效果的研究更多。"（Ninety-Second Congress，1972，p. 60）

社会认知理论引进**替代性强化**（vicarious reinforcement）概念，即观察到的强化会在自己的实际行为中得到同样强化。该概念有助于研究者将注意力集中到表现媒介暴力的语境上。理论上说，替代性强化现象若真的存在，那么，它便会产生抑制效果，也会产生非抑制效果。也就是说，看到坏人被惩罚，会抑制观看者随后的攻击行为。但不幸的是，研究者发现，现代电影电视中的坏人受惩，全是好人暴力击败他们才让他们受惩。

这便暗示，媒介即便描述暴力行为受惩，也同样是在强化暴力行为。

社会认知理论引进的另一概念是**环境刺激**（environmental incentives），即现实世界的激励，能引导观察者不去消极替代性强化自己习得的行为。

1965 年，班杜拉做了至今依然经典的实验，他让幼儿园孩子看录像，里面一个叫罗奇的攻击者的行为受到了惩罚。结果，孩子们玩耍时显示的攻击性，比看到罗奇受到奖励的孩子要低，这与社会认知理论预测的一致。然后，班杜拉进一步让那些看到罗奇受惩罚的孩子去模仿罗奇的行

342

 运用媒介制造奇迹 ————————————

电视和指定驾驶员

我们观看电视节目，从节目所传达的公共服务信息，可以感知电视维护社会的目的。比如，全国广播公司的系列片《你知道得越多》（*The More you Know*），为公共服务公告与惯常广告绝妙融合的短片，播出 20 多年，启用广播网的大明星，讨论问题涉及戒烟、家教、提醒服药、坚持体育运动等，但你记得的可能就是他们拍摄的偶像明星和彩虹尾巴。

电视编导和制作者们也更为疯狂地利用这一媒介，在自己制作的娱乐节目中嵌入重要的文化信息，以获得维护社会的效果。疾病预防控制中心与几个流行节目之间的关系，就很能说明这一点。疾病预防控制中心的专家得知 88% 的美国人从电视上获取有关健康的信息，于是，与《豪斯医生》（*House*）、《实习医生格蕾》（*Gey's Anatomy*）、《急诊室》（*ER*）、《私人诊所》（*Private Practice*）、《法律与秩序》（*Law & Order*）和《绝望主妇》（*Desperate Housewife*）等电视剧作者合作，将重要的健康信息融入电视剧之中。你若看描写洛杉矶遭受恐怖袭击的电视剧《24 小时》（*24*），因为疾控中心的参与，你就能从中获知身体接触会传播致病原、如何应对政府检疫以及这类检疫中包含的民众自由等问题。

"黄金时间大行动"的概念，可追溯到 1988 年哈佛大学杰伊·温斯滕（Jay Winsten）教授利用好莱坞来推行他提倡的"指定驾驶员"活动。该活动提倡朋友聚会时推选出一人不喝酒，由他/她负责聚会后开车将其他所有人送回家。温斯滕教授提倡这一活动之前，这个概念并不存在。得益于全国广播公司执行总裁弗兰克·斯坦顿（Frank Stanton）的干预，温斯滕联系斯坦顿的朋友、时任全国广播公司主席的格兰特·廷克（Grant Tinker），请求帮忙。廷克受温斯滕感染，对他想建立新的社会风尚的计划表示支持。他给电视网的老客户、13 个节目制作商的负责人写信，有回复不够快速及时的，他就给他们打电话，然后亲自陪温斯滕教授（哈佛大学健康传播中心主任）面见这 13 位制片人。

此后电视网的四个电视季，众多观众看到的 160 个不同的黄金时间段节目，"指定驾驶员"理念便包含在其中。温斯滕教授成功地将信息融合在娱乐节目之中，但他传达的信息见效了吗？绝对见效。电视节目介绍"指定驾驶员"概念后的一年里，67% 的成年人说他们注意到了这一概念；到 1991 年，52% 的 30 岁以下的成人说他们当过指定驾驶员。

为，谁模仿就奖励谁贴纸画，结果孩子们都模仿了。消极替代性强化有促使人模仿被惩罚的行为的可能，而且这个行为会被观察性地习得，只不过观察者在观察和习得的同时，也获知不该去做这个行为。现实中一旦对该行为提供足够的奖赏，原先已习得的行为就可能显现。

对什么人　撇开研究认知习得学者提供的令人信服的证据不说，大多数人观看电影暴力或录像暴力以后显然并未显示攻击行为。且有暴力倾向的人显然更容易受媒介暴力影响。但发生暴力并不一定就有暴力倾向，因为，谁都不敢保证自己任何时候都绝无暴力倾向。比如，实验性研究显示，沮丧中的人观看媒介暴力，随后的攻击行为可能增加。

但问题是，到底是谁遭受到了媒介暴力的影响？如果只是直接因果关系产生的效果，那我们可以说，某媒介暴力在某时以某种程度对某人产生了某种影响。但从更为广泛的宏观仪式的角度看，我们大家都会被影响，因为，我们生活的世界即便没有大众媒介，暴力也不一定会减少。培养分析理论认为，我们在生活中更不信任邻居，更愿接受暴力，我们已经**脱敏**（desensitization）。其实不一定如此。诚如研究者艾伦·沃泰拉（Ellen Wartella，1997）所述："我们发现，现在的专家均广泛一致地认为，在导致我们社会暴力的种种因素中，电视暴力因素可能最容易控制。"（p.4）据此，美国医学会（the American Medical Association）、美国儿科学会（the American Academy of Pediatrics）、美国心理学会（the American Psychological Association）和美国少年儿童精神病学会（the American Academy of Child & Adolescent Psychiatry）于2000年夏联合发布一份报告，阐明它们的共同观点：媒介暴力效果具有"可测性和持久性"，"长期观看媒介暴力可导致现实生活中对暴力的情感脱敏"（Wronge，2000，1E）。

媒介上描述的吸毒和酗酒会增加生活中的吸毒和酗酒吗？

对媒介效果的关注不只局限于暴力问题，对于媒介上描述的吸毒和酗酒行为，也存在和就媒介暴力争论一样的正反两种观点。

大量科学证据显示，媒介尤其广告中描述酗酒，与青少年饮酒、酗酒的增加有联系。美国卫生与人力资源服务部（Department of Health and Human Services）国家烈酒滥用与烈酒中毒研究所（National Institute of Alcohol Abuse and Alcoholism）所做的报告指出，"很多证据显示，烈酒广告会越发刺激成人和青少年饮酒"、"有足够证据显示，从长久角度看，烈酒广告可能导致烈酒的总体消费增加问题及其他与烈酒相关的问题"（Center for Science in the Public Interest，2002，p.2）。烈酒营销与青年中心（the Center on Alcohol Marketing and Youth，2012）报告了如下内容：

● 美国青年人饮酒比抽烟或抽大麻的多，这使得美国年轻人使用毒品最多。

● 每天有4 750个16岁以下的少年开始饮酒。

● 12～17岁的青少年中，开始饮酒的平均年龄在13岁。

● 美国未成年人的饮酒占酒类市场的11%到20%，即便按最低的11%估算，每年也要消耗36亿杯酒。

● 与21岁或更晚开始饮酒的青年相比，15岁之前开始饮酒的少年，终生喝酒上瘾或酗酒的可能要高5倍。

● 酒类广告充斥在青少年喜欢的节目中。2001年以来，15部12～17岁青少年最喜欢的节目之中便有13部或更多充斥着酒类广告。

● 神经、心理和市场科学文献显示，鉴于人类大脑构造，年轻人更易受酒之类的品牌产品的吸引，因为，他们觉得这些产品与冒险行为有关，能提供即时的满足、兴奋和（或）社会地位。

● 长期研究显示，看到、听到和读到比较多的酒类广告的年轻人，更易喝酒且更容易比他们的同辈喝得多。

也有不少科学研究显示媒介的饮酒描述与现实生活中的饮酒行为之间，因果关系微弱。这些研究一般出于酒业的科学家之手。此外，坚持阐述这一直接因果关系的研究者们，却几乎不认为媒介对行为产生影响。但广义上的文化观点认为，媒介在广告和娱乐节目中描绘饮酒行为时，大都以安全、健康、青春、性感、愉快必备的方式，表明饮酒可以有效解除压力，它有益于助兴和礼仪庆典。

媒介表现的非酒精毒品的使用，与现实生活中的非酒精毒品的使用，两者之间有何关系？对这个问题也颇有争议。比较起来，当代媒介内容中，几乎没有用赞美的笔调表现非法使用毒品的。非法吸毒的毁灭力量，其实常常是很多电视节目表现的焦点，比如《犯罪现场调查：迈阿密》（CSI：Miami）和《绝命毒师》（Breaking Bad），或者成为电影的主要主题，比如《冒险乐园》

（Adventureland）和《万福玛丽亚》（Maria Full of Grace）。科学性的关注因此主要集中在广告及其他媒介描述在使用合法的非处方药品方面产生的效果之上。大量实验性研究显示，该内容与随后的合法、非法滥用毒品之间，存在因果关系。但也有研究不支持媒介描述与随后的毒品滥用存在因果关系一说。但不能否认的是，媒介常把合法药品描绘成灵丹妙药，用它对付讨厌的婆婆、吵闹的孩子、苛刻的老板和其他日常烦恼。处方药品做广告会有公共健康上的问题，食品与药品管理局多次考虑过禁止，除了美国和新西兰，其他国家都视处方药品做广告为非法。

媒介促成性别和种族刻板印象的原因是什么？

刻板印象（stereotyping）通常指依据有限信息推而广之地将某群体成员形象标准化或概念化。媒介无法展现所有事物的所有方面，媒介工作者在表现具体人物或群体时的选择，可能导致或形成刻板印象。

近 70 年来所做的大量研究表明，大众媒介在表现妇女、少数族裔、老人、男女同性恋者（其实是所有被视为所谓的"外团体"）方面，严重缺乏代表性。这期间研究媒介效果的学者却在始终如一地研究这种缺失的影响。

媒介使用在种族/民族认知的形成及群体互动行为上，确实发挥着重大作用。研究的确在不断显示，观看媒介中描述的种族/民族形象，会一定程度地在种族属性和刻板印象上影响人们对群体外成员能力、社会经济地位、群体地位、社会角色的判断（Mastro，2009，p. 325）。

有些理论，尤其是培养分析理论、符号互动

理论和现实的社会构建理论，能解释这些效果。这种描述上的缺失，会影响人的认知，而人的认知会影响他们的行为。检查一下你自己的认知，不光是对女人和少数族裔，还包括对老人、律师、大学球队和精通电脑的人，看看脑子里立刻出现的是什么形象或刻板印象？

对于前面描述的种族和学科的数据，作为有思想的当代大学生，你一定吃惊，甚至怀疑。以下四个测验题，可以测测你对犯罪、婚姻和家庭的刻板印象：

（1）阿肯色、俄克拉荷马和马萨诸塞三个州中哪个州的离婚率最高？

（2）美国白人、拉美裔美国人和非裔美国人中哪种人吸毒的比率最高？

（3）新罕布什尔、密西西比和得克萨斯三个州中哪两个州未成年人怀孕率比较高？

（4）按犯罪率高低将亚特兰大、纽约和孟菲斯三个城市排一个序。

| 345 |

| 346 | **文化论坛** | **朋友新解：脸书与关系研究** |

大众传播研究者常在文化论坛上剖析诸如快餐广告与儿童肥胖之间的关系或暴力电子游戏的影响等社会问题，且不时引发文化论坛上的唇枪舌剑。媒介研究者对大众脸书使用情况的探讨便是一例。他们想了解，社交网站是否在改变友谊

的本质。社交网络会让人的朋友关系更密切、更相互支持，还是会因为缺乏面对面的亲密接触而让友谊减退？人们会不会因为徜徉于网络媒介交友，而放弃了面对面交流时思想共鸣、情感交融的人际关系呢？媒介研究者朱利安·凯克（Julian

Kiker）解释说："我们对于'朋友'的定义正在悄然变化，与不同人口结构的人尤其是与不同年龄层的人士交谈，问他们'朋友'的定义，你会发现，他们的观点有天壤之别。"（Przybys，2011）

英国精神病专家希曼斯胡·泰基（Himanshu Tyagi）认为，社交网络世界中"一切总是快速发展、瞬息万变……鼠标一点，关系便迅速处理完毕……不喜欢的个人资料，一删了之，眨眼工夫，不想要的身份信息便换成自己想要的状态……网络社会环境中长大的年轻一代，很可能不重视自己真实世界中的身份"（in "Facebook Generation"，2008）。

但研究学者（Hampton，Goulet，Rainie，& Purcell，2011）发现，脸书用户不仅能借助社交网络维系紧密的社会关系，而且相较非脸书用前者可能更易信任他人，在现实社交网络中拥有更多的"核心关系"。至于友谊属性，脸书用户获得的社交与情感支持及相伴感，比非脸书用户多："一般美国人婚后获得的全部支持感中，几乎有一半来自脸书。"研究者的最终结论是，"互联网未造成社交隔离，而是催生了更广泛、更多样的社交网络，此结论有悖于近十年中的早期研究"。

请你发表观点：你使用脸书吗？你如何定义友谊？你认为使用社交网站有什么得失？"拉黑"朋友的用户每年都在增加，2011年高达63%（Madden，2012），对此你怎么看？是这些用户不满意其友谊状况，还是用户在精挑细选且再定义到底什么才是真正的朋友？对此，传播学研究者能给你提供满意答案吗？为什么能或者为什么不能？

脸书上的朋友是真正的朋友吗？

我们得知离婚率最低的是位于东北部崇尚自由的马萨诸塞州（2.2‰），远低于位于腹地的阿肯色州（5.7‰）和俄克拉何马州（4.9‰，U. S. Census Bureau，2012），你惊讶吗？在毒品等物质滥用上，非裔美国人（5%）低于白人（9%）和拉美裔美国人（7%）（Szalavitz，2011）。普遍被认为属保守地区的得克萨斯州和密西西比州，未成年人怀孕率分别为88‰和85‰，新罕布什尔州以33‰位居最低，另两个与其同属新英格兰地区的福蒙特州和缅因州分别为40‰和43‰，此三州的未成年人怀孕率均远低全国70‰的平均水平（Guttmacher Institute，2010）。以"北方罪恶之城"著称的纽约，其实是美国最安全的大城市，人均犯罪率仅4.2%，而孟菲斯为18%，亚特兰大为16%（Ott，2009）。你对这些人和地方的刻板印象是怎样形成的？你构建他们真实生活的材料都是从哪里寻找到的？

媒介有亲社会效果吗？

其实每一个用于论述媒介具有有害或消极效果的论据，亦可用在论述媒介可以产生好效果之上。大量科学根据明确表明，人（特别是儿童）能够并且更愿意模仿自己在媒介中看到的好行为或者亲社会的行为，而不是消极行为。研究表明，媒介描述的合作、建设性解决问题及其他"好"行为所产生的效果，比消极行为更容易被人从媒介中习得。

 培养媒介素养技能

运用大众传播理论

关于大众传播理论和效果议题，我们这里的讨论只是管中窥豹，有些作为特殊的社会制度部分，用于媒介运营之中；有些则从最微观的层面探讨大众传播，比如，观众是怎样理解一个个电视场景的？本章着重论述的很小一部分理论和效果，对于试图拓展媒介素养技能的人是有用的。还记得第 1 章中谈到的阿尔特·西尔弗布拉特（Art Silverblatt，2008）的媒介素养要素吧，其中提到了解大众传播过程，视媒介内容为理解我们自己及我们文化的"文本"。我们确定的媒介素养技能还包括理解和尊重媒介信息的影响。优秀的传播理论描述这些元素和技能。优秀的大众传播理论家懂媒介效果。有媒介素养的人其实就是优秀的大众传播理论家，他们在自己的媒介使用中、在自己的生活方式上有效运用媒介概念和媒介影响。

 挑战媒介素养

成为新闻制作研究者

了解媒介对社会和个人的影响是媒介素养很重要的一部分，诚如你已阅读，新闻制作研究显示，媒介的确对个人和社会有很大影响。该研究探讨了影响新闻制作的经济及其他因素，以及这些因素在怎样受社会精英的利用而扭曲了报道。和社会文化批评理论一样，新闻制作研究颇受争议。请你来挑战挑战自己，检测它的效度。先选择以下媒介：日报、当地电视新闻广播、国家新闻杂志和网络电视新闻广播。然后尽量找出它们在新闻制作中的四大惯用手段——个人化、戏剧化、碎片化和规范化，探讨它们的"偏见"。完成后，请阐释你为什么更易或者更不易接受新闻制作研究理论所持的观点。

 348 **本章回顾与讨论**

回顾要点：将内容与学习成果联系起来

- 概述大众传播理论的历史与发展。
  - 技术进步驱动大众传播理论的发展，或曰，引入新媒介，要对其进行控制，对它们的民主化、多元性有质疑。
- 阐释理论的含义、重要性及应用。
  - 理解大众传播理论，我们必须认识到：

（1）不是只有一种大众传播理论。

（2）大众传播理论往往借鉴了其他科学领域的知识。

（3）大众传播理论是人之建构，动态发展的。

■ 三大相互对立的角度，说明大众媒介效果论争中人们所处的立场各有不同。

（1）从宏观层面还是从微观层面。

（2）从管理研究还是批判研究。

（3）从传递角度还是从仪式角度。

■ 这些媒介效果有限理论的观点，在媒介效果论争中更具逻辑性：

（1）媒介内容为虚构，人们知道它不真实。

（2）媒介内容只是游戏或娱乐。

（3）媒介只是社会的一面镜子。

（4）媒介若有效果，也只是加强了原有的价值和信念。

（5）媒介只影响时尚和流行等非重要事件。

● 描述对当代影响深远的经典大众传播理论。

■ 大众传播理论的四大主要时期为大众社会理论、有限效果理论、文化理论和意义建构理论。后两大理论标志了对强大媒介效果论的回归。

● 分析有争议的效果问题。

■ 尽管论争一直持续，媒介暴力导致观众攻击行为之观点，已然系统建立。

■ 同样，媒介对吸毒、酗酒的渲染，亦刺激真实世界中的吸毒、酗酒行为。

■ 媒介报道可能会、的确会促进人们形成对很多人和现象的刻板印象。

■ 证明媒介可能具有负面效果的同一科学证据，同样也可以用来证明媒介具有亲社会效果。

● 用大众传播理论指导自己的媒介使用。

■ 有媒介素养的人本身就是优秀的大众传播理论家，因为，他们了解媒介效果，知道它们如何产生及何时产生。

关键术语

early window　早期窗口

willing suspension of disbelief　自愿暂时搁置怀疑

micro-level　微观层面

macro-level　宏观层面

administrative research　管理研究

critical research　批判研究

transmissional perspective　传递论

ritual perspective　仪式论

mass communication theories　大众传播理论

cultivation analysis theories　培养分析理论

attitude change theory　态度改变理论

middle-range theories　中层理论

mass society theory　大众社会理论

hypodermic needle theory　皮下注射理论

magic bullet theory　魔弹论

grand theory　宏观理论

limited effects theories　有限效果理论

two-step flow theory　两级传播理论

opinion leaders　意见领袖

opinion followers　意见追随者

dissonance theory　失调理论

selective processes　选择过程

selective exposure（attention）　选择性接触(关注)

selective retention　选择性记忆

selective perception　选择性理解

reinforcement theory　强化理论

uses and gratifications approach　使用与满足理论

agenda setting　议程设置

dependency theory　依附理论

social cognitive theory　社会认知理论

modeling　模仿

imitation　效仿

identification　认同

observational learning　观察性学习

inhibitory effects　抑制性效果

disinhibitory effects　非抑制性效果

cultural theory　文化理论

critical cultural theory　文化批评理论

neo-Marxist theory　新马克思主义

Frankfurt School　法兰克福学派

British cultural theory　英国文化理论

news production research　新闻制作研究

meaning-making perspective　意义建构理论

symbolic interaction　符号互动

product positioning　产品定位

social construction of reality theory　现实的
　社会构建理论

symbols　符号

signs　标志

typification schemes　典型图式

mainstreaming　主流化

stimulation model　刺激模式

aggressive cues model　攻击暗示模式

catharsis　宣泄

vicarious reinforcement　替代性强化

environmental incentives　环境刺激

desensitization　脱敏

stereotyping　刻板印象

349

复习题

1. 大众传播理论经历了哪四个阶段？

2. 失调理论和选择过程是什么？

3. 议程设置是什么？

4. 社会认知理论中的效仿和认同之间的区别是什么？

5. 符号互动理论和现实的社会构建理论中的受众和媒介在概念上有什么相同之处？

6. 培育分析理论的五个假说是什么？

7. 促使新闻符合上层社会利益的四种常见的新闻制作惯例是什么？

8. 文化批评研究的特点是什么？

9. 什么是早期窗口和自愿暂时搁置怀疑？

10. 什么是媒介暴力的刺激模式和攻击暗示模式？什么是宣泄？

批判性思考与论述题

1. 媒介为你设置议程了吗？以自身经历举例说明。

2. 找出杂志或电视广告运用符号互动或现实的社会构建概念来出售自己产品的例子，阐述这是如何操作的。

3. 你留意过酒类广告吗？你觉得广告会多大程度上对你的饮酒产生影响？

第14章

媒介的自由、监管和道德规范

学习目标

我们的民主建立在自治之上，自由而负责的大众媒介对民主和自治至关重要。但由于媒介有影响力，且媒介运营中利润和公共服务两种需求之间常存在冲突，因此，媒介愿意（也应该）接受一定的监管。但政府和公共论坛在媒介监管的程度和源头问题上颇有争议。学习完本章后，你应该能够：

- 概述第一修正案所经历的历史与发展。
- 阐述媒介监管的理由和实施情况。
- 区分自由主义理念主导的媒介体系与社会责任理念主导的媒介体系之间的区别。
- 探讨媒介道德规范的定义和应用。
- 概述自我监管的实施和利弊。
- 概述个人对媒介改革的义务。

352 迄今为止，你的工作还算一帆风顺，担任过一所重要学院的日报编辑，这一经历让你的简历脱颖而出。校园大事活动中你颇受器重，能为学校做些实事。学校工作出色，到外面大千世界一定也能干好。但随着冲突的增强，你开始怀疑所做的一切是否还有价值。

先是你写的有关布拉德利·曼宁（Bradley Manning）的社论遭斥。美国士兵曼宁向维基解密网站提供了几十份有关中东战争的文件，维基解密随后公之于世。这些机密材料中的备忘录和电文，证实了美军军官知道并默许在伊拉克发生的酷刑、掩盖了在阿富汗发生的雇主虐待童工的证据。证据显示，军方实际统计的伊拉克和阿富汗平民死亡人数，远高于公开公布的人数。最令人震惊的，是披露了 2007 年一事件的视频录像：一架"阿帕奇"战斗直升机向巴格达平民射击，枪杀了 11 人，包括两名路透社记者，这些人均未还击。这些材料均为机密，曼宁因此以叛国罪被捕，面临死刑，已被秘密羁押一年多。目前曼宁仍在监狱，你想通过发表社论，敦促此案尽快公正裁决。

你的助理编辑坚决反对："他是叛徒，是罪犯，他活该。那些文件政府保密总有原因。"你早知道她会这么说，立即反驳道："官员若为掩盖违法行为、掩盖政府无能或管理漏洞而对材料进行保密分级，这是违法的。另外，若动机只是为避免官员或政府难堪，或者避免泄露构成国家安全威胁的信息，也是不允许的。"可她不甘示弱："泄露这些机密会让美国人付出生命代价的！"你反驳说："这些材料本就不该是机密，况且，国防部长说了，这些泄露未造成人员伤亡，也未影响美国的对外政策。你说，丹尼尔·艾尔斯伯格（Daniel Ellsberg）向《纽约时报》泄露的，是同等机密级别的国防部文件，和布拉德利·曼宁向'维基解密'提供的材料有什么区别？为什么艾尔斯伯格就是揭发者，是英雄，而曼宁却是叛徒？"

353 再是"抵制金宝汤"事件。几个学生团体要求校方食堂停供金宝汤（Campell Soup）公司的产品。他们这么做是回应美国家庭协会（American Family Association，AFA）针对该公司发起的全国抗议活动。该公司在同性恋杂志《倡导者》

（*The Advocate*）上植入"史云生肉汤"（Swanson Broth）广告，惹恼了保守的美国家庭协会。你想用社论的方式批评该抵制行为，支持"金宝汤"言论自由的原则立场。你的几位员工叹息说："我们一定要这么做吗？"你回答道："对，我们一定要这么做。同性恋者也买汤喝，他们的钱和异性恋者没差别。杂志针对的是广受欢迎的这一族，广告是这一族人看的。这里有出版自由问题，我们有责任进行探讨。"这则由纽约广告巨头天联广告公司制作的双页广告，画面显示饭馆两位女老板和她们的儿子在喝汤。美国家庭协会不仅指责"金汤宝""在公开帮助同性恋激进者推行他们的计划"，还指责该广告标语的潜台词过火："无论家庭规模大小和成分构成怎样，这个特别假期，我们都喝特制浓汤"，这分明在表明"同性恋双亲组成的家庭应该得到承认"。"金宝汤"面对质疑做出明确回应："我们对这个问题态度明确。我们的经营理念是求同存异，这反映在我们的营销计划中。一个多世纪以来，各阶层人民享用'金宝汤'产品，我们将继续以这一于他们有益、与他们有关的方式进行沟通。"（Edwards，2009）你接着补充说，经济不稳定时期，任何抵制威胁、捍卫自己与消费者沟通权利的大公司，我们都应该支持而不是反对。你的员工接受了你的观点。

在这些情况下，你选择的是给予更多支持。这里是美国，谁会对此异议？两篇专栏文章都刊登出来了，"金宝汤"那篇甚至还包括了那则受争议的广告。结果，你接到 61 个投诉电话和电子邮件，9 家与你长期合作的广告商撤掉每周固定的交易，你的助理编辑和另两名报社员工提出辞职。

学院和专业编辑近来面对的这些情况，凸显了本章将要探讨的两大教训：第一，合法未必一定合理。第二，媒介从业者努力做好事情的同时，还要考虑他人的利益、需求和观念。 *354*

本章我们将审视第一修正案的制定、实施历程，研究自由解放的新闻理念如何应用于解除监管的广播电视领域，详述媒介的基本理念从自由主义理论向社会责任理论的转变，并在此基础之上，研究媒介从业者实现社会责任的媒介道德环境。

	1900 年	**1925 年**
1644 年　弥尔顿的《论自由出版》出版	**1919 年**　▲ "明显而即刻的危险"的裁定	**1931 年**　"尼尔诉明尼苏达州案"事先限制的裁定
1791 年　▲《权利法案》出台		**1935 年**　▲ "豪普特曼诉林德伯格案"审判
		1943 年　NBA "类比交警法"判决
		1947 年　新闻的社会责任理论产生

1950 年	**1975 年**	**2000 年**
1964 年　"《纽约时报》诉沙利文案"公众人物的裁定	**1979 年**　▲氢弹案	**2001 年**　美国《爱国法》出台，Creative Commons 建立
1969 年　红狮判决		**2005 年**　"米高梅诉格罗斯特案"点到点的裁定；朱迪思·米勒的判决
1971 年　▲五角大楼文件		**2007 年**　释放乔希·沃尔夫
1973 年　米勒案裁决定义淫秽内容		**2009 年**　Pirate Bay 创始人被监禁。
		2010 年　▲布拉德利·曼宁事件
		2011 年　"布朗诉娱乐商业协会案"

第一修正案简史

美国宪法指出，受特殊保护的产业唯有新闻　　出版。因此，研究媒介监管、自我监管和道德规范，我们必须从讨论这"第一自由"开始。

诚如第 4 章所示，美国第一届国会便致力于新闻出版自由。新宪法第一修正案明确规定："国会不得制定法律……剥夺言论或出版自由。"因此，政府监管媒介必须按第一修正案要求，不得唐突，尽量合理。媒介产业的自我监管必须足有成效，无须官方约束，媒介从业者必须遵守道德规范，方能获此特殊保护。

新闻出版自由理念最初之雏形

民主国家（democracy，即民治政府）必须有新闻出版自由。《权利法案》制定者们曾与父辈们一起逃离欧洲君主国家，对这一点理解尤为深刻。他们确保自己基于**自由主义**（libertarianism）理念，即民主国家的人民只有掌握管理信息方能获得民治，确立新闻出版自由的重要地位。自由主义理念源于**自我修正原理**（self-righting principle），英国作家、诗人约翰·弥尔顿（John Milton）1644 年出版的《论出版自由》（*Areopagitica*）一书，极具说服力地从两方面论述了这一原理：

- 思想的自由流动或交流，确保公众讨论让真相浮出水面。
- 真相之所以能从公众讨论中浮出水面，是因为人天生具有理性和善良。

但诚如我们在第 4 章中所见，即便第一修正案和自由主义理念，也无法保障出版自由。宪法确立不足八年，国会便通过"客籍法和镇压叛乱法"。弥尔顿自己后来也在英国奥利弗·克伦威尔政府中主审天主教立场的著述。

355

阐释、改进第一修正案

对出版自由这一观点无疑需要做进一步阐述，有人对这一观点持**绝对立场**（absolutist position），联邦最高法院法官雨果·布莱克对这个绝对立场做过精练的表述：

不得制定法律就是不得制定法律……我认为，言论自由就是政府应该无偏差、无例外、无条件、无借口或限制地不干涉任何人所持有的观点、表达的观点或使用的口头或书面文字（McMasters，2005，p. 15）。

不过，绝对立场远非上述表述这样简单。持绝对立场的人虽同意第一修正案的确为出版和言论自由提供了重要的根本性保护，但对其真正含义的理解，却一直存在问题。从专栏文章《第一修正案祖护暴力，但不纵容色情》一文中，你可一窥有关联邦最高法院最近一次关于第一修正案裁决的争议。但阅读此文之前，我们先来审视一下历史上对第一修正案的一些解释。

356

文化论坛　　第一修正案袒护暴力，但不纵容色情

2006 年，加利福尼亚州通过一项法律，要求暴力视频游戏标示提醒文字，且不得向 18 岁以下消费者销售。游戏行业提起诉讼，美国联邦最高法院最终审理了"布朗诉娱乐商业协会案"（Brown v. Entertainment Merchants Association，2011），法官在 7：2 的表决之后，裁定"州政府有保护儿童免受伤害的立法权，但这并不意味可以随意限制儿童可接触到的思想"。大法官斯蒂芬·布雷耶（Stephen Breyer）却持有异议，他引用观看暴力游戏可能导致暴力倾向的科学证据提出，"这些证据具有充分的说服力，而且专家也认为，民选的立法机关所得出的被告视频游戏尤其可能影响儿童的结论，应该得到法院的遵从"。

自由言论问题、暴力视频游戏的潜在危害问题，受到人们的极大关注，理所当然地成为文化

论坛的焦点，但真正抓住人们注意力的，还是大法官安东尼·斯卡利亚（Antonin Scalia）的断言，他认为，"由于暴力相关的言论不属于下流言论"，所以哪怕它涉及儿童、涉及性、涉及攻击人类，也无法对其进行监管；但与性相关的言论一直受限制，尤其是涉及儿童的时候，所以可以对其进行审查。批评该决定的人指出，该决定认为"暴力情有可原，但性绝不容许，哪怕它是非暴力的、自愿的也不可以"。《格斗之王 2》（*Mortal Kombat II*）是一个血腥暴力的游戏系列，里面出现过一名年轻女子被身高马大的斗士撕成两截的场景，《每日秀》（*Daily Show*）的约翰·斯图尔德（John Steward，2011）引用该场景向观众如是解释该决定："州政府无意限制向儿童销售（暴力视频游戏），但这女子若在被开膛破肚时（袒露酥胸），就要受监管啦。"请你发表观点。你觉得此案例是赢了第一修正案还是输了第一修正案，或者肢解了第一修正案？在美国的文化中，为什么媒介暴力比性受到更多以言论自由为名的保护？

"不得制定法律"是何含义？　第一修正案指出，美国国会"不得制定法律"，但州立法院可以吗？市议会呢？市长呢？法院呢？谁有权控制出版？这个问题的解决，归功于 1925 年某州因限制发行一份社会主义简报所引发的官司。联邦最高法院在"吉特罗诉纽约州"（Gitlow v. New York）一案中宣布，第一修正案"属第十四修正案的正当法律程序条款所保护的不受州政府干涉的基本个人权利和'自由'"（Gillmor & Barron，1974，p.1）。鉴于此，"国会不得制定法律"应理解为"政府机构不得制定法律"。今天，"不得制定法律"，包括不得制定不受地域限制的法律法规、行政法规、行政和法院命令以及政府发布的条例。

"出版"指什么？　到底哪些"出版"享有第一修正案的保护？1952 年，联邦最高法院在"博斯汀诉威尔逊"（Burstyn v. Wilson）一案的裁决中宣称，电影享有言论自由。1973 年，大法官威廉·O·道格拉斯（William O. Douglas）在"哥伦比亚广播公司诉民主党全国委员会"（CBS v. Democratic National Committee）一案的裁决中这样写道：

我们已进入 21 世纪，什么样的第一修正案才能更好地为我们当今之需服务呢？这个问题或许见仁见智，但我们原有的第一修正案是联邦最高法院的唯一指南，这一不容改变的原则陪伴我们走过风和日丽，也度过暴风骤雨，新第一修正案出台之前，我将继续信守它。也就是说，我认为电视和广播……统属于第一修正案所指的"出版"范围，因而均享受第一修正案规定的自由权利（Gillmor & Barron，1974，pp.7-8）。

广告或者商业性言论享有第一修正案的保护，这是联邦最高法院 1942 年做出的决定。"瓦伦丁诉克里斯坦森案"（Valentine v. Christensen）的裁决尽管广告商被判败诉，但联邦最高法院明确表示，言论不因具有商业性而意味它不受保护。有法官提出"双层"保护级别，即商业性言论的保护级别低于非商业性言论，但其他法官认为这不符合逻辑，因为，其实几乎所有媒介都具商业性质，即便在它们以发挥新闻报道为主要功能的时候，比如印报纸是获利的。

1967 年，联邦最高法院裁决"时代公司诉希尔案"时运用了类似逻辑，认为第一修正案给予娱乐性内容和非娱乐性内容同等保护。以娱乐性风格采写的新闻报道难道就不值得与以乏味风格采写的新闻报道同样受保护吗？为避免政府做出这类狭隘以至于最终绝对主观的判断，联邦最高法院不断扩展言论保护的范围。

什么是"剥夺"？　即便那些持绝对立场者，也认为对于言论的时间、地点和方式可有限制，只要这限制不干涉言论的实质。比如，不大会有人对限制宣传车清晨 4 点广播政治言论提出异议。但 1948 年的"萨亚诉纽约"（Saia v. New York）一案中，未经警察局长批准不得使用扩音器的条例，却被联邦最高法院视为违宪。但其他限制的解禁没这么明确。

明显而即刻的危险。出版自由有可能带来危险后果时，可以限制吗？联邦最高法院 1919 年裁决的"申克诉合众国案"（Schenck v. United States），对这个问题做出了解答。该案涉及一战时散发反征兵传单行为，大法官奥利弗·温德尔·霍姆斯（Oliver Wendell Holmes）在法院意

357

见书中写道，当"使用的言辞在特定环境情势之下造成明显而即刻的危险，且这危险可能造成的实质性罪恶是国会有权防止的"之时，这样的言辞可被限制。霍姆斯接着补充说，"言论自由不保护在剧院错喊失火而引起人们恐慌的人"。此裁决意义非凡，因为，它明确确立了没有绝对言论自由的法律理念，保护只是程度上的差别而已。

利益权衡。比绝对立场柔和一些的另一观点，称**特别权利权衡**（ad hoc balancing of interests），即在裁决涉及第一修正案的各大案件享有多少出版自由时，需要权衡若干因素。1941年，大法官菲利克斯·法兰克福特（Felix Frankfurter）对法院裁定的牵涉《洛杉矶时报》一篇社论文章的"布里奇斯诉加利福尼亚州案"（Bridges v. California），提出书面异议，认为言论和出版自由"并非绝对或荒谬的概念，不能凌驾于《权利法案》规定的所有自由之上……我们面前的这起案件，言论和出版自由的诉求，与其他同等重要的自由诉求冲突了。"

出版自由与公正审判的对立。争取自由的冲突之一，就是出版自由（第一修正案）与公正审判（第六修正案）之间的矛盾。该矛盾对立主要呈两种典型形式：（1）审判前的舆论能否否认12位无偏见市民的判断，进而否定他们的公正审判？（2）审判室内是否应设置摄像机以满足公众的知情权，抑或，摄像机是否会影响庭审工作，导致无法保证庭审公正性？

在第一修正案与第六修正案之间有冲突的情况之下，法院始终偏向公正审判，但1961年情况出现转折，这一年的一项判决竟然因为审判前的舆论而被推翻。最高法院在"厄文诉多德案"（Irvin v. Dowd）中，废除已经认罪伏法的凶手莱斯利·厄文（Leslie Irvin）的死刑判决，原因是他的公正审判权利已遭新闻报道的妨碍，舆论不仅将他称作"疯狗厄文"，还大肆曝光他未成年时所犯的罪行、他受军事法庭审判的材料、他在警察局被指认为嫌疑犯、他未能通过测谎仪测试、他承认6条命案和多次抢劫、他愿意用认罪答辩换终身监禁等。审判前律师对430名备选陪审员进行筛选时，有370人表示他们已经相信厄文有罪。尽管如此，仍从这370位已受审判前舆论"诱导"的人中挑选了4位做陪审员。法院因此裁定厄文一案的审

358

判存在不公。

纸质新闻记者一直有接触审判的机会，但广播新闻记者则无此幸运。1935年，布鲁诺·豪普特曼（Bruno Hauptmann）被指控绑架飞越大西洋的飞行英雄查尔斯·林德伯格（Charles Lindbergh）之子一案，审判过程受报社摄影记者严重侵扰，此后，美国律师协会（American Bar Association，ABA）于1937年将"法则35"正式纳入"司法道德守则"。该法则禁止相机和广播记录审判过程。1963年，美国律师协会修正该法则，电视摄像机也包括在禁止范围之内。但此举并未彻底解决审判过程的禁拍问题。

得克萨斯是三个不接受"法规35"的州之一，当得克萨斯富商比利·索尔·埃斯蒂斯（Billy Sol Estes）盗窃、欺诈和挪用公款的审判过程遭受摄像机的"潜在影响"（法官威廉·道格拉斯的原话）的理由被推翻时，取缔电视报道之举似乎已是板上钉钉。但克拉克大法官提议："如果（广播新闻）的改进，能确保电视报道对审判的公正性不产生危害，那将另当别论"（Estes v. State of Texas，1965）。换句话说，也就是摄像机若对公正审判原则不产生任何危害，便可以使用。

1972年，美国律师协会用"法规3A（7）"替代"法规35"，允许为特定目的适量拍摄审判过程，但重申禁止播出审判过程的立场。但联邦最高法院在1981年"钱德勒诉佛罗里达案"（Chandler v. Florida）中认为，在审判室设置电视摄像机不会从根本上破坏公正性。如今，所有50个州都有法庭允许摄像机进入，其中有47个州允许摄像机进入审判法庭，美国国会也正在讨论允许摄像机进入包括联邦最高法院在内的联邦法庭。现在，联邦审判的拍摄和广播，仍受"联邦刑事诉讼法规53"的禁止。尽管如此，由于报道庭审过程的电视报道已经非常普遍，因此，专门报道庭审实况并对其进行评论的有线频道电视法庭（Court TV）于1991年正式开播（现更名为"truTV"，播放的节目种类已大大增多）。

359

诽谤和中伤。**诽谤**（libel，即公开发布破坏他人名誉的虚假或恶意材料）和**中伤**（slander，即口头或言语上毁谤他人人格），均不受第一修正案保护，但诽谤和中伤之间区别甚微，因此，"90年代起，无论报纸、广播、电视、电影等，公开发

布的毁谤均为诽谤，适用诽谤罪"（Pember，1999，p.134）。所以，一篇报道若（1）毁谤他人，（2）公开此人身份，（3）发表或广播出去，该报道便失去第一修正案的保护。

但一篇被指控为诽谤或中伤的报道若符合以下三条中的任何一条，仍受保护。第一为真实性，报道即便破坏他人名誉，但所言真实，仍受保护。第二为特权性，与立法、法庭或者其他公共活动相关的报道，可能包含不真实或破坏他人名誉的信息，但不能因为被访者或证人的言辞可能存在诽谤或中伤之嫌，便阻止新闻媒体的报道。第三为公正批评权，即新闻媒介对公共事务有发表意见或评论的权利。例如，戏剧和电影评论虽言辞苛刻但却受保护。对其他公众关心的事物发表评论，也同样受到保护。

但适用公众人物的法则有所不同，他们因为受公众关注，便理所当然地成了抨击对象。但这会让他们沦为报道者随意虚假报道、破坏名誉的受害者吗？联邦最高法院1964年审判的"《纽约时报》诉沙利文案"（*New York Times v. Sullivan*），便属这一情况。1960年，"马丁·路德·金辩护委员会"在《纽约时报》刊登一整版广告，呼吁人民为金博士辩护基金捐款。广告详述了阿拉巴马州蒙哥马利市警察对金博士和其他人权工作者的侮辱。该市三位民选市政专员之一的沙利文，以诽谤罪状告《纽约时报》，指出该广告部分内容失实，而他监管警察部门，所以他其实等于被明确"指名道姓"。

联邦最高法院裁定《纽约时报》胜诉。虽然广告中的部分内容失实，但《纽约时报》并非出于**真实恶意**（actual malice）。法院认定报道公众人物的真实恶意为，明知报道虚假，或罔顾报道真伪。

事先限制。另一涉及言论自由的重要方面，是不太引发争议的**事先限制**（prior restraint）。这是政府阻止公开发布或广播言论的权利。相对而言，美国的法律和传统虽很少让政府行使事先限制一权，但政府确曾若干次竭力阻止过某些内容的散布。

1931年，联邦最高法院在"尼尔诉明尼苏达州案"（Near v. Minnesota）中裁定，免除事先限制是基本原则而不是绝对原则，只有四种情况例外，裁定中列出两项：一是战争时期涉及国家安全之时；二是公共秩序可能遭受暴力煽动的威胁和有序政府力量的颠覆之时。这些例外，后来奠定了事先限制案例的两个地标性裁决：一个是针对战时国家安全的，牵扯到《纽约时报》；另一个涉及发布原子弹制造指南，这关乎保卫公共秩序。

1971年6月13日，《纽约时报》在越南战争如火如荼之时，开始发表后来广为人知的五角大楼文件，还详细讨论和分析了这场饱受争议、持续于肯尼迪和约翰逊两届政府期间的战争。尼克松任职期间的美国国家安全局（NSC）视这些文件为最高机密，但安全局工作人员丹尼尔·艾尔斯伯格却将其交给《纽约时报》，因为他认为限制公众知情权是不对的。美国司法部在文件前三期连载出版之后，以国家安全的名义，获取法院命令，阻止其继续出版。《纽约时报》被禁言时，《华盛顿邮报》、《波士顿环球报》等其他各大报纸开始刊登这些文件的节选内容，直到也被禁言。

6月30日，联邦最高法院下令政府取消限制《纽约时报》以及其他报纸出版"五角大楼文件"的权利。事先限制自白纸黑字确定下来之后，广受抨击，出现了众多声势浩大的批评，其中包括大法官雨果·布莱克的批评：

> 开国元勋在第一修正案中给予新闻出版自由应有的保护，以发挥它在我们民主建设中的重要作用。新闻出版旨在为被统治者服务，而不是为统治者服务。废除政府审查新闻出版的权力，方能维护责难政府的自由。新闻出版受到保护，才能揭穿政府秘密，才能告知人民。新闻出版自由而不受限制，才有可能去有效地揭露政府的欺瞒（New York Times v. United States，1971）。

另一案例是《进步》杂志。1979年，该杂志宣布，打算出版氢弹制造指南。文章资料来源，均为公开的、非机密的信息和资料，但当时吉米·卡特（Jimmy Carter）政府的司法部门却成功获得法院的制止令。该案尚未受理，已有几家报纸在出版相同或相似材料。司法部立即撤销禁令，6个月后，《进步》杂志出版了原计划出版的文章。

淫秽和色情内容。另一不受保护的新闻出版言论形式，是**淫秽内容**（obscenity）。联邦最高法院审理的两个重大案件，确定了淫秽内容的定义与违法性质。第一个案例是 1957 年"罗斯诉合众国案"（Roth v. United States）的判决。法院指出性与淫秽不是同义词，需要加以区别。这是言论自由的重大进步，第一次从法律的角度确定，淫秽内容不受保护。1973 年，"米勒诉加利福尼亚州案"（Miller v. State of California）判决对淫秽内容的定义或标准所做的表述，一直沿用至今。首席大法官沃伦·博格（Warren Burger）认为，判断淫秽内容的基本指导原则必须是：

（a）普通人根据现行的社区标准是否觉得该作品总体上是在诱发淫欲；（b）该作品是否在以公然冒犯性的方式描绘或描写现行国家法律明确定义的性行为；（c）该作品是否整体而言根本没有重要的文学、艺术、政治或科学价值。

361 　　对于法院、媒介和公众来说，问题的关键当然在于如何根据这些标准做出判断。例如，此人认为公然的冒犯性言论，说不定彼人却完全能够接受。一人眼里的严肃艺术，他人那里却可能是十足的色情。况且，假定伊利诺伊州皮奥利亚市的一名读者，在网络上读到纽约一名作者发表的短篇色情小说，此时该用哪个社区的标准来判定呢？

　　色情内容（pornography）指只促动性兴奋的言论，这个定义也有问题。色情内容受保护，但区分淫秽与色情或许属法律之职。露骨的性内容若法律未裁定它违法，它便是色情（受保护），反之则是淫秽（不受保护）。两者区别上的困难，从大法官波特·斯图尔特（Potter Stewart）审判"雅各贝利斯诉俄亥俄州案"（Jacobellis v. Ohio, 1964）时的名句，可见一斑："我或许无法对色情下定义，但我看到时，会知道什么属色情。"他在两年后的"金兹伯格诉合众国案"（Ginzburg v. United States, 1966）中却又持异议："第一修正案的核心，就在于不能让人仅因发行了冒犯法官或其他任何人感受的出版物便获罪。"显然，淫秽与色情的定义和保护问题，可能永远无法定论以使人人都满意。

有关自由和责任的其他问题

　　第一修正案已运用在与媒介责任和自由有关的很多具体问题之上。

　　不雅内容　广播电视公司很少涉及淫秽、色情问题，它们商业根基雄厚、受众规模广泛，不会不明智到去播放这类很可能惹麻烦的节目。但广播电视公司却屡屡遭遇**不雅内容**（indecency）惹来的麻烦。联邦通信委员会规定，不雅语言或材料，指描述性行为或排泄行为的方式，冒犯了现行的社区标准。

　　最近，联邦通信委员会修改了处理不雅内容投诉的方式，以便让听众和观众质疑有争议的内容更为便利，这让广播电视公司十分不满。广播电视台现在得自己证明清白，也就是说，投诉即合理。这一"未证明清白之前就是有罪"的形式，对广播电视公司而言，就是侵犯了它们的第一修正案权利，因为这要求它们必须保存所有遭受质疑的事件的影带，投诉即便没证据也仍有效。

　　针对不雅内容的论争，有过好几起事件。第一次投诉的大量飙升（从 2000 年的 111 起增加到 2004 年的 100 多万起），是因为广播电视公司的两大事件：2004 年超级碗橄榄球比赛节目中闪现的珍妮·杰克逊露乳及这年年末发生的摇滚歌手博诺颁奖节目现场爆粗口。虽然联邦通信委员会自己的数据显示，99.9% 的投诉来自一家组织，即保守的基督徒家长电视协会（Christian Parents Television Council），且大多数投诉内容的措辞相同，但对不雅内容的罚款，仍然翻了一番（Rich, 2005; Soundbites, 2005）。广播电视公司不禁质疑，到底有多少人真正痛恨不雅内容？之后，又发生了一连串有关自我审查的重要事件。联邦通信委员会向播放"冒犯性"内容的电视台开出高达 32.5 万美元的强制性罚款，数家公共广播公司的成员电视台因此拒绝播放有关玛丽·安特瓦内特的纪录片，因为纪录片说到了路易十六国王性无能，描述了皇后的一些春宫蚀刻版画。还有数家公共广播公司的成员电视台停播导演马丁·斯科塞斯（Martin Scorsese）的音乐纪录片《蓝调音乐》（*The Blues*），因为很多老牌蓝调乐手在镜头前说话有点"随意"。拍摄"9·11"施救过程时有救援者说脏话，哥伦比亚广播公司数家附属台因此拒绝播放《聚焦"9·11"归零地》（*9/11 Camera at Ground Zero*）。这部获奖影片纪念当年在恐怖的那一日中生还及牺牲的纽约市警察、消防员和其他救援人员，四年前首播时未遭任何投诉。2007 年，全国广播公司和福克斯公司以这些事件为例，最终对联邦通信委员会规定的不雅内容提出质疑并上诉至联邦法院而获胜。联邦通信委员会对一审判决提出上诉，联邦法院二审再次站在广播电视公司一边，认为联邦通信委员会的规定过于模糊，其要求的自我审查不合法（Neumeister，2010）。联邦最高法院在 2012 年"联邦通信委员会诉福克斯案"（FCC v. Fox）中，维持原判。

362

2006 年，哥伦比亚广播公司的数家附属台因害怕联邦通信委员会罚款，选择停播纪念"9·11"救援工作的纪录片。因为，片中有几位警察和消防员在与浓烟、废墟和恐惧作战时曾爆粗口。该获奖影片四年前播放时未遭任何投诉。

解除监管　保持公众利益与广播电视公司的自由之间的平衡很困难，也是论争解除监管、放宽所有权、放宽其他限制广播与电视的规定的核心。所有权管理上的变化，一直备受争议，放宽对广播电视公司的公共服务义务和其他内容的监管，也同样一直是受争议的问题。

法院始终支持，联邦通信委员会有权评价广播电视公司服务公共利益、提供便利和满足需求方面的成效。该评价自然包含对广播电视公司播放内容的评价。而广播电视公司一直认为这种"评价"是对它们言论自由的非法侵犯。而很多听众和观众视此为他们使用电视和广播所付出的合理的小代价。

联邦最高法院在 1943 年"全国广播公司诉合众国案"（National Broadcasting Co. v. United States）中，对此问题予以解决。全国广播公司指责联邦通信委员会不过相当于专职控制"道路交通"的交警。也就是说，监管广播电视公司的经营频段、功率、时段及其他技术问题，其实依据的全是法律，而法院却转而利用现在所谓的**类比交警法**（traffic cop analogy）对付全国广播公司。将联邦通信委员会比作交警，法官同意并指出，交警不仅有权保证交通通畅，也要解决影响交通的事件比如驱除醉驾者，限制有潜在危险的"内容"比如有刹车问题的汽车等。正是这项类似交警的职能，要求联邦通信委员会对内容进行评价。委员会因此也有权宣传一些管理规定，包括**公平原则**（Fairness Doctrine），即要求广播公司公正报

320

道群众关心的问题；**查明真相**（ascertainment），即要求广播公司确定或主动、积极地判断受众利益、便利和需求的特性。

里根任职期间，监管解除、公平原则、查明真相以及许多其他规定，比如对儿童节目和过度商业化节目的限制性规定，不复存在。例如，广播、电视台更新执照，原本要花很长时间，过程也很烦琐，需要出具数千页文件证明自己不仅了解观众而且能满足观众所需所想。它们必须证明自己能继续拥有这个执照：它们是否一直很公正？广告时间是否一直控制在可接受范围内？对新闻和公共事务恪守怎样的承诺？解除监管后，更新执照的烦琐程度大大降低。广播公司只需向联邦通信委员会提交一份简短的季度报告，显示自己符合委员会的技术和其他规定即可。执照证书需要更新时（每 8 年一次），提交一份像明信片一样简短的更新申请即可。

20 世纪 80 年代，里根总统任职期间的联邦通信委员会主席马克·福勒（Mark Fowler），开始郑重推动解除监管。福勒反对托管模式的广播规定，视联邦通信委员会的很多规定是对广播公司权利的非法侵犯，认为"市场"是受众最好的保护者。他认为没必要以特殊的管理方式来控制广播电视，电视不过是家里的一件电器而已，好比"一台有图像的面包机"。

乔治·W·布什政府首任联邦通信委员会主席迈克尔·鲍威尔（Michael Powell）也非常拥护解除监管。他说自己"不知道"什么是公众利益，"公众利益就像一艘空船，人们往里倾注自己已有的观点或偏见"（Hickey，2002，p. 33）。他在一次新闻发布会上将电信监管视为"压制者"（Coen & Hart，2002，p. 4）。

解除监管的观点也并非没有反对意见。共和党和民主党议会领导、自由和保守的专栏作家以及来自各政治图谱的无数公众利益团体，不断开展活动，反对因解除监管造成的诸如集中化、集团化、过度商业化、放弃儿童、道德标准降低和新闻贬值。他们反对对广播电视解除监管，其观点基于研究第一修正案的著名学者亚历山大·米克尔约翰（Alexander Meiklejohn，1960）的学说。亚历山大·米克尔约翰在半世纪前就提出，限制媒介自由的规定确应废除，但他又指出：

这并不意味着可任意放大和拓展这一自由。思想自由让自治社会的成员获益，但这不是人类本性与生俱来的部分。思想自由可通过学习、教育、准确信息的自由流通、给人民以健康活力和安全，以及用交流和互相理解的活动聚集人民等来增强和确立。联邦立法机构有权参与这一积极事业，培养公众智力，这是成功的自治政府赖以存在的根本。而在这一积极领域促进言论自由，是美国国会重大而基本的责任（pp. 19 - 20；斜体为本书作者所加）。

版权 第一修正案保护言论，而确定并保护特定言论所有权的版权，用来保护言论创作者的经济利益。宪法制定者认识到，确保作者从自己的创作中获得经济利益，能提升艺术、科学和其他言论的传播，因此在宪法第一条第八节中规定，给予作者"写作和发明"的专有权。联邦最高法院长久以来的一贯决议，确立了这一保护延展至该宪法制定后出现的所有大众媒介的内容上。

美国的版权法 1978 年和 1998 年经历过较大修改。（所有媒介的）作者版权为他生前及死后的 70 年。在此期间，使用其材料之前必须得到版权所有者的许可，而且如果所有者提出经济补偿（费用或版税），使用者必须支付。版权一旦过期，材料即进入**公有领域**（public domain），则意味着使用时无须获得许可。

版权的一个例外，是合理使用，指无须得到许可或支付报酬便能使用材料的情况。合理使用包括：（1）有限的非商业用途，例如从小说里复印一段文字用于教学；（2）有限使用作品的一部分，例如从书中摘录几行或一两段用于杂志文章；（3）不减少原作商业价值的使用，例如录下白天的足球比赛晚上回家再看；（4）用于公众利益，例如《消费者报道》使用几条医药公司的电视广告来提高公众的媒介素养。

版权法有两条具体运用，涉及录制音乐和有线电视。试想有线电视公司从版权持有者那里获得许可引进材料并传达给用户的重重困难，但有线电视运营商的确用他人作品赚了钱——它们从原始资料中筛选内容，然后销售给用户。版权裁判所（Copyright Royalty Tribunal）的诞生，解决了对有线电视系统所播放的材料的作者如何进行补偿这一问题。有线电视公司主要根据自己的经营规模，向该机构支付一笔费用。1993 年，国会撤销版权裁判所，有线电视版权问题归美国国会图书馆（Library of Congress）辖下的各个不同仲裁小组负责。

试想歌曲作者若要从所有使用自己音乐的人那里收取版税（不仅有电影制片、广播电台和电视台，还有保龄球场、超市和饭店），那该有多么困难。解决办法是**音乐专利授权公司**（music licensing company）。两家最大的音乐专利授权公司是美国作曲家、作家与出版商协会（American Society of Composers, Authors and Publishers, ASCAP）和广播音乐联合会（Broadcast Music Inc., BMI），它们均根据使用者的总收入来收取费用，然后将钱分配给歌曲作者和艺术家。

互联网与版权扩展　诚如我们在第 7 章读到的有关 MP3 及第 10 章读到的有关文件分享的阐述，互联网迫使我们不得不对版权问题重做思考，这让很多倡导言论自由的人非常不安，担心保护版权持有者知识产权的努力，会做得过火。技术作者丹·吉尔莫（Dan Gillmor, 2000）指出，版权扩展，给予"知识产品所有者巨大的新权利，与此同时，削弱了使用者的权利"（p. 1C）。

例如，2000 年 1 月，加利福尼亚州高级法院依据《数字千年版权法》（见第 10 章）裁定一上传 DVD 解密软件事件为非法行为。被告申述自己没有侵犯版权，申诉被法院驳回，理由是被告在网络上发布了让他人能侵犯版权的"工具"。吉尔莫（2000）讽刺说："那就把汽车也禁了吧，你们没见银行抢劫犯都是利用汽车逃跑的吗？"（p. 6C）同年 8 月，纽约一家法院重申禁令，禁止在网络上公布解密软件并指出，即便发布能提供这类软件的网站链接也是违法行为。我们已了解到的以上围绕 MP3 和文件分享的论争中都未涉及复制他人的知识产权作品，只是提供版权材料让人分享。

365

批评版权扩展的学者认为，版权本是为鼓励艺术、科学和言论的流通，并确保创作者的财政股份，目的不是让创作者富足，而是足以激励内容的流通。版权专家维德海纳森（Siva Vaidhyanathan）指出，"我们需要始终认识到，版权是对自由言论的限制，并且是宪法许可基础上的限制。因此，诠释版权时我们一定要小心谨慎，因为，版权可能会对公众话语和创造力产生重大影响"（Anderson, 2000, p. 25）。也就是说，严格限制版权可能会抑制艺术、科学和言论的流通。

有倡导自由言论的学者认为，严格限制版权或曰**数字版权控制**（digital rights management, DRM）并非保护知识产权的恰当措施，其实只是想更加控制内容并从中获利。技术作者吉尔莫（2002）指出，受版权保护的新内容与版权规定一起，在"帮助娱乐集团绝对控制消费者阅读、观看和收听的内容"（p. F1）。

联邦最高法院 2005 年的"格罗斯特案"裁决（见第 7 章），加剧了对数字版权控制的争议。法院判定，技术若"促进"侵犯版权，就是违法。娱乐行业为此振奋，数字版权活动家和技术专家却大为震惊。好莱坞 1984 年质疑录像带一案未得最高法院支持（"索尼公司诉环球城市工作室案"即"Betamax 案"裁决），因为，虽然有人利用录像技术侵犯了版权，但它"本质上属于未作侵权使用"。但"格罗斯特案""依据的是一种新版权责任理论，衡量生产商制作产品时是否带有诱导消费者侵权的'意图'。这意味着发明家和企业家不但要考虑创造新产品的成本，还要考虑消费者非法使用自己创造的产品给自己引来官司时的诉讼成本"。批评者质问，一项新发明的意图，该由谁来评判？"格罗斯特"之类点对点网络的基本用途，是侵犯版权，还是意在让大家一起合理分享已经购得的材料（Gibbs, 2005, p. 50）？批评"格罗斯特案"的人认为，这其实是娱乐业的双重目的，既想推翻 Betamax 裁决，又想杜绝对其内容的合理使用（Howe, 2005b）。还有人认为，不必过于担心，因为，技术总是走在版权法的前面。而且，我们在本书中已多次看到，重评数字版权控制和版权的探讨，已在顺利进行。

版权持有者尽管最近经历了一些胜利（文件分享网站 Pirate Bay 的瑞典创始人 2009 年被判刑）和失败（维亚康姆将自己的节目内容弄成像劣质盗版后，雇用营销公司及自己的员工使用不明电脑向 YouTube 上传，然后状告该视频网站侵权，试图利用这起官司达到宣传自己电视节目的目的；Boulton, 2010）但大多数版权持有者还是寻求稳妥策略。例如，2001 年创建、旨在为人们分享和创作作品提供简单平台的非营利性公司 Creative Commons，就严格遵循版权规定。Creative Commons 用户可利用该网站所提供的自由许可和其他合法操作工具，标注出希望自己的创造性作品所属的（版权）自由级别，从而明确其他人在分享、混合甚至商业运用时的具体权限。四大唱片公司均属比较传统的媒介公司，如今销售的大多数产品目录属于部分数字版权控制或没有数字版权控制，或者，用《连线》（Wired）杂志的弗兰克·罗斯（Frank Rose，2008）的话说："唱片公司的高管们正在走回头路，取消数字版权控制，最终回到 1999 年的样子。"（p. 34）所有的电视频道和大多数的有线频道，提供免费或者廉价下载无任何数字版权控制或只有部分版权控制的内容。世界上的大多数书籍将很快有电子版本而并不乏读者。大多数大媒介公司急于联合 YouTube 和脸书这类网站，这虽意味着放弃部分数字版权的控制权利，但有机会曝光内容了。对于版权和数字版权控制的未来，文化领域正处于协商讨论之中，你和其他媒介消费者为一方，媒介行业为另一方。有媒介素养的你在此文化协商中，必定会有比较坚定的立场。

社会责任理论

诚如我们在本章篇首所见，第一修正案遵循自由主义理念。自由主义理念视新闻完全自由，视公众理性、善良、明智。但我们从本章及之前章节看到，媒介未必完全自由，有时允许政府监管。公司监管也被视为当然而加接受。20 世纪三四十年代，公众的理智和善良也曾严重遭质疑。20 世纪 30 年代末，当二战在整个欧洲蔓延开时，人们不禁要逼问自由主义者：人若真能明辨是非，纳粹宣传何以成功？随着美国日益卷入欧洲冲突之后，要求政府加强监管国内新闻和言论的呼吁得到重视，因为，不太乐观的观点认为，"普通美国人"不具备掌控复杂信息的能力。因此，自由主义因为它的过于理想化而遭针砭。

《时代》杂志所有者兼出版人亨利·卢斯（Henry Luce）当时便出资创建由学者、政治家、法律专家和社会活动家组成的独立委员会，研究新闻在美国社会中扮演的角色，探索新闻促进民主的进程。1942 年，由芝加哥大学校长罗伯特·梅纳德·哈钦森（Robert Maynard Hutchins）担任主席并根据其姓氏命名的哈钦森新闻自由委员会（the Hutchins Commission on Freedom of the Press）成立，该委员会 1947 年发表报告，阐述"新闻的社会责任理论"（Pickard，2010）。

社会责任理论为 **规范理论**（normative theory），解释媒介如何在某种特定的社会价值体系内理想运作，是公众判断美国媒介优劣的标准。其他社会、政治体系遵循其他不同的规范理论，第 15 章中将有详述。

社会责任理论（social responsibility theory）认为媒介必须脱离政府监管，但条件是，媒介必须以服务公众为己任。该理论的核心基础是，既承认自由主义的自由理论，也承认一定程度上的媒介监管的必要性（McQuail，1987）：

● 媒介应该接受并履行一定的社会义务。

● 媒介可在专业、事实、准确和客观方面设立严格标准，以此来承担这些义务。

● 媒介应在法律范围内进行自我监管。

● 媒介应避免散布可能引发犯罪、暴力、内乱或可能冒犯少数族裔的材料。

● 媒介总体上应多元化，反映它所表现的地区文化的多样性，接受各种观点及回应的权利。

● 公众有权高标准地期待媒介，而官方干预可以确保公众利益。

● 媒介从业者须对公众、雇主和市场负责。

社会责任理论为抵制政府控制媒介，要求媒介行业进行有责任、有道德的行业运营，但却没有释放受众的责任感。人们只有充分具备媒介素养，方能坚定而理性地要求和判断媒介行为。但是归根结底，还须从业者在完成自己职守的过程中规避政府侵扰。

媒介行业道德规范

367

媒介业内业外的很多正式、非正式监管，均为了确保媒介从业者遵循符合社会责任理论的道德操守。外部的正式监管包括法律和法规，规定什么能做什么不能做、什么内容合适什么内容不合适及行业操行规范。外部的非正式监管包括压力集团、消费者和广告商。我们从本书已经读到非正式监管在如何发挥作用。现在，我们着重研讨媒介的内在监管，也即道德规范。

道德规范的界定

道德规范（ethics）指特定情况下指导我们行动的行为规范或思想原则。该词源于希腊语的 *ethos*，意思是指导某特定群体或文化的习俗、传统或品质。我们这里讨论的道德规范专指媒介从业者面对两个或更多不同道德选择时所运用的理性思考。

例如，公开被强奸者的姓名不违背法律，但这种行为道德吗？法律也未禁止在交通事故现场采访搂着受伤孩子痛哭的父亲，但这种行为道德吗？

运用媒介道德规范，就是对多个正确答案或最佳答案的问题，选择出最道德的答案。回到刚才提到的那位悲痛的父亲，记者的工作就是报道新闻，公众有知情权，这位父亲的悲伤是新闻的一个部分，可他又有隐私权，作为人，他应受到尊重和理解。记者得决定去采访还是别打扰这位伤心欲绝的父亲。记者的这类决定受道德规范指导。

道德规范的三个层面

道德规范反映某一文化的是非观念，它因此存在于该文化行动的各个层面。**元伦理学**（metaethics）为最基本的文化价值观念。什么是公正与善良？是否存在公平？只有研究清楚这些问题，我们才能认清自己。元伦理学虽然对自我认识至关重要，但它只为人们日常做各种道德选择时提供最为宽泛的基础。

规范伦理学（normative ethics）总体说来，是道德或思想行为的普遍理论、规范和原则。媒介行业界定优秀行为的各种道德规范或操作标准，都是规范伦理学的典范，是人们实际生活中揣量如何进行选择的构架。公平是道德规范，但记者的行为规范，界定如何认识新闻领域内的公平、记者确保公平的程度以及当一个人的公平意味着另一个人的不公平时如何行使公平。

最后，具体情境之下，媒介从业者须既运用大原则，也运用一般准则，此为运用**应用伦理学**（applied ethics）。运用道德规范不可避免权衡利益冲突。

权衡利益冲突

运用道德规范做决定的人，称**道德主体**（moral agent）。棘手的道德问题不可避免地会给道德主体带来利益冲突，比如本章篇首提到的编辑、读者和广告商的利益冲突。

媒介道德家路易斯·戴（Louis Day, 2006）发现，个人或群体有六大常见的利益冲突：

- 道德主体的个人良知利益。媒介从业者必须能接受自己的抉择。

● 行为客体的利益。某特定个人或群体可能会受媒介从业者行动的影响。

● 经济支持者的利益。他们出钱让电台电视台播出或报纸、杂志出版。

● 组织机构的利益。媒介从业者忠于自己的公司机构且以自己的工作单位为荣。

● 职业的利益。媒介从业者努力满足同事的期望，尊重维系自己生活的职业。

● 社会的利益。媒介从业者和我们大家一样承担社会责任，甚至因为他们所做工作的影响而比很多从事其他职业的人承担更大的责任。

这些利益冲突在大众传播中以各种形式显露出来。一些最常见也可能是最棘手的冲突，要求我们审视最基本的问题，比如真实与诚实、隐私、机密性、个人利益冲突、权衡利润和社会责任以及防范冒犯性内容等。

真实与诚实　媒介能做到百分之百诚实吗？摄像机对准此事件时便忽视了彼事件。视频编辑合并两张不同图片时其实就已经赋予了自己对真相的看法。真实与诚实是媒介从业者最核心的责任。什么是真实？以芝加哥电视台 WBBM 为例，主播史蒂夫·巴特斯坦（Steve Bartelstein）报道2011 年某夜发生在该市的一起暴力案件时是这样介绍的："一些年仅四岁的孩子在街头看到了整个事件始末，他们事后都出现不安的反应。"报道然后转向采访一位四岁的非裔美国男孩的镜头，记者问："你长大想做什么？"男孩说："我想有把枪！"镜头这时转回到演播室，"真可怕。"巴特斯坦评论说。但其实 WBBM 未播完整个采访，后面采访内容是：记者惊讶地问："是吗？为什么想有把枪？""我要当警察！"男孩坚定地说道。但男孩的确实说了他想有把枪，所以电视台报道的也确是事实（Butler，2011）。

隐私　公众人物丧失了自己的隐私权吗？在什么情况下丧失了隐私权呢？总统的婚姻问题若并未影响工作，这事该不该拿来当新闻呢？什么人是公众人物？人的性取向什么时候有报道价值？能报道遭强暴的妇女或未成年犯罪者的姓名吗？能报道性犯罪者的姓名吗？采访悲痛的父母的尺度该怎么把握？偷拍该不该得到允许？

我们的文化非常重视隐私，我们有权保护自己个人信息的隐私，我们用隐私控制自己与他人交流的深度和性质，隐私保护我们免受政府的任意侵扰。但媒介的性质，注定了它具有侵扰性。隐私无疑尤其敏感，因为它几乎属于元伦理学范畴的基本价值。但媒介行业的实用道德准则却允许，甚至有时要求无视隐私。

媒介在过去几年中就隐私问题，面临过好些重大考验，追踪名人便是其中之一。

备受注目的报道，有 2004 年篮球运动员科比·布莱恩特（Kobe Bryant）强奸案和 2007 年参议员拉里·克雷格（Larry Craig）被捕案。两事件均凸显有关隐私的道德问题。科比·布莱恩特是名人，是公众人物，因而丧失一定程度的隐私权。但控告他强奸的妇女也丧失隐私权了吗？两人被网络曝光后，几家刊物公开发表了她的姓名和照片。这是不是侵犯她的隐私？克雷格在机场卫生间召妓被便衣警察逮捕，这事当然是新闻，参议员被捕当然有新闻价值。很多人认为激烈反对同性恋的立法者在公共场所因寻求同性性行为被捕，也有新闻价值。但拉里·克雷格的同性恋倾向一开始有没有新闻价值呢？很多来自他家乡爱达荷州的记者和来自华盛顿州的记者，早就知道他的性取向（尽管他本人反对同性恋）。他们该不该报道这方面的内容，尤其是这位参议员公开叫嚣反对同性恋？或者他们是否认为他或者其他任何人的性取向都应该是隐私问题？克雷格被捕之前，很多博主就已经透露他的"秘密"，但直到他被捕之后，克雷格家乡的当地报纸《爱德华政治家》（*Idaho Statesman*）才报道此事（Strupp，2007）。

机密性　现代新闻搜集和报道的一个重要手段，是**机密性**（confidentiality），即媒介从业者具有为信息提供者保密的能力。没有机密性，雇员害怕被解雇，不敢告发雇主的不法行为。大众也会担心不法者的报复或警察的打扰，不愿透露自己看到的犯罪行为。《华盛顿邮报》记者卡尔·伯恩斯坦（Carl Bernstein）和鲍勃·伍德沃德（Bob Woodward）若未承诺保密，绰号"深喉"、提供信息的匿名者也不敢泄露尼克松政府涉嫌共和党潜入民主党的水门汀竞选办公室的内情。

但记者如何把握保守信息来源秘密的尺度？记者即便坐牢也要保守秘密、不能泄露信息提供

370 者吗？美国除怀俄明州和哥伦比亚行政区外，其他各州或出台**新闻保障法**（shield laws），明确规定法院保护记者保守信息来源秘密的权利，或法庭有支持这一权利的判决先例。联邦法院没有新闻保障法，很多记者希望如此，因为他们担心，国会一旦开始制定"媒介法律"，就可能接着有第二项、第三项法律出现。比如，媒介从业者不希望政府用立法来界定"记者"。

从记者常用的"不愿透露身份的知情者"、"据内部知情人士"等说辞可以看出，有关机密性的道德规范已经历检验。通常，获取信息的前提条件是保证匿名。但那些遭此不知姓名、不明身份的批评者评判的人，他们的公平又何在呢？这些人虽然身居高位、手握重权，但他们难道无权知道谁在控告自己吗？

个人利益冲突　我们已看到，道德抉择需要权衡利益。但若关乎媒介从业者自身利益冲突，该如何处理？媒介从业者报道的事件若让某些团体获得了利益，他们该不该收报道费、咨询费或获得其他补偿？新闻节目中的评论员之间若有冲突，媒介机构是否应该公开任何冲突？

比如最近发生的几起争议：微软全国有线广播电视公司（MSNBC）的"政治分析员"理查德·沃尔夫（Richard Wolffe），是游说公司 Public Strategies 的"战略家"，但该新闻网络直到有博主施压才公布他的真实身份。美国有线电视新闻网（CNN）的比尔·施耐德（Bill Schneider），是游说反对医疗改革的华盛顿智囊团"第三条道路"（Third Way）的著名高级研究员兼资深学者。民权活动家阿尔·夏普顿牧师（Reverend Al Sharpton）是微软全国有线广播电视公司夜间时事节目《政治日报》（*Politics Daily*）的主持人，该节目详细报道了 2012 年的一起枪杀案，案件受害者是手无寸铁的非裔美国少年特雷沃恩·马丁（Trayvon Martin）。佛罗里达州根据"不退让"法（"stand your ground" law），对凶手做无罪判决，引发争议……人们组织守夜活动支持男孩家人、抗议该法。美国国防部将 75 位退休将军列为支持中东战争的"倍增的信息力量"，这些将军虽然与 150 多位军事雇佣兵有经济关系，而且《纽约时报》因为报道国防部的人力管理情况而获得了普利策奖，但这些将军从 2002 年 1 月至 2008 年中期，在诸如美国广播公司或美国国家公共电台等新闻渠道出镜 4 500 次，却从未公开过自己的身份（Media Matters，2008）。

搅扰媒介从业者的，还有其他利益冲突问题。 371 中东战争引发**随军记者**（embedding）问题，即记者为了能与军队近距离接触，同意接受军方监管。这里的利益冲突，在于客观报道与报道机会之间的冲突：记者为了拍摄到激烈的画面或个人感兴趣的感人故事，是不是付出了太大的代价？记者以顺从为代价来确保能一直接触到新闻来源，这叫**采访新闻**（access journalism），美国媒介当代报道史的"两次糟糕表现"，关键都在这里（G. Mitchell，2009，p. 16）。一是朱迪思·米勒（Judith Miller）在《纽约时报》上报道的伊拉克战争，加速了这场战争的进程，这次报道和这场战争一样，都不该发生。朱迪思·米勒为了顺利采访副总统迪克·切尼（Dick Cheney）和他的参谋长路易斯·利比（Scooter Libby）等有影响力的新闻人物，承诺不透露他们的身份，机密性本来就是为了"对付异议"的（McKelvey，2009，p. 59）。她因拒不透露秘密而于 2005 年入狱。二是 2008 年底新闻业未能预见经济下滑趋势，未提醒国民其灾难性的影响。金融作家迪恩·斯塔克曼（Dean Starkman）质问"9 000 名商业记者都干什么了"？曾获普利策奖的华尔街记者格蕾琴·摩根森（Gretchen Morgenson）怪罪媒介自身缺乏经济学知识。"缺乏斗志、遗忘专业知识及不断削减开支，尤其是在调查报告上削减开支，这些都妨碍了记者敢于质疑事实和揭露黑幕的勇气。"（Starkman，2009）《麦克拉奇报》（*McClatchy Newspaper*）华盛顿分社总编约翰·沃克特（John Walcott，2008）的态度更加尖锐，他指责记者在高歌华尔街错误的乐观主义之中，追逐个人利益。他说："很多……记者不甘身居第四等级，迫不及待要往上爬一个或两个等级，成为权势集团一员，分享繁荣时代。"专栏文章《记者必须维护真相吗？》一文，将讨论记者面临的这一道德问题以及他们的处理方法。

利润和社会责任　媒介产业也是产业，其存在不只为娱乐受众、告知受众，还为老板和股东赚钱。当服务利益与服务大众之间发生冲突时，会有什么结果？

1999 年的奥斯卡提名电影《内部交易》（*The Insider*）讲述的就是利润和责任之间的冲突。1995 年底，哥伦比亚广播公司停播了《60 分钟》（*60 Minutes*）独家采访布朗 & 威廉姆森烟草公司（Brown & Williamson）前行政官杰弗里·韦甘德（Jeffrey Wigand）的那期节目，就因为他告诉主播迈克·华莱士（Mike Wallace），香烟生产商未遵循自己在国会的承诺，任意增加尼古丁含量。当年很多观察者及四年后的电影观众都认为，哥伦比亚广播公司真正害怕的，是布朗 & 威廉姆森将广播公司告上法庭而影响公司股价。2010 年 2 月，173 家主要位于美国东南部的丰田销售商，为"惩罚"美国广播公司严厉报道丰田安全问题、惩罚首席调查记者布莱恩·罗斯（Brian Ross），撤下投放该公司下属电视台的广告，转投其他电视台。值得赞扬的是，美国广播公司拒绝修改自己的报道内容（Rhee & Schone，2010）。

---

372 **运用媒介制造奇迹**

记者必须维护真相吗？

《纽约时报》公众版编辑阿瑟·布里斯班（Arthur Brisbane）想利用自己的博客产生影响。2012 年，他希望通过博文《〈纽约时报〉是否必须维护真相？》，引发读者讨论：当记者面对所报道的人物明显撒谎时，应该采取怎样的恰当态度。"报纸的目标若是追求真相，那么，真相是否应该嵌入报道的正文之中？也就是说，假如一位候选人在反复说完全违背真相的话，《纽约时报》的报道是否应该在文章引语处直接指出？"（2012）

促使他提出这一问题的原因，是他的同事保罗·克鲁格曼（Paul Krugman）批评《纽约时报》记者容忍共和党总统候选人米特·罗姆尼（Mitt Romney）指责奥巴马总统，说他"总替美国道歉"。克鲁格曼说，奥巴马其实没总为美国道歉，确切说是从未为美国道歉。布里斯班同意克鲁格曼的看法，但他们报道候选人罗姆尼时却从未指出这一点。布里斯班不确定是否应该指出，他的疑惑在于："当记者选择用一现象去纠正另一现象时，是否还能做到客观和公正？"

帖子的确产生了反响，但完全出乎布里斯班先生的预想。《沙龙》的格林·格林沃尔德（Glen Greenwald）认为，该帖"之所以引发如此强烈反应，是因为它表达并激化了人们长期以来对媒介渠道的不满，它们不经过查实便随意夸大其词……报道的事实与公众的认识不一致，（布里斯班明确要求'维护真相'）是新闻最典型的功能之一"（2012）。这不啻医学刊物考量医生该不该治病，或者法律综述在质问律师是否应该捍卫委托人的法律利益。新闻批评家杰·罗森（Jay Rosen）补充说："我们的新闻在过去的 40 年里，报道过从未得以证实、至今未得大多数新闻从业者认同的事件。报道真相之职，总时不时被主流媒介认为的其他重中之重所超越，比如'保持客观'、'不妄加断言'、'要保持中立'以及我称之为的所谓坚持'没有观点'。"（2012）

但布里斯班先生真产生影响了吗？记者克莱·舍基（Clay Shirky）认为确实产生了影响："《纽约时报》是读者的代言还是政客的宣传？问题既然已直截了当地提出，其实就是在提出要求。《纽约时报》（和美国大多数报纸）若不按民意报道事件，这个问题便立即无情凸显。"（2012）

---

373 集中化和集团化引发大众怀疑，媒介从业者会不会因为利润而放弃责任。媒介法律专家查尔斯·蒂林哈斯特（Charles Tillinghast，2000）评论道：

即使不热衷阴谋理论，也知道记者和其他人一样，要养家糊口，会判断自身利益和承担的风险，会谨慎行事。即使不懂阴谋理论，也知道富裕的媒介公司与很多其他领域的公司观点常常一

新闻组织机构图

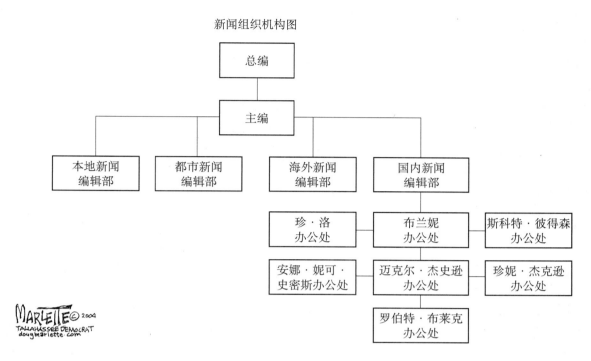

这不是权衡利润和社会责任的方式。

致，这是因为它们的地位，而不是因为任何"约定"。大家都明白，谁也不会作死。否则就真是自己找死了（pp. 145－146）。

权衡利润与社会责任，不光只涉及记者，娱乐、广告和公共关系领域的从业者通常也面临这一两难之境。医生和牙医都认为不利于健康的儿童加糖米粉，广告公司会接受它的生产商做客户吗？强迫监狱犯人生产违背国际法规的产品的外国贸易办公室，公共关系公司会接受它们做客户吗？制片公司明知 20 世纪 50 年代拍摄的电视剧《阿摩司与安迪》（Amos'n'Andy）包含很多冒犯非裔美国人的内容，还会发行此片吗？

此外，权衡利润和公众利益，涉及的不一定总是大公司和大金额。媒介从业者常常是在极为个人的层面上面对道德选择。你在这种情况下会怎么做？你服务的杂志社编辑安排你写一篇报道市长 14 岁的女儿的文章，女孩安非他明成瘾，这是全家严守的秘密，但公众对此已有耳闻。你认为孩子不是公众人物，可你的老板不这么认为，而老板的话又不可违拗。偏巧你又刚贷款买了套可爱的公寓，而且你还得再付两次分期才能还清

车款。这种情况下，你会写这篇报道吗？

冒犯性的内容　娱乐、新闻和广告从业者经常得判断什么内容属于冒犯性内容。这里与本章之前讨论的广播行业的处境不一样，讨论的是道德问题，不是法律问题。

冒犯性内容受法律保护。从逻辑上说，好听、漂亮的言论根本不需要第一修正案的保护。之所以要言论自由和新闻自由的存在，就是为了容许那些可能具有冒犯性的材料的散播。但什么是冒犯性材料呢？甲某认为的冒犯性内容乙某说不定却不以为然。政治观点右翼的宗教领袖批评动画片《海绵宝宝》（SpongeBob Squarepants）有推崇同性恋的嫌疑，政治观点左翼的批评家指责几乎所有经典迪士尼动画片都有种族歧视论调。电视台和电视网络经常用哔哔声掩盖有线电视和校园中常见的脏话，但听任刺伤、打架和枪击画面播放而不管。批评家们针对哥伦比亚广播公司和它 2010 年的超级碗直播，曾两次掀起全国性抗议活动。左翼阵营反对保守组织"爱家协会"（Focus on the Family）赞助的一个广告，右翼阵营反对同性恋交友网站的广告。我们的界线在哪里？我们需要考虑受众的喜好吗？哪些受众成员最容易受

到冒犯？这些都是道德选择，而不是法律选择。

道德与自律法规

媒介从业者所属的各大媒介组织为帮助从业者进行道德判断，均确立了正式的道德行为规范或标准，包括职业记者协会的《道德准则》（Codes of Ethics）、美国报纸编辑协会的《原则声明》（Statement of Principles）、广播与电视数字新闻协会的《广播新闻道德准则》（Code of Broadcast News Ethics）、美国广告联盟的《美国商业的广告原则》（Advertising Principles of American Business）及美国公共关系协会的《实用公共关系职业规范准则》（Code of Professional Standards for the Practice of Public Relations），这些都是指导媒介从业者正确行为的规范法则。

有人认为这些规范是正规行业不可或缺的部分，也有人认为它们不过是些老套，限制宪法权利，招惹外行起诉，其实难以真正实施。不过，这些道德规范至少给媒介从业者提供了两大好处，它们既是做道德选择时的信息参考，也代表了媒介产业的集体智慧。但也有人认为它们全是无益而多余的限制。例如道德家杰·布莱克（Jay Black）和拉尔夫·巴尼（Ralph Barney，1985/86）就认为，"第一修正案的主要目的，显然是保护思想的散播……免受'监管者'的限制。讨论道德规范，也应在此'监管者'基础之上"（p. 28）。他们还指出，"很多行业的道德守则最终其实都是自我保护的工具，也即它们在保护行业或者行业组成部分的同时，牺牲了个人和其他机构，甚至整个社会"（p. 29）。

很多媒介公司除了制定行业的职业规范，还制定机构内部的行为规范。比如，广播网络的规范由**标准和实践部**（Standards and Practices Departments）执行。地方广播电视公司有**政策书**（policy books）。报纸和杂志通过两种方式规范行为：**操作性政策**（operating policies，规定日常操作标准）和**编辑性政策**（editorial policies，规定公司在具体问题上的立场）。很多媒介公司设立**监察专员**（ombudsmen），他们是公司内部人员，在公众与公司之间发生争辩时，充当"裁判"角色，有时也被冠以公众编辑、读者发言人或读者代表等头衔。有些媒介公司则采用现存不多的**媒介理事会**（media councils）制，即从媒介和公众中选出成员组成小组，负责调查公众对媒介的投诉并公布其调查结果。

规范伦理学的这些机制，是一种自我规范形式，其部分目的，在于预先防范政府出台更严格或更深入的规范。它们在依赖大众传播的民主制度中，发挥着重要作用。我们怀疑政府会干预媒介。但自我规范也有局限：

● 媒介从业者不愿揭露和责难自己同事的违法行为，否则就等于承认业界存在问题。业内的揭发者常会受同行敌视。

● 行为标准和规范抽象而模糊。很多媒介从业者认为，这样的弹性必是缺陷，自由和自治至关重要。也有人认为，缺乏严格标准，无疑导致规范形同虚设。

● 媒介从业人员与其他行业不同，无需通过职业培训和认证。同样，有从业者认为培训和认证标准会限制媒介自由、招致政府监管，但也有人指出认证并没有给医生和律师带来这些影响。

● 媒介从业者自己在工作上常常很少有独立控制权。媒介从业者并非自治的个体，而是等级制度严格的大型组织机构中的一个部分，违反标准的行为因此很难受到惩罚，因为责任难以界定。

批评自我监管的人指出，媒介从业者一般都乐于接受这些限制，因为自我监管的"真正"功能，是尽可能让媒介从业者"免遭麻烦"（Black & Whitney，1983，p. 432）。无论属实与否，遵循道德方式行使职责，最终取决于媒介从业者本人。诚如布莱克和巴尼的阐释，有道德的媒介从业者"必然会理性地克服现实压力……发现话题、引发讨论、保持活力"（p. 36）。

爱家协会的詹姆士·C·多布森认为，海绵宝宝与帕特里克之间的友谊超越"道德底线"，对观众有所冒犯，但也有人对此不以为然。如何界定冒犯性内容属于道德问题，不属于法律问题。

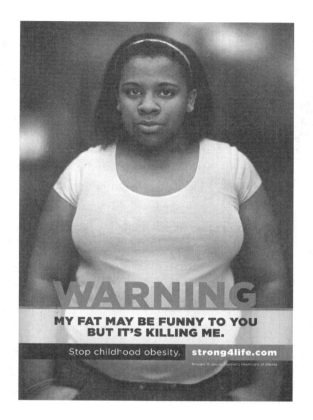

美国最大的儿科医院之一亚特兰大儿童保健医院，为对抗儿童肥胖发起"为生命而战"运动，使用的几个直白广告上均突出肥胖儿童形象。佐治亚州肥胖率居全美第二，这种直接宣传方式似乎是必需。但不少人，甚至连公共健康领域人士，认为这些形象具有冒犯性（Teegardin，2012）。"家庭必须意识到肥胖是常见的公共健康问题"，这个重要的信息绝对不是冒犯。你觉得这一运动为什么如此引发争议？亚特兰大儿童保健医院没有迫于压力撤销广告，而且一直坚持以降低佐治亚州的肥胖率为奋斗目标。你们做了些什么呢？

 培养媒介素养技能

媒介改革

共同目标协会（Common Cause），美国步枪协会（the National Rifle Association），全国妇女组织（the National Organization for Women），粉红代码：妇女先发制人争取和平（Code Pink：Women's Preemptive Strike for Peace），全国非裔与拉美裔记者协会（the National Association of Black and Hispanic Journalists），民权首脑会议（the Leadership Conference on Civil Rights），美国劳工总会与产业劳工组织（the AFL-CIO）、美国消费者协会（the Consumer Federation of America），芝加哥城市委员会（the Chicago City

Council），基督教联合会（the Christian Coalition），美国传统价值联合会（the Traditional Values Coalition），全国广播协会（the National Association of Broadcasters），数字民主中心（the Center for Digital Democracy），美国传播产业工人联盟（Communication Workers of America），自由组织网站 MoveOn. org，作家工会（the Writer's Guild），彩虹/推动联盟（the Rainbow/PUSH Coalition），全球交流组织（Global Exchange），美国电视家长协会（the Parents Television Council），天主教会议（the Catholic Conference），美国演员工会（the Screen Actors Guild），基督教学校联合会（the Association of Christian Schools），摇滚歌手邦尼·瑞特（Bonnie Raitt）与比利·乔（Billy Joel），珍珠果酱乐队（Pearl Jam），帕蒂·史密斯（Patti Smith）与唐·亨利（Don Henley），乡村音乐歌手内奥米·贾德（Naomi Judd）、乔治·琼斯（George Jones）与波特·瓦格纳（Porter Wagoner），媒介巨头泰德·特纳（Ted Turner）和巴里·迪勒（Barry Diller），共和党员约翰·麦凯恩（John McCain）、奥林匹亚·史诺（Olympia Snowe）、杰西·赫尔姆斯（Jesse Helms）、凯·贝利·哈奇森（Kay Bailey Hutchinson）、泰德·史蒂文斯（Ted Stevens）和特伦特·洛特（Trent Lott），民主党员约翰·克里（John Kerry）、约翰·爱德华兹（John Edwards）、欧内斯特·霍林斯（Ernest Hollings）、拜伦·道尔甘（Byron Dorgan）和爱德华·马基（Edward Markey），以上组织和个人的共同之处，就在于他们都公开反对联邦通信委员会在削弱美国媒介所有权方面的规定。

保守的报纸专栏作家威廉·萨菲尔（William Safire）指出，"右翼力量赞成社区标准、捍卫公共广播的地方控制权；左翼力量热衷本土媒介保留观点的多样；独立选民不信任媒介操纵。若让这些人全用电子邮件和传真联系他们的代表，那还不吵翻天啦！需要国会来制止这场权利决斗"（"Two Cents，" 2003，p. 46）。自由派委员迈克尔·卡波斯（Michael Copps）对此的回应是附和，联邦通信委员会"推动放

松监管，唤醒沉睡巨人。空前的美国公民开始站出来维护自己的权利，要求受托使用广播权限者以服务公众利益为目标"（Trigoboff，2003，p. 36）。联邦通信委员会为鼓励广播行业的观点多样化，以 3∶2 的表决结果，通过了放宽限制所有权的决定。该决议做出前后，就此问题委员会收到数量空前、共计 200 万份的热议。国会这个夏季收到的有关这一决议的评论，比其他任何问题都要多，关切程度不亚于伊拉克战争。

人们一直反对媒介更为集中化，支持媒介改革。共和党占多数席位的众议院针对共和党控制的联邦通信委员会和共和党总统乔治·W·布什受到的异议，以 400∶21 的表决结果通过，取消联邦通信委员会行动。共和党占多数席位的参议院也随之以 55∶40 的表决结果，通过同样的决定。奥巴马总统上任之初便表示支持媒介改革，他说："我将积极督促联邦通信委员会审度我们媒介多样化方面的现有政策。我要做的，是扩大媒介观点的多样化，或制定政策促进这一目标。"联邦通信委员会委员迈克尔·卡波斯重申总统承诺："当下，改革之风席卷全国。问题关键在于，媒介能否报道普通美国人而不仅仅是来自华尔街和麦迪逊大道的人所关心的问题。既得利益所控制的媒介环境，不愿或不能反映普通公民的利益，是改革的天敌。"（2008，p. 18）

诚如本书通篇所述，文化在传播中形成和发展，大众传播越来越成为这一发展过程的核心。有媒介素养的公民更需要健康的传播，因为，我们在文化沟通过程中，创造自己，重塑自己，了解自己，认识周围世界，认识世界上的他人。有媒介素养的人深知，媒介内容是对我们的文化和我们的生活的洞见，观点当然应该更多而不是更少。我们渴望媒介更敏锐，更加成为我们个人、社会和文化生活不可或缺的部分。这一渴望正在唤醒积极成长的媒介改革运动这一沉睡的巨人。媒介改革运动的基础，在于受众的媒介素养。

回顾本章开篇提及的活动家的案例，你发现，他们都从前联邦通信委员会委员尼古拉斯·

377

约翰逊（Nicolas Johnson）和教皇约翰·保罗二世的论述中受到启发。约翰逊曾经说过，我们追求"可行的自治社会时……无论关心的首要问题是什么，媒介（改革）最好都应仅次于它。因为，没有媒介改革，你最关注的领域不可能有发展"（McChesney，2004，p. 24）。2005 年，教皇约翰·保罗二世去世前不久，梵蒂冈发表了这位广受尊重的宗教领袖于 1 月 24 日写给"那些负责传播事业的人"的一封信，信中说："人类发展根本而正确的远景告诉我们，大众媒介准确真实地报道事件、全面彻底地分析境况和问题、积极主动地提供不同观点得以交流的平台，就一定能推动公正和团结。使用影响力强大的传播媒介，真正道德的方式必须是，依据至高的真实与正义的标准，建立自由、负责、成熟的媒介传播环境。"（2005，p. 54）

约翰·麦凯恩、内奥米·贾德等都致力于媒介改革运动，你们呢？

挑战媒体素养

对话联邦通信委员会

美国的主要电信监管机构是联邦通信委员会，其网站（www.fcc.gov）提供庞大信息，委员会努力利用互联网与企业和受众互动。了解媒介从业者的道德义务，是媒介素养的重要组成部分。所以，你的任务是，进入该网址，依据自己的受众爱好，点击链接的内容，回答以下问题：你认为哪些链接受众会特别感兴趣？为什么？这些链接是否提供与该部门工作人员"沟通"的机会？如果是，请问是哪些链接？请联系该部门的工作人员，并提出一个（或二到三个）你感兴趣的问题。详述你的问题及联邦通信委员会的回复。提供一个报告，也就是针对委员会的第一个回复引发的问题。详述你的问题及委员会的回复。委员会是否向你提供有助于回答你问题的文件或其他材料？如果是，这些材料是什么？你认为联邦通信委员会与受众成员保持联系很重要吗？为什么？请描述你与该联邦监管机构"对话"的总体感觉。

本章回顾与讨论

回顾要点：将内容与学习成果联系起来

● 概述第一修正案所经历的历史与发展。

■ 第一修正案的基础，是自由主义的自我修正原理。

■ "不得制定法律就是不得制定法律"的绝对立场，并非字面上那么简单，受到质疑的方面包括：出版是什么，什么是"剥夺"，如何均衡利益，诽谤和中伤的定义什么，是否允许事先限制，如何监管淫秽与色情内容等，均是引发的问题。

● 阐述媒介监管的理由和实施情况。

■ 媒介从业者面临其他法律问题，例如不雅内容的界定和处理、解除监管的影响及版权的限制。

● 概述自由主义理念和社会责任理念控制下的媒介体系之间的区别。

■ 自由主义认为公众善良且理性，应可接触所有思想；而社会责任理论则认为负责的个人利益应高于政府的监管，这是评价美国媒介体系运行的标准。

● 探讨媒介道德规范的定义和实施。

■ 道德规范是指导我们行动的行为规范或道德原则，它不是法规，但在引导媒介从业者行为中却发挥不可或缺的作用。

■ 道德规范具有三个层面：元伦理学、规范伦理学和应用伦理学。

■ 道德规范要求权衡多方利益：道德主体的个人良知、行为的客体、经济支持者、组织机构、职业和社会。

■ 道德规范与法规不同，影响事物判断，涉及真实与诚实、隐私、机密性、个人利益冲突、权衡利润与社会责任及决定发行或播出可能具有冒犯性的内容等。

● 概述自我监管的实施和利弊。

■ 对于行业自我监管的价值和真正的目的，人们意见不一。

● 概述个人对于媒介改革的义务。

■ 媒介改革运动导致政府进一步放宽行业监管计划，表明有媒介素养的公众深知维护自由、民主的媒介体系的必要性。

关键术语

democracy 民主国家

libertarianism 自由主义

self-righting principle 自我修正原理

absolutist position 绝对立场

ad hoc balancing of interests 特别利益权衡

libel 诽谤

slander 中伤

actual malice 真实恶意

prior restraint 事先限制

obscenity 淫秽内容

pornography 色情内容

indecency 不雅内容

traffic cop analogy 类比交警法

Fairness Doctrine 公平原则

ascertainment 查明真相

public domain 公有领域

music licensing company 音乐专利授权公司

digital rights management（DRM） 数字版权控制

normative theory 规范理论

social responsibility theory 社会责任理论

ethics 道德规范

metaethics 元伦理学

normative ethics 规范伦理学

applied ethics 应用伦理学
moral agent 道德主体
confidentiality 保密性
shield laws 新闻保障法
embedding 随军记者
access journalism 采访新闻
Standards and Practices Departments 标准和

实践部
policy books 政策书
operating policies 操作性政策
editorial policies 编辑性政策
ombudsman 监察专员
media councils 媒介理事会

复习题

1. 自由主义的基本原则是什么？它们为什么是第一修正案的存在基础？

2. 第一修正案的绝对立场是什么？

3. 请举出涉及"不得制定法律"、"出版"、"剥夺"（删节、限制）、明显而即刻的危险、利益均衡、事先限制等概念的法庭案例。

4. 请解释淫秽、色情和不雅内容的定义。

5. 什么是类比交警法？它为什么对广播行业的监管极为重要？

6. 什么是版权？版权有什么例外情况？什么是数字版权控制？

7. 社会责任理论的基本观点是什么？

8. 什么是道德规范？道德规范的三个层面分别是什么？

9. 什么机密性？为什么机密性对于媒介从业者和民主至关重要？

10. 媒介自我监管有哪几种形式？自我监管的优势与缺陷分别是什么？

批判性思考和论述题

1. 你认为广播公司是否应该接受监管？如果是，应该接受多大程度的监管？如果不是，应该废除多大程度的监管？

2. 需要由媒介从业者权衡利益的所有团体中，你认为哪一个团体对你的影响最大？

3. 你认为媒介从业者总体而言应具备怎样的职业道德？具体而言，纸质媒介的记者、电视记者、广告从业者、公关从业者、影视剧作者、直邮营销人员分别应具备怎样的职业道德？

第 15 章

全球媒介

学习目标

卫星和互联网让大众媒介真正意义地实现了全球化，地球已俨然成为一个地球村。但并非所有国家都在使用相同方式利用大众媒介。此外，世界上有很多人难以接受自己本土的媒介系统美国化。学习完本章后，你应该能够：

● 概述全球媒介的发展。

● 阐述比较分析法的运用。

● 了解世界各地各不相同的媒介系统。

● 概述因媒介全球化引发的"世界信息新秩序"问题以及其他问题的论争。

382　　　　你和昂利从七年级开始就做了笔友。他来过美国看望你，你也去过他家，法国南部卡尔卡索纳附近一个叫阿莱的小围村。你们家人般相处，意味着你们偶尔也会发生争执。但与同一屋檐下的兄弟姐妹不同的是，你们只能用电子邮件争吵。

亲爱的昂利：

　　你们那里的人还有你们的语言警察是怎么回事啊？大家都用"E-mail"，你们却非要用"courrier electronique"。全世界人都在借互联网"萌芽"（start-ups）之势创新，你们非说借它的"jeune-pousses"。我法语没你好，但"萌芽"不就是指刚绽放的小花吗？

我的朋友：

　　你说的也有道理吧。我承认我们可能让你们觉得有点呆萌了，但我们那些你称之为"语言警察"的，只不过是想要保护我们的语言而已，因为这表达了我们最深切的国家认同感。法国人说法语，我们的流行文化由法语体现，法语体现我们的流行文化，我们的历史和文学由法语记述和保存。作为使用别国语言的美国人（英语来自英国），你对此或许无法理解。我们法国人绝不甘于丧失自己的文化遗产。

亲爱的昂利：

　　大势不可逆啊！以英语为第一语言的人有 5 亿、为第二语言的人有 10 亿（Baron，2011）。全球航空交通控制系统全用英语通信。世界上四分之三的邮件是英文。科学和学术报告及欧盟和东盟之类的国际组织，都将英语作为主要语言工具。敬重杰瑞·刘易斯（Jerry Lewis）的国家，保护自己的文化责无旁贷，但不能妨碍与世界同步。

我的朋友：

　　天哪，我们当然在与世界同步啦！我们其实是全球的文化领袖和先驱。你最近肯定在你们当地影院看了《天使爱美丽》（*Le Fabuleux Destin d'Amélie Poulain*）和《漫长的婚约》（*Un Long*
383 *Dimanche de Fiançailles*）。两部电影受全球追捧。你一定还看了《艺术家》（*The Artist*），这部法国片前不久还获得了你们的奥斯卡奖。

亲爱的昂利：

　　我的朋友，随你怎么说吧，但别忘了，法国去年收视率最好的 15 个电视节目，有 9 个是像《豪斯医生》（*House*）那样的剧集。评价最高的 50 个节目中，有 38 个是美国的，不仅有《豪斯医生》，还有《犯罪现场调查：纽约》（*CSI：NY*）和《犯罪心理》（*Criminal Minds*）。还要更多例证吗？你们最受欢迎的非商业性电视频道里排名第一的节目，是《无影无踪》　　（*Without a Trace*）（Hopewell ＆ Keslassy，2010）。

　　销往国外的，不仅有海外热播的美国节目（《豪斯医生》在海外的 66 个国家拥有 8 200 万观众），还有效仿美国形式的本土化节目。《好莱坞报道》（*Hollywood Reporter*）、《奥兹医生》（*Dr. OZ*）、《命运之轮》（*Wheel of Fortune*）、《法律与秩序》（*Law & Order*）和《绝望主妇》（*Desperate Housewives*）的克隆版，世界各地皆有。《学徒》（*The Apprentice*）是另一种全球热销的节目形式，其中国版叫《智者无敌》（*Wise Man Takes All*）。《美国偶像》（*American Idol*）也有中国版——《步步高音乐手机快乐女声》（*The BBK Music Phone Supergirl Contest*）。国外当地版的节目也会走进美国。《美国家庭滑稽录像》（*America's Funniest Home Videos*）和《墙上的洞》（*Hole in the Wall*），都是日本节目的翻版；《谋杀》（*The Killing*）是丹麦节目的翻版，《美国偶像》是英国节目的翻版。

　　纵览本书，我们看到，全球化不仅在改变各种大众媒介产业的运营，而且在改变大众传播进程本身。本章将着重讨论全球化这一进程以及它所产生的影响。

　　我们将审视国际媒介萌芽及进入真正全球化大众媒介体系的发展过程。我们将运用比较分析法研究当今全球媒介，了解不同国家如何根据各自的人民、文化和政治体系，建立适合自己的媒介体系。当然，对于其他国家能接收到的节目是怎么进行编排的，这个问题我们也将进行讨论。全球媒介在影响文化，文化也在运用全球媒介，有积极运用也有消极运用。我们将概述有关文化帝国主义的论争。最后，在有关媒介素养的讨论中，我们将比较美国和其他国家处理不同媒介的　　　问题的方式。

1900 年

1901 年　▲马可尼的无线信号发射到美洲大陆
20 世纪 20 年代中期　欧洲殖民主义国家使用无
　　　　线广播进行联络
1923 年　无线广播进入中国

1925 年

1928 年　贝尔德的电视图像从伦敦发射
　　　　到纽约
1940 年　▲美国之音开始播音

1950 年

20 世纪 60 年代　▲英国地下
电台开始广播

1975 年

1980 年　麦克布莱德报告呼吁世界信息新
　　　　秩序
1984 年　德国 RTL 开始播音
1985 年　马尔蒂电台播音
1989 年　▲东欧剧变
1990 年　马尔蒂电视台播出
1996 年　半岛电视台播出

2000 年

2004 年　自由电视台播出
2006 年　半岛国际建立
2007 年　半岛电视台英语频道在美播出
2009 年　英国容许/限制产品植入
2010 年　瑞典认为在影视剧中插播商业广
　　　　告应该罚款；西班牙限制电视美
　　　　容广告
2011 年　▲阿拉伯之春

 全球媒介简史

　　我们在第 7、第 8 章中看到，广播和电视发展
初期其实就具有国际化特点。1901 年，作为英国
之子的古列尔莫·马可尼（Guglielmo Marconi，
其父为意大利外交官），将无线信号从英国发射到
新大陆。这也是他最早的成就之一。以菲洛·法
恩斯沃思（Philo Farnsworth）和俄国移民维拉蒂
米尔·斯福罗金（Vladimir Zworykin）为代表的
美国发明家齐聚一起，最终战胜了苏格兰人约

翰·罗杰·贝尔德（John Logie Baird）提出的挑战。贝尔德最伟大的成就之一，就是 1928 年成功地将电视画面从伦敦发射到纽约。但马可尼和贝尔德的发射都是实验性的，目的在于用自己的新技术吸引关注和投资。但广播和电视在随后不久的发展过程中，即使称不上真正的全球化，至少也算得上国际化。

国际化大众媒介发轫之初

广播信号几乎从一开始就属于国际传播。20 世纪 20 年代中期伊始，荷兰、英国和德国等欧洲殖民大国便利用**短波广播**（shortwave radio）与它们远在非洲、亚洲和中东的殖民地联络，英国联络的还有北美（加拿大）和南太平洋（澳大利亚）。短波非常适合较长距离的传输，因为它的频率高，可以轻松而有效地反射或者**跳跃**（skip）电离层，生成可以传播超长距离的**天波**（sky wave）。

秘密电台　利用国际广播的不只限于殖民国家，反政府广播也是国际广播的一个重要部分。这些**秘密电台**（clandestine stations）通常产生"于最黑暗的政治冲突之中，通常由革命团体或情报机构在运行"（Soley & Nichols, 1987, p. vii）。例如在二战期间，由英国和其他同盟国运作的电台，曾煽动德国士兵和水手为躲避战斗和牺牲而故意破坏自己的车辆和船只。同盟电台如大西洋广播（Atlantic radio）和加莱士兵广播（Soldier's Radio Calais）等，还蓄意播送误导性消息。它们伪装成两家德军官方电台，频繁发送虚假消息，混淆敌人视听，迫使纳粹官方广播进行反驳，从而为同盟国提供它们需要的确切消息。

但秘密电台的真正成熟，是在冷战时期。二战结束到 1989 年东欧剧变之间的数十年里，众多地下广播甚至地下电视，承担起革命（亲共）或反革命（反共）运动的事业。此外，置身于这场全球争斗之外的其他政府，尤其是在南美、中美和非洲发展起来的反殖民运动，也在利用秘密广播。

冷战期间，反对派非法的秘密电台，通常都在它们广播的目标国家或地区的境外运行，以防暴露、被抓、被捕或被杀。如今极少数的在目标地区境内运行的秘密电台，可归类为**本土电台**（indigenous stations），它们可利用广播之外的其他技术。例如扎瓦拉（al-Zawraa）是由逊尼派运行的反政府卫星电视台，在伊拉克境内不断更换地点，向什叶派叛乱者和饱受战争摧残之后又陷入连续内战的其他伊拉克人，发送反美和反什叶派内容。从它们目标地区的境外向境内广播的反对派电台，称**异地电台**（exogenous stations）。FreeNK 就是典型的异地（或国际）电台。它从韩国传送反对金正日的内容。但由于朝鲜市面销售的收音机预先都做了调试，只能收到官方的政府电台，所以只有走私到朝鲜的收音机才能收到 FreeNK 节目。因此，FreeNK 的对策就是更多地依赖互联网。很多其他秘密电台自然也转向了互联网，甚至连基地组织（al-Qaeda）每周都制作一期网络新闻广播——伊斯兰王权之声（Sout al-Khilafa）。由于很多纷乱之国地势险恶无法搭建电话线路，或国家贫穷无力安装无线网络，因此收音机仍是很多圈外人首选的媒介。

地下电台　从目标听众地理位置以外进行广播发送，还有一种运行方式，该方式专注于战争和革命之外的比较温和的内容。20 世纪 60 年代，这些电台开始向英国广播。这些被称为**地下电台**（pirate broadcasters）的非法运行的电台，从沿海地带或境外的设施处，向英国听众广播。此类电台较为有名的，有卡若琳电台（Radio Caroline），每天从停泊在距马恩岛 3.5 英里处的"弗雷德里卡号"向 100 万听众进行广播；有从荷兰海域上一艘船上进行广播的维罗妮卡广播（Radio Veronica）。

这些地下电台与具有政治动机的秘密电台不同，它们实力强大，有广告商和唱片公司慷慨赞助。另外，它们有一点与我们现在所熟悉的商业广播电台极为相似，那就是全年全天候播放。这些地下电台为听众提供了保守而低调的英国广播公司（British Broadcasting Corporation，BBC）之外的另一种节目选择。英国广播公司属非商业性质，地下电台因此成为意欲影响英国消费者的广告商们的唯一机会。渴望向英国的年轻人介绍自己的艺人和摇滚乐的唱片公司，也将地下电台当作自己向听众宣传的唯一渠道，因为古板的英国广播公司完全看不上这种音乐。

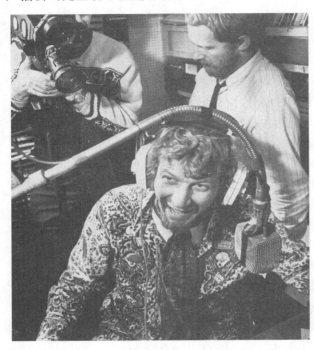

电台音乐节目主持人罗比·戴尔在停泊于英属马恩岛附近的"弗雷德里卡号"上的地下电台卡若琳电台播放音乐。

雄心勃勃的广播公司还利用境外场所，将商业电视带给原先看不到这些节目的观众。比如，德国如今最受好评的电视网络是 RTL，它 1984 年在卢森堡开始运行，现搬到德国科隆，播放的是美国风格的综合节目，包括儿童节目、体育节目、访谈节目和冒险节目，并与德国两大公共广播公司 ARD 和 ZDF 一起，形成三足鼎立。

美国的国际广播公司角色　第二次世界大战将美国带入国际广播的行业。英国借助英国广播公司世界广播部的**对外服务**（external service），扩展了自己的殖民广播系统。美国在英国的带动下，于 1940 年建立了后来广为人知的美国之声（Voice of America，VOA），对抗敌人宣传、散布有关美国的消息。美国之声最初只针对亲德的中美、南美各国，但随着战争在全球范围蔓延，开始迅速向其他几十个国家广播，并与英国的国际广播（World Service）一起，先在被轴心国占领的

国家中，后在苏联势力范围内的国家中，吸引大量忠实听众。

与苏联的冷战促使美国进入国际广播前沿，且这一地位一直保持至今。美国为抗衡苏联的对外服务电台莫斯科广播（Radio Moscow），另外新建三家电台：美控区内电台（Radio in the American Sector，RIAS）向德国的东柏林和民主德国境内民众广播；自由欧洲电台（Radio Free Europe，RFE）向其他所有处于社会主义阵营的东欧国家广播且使用当地语言；自由电台（Radio Liberty，RL）针对苏联本国民众。电台初建之时，美国境内外听众均被告知，经费来自美国民众的捐献，直到 1971 年才披露，三家电台其实由美国中央情报局拨款，完全受政府控制、受成员均由总统任命的国际广播局（International Broadcasting Bureau）的拨款和管辖，听众对此极为愤怒。

美国之音的徽标。

这些电台所针对的共产主义国家，使用高功率在同一频率上进行广播，试图以此方式干扰对方信号。但共产主义国家的这一方式，无法彻底阻止自己的民众收听这些西方广播电台。此类广播电台，称为**代理服务**（surrogate service）。正是这些代理服务的成功运行，促使罗纳德·里根总统于 1985 年决定，建立美国之声特别部——向社会主义国家古巴进行广播的马尔蒂电台（Radio Marti）。马尔蒂电台至今仍然运行，1990 年还新增了马尔蒂电视台（TV Marti）。

美国二战和冷战期间建立的最后一个对外服务部门，是武装部队广播电视部（Armed Forces Radio and Television Service，AFRTS），现已更名为美国军队广播电视部（American Forces Radio and Television Service），并继续发挥其作用。它

由美国军方拨款，以"传送国防部的内部消息和广播电视节目、让在国外服役的美国国防部工作人员和家属感受'祖国大家庭温暖'"为使命（AFRTS，2012）。它利用短波广播、七台环地球轨道的卫星及 MP3 技术，向 175 个国家和美国舰艇中的听众和观众播放无广告的节目。

马尔蒂电台徽标。

美国之声现状　如今，美国之声每天用 45 种语言向 1.25 亿听众广播，而且，23 个发展中国家中还有 2 000 万听众在收听它的代理电台，包括自由欧洲电台、自由电台、马尔蒂电台，最近新建的自由亚洲电台、阿拉伯语的萨瓦电台及使用阿拉伯语和法语从乍得向达尔富尔进行广播的锡拉电台。美国之声在其发展过程中，应对国际事件和国内政治压力时，经常徘徊于两种角色之间：（1）散布西方言论；（2）提供客观消息。20 世纪 90 年代以来，美国之声开始尝试宣传美国文化、散布健康和社会资讯，此不甚对立的两大目标，有利于它发挥自己的作用。

美国之声为宣传美国文化，于 1992 年建立 24 小时播放的流行音乐节目种类电台美国之声欧洲；于 1998 年建立类似国内商业电台以诙谐幽默为特色的 24 小时全球广播的全新闻英语电台。美国之声为传播健康和其他实用资讯，专门制作针对第三世界国家的有关艾滋病预防、营养和疫苗方面的节目。为追求这一人道主义目标，美国之声现在经常与这些国家的本土电台达成协议，通过当地的调幅和调频广播电台播放自己的节目，让那些收不到短波的人也能收听这些节目。你可在专栏文章《半岛电视台英语频道：你们小镇能看到吗？》一文中，了解更多关于另外一种不同的代理服务的内容，即封闭的阿拉伯国有媒介世界中的卡塔尔所尝试的开放。

文化论坛　半岛电视台英语频道：你们小镇能看到吗？

2011 年 1 月，支持民主的抗议活动在埃及各地爆发，数以百万计的美国人守在屏幕前，实时观看了这场在伊斯兰国家发生的由人民自发参与的起义，压迫人民的独裁者和暴君胡斯尼·穆巴拉克（Hosni Mubarak）受美国支持，但最终在这场起义中被推翻。

夜复一夜，日复一日，观众们看到暴力冲突、和平示威、士兵和抗议者之间的亲切问候以及官方声明等视频。他们听到精通埃及文化和政治的记者和评论员针对英语国家观众所做的专业解说和分析。效果之震撼，不必言说。

但大多数美国人不是从电视上收看这些历史事件，他们选择在线收看，因为能深入、广泛报道这些事件的，只有在埃及全面配备了报道人员的半岛电视台，可有线的半岛电视台英语频道，美国电视收不到。

1996 年，身为卡塔尔埃米尔（埃米尔为穆斯林酋长的称号）的哈马德·本·哈利法·阿勒萨尼酋长（Sheikh Hamad bin Khalifa Al-Thani），建立了半岛电视台。卡塔尔为美国盟友，这个石油丰富的小国家位于波斯湾边，半岛电视台名称，取自其国土形状。阿勒萨尼的目标，是创建一个能充当"审查严苛的国有阿拉伯媒介世界里的民主灯塔"的新闻频道。半岛电视台很快激怒了它周围的大多数中东政权，因为，独立新闻机构"以前绝无仅有，让阿拉伯民众大为震惊……阿拉伯世界有人甚至指责（该频道）为美国思想的喉舌"（Dahl，2011）。半岛电视台已在阿尔及利亚、摩洛哥、伊拉克、巴林和突尼斯遭禁。民主抗议活动在埃及爆发时，穆巴拉克总统关闭半岛电视台办公室，没收设备，逮捕记者，禁止他们使用国有卫星运载工具（半岛电视台通过脸书告知观众，如何在其他 10 个地区卫星电视上收看到它的视频）。该频道总监瓦达赫·汗法尔（Wadah Khanfar）写道："我很自豪地说，半岛电视台网络早在 2011 年 1 月'轰动一时'之前，就已在该区域的热点地区进行报道了。"（2011）许多观察者认为，目前席卷中东的民主运动，其实完全可以称为"半岛电视台革命"。

2006 年 11 月半岛电视台英语频道推出时，美国的有线电视公司本该急于向自己的观众提供这一地区看问题的视点——这个完全左右了美国对外政策的地区，这个正在经历两场战争的国家。毕竟，欧、亚、非 100 多个国家每天有 1.2 亿的家庭都在收看；当今这越发相互联系的世界中的美国人，自然也想收看。但只有俄亥俄州、佛蒙特州和哥伦比亚特区的几个小社区电视台和卫星电视供应商 Dish 和 DirecTV，选择了播放世界上这个发展最快的新闻频道。

但美国观众的确想看到发生在埃及的种种事件的特写。开罗起义期间，半岛电视台英语频道网站流量增加 2 500%，60% 源于美国。每天观看该频道在线直播视频的人数达 400 万，有 160 万是美国人（Stanley，2011）。半岛电视台在 YouTube 视频上的下载，几乎一半来自美国（Dahl，2011）。纽约的时代华纳有线电视、威瑞森公司（Verizon FiOS）和洛杉矶的 KCET-TV，很快发现观众的兴趣所在，开始播放该频道。

请发表你的看法。你能接受在家里的电视屏幕上收看半岛电视台英语频道吗？你即便可能不看，但你觉得必须向更多美国人提供这个频道吗？

全球媒介的现状

2012 年，基弗·萨瑟兰（Kiefer Sutherland）主演的《触摸未来》（Touch）在美国福克斯电视台首播。它同时在其他 100 个国家同步首播，赞助商都是联合利华。卡通电视网（the Cartoon Network）用 14 种语言在 145 个国家利用卫星、有线播放。探索频道（the Discovery Channel）在亚洲有 6 300 万用户，在欧洲、中东和非洲有 3 500 万，在印度有 3 000 万，在拉丁美洲有 1 800 万。尼克国际儿童频道（Nickelodeon）是全球最受欢迎的儿童频道，全世界有超过 3.2 亿的家庭在收看。长期以来，《24 小时》、《越狱》和《绝望主妇》只在伊朗黑市有买卖，但这个保守国家的宗教和政治领袖却正式批准播放《迷失》。迪士尼公司为日本的手机用户提供 35 种预订服务，第一年就吸引了 3 800 万用户。哥伦比亚广播公司在英国有 6 家"品牌"有线频道。《海绵宝宝》是中国儿童最喜欢的电视节目之一。有中国翻版的《一线声机》（Cellular），印度翻版的《结婚大战》（Bride War），中国、巴西、俄罗斯、墨西哥和阿根廷翻版的《歌舞青春》（High School Musical）。你也许听过 2009 年版美国人（尼古拉斯·凯奇、内森·莱恩和克里斯汀·贝尔）对白的《铁臂阿童木》（Astro Boy），那其实是这部日本动画片的美国版。仅英国的 4 频道（Channel 4）一家，就以每集 100 万美元的价格向福克斯电视台购买《辛普森一家》（The Simpsons）。卫星电视频道 BskyB 以每集 81.4 万美元的价格购买了《欢乐合唱团》（Glee）。

《唐顿庄园》（Downton Abbey）由美国媒介巨头全国广播公司环球（NBC-Universal）旗下的英国制作公司嘉年华电影公司（Carnival Film）制作，英国的独立电视台 1 套（ITV1）首播，后成为美国的公共广播公司电视网热播剧，在 200 个国家播出。全国广播公司旗下的美国西班牙语电视网络 Telemundo 在东京设有节目办事处。墨西哥媒介集团 Televisa 在中国设有办事处，与国营的中国中央电视台签有合作协议与委内瑞拉的 Venevision 也签有同样协议。巴西的媒介公司 Globo 为许多印度电视网络制作内容。全球有近 4 亿家庭在收看 MTV 国际频道。TV France International 为法国最大的发行组织，与福克斯、华纳兄弟、迪士尼和日舞频道及精彩电视台（Bravo）都有合作，美国观众可在 DirecTV 上收看它的全法语频道。将近 200 个国家利用卫星接收美国有线电视新闻网。北京广播电台使用 40 种语言向全球广播；中国还有 24 小时全球播放的英语电视节目——中国新华新闻网络，而且还在美国 8 大城市发行英语报纸《中国日报·美国周刊》（China Daily USA Weekly）。世界各地众多国家数亿互联网用户，能收听到除北极之外任何一个大洲的网络广播电台。美国最大的电信和电报公司美国电话电报公司（American Telephone and Telegraph Company，AT&T）与英国最大的电信供应商 British Telecom，将它们的国际运营部合并为一个部门，价值 100 亿美元。媒介已几乎没有国界概念。

但并非所有人都认可言论和娱乐的全球性流通。法国法律要求，法语歌曲必须占广播电台播放的音乐总数的 40%。伊朗全面禁止广播和电视播放"西方音乐"。土耳其严禁使用土耳其字母不包含的 Q 和 W 两字母，违者将被处以罚款。牙买加广播委员会以预防低龄性行为和未成年犯罪为由，禁播美国说唱音乐。加拿大强制规定，电视

节目中，"加拿大自制内容"至少得占 15%。《辛普森一家》通过沙特阿拉伯的直播卫星（direct broadcasting by satellite，DBS）供应商 MBC，在整个中东广泛发行，但所有的达夫啤酒（Duff Beer）都被说成苏打、莫的酒吧（Moe's Bar）被删除。德国和奥地利也对《辛普森一家》存有不满，拒绝播放提及荷马工作之地方发生核事故的那些内容。中国政府要求所有互联网账户必须在公安局备案。媒介或许已无国界，但大家已越来越意识到，媒介至少得尊重各个不同国度的文化。

要了解当代全球媒介的运作方式，通常的办法，是考察世界各国各自的媒介体系。这样，我们不仅能了解不同地方的不同民众如何运用媒介，也能更好地评判我们自己的运作体系。媒介体系当然不是全都与美国一样，因此，受众期望、经济基础和大众媒介规范等概念，国与国一定有别。研究不同国家的大众媒介体系，称为**比较分析**（comparative analysis）或**比较研究**（comparative studies）。

比较分析

不同国家的大众媒介体系，体现了它们各不相同的发展繁荣程度、价值观念和政治体系。国家的媒介体系往往反映它的政治体系。专制政府需要控制大众媒介来维持统治。因此，它们会建立与资本主义自由经济条件下的民主国家截然不同的媒介体系。媒介如何在特定社会价值体系中实现理想运行，此重中之重，被称为规范理论（见第 14 章）。

威廉·哈希顿（William Hachten，1992）提出的指导世界很多媒介体系的几大概念，即西方、发展、革命，我们将进行探讨，并考察相应例证。

西方概念：英国　西方概念（Western concept）是原先自由主义与社会责任模式（见第 14 章）的综合，它看到两大现实：其一，这个世界没有完全自由（自由主义）的媒介体系；其二，即

便最具商业性的媒介体系，也不仅期待公共服务和责任，更期待政府有益地监管大众媒介，以确保媒介从业者尽到这些责任。

英国媒介体系运行模式就是典型的西方概念。英国广播公司最初的建立基础，就是视广播为公众信任（社会责任模式）。英国广播公司的广播在电视出现之前的很长时间内，提供各种服务：有专门提供新闻和资讯的，有专门提供交响乐、戏剧等优雅或精英文化的，有专门提供流行音乐和娱乐的。为限制政府和广告商的控制，英国广播公司以向接收台收取授权费的方式获取经费，且交由非营利性公司进行管理。很多观察者指出，此目标明确的非商业性结构，正是英国广播公司发展并一直保持世界最受尊敬的新闻媒介称号之根源。

英国媒介不像美国媒介受第一修正案保护，但诚如其声名狼藉之小报所示，它们因而运转自由。

英国最终和所有其他国家一样，迫于公众需求，建立美国形式的广播体系。在此需求及数字广播的发展双重刺激之下，英国如今有几百家广播电台，最著名的是英国广播公司的 10 家国内网络。英国广播公司还有 40 家主要面向老年听众的地方台，播放当地新闻和音乐。另外还有 3 家全国性商业广播网络——维珍电台（Virgin Radio）、古典调频（Classic FM）和畅谈体育（talk SPORT），以及不断发展的地方商业电台。和美国的情况一样，大多属于更大的连锁机构。

英国广播公司还有八家数字电视网络，各具特色，比如英国广播公司一台（BBC One），播放比较流行的内容，二台播放比较严肃的内容。还有商业电视台：独立电视台（ITV）运营六个数字网络，4 频道（Channel 4）运营四个，5 频道（Channel 5）运营三个。这些商业频道要获取运营执照，必须同意限制广告播出的时间，播放规定数量的公共事务和纪录片新闻节目，此为它们的 **公共服务专款**（public service remit）。

在其他规章方面，英国媒介不享受类似第一

修正案的自由保障。没有事先限制，除非政府官员和媒介行业代表组成委员会，同意下发 **国防机密通知**（D-notice）。英国媒介也无权报道进行中的庭审，国会视需要可随时颁布规章限制媒介，比如 1988 年开始施行并持续几年的禁令：不得广播任何人涉及爱尔兰共和国军队或其他国会行动的言论。

发展概念：洪都拉斯 很多第三世界或亚非拉发展中国家及曾属苏联阵营的东欧各国，其媒介体系就是 **发展概念**（development concept）的最好例证。这些国家的政府和媒介紧密协作，确保媒介按计划协助国家向有利方向发展。媒介内容专为满足特定的文化和社会需求，比如传授新型农业技术、教授疾病控制方法、提高文化水准等。这与独裁统治不同，对内容一般不做审查和其他官方监管，通常只是略有审查而已。

洪都拉斯就是这样的典型。这个仅有 640 万人口的中美洲小国，是西半球最穷的国家之一，85％的人口处于贫困之中，全国只有 50 万台电视机和 250 万台收音机。洪都拉斯 11 家电视台、290 家广播电台全属商业性质，政府网络洪都拉斯广播台（Radio Honduras），经管着大约 20 家电台。在减少洪都拉斯新生儿因腹泻脱水而死、宣传节育方法等方面的成功，广播和印刷传单功不可没。

1982 年洪都拉斯宪法宣布新闻自由，但对媒介内容依然严格控制。所有大报纸均控制在拥护各种精英的权势商人或政客手上。洪都拉斯法律要求媒介"协助国家发挥公共作用"，记者因此必须持证上岗并遵守《洪都拉斯记者学会基本法》（the Organic Law of the College of Journalists of Honduras），"对于任何破坏国家或家庭基础的学说"，不得予以报道，也不能制作"威胁、诋毁、诽谤、侮辱或利用其他方式攻击行使其职责的公众官员形象"的内容。这些都是洪都拉斯军方政府下令监控国家媒介的官方机构全国电信委员会（国家通信委员会）关闭 Canal 36 电视台和环球广播电台时所援引的"法令"，因为，Canal 36 电视台和环球广播电台广播了在 2009 年的政变中被赶下台的总统曼努埃尔·塞拉亚（Manuel Zelaya）的消息。

革命概念：波兰 没有哪个国家会"正式"将 **革命概念**（revolutionary concept）当作规范理

391

论，但这并不意味国家媒介永不为革命目标服务。史蒂文森（Stevenson，1994）指出革命概念的四大目标为：终止政府垄断信息，帮助现任政权的敌对组织，摧毁当权政府的合法地位，推翻当权政府。波兰"团结工会"（Solidarity）发起的民主运动，就是运用媒介进行革命的著名案例。

波兰工人和团结工会深受媒介的帮助，包括波兰境外的电台和波兰本土众多的地下新旧传播技术网络。

392　　　波兰民众早已不满当局统治，当时，他们几乎全能接收到来自西方国家的广播和电视信号，所见所闻，更激化了他们的不满情绪（波兰地处欧洲中部，政府无法阻断人们的视听）。另外，自由欧洲广播、美国之音和英国广播公司全都针对波兰广播西方新闻、娱乐和宣传。团结工会建立起一个广泛的秘密革命媒介网络，大多利用的是革命的传统技术——宣传册、新闻单、录音带和录影带——但还有一大部分利用的是高级的可以干扰官方广播和散布信息的广播和电视技术。尽管政府严打这些系统，甚至为掐断团结工会的通信渠道，不惜取消官方广播和邮递服务，但革命依然取得了成功。你将在题为《社交媒介与中东民主运动》的专栏文章中看到，新媒介如何为革命概念增势。

394　　📝　运用媒介制造奇迹

社交媒介与中东民主运动

　　2009 年夏，伊朗社会各阶层数万民众质疑穆罕默德·阿玛迪内贾德（Mahmoud Ahmadinejad）当选总统的合理性，走上街头表示抗议。早已精通干扰互联网和关闭敌对网站的政府，立即驱逐所有外国记者、关闭敌对报纸、利用自己的国有广播电视台先封锁消息继而将抗议活动归罪于外部西方煽动者对伊朗的仇视。抗议者通过互联网和社交媒介回应，为自己的绿色革命和民主带来了转机。

仅数十年前，波兰的团结工会发起运动的传播工具，还只是传单、报纸和大喇叭宣传车。但 2009 年，经历过 1979 年伊斯兰革命成功演练的伊朗警察和军队，轻而易举便捣毁了这些渠道。但这种打压活动，对于这个三分之一民众是网民、60% 的人口在使用手机的国家来说，反而更加促使抗议者利用曾有效助力他们的推特和 YouTube 等媒介。抗议活动的组织者用手机将大家领到推特，利用推特频繁发起日间游行、夜间屋顶抗议活动，瞬间便有数千高呼"Alaho Akbar"（真主伟大）的反对者加入。手机拍摄的长达数小时的暴力、血腥视频上传到 YouTube，最著名的是娜达·阿哈·索尔丹（Neda Aga Soltan）被杀的图片，它由 YouTube 传遍全世界。

绿色革命运用社交媒介，有作用吗？数周暴力抗议之后，阿玛迪内贾德的专制政权仍在执政。但有迹象表明，运用社交媒介的确起作用了，因为，卫星和网络传播的抗议视频，在整个地区燃起了巨大希望。

2010 年 12 月，突尼斯街头小贩穆罕默德·布瓦吉吉（Mohamed Bouazizi）自焚，抗议腐败的政府、警察的虐待。此举迅速引发游行示威，抗议者用手机将视频上传脸书、YouTube 以及当地的广播电视。抗议的图片全国范围扩散，革命浪潮席卷突尼斯社会各界。布瓦吉吉死后 28 天，独裁 23 年的扎因-阿比丁·本·阿里（Zine el-Abidine Ben Ali）逃往沙特阿拉伯。

这些图片还传到埃及。2010 年 6 月 6 日，卡勒德·赛义德（Khaled Said）遭腐败的亚历山大警察暴打，在埃及引起公愤。赛义德在自己的博克上上传警察缉毒之后分赃的视频，因此而惨遭毒打。这位 24 岁的商贩遇害后不到 5 天，示威者在脸书上创建网页："我们都是卡勒德·赛义德"，欲激发民愤，推翻胡斯尼·穆巴拉克（Hosni Mubarak）为首的独裁政府。一周时间内，主页聚集 13 万好友，年底，埃及 500 万脸书用户中 47.3 万在这里聚为好友（Preston, 2011）。

娜达·阿哈·索尔丹被杀的手机视频通过互联网传遍世界，激发伊朗绿色革命，赢得了全球支持。

至 2011 年 3 月，伊朗、突尼斯和埃及这些争取自由和尊严却惨遭迫害的民众的图片，在也门、利比亚、巴林、阿尔及利亚、摩洛哥、约旦、阿曼、伊拉克和沙特阿拉伯等国催生出被称为"阿拉伯之春"的民主运动，有的惨遭政府镇压比如利比亚和巴林，但有的却促使曾经不可一世的统治者看到新媒介对自己权力的抑制越发不可遏制，"自发地"进行改革。《纽约时报》的詹妮弗·普勒斯顿（Jennifer Preston）认为，"一系列纷乱事件激发整个中东民众抗议，社交媒介工具在其中起了很大作用，充当了连接普通百姓和人权倡导者的一个新方式。百姓响应呼唤，参与到抗议警察失职、严苛、不经审判便任意监禁的活动之中。脸书和 YouTube 还为心存不满者提供了组织和动员的途径……网络的力量和灵敏，远不可与政党相比，却出其不意地给（中东）政权一记狠击，即便（这些政府）随后试图快速关闭社交媒介"（2011, p. A10）。

节目编排

其他国家的媒介体系无论遵循何种概念，都须制作、发行内容，即进行节目编排。全世界广播、电视节目编排很多方面与美国相似，造成这种情况的原因有二：（1）美国是广播节目国际发行的全球领导者；（2）电视发展之初，美国制片人以极低的价格，将自己制作的节目发往世界。新兴电视体系的海外运营商们，很乐意购买这类廉价的内容，因为它们自己无力制作高质量的国产节目。美国制片人的这一策略，一箭双雕，不仅为自己的节目建立了市场，还确立了海外观众趋同美国的口味和期望，促进原本为美国观众制作的节目进一步销往海外（Barnouw，1990）。

当然，各国的节目编排会有不同，南美和欧洲大多数国家的商业电视体系对性和裸体没美国那么敏感。比如巴西，尽管宪法要求广播公司尊重社会和道德价值观，但 SBT、TV Record 和 TV Globo 之类的电视网络均参与了被批评家称为"最小公分母"的战斗。综艺节目中，嘉宾与只穿比基尼的丰满模特摔跤、从裸体女人身上拿寿司吃。

游戏节目中，男选手回答错误被刮掉一小块腿毛以示惩罚，回答正确则享受几乎全裸的模特坐在自己大腿上的奖励。欧洲商业电视台经常播放有男女裸体镜头的节目，有的是剧情需要，有的则仅仅为了噱头。

美国与世界其他国家节目编排的另一个不同之处，在于内容在不同地方如何利用。当然，靠销售广告时间的广播体系认为，制作的节目能最大限度地吸引观众或者可能吸引大量观众，才有价值。商业频道就得言商。但靠授权费或其他公众支持的广播体系常常提供专门编排的有教育、社会和政治价值的节目。很多国家，甚至那些靠广告来源支持的体系，都运用肥皂剧这一特别形式，实现教育和社会目的。

 ## 有关文化帝国主义的论争

媒体全球化，国与国之间的有形界线已越发模糊。一些政府曾有效禁止过非法报纸、杂志和图书，但现在却发现，禁止非法广播和电视节目越来越难，尤其是卫星技术出现之后，禁止已几乎不可能，因为，政府无法拦截卫星信号。只要有必备的接收技术，无人能限制信号传达。如今又有了互联网，这一新接收技术既廉价又容易操作，世界上任何角落，越来越多的人都可用上……且 Google Translate 这类免费翻译软件已被广泛使用，无论哪里，各方民众都能阅读网页内容。由此，国家主权、文化多样性这类难题，再次被深入触及。

麦克布莱德报告与世界信息新秩序

1980 年，联合国教科文组织（the United Nations Educational, Scientific, and Cultural Orgnization, UNESCO）发布麦克布莱德报告（McBride Report），有关这些问题的争议更是达到白热化。大众媒介在迅速全球化情境之下如何维护国家和文化主权？专门设有委员会探讨此问题，麦克布莱德报告，便是以该委员会主席的名字命名的。当今，很多国家担心，国际新闻报道受西方尤其美国控制，且西方的制作内容正彻底击败发展中国家媒介，因为，发展中国家媒介缺乏创作自己高质量节目的丰富资源。它们担心西方尤其美国的文化价值观会冲淡甚至取代自己的文化价值观，将此视为一种殖民形式——**文化帝国主义**（cultural imperialism），即强国借大众媒介入侵原住民文化。

联合国教科文组织签发的麦克布莱德报告，呼吁建立以西方民主不认同的几个因素为特点的世界信息新秩序（New World Information Order, NWIO）。该报告认为，各国应该能自由控制进入自己国度的新闻、娱乐，因此，提倡监督所有入境内容，监督和审查海外记者，要求向海外观众直播的广播、电视和卫星节目必须事先取得政府许可。

美国的西方盟国虽认为世界信息新秩序的限制，威胁信息的自由流通，但它们自己其实却在（以配额的形式）限制美国媒介内容流入本国。与美国文化最接近的美国邻国加拿大，要求所有内容无论印刷、广播形式，都必须有一定比例的加拿大制作内容或反映加拿大文化特色的内容。加拿大法律严禁商业广播频道中的海外所有权。法国法律禁止印刷品中出现某些美国单词，包括"hamburger"和"cartoon"（本章开篇提到，法国官方设有语言警察部门，专门检举"贬低"法语的行为）。欧盟的电视无国界指令（Television without Frontiers Directive），要求成员国的广播公司须大部分时间播放欧洲制作的节目，至少10%的节目内容委托给本土的独立制作人。韩国法律强制电影院每年至少放映146天的本土电影。2005年10月，联合国教科文组织以148对2票的结果，通过了《保护和促进文化表达多样性公约》（Convention on the Protection and Promotion of the Diversity of Cultural Expressions），两张反对票来自美国和以色列（UNESCO，2005）。该公约允许各国在对待电影、图书、音乐和电视节目等文化产品上，采取与其他更耐用的商品不同的方式，也即各国可依照法规确定配额和津贴，保护自己本土的媒介产业。公约认为，捍卫各国文化遗产是"尊重人类尊严，这是道德之必需"，公约在提出此论点之前的论争中就明确表示，公约的真正目的，是保护其他国家的"文化遗产"免受尤其是来自美国媒介的侵害（"How They See Us," 2005）。

抵触美国媒介，恰恰表明我们的国际朋友对自己文化的凝聚力不自信。当然，若非说非本土媒介内容对本土文化没有任何影响，诚如很多美国媒介内容生产商之说，那是谬论。现在的问题是，各国为了更充分地参与国际社区，愿意多大程度地接受这种影响？面对即时、便宜和公开的电脑网络传播，还有一个问题，那就是国家主权和文化完整之类的概念是否已经失去意义？比如，娱乐与体育节目电视网在20个网络上使用21种语言向183个国家的1.55亿家庭传播。《辛普森一家》在韩国热播。英国广播公司、中国北京电台每天用40种语言向全球广播。美国有线电视新闻网利用卫星向近200个国家10亿观众输送节目。《辛普森一家（电影版）》用50种语言在100个国家同步首映，2007年夏季的首映周，其美国票房7 200万美元，其他地区总共超过1亿美元。美国三大唱片公司有两家属于国际所有制。好莱坞的哥伦比亚电影公司归日本索尼公司所有，20世纪福克斯公司归鲁伯特·默多克（Rupert Murdoch）的澳大利亚公司所有。德国公司贝塔斯曼（Bertelsmann）控制了美国大部分的图书出版市场，在美国的获利超过包括德国本国在内的其他任何国家，公司首席行政官托马斯·米德尔霍夫（Thomas Middelhoff）曾说："我们不是外国人，我们是国际人，我是持德国护照的美国人。"（McChesney，1999，p. 104）

支持地球村的理由

脱离具体民族文化这一潮流趋势是否有益，人们对此意见不一。提倡地球村的人认为，共同文化在逐渐形成，我们的经济不可避免地更为紧密地相互联系，其结果，一定是诞生越来越密切的世界社区。其实根本无须担心会丧失各个独特的个体文化和民族身份，因为世界的多样性性质确定，有独特文化、特别趣味的节目必定具有自己的市场。现代媒介技术，使得传递这种多样性内容不仅可能，而且获利。《危险》（Jeopardy）之类的美国电视剧，不仅在西欧各国有原语版，在其他地方还有"翻译版"。例如，"蜘蛛侠"电影系列取得巨大成功后，惊奇漫画公司（Marvel Comics）和印度一家公司立即宣布"蜘蛛侠印度版"的诞生，剧中一名叫普拉巴卡尔（Pavitr Prabhakar）的孟买小伙，从一胆小的神秘人物那里获得超能，身穿配有印度传统腰带的蜘蛛侠制服，与当地罪恶和困难做斗争（Bal，2004）。支持全球化的人认为，这样的文化交流，将"逐渐创造出全球文化，当然，其发展过程是更为丰富的、更为复杂的。况且，即便物理概念上的身份变得模糊甚至消失，建立在音乐、文学或兴趣基础之上的共同口味，将发展出新的亚文化"（Bennett，2004，p. 62）。

反对地球村的理由

不那么乐观的人认为，地球村已经到来，问题也就在这里。《时代》杂志媒介评论者詹姆士·波尼沃泽克（James Poniewozik，2001，p.69）称此为"新冷战，是好莱坞/麦当劳一方与其他世界文化各方之间的冷战"。例如，2010年，麦当劳推出 McItaly 新品系列快餐时，称"麦当劳说意大利语"。意大利政府甚至派农业部长去罗马参加在那里举行的产品发布会。但"真正的意大利人"反应激烈，指责政府"如此骇人听闻地背叛祖国"（Fort，2010）。

媒介评论家罗伯特·麦克切斯尼（Robert McChesney，1997）对世界性民主感到担忧，他指出，"当前的发展趋势是，全世界大多数娱乐和新闻将由少数巨头公司提供，它们对于当今核心问题始终以利益为导向，以全球市场的政治立场为导向。政治民主的潜在含义，用什么标准衡量，都面临困境"（p.23）。

保护本土文化完整性之争，尚无简单定论。

诚如我们刚才所见，对于保护本土完整性之举是否明智，仍存异议。有媒介素养的人至少要意识到有此争议以及该争议所涉及的问题，还应思考德国《时代》（Die Zeit）周刊编辑约瑟夫·约夫（Josef Joffe，2006）提出的似是而非的"软实力"概念（他称美国出口文化为"软实力"）。反对文化帝国主义的批评者认为，文化帝国主义"不是融合人心"，而是"在憎恶与愤恨中扭曲思想"。他用皮尤全球态度项目（the Pew Global Attitudes Project）收集的数据说明问题：当被问及是否"喜欢美国的音乐、电影和电视"时，英国（62%）、法国（65%）、德国（67%）和意大利（69%）的大部分民众回答"喜欢"。但当被问及是否认为"散播美国思想和习惯是好事"时，英国（33%）、法国（27%）、德国（24%）和意大利（43%）的大部分民众回答"不认为是好事"（p.15）。和大多有关大众媒介的争议一样，简单回答往往不是准确回答。

 ## 培养媒介素养技能

让无形显形：比较分析法

比较分析不仅让我们粗略了解其他国家的媒介体系，也有助于了解我们本国的媒介体系，因为我们常常视自己媒介体系的特征为"理所当然"，就该如此。媒介的这些特征我们早已熟视无睹。但比较分析法将我们的媒介运行方式与另一个国家的进行比较，这有助于我们认识到我们自己体系中那些需要进一步深入思考的各个方面。比较分析法"能让无形显形"，吸引我们注意包括我们自己媒介在内的各个媒介体系的方方面面，包括"只关注一国情形时容易熟视无睹、难以发现的方面"（Blumler & Gurevitch，1975，p.76）。

我们在本书其他章节看到，世界上只有美国和新西兰允许播放处方药广告；工业化国家中只有美国允许在儿童节目中插播广告。和我们不同的是，欧洲国家要求互联网用户选择加

入后才能分享他的个人信息数据。外国媒介体系还有很多方面与我们不同：

● 西班牙政府禁止电视晚上 10 点之前播放美容产品与服务广告。"广播公司不得播放诱发过度关注身材、产生贬低自我形象的产品的广告，例如瘦身产品、外科整形和美容保养，因为这些广告的理念建立在社会歧视基础之上，认为成功取决于诸如体重或长相等因素。"（Hall，2010a，p.6）

● 西班牙政府还禁止依赖政府拨款的非商业频道插播广告。这些频道的收视率始终很高，经常超越商业频道（Hopewell & de Pablos，2010）。

● 挪威最高法院裁定，电视台播放电影若在特别关键的情节处插播广告，"会破坏电影的完整和价值"，应处以罚款（Rehlin，2010）。

● 英国政府考虑禁止针对 16 岁以下年轻人

的刊物刊用经电脑处理过的模特的照片；法国政府考虑要求在经过修饰的平面广告上加警示语；《嘉人》（*Marie Claire*）杂志法国版100%未经修饰；德国杂志《布里吉特》（*Brigitte*）已不再在封面或社论版使用模特，而是改用记者和"杂志真实的女读者"（Hall，2010a）。

● 英国法律2009年才开始允许在电视节目中植入广告，但仍不允许在儿童节目中植入广告（Hall，2010）。

401

● 有1 200万人口的巴西圣保罗，是世界第七大城市，其《清洁城市法》规定，禁止一切户外广告招牌，包括广告牌、徽标和公交车站牌上的海报。70%以上的市民表示此法"有益"（Jefferson，2011）。

● 墨西哥、玻利维亚和法国为年轻读者提供免费报纸（Fitzgerald，2010）。

● 美国每年为国内非商业媒介提供的政府拨款为人均1.35美元，加拿大为22.48美元，斯洛文尼亚为51.57美元，英国为80.36美元，丹麦为101.00美元，芬兰为101.01美元（Naureckas，2009）。

你能解释这些差别产生的原因吗？这些规定或实践能在美国媒介体系中"自然"施行吗？为什么能或者为什么不能？你认为有值得我们本土体系采纳的吗？为什么值得或者为什么不值得？有媒介素养的标志是具有批判性思维、分析和反思的能力。有媒介素养的你，对于这些问题，应该成竹在胸，是这样的吗？

挑战媒体素养

亲身运用比较分析法

作为具有媒介素养的你，应该明白，媒介内容其实是在呈现当代文化，且诚如你刚才所阅，比较分析就是通过观察他国媒介，来"审视"本国媒介的各个方面。以下罗列他国媒介活动的若干事实，表现了这些国家及其媒介体系的哪些特点？这些事实与美国存在的情况有什么不同？这些不同对美国媒介有启示吗？对美国文化有启示吗？请用短文论述或与一个或几个同学讨论，阐述你的看法。

1. 塞尔维亚人每天收看电视5小时39分钟，多于其他任何国家。

2. 印度有电视的家庭的比率，从2001年的不到三分之一，上升到如今的50%，这与该国出生率下降有关。

3. 马达加斯加有电视的家庭不到六分之一。

4. 秘鲁有电视的家庭比有电源的家庭多，他们用电池看电视（第1～4条源自Global Media Habits，2011）。

5. 韩国几乎全面覆盖宽带接口，但报纸发行量并未因此明显下滑。

6. 欧洲日报发行量下降率居世界之首。

7. 日本最大报纸《读卖新闻》（*Yomiuri Shimbun*）有1 000万读者，发行量超过《华尔街周刊》、《纽约时报》、《今日美国》和《洛杉矶时报》的总和（第5～7条源自Global Media，2011）。

本章回顾与讨论

回顾要点：将内容与学习成果联系起来

● 概述全球媒介的发展。

■ 数十年以来，国际大众媒介采用的是短波广播形式，尤以秘密电台为典型，包括异地和本土两种类型。

■ 其他异地电台包括地下电台和很多国家的对外服务电台，英国广播公司和美国之声都属后者。

● 阐述比较分析法的具体运用。

■ 不同国家运用不同媒介体系满足自己国家的需求。研究这些不同模式，称比较分析法。

■ 自然，不同体系根据自己国家的需求，进行不同的节目编排。

● 认识世界各地不同的媒介体系。

■ 有几种主要模式或概念：西方、发展、

402

革命。

● 概述因"世界信息新秩序"及其他媒介全球化所引起的论争。

■ 对于国与国之间大众传播是否自由流动，论争激烈。冲突产生在赞成信息自由流通的人与担心本土文化遭到侵蚀的人之间。

■ 此论争主要出于保护国家媒介体系免受美国影响，而非保护所有国家的文化完整性。

关键术语

shortwave radio　短波广播

skip　跳跃

sky wave　天波

clandestine stations　秘密电台

indigenous stations　本土电台

exogenous stations　异地电台

pirate broadcasters　地下电台

external service　对外服务

surrogate service　代理服务

comparative analysis（studies）　比较分析（研究）

Western concept　西方概念

public service remit　公共服务专款

D-notice　国防机密通知

development concept　发展概念

revolutionary concept　革命概念

cultural imperialism　文化帝国主义

复习题

1. 什么是秘密电台？本土电台与异地电台之间的区别是什么？

2. 什么是地下电台？它与传统的秘密电台之间的区别是什么？

3. 二战和冷战在美国的对外服务和代理服务方面发挥了怎样的作用？

4. 什么是比较分析？

5. 依据哈希顿提出的西方概念运营的媒介体系有哪些特点？

6. 依据哈希顿提出的发展概念运营的媒介体系有哪些特点？

7. 依据哈希顿提出的革命概念运营的媒介体系有哪些特点？

8. 什么是文化帝国主义？哪两项电信技术引发当前对文化帝国主义的关注？

9. 什么是麦克布莱德报告？为什么大多数西方国家反对麦克布莱德报告？

批判性思考与论述题

1. 通过短波广播、互联网及美国有线和卫星电视，能接收到英国对外服务的 BBC 节目。请收听或收看英国广播公司节目。它的内容与你熟悉的本土广播和电视内容有何异同，尤其在新闻内容方面？其报道与美国有线电视新闻网之类的有线网络及美国广播公司、哥伦比亚广播公司和全国广播公司之类的广播网络，有何异同？你认为存在这些异同的原因是什么？

2. 你接触过别国的媒介吗？接触过哪国的媒介？能否将其归纳在本章提到的某个概念之下？描述该体系的内容与你熟悉的美国体系的内容的异同。你更喜欢哪个体系中的节目？为什么？

3. 你认为各国尤其是发展中国家，应该担心文化帝国主义吗？你认为它们应该利用低成本的西方节目来帮助自己正在发展的媒介体系"腾飞"吗？抑或你赞同批评者的观点，认为这种方式会严重影响自己体系的根本性内容？

术语表

absolutist position　绝对立场　第一修正案规定，不得制定法律就是不得制定法律。

access journalism　获取新闻　记者以顺从为代价确保一直获取新闻来源。

accountability metrics　问责指标　广告公司和客户之间确定某特定广告或活动效益率的协议。

Acta Diurna　《每日纪事》　将罗马元老院集会议事写在木板上；早期"报纸"。

actual malice　真实恶意　报道公众人物时的诋毁，指"知道自己的报道虚假"或"根本不在乎"是否虚假。

addressable technology　寻址技术　将特定内容传送给特定受众成员的技术。

ad hoc balancing of interests　特别权利权衡　即在裁定涉及第一修正案的各个具体案例，决定给予多大出版自由时所需权衡的若干因素。

ad-pull policy　样稿政策　广告商要求预览杂志，若不满杂志内容则以终止合同为威胁。

administrative research　管理研究　研究大众媒介即时的、实际的影响。

advergames　广告游戏　为品牌广告专门制作的视频游戏。

advertorials　社论式广告　指表面看起来是真实的，杂志和报纸上以真实的社论形式呈现的广告。

advocacy games　宣传游戏　主要指支持某一观念而非某一产品的在线游戏。

affiliate　从属电台　与广播网联盟的广播电台。

agenda setting　议程设置　一种媒介理论，认为媒介或许不能让我们想什么，但却在让我们怎么想。

aggressive cues model　攻击暗示模式　媒介描述显示，有些类型的人在现实世界真实的侵犯中容易遭受侵犯。

AIDA approach　AIDA 措施　指广告为说服消费者而必须吸引注意，点燃兴趣，激发渴望并促成行动。

à la carte pricing　点菜式定价　按用户收看的有线电视频道收费。

Alien and Sedition Acts　客籍法和镇压叛乱法　美国国会 1798 年颁布的四部法律系列，视以"虚假的诽谤和中伤文字"描述、出版或刊印总统、国会或联邦政府为违法。

aliteracy　有文化却不读书　指会阅读但不愿阅读。

all-channel legislation　全频道法规　1962 年颁布的法规要求美国所有进口、国产电视机必须安装甚高频（VHF）和超高频（UHF）两种接收器。

alternative press　另类报纸　一般为周报，免费，主要为罗列事件、当地艺术广告和怪人征友的分类广告。

ambient advertising　环境广告　在非传统场所出现的广告内容。

app　应用程序　app 为 application（应用）的缩写，通常指手机或其他电子设备上的软件。

applied ethics　应用伦理学　元伦理学和规范伦理学在具体情境中的运用。

appointment consumption　约定消费　指受众在制作者和发行者事先安排好的时间内消费内容。

ascertainment　查明真相　即要求广播公司确定或主动、明确地判断受众利益、便利和需求；无须额外要求。

astroturf　假草根组织　假的基层组织。

attitude change theory　态度改变理论　解释人的态度是如何形成、塑造和变化且又如何影响人的行为的理论。

audience fragmentation　受众细分　接受特定媒介内容的受众越来越少且越来越同质化。

audion tube　三极管　德福雷斯特研发的真空管，

成为日后发明广播电视的基础。

augmented reality（AR）　增强现实　用户用手机一指现实生活中的东西，便能立即链接到包含这些东西的信息网站，叠加出现在手机屏幕上。

awareness tests　认知测试　一种广告调查方式，依据产品的"消费者意识"来测定活动产生的累积效果。

bandwidth　带宽　传播通道承载信息的能力。

banners　横幅广告　类似于广告牌的网络广告信息。

basic cable　基本有线电视　订购后有线电视供应商自动提供的电视频道。

billings　营业额　销售电台商业广告播出时间所获得的总收入。

Bill of Rights　《权利法案》　美国宪法的前十条修正案。

binary code　二进制代码　信息被转换成由 0 和 1 组成的数字，用电脑进行存储和运算。

bitcasters　网播站　只能在线收听的网络电台。

BitTorrent　比特流　文件共享软件，使用者同时下载或上传某文件资源的"比特"时会产生"大量"数据。

blinks　瞬间广告　广播播放间隙插入的一秒钟广告。

block booking　整体预定　放映商为确保获得一部较好电影而租下一堆（常常很劣质的）电影。

blockbuster mentality　大片情结　为降低风险而采取的模式化电影的制作方式；制作时对商业因素的重视超越艺术因素。

blogs　博客　定期更新的网络日志。

B-movie　B 级片　双片放映制中的第二部也即一般比较便宜的电影。

bounded cultures（co-cultures）　地域文化（共存文化）　属于非主流文化的特定群体。

brand entertainment　品牌娱乐　广告其实已属媒介内容的一部分且是重要部分。

branding films　品牌电影　赞助商出资拍摄宣传自己产品的电影。

brand magazine　品牌杂志　是由零售业出版的消费类杂志，一般面向具有零售业顾客特征的读者。

British cultural theory　英国文化理论　认为精英

控制文化、影响各有限范围的文化。

broadband　宽带　能传输大量信息的通道。

broadsides（broadsheets）　宽幅报纸（大幅报纸）　从英国购得的早期殖民地报纸，为单张的公告或记述事件的报纸。

browsers　浏览器　安装在个人电脑上用于下载和浏览网络文件的软件。

bundling　捆绑　传输电视、视频点播、音频、高速互联网接口、长途和本地通话服务、多重电话线路及传真信号。

C3 rating　前 3 天收视率　节目穿插"广告"在电视上首播 3 天之后，测定广告的收视情况。

calotype　光力摄影法　早期摄影技术，使用半透明纸张，用它可冲印出多张照片。

casual games　休闲游戏　数量短期内激增、易存储于小屏幕电子设备上的经典游戏。

catalogue albums　经典目录专辑　唱片零售业中已发行三年以上的专辑。

catharsis　宣泄　认为观看媒介暴力能降低人的攻击冲动的理论。

cause marketing　因果营销　响应社会问题和原因的公共关系。

cease-and-desist order　勒令停止函　管理机构勒令停止某非法行为。

cinématographe　电影放映机　卢米埃尔兄弟的既能摄影又能放映的设备。

circulation　发行量　杂志或报纸各期销售的总量。

clandestine stations　秘密电台　革命团体或情报机构通常为政治目的而运行的非法电台或无经营权的电台。

clear time　空出时间　指地方附属电视台转播电视网节目的时段。

click stream　点击流　用户在网上的选择。

cloud computing　云计算　在远程电脑上存储包括个人信息和系统操作软件在内的所有电脑技术。

cloud-music service　云音乐服务　即订阅网站允许用户在网上存储数字音乐并不受地点限制地将其传送到任何电脑和数字存储器上。

coaxial cable　同轴电缆　从里到外总共四层，分别是铜包铝线、塑料泡沫绝缘体、网状铝制导电层和塑料外皮。

collateral materials　附加材料　公关公司为客户提供的打印、研究活动和照片等系列服务，收费可高达 17.65% 的额外费用。

commissions　服务费　在媒介中植入广告，其费用通常为广告时间或空位价格的 15%。

common carrier　公共通信企业　远程通信公司，传播用户信息但不能限制用户信息，比如电话公司。

communication　传播　创造共享意义的过程。

community antenna television（CATV）　公用天线电视　对早期有线电视的旧称。

commuter papers　上班族报纸　为年轻上班族制作的免费日报。

comparative analysis　比较分析　对不同国家的大众媒介体系进行研究。

comparative studies　比较研究　参见比较分析。

complementary copy　补充内容　强化广告商的信息或至少提醒读者不要忽略广告商信息的报纸和杂志内容。

concentration of ownership　所有权集中化　各媒介公司所有权正集中于越来越少的媒介巨头的手中。

concept films　概念电影　用一句话便能描述的电影。

confidentiality　机密性　媒介从业者对为自己提供信息的人的身份，必须保密。

conglomeration　企业集团化　越来越多的非媒介公司开始拥有媒介产品。

consumer culture　消费文化　即人的价值和身份已不存在于他们个人自身，而存在于他们置身的产品。

consumer juries　消费者评委会　一种广告调查方式，指从目标市场中选出代表来评估某次活动或广告的一系列措施或变数。

consumption-on-demand　点播消费　能在任何时间、任何地点消费任何内容。

controlled circulation　赠阅发行　即向符合广告商标准的特定读者免费赠阅杂志。

conventions　规约　媒介内容中各体裁所具有的独特的标准化风格元素。

convergence　融合　媒介之间传统上的区别已大

为削弱。

cookie　识别代码　被访网站添加在用户电脑硬盘上的身份鉴别密码。

copyright　版权　确定并授予某作品的所有权，以保护原创者的经济利益。

copy testing　广告效果测试　向消费者展示广告讯息后测定广告效率。

corantos　《时事新闻》　报道具体事件的新闻单页，在荷兰印刷，由英国书商销往英国；早期"报纸"。

cord-cutting　掐线　观众不看有线电视不看直播卫星，只依赖互联网上的网络电视。

corporate independent studio　联合独立制片公司　大制片公司的特色部门或分支机构，旨在制作更复杂但更便宜的电影。

corrective advertising　更正广告　职能机构要求违规者制作新系列广告，更正原先的误导行为。

cost of entry　准入成本　制作媒介内容的启动资金数额。

cost per thousand（CPM）　千人成本　广告覆盖 1 000 个受众成员的成本。

cottage industry　家庭手工业　小型经营的产业，因其人员组成而得名。

cover　翻录　他人重新录制某艺人的音乐。

critical cultural theory　文化批评理论　认为媒介的主要目的，是牺牲普通大众为代价，以维护和支持现状。

critical research　批判研究　研究媒介在我们正在建设什么样的国家、成为什么样的人等比较重大的问题上起到的作用。

crowdfunded journalism　集资新闻　读者只能看到所有新闻的引子，想要阅读完整的新闻内容，必须共摊阅读费用。

crowdsource　共同探讨　指网民在网上合作，解决问题，参与制作。

cultivation analysis theories　培养分析理论　认为电视"培养"或构建了社会现实，其构建可能不准确但已为我们所接受，就因为作为文化的我们相信它的真实。

cultural definition of communication　传播的文化定义　传播即现实被创造、维持、修复和转化的符号化过程；源自詹姆斯·凯利。

cultural imperialism 文化帝国主义 外来强国借大众媒介对原住民文化入侵。

cultural theory 文化理论 认为媒介与受众在文化互动中协商产生意义及效果。

culture 文化 文化让世界具有意义；文化借传播构建和维系社会，它既限制我们又解放我们，既区分我们又黏合我们，定义我们的存在，因而塑造我们思维、感受和行为的方式。

custom publishing 定制出版 为特定公司定制的出版物，专为送达特定受众。

daguerreotype 银版照相法 将图像记录在光面金属片上的技术，该金属片通常为铜质，上涂一层薄薄的碘化银乳化液。

dataveillance 数据监控 大量收集和提取客户数据。

day-and-date release 同步上映 以影院、视频点播、DVD及下载四种形式同时向公众发行电影。

decoding 解码 解释符号体系。

democracy 民主国家 民治政府。

demographic segmentation 人口统计细分化 广告商为迎合具有不同个性和社会特征（例如种族/民族、性别和经济水平）的受众所采取的策略。

dependency theory 依附理论 认为媒介威力促使受众成员对媒介内容产生依赖。

deregulation 去除管制 放松对广播和电视所有权及其他规章的限制。

desensitization 脱敏 认为电视上不断出现暴力会让观众对现实生活中的暴力更为容忍。

development concept 发展概念 属媒介体系；政府与媒介协作，确保媒介按计划协助国家朝有利方向发展。

digital audio radio service（DARS） 数字音频广播服务 卫星直接向家庭或汽车发送音频。

digital cable television 数字有线电视 向用户家庭传输数字视频影像和其他信息。

digital computer 数字计算机 以二进制代码处理数据的计算机。

digital divide 数字鸿沟 少数族裔、穷人、残疾人及农村居民享受不到技术。

Digital Music Express（DMX） 数字音乐速递 通过有线电视向家庭发送音频。

digital natives 数字原住民 没有网络无以生活的人。

digital recording 数字录音 以对各毫秒记录的0和1两个数值进行电脑转换处理为主要形式的数字记录。

digital rights management（DRM） 数字版权控制 在数字化流通中保护知识产权。

digital video disc（DVD） 数字视频光盘 能进行电子录音及回放的光盘，史上发展最快的电子消费产品。

digital video recorder（DVR） 数字视频录像机 电视内置的视频录像设备，让观者能很大程度地控制节目内容。

dime novels 廉价小说 19世纪末20世纪初的廉价图书，多为美国开垦地带的冒险故事，有时也称庸俗小说。

disinhibitory effects 非抑制性效果 社会认知理论认为，某人看到某一被禁止的行为或带威胁的行为受到奖励，其模仿该行为的可能性就会增大。

dissonance theory 失调理论 认为人们面临新信息时会产生不适感，即失调；因此会有意无意通过选择过程限制或减少该不适感。

diurnals daily 日刊 刊印于17世纪20年代的英国地方新闻，描述每天的事件；我们今天的日报的前身。

D-notice 国防机密通知 英国在做出限制前正式发出的通知。

domain name 域名 万维网上确立的名称，不光是网站的全球资源定位器，还显示网站的内容性质或网站的所有者。

dominant culture（mainstream culture） 主流文化 即统治大多数人的文化；即规范的文化。

double feature 双片放映制 同等价钱看两部片。

duopoly 双头垄断 在同一个市场拥有并经营多家电台。

early window 早期窗口 是指电视在儿童尚无判断真假是非的能力时便让他们通过电视窗口接触世界。

e-books 电子图书 能以电子形式从互联网下载到电脑或移动数码设备上的图书。

e-commerce 电子交易 网购产品和服务。

economics of scale 规模经济 认为发展运营规模便能相应减少成本。

editorial policies 编辑性政策 报纸和杂志在具体问题上的立场。

e-mail（electronic mail） 电子邮箱 互联网功能，用户可通过电脑与全球任何地方的任何人在线联络，无须支付长途费用。

embedding 随军记者 战地记者为能深入前线，同意接受军方监管。

encoding 编码 将信息转化成可理解的标志和符号系统。

encryption 加密 在互联网上对信息进行电子加密或掩饰，接收者只有输入解除密码才能译解。

engagement 承诺 旨在取代千人成本方式的、从心理和行为的角度测定广告效果的手段。

environmental incentives 环境刺激 社会认知理论中的概念，认为现实世界的激励，能引导观察者忽略消极替代性强化自己习得的行为。

e-publishing 电子出版 先在网上出版发行或只在网上出版发行。

e-readers 电子阅读器 外观与传统图书无异，但内容以电子形式存储和接收。

ethics 道德规范 在特定情况下指导我们行动的行为规范或思想原则。

ethnic press 少数族裔报纸 针对少数族裔、外来移民或母语非英语读者的外语报纸。

exergame 运动游戏 鼓动玩家玩游戏时运动起来的视频游戏。

exogenous stations 异地电台 由境外向境内传输广播的反对派电台。

expanded basic cable 扩展的基本有线电视 有线电视中另一高于基本价格的订购套餐。

external service 对外服务 国际广播中旨在对抗敌人、散播本国消息的宣传。

factory studios 制作公司 电影制作公司旧名。

Fairness Doctrine 公平原则 要求广播公司公正报道公众关心问题的规定；1987年被废除。

fair use 合理使用 版权法用语，建议可使用未经许可或未付费用的材料。

feature syndicates 特稿辛迪加 相当于专栏作者、散文作者、漫画作者和其他创作者工作的结算

站，向报纸和其他媒介提供材料。

feedback 反馈 对传播的反应。

fiber optic 光纤 通过反射在玻璃上的光束传输信号。

First Amendment 第一修正案 国会不得就下列事项制定法律：确立一种宗教或禁止信教自由；剥夺言论自由或出版自由；剥夺人民和平集会和向政府请愿申冤的权利。

first-person perspective game 第一人称视角射击游戏 视频游戏中的所有动作均通过游戏者实施。

first-run syndication 首播辛迪加 指建立在市场基础上的专为以辛迪加形式销售而制作的节目。

fixed-fee arrangement 固定收费协议 公关公司按预先制定好的收费标准为客户提供特定的系列服务。

flack 宣传员 有时是对公关从业人士的贬称。

flash mobs（smart mobs） 快闪族（知识暴民） 散落于不同地域的巨大群体，仅凭传播技术纽带的联结，一经通知立即会聚，进行某项集体活动。

flog fake blog 虚假博客 一般由公司资助，匿名推广自己或攻击竞争对手。

focus groups 焦点小组 从公众中选取小型组群，进行采访，以为广告从业者或公关从业者提供详细信息。

forced exposure 强迫性接触 广告研究方法，主要用于电视广告，广告商将消费者带入影院或其他设施中，播放含有新广告的电视节目。

formats 形式 电台的特定声音或设计的节目内容。

fraction of selection 选择分子式 以图形的方式描述个体如何依据期望的回报和必需的努力，选择媒介和媒介内容。

franchise films 系列电影 即拍摄时就计划拍摄续集的电影。

Frankfurt School 法兰克福学派 该学派的媒介理论，以新马克思主义为基础，重视严肃艺术，视消费严肃艺术能提高广大受众的生活水平；而媒介的一些典型表现，被视为安抚普通百姓的同时，又在压制普通百姓。

freemium games 免费增值游戏 视频游戏，广告在游戏中充当虚拟货币。

gamification　游戏化　用视频游戏技巧和规则解决现实世界中的问题。

genre　体裁　具有标准化、独特性风格和规约的媒介内容形式。

global village　地球村　麦克卢汉论断，新传播技术使人们彼此之间的生活越发相连。

globalization　全球化　媒介公司所有权由跨国集团公司所有。

grand theory　宏观理论　旨在描述和阐释某一现象的各个方面的理论。

green light process　决策过程　决定开拍影片的过程。

greenwashing　刷绿　公共关系举措，指争取环保主义者关注的客户。

hard news　硬新闻　有助于公民做出明智选择、追踪重大热点的报道。

home page　主页　进入网站的入口，包含信息及有关其他内容的超链接。

hosts　主机　将各个人计算机用户与互联网连接的计算机。

hypercommercialism　过度商业化　广告数量越来越多，媒介的商业与非商业内容越发混为一谈。

hyperlink　超链接　嵌在互联网或网站中的连接，让你能即刻访问本网站的其他内容及其他网站的内容。

hypodermic needle theory　皮下注射理论　认为媒介是能直接进入人体系统的危险药物。

iconoscope tube　光电摄像管　1923 年研发的首个实用电视摄像管。

identification　认同　社会认知理论中的特殊效仿形式，模仿者并非直接效仿自己所见的行为，而是做出更为普遍但却相关的回应。

imitation　效仿　社会认知理论中所述的对观察到的行为的直接模仿。

importation of distant signals　远程信号输入　通过有线电视传输远程信号，输送更优质画面。

in-band-on-channel（IBOC）　带内同频　数字广播运用数字压缩技术压缩和模拟信号，以获取相同频率。

indecency　不雅内容　广播中描述性行为或排泄行为的不雅语言或材料，其方式冒犯现行的社区标准。

indigenous stations　本土电台　在目标地区境内运作的秘密电台。

inferential feedback　推理反馈　反馈在大众传播过程中往往是间接而不是直接的；也就是说，是推理性的。

information gap　信息鸿沟　信息富有者与信息贫乏者之间，在获取信息数量与种类上的差距愈发扩大。

information service　信息服务　法律名称，要求通信服务商控制自己的服务范围。

inhibitory effects　抑制性效果　社会认知理论认为，看到某人比如电影中的人物因某种行为而受到惩罚，会减少观察者模仿该行为的可能。

instant books　即时图书　众所周知的公共事件发生后迅速出版的与其相关的图书。

instant messaging（IM）　即时通信　电子邮箱的实时版，两个或更多用户之间能实现即时的讯息发送和回复。

integrated audience reach　综合受众使用率　指纸质报纸加上只限网络上阅读、未进行纸质报纸阅读的读者的总和。

integrated marketing communications（IMC）　整合营销传播　将公关、市场营销、广告和推广等职能融为一体，构成几近天衣无缝的传播活动。

Internet　互联网　能自由通信、分享和交换信息的全球互联计算机网络。

Internet service provider（ISP）　互联网服务供应商　向用户提供网络连接并根据用户的连接种类和数量按月收费的公司。

interpersonal communication　人际传播　两人或若干人之间的传播。

interruptive ads　干扰性广告　贯穿或隐含在杂志内容之中的广告。

island　孤岛拍摄　儿童电视广告中，产品被简单地以其真实大小的形式置放在中性背景之下进行展示。

joint operating agreement（JOA）　联合经营协议　允许面临破产的报纸将其主要业务并入经营状况良好的当地报纸，但两家报纸的编辑、报道过程必须保持相互独立。

kinescope　电视显像管　斯福罗金为美国无线电公司研发的升级版显像管。

kinetograph　活动电影摄影机　威廉姆·迪克森发明的早期电影摄影机。

kinetoscope　活动电影放映机　一种活动电影摄影机放映的西洋景装置。

knowledge gap　知识鸿沟　文化水平较高的美国人与文化水平较低的美国人之间，在知识、公民活动和文化素质上的差距越来越大。

LAN（local area network）　局域网　连接两台或更多计算机的网络，通常在同一大楼之内。

LCD（liquid crystal display）　液晶显示器　利用液晶的电光效应调制外界光线进行显示的器件。

lead generation　潜在客户开发　用互联网建立的数据库收集潜在客户或顾客姓名、地址、邮箱地址和其他信息。

LED（light-emitting diode）　发光二极管　巧妙构成显示屏的发光半导体。

libel　诽谤　公开发布破坏他人名誉的虚假或恶意材料（通常用于纸质媒介）。

libertarianism　自由主义　认为应让正常、理性的人民全面、自由地接收信息，他们完全有鉴别对错的能力；因此，审查是没有必要的。

limited effects theory　有限效果理论　媒介效果因个体不同、社会类型不同和人际关系不同而受限。

linotype　划线机　用机械设置打印类型、无须手动设置打印类型的技术。

liquid barretter　液态电解电容　首个接收无线语音传输的设备；由费森登研发。

literacy　素养　有效且高效理解和运用传播形式的能力。

lobbying　游说　公共关系活动中，直接与被选举官员或政府监管者和机构互动。

Low Power FM（LPFM）　低功率调频广播　10到100瓦的、只能覆盖周围几英里的低功率调频非营利性社区广播电台。

macro-level effects　宏观层面效果　媒介广泛的社会、文化影响。

magalogue　目录杂志　制作成看上去像消费类杂志的设计师目录。

magic bullet theory　魔弹论　大众社会理论认为，媒介是极具杀伤力的武器，能直接进入人体系统。

mainframe computer　大型计算机　用户通过终端连接到大型中央计算机。

mainstreaming　主流化　培养分析理论认为，电视能引导人以共同的方式理解世界。

mass communication　大众传播　在大众媒介与受众之间创造共享意义的过程。

mass communication theories　大众传播理论　就大众传播与我们个人生活和文化生活或社会制度之间相关方面，进行诠释和预测。

massively multiplayer online role-playing game（MMO）　大型多人在线角色扮演游戏　在线互动游戏，游戏角色和动作不是由电脑控制，而是由玩家控制，也称虚拟世界游戏。

mass medium（mass media）　大众媒介　将信息传送给众多接收者的媒介。

mass society theory　大众社会理论　认为媒介具有破坏性影响；媒介破坏社会秩序，普通百姓无以抵御其影响。

master antenna television（MATV）　主天线电视　将同一地或同大楼中的多台电视机与一主天线连接。

meaning-making perspective　意义建构理论　认为受众成员主动运用媒介内容建构自己的意义和自己有意义的经验。

media councils　媒介理事会　即从媒介和公众中选出成员组成小组，负责调查公众对媒介提出的投诉并公布他们的调查结果。

media literacy　媒介素养　能有效地理解和利用大众传播的能力。

media multitasking　媒介多任务化　同时使用多种不同媒介的能力。

medium（media）　媒介　传达信息的载体。

metaethics　元伦理学　探讨文化是如何理解自己最基本的价值观念的。

metering　计量　互联网使用"按字节"计费；多用多付，少用少付。

microcomputer　微型计算机　运用微处理器处理

信息的小型计算机（也称个人电脑）。

microcinema　微电影　运用数字视频摄像机和台式数字编辑器制作电影。

micro-level effects　微观层面效果　媒介对个人产生的效果。

microwave relay　微波中继　声频和视频传输体系，超高频率信号由陆基点向陆基点传送。

middle-range theories　中层理论　只有限地阐述和预测大众传播过程中一些方面。

minicomputer　小型计算机　比较大的中央计算机，用户通过终端与其连接。

modeling　模仿　社会认知理论认为，人们通过效仿和认同进行学习。

modem　调制解调器　一种装置，将数字计算机信息转换成模拟形式后，通过电话线进行传输。

montage　蒙太奇　将两个独立但有联系的镜头结合在一起，构建一个全新的统一意义。

moral agent　道德主体　在道德困境中做决定的人。

muckraking　揭丑　进行新闻改革的一种形式，主要运用杂志推动变革。

MUD（multiuser dimension）　多用户网络空间　文本的网络互动游戏。

multimedia　多媒体　声音和图像性能较好的微型电脑。

multiple points of access　多点介入　有媒介素养的消费者能从多渠道接收或接触媒介内容。

multiple system operator（MSO）　多体系运营商　拥有若干有线电视特许权的公司。

murketing　模糊市场营销　让广告泛滥，消费者已无视它的存在。

music licensing company　音乐专利授权公司　根据使用者的总数收取费用并将之分配给歌曲作者和艺术家的机构。

narrowcasting　窄播　广播节目针对比较小的、人员更为同质化的受众。

neo-Marxist theory　新马克思主义理论　认为人民受那些控制文化（即上层建筑，对应的是经济基础）的人的压迫。

network　电视网　进行集中化制作、发行和决策的组织机构，联系隶属机构的目的是将观众推向广告商。

network neutrality　网络中立　平等对待使用网络的用户。

neuromarketing research　神经营销研究　广告研究中使用的生物计量测定法（对脑波、面部表情、视线追踪、出汗和心率进行监控）。

newsbook　新闻书　载有广告的英国早期每周一期的出版物。

newspaper chains　报纸连锁企业　拥有两份或更多报纸的商业组织。

news production research　新闻制作研究　研究新闻制作过程中，经济和其他因素的影响如何造成失真和偏袒，致使新闻报道偏向权势。

news staging　新闻造假　对被认为是真实的或可能发生的事件在电视新闻中进行人为的再创造。

NFC（near-field communication）chip　近场通信芯片　嵌在杂志中的标签，使读者连接上广告商的电子内容。

niche marketing　利基营销　媒介内容或消费类产品针对的目标受众范围更小、受众人口更为同质化。

nickelodeons　五美分娱乐场　首批电影院，因票价五美分而得名。

Nipkow disc　尼普科夫圆盘　最早将可视景象转化成电气信号进行传输的仪器。

noise　噪音　一切干扰传播成功进行的因素。

nonlinear TV　非线性电视　用户可以不按电视台的既定时间表而按自己的时间安排收看电视。

normative ethics　规范伦理学　道德或思想行为的普遍理论、规范和原则。

normative theory　规范理论　阐释媒介在特定社会价值体系中应该如何理想运作的理论。

obscenity　淫秽内容　由以下标准确立的不受保护的言论：（a）按现行社区标准，普通人是否感觉该作品总体上在诱发淫欲；（b）该作品描绘或描写性行为的方式是否公然冒犯了现行国家法律的明确规定；（c）作品总体上看是否根本没有重要的文学、艺术、政治或科学价值。

observational learning　观察性学习　社会认知理论认为观察者通过观察行为便可习得（学会）这些新行为。

off-network　外网　广播业指代辛迪加内容的术语，其内容先在电视网播出。

offset lithography　平版胶印　19 世纪晚期的技术进步，使得印刷术从金属铸件方式升级为摄影相版方式成为可能。

oligopoly　寡占　媒介体系的运营由少数大公司控制。

ombudsman　监察专员　媒介组织内部进行仲裁的人员。

O&O　拥有与操纵　由一广播网络拥有和操纵的电台。

open source software　开放源代码软件　自由下载的软件。

policy books　政策书　详细规定报纸和杂志日常操作的标准。

operating system　操作系统　控制电脑运行的软件。

opinion followers　意见追随者　指听从意见领袖对媒介内容的解释；源自两级传播理论。

opinion leaders　意见领袖　两级传播理论中，意见领袖消费媒介内容，根据自己的价值观和理念解释媒介内容并传递给意见追随者；源自两级传播理论。

opt-in/opt-out　选择加入/选择退出　用户可以选择允许公司出售自己的个人数据或要求公司不得出售自己的个人数据。

parity products　同类产品　消费者认为的无论谁生产其性质都差不多的产品。

pass-along readership　传阅读者人数　测定不是订阅或零购一份杂志阅读的读者人数，而是在医院或图书馆借阅或传阅的读者人数。

payola　贿赂　录音公司付给流行音乐节目主持人费用，希望他们播放自己的唱片。

paywall　付费门槛　在线内容只对付费读者开放。

penny press　便士报　19 世纪 30 年代售价一美分的报纸。

performance-based advertising　绩效广告　网站在消费者有具体购买行为之后才能得到报酬的网络广告。

permission marketing　许可营销　消费者主动接受广告。

persistence of vision　视觉暂留　人眼获取的图像会在大脑中停留 1/24 秒，从而产生图像动起来的效果。

personal computer（PC）　个人电脑　参见微型计算机。

personal peoplemeter　个人收视记录器　评级技术；一种特别的遥控器，为家中每位观众备有个人按钮。

pilot　样片　所推荐的电视节目的试播片段。

piracy　盗版　即非法录音和销售有版权的材料。

pirate broadcasters　地下电台　未经许可或非法运行的电台。

pixel　像素　电子成像系统（比如电视或电脑屏幕）中最小的图像元素。

platform　平台　传送特定媒介内容的方式。

platform agnostic　平台中立化　不介意用那种方式获取媒介内容。

platform agnostic　平台中立化　电子书和书页截图对所有阅读终端开放。

platform rollout　平台首映　电影先在少数影院放映，希望赞誉的影评及口耳相传能提升受众的观看兴趣。

playlist　播放单　流行音乐主持人事先挑选好的流行音乐播放顺序。

podcasting　播客　录制和下载存储在服务器上的音频文件。

pornography　色情内容　只促动性兴奋的描述。

premium cable　付费有线电视　向观众收取高于基本订购的费用，提供有线电视频道。

print on demand（POD）　按需印刷　一种出版形式，出版商以电子形式储存图书，一有预定，即时印刷、装订和发行。

prior restraint　事先限制　政府阻止出版或广播特定言论的权利。

production values　制作价值　媒介内容自身的内在语言与文法，风格与质量。

product placement　植入式广告　有偿地将特定品牌产品植入到媒介内容之中。

product positioning　产品定位　广告商成功地依据产品购买者而赋予产品意义，而不是依据产品本身而赋予意义。

prosumer　生产消费者　积极主动的消费者。

protocols　协议　为连接互联网而制定的统一的通信规则和语言。

pseudo-event　假新闻　即为吸引公众注意特意策划的事件。

psychographic segmentation　消费心态细分　广告商迎合有相似生活习惯、态度、价值观和行为风格的受众群体的做法。

P2P　点对点　点对点软件，实现两台或多台个人计算机的数据在联网环境下经由中央服务器同时实现直接传播或合作。

Public　公众　公共关系中指与一组织、问题或观念有关系的群体。

public domain　公有领域　版权法中指材料的版权过期后，可不经允许使用。

public service remit　公共服务专款　英国商业频道想要获取播放权，必须同意广告和其他公共服务方面的限制性要求。

puffery　夸大广告　为广告更加好看而略为行使的夸张。

pulp novels see dime novels　庸俗小说　参见廉价小说。

put　承诺　即电视制作人与电视网的协议，电视网保证至少会从制作人处订购样片，否则将支付罚款。

QR（quick response）code　二维码（快速反应码）　很多媒介表面显示的黑白小方框，供移动设备用户扫描后直接访问具体网站。

radio frequency identification（RFID）chip　射频识别芯片　内置在消费者产品之中、可传输无线电信号的沙粒般大小的微型芯片和天线。

rating　收听（视）率　广播节目到达市场总体受众的百分率。

recall testing　回忆测试　广告调查方式，询问消费者哪种平面或广播广告给他们印象最深。

recent catalogue albums　最新目录专辑　指发行 15 个月到 3 年的专辑。

recognition tests　识别测试　广告研究方式，要求受访消费者确认哪些广告最容易记住。

reinforcement theory　强化理论　约瑟夫·克拉珀认为，媒介即便真有影响，也只不过是强化性影响。

remainders　退书积压　书店退回给出版商的未销售掉的图书，以极低的折扣被销售。

retainer　预付费用　客户就一系列具体服务按约定向广告公司支付的费用。

retransmission fee　转播费　地方有线电视台转播电视台信号所支付的费用。

return on investment（ROI）　投资回报率　以问责为基础的衡量广告是否成功的方法。

reverse compensation　反向补偿　地方电视台想成为电视网的附属机构，必须向电视网支付费用。

revolutionary concept　革命概念　规范理论，认为媒介在体系中为革命服务。

rich media　富媒介　复杂、互动的网络广告，常常运用声像手段。

ritual perspective　仪式论　认为媒介是再现共识与文化的核心。

RSS（really simple syndication）　聚合内容　让网络用户集结互联网提供的无限量材料自行进行内容创作的整合行为。

satellite-delivered media tour　卫星传送媒介巡回　发言人可通过电话连接同时接受全球范围的观众的采访。

search engines　搜索引擎　提供屏幕菜单的网络搜索软件。

search marketing　搜索营销　在用户关键词搜索结果的旁边或内部投放广告。

secondary service　辅助业务　广播电台的副业或次要形式。

selective attention　选择性关注　参见选择性接触。

selective exposure　选择性接触　认为人只接触或关注与自己固有态度和信仰一致的信息。

selective perception　选择性理解　认为人依据自己固有的态度和信仰理解信息。

selective processes　选择过程　人依据自己固有态度和观念接触、记忆和理解信息。

selective retention　选择性记忆　认为人对与自己已有态度和观念一致的信息记得更为牢固和持久。

self-righting principle　自我修正原理　约翰·弥尔顿对自由主义的解读。

share　收视份额　收听某一具体广播节目的人或

收看某一具体电视节目的家庭的百分比。

shield laws 新闻保障法 明确规定记者在法院上有权对自己的信息来源保守秘密。

shopbills 购货单 早期英国商人为宣传自己所使用的美观、精致的商业名片。

shortwave radio 短波广播 以高频率传输的广播信号，可跳跃电离层长距离传播。

signs 标志 社会建构现实理论，认为事物具有主观意义。

siquis 喜求斯 报纸诞生之前及报纸诞生早期，欧洲比较普遍的贴在墙上的分类广告。

skip 跳跃 广播电波反射电离层的能力。

sky waves 天波 跳跃电离层的广播电波。

slander 中伤 即口头或言语上毁谤他人人格（尤被用于广播）。

smart mobs 知识暴民 参见快闪族。

smartphone 智能手机 配置了先进操作系统比如苹果 iOS 系统或安卓系统的手机。

social cognitive theory 社会认知理论 阐述人通过观察进行学习。

social construction of reality theory 现实的社会构建理论 该理论阐释文化如何运用标志和符号来构建和维持其现实；认为人通过自己在现实世界中的互动，学会在现实世界中如何行为。

social networking sites 社交网站 在线用户的社区。

social responsibility theory（or model） 社会责任理论 规范性理论或模式认为媒介不能受政府控制，但前提是必须为公众服务。

soft news 软新闻 不能发挥新闻民主功能的耸人听闻式的报道。

spam 垃圾邮件 不请自来的电子邮件。

spectrum scarcity 频谱短缺 广播频谱空间有限，因此，并非每位想听广播的人都能听到广播；获取执照的电台必须遵守规章制度。

spin 吹嘘 公共关系中为隐藏事实而说的谎言。

split runs 分版刊登 杂志特定一期的特别版本，其编辑内容和广告按具体人口或区域的分类而有所不同。

sponsorships 赞助广告 网络广告术语，指"顺便带给你的"页面，常含有很多植入式广告、软广告及其他联合品牌内容。

spot commercial sales 广告空位销售 在广播节目中穿插若干个 60 秒空位广告时间，向众多广告商销售。

spyware 间谍软件 网站不经许可或同意便植入电脑的身份鉴别软件。

Standards and Practices Department 标准和实践部 电视网内部对内容进行审查的部门。

Stereotyping 刻板印象 依据有限信息推而广之地标准化或概念化某一群体的成员。

Sticky 黏性 能吸引网络用户的网站特征。

stimulation model 刺激模式 指观看媒介暴力后可能会增加攻击行为。

streaming 流媒介 能同时下载和接收（播放）数字音频或视频数据。

stripping 长期固定播放 每周 5 个晚上同一时间播放辛迪加电视节目。

subscription TV 付费电视 早期尝试的有偿无线电视。

subsidiary rights 附属权 将图书、图书内容甚至图书中的人物出售给外界感兴趣者，比如电影制作人。

surrogate service 代理服务 国际广播中，一国建立起的、填补另一国国内需求的制作经营。

sweeps periods 扫描周期 2 月、5 月、7 月和 11 月的专门测定电视收视率时间，在选定市场内向样本家庭发放日记本。

symbolic interaction 符号互动 认为人赋予符号意义，符号转而控制人的行为。

symbols 符号 现实的社会构建理论认为，事物具有客观意义。

syndication 辛迪加 依据市场向电台或电视台销售广播电视内容。

synergy 协同 媒介集团尽可能地运用频道传输相似内容。

targeting 确定目标市场 使媒介内容或消费者产品针对的受众更确切、具体。

taste publics 口味公众 对特定的媒介内容形式感兴趣的群体或受众。

technological determinism 技术决定论 认为机器和机器的发展驱动了经济和文化的变革。

technology gap 技术鸿沟 有传播技术的人与没

有传播技术的人之间的巨大差距。

tentpole　主力大片　指成本高昂、制片公司指望利用它带动其他新片发行的大片。

terminals　终端机　与更大型的中央机器连接的用户工作站。

terrestrial digital radio　地面数字广播　以陆地为基础的数字广播，运用数字压缩技术及现有的频谱间隔，同时发射模拟信号和一个或多个数字信号。

theatrical films　院线电影　为影院放映而制作的电影。

third-party publishers　第三方发行商　专为已有硬件系统开发游戏的公司。

third-person effect　第三者效应　人们都普遍认为别人会受媒介信息的影响，而自己则不会受媒介信息的影响。

360 marketing　360度全面营销　参见环境广告。

tiers　级别　有线电视或卫星频道以不同价格向预订者发行的不同套餐。

time-shifting　时间位移　指在 VCR 上录下节目以后再看。

Total Audience Measurement Index （TAMi）　总受众人数评测指数　测定某一电视剧集在各种平台上的收看情况，包括电视、数字视频录像机（DVR）、互联网和移动视频。

trade books　普及版图书　精装或平装图书，包括小说和非小说类、食谱、传记、艺术及装帧精美的画册和指南类图书。

traffic cop analogy　类比交警法　广播电视法规将联邦通信委员会比作交警，认为它不仅有权保证广播的畅通，还有权介入广播内容。

transmissional perspective　传递论　认为媒介发布信息，意在试图控制。

transparentists　透明提倡者　呼吁完全、彻底披露信息（即透明化）的公关从业者。

trustee model　托管模式　广播规章制度认为，广播电台是作为公众受托人在实施服务的。

two-step flow theory　两级传播理论　认为媒介对人行为的影响受到意见领袖的限制。意见领袖消费媒介内容，依据自己的价值和观念理解媒介信息，然后传递给接触媒介较少的意见追随者。

typification schemes　典型图式　现实的社会建构理论认为，人们对某现象或某境况赋予了集合意义。

unique selling proposition （USP）　独特卖点　即使广告凸显该产品有别其他品牌同类产品的特别之处。

URL （uniform resource locator）　统一资源定位符　连接到互联网的主机计算机上的每一个文件或目录的代号。

uses and gratifications approach　使用与满足理论　认为媒介未对人产生影响，而是人使用媒介产生影响。

VALS　价值观念与生活方式　广告商的心态细分策略：根据价值观念和生活方式划分消费者。

value-compensation program　价值补偿项目　广告公司与品牌达成协议，广告费取决于它预定目标完成的程度。

vast wasteland　一堆垃圾　联邦通信委员会（FCC）主席牛顿·迈诺1961年描述电视节目时的用语。

vertical integration　垂直整合　制片公司自己制作电影、用自己的渠道和自己的影院发行和放映电影的体系。

vicarious reinforcement　替代性强化　社会认知理论认为，观察到的强化，会促使自己实际行为中的强化。

video game　视频游戏　与屏幕动作进行交互的游戏。

video news release （VNR）　视频新闻稿　事先制作好有关某客户或某客户产品的报道，免费送往各电视台。

video-on-demand （VOD）　视频点播　观众按次付费随时收看电影和其他想看的内容。

viral marketing　病毒式营销　公关策略，针对特定互联网用户进行特定传播，然后依赖其散播出去。

virtual worlds game　虚拟世界游戏　参见大型多人在线角色扮演游戏。

Voice over Internet Protocol （VoIP）　网络电话　打电话已转换成数字包形式通过互联网传输，而不是通过电路交换的电话线传输。

WAN（wide area network）　广域网　连接不同地点的若干局域网的网络。

Web radio　网络广播　广播通过互联网直接送达各位听众。

webisode　网络剧集　仅供网络播放的电视节目。

Western concept　西方概念　媒介体系的规范理论，将自由主义的自由与社会责任要求的公共服务及必要的规章融于一体。

Wi-Fi　无线局域网　无线互联网。

willing suspension of disbelief　自愿暂时搁置怀疑　受众自愿将呈现于他们眼前的东西视为真实而加以接受。

wire services　通讯社　向会员提供新闻材料的新闻采集组织。

World Wide Web　万维网　通过互联网连接到电脑来获取信息的方式。

yellow journalism　黄色新闻　20世纪早期的新闻强调耸人听闻的内容，包括色情、犯罪和灾难新闻。

zipping　快进　在磁带录像机（VCR）上快进略过广告。

zoned editions　区域划分版　大都市报纸的郊区版或地区版。

zoopraxiscope　动物实验镜　早期将幻灯片投影到远处平面的仪器。

参考文献

Adams, M. (1996). The race for radiotelephone: 1900–1920. *AWA Review, 10,* 78–119.

Advertising mediums that most influence product purchases. (2011, April). *Editor & Publisher,* p. 18.

AFRTS. (2012). Mission statement. Online: http://afrts.dodmedia.osd.mil/.

Agency report 2011. (2011, April 25). *Advertising Age,* pp. 25–32.

Aguilar, R. (2012, February 1). What does the activism surrounding SOPA reveal about the future of online organizing? *Truthout.* Online: http://www.truth-out.org/what-does-activism-surrounding-sopa-reveal-about-future-online-organizing/1327952848.

Albiniak, P. (1999, May 3). Media: Littleton's latest suspect. *Broadcasting & Cable,* pp. 6–15.

Albiniak, P. (2002, April 29). Railing—but no derailing. *Broadcasting & Cable,* p. 7.

Alford, H. (2012, April 22). Watch every click you make. *New York Times,* p. ST2.

Allport, G. W., & Postman, L. J. (1945). The basic psychology of rumor. *Transactions of the New York Academy of Sciences, 8,* 61–81.

Alpert, J., & Hajaj, N. (2008, July 25). We knew the Web was big. *Google Blog.* Online: http://googleblog.blogspot.com/2008/07/we-knew-web-was-big.html.

Alterman, E. (2005, March 14). The pajama game. *The Nation,* p. 10.

Alterman, E. (2007, September 10–17). It ain't necessarily so . . . *The Nation,* p. 10.

Alterman, E. (2008, February 24). The news from Quinn-Broderville. *The Nation,* pp. 11–14.

Ambrose, J. (2007, January 12). Newspapers going, but not yet gone. *Providence Journal,* p. B5.

Anderson, A., Guskin, E., & Rosenstiel, T. (2012). Alternative weeklies: At long last, a move toward digital. *State of the news media 2012.* Online: http://stateofthemedia.org/2012/native-american-news-media/alternative-weeklies-at-long-last-a-move-toward-digital/.

Anderson, C. A., Berkowitz, L., Donnerstein, E., Huesmann, L. R., Johnson, J. D., Linz, D., et al. (2003). The influence of media violence on youth. *Psychological Science in the Public Interest, 4,* 81–110.

Anderson, M. (2011, December 13). Lowe's stands by its decision to pull ads from TV show. *Providence Journal,* p. B8.

Anderson, M. K. (2000, May/June). When copyright goes wrong. *Extra!,* p. 25.

Anderson, S. (2012, April 8). Just one more game. *New York Times Magazine,* pp. 28–33, 55.

Andrews, L. (2012, February 5). Facebook is using you. *New York Times,* p. SR7.

Andronikidis, A. I., & Lambrianidou, M. (2010). Children's understanding of television advertising: A grounded theory approach, *Psychology and Marketing, 27,* 299–332.

Angell, R. (2002, March 11). Read all about it. *The New Yorker,* pp. 27–28.

Applebome, P. (2009, March 22). Who killed this little bookstore? There are enough suspects to go around. *New York Times,* p. 23Y.

Arango, T., & Carter, B. (2009, November 21). An unsteady future for broadcast. *New York Times,* p. B1.

Arato, A., & Gebhardt, E. (1978). *The essential Frankfurt School reader.* New York: Urizen Books.

Arbitron. (2012). Radio station formats. Online: http://www.arbitron.com/home/formats.htm.

Associated Press. (2010, March). *A new model for communication: Studying the deep structure of advertising and news consumption.* Baltimore: Carton Donofrio Partners.

Associated Press et al. v. United States, 326 U.S. 1, 89 L. Ed. 2013, 65 S. Ct. 1416 (1945).

Association of Magazine Media. (2011, November 21). MAA releases benchmark magazine mobile media study. Online: http://magazine.org/association/press/mpa_press_releases/mag-mobile-reader-study.aspx.

Association of Magazine Media. (2012a). Magazine media factbook 2011–2012. Online: http://www.magazine.org/advertising/magazine-media-factbook/keyfacts.html.

Association of Magazine Media. (2012b, January 10). 2011 overall magazine advertising revenue flat. Online: http://www.magazine.org/advertising/revenue/by_ad_category/pib-4q-2011.aspx.

Atkinson, C. (2004, September 27). Press group attacks magazine product placement. *AdAge.com.* Online: http://www.adage.com/news.cms?newsid=41597.

Attenberg, J. (2012, March 6). Jonathan Franzen comments on Twitter. *Whatever-Whatever.net.* Online: http://www.whatever-whenever.net/blog/2012/03/delilloness/.

Audit Bureau of Circulations. (2011, November 16). Going mobile: How publishers are maturing and monetizing their offerings. Online: http://www.accessabc.com/gomobile/.

Auletta, K. (2001, December 10). Battle stations. *The New Yorker,* pp. 60–67.

Auletta, K. (2005, March 28). The new pitch. *The New Yorker*, pp. 34–39.

Auletta, K. (2010, April 26). Publish or perish. *The New Yorker*, pp. 24–31.

Ault, S. (2009, October 16). Studios adjust to digital distribution. *Variety*. Online: http://www.variety.com/article/VR1118010062.html?categoryid=3766&cs=1.

Avlon, J. (2012, March 10). Rush Limbaugh scandal proves contagious for talk-radio advertisers. *Daily Beast*. Online: http://www.thedailybeast.com/articles/2012/03/10/rush-limbaugh-scandal-proves-contagious-for-talk-radio-advertisers.html.

Baar, A. (2011, February 28). Survey finds phones revolutionize video games. *MediaPost*. Online: http://www.mediapost.com/publications/article/145761/survey-finds-phones-revolutionize-video-games.html.

Baar, A. (2012, January 21). Video rental stores on "life support." *MediaPost*. Online: http://www.mediapost.com/publications/article/166190/video-rental-stores-on-life-support.html?print.

Bacon, J. (2005, November/December). Saying what they've been thinking. *Extra!*, pp. 13–15.

Bagdikian, B. (2004, March). Print will survive. *Editor & Publisher*, p. 70.

Bal, S. (2004, July 9). India ink. *Entertainment Weekly*, p. 19.

Ball, S., & Bennett, J. (2010, January 15). Heidi Montag, Version 3.0. *Newsweek*. Online: http://www.newsweek.com/id/231093.

Ball, S., & Bogatz, G. A. (1970). *The first year of* Sesame Street: *An evaluation*. Princeton, NJ: Educational Testing Service.

Banfield, A. (2003, April 29). MSNBC's Banfield slams war coverage. *AlterNet*. Online: http://www.alternet.org/print.html?storyid=15778.

Banning bad news in Iraq. (2004, August 10). *New York Times*, p. A20.

Baran, S. J., Chase, L. J., & Courtright, J. A. (1979). The Waltons: Television as a facilitator of prosocial behavior. *Journal of Broadcasting, 23*, 277–284.

Baran, S. J., & Davis, D. K. (2012). *Mass communication theory: Foundations, ferment and future* (6th ed.). Boston: Wadsworth Cengage.

Barboza, D. (2012, April 4). In China press, best coverage cash can buy. *New York Times*, p. 1.

Barlow, J. P. (1996). Selling wine without bottles: The economy of mind on the global Net. In L. H. Leeson (Ed.), *Clicking in: Hot links to a digital culture*. Seattle, WA: Bay Press.

Barnes, B. (2008, March 23). At cineplexes, sports, opera, maybe a movie. *New York Times*, pp. A1, A15.

Barnouw, E. (1966). *A tower in Babel: A history of broadcasting in the United States to 1933*. New York: Oxford University Press.

Barnouw, E. (1990). *Tube of plenty: The evolution of American television*. New York: Oxford University Press.

Baron, D. (2011, October 10). Resistance may be futile: Are there alternatives to global English. *OUPBlog*. Online: http://blog.oup.com/2011/10/global-english/.

Barron, G., & Chowdhury, P. (2012, March 7). The consequences of digital ad bombardment. *Upstream Systems*. Online: http://cache.upstreamsystems.com/wp-content/uploads/pdf/YouGov2012n.pdf.

Barstow, D. (2006, April 6). Report faults video reports shown as news. *New York Times*, p. A17.

Bart, P. (2000, January 3–9). The big media blur. *Variety*, pp. 4, 95.

Bart, P. (2007, June 11–17). And now, a scene from our sponsor. *Variety*, pp. 4, 58.

Barton, L. (2002, July 30). Cereal offenders. *Guardian Education*, pp. 2–3.

Bazelon, E. (2011, October 16). The young and the friended. *New York Times Magazine*, pp. 15–16.

Bennett, D. (2004, February). Our mongrel planet. *American Prospect*, pp. 62–63.

Bennett, W. L. (1988). *News: The politics of illusion*. New York: Longman.

Berger, P. L., & Luckmann, T. (1966). *The social construction of reality: A treatise in the sociology of knowledge*. Garden City, NY: Doubleday.

Berkman, H. W., & Gilson, C. (1987). *Advertising: Concepts and strategies*. New York: Random House.

Bernays, E. L. (1986). *The later years: Public relations insights, 1956–1988*. Rhinebeck, NY: H & M.

Berners-Lee, T., & Fischetti, M. (1999). *Weaving the Web: The original design and ultimate destiny of the World Wide Web by its inventor*. New York: HarperCollins.

Bing, J. (2006, January 2–8). Auds: A many-splintered thing. *Variety*, pp. 1, 38–39.

Bittner, J. R. (1994). *Law and regulation of electronic media*. Englewood Cliffs, NJ: Prentice Hall.

BitTorrent. (2012, January 9). Bittorrent and μTorrent software surpass 150 million user milestone; announce new consumer electronics partnerships. Online: http://www.bittorrent.com/intl/es/company/about/ces_2012_150m_users.

Black, J. (2001). Hardening of the articles: An ethicist looks at propaganda in today's news. *Ethics in Journalism, 4*, 15–36.

Black, J., & Barney, R. D. (1985/86). The case against mass media codes of ethics. *Journal of Mass Media Ethics, 1*, 27–36.

Black, J., & Whitney, F. C. (1983). *Introduction to mass communications*. Dubuque, IA: William C. Brown.

Blow, C. M. (2009, June 27). The purient trap. *New York Times*, p. A19.

Blumenauer, E. (2009, November 15). My near death panel experience. *New York Times*, p. WK12.

Blumler, J. G., & Gurevitch, M. (1975). Towards a comparative framework for political communication research. In S. H. Chaffee (Ed.), *Political communication. Issues and strategies for research*. Beverly Hills, CA: Sage.

Bogle, D. (1989). *Toms, coons, mulattos, mammies, & bucks: An interpretive history of Blacks in American films*. New York: Continuum.

Bosman, J. (2010, November 10). Times will rank e-book best sellers. *New York Times*, p. C3.

Bosman, J. (2011, April 7). One million downloads and counting. *New York Times*, p. C2.

Boss, S. (2007, May 13). The greatest mystery: Making a best seller. *New York Times*, pp. 3.1, 3.6.

Boulton, C. (2010, March 20). YouTube brand may be an advantage in Viacom copyright case. *eWeek*. Online: http://www.eweek.com/c/a/Search-EnginesYouTube-Brand-May-Be-an-Advantage-in-Viacom-Copyright-Case-572764/.

Boyce, J. C. (2010, September 7). Americans don't burn books. *Salon*. Online: http://www.huffingtonpost.com/james-boyce/americans-dont-burn-books_1_b_707187.html.

Boylan, J. G. (2010, January 11/18). End of the century. *The Nation*, pp. 31–34.

Bradbury, R. (1981). *Fahrenheit 451*. New York: Ballantine. (Originally published in 1953.)

Bragman, H. (2009, January 19). A cynical world could use a little PR. *Broadcasting & Cable*, p. 28.

Braverman, S. (2010, August 26). Would Americans rather be younger, thinner, richer or smarter? *Harris Poll*. Online: http://www.harrisinteractive.com/vault/HI-Harris-Poll-Adweek-Would-You-Rather-2010-08-26.pdf.

Bray, H. (2006, January 28). Google China censorship fuels calls for US boycott. *Boston Globe*, p. A10.

Bridges v. California, 314 U.S. 252 (1941).

Brisbane, A. S. (2012, January 12). Should the *Times* be a truth vigilante? *New York Times*. Online: http://publiceditor.blogs.nytimes.com/2012/01/12/should-the-times-be-a-truth-vigilante/?scp=1&sq=Should%20the%20Times%20be%20a%20Truth%20Vigilante&st=cse.

Brodesser-Akner, C. (2008, January 7). How Ford snared starring role in *Knight Rider* TV movie. *Advertising Age*, p. 22.

Brodsky, J. (1987, December 8). *Nobel lecture*. Online: http://nobelprize.org/nobel_prizes/literature/laureates/1987/brodsky-lecture-e.html.

Brown v. Entertainment Merchants Association, U. S. No. 08-1448 (2011).

Brubach, H. (2007, April 15). Starved to perfection. *New York Times Style Magazine*, p. 42.

Burnham, V. (2001). *Supercade: A visual history of the videogame age 1971–1984*. Cambridge: MIT Press.

Burton, B. (2005, November 15). Fake news: It's the PR industry against the rest of us. Online: http://www.prwatch.org/node/4174/print.

Busbee, J. (2011, August 11). Don't believe what you see: More staged news. *Yahoo Sports*. Online: http://www.redicecreations.com/article.php?id=16299.

Butler, B. (2011, July 20). Young guns. *Maynard Institute for Journalism Education*. Online: http://mije.org/health/young-guns.

Byrne, D. (2008a, January). The fall and rise of music. *Wired*, pp. 124–129.

Byrne, D. (2008b, January). The Radiohead revolution. *Wired*, pp. 120–123.

A candid conversation with the high priest of popcult and metaphysician of media. (1969, March). *Playboy*, pp. 53–74, 158.

Carey, J. W. (1975). A cultural approach to communication. *Communication, 2*, 1–22.

Carey, J. W. (1989). *Communication as culture*. Boston: Unwin Hyman.

Carmichael, M. (2011, November 14). New necessities: What consumers can't live without. *Advertising Age*, pp. 6, 8.

Carnevale, D. (2005, December 9). Books when you want them. *Chronicle of Higher Education*, p. A27.

Carr, D. (2004, August 2). Publish till you drop. *New York Times*, p. C1.

Carr, D. (2011, January 9). Media savant. *New York Times Book Review*, pp. 9–10.

CBS v. Democratic National Committee, 412 U.S. 94 (1973).

Center on Alcohol Marketing and Youth. (2012). Fact sheets: Underage drinking in the United States. Online: http://camy.org.

Center for Science in the Public Interest. (2002). Booze news. Online: http://www.cspinet.org/booze/alcad.htm.

Chandler v. Florida, 449 U.S. 560 (1981).

Chang, R. (2009b, July 13). Virtual goods give brands a new way to play in gaming. *Advertising Age*, p. 12.

Chin, F. (1978). *Cable television: A comprehensive bibliography*. New York: IFI/Plenum.

Chmielewski, D. C. (2012, March 20). 100 million TVs will be Internet-connected by 2016. *Los Angeles Times*. Online: http://latimesblogs.latimes.com/entertainmentnewsbuzz/2012/03/100-million-tvs-will-be-internet-connected-by-2016.html.

Chozick, A. & Rohwedder, C. (2011, March 18). The ultimate reality show. *Wall Street Journal*. Online: http://online.wsj.com/article/SB100014240527487038997045762044434334 87336.html?mod=wsj_share_twitter.

CIA world factbook. (2008). China. Online: https://www.cia.gov/library/publications/the-world-factbook.

Cieply, M. (2010, January 27). He doth surpass himself; *Avatar* outperforms *Titanic*. *New York Times*, p. C1.

Cisco Systems. (2009, June 9). New Cisco Visual Networking Index forecasts global IP traffic to increase fivefold by 2013. Online: http://newsroom.cisco.com/dlls/2009/prod_060909.html.

CJR Comment. (2003, September/October). 9/11/03. *Columbia Journalism Review*, p. 7.

Coates, D. (2009, November 13). Ad infinitum. *MediaPost*. Online: http://www.mediapost.com/publications/?art_aid=117174&fa=Articles.showArticle.

Coen, R., & Hart, P. (2002, April). Last media ownership limits threatened by judicial action. *Extra! Update*, p. 4.

Condé Nast says it expects to introduce new print products to grow retail sales. (2010, March 4). *Supermarket News*. Online: http://supermarketnews.com/news/conde_nast_0304/.

Collette-White, M. (2012, January 23). Music sales fall again in 2011, but optimism grows. *Reuters.com*. Online: http://www.reuters.com/article/2012/01/23/us-idUSTRE80M15T20120123.

comScore. (2012, February 9). 2012 U. S. digital future in focus. Online: http://www.comscore.com/Press_Events/Presentations_Whitepapers/2012/2012_US_Digital_Future_in_Focus.

Consumer Electronics Association. (2008, November 24). How Americans plan to make do. *Broadcasting & Cable*, p. 18.

Cook, J. (2010, March 5). How ABC News' Brian Ross staged his Toyota death ride. *Gawker*. Online: http://gawker.com/5486666/how-abc-news-brian-ross-staged-his-toyota-death-ride.

Cook, T. D., Appleton, H., Conner, R. F., Shaffer, A., Tamkin, G., & Weber, S. J. (1975). Sesame Street revisited. New York: Russell Sage Foundation.

Copps, M. J. (2008, April 7). Not your father's FCC. The Nation, p. 18.

Copps, M. J. (2011, June 9). Statement of Commissioner Michael J. Copps on release of FCC staff report "The Technology and Information Needs of Communities." Federal Communications Commission. Online: http://www.fcc.gov/document/copps-information-needs-communities-report.

Cox, A. M. (2005, March). Howard Stern and the satellite wars. Wired, pp. 99–101, 135.

Cox, C. (1999, September/October). Prime-time activism. Utne Reader, pp. 20–22.

Cox, C. (2000, July/August). Plugged into protest? Utne Reader, pp. 14–15.

Crary, D. (2011, May 8). Ad reaction creates debate about gender stereotypes for boys. Providence Journal, p. B4.

Creamer, M. (2007, April 2). Caught in the clutter crossfire: Your Brand. Advertising Age, pp. 1, 35.

The crisis in publishing. (2003, February 21). The Week, p. 22.

Cuban knows what's wrong with newspapers. (2006, November 20). Advertising Age, p. 10.

Czitrom, D. J. (2007). Twenty-five years later. Critical Studies in Media Communication, 24, 481–485.

Dahl, J. (2011, January 28). Why can't we watch Al Jazeera? Salon. Online: http://www.salon.com/news/politics/war_room/2011/01/28/dahl_al_jazeera.

D'angelo, F. (2009, October 26). Happy birthday, digital advertising! Advertising Age. Online: http://adage.com/digitalnext/article?article_id=139964.

Daniels, E. A. (2009). Sex objects, athletes, and sexy athletes: How media representations of women athletes can impact adolescent girls and college women. Journal of Adolescent Research, 24, 399–422.

Data Page. (2011a, October). Percentage of moms whose children used devices by age 2. Editor & Publisher, p. 18.

Data Page. (2011b, October). Reasons for local newspaper subscriptions. Editor & Publisher, p. 18.

Data Page. (2011c, April). How gen Y access newspaper content. Editor & Publisher, p. 18.

Davis, R. E. (1976). Response to innovation: A study of popular argument about new mass media. New York: Arno Press.

Day, L. A. (2006). Ethics in media communications: Cases and controversies (6th ed.). Belmont, CA: Wadsworth.

DeFleur, M. L., & Ball-Rokeach, S. (1975). Theories of mass communication (3rd ed.). New York: David McKay.

deGraf, B. (2004, May 5). Smart mobs vs. Amway. AlterNet. Online: http://www.alternet.org/print.html?storyid=18605.

delia Cava, M. R. (2012, March 16–18). Books, CDs, photos, going, going . . . USA Today, pp. 1A–2A.

Dellamere, D. (2009, August 19). Lessons from the Birmingham Eccentric. Columbia Journalism Review. Online: http://www.cjr.org/behind_the_news/lessons_from_the_birmingham_ec.php?page=all.

Deloitte. (2011, February 1). "State of the media democracy" survey: TV industry embraces the Internet and prospers. Online: http://www.deloitte.com/us/mediademocracy.

DeMaria, R., & Wilson, J. L. (2004). High score: The illustrated history of electronic games. New York: McGraw-Hill.

Dibbell, J. (2007, June 17). The life of the Chinese gold farmer. New York Times Magazine, pp. 36–41.

Digital Fast Facts. (2012, February 27). Advertising Age, insert.

Direct Marketing Association. (2011). 2011 statistical factbook. New York: Author.

Dougherty, H. (2012, February 2). 10 key statistics about Facebook. Hitwise.com. Online: http://weblogs.hitwise.com/heather-dougherty/2012/02/10_key_statistics_about_facebo_1.html.

Dove Research. (2011). The real truth about beauty: Revisited. Online: http://www.dove.us/social-mission/self-esteem-statistics.aspx.

Drucker, P. E. (1999, October). Beyond the information revolution. Atlantic Monthly, pp. 47–57.

Dumenco, S. (2006, January 16). Oh please, a blogger is just a writer with a cooler name. Advertising Age, p. 18.

Dumenco, S. (2008, June 23). Th-th-th-that's all, folks! No more talk of media end-times. Advertising Age, p. 48.

Dumenco, S. (2010, September 13). In non-loving memory: RIP, press releases (1906–2010)—long live the Tweet. Advertising Age, p. 28.

Dumenco, S. (2011, December 4). Even the FTC can't stop Facebook's mad rush toward total information awareness. Advertising Age. Online: http://adage.com/article/the-media-guy/ftc-stop-facebook-s-rush-total-info-awareness/231337/.

Dunham, W. (2009, January 7). Mississippi has highest teen birth rate. Reuters. Online: http://www.reuters.com/article/idUSTRE50679220090107.

E&P Staff. (2010, July 2). L. A. county supervisors to 'L.A. Times': Knock off the fake ad sections! Editor & Publisher. Online: http://www.editorandpublisher.com/Headlines/l-a-county-supervisors-to-l-a-times-knock-off-the-fake-ad-sections-61888-.aspx.

E-book sales now outstrip print books, says Amazon. (2011, May 29). Providence Journal, p. F4.

E-books outsell paper books on Barnes & Noble online store. (2010, December 30). Huffington Post. Online: http://www.huffingtonpost.com/2010/12/30/ebooks-paper-books-barnes-noble-nook_n_802835.html.

Ebenkamp, B. (2009, August 1). The monetization of Mimi: Mariah CD to have ads. Billboard. Online: http://www.billboard.biz/bbbiz/content_display/industry/e3i8b177543696059c9f49d0a5a16866ba4.

Eddy, M. (2011, October 26). Austrian law student takes on Facebook over possible data privacy violations in Europe. Newsday. Online: http://www.newsday.com/news/austrian-student-takes-on-facebook-over-privacy-1.3274291.

Edison not "the father of sound"? (2008, March 28). Providence Journal, p. A5.

Edison Research. (2011). The infinite dial: Navigating digital platforms. Online: http://www.edisonresearch.com/Infinite_Dial_2011.pdf.

Edmonds, R., Guskin, E., & Rosenstiel, T. (2011). Newspapers: Missed the 2010 media rally. State of the news media 2011. Online: http://stateofthemedia.org/2011/newspapers-essay/.

Edmonds, R., Guskin, E., Rosenstiel, T., & Mitchell, A. (2012). Newspapers: Building digital revenues proves painfully slow. *State of the news media 2012*. Online: http://stateofthemedia.org/2012/newspapers-building-digital-revenues-proves-painfully-slow/.

Edwards, J. (2009, January 6). Campbell's gay soup ad causes storm in a bread bowl. *BNET*. Online: http://industry.bnet.com/advertising/1000485/campbells-gay-soup-ad-causes-storm-in-a-bread-bowl/.

Eggerton, J. (2007, November 12). Net neutrality back in spotlight. *Broadcasting & Cable*, pp. 19–23.

Eggerton, J. (2009, May 14). Copps pushes localism, non-discrimination principle. *Broadcasting & Cable*. Online: http://www.broadcastingcable.com/article/232512-Copps_Pushes_Localism_Non_Discrimination_Principle.php.

Electronic Frontier Foundation. (2012, March). Stop the Internet blacklist bills. Online: https://wfc2.wiredforchange.com/o/9042/p/dia/action/public/?action_KEY=8173.

Elias, P. (2010, December 27). Spam fighter brings home the bacon. *Providence Journal*, p. B2.

eMarketer Staff. (2010, January 27). Boomers log some serious TV time. *Adweek*. Online: http://www.adweek.com/aw/content_display/news/media/e3i888f5f58648771050980256a519cf4cb.

Entertainment Software Association. (2012). Industry facts. Online: http://www.theesa.com/facts/index.asp.

Epstein, Z. (2012, January 16). Video game sales fall 21% in December, down 8% for full-year 2011. *BGR.com*. Online: http://www.bgr.com/2012/01/16/video-game-sales-fall-21-in-december-down-8-for-full-year-2011/.

Erard, M. (2004, July 1). In these games, the points are all political. *New York Times*, p. G1.

Estes v. State of Texas, 381 U.S. 532 (1965).

Ethnic Buying Power. (2011, December). *Television Advertising Bureau*. Online: http://www.tvb.org/media/file/TV_Basics.pdf.

Ewen, S. (2000). Memoirs of a commodity fetishist. *Mass Communication & Society, 3*, 439–452.

"Facebook Generation" faces identity crisis. (2008, July 4). *Medical News Today*. Online: http://www.medicalnewstoday.com/releases/113878.php.

Factsheet: The U. S. Media Universe. (2011, January 5). *Nielsen Wire*. Online: Nielsen Wire http://blog.nielsen.com/nielsenwire/online_mobile/factsheet-the-u-s-media-universe/.

Fagbire, O. J. (2007, July 17). Product placement just keeping it real claims Michael Bay. *Product Placement News*. Online: http://www.product-placement.biz/200707172269/News/Product-Placement/product-placement-just-keeping-it-real-claims-michael-bay.html.

Fahri, P. (2011, March 29). On NBC, the missing story about parent company General Electric. *Washington Post*. Online: http://www.washingtonpost.com/lifestyle/style/on-nbc-the-missing-story-about-parent-company-general-electric/2011/03/29/AFpRYJyB_story.html.

Fajen, S. (2008, July 7). The agency model is bent but not broken. *Advertising Age*, p. 17.

Falk, W. (2005, November 29). The trouble with newspapers. *Providence Journal*, p. B7.

Fallows, J. (2010, June). How to save the news. *Atlantic*, pp. 44–56.

Farhi, P. (2005, June/July). Under siege. *American Journalism Review*, pp. 26–31.

Farhi, P. (2009, May 17). Click, change. *Washington Post*, p. E1.

Farhi, P. (2011, March 29). On NBC, the missing story about parent company General Electric. *Washington Post*. Online: http://www.washingtonpost.com/lifestyle/style/on-nbc-the-missing-story-about-parent-company-general-electric/2011/03/29/AFpRYJyB_story.html.

Farhi, P. (2012, January 3). FCC seeks to change regulation of corporate interests disclosure on TV news. *Washington Post*. Online: http://www.washingtonpost.com/lifestyle/style/fcc-seeks-to-change-regulation-of-corporate-interests-disclosures-on-tv-news/2012/01/03/gIQAEhQBZP_story.html.

Faules, D. F., & Alexander, D. C. (1978). *Communication and social behavior: A symbolic interaction perspective*. Reading, MA: Addison-Wesley.

Feldman, G. (2001, February 12). Publishers caught in a Web. *The Nation*, pp. 35–36.

Federal Communications Commission. (2012). Low power broadcast radio stations. Online: http://www.fcc.gov/guides/low-power-broadcast-radio-stations.

Finally, 21st century phone service. (2004, January 6). *Business Week*. Online: http://www.businessweek.com/technology/content/jan2004/tc2004016.

Fischer, M. (2011, October 19). Your phone knows more about you than your mom. *Advertising Age*. Online: http://adage.com/article/digitalnext/phone-mom/230507/.

Fitzgerald, M. (1999, October 30). Robert Sengstake Abbott. *Editor & Publisher*, p. 18.

Fitzgerald, M. (2010, February). Growing young readers. *Editor & Publisher*, p. 16.

Fleming, M. (2005, June 6–12). H'wood's new book club. *Variety*, p. 3.

Fonda, D. (2004, June 28). Pitching it to kids. *Time*, pp. 52–53.

Forbes, T. (2011, June 27). "Cars 2": Entertainment or merchandise mover? *MediaPost*. Online: http://www.mediapost.com/publications/article/153120/cars-2-entertainment-or-merchandise-mover.html.

Forbes, T. (2012, January 20). Anti-SOPA campaign: An instant case history in the new PR. *MediaPost*. Online: http://www.mediapost.com/publications/article/166193/anti-sopa-campaign-an-instant-case-history-in-the.html.

Fort, M. (2010, January 28). McDonald's launch McItaly burger. *Guardian*. Online: http://www.guardian.co.uk/lifeandstyle/wordofmouth/2010/jan/28/mcdonalds-launch-mcitaly-burger.

Francis, T. (2011, December 26). The Humble Bundle guys—PC Gamer's community heroes of the year. *PC Gamer*. Online: http://www.pcgamer.com/2011/12/26/the-humble-bundle-guys-pc-gamers-community-heroes-of-the-year/.

Franzen, C. (2012, March 2). Why Facebook shouldn't worry about Znyga's new platform. *IdeaLab*. Online: http://idealab.talkingpointsmemo.com/2012/03/why-facebook-shouldnt-worry-about-zyngas-new-platform.php?ref=fpnewsfeed.

Friedman, W. (2011, December 12). TV usage on rise, print grabs more ad $ than mobile. *MediaPost*. Online: http://www.mediapost.com/publications/article/164047/tv-usage-on-rise-print-grabs-more-ad-than-mobil.html.

Friend, T. (2000, April 24). Mickey Mouse Club. *The New Yorker*, pp. 212–214.

Friend, T. (2009, January 19). The Cobra. *The New Yorker*, pp. 40–49.

Garchik, L. (2000, July 25). Death and hobbies. *San Francisco Chronicle*, p. D10.

Gardner, E. (2009, November 6). Forty years of sunny days. *USA Today*, p. 1D.

Gardner, T. (2010, November). When haters are best ignored. *Extra!*, p. 3.

Garfield, B. (2005, April 4). The chaos scenario. *Advertising Age*, pp. 1, 57–59.

Garfield, B. (2007, March 26). The post-advertising age. *Advertising Age*, pp. 1, 12–14.

Garofoli, J. (2012, January 26). Obama's speech echoes Occupy movement themes. *San Francisco Chronicle*, p. A1.

Garrett, D. (2007, December 17–23). Disc biz seeks new spin in '08. *Variety*, pp. 9, 14.

Garside, J., & Power, H. (2008, January 13). EMT managers will have to sing for their super. *Telegraph.co.uk*. Online: http://www.telegraph.co.uk/money/main.;html?xml=/money/2008/01/13/cnemi113.xml.

Genoways, T. (2007, September/October). Press pass. *Mother Jones*, pp. 79–81, 84.

Gerbner, G., Gross, L., Jackson-Beeck, M., Jeffries-Fox, S., & Signorielli, N. (1978). Cultural indicators: Violence profile no. 9. *Journal of Communication, 28,* 176–206.

Gerbner, G., Gross, L., Morgan, M., & Signorielli, N. (1980). The "mainstreaming" of America: Violence profile no. 11. *Journal of Communication, 30,* 10–29.

Germain, D. (2005, December 14). Hollywood sees biggest box office decline in 20 years. *AOL News*. Online: http://aolsvc.news.aol.com/movies/article.adp?id=20051214130609990010.

Gertner, J. (2005, April 10). Our ratings, ourselves. *New York Times Magazine*, pp. 34–46.

GfK Roper. (2008, December 1). What people do during commercials. *Advertising Age*, p. 6.

Gibbs, M. (2005, July 18). A new theory with consequences. *Network World*, p. 50.

Gillespie, E. M. (2005, August 20). Small publishers, big sales. *Providence Journal*, pp. B1–B2.

Gillespie, N. (2007, June). Kiss privacy goodbye—and good riddance, too. *Reason*. Online: http://www.reason.com/news/29166.html.

Gillmor, D. (2000, August 18). Digital Copyright Act comes back to haunt consumers. *San Jose Mercury News*, pp. 1C, 6C.

Gillmor, D. (2002, July 21). Hollywood, tech make suspicious pairing. *San Jose Mercury News*, pp. 1F, 7F.

Gillmor, D. M., & Barron, J. A. (1974). *Mass communication law: Cases and comments.* St. Paul, MN: West.

Gilson, D. (2011, March/April). Wii shall overcome. *Mother Jones*, pp. 55–57.

Ginsberg, T. (2002, January/February). Rediscovering the world. *American Journalism Review*, pp. 48–53.

Ginzburg v. United States, 383 U.S. 463 (1966).

Gitlin, T. (2004, July). It was a very bad year. *American Prospect*, pp. 31–34.

Gitlow v. New York, 268 U.S. 652 (1925).

Global media: Emerging market dailies. (2011, October 3). *Advertising Age*, p. 34.

Global media habits: A TV in every house. (2011, October 3). *Advertising Age*, p. 8.

Goetzl, D. (2011, December 23). MTV Research: It's (video) game time for marketers. *MediaPost*. Online: http://www.mediapost.com/publications/article/164789/mtv-research-its-video-game-time-for-marketers.html.

Goldkorn, J. (2005, August 10). Media regulation in China: Closed open closed open for business. Online: http://www.danwei.org/media_and_advertising/media_regulation_in_china_clos.php.

Graser, M. (2011, February 14–20). Pic biz brandwagon. *Variety*, pp. 1, 25.

Greenberg, K. (2009, March 10). ANA discusses line between falsehood, puffery. MediaPost. Online: http://www.mediapost.com/publications/article/101890/

Greenberg, K. (2011, September 16). Consumers more critical of cause marketing. *MediaPost*. Online: http://www.mediapost.com/publications/article/158743/consumers-more-critical-of-cause-marketing.html.

Greenwald, G. (2012, January 13). Arthur Brisbane and selective stenography. *Salon*. Online: http://www.salon.com/2012/01/13/arthur_brisbane_and_selective_stenography/.

Greider, W. (2005, November 21). All the king's media. *The Nation*, pp. 30–32.

Grimes, M. (2012, April 10). Nielsen: Global consumers' trust in "earned" advertising grows in importance. *Nielsen.com*. Online: http://www.nielsen.com/us/en/insights/press-room/2012/nielsen-global-consumers-trust-in-earned-advertising-grows.html.

Gross, D. (2005, July 25). Innovation: The future of advertising. *Fortune*. Online: http://www.fortune.com/fortune/0,15935,1085988,00.html.

Guskin, E., & Mitchell, A. (2011). Hispanic media: Faring better than the mainstream media. *State of the news media 2011*. Online: http://stateofthemedia.org/2011/hispanic-media-fairing-better-than-the-mainstream-media/.

Guthrie, M. (2010, April 26). Is network TV's model lost? *Broadcasting & Cable*, pp. 10–11.

Guttmacher Institute. (2010, January). U.S. teenage pregnancies, births and abortions: National and state trends and trends by race and ethnicity. Online: http://www.guttmacher.org/pubs/USTPtrends.pdf.

Hachten, W. A. (1992). *The world news prism* (3rd ed.). Ames: Iowa State University Press.

Hafner, K., & Lyon, M. (1996). *Where wizards stay up late: The origins of the Internet.* New York: Simon & Schuster.

Hall, E. (2010a, January 25). Beauty riskier than booze on Spanish TV. *Advertising Age*, p. 6.

Hall, E. (2010b, February 15). U.K. tightens rules on newly approved TV product placement. *Advertising Age*, pp. 4, 22.

Hall, E. T. (1976). *Beyond culture*. New York: Doubleday.

Hall, J. (2010, October 7). Branded-entertainment lessons courtesy of a Quebec TV show. *Advertising Age*. Online: http://adage.com/article_id=146334.

Hall, K. (2009, February 16). Kevin Smith challenges Southwest: Bring airline seat to Daily Show and I'll sit in it. *Huffington Post*. Online: http://www.huffingtonpost.com/2010/02/16/kevin-smith-challenges-so_n_463886.html.

Hall, S. (1980). Cultural studies: Two paradigms. *Media, Culture and Society, 2*, 57–72.

Halliday, J. (2007, February 12). GM cuts $600M off ad spend—yes, really. *Advertising Age*, pp. 1, 25.

Hamilton, A. (2000, August 21). Meet the new surfer girls. *Time*, p. 67.

Hamilton, A. (2005, January 10). Video vigilantes. *Time*, pp. 60–63.

Hampp, A. (2009, May 18). OMFG! A show with few TV viewers is still a hit. *Advertising Age*, p. 18.

Hampp, A. (2010, January 4). *Avatar* soars on fat ad spending, mass marketing. *Advertising Age*, pp. 1, 20.

Hampton, K. N., Goulet, L. S., Rainie, L., & Purcell, K. (2011, June 16). Social networking sites and our lives. *Pew Internet & American Life Project*. Online: http://pewinternet.org/~/media//Files/Reports/2011/PIP%20-%20Social%20networking%20sites%20and%20our%20lives.pdf.

Hansell, S. (2005, June 28). Cable wins Internet-access ruling. *New York Times*, p. C1.

Hardt, H. (2007, December). Constructing photography: Fiction as cultural evidence. *Critical Studies in Media Communication*, pp. 476–480.

Harris, M. (1983). *Cultural anthropology*. New York: Harper & Row.

Harris, S. D. (2009, December 20). More and more consumers turn to e-readers. *Providence Journal*, E4.

Havrilesky, H. (2010, January 30). "Digital Nation": What has the Internet done to us? *Salon*. Online: http://www.salon.com/entertainment/tv/frontline/index.html?story=/ent/tv/iltw/2010/01/30/frontline_digital_nation.

Hayes, C. (2007, November 12). The new right-wing smear machine. *The Nation*, pp. 11–13.

Hayes, D. (2003, September 15–21). H'wood grapples with third-act problems. *Variety*, pp. 1, 53.

Hayes, N. (2012, February 22). Out-of-home advertising grows in 2011. *Outdoor Advertising Association of America*. Online: http://www.oaaa.org/press/news/news.aspx?NewsId=1367.

Hedges, C. (2011, June 27). Gone with the papers. *Truthdig.com*. Online: http://www.truthdig.com/report/item/gone_with_the_papers_20110627/.

Hefling, K. (2012, March 7). Minority students punished more harshly by schools. *Providence Journal*, p. B3.

Helm, J. (2002, March/April). When history looks back. *Adbusters*.

Hendricks, M. (2012, February 1). Growth trend continues for newspaper websites; more visitors stayed longer in Q4 2011 vs. 2010. *Newspaper Association of America*. Online: http://www.naa.org/News-and-Media/Press-Center/Archives/2012/Growth-Trend-Continues-For-Newspaper-Websites.aspx.

Herskowitz, J. E. (2011, August 18). Journalism schools: Surviving or thriving? *Editor & Publisher*. Online: http://www.editorandpublisher.com/Features/Article/Journalism-Schools--Surviving-or-Thriving-.

Hickey, N. (2002, May/June). Media monopoly Q&A. *Columbia Journalism Review*, pp. 30–33.

Hightower, J. (2004a, May). The people's media reaches more people than Fox does. *Hightower Lowdown*, pp. 1–4.

Hightower, J. (2004b, May 15). Grand larceny of pin-striped thieves. *Progressive Populist*, p. 3.

Hinchey, M. (2006, February 6). More media owners. *The Nation*, p. 15.

Hirschberg, L. (2007, September 2). The music man. *New York Times Magazine*, pp. 28–33, 46–49.

Hogan, M. (2011, November 20). In an iTune age, do we need the record store? *Salon*. Online: http://www.salon.com/2011/11/20/in_an_itunes_age_do_we_need_the_record_store/.

Hopewell, J., & de Pablos, E. (2010, February 1–7). Spanish auds flock to pubcaster's ad-free pix. *Variety*, p. 13.

Hopewell, J., & Keslassy, E. (2010, January 11–17). Gauls love "House" call. *Variety*, pp. 4, 25.

Hovland, C. I., Lumsdaine, A. A., & Sheffield, F. D. (1949). *Experiments on mass communication*. Princeton, NJ: Princeton University Press.

How they see us. (2005, November 4). *The Week*, p. 19.

Howe, J. (2005a, November). The hit factory. *Wired*, pp. 200–205, 218.

Howe, J. (2005b, August). The uproar over downloads. *Wired*, p. 40.

Iezzi, T. (2007, January 29). A more-targeted world isn't necessarily a more civilized one. *Advertising Age*, p. 11.

Ifill, G. (2007, April 10). Trash talk radio. *New York Times*, p. A21.

Indvik, L. (2011, January 5). Forrester: Tablet sales will eclipse laptop sales by 2015. *Mashable Tech*. Online: http://mashable.com/2011/01/05/forrester-tablet-sales/.

Internet Movie Database. (2012). Top grossing movies of all time at the USA box office. Online: http://www.imdb.com/boxoffice/alltimegross.

Internet World Stats. (2012). Internet usage statistics. Online: http://www.Internetworldstats.com/stats.htm.

Internet World Stats. (2012, February 8). World Internet usage and population statistics. Online: http://www.internetworldstats.com/stats.htm.

Irvin v. Dowd, 366 U.S. 717 (1961).

Italie, H. (2007, November 18). Government study: Americans reading less. Online: http://www.chron.com/disp/story.mpl/ap/politics/5312713.html.

Ives, N. (2006a, February 13). Print buyers search for real-time ad metrics. *Advertising Age*, p. S-2.

Ives, N. (2006b, April 17). Magazines shape up for digital future. *Advertising Age*, pp. 3, 46.

Ives, N. (2007a, April 23) Mags march calmly into face of chaos. *Advertising Age*, pp. 3, 44.

Ives, N. (2007b, May 28). All the mag stats you can handle. *Advertising Age*, p. 4.

Ives, N. (2008, November 17). As ASME fortifies ad/edit divide, some mags flout it. *Advertising Age,* 3.

Ives, N. (2010, April 2). Ads venturing further into magazines' editorial pages. *Advertising Age.* Online: http://adage.com/article/mediaworks/ads-venturing-magazines-editorial-pages/143111/.

Ives, N. (2011a, January 31). Look, up in the air: It's a bird, a plane, captive affluent print readers. *Advertising Age,* p. 3.

Ives, N. (2011b, February 21). "The Greatest Movie Ever Sold" is buying in. *Advertising Age.* Online: http://adage.com/article/mediaworks/product-placement-explored-bashed-spurlock-film/148991/.

Ives, N. (2011c, June 22). American Medical Association pushes end to photoshopped body images in ads. *Advertising Age.* Online: http://adage.com/article/mediaworks/ama-end-ads-unrealistic-body-images/228354/.

Ives, N. (2012, January 19). Online ad spending to pass print for the first time, forecast says. *Advertising Age.* Online: http://adage.com/article/mediaworks/emarketer-online-ad-spending-pass-print-time/232221/.

Iyengar, S., & Kinder, D. R. (1987). *News that matters: Television and American opinion.* Chicago: University of Chicago Press.

Izadi, E. (2011, October 19). The rise of interracial marriage. *DCentric.* Online: http://dcentric.wamu.org/2011/10/the-rise-of-interracial-marriage/.

Jackson, J. (2001, September/October). Their man in Washington. *Extra!,* pp. 6–9.

Jackson, J. (2012, April). 12th annual fear & favor review. *Extra!,* pp. 7–9.

Jackson, J., & Hart, P. (2002, March/April). Fear and favor 2001. *Extra!,* pp. 20–27.

Jacobellis v. Ohio, 378 U.S. 184, 197 (1964).

James, M. (2011, December 8). Cable TV networks feel pressure of programming costs. *Los Angeles Times.* Online: http://articles.latimes.com/2011/dec/08/business/la-fi-ct-cable-economics-20111208.

Jamieson, K. H., & Campbell, K. K. (1997). *The interplay of influence: News, advertising, politics, and the mass media.* Belmont, CA: Wadsworth.

Jardin, X. (2005a, April). The Cuban revolution. *Wired,* pp. 119–121.

Jardin, X. (2005b, December). Thinking outside the box office. *Wired,* pp. 256–257.

Jefferson, C. (2011, December 22). Happy, flourishing city with no advertising. *Good Cities.* Online: http://www.good.is/post/a-happy-flourishing-city-with-no-advertising/.

Joffe, J. (2006, May 14). The perils of soft power. *New York Times Magazine,* pp. 15–17.

John Paul II. (2005, April 11). Two cents: Letter to commemorate the Feast of Saint Francis DeSales. *Broadcasting & Cable,* p. 54.

Johnson, B. (2011a, October 3). Leading media companies. *Advertising Age,* pp. 44–45.

Johnson, B. (2011b, December 5). Where's the growth? Follow the BRIC road. *Advertising Age,* pp. 1, 8.

Johnson, C. (2012, Spring). Second chance. *American Journalism Review,* pp. 18–25.

Johnson, C. A. (2009, February 11). Cutting through advertising clutter. *CBS News.* Online: http://www.cbsnews.com/2100-3445_162-2015684.html.

Johnson, S. (2009, June 15). How Twitter will change the way we live. *Time,* pp. 32–37.

Justices scrap Internet child porn law. (2002, April 17). *Providence Journal,* p. A3.

Kalet, H. (2007, May 15). Imus shocked at grassroots reaction. *Progressive Populist,* p. 21.

Kamiya, G. (2009, February 17). The death of news. *Salon.* Online: www.salon.com/opinion/kamiya/2009/02/17/newspapers/print.html.

Kantar Media. (2011, March 17). Branded entertainment. Online: http://kantarmediana.com/insight-center/news/us-advertising-expenditures-increased-65-percent-2010.

Kato, M. (2012, January). Arrested development. *Game Informer,* pp. 10–12.

Katz, E., & Lazarsfeld, P. F. (1955). *Personal influence: The part played by people in the flow of communications.* New York: Free Press.

Keller, B. (2011, July 17). Let's ban books. *New York Times Magazine,* pp. 9–10.

Kelly, C. (2010, June 11). Female athletes almost invisible on television—except Abby Sunderland. *True Slant.* Online: http://trueslant.com/caitlinkelly/2010/06/11/female-athletes-almost-invisible-on-television-except-abby-sunderland/.

Kelly, K. (2008, November 23). Becoming screen literate. *New York Times Magazine,* pp. 48–53.

Kennedy, D. (2004, June 9). Mad as hell at the FCC. *Boston Phoenix.* Online: http://www.alternet.org/print.html?storyid=16116.

Kennedy, L. (2002, June). Spielberg in the Twilight Zone. *Wired,* pp. 106–113, 146.

Kent, S. L. (2001). *The ultimate history of video games.* New York: Three Rivers Press.

Kerkian, S. (2011, October 4). Global consumers voice demand for greater corporate responsibility. *Cone Communications.* Online: http://www.coneinc.com/2011globalcrrelease.

Kern, T. (2005, December 5). Convergence makes a comeback. *Broadcasting & Cable,* p. 32.

Khanfar, W. (2011, February 1). US viewers seek Al Jazeera coverage. *Al Jazeera.* Online: http://english.aljazeera.net/indepth/opinion/2011/02/201121121041735816.html.

Kirsner, S. (2005, April). Hayden's planetarium. *CMO Magazine.* Online: http://www.cmomagazine.com/read/040105/planetarium.html.

Klaassen, A. (2005a, December 5). Local TV nets try pay to play. *Advertising Age,* pp. 1, 82.

Klaassen, A. (2005b, December 5). Want a gold record? Forget radio, go online: *Advertising Age,* p. 12.

Klapper, J. T. (1960). *The effects of mass communication.* New York: Free Press.

Klein, N. (1999). *No logo: Taking aim at the brand bullies.* New York: Picador.

Klosterman, C. (2005, August). What we have here is a failure to communicate. *Esquire,* pp. 62–64.

Knopper, S. (2011, November 24). Rock radio takes another hit. *Rolling Stone*, p. 19.

Knopper, S. (2012, March 1). Is the CD era finally over? *Rolling Stone*, p. 13.

Konner, J. (1999, March/April). Of Clinton, the Constitution & the press. *Columbia Journalism Review*, p. 6.

Kristula, D. (1997, March). *The history of the Internet*. Online: http://www.davesite.com/webstation/net-history.shtml.

Kulicke, H. (2011, October). Quest for success. *Editor & Publisher*, pp. 48–52.

Kulicke, H. (2012, February). Publishers seek to capitalize on e-books. *Editor & Publisher*, pp. 41–44.

Kuralt, C. (1977). *When television was young* (videotape). New York: CBS News.

Kurtz, H. (2009, August 24). Death panels smite journalism. *Washington Post*. Online: http://www.washingtonpost.com/wp-dyn/content/article/2009/08/24/AR2009082400996.html.

Kuttner, R. (2007, March/April). The race. *Columbia Journalism Review*, pp. 24–32.

Lasswell, H. D. (1948). The structure and function of communication in society. In L. Bryson (Ed.), *The communication of ideas*. New York: Harper.

Lawless, J. (2008, January 2). US near bottom of Global Privacy Index. *Washington Post*. Online: http://www.washingtonpost.com/wp-dyn/content/article/2008/01/02/AR2008010201082_pdf.

Lazarsfeld, P. F. (1941). Remarks on administrative and critical communications research. *Studies in Philosophy and Social Science, 9*, 2–16.

Leading national advertisers. (2010, June 21). *Advertising Age*, pp. 10–11.

Learmonth, M. (2010a, January 18). Thinking outside the box: Web TVs skirt cable giants. *Advertising Age*, pp. 1, 19.

Learmonth, M. (2010b, February 2). For some consumers, online video ads still grate. *Advertising Age*. Online: http://adage.com/article_id=141860.

Lemann, N. (2009, November 15). Journalism schools can push coverage beyond breaking news. *Chronicle of Higher Education*, pp. B8–B9.

Lemire, C. (2011, May 20). Spurlock sells out and has a great time doing it. *Providence Journal*, p. D3.

Lepore, J. (2009, January 26). Back issues. *The New Yorker*, pp. 68–73.

Lester, J. (2002, Spring). Carved runes in a clearing. *Umass*, pp. 24–29.

Lewis, P. (2005, July 25). Invasion of the podcast people. *Fortune*, pp. 204–205.

Lithwick, D. (2012, March 12). Extreme makeover. *New Yorker*, pp. 76–79.

Littleton, C., & Schneider, M. (2009, December 7–13). Turn on tune in. *Variety*, pp. 1, 62.

Loechner, J. (2011a, March 2). Play it again, Sam. *Mediapost*. Online: http://www.mediapost.com/publications/?fa=Articles.showArticle&art_aid=14573.

Loechner, J. (2011b, June 23). Teen media behavior; texting, talking, socializing, TV watching, mobiling. *MediaPost*. Online: http://www.mediapost.com/publications/article/152661/.

Lovison, J. (2011, December 2). Game over—or level up. *MediaPost*. Online: http://www.mediapost.com/publications/article/163431/game-over-or-level-up.html.

Lowenstein, D. (2005, May). 2005 state of the industry speech. Entertainment.Software Association. Online: http://www.theesa.com/archives/2005/05/e3_state_0_1.php.

Lowrey, A. (2011, July 20). Readers without Borders. *Slate*. Online: http://www.slate.com/articles/business/moneybox/2011/07/readers_without_borders.html.

Lowery, S. A., & DeFleur, M. L. (1995). *Milestones in mass communication research*. White Plains, NY: Longman.

Lowman, S. (2010, March 21). The future of children's book publishing. *Washington Post*, p. BW8.

Lowry, B. (2010, June 21–27). Tunes in, turned on—all the time. *Variety*, pp. 10, 13.

Ludwig, S. (2012, February 2). As number of Facebook users surge on mobile, company faces new challenges. *VentureBeat*. Online: http://www.washingtonpost.com/business/technology/as-number-of-facebook-users-surge-on-mobile-company-faces-new-challenges/2012/02/02/gIQA7mXvtQ_story.html?wpisrc=nl_tech.

Lunden, I. (2012a, January 31). Social network ads: LinkedIn falls behind Twitter; Facebook biggest of all. *PaidContent*. Online: http://paidcontent.org/article/419-social-network-ads-linkedin-falls-behind-twitter-facebook-biggest-of-al/.

Lunden, I. (2012b, February 17). Analyst: Facebook will make $1.2 billion annually from mobile ads. *TechCrunch*. Online: http://techcrunch.com/2012/02/17/analyst-facebook-will-make-1-2-billion-annually-from-mobile-ads/.

Lunden, I. (2012c, February 24). First look: Survey warns of consumers turning off from digital ads. *TechCrunch*. Online: http://techcrunch.com/2012/02/24/first-look-survey-warns-of-consumers-turning-off-from-digital-ads/.

Lyons, D. (2005, November 14). Attack of the blogs. *Forbes*, pp. 128–138.

MacArthur, K. (2003, November 18). KFC pulls controversial health-claim chicken ads. *AdAge.com*. Online: http://www.adage.com/news.cms? newsid=39220.

MacMillan, R. (2009, February 11). In DC media, newspapers sink, niche outlets swim. *Reuters*. Online: http://blogs.reuters.com/mediafile/2009/02/11/in-dc-media-newspapers-sink-niche-outlets-swim/.

Madden, M. (2012, February 24). Privacy management on social media sites. *Pew Internet & American Life Project*. Online: http://pewinternet.org/Reports/2012/Privacy-management-on-social-media-aspx.

Madrak, S. (2009, October 31). The Senate announces deal on reporters' shield law; bloggers included. *Crooks and Liars*. Online: http://crooksandliars.com/susie-madrak/senate-announces-deal-reporters-shiel.

Mahler, J. (2010, January 24). James Patterson Inc. *New York Times Magazine*, pp. 32–39, 46–48.

Mandese, J. (2009, July 8). Forrester revises interactive outlook, will account for 21% of marketing by 2014. *MediaPost*. Online: http://www.mediapost.com/publications/?fa=Articles.showArticle&art_aid=109381.

Manjoo, F. (2008, July 27). Branded. *New York Times Book Review*, p. 7.

Manjoo, F. (2011, July 26). How Netflix is killing piracy. *Slate*. Online: http://www.slate.com/articles/technology/technology/2011/07/how_netflix_is_killing_piracy.html.

Marche, S. (2012, May). Is Facebook making us lonely? *Atlantic*. Online: http://www.theatlantic.com/magazine/archive/2012/05/is-facebook-making-us-lonely/8930/.

Marich, R. (2011, October 17–23). VOD's vigor gives H'wood new hope. *Variety*, pp. 1, 12.

Market share for each distributor in 2011. (2011). *The Numbers*. Online: http://www.the-numbers.com/market/Distributors2011.php.

Marriott, H. (2005, October 27). ICCO president Saunders calls for "ethical" approach. *PRWeek*. Online: http://www.prweek.com/uk/news/article/524519.

Martin, C. E. (2007, April 18). The frightening normalcy of hating your body. Online: http://www.truthout.org/issues_06/printer_041807WA.shtml.

Masnick, M., & Ho, M. (2012, January). *The sky is rising*. *Techdirt*. Online: http://www.techdirt.com/skyisrising/.

Mast, G., & Kawin, B. F. (1996). *A short history of the movies*. Boston: Allyn & Bacon.

Mastro, D. (2009). Effects of racial and ethnic stereotyping. In J. Bryant & M. B. Oliver (Eds.), *Media effects: Advances in theory and research*. New York: Routledge.

Matsa, K., Rosenstiel, T., & Moore, P. (2011). Magazines: A shake-out for news weeklies. *State of the news media 2011*. Online: http://stateofthemedia.org/2011/magazines-essay/.

Matsa, K., Sasseen, J., & Mitchell, A. (2012). Magazines: Are hopes for tablets overdone? *State of the news media 2012*. Online: http://stateofthemedia.org/2012/magazines-are-hopes-for-tablets-overdone/.

McAdams, D. D. (2010, March 22). Broadcast nets own 80% of prime-time shows. *Television Broadcast*. Online: http://www.televisionbroadcast.com/article/96866.

McChesney, R. W. (1997). Corporate media and the threat to democracy. New York: Seven Stories Press.

McChesney, R. W. (1999). *Rich media, poor democracy*. Urbana: University of Illinois Press.

McChesney, R. W. (2004, July). Waging the media battle. *American Prospect*, pp. 24–28.

McChesney, R. W. (2007). *Communication revolution*. New York: New Press.

McClellan, S. (2002, May 27). Winning, and losing too. *Broadcasting & Cable*, pp. 6–7.

McClellan, S. (2011, October 19). Public more worried about privacy loss than terrorism. *MediaPost*. Online: http://www.mediapost.com/publications/article/160709/public-more-worried-about-privacy-loss-than-terror.html.

McClellan, S. (2012, March 14). Global ad budgets shift to emerging markets. *MediaPost*. Online: http://www.mediapost.com/publications/article/170166/global-ad-budgets-shift-to-emerging-markets.html.

McCombs, M. E., & Shaw, D. L. (1972). The agenda-setting function of mass media. *Public Opinion Quarterly, 36*, 176–187.

McCullagh, D. (2005, June 27). DSL providers hope to mimic cable's win. Online: http://news.com.com/2102-1034_3-5765085.html.

McGonigal, J. (2011, February 15). Video games: An hour a day is key to success in life. *Huffington Post*. Online: http://www.huffingtonpost.com/jane-mcgonigal/video-games_b_823208.html.

McKelvey, T. (2009, June). Keeping secrets. *American Prospect*, pp. 58–59.

McKenna, K. (2000, August). John Malkovich interview. *Playboy*, pp. 65–78.

McLuhan, M. (1962). *The Gutenberg galaxy: The making of typographic man*. London: Routledge.

McLuhan, M. (1964). *Understanding media: The extensions of man*. New York: McGraw-Hill.

McLuhan, M., & Fiore, Q. (1967). *The medium is the massage*. New York: Random House.

McLuhan, M., & Stern, G. E. (1967). A dialogue: Q & A. In M. McLuhan & G. E. Stern (Eds.), *McLuhan: Hot and cool: A primer for the understanding of McLuhan and a critical symposium with a rebuttal by McLuhan*. New York: Dial Press.

McMasters, P. K. (2005, March 27). Censorship is alive and well, deadly to free expression. *Providence Journal*, p. I5.

McQuail, D. (1987). *Mass communication theory: An introduction*. Beverly Hills, CA: Sage.

Meadows, B. (2009, February 14). Kevin Smith "too fat" to fly Southwest. *People*. Online: http://www.cnn.com/2010/SHOWBIZ/02/15/kevin.smith.southwest/index.html.

Media Matters. (2008, May 14). Military analysts named in *Times* exposé appeared or were quoted more than 4,500 times on broadcast nets, cables, NPR. Online: http://mediamatters.org/research/200805130001.

Meehan, M. (2004, January 20). The ratings game: System has its flaws, one of which is lax oversight. *Knight Ridder Tribune News Service*, p. 1.

Meikeljohn, A. (1960). *Political freedom*. New York: Harper.

Melber, A. (2008, October 30). Web puts dog-whistle politics on a leash. *The Nation*. Online: http://www.thenation.com/doc/20081117/melber.

Menaker, D. (2009, September 14). Redactor agonistes. *Barnes & Noble Review*. Online: http://bnreview.barnesandnoble.com/t5/Reviews-Essays/Redactor-Agonistes/ba-p/1367.

Merton, R. K. (1967). *On theoretical sociology*. New York: Free Press.

Mieszkowski, K. (2008, February 2). Young voters are stoked. *Salon*. Online: http://www.salon.com/news/feature/2008/02/02/youth_vote_2008.html.

Miller v. State of California, 413 U.S. 15 (1973).

Mindlin, A. (2009, January 5). Web passes papers as news source. *New York Times*, p. B3.

Mirkinson, J. (2012, February 29). Rush Limbaugh: Sandra Fluke, woman denied right to speak at contraception hearing, a "slut." *Huffington Post*. Online: http://www.huffingtonpost.com/2012/02/29/rush-limbaugh-sandra-fluke-slut_n_1311640.html.

Mitchell, A., Rosenstiel, T., & Christian, L. (2012). Mobile devices and news consumption: Some good signs for journalism. *State of the news media 2012*. Online: http://stateofthemedia.org/2012/mobile-devices-and-news-consumption-some-good-signs-for-journalism/.

Mitchell, B. (2011, October 19). It's time: 5 reasons to put up a metered paywall. *Poynter*. Online: http://www.poynter.org/latest-news/business-news/newspay/149953/its-time-5-reasons-for-taking-the-plunge-into-a-metered-paywall/.

Mitchell, G. (2009, April). Watchdogs failed to bark on economy. *Editor & Publisher*, p. 16

Mitchell, S. (2009, August 15). Death of the category killers. *Progressive Populist*, pp. 1, 8.

Mnookin, S. (2007, December). The angry mogul. *Wired*, pp. 202–212.

Mobile Marketing 2011. (2011, October 10). *Advertising Age*, Insert.

Morozov, E. (2012, January 23). Warning: This site contains conspiracy theories. *Slate*. Online: http://www.slate.com/articles/technology/future_tense/2012/01/anti_vaccine_activists_9_11_deniers_and_google_s_social_search_.html.

Morrisey, J. (2011, September 4). O.K., downloaders, let's try this song again. *New York Times*, p. BU1.

Morrison, P. (2011, October). Media monopoly revisited. *Extra!* pp. 13–15.

Moses, A. (2007, August 7). New life for Afterworld on Web and phone. Online: http://www.smh.com.au/news/afterworld-series-hits-tv-web-and-phone/207/08/07.htm.

Moyers, B. (2004, September 11). Journalism under fire. *AlterNet*. Online: http://www.alternet.org/module/19918.

Moyers, B. (2007, February 12). Discovering what democracy means. Online: http://www.tompaine.com/discovering_what_democracy_means.php.

Muller, J. (2011, September 13). Where newspapers thrive. *Los Angeles Times*. Online: http://articles.latimes.com/2011/sep/13/opinion/la-oe-muller-weeklies-20110913.

Mutual Film Corp. v. Industrial Commission of Ohio, 236 U.S. 230 (1915).

National Broadcasting Co. v. United States, 319 U.S. 190 (1943).

National Cable and Telecommunications Association (NCTA). (2012). Industry statistics. Online: http://www.ncta.com/statistics/aspx.

Naureckas, J. (2009, November). Public media and the democratification of news. *Extra!*, pp. 12–13.

Near v. Minnesota, 283 U.S. 697 (1931).

Neff, J. (2011, March 14). Study: When it comes to value perception, Amazon tops brands in U.S. and globally. *Advertising Age*. Online: http://adage.com/article/news/millward-brown-study-amazon-tops-global-brand-rankings/149393/.

Neuman, W. (2011, April 29). U.S. seeks new limits on food ads for children. *New York Times*, p. B1.

Neumeister, L. (2010, July 7). "Bad words" ban for TV struck down. *Providence Journal*, p. B4.

The new imperative. (2005, September 26). *Advertising Age*, pp. M1–M24.

Newport, F. (2011, August 29). Americans rate computer industry best, federal gov't worst. *Gallup.com*. Online: http://www.gallup.com/poll/149216/americans-rate-computer-industry-best-federal-gov-worst.aspx.

Newspaper Association of America. (2011, August 26). Newspaper readership & audience by age and gender. Online: http://www.naa.org/Trends-and-Numbers/Readership/Age-and-Gender.aspx.

New York Times v. Sullivan, 376 U.S. 254 (1964).

New York Times v. United States, 403 U.S. 713 (1971).

Nichols, J. (2007, January 29). Newspapers . . . and after? *The Nation*, pp. 11–17.

Nichols, J. (2009, May 18). Public firms' greed fueled papers' woes. *Providence Journal*, p. C5.

Nichols, J. (2010, February 22). Obama's neutrality. *The Nation*, p. 5.

Nielsen Company. (2011, January 6). *U. S. audiences & devices*. Online: http://blog.nielsen.com/nielsenwire/wp-content/uploads/2011/01/nielsen-media-fact-sheet-jan-11.pdf.

Ninety-Second Congress. (1972). *Hearings before the Subcommittee on Communications on the Surgeon General's Report by the Scientific Advisory Committee on Television and Social Behavior*. Washington, DC: U.S. Government Printing Office.

Norsigian, J., Diskin, V., Doress-Worters, P., Pincus, J., Sanford, W., & Swenson, N. (1999). The Boston Women's Health Book Collective and *Our bodies, ourselves*: A brief history and reflection. *Journal of the American Medical Women's Association*. Online: http://www.ourbodiesourselves.org.

NPD Group. (2011, October 19). According to The NPD Group, Americans still listen to music on AM/FM radio more than any other choice, but streaming music via smartphones is gaining ground. Online: http://npdgroup.com/wps/portal/npd/us/news/pressreleases/pr_111019a.

O'Brien, T. L. (2005, February 13). Spinning frenzy: P. R.'s bad press. *New York Times*, p. 3.1.

Olmstead, K., Sasseen, J., Mitchell, A., & Rosenstiel, T. (2012). Digital: News gains audience but loses ground in chase for revenue. *State of the news media 2012*. Online: http://stateofthemedia.org/2012/digital-news-gains-audience-but-loses-more-ground-in-chase-for-revenue/.

100 global marketers, 2011. (2011, December 5). *Advertising Age*, pp. 6–7.

Online video business. (2012, January 2). *Broadcasting & Cable*, pp. 30–31.

Online video market 2011. (2011, September 19). *Advertising Age*, Insert.

Open Mobile Video Coalition. (2012, January 6). Mobile digital TV expands nationwide to 120 stations. Online: http://www.openmobilevideo.com/_assets/docs/press-releases/2012/OMVC-at-CES-2012-FINAL.pdf.

Oppelaar, J. (2003, May 12–18). Will Apple for pay keep doldrums away? *Variety*, p. 42.

Oremus, W. (2012, April 13). Hell phone. *Slate*. Online: http://www.slate.com/articles/technology/technology/2012/04/how_to_stop_text_spam_why_cellphone_spam_is_on_the_rise_and_what_you_can_do_about_it_.2.html.

Oreskovic, A. (2012, January 23). YouTube video views hit 4 billion per day. *Huffington Post*. Online: http://www.huffingtonpost.com/2012/01/23/youtube-video-views_n_1223070.html.

Ortutay, B. (2012, January 23). Pew report finds tablet, e-book ownership nearly doubled over the holidays. *Minneapolis Star-Tribune*. Online: http://www.startribune.com/lifestyle/137878993.html.

Osnos, P. (2009, March/April). Rise of the reader. *Columbia Journalism Review*, pp. 38–39.

Ott, B. (2009, June 5). America's safest cities. *Real Clear Politics*. Online: http://www.realclearpolitics.com/articles/2009/06/05/americas_safest_cities_96815.html.

Outing, S. (2005, November 16). Investigative journalism: Will it survive? *Editor & Publisher*. Online: http://www.editorandpublisher.com/eandp/columns/stopthepresses_display.jsp?vnu_content_id=1001523690.

Packard, V. O. (1957). *The hidden persuaders*. New York: David McKay.

Palast, G. (2003, July 31). Silence of the media lambs. *AlterNet*. Online: http://www.alternet.org/print.html?storyid=16524.

Palser, B. (2011, Winter). Apple's gift to publishers. *American Journalism Review*, p. 52.

Patel, S. (2012, February 29). Inmobi releases first wave of mobile media consumption Q4 survey—global results. *Inmobi*. Online: http://www.inmobi.com/inmobiblog/2012/02/29/inmobi-releases-first-wave-of-mobile-media-consumption-q4-survey-%E2%80%93-global-results/.

Pearlstein, S. (2005, November 9). Prime time gets redefined. *Washington Post*, p. D1.

Pegoraro, R. (2005, August 14). Broadband is too important to be left to cable-phone duopoly. *Washington Post*, p. F7.

Pelli, D. G., & Bigelow, C. (2009, October 20). A writing revolution. *Seed Magazine*. Online: http://seedmagazine.com/content/article/a_writing_revolution/.

Pember, D. (1999). *Mass media law*. Boston: McGraw-Hill.

Perez-Pena, R. (2007, December 8). Success without ads. *New York Times*, p. C1.

Pew Research Center. (2011, September 22). *Press widely criticized, but trusted more than other sources*. Online: http://www.people-press.org/2011/09/22/press-widely-criticized-but-trusted-more-than-other-institutions/.

Phillips, B. (2010, September 9). U.S. Department of Transportation announces record-low level of drunk-driving fatalities. *Beer Institute*. Online: http://www.beerinstitute.org/BeerInstitute/files/ccLibraryFiles/Filename/000000001089/Dept%20of%20Transportation%20Data%202010%20-%20FINAL%209-9-10.pdf.

Pickard, V. (2010). "Whether the giants should be slain or persuaded to be good": Revisiting the Hutchins Commission and the role of media in a democratic society. *Critical Studies in Media Communication*, 27; 391–411.

Pincus, J. (1998). Introduction. In Boston Women's Health Book Collective (Eds.), *Our bodies, ourselves for the new century* (pp. 21–23). New York: Touchstone.

Plambeck, J. (2010, February 25). 10 billionth download for iTunes. *New York Times*, p. C5.

Plate, T. (2003, January 23). Media giantism and the IHT crisis. *Providence Journal*, p. B4.

Poggi, J. (2012, February 27). What is interactive TV, anyway? *Advertising Age*, p. 62.

Pollak, C. (2009, December 18). Video games in play. *NielsenWire*. Online: http://blog.nielsen.com/nielsenwire/consumer/video-games-in-play/.

Pollack, J. (2011, May 30). Sympathy for the devil: Why the major labels might be right this time. *Huffington Post*. Online: http://www.huffingtonpost.com/jeff-pollack/sympathy-for-the-devil-wh_b_865887.html.

Pomerantz, D. (2009, August 6). The Web auteur. *Forbes*. Online: http://www.forbes.com/2009/08/06/online-video-innovation-technology-e-gang-09-whedon.html.

Poniewozik, J. (2001, Fall). Get up, stand up. *Time*, pp. 68–70.

Poniewozik, J. (2004, September 27). The age of iPod politics. *Time*, p. 84.

PopCap. (2011, December 2). 2011 PopCap games social gaming research. *Information Solutions Group*. Online: http://www.infosolutionsgroup.com/pdfs/2011_PopCap_Social_Gaming_Research_Results.pdf.

Popova, M. (2012, January 10). Network: The secret life of your personal data, animated. *Brainpicking.org*. Online: http://www.brainpickings.org/index.php/2012/01/10/network-michael-rigley/.

PR in the driver's seat. (2009, October 26). *Advertising Age*, p. S6.

Preston, J. (2011, February 6). Movement began with outrage and a Facebook page that gave it an outlet. *New York Times*, p. A10.

Project for Excellence in Journalism. (2004). *The state of the news media 2004*. Online: www.stateofthemedia.org./2004/.

Project for Excellence in Journalism. (2006). *The state of the news media 2005*. Online: http://www.stateofthenewsmedia.org/2005/.

PRSA. (2012a, March). Industry facts and figures. *Public Relations Society of America*. Online: http://media.prsa.org/prsa+overview/industry+facts+figures/.

PRSA. (2012b, March, 2012). What is public relations? *Public Relations Society of America*. Online: http://www.prsa.org/aboutprsa/publicrelationsdefined/.

Przybys, J. (2011, January 30). Facebook changing the meaning of friendship. *Las Vegas Review-Journal*. Online: http://www.lvrj.com/living/facebook-changing-the-meaning-of-friendship-114891819.html.

Purcell, K., & Rainie, L. (2010, March 1). Understanding the participatory news consumer. *Pew Internet and American Life Project*. Online: http://pewinternet.org/Reports/2010/Online-News.aspx.

Purcell, K., Rainie, L., Mitchell, A., Rosensteil, T., & Olmstead, K. (2010). Understanding the participatory news consumer. *Pew Internet & American Life Project*. Online: http://pewinternet.org/Reports/2010/Online-News.aspx.

Quantcast. (2012, March). Top sites for United States. Online: http://www.quantcast.com/top-sites/US.

Quindlen, A. (2000, July 17). Aha! Caught you reading. *Newsweek*, p. 64.

Radio Broadcasters Attract Another 2.1 Million Weekly Listeners According to Radar 108. (2011, March 16). *Arbitron*. Online: http://arbitron.mediaroom.com/index.php?s=43&item=750.

Raine, L. (2011, May 30). Internet phone calls. *Pew Internet and American Life Project*. Online: http://pewinternet.org/Reports/2011/13--Internet-phone-calls--Skype/Main-report.aspx.

Rainey, J. (2011, December 5). NBC stations will use content from nonprofit news outlets. *Los Angeles Times*. Online: http://latimesblogs.latimes.com/entertainmentnewsbuzz/2011/12/nbc-stations-will-share-content-from-non-profit-news-outlets.html.

Recording Industry Association of America. (2011). 2010 year-end shipment statistics. Online: http://www.RIAA.com.

Rehlin, G. (2010, March 1–7). Swedish court takes un-commercial break. *Variety*, p. 4.

Remnick, D. (2012, July 11 & 18). It gets better. *New Yorker*, pp. 31–32.

Reporters Without Borders. (2012, January 25). 2011–2012 world press freedom index. Online: http://en.rsf.org/IMG/CLASSEMENT_2012/C_GENERAL_ANG.pdf.

Rhee, J., & Schone, M. (2010, February 8). Toyota dealers pull ABC TV ads; anger over "excessive stories." *ABC News*. Online: http://abcnews.go.com/Blotter/toyota-dealers-pull-abc-tv-ads-anger-excessive-toyota-safety-recall/story?id=9776474.

Ricchiardi, S. (2007, August/September). Distorted picture. *American Journalism Review*, pp. 36–43.

Rich, F. (2004, March 28). Real journalism's in trouble, while fake stuff flourishes. *Providence Journal*, pp. E1, E2.

Rich, F. (2005, February 6). The year of living indecently. *New York Times*, p. 2.1.

Rich, M. (2007, July 22). A magical spell on kids' reading habits? *Providence Journal*, p. J2.

Rideout, V. J., Foehr, U. G., & Roberts, D. F. (2010). *Generation M²: Media in the lives of 8- to 18-year-olds*. Menlo Park, CA: Kaiser Family Foundation.

Romenesko, J. (2012, April 16). Editor: We'll cover advertisers' staged events. *JimRomenesko.com*. Online: http://jimromenesko.com/2012/04/16/newspaper-will-cover-advertisers-staged-events/.

Rosaldo, R. (1989). *Culture and truth: The remaking of social analysis*. Boston: Beacon Press.

Rose, F. (2008, March). Let my video go. *Wired*, pp. 33–34.

Rosen, J. (2012, January 12). So whaddaya think: should we put truthtelling back up there at number one? *Press Think*. Online: http://pressthink.org/2012/01/so-whaddaya-think-should-we-put-truthtelling-back-up-there-at-number-one/.

Rosenberg, R. S. (1992). *The social impact of computers*. Boston: Harcourt Brace Jovanovich.

Rosenstiel, T., & Mitchell, A. (2011). Overview. *State of the news media 2011*. Online: http://stateofthemedia.org/2011/overview-2/.

Roth v. United States, 354 U.S. 476 (1957).

Saia v. New York, 334 U.S. 558 (1948).

Sampson, H. T. (1977). *Blacks in black and white: A source book on Black films*. Metuchen, NJ: Scarecrow Press.

Sandage, C. H., Fryburger, V., & Rotzoll, K. (1989). *Advertising theory and practice*. New York: Longman.

Sanders, L., & Halliday, J. (2005, May 24). BP institutes "ad-pull" policy for print publications. *AdAge.com*. Online: http://www.adage.com/news.cms?newsId=45132.

Sanders, S. (2010, February 19). This ain't your mother's Farmville—well, actually it is. *National Public Radio*. Online: http://www.npr.org/blogs/alltechconsidered/2010/02/this_aint_your_mothers_farmvil.html.

Santhanam, L., Mitchell, A., & Rosenstiel, T. (2012). Audio: How far will digital go? *State of the news media 2012*. Online: http://stateofthemedia.org/2012/audio-how-far-will-digital-go/.

Saroyan, S. (2011, June 17). Storyseller. *New York Times Magazine*, pp. 26–29.

Sass, E. (2009, April 10). "Custom publishing" chugs along. *MediaPost*. Online: http://www.mediapost.com/publications/?fa=Articles.showArticle&art_aid=103849.

Sass, E. (2010a, July 15). Mag bag: Hearst campaign highlights mag readership. *MediaPost*. Online: http://www.mediapost.com/publications/article/132058/mag-bag-hearst-campaign-highlights-mag-readership.html.

Sass, E. (2010b, December 29). Time spent on magazines, newspapers, radio slips in 2010. *Mediapost*. Online: http://www.mediapost.com/publications/?fa=Articles.showArticle&art_aid=142090.

Sass, E. (2011a, July 27). 56% of Americans check online news daily. *MediaPost*. Online: http://www.mediapost.com/publications/article/154841/.

Sass, E. (2011b, September 2). Winners and losers: The changing media ad landscape. *MediaPost*. Online: http://www.mediapost.com/publications/article/157452/.

Sass, E. (2011c, October 28). Clear Channel Radio lays off DJs. *MediaPost*. Online: http://www.mediapost.com/publications/article/161330/clear-channel-radio-lays-off-djs.html.

Sass, E. (2011d, November 2). Newspaper circs sink again. *MediaPost*. Online: http://www.mediapost.com/publications/article/161566/newspaper-circs-sink-again.html.

Sass, E. (2011e, December 14). 239 magazines launched in 2011. *MediaPost*. Online: http://www.mediapost.com/publications/article/164252/239-magazines-launched-in-2011.html.

Sass, E. (2012, April 17). Hispanics wield $1 trillion+ buying power. *MediaPost*. Online: http://www.mediapost.com/publications/article/172672/hispanics-wield-1-trillion-buying-power.html.

Sauer, A. (2006, February 27). Brandchannel's 2005 Product Placement Awards. Online: http://brandchannel.com/ar_id=303&section=main.

Schechner, S., & Peers, M. (2011, December 6). Cable-TV honchos cry foul over soaring cost of ESPN. *Wall Street Journal*. Online: http://online.wsj.com/article/SB10001424052970204083204577080793289112260.html.

Schenck v. United States, 249 U.S. 47 (1919).

Schwartzman, A. J. (2004, December 3). Media Access Project issues statement on Supreme Court order granting certiorari in *Brand X v. FCC*. Online: http://www.mediaaccess.org.

Schweizer, K. (2010, September 13). Asia-Pacific to pass North America as biggest ad market in 2014. *Bloomberg*. Online: http://www.bloomberg.com/news/2010-09-12/asia-pacific-to-pass-north-america-as-biggest-ad-market-in-2014.html.

Scribner, S. (2001, February 7). Conspiracy to limit the films we see. *Hartford Courant*, pp. D1, D3.

Seabrook, J. (2003, July 7). The money note. *The New Yorker*, pp. 42–55.

Seabrook, J. (2012, January 16). Streaming dreams. *New Yorker,* pp. 24–30.

Scola, N. (2011, November 20). Congress seeks to tame the Internet. *Salon.* Online: http://www.salon.com/2011/11/20/congress_seeks_to_tame_the_internet/.

Seipp, C. (2002, June). Online uprising. *American Journalism Review,* pp. 42–47.

Seitel, F. P. (2004). *The practice of public relations.* Upper Saddle River, NJ: Pearson.

Sellers, J. (2001). *Arcade fever.* Philadelphia: Running Press.

Shame on BP and Morgan Stanley ad pull policies. (2005, May 24). *AdAge.com.* Online: http://www.adage.com/news.cms?newsId=45141.

Shane, S. (2012, February 8). Radical U.S. Muslims little threat, study says. *New York Times,* p. A10.

Sheehy, A. (2011, October). E-book publishing & e-reading devices 2011 to 2015. *Generatorresearch.com.* Online: http://www.giiresearch.com/report/gs220581-ebook-publishing-ereading-devices-2011-2015.html.

Shenk, D. (1997). *Data smog: Surviving the information glut.* New York: Harper Edge.

Sherman, S. (2004, March 15). Floating with the tide. *The Nation,* pp. 4–5.

Shields, R. (2009, November 1). Illegal downloaders "spend the most on music," says poll. *The Independent,* p. 6.

Shirky, C. (2010). The shock of inclusion. *Edge.* Online: http://www.edge.org/q2010/q10_1.html.

Shirky, C. (2012, January 12). The *New York Times* public editor's very public utterance. *Guardian.* Online: http://www.guardian.co.uk/commentisfree/cifamerica/2012/jan/13/new-york-times-public-editor?CMP=twt_gu.

Should Comcast buy Disney? (2004, February 27). *The Week,* p. 39.

Sigmund, J. (2010, October 20). Newspapers reach nearly three-in-four adult consumers with buying power every week. *Newspaper Association of America.* Online: http://www.naa.org/PressCenter/SearchPressReleases/2010/NEWSPAPERS-REACH-NEARLY-THREE-IN-FOUR-ADULT-CONSUMERS-WITH-BUYING-POWER-EVERY-WEEK.aspx.

Silverblatt, A. (2008). *Media literacy* (3rd ed.). Westport, CT: Praeger.

Sirota, D. (2011, May 27). Kid-baiting ads have gone too far. *Salon.* Online: http://www.salon.com/2011/05/27/snoop_dogg_ronald_mcdonald_advertising/.

Skenazy, L. (2008, May 19). Keep targeting kids and the parents will start targeting you. *Advertising Age,* p. 20.

Sloan, W., Stovall, J., & Startt, J. (1993). *Media in America: A history.* Scottsdale, AZ: Publishing Horizons.

Smith, L. D. (2011, May 25). 2011 Edelman value, engagement and trust in the era of social entertainment survey. *Edelman.com.* Online: http://www.edelman.com/news/ShowOne.asp?ID=274.

Smith, S. (2011a, December 29). Facebook reaches 300 million active mobile app users. *MediaPost.* Online: http://www.mediapost.com/publications/article/164958/facebook-reaches-300-million-active-mobile-app-use.html.

Smith, S. (2011b, November 29). "Economist" reports 1 million app readers. *MediaPost.* Online: http://www.mediapost.com/publications/article/163170/economist-reports-1-million-app-readers.html.

Smith, S. (2011c, November 3). Smartphones now reach 62% of young adults 25 to 34. *MediaPost.* Online: http://www.mediapost.com/publications/article/161724/smartphones-now-reach-62-of-young-adults-25-to-34.html?edition=39924#ixzz1lnMVVprx.

Smith, S. (2012a, March 1). Pew claims smartphone tipping point passed. *MediaPost.* Online: http://www.mediapost.com/publications/article/169171/pew-claims-smartphone-tipping-point-passed.html.

Smith, S. (2012b, March 5). 25 billion apps served—Apple also touts 514,000 jobs created. *MediaPost.* Online: http://www.mediapost.com/publications/article/169366/25-billion-apps-served-apple-also-touts-514000.html.

Smith, S. (2012c, March 23). End of an age: Netflix, Hulu, Amazon will beat physical video viewing in 2012. *MediaPost.* Online: http://www.mediapost.com/publications/article/170863/end-of-an-age-netflix-hulu-amazon-will-beat-phy.html.

Smolkin, R. (2004, April/May). The next generation. *American Journalism Review,* pp. 20–28.

Snyder, G. (2004, May 31–June 6). DVDs spawn a new star system. *Variety,* p. 9.

Soley, L. C., & Nichols, J. S. (1987). *Clandestine radio broadcasting: A study of revolutionary and counterrevolutionary electronic communication.* New York: Praeger.

Sony Corp. v. Universal City Studios, 464 U.S. 417 (1984).

SoundBites. (2005, December). A better mousetrap. *Extra! Update,* p. 2.

SoundBites. (2011, August). Driven by profits, not quality. *Extra!,* p. 3.

SRI Consulting. (2008, January). *Understanding U.S. consumers.* Menlo Park, CA: Author.

Stanley, A. (2011, February 1). The TV watch: "Skins," sex and foreign affairs. *New York Times.* Online: http://artsbeat.blogs.nytimes.com/2011/02/01/the-tv-watch-skins-sex-and-foreign-affairs/.

Stanley, T. L. (2005, December 19). Reasons people skip movies. *Advertising Age,* p. 20.

Starkman, D. (2009, January 14). How could 9,000 business reporters blow it? *Mother Jones.* Online: http://www.motherjones.com/print/19947.

Stars diss Hollywood: Clooney, Edgerton & more swipe at commercial movie bombs. (2012, January 23). *Huffington Post.* Online: http://www.huffingtonpost.com/2012/01/23/stars-diss-hollywood-clooney-edgerton_n_1223315.html.

Stauber, J. C., & Rampton, S. (1995). *Toxic sludge is good for you: Lies, damn lies and the public relations industry.* Monroe, ME: Common Courage Press.

Stein, L. (2010, February 12). Where has all the trust gone? *MediaPost.* Online: http://www.mediapost.com/publications/?fa=Articles.showArticle&art_aid=122357.

Steinberg, B. (2011, October 3). Are video-on-demand viewers Big Media's next great hope? *Advertising Age,* p. 16.

Steinberg, S. H. (1959). *Five hundred years of printing.* London: Faber & Faber.

Stelter, B. (2012, February 2). Youths are watching, but less often on TV. *New York Times,* p. B1.

Sterling, C. H., & Kitross, J. M. (1990). *Stay tuned: A concise history of American broadcasting.* Belmont, CA: Wadsworth.

Stevenson, M. (2008, June 27). Trying to parse the new radio daze. *Providence Journal,* p. B4.

Stevenson, R. L. (1994). *Global communication in the twenty-first century.* New York: Longman.

Stewart, C. S. (2010, February). The lost boys. *Wired,* pp. 68–73, 107.

Stewart, Jon. (2011, June 30). Moral combat. *The Daily Show.* Online: http://www.thedailyshow.com/watch/thu-june-30-2011/moral-combat.

St. George, D. (2009, April 20). Study finds some youth "addicted" to video games. *Washington Post.* Online: http://www.washingtonpost.com/wp-dyn/content/article/2009/04/19/AR2009041902350.html.

Stone, B. (2009, March 29). Is Facebook growing up too fast? *New York Times,* pp. BU1, 6–7.

Stone, B., & Barboza, D. (2010, January 16). Scaling the digital wall. *New York Times,* p. B1.

The story of the Ad Council. (2001, October 29). *Broadcasting & Cable,* pp. 4–11.

Streisand, B., & Newman, R. J. (2005, November 14). The new media elites. *U.S. News & World Report,* pp. 54–63.

Stross, R. (2011, May 29). Consumer complaints made easy. Maybe too easy. *New York Times,* p. BU3.

Strupp, J. (2007, October). When is it appropriate to "out" polls? *Editor & Publisher,* pp. 12–13.

Sullivan, A. (2002, May). The blogging revolution. *Wired,* pp. 43–44.

Sullivan, J. (2011, May/June). True enough. *Columbia Journalism Review,* pp. 34–39.

Sullivan, L. (2009, June 16). In-game ads in the ad game. *MediaPost.* Online: http://www.mediapost.com/publications/?fa=Articles.showArticle&art_aid=108089.

Sullivan, L. (2011, September 7). Home run: Sharpie YouTube ad grabs 62 million impressions. *MediaPost.* Online: http://www.mediapost.com/publications/article/158097/.

Survey: Readers prefer community paper for news. (2011, December 1). *National Newspaper Association.* Online: http://www.nnaweb.org/?/nnaweb/content01/2475/.

Swing, E. L., Gentile, D. A., Anderson, C. A., & Walsh, D. A. (2010). Television and video game exposure and the development of attention problems. *Pediatrics,* 126, 214–221.

Szalavitz, M. (2011, November 7). Study: Whites more likely to abuse drugs than blacks. *Time.* Online: http://healthland.time.com/2011/11/07/study-whites-more-likely-to-abuse-drugs-than-blacks/.

Szatmary, D. P. (2000). *Rockin' in time: A social history of rock-and-roll* (4th ed.). Upper Saddle River, NJ: Prentice-Hall.

Taylor, C. (2003, March 10). Day of the smart mobs. *Time,* p. 53.

Taylor, D. (1991). Transculturating TRANSCULTURATION. *Performing Arts Journal, 13,* 90–104.

Taylor, K. (2005, April). The state of digital cinema. *Wired,* p. 121.

Teague, D. (2005, May 24). U.S. book production reaches new high of 195,000 titles in 2004; fiction soars. Online: http://www.bowker.com/press/bowker/2005_0524_bowker.htm.

Tebbel, J. (1987). *Between covers: The rise and transformation of American book publishing.* New York: Oxford University Press.

Tebbel, J., & Zuckerman, M. E. (1991). *The magazine in America 1741–1990.* New York: Oxford University Press.

Teegardin, C. (2012, January 1). Grim childhood obesity ads stir critics. *Atlanta Journal Constitution.* Online: http://www.ajc.com/news/grim-childhood-obesity-ads-1279499.html.

Teens killed girl using *Mortal Kombat* moves: Police. (2007, December 20). Online: http://www.thewest.com.au/ContentID=51798.

Television Bureau of Advertising. (2011). TV basics. Online: http://www.tvb.org/tvfacts/tvbasics.html.

Tessler, J. (2010, February 23). FCC says broadband education needed. *TVNewsCheck.* Online: http://www.tvnewscheck.com/articles/2010/02/23/daily.2/.

Tharp, P. (2012, April 11). Cable bills to pass $200 a month by 2020: Industry forecast. *New York Post.* Online: http://www.nypost.com/p/news/business/report_cable_month_by_znd9R7wovueqksw5Cm0DjO.

Thompson, B. (2007, November 19). A troubling case of readers' block. *Washington Post,* p. C1.

Thompson, B. (2009, June 1). At publishers' convention, is writing on the wall? *Washington Post.* Online: http://www.washingtonpost.com/wp-dyn/content/article/2009/05/31/AR2009053102119.html.

Thornton, L. (2009, February/March). Can the press fix itself? *American Journalism Review,* p. 2.

Thorp, B. K. (2011, April 1). Terry Jones burns Qur'an; Mob kills ten UN workers. *Broward/Palm Beach New Times.* Online: http://blogs.browardpalmbeach.com/pulp/2011/04/terry_jones_afghan_riot.php.

Tillinghast, C. H. (2000). *American broadcast regulation and the First Amendment: Another look.* Ames: Iowa State University Press.

Time, Inc. v. Hill, 385 U.S. 374 (1967).

Timpane, J. (2010, March 30). Google's vast digital library. *Providence Journal,* pp. D1–D2.

Top 50 global marketers. (2009, December 28). Annual 2010. *Advertising Age,* p. 15.

Traffic stats. (2010, March 2). Pogo.com. *Alexa.* Online: http://www.alexa.com/siteinfo/pogo.com.

Trench, M. (1990). *Cyberpunk.* Mystic Fire Videos. New York: Intercon Production.

Trigoboff, D. (2003, June 9). Copps: Dereg foes will be back. *Broadcasting & Cable,* p. 36.

Tsukayama, H. (2012a, January 17). SOPA: Twitter will not join Wikipedia, Reddit in blackout. *Washington Post.* Online: http://www.washingtonpost.com/business/technology/sopa-twitter-will-not-join-wikipedia-reddit-in-blackout/2012/01/17/gIQAvDta5P_story.html.

Tsukayama, H. (2012b, March 28). Xbox adds HBO Go, MLB.TV, Xfinity, as it evolves from game console. *Washington Post.* Online: http://www.washingtonpost.com/business/technology/xbox-adds-hbo-go-mlbtv-xfinity-as-it-evolves-from-game-console/2012/03/28/gIQASdAWgS_story.html?wpisrc=nl_tech.

Tsukayama, H. (2012c, April 3). Consumers concerned about online data sharing, sales. *Washington Post*. Online: http://www.washingtonpost.com/blogs/post-tech/post/consumers-concerned-about-online-data-sharing-sales/2012/04/03/gIQAWwpOtS_blog.html?wpisrc=nl_tech.

25 banned books that you should read today. (2011, March 3). *DegreeDirectory.org*. Online: http://degreedirectory.org/articles/25_Banned_Books_That_You_Should_Read_Today.html.

Two cents: William Safire on re-reg vote. (2003, July 21). *Broadcasting & Cable,* p. 46.

UNESCO. (2005, October 20). General Conference adopts Convention on the Protection and Promotion of the Diversity of Cultural Expressions. Online: http://portal.unesco.org.

USA Today. (2000, July 9). The *Potter* phenomenon: It's just magic. *Honolulu Advertiser,* p. E4.

U.S. Census Bureau. (2012). Marriage and divorces—number and rate by state: 1990–2009. Online: http://www.census.gov/compendia/statab/2012/tables/12s0133.pdf.

US movie market summary 1995 to 2012. (2012, February 8). *The Numbers*. Online: http://www.the-numbers.com/market/.

Valentine v. Christensen, 316 U.S. 52 (1942).

Vane, S. (2002, March). Taking care of business. *American Journalism Review,* pp. 60–65.

Verrier, R. (2012, February 9). Average movie-ticket price edges up to a record $7.93 for 2011. *Los Angeles Times*. Online: http://latimesblogs.latimes.com/entertainmentnewsbuzz/2012/02/average-movie-ticket-price-2011.html.

Virgin, B. (2004, March 18). We've become instant billboards. *Seattle Post-Intelligencer,* p. E1.

Vorhaus, M. (2009, February 9). Ad presence in console games has little effect on purchase. *Advertising Age,* p. 18.

Walcott, J. (2008, October 9). Truth is not subjective. *McClatchy Newspapers*. Online: http://www.mcclatchydc.com/257/story/53716.html.

Walker, R. (2009). Reality bytes. *New York Times Magazine,* p. 32.

Wallenstein, A. (2012, April 16). Survey: A la carte could fetch $1.50 per channel. *Variety*. Online: http://www.variety.com/article/VR1118052724.html?cmpid=RSS.

Walsh, M. (2011b, January 26). Gartner: App sales to top $15 billion in 2011. *Mediapost*. Online: http://www.mediapost.com/publications/?fa=Articles.showArticle&art_aid=14368.

Walsh, M. (2011a, January 26). Stop the presses, mobile surpasses print time spent. *MediaPost*. Online: http://www.mediapost.com/publications/article/164050/stop-the-presses-mobile-surpasses-print-time-spen.html.

Walsh, M. (2012a, February 23). "The Daily" has 100,000 subs—is that a ceiling or just a start? *MediaPost*. http://www.mediapost.com/publications/article/168512/the-daily-has-100000-subs-is-that-a-ceiling.html?edition=43858.

Walsh, M. (2012b, March 21). Tablets to be a major player in mobile games. *MediaPost*. Online: http://www.mediapost.com/publications/article/170607/tablets-to-be-major-player-in-mobile-games.html.

Walsh, M. (2012c, April 3). Online radio moving up the charts. *MediaPost*. Online: http://www.mediapost.com/publications/article/171672/online-radio-moving-up-the-charts.html?edition=45319.

Walsh, M. (2012d, April 5). Pandora hits 1 billion listening hours, revs lag. *MediaPost*. Online: http://www.mediapost.com/publications/article/171883/pandora-hits-1-billion-listening-hours-revs-lag.html?edition=45447.

Ward, E., Stokes, G., & Tucker, K. (1986). *Rock of Ages: The Rolling Stone history of rock & roll*. New York: Rolling Stone Press.

Wartella, E. A. (1997). *The context of television violence*. Boston: Allyn & Bacon.

Wasik, B. (2012, January). Crowd control. *Wired*, pp. 76–83, 112–113.

Wasserman, E. (2009, February 23). Press travails need Web-wide response. *Providence Journal*, p. B6.

Webber, E. (2007, April 30). No need to bare all: PR should strive for translucence. *Advertising Age*, p. 8.

Wedemeyer, J. (2010, January 29). Christina Hendricks and her husband defend her controversial Golden Globes dress. *People*. Online: http://stylenews.peoplestylewatch.com/2010/01/29/christina-hendricks-and-her-husband-defend-her-controversial-golden-globes-dress/.

Whitney, D. (2011, November 23). A chaos theorist on video guides: Maybe we need them, but maybe we have outgrown them. *MediaPost*. Online: http://www.mediapost.com/publications/article/162952/a-chaos-theorist-on-video-guides-maybe-we-need-th.html.

Whitney, D. (2012, February 22). Machima's one billion views and counting come from a strong POV. *MediaPost*. Online: http://www.mediapost.com/publications/article/168255/machinimas-one-billion-views-and-counting-come-fr.html.

Whitney, L. (2010, January 13). Poll: Most won't pay to read newspapers online. Online: http://news.cnet.com/8301-1023_3-10433893-93.html.

Whittaker, Z. (2012, June 22). Facebook could see ad revenue hit in "Sponsored Stories" lawsuit. *ZDNet*. Online: http://www.zdnet.com/blog/btl/facebook-could-see-ad-revenue-hit-in-sponsored-stories-lawsuit/80613.

Why Elvis still lives. (2002, August 9). *The Week*, p. 9.

Why I believe in PR. (2009, October 26). *Advertising Age*, p. S12.

Williams, M. E. (2009, August 12). This is your brain on retouching. *Salon*. Online: http://www.salon.com/mwt/broadsheet/feature/2009/08/12/kelly_clarkson/index.html.

Williams, M. E. (2011, March 30). Why are parents defending a kids' push-up bra? *Salon*. Online: http://www.salon.com/2011/03/30/abercrombie_fitch_pushup_bikinis_for_children/.

Williams, T. (2002, January/February). Dream society. *Adbusters*, p. 17.

Windwalker, S. (2011, February 13). Amazon positioned for 50% overall market share by end of 2012. *Seekingalpha.com*. Online: http://seekingalpha.com/article/250507-amazon-positioned-for-50-overall-market-share-by-end-of-2012.

Winslow, G. (2009, January 5). Delivery dilemmas. *Broadcasting & Cable*, pp. 15–16.

Wronge, Y. S. (2000, August 17). New report fuels TV-violence debate. *San Jose Mercury News*, pp. 1E, 3E.

Yao, D. (2010, February 3). Dog star man. *Providence Journal*, p. B2.

Yarow, J. (2012, March 27). iPad users are spending $70,000 a day on iPad newspapers and magazines. *Business Insider*. Online: http://www.businessinsider.com/ipad-users-are-spending-70000-a-day-on-newspapers-and-magazines-2012-3.

Young, B. (2009, December 10). Human capacity for information is massive but finite. *TechNewsWorld*. Online: http://www.technewsworld.com/perl/search.pl?query=Human+capacity+for+information+is+massive+but+finite.

Younge, G. (2010, October 11). Islamophobia, European-style. *Nation*, p. 10.

Zeller, T. (2006, January 15). China, still winning against the Web. *New York Times*, p. A4.

Zickuhr, K. (2010, December 16). Craigslist and online classifieds. *Pew Internet & American Life Project*. Online: http://pewinternet.org/Reports/2010/Generations-2010/Trends/Classifieds.aspx.

Zickuhr, K. (2011, February 13). Generations and their gadgets. *Pew Internet & American Life Project*. Online: http://www.pewinternet.org/Reports/2011/Generations-and-gadgets.aspx.

Zickuhr, K., & Smith, A. (2012, April 13). Digital differences. *Pew Internet & American Life Project*. Online: http://pewinternet.org/Reports/2012/Digital-differences/Overview.aspx#.

Zinn, H. (1995). *A people's history of the United States, 1492–present*. New York: HarperPerennial.

Zittrain, J. (2009, July 20). Lost in the cloud. *New York Times*, p. A19.

索　引

（所注页码为英文原书页码，即本书边码）

译 后 记

21世纪的互联网发展态势，更加令人目眩神迷——新思想、新概念、新名词、新设备、新玩意层出不穷，诸如云计算、大数据、物联网、数字化医疗、云旅游、智慧城市等一股脑地扑向普罗大众，令我们无处遁逃。

如果说，20世纪中叶，我们还可以选择生活在"0媒介"状态：不读书、不看报、不听戏、无电话、无唱片、无收音机；那么，今天，我们却深陷罗网，无法自拔。手机、平板、网购、微信、在线支付……随处随地、时时刻刻地使我们"被媒介"！

丰富的媒介极大地强化了我们的感官，让我们足不出户，诸事了然于胸。然而信息过载与媒介依赖却让我们的生活变得七零八落，身心俱疲。即使我们极力抗拒，不上网、不听音乐、不看电视、不用手机……但只要一出家门，眼观耳听之处，免费广告与广场舞音乐立刻喧嚣无比地包围了你。

旧媒介、新媒介，用你、躲你、爱你、恨你。媒介多些好还是少些好？谁能告诉我，是对还是错？"人不能两次踏入同一条河流"，无论你多么怀念过去的贫媒介时代，它都永远地一去不复返了！

躲不过，绕不开，少不得。我们只能迎难而上，智慧生存，"任凭弱水三千，我只取一瓢饮"。

素养，媒介素养！这是我们驾驭媒介、智慧生存的不二法门，让我们"了解大众传播过程和大众媒介产业，与媒介行业、媒介内容自主互动，领会其意，成为更成熟、更专业的媒介内容消费者"。

简而言之一句话，就是我们要具有主动接触、自如驾驭媒介的能力。

在欧美发达国家及我国的台港地区，媒介素养课是中小学教育及社区教育、老年教育的常设课程。在终身学习的时代，我们每个人都将面对"新媒介、新知识"持续不断涌现的问题。与其临渊羡鱼，不如退而结网！还是读一读这本书吧：《大众传播概论：媒介素养与文化》。它是美国高校久负盛名的一本教材，深受广大师生欢迎，迄今已出至第8版。

中美情况有所不同，对我们来说，它既是传播学专业的必读之书，也是非传播学专业的通识课教材，更是普通读者自修、提高媒介素养的入门读物。它既深入浅出，又介绍周详，既有理论导引，又述具体办法。可谓一卷在手，导你前行。

从2001赴伦敦大学歌德斯密斯学院媒体与传播系访学并翻译《技术文化的时代》开始，迄今本书已是我的第五部（另外三部是《媒介效果研究概论》、《品牌新中国》、《媒介与受众：新视点》）有关媒介的学术专著翻译了。

15年的时光转瞬即逝，我几乎用上了全部的业余时间，劳心劳力，从事这不算研究成果又报酬微薄的"业余爱好"——说不清究竟是为了什么，也许是为了那些不方便直接看外文原著的莘莘学子，也为了带一带身边的这些年轻人，还有那坚守岗位并对我"穷追不舍"的编辑们。

我能够接译第8版的《大众传播概论：媒介素养与文化》，正是瞿江虹女士坚持督促的结果——当时我先生重病缠身，需要我全力陪伴，但他一再鼓励我接受任务，并强忍病痛的折磨审读了译稿。

参加本书翻译工作的有中国科学技术大学翻译专业硕士研究生李萍（第2、4、6、8、10、12、14、15章）、谢良群（第5、9章）、余金枝（第1章）以及在德国耶拿留学的王晓语同学（第3、7、11、13章）。她们翻译了全部的初稿，译者随后对初稿做了全面的修改订正——逐字逐句，甚至重译。在此，应该感谢她们的辛劳，而不能将翻译中的差错归咎于她们，差错应由我负责，还望读者诸君不吝指教！

最后，我衷心地感谢参译者以及众多关心和帮助过我们的同事同学和亲朋好友！

图书在版编目（CIP）数据

大众传播概论：媒介素养与文化：第 8 版/（美）巴兰著；何朝阳译 . —北京：中国人民大学出版社，2016.4
（新闻与传播学译丛·国外经典教材系列）
书名原文：Introduction to Mass Communication：Media Literacy and Culture，8e
ISBN 978-7-300-22368-1

Ⅰ.①大… Ⅱ.①巴… ②何… Ⅲ.①大众传播-教材 Ⅳ.①G206.3

中国版本图书馆 CIP 数据核字（2016）第 015977 号

新闻与传播学译丛·国外经典教材系列
大众传播概论
媒介素养与文化
第 8 版
［美］斯坦利·J·巴兰　著
何朝阳　译
Dazhong Chuanbo Gailun

出版发行	中国人民大学出版社				
社　　址	北京中关村大街 31 号		**邮政编码**	100080	
电　　话	010 - 62511242（总编室）		010 - 62511770（质管部）		
	010 - 82501766（邮购部）		010 - 62514148（门市部）		
	010 - 62515195（发行公司）		010 - 62515275（盗版举报）		
网　　址	http://www.crup.com.cn				
经　　销	新华书店				
印　　刷	三河市恒彩印务有限公司				
规　　格	215 mm×275 mm　16 开本		**版　　次**	2016 年 5 月第 1 版	
印　　张	25.75 插页 2		**印　　次**	2020 年 6 月第 2 次印刷	
字　　数	683 000		**定　　价**	88.00 元	

教师反馈表

　　麦格劳-希尔教育集团（McGraw-Hill Education）是全球领先的教育资源与数字化解决方案提供商。为了更好地提供教学服务，提升教学质量，麦格劳-希尔教师服务中心于 2003 年在京成立。在您确认将本书作为指定教材后，请填好以下表格并经系主任签字盖章后返给我们（或联系我们索要电子版），我们将免费向您提供相应的教学辅助资源。如果您需要订购或参阅本书的英文原版，我们也将竭诚为您服务。

★ 基本信息					
姓		名		性别	
学校		院系			
职称		职务			
办公电话		家庭电话			
手机		电子邮箱			
通信地址及邮编					

★ 课程信息					
主讲课程-1		课程性质		学生年级	
学生人数		授课语言		学时数	
开课日期		学期数		教材决策者	
教材名称、作者、出版社					

★ 教师需求及建议			
提供配套教学课件 （请注明作者 / 书名 / 版次）			
推荐教材 （请注明感兴趣领域或相关信息）	-		
其他需求			
意见和建议（图书和服务）	-		
是否需要最新图书信息	是、否	系主任签字/ 盖章	
是否有翻译意愿	是、否		

教师服务热线：800-810-1936
教师服务信箱：instructorchina@mheducation.com
网址：www.mheducation.com

麦格劳-希尔教育教师服务中心
地址：北京市东城区北三环东路 36 号环球贸易中心 A 座·702 室 教师服务中心 100013
电话：010-57997600
传真：010-59575582

出教材学术精品　育人文社科英才

中国人民大学出版社读者信息反馈表

尊敬的读者：

　　感谢您购买和使用中国人民大学出版社的＿＿＿＿＿＿＿＿＿一书，我们希望通过这张小小的反馈卡来获得您更多的建议和意见，以改进我们的工作，加强我们双方的沟通和联系。我们期待着能为更多的读者提供更多的好书。

　　请您填妥本表后，寄回或传真回复我们，对您的支持我们不胜感激！

1. 您是从何种途径得知本书的：
❏ 书店　❏ 网上　❏ 报刊　❏ 朋友推荐

2. 您为什么决定购买本书：
❏ 工作需要　❏ 学习参考　❏ 对本书主题感兴趣
❏ 随便翻翻

3. 您对本书内容的评价是：
❏ 很好　❏ 好　❏ 一般　❏ 差　❏ 很差

4. 您在阅读本书的过程中有没有发现明显的专业及编校错误，如果有，它们是：＿＿＿＿＿
＿＿
＿＿

5. 您对哪些专业的图书信息比较感兴趣：＿＿＿＿＿＿＿＿＿＿＿＿＿＿＿＿＿＿＿＿＿＿
＿＿

6. 如果方便，请提供您的个人信息，以便于我们和您联系（您的个人资料我们将严格保密）：
您供职的单位：＿＿＿＿＿＿＿＿＿＿＿＿＿＿＿＿＿＿＿＿＿＿＿＿＿＿＿＿＿＿＿＿＿
您教授的课程（教师填写）：＿＿＿＿＿＿＿＿＿＿＿＿＿＿＿＿＿＿＿＿＿＿＿＿＿＿
您的通信地址：＿＿＿＿＿＿＿＿＿＿＿＿＿＿＿＿＿＿＿＿＿＿＿＿＿＿＿＿＿＿＿＿＿
您的电子邮箱：＿＿＿＿＿＿＿＿＿＿＿＿＿＿＿＿＿＿＿＿＿＿＿＿＿＿＿＿＿＿＿＿＿

请联系我们：

电话：（010）62515637

传真：（010）62510454

E-mail：gonghx@crup.com.cn

通讯地址：北京市海淀区中关村大街 31 号　100080

中国人民大学出版社人文出版分社